社會學
Sociology

葉至誠 著

序言

　　人類爲謀求生存，必須保護自身安全與滿足基本上的需要，隨著個人慾望的增進，人們經由結合群體的力量，以獲得必要的滿足；因此，創造了家庭，形成了村落，制定了鄉黨鄰里等社會制度。同時建構彼此溝通的語言，因襲成俗而有了習慣、傳統、科學、宗敎、藝術、制度等文化。由此可知社會與個人關係的密切。爲了能對社會現象更加淸楚的描繪、解釋、預測及有效的控制，經由社會學者的努力建構了社會學。尤其當人們此刻正處於一個飛躍變遷的時代，爲能理性掌握社會發展的脈絡，以爲社會參與、人際調適，甚而是對社會問題的解決，則無不端賴對社會學這門學問的理解與把握。社會學係經由社會學者對現實社會現象加以探討，然後抽離歸納出其中的原理原則，所建構的知識，不僅能提供人們對社會現象擁有客觀、深入的理解，同時將有助於未來社會發展的規劃。因此，我們可以說社會學存在的目的是期望經由社會各種事實的探討，將此研究所獲得的專業知識、心得，貢獻於人類社會，用以改善人類的生活，增進人群的幸福。

　　經由探求本知識的實際體驗，筆者深信社會學該領域至少提供吾人：

　　擴展個人對周遭環境的視野：因爲社會學論述的範圍廣及於人們社會生活的各個層面，因此可以增進對人類的社會乃至整個社會現象有更多元的興趣及瞭解。

　　培育講求科學的態度和嚴謹的爲學精神：因爲社會學研究者對社會現象的掌握不是僅止於常識性的理解，而是更擴及於科學的方法；亦即社會

學係採用系統性、可驗性、有效性及客觀性的知識，以體察社會的現象。此種態度與精神的發揮，自有助於人們以專業的角度了解社會。

訓練人們對各種現象善盡專業性的關懷：這種關懷包括關懷自己；且可進一步關懷他人，甚至從鉅視的角度來關懷整個社會的各種制度的形成及其變化的狀況，如醫療制度、福利制度、教育制度等。

職是之故，社會學也就成為一門關心現代社會所不可或缺的知識。亦啓發筆者藉由在大學院校講授該課程的機緣，於蒐羅相關的研究資料，採擷先進的專業著作，與同儕請益討論之餘，乃思運用公餘彙整成篇的構想，加以揚智出版社負責人林智堅先生的玉成，方能完成本書。為期較能說明社會學的內涵，本書區分為四部份，計二十章：

壹、「基本概論」，計三章。

　　一、緒論

　　二、社會學的思潮

　　三、社會學的研究方法

貳、「微視觀的分析」

該觀點強調：社會中個人的重要性，認為個人才是組構社會的基礎，社會只是個人行為的背景，猶如戲劇中的布景般，演員是主角，只有經由個人行動社會方能運作。本部份共計五章，分別為：

　　一、個人與社會

　　二、社會互動與社會結構

　　三、社會化

　　四、集體行為與社會運動

　　五、人口

參、「巨視觀的分析」

該觀點強調：社會是一個具有獨立性、獨特性、必要性且超越個

人的有機體，不只是一個背景，而是一切人類行爲的構成要素。據此，社會對個人具有不可抗拒的決定力量、影響力量。亦即其主張從社會總體面研究社會結構和功能，揭示社會一般性規律，及對整個社會和各個部分相互作用提供解釋。本部份共計五章，分別爲：

一、社會團體

二、社會組織與科層制度

三、社會階層與社會流動

四、社會問題與社會控制

五、社會變遷與現代化

肆、「社會制度與社會現況」

該觀點強調：社會是一種有結構性的組織體系，制度使組織維持運作，並且型塑人們的信念與行爲模式，因此社會制度影響人們的生活；惟制度並非完全固持不變，而是會隨著時間與情境而異動，因而有社會變遷，變遷是以既有現況爲基礎。本部份共計七章，分別爲：

一、文化

二、家庭

三、宗敎信仰

四、傳播與社會

五、都市與區位

六、職業與休閒

七、兩性互動與兩性關係

知識分子常以「金石之業」、「擲地有聲」，以形容對論著的期許，本書距離該目標不知凡幾。唯因忝列杏壇，雖自忖所學有限，腹笥甚儉，然常以先進師長之著作等身，為效尤的典範，乃不辭揣陋，敝帚呈現，尚祈教育先進及諸讀者不吝賜正。

葉至誠　　謹序

目　錄

第 1 章 　 緒論

社會學的起源與發展

　　任何一門學問的建立，除了有它自己的理論及研究方法外，還必須與外在的社會、歷史環境與之配合。尤其是社會學，它的發展歷程更是與外在環境息息相關。換言之，社會學的建立，並非是社會學家所構築的空中樓閣，而是深植在歷史的脈絡之中。社會學從社會中產生出來，必定會受到社會環境和文化意識的影響。

　　希臘三哲人：蘇格拉底、柏拉圖、亞里斯多德在哲學上的創意，影響西方甚為深遠。中古時代的歐洲，因為蠻族的入侵，及封建影響，生活的重心只是存諸貴族和宗教，整體社會是靜態的，變遷速度慢，有關學術的發展深受影響。自十五世紀開始的四、五百年間，在西歐發生了巨大的變化，封建莊園的瓦解，貴族的沒落，科學技術的進步與工業化的展開，代表著傳統農業社會的結束，以及一個新的社會的到來。傳統社會中人與人之間的倫理關係逐漸瓦解，取而代之的，是一個立基在自由競爭之上的市場，以及獨立的科學體系等等。為了了解該時期的歷史風貌，我們必須鳥瞰歐洲的歷史發展的脈絡，十五、十六世紀，整個歐洲資本主義文明躍然而起，隨著地理的大發現，帶來了商業體系的擴充；另一方面，中國的火藥、指南針和印刷術的傳入西方，也造成深遠的影響。尤其是印刷術所產生的「書籍」與以往的不同，能夠將思想和觀念快速地傳播，產生極大的影響力。這對於文藝復興運動、宗教改革，政治和社會革命等，均產生了極大的作用。

　　十五世紀在義大利產生了「文藝復興運動」。鼓勵創新表達方式的藝術家、貴族和哲人，他們放棄傳統神學式的思考習慣，轉而追求古希臘的古典傳統。以往由宗教所控制的觀念漸漸被「人文主義」的精神所取代。

它代表著一個人文主義時代的到來。人文主義之風逐漸興起，中產階級成為社會的主體，由原本宗教一統逐漸走向多元化的思想，使其各種學術思潮也漸興起。自此以後，西方人逐漸擺脫了神學的全面控制，將「人」的地位日漸提高。這種對「人」的重視對於日後社會科學的建立，有重大的意義。

另外一個重大改變是「宗教改革」。中古歐洲人與宗教的關聯密切，但在十六、十七世紀，因為啓蒙時代及馬丁路德的宗教改革，民族國家出現，人們更重視人本思想及人本主義，同時人們愈益注重現世問題，而使得研究關注社會現況的各種學說興起。主要是城市中的市民受到理性生活的影響。這些市民要求一種系統化的、反巫術的、合乎邏輯的基督教義，以能夠對於現世保持實際的關切。他們主張人們絕不憑藉教會與聖禮而獲得救贖，一切帶有巫術性質的得救手段必須視為迷信。人的世界觀不再被巫術所左右，基督新教所影響的不僅僅只是單純的教義改變，而是一種深入教徒現世生活的倫理觀和生活方式的改變。

同時受到一七八九年法國大革命的影響，造成的社會紛亂和破壞，使得如聖西門等人更加思索社會的何去何從。許多社會學家在建構社會學理論時，或多或少是源於當時紛亂社會並對於社會的遠景提出自身的看法。例如：自一八二二年《社會物理學》一書的出現，到涂爾幹的有關社會學理論建構及馬克思在一八四八年的《共產黨宣言》等。都是由於目睹當時社會環境，而希冀經由研究和理論建構，以期對變遷的社會有所助益。

另外還有一個重要制度的建立：即自主的科學體系。從文藝復興、宗教改革到啓蒙運動，一波波的思潮促使「人」的地位漸漸提高了，人文主義的精神開始從宗教中解放出來。人們已開始將大自然視為可以被人類利用、控制和開發的客體，而不再是一個神祕不可解的事物。此時，一種新的思考方式和知識型式——科學出現了。

科學是一種反對「玄思冥想」和重視現實經驗的系統性知識。科學家

已從神學家、形上學家和道德哲學家的束縛中獨立出來，成為一種專業性的角色。大學此時已成為科學發展的中心。到了十九世紀，各門科學的分化和專業化大量的出現，大學中各種科系的建立，就是科學專業化的具體成果。

就上述的歷史背景，這使得工業革命以後，人類社會不斷的發展，所謂文明開化一日千里，社會組織與結構，逐漸趨向於複雜化，人類試圖對於所處的社會，進行瞭解的欲望，也就愈形迫切，因此有社會學之出現。換言之，社會學之所以會適時成立，最主要的原因是在於滿足現代社會的需要。而此學問成立的關鍵，在於西方近代市民社會的出現，提供了社會學發展的大好時機。考諸西方社會的歷史，在市民社會出現以前，傳統規範，對個人的思考產生很大的束縛，此種情況直到中世紀時期，神權至上的權威遭到否定，自此個人得以脫離社會規範的束縛，才營造出社會學發展的環境。亦即思想家可以客觀的對社會事實的探討，提出個人的研究心得。

社會學係為一運用科學方法，以探討社會現象的學術思想體系。回顧人類知識的軌跡，可以發現人類考察社會，所提出的思想與學說，雖可追溯至相當久遠的年代，但使用科學、客觀、以及有系統的分析探討，則屬於近代社會的產物。社會學一詞出現於學術領域之中，首推社會學的創始者孔德（Auguste Comte，1798～1857），其於一八三九年創立社會學這一門學問，總計其發展歷程，至今才百餘年歷史。社會學在二次戰後，由於人類社會對於此知識之需求日漸殷切，加以研究方法的推陳出新，使得社會學的成果，有著長足的進步，時至今日社會學已發展成為社會科學中最重要的學科。茲就下列三個階段以說明社會發展的過程。

社會學的開創階段

　　受到工業革命的影響，社會經濟、政治和人們的思想都在發生急遽的變化。社會問題日益明顯地暴露出來：窮民破產，工人失業，經濟危機周期地發生。社會為什麼會發生這樣激烈的變動？社會問題為什麼這樣嚴重？這些問題不能不引起人們的思考和研究，結果就導致社會學的創立。社會學的創始階段，法國的孔德和英國的史賽塞具有深遠的影響。孔德被認為是社會學的創始人，他竭力主張和要求建立社會學，並對社會進行了考察研究，提出了一套理論。起初，他把自己的理論叫做社會物理學，在一八三八年出版的《實證哲學講義》第四卷中，他才改稱社會學。孔德提出了建立社會學的綱領和理論體系，他主張社會學是運用自然科學方法，即實驗、觀察和比較等方法，研究人類社會的科學。並把社會學作為科學的基本學科，居於數學、物理、化學等基本學科的最高層次。他的社會學體系，由社會靜學和社會動學構成。社會靜學研究社會結構和社會制度，也就是研究社會整體和這個整體的各個部分，用他的話說「就是研究社會制度各個不同部分的行動法則」。社會動學把整個社會作為分析單位，研究它的發展和進步過程。孔德認為，一切社會都要經過某幾個固定的發展階段，朝著更為完善的階段前進。孔德對社會學的發展，作出了重要貢獻。

　　貫穿孔德的思想，並力圖使社會學有一個完整體系的，是赫伯特・史賓塞。史賓塞是孔德的信徒，著有《社會靜學》，《社會學研究》、和《社會學原理》等書。他用生物學觀點研究社會，提出「社會有機論」。他認為，社會的組織結構有如生物機體。動物的器官有營養、消化和調節三大系統，社會在結構功能上有三大階級：擔任營養功能的工人階級，擔任分配和交換職能的商人階級、擔任調節生產的工業資本家階級。他為社

會學規定的內容是：社會整體、家庭、政治、宗教、社會控制、工業。社區、分工、社會分化等等。史賓塞在孔德的社會學理論的基礎上，把社會學作為一門科學創立起來。他對社會學對象和內容的研究，對後來的社會學都有重要影響。但是，他的社會學最突出的錯誤和缺陷就是用社會達爾文主義觀點，認為社會的進化過程是按照生物進化的觀點，採用自由競爭、適者生存、不適者淘汰的原則，自然地逐漸實現的。

社會學的成長階段

十九世紀九十年代末，社會學的發展開始了一個新的時期。在這個時期中，社會學拋棄了歷來那種包羅萬象的體系，致力於將社會學建構成為社會科學的一門基本學科，並大體確定起它的研究內容和方法。社會學到本世紀三十年代，就以一門新科學——現代社會學的面貌出現於科學體系中。

法國的涂爾幹和德國的韋伯是這個階段中最重要的代表人物。涂爾幹的主要著作是《社會學方法的規則》和《論自殺》。他竭力使社會學從原來的龐雜的體系中分離出來，確立起特有的研究範圍和方法。他說：「除非社會學對社會現況的總和放棄它原初的全面要求，對可以作為特定問題的內容的諸部分、因素和不同的方面作進一步的分類，它就不可能成為科學。」他把社會學的研究範圍定為：一般社會學、宗教社會學、法律社會學、道德社會學、經濟社會學、犯罪社會學、道德統計、社會形態（結構）、美學社會學等領域。他認為，社會現實只能通過社會原因來解釋，社會學應該用一些社會事實來解釋另一些社會事實。他的這種方法，對現代西方社會學有著很大的影響。韋伯著有《經濟與社會》、《新教倫理與資本主義精神》和《社會組織與經濟組織理論》等書。他提出社會學就是理解人的行動的科學。他說：「社會學是力圖理解和解釋社會行動的一門

科學，目的是對社會行動的過程和後果作出說明因果的解釋。」他把社會
行動分為四種類型：

1. 與目標相連的合理的行動。
2. 與價值觀相連的合理的行動。
3. 情感的行動。
4. 傳統的行動。

他提出現代社會的結構，是合理的組織和科層制。所謂科層組織制
度，就是分級分部門分職責的組織管理制度。這學派注重社會現實問題的
研究，在調查研究方法上也有自己的特色。對現實問題進行調查研究，以
後成了社會學的一個重要內容。

科際整合的階段

社會學從本世紀四十年代開始，進入發展階段。第二次世界大戰以
後，社會學迅速地向縱深發展。由於戰後社會的新情況，社會學的研究領
域不斷提出新的研究課題，如工業化社會的基本特徵、科學技術發展的社
會意義、工業化和經濟增長過程、工業化和環境保護、社會老年化、資本
主義社會的發展前途等問題，都成為社會學研究的領域。當代西方的社會
學不斷出現新理論，產生新學派，如生物學學派、地理學派、心理學派、
社會行動學派、結構——功能主義學派、比較歷史學派等競相興起。其中
結構——功能主義學派的影響最為深遠。結構——功能主義學派把結構和
功能聯繫起來，重視社會和社會制度之間的相互關係。帕深思和墨頓是這
個學派的主要代表。帕深思著有《社會行動的結構》，墨頓著有《社會理
論與社會結構》。現代科學發展的重要趨勢之一，是學科的交叉結合。社
會學和其他學科的整合，是西方當代社會學發展的新特徵。社會學和經濟

學、政治學、法學，心理學等一系列學科，進行科技整合用社會學的理論和方法去研究其他學科的問題。這種研究導致了經濟社會學、科學社會學等一系列新學科的產生。在當代西方社會學發展過程中，馬克思的社會學思想越來越受到重視，雖然他們不贊同整個馬克思主義的思想理論體系。但其若干論點，卻受到社會譽者的熱切討論。

二次大戰以來各項社會科學研究的突飛猛進，理論的層見迭出，發現的繽紛雜陳，均使社會學的內涵日新月異。但是我們從一項追求社會科學的統合（integration）和科學化的運動中，可看出社會學的演化；這個運動便是行為科學學派（The Behavioral Science Approach）。對於行為科學的發展，真正形成一種旗幟鮮明的運動，恐怕要歸之於一九四九年在芝加哥大學校園中所舉行的一次科際性（interdisciplinary）的會議，據美國學者米勒（James G. Miller）的報導，當時與會學者討論我們是否有足夠的既存的科學知識，來發展出一整套關於行為的一般性理論；這些理論必須要能夠用經驗性資料來判定真偽（empirically testable）。這群在芝加哥集會的社會學科家們，經過多次討論逐漸獲得四項結論，這些結論持續影響至今：

1. 理論的肯定及證明必須要靠公眾均能觀察了解的客觀事實，而不能靠學者一己的經驗。
2. 大家必須儘可能地用數量化的方式來陳述假設（hypothesis），俾其能夠加以精密的檢驗（precisely testable）和修正。
3. 儘量使各種陳述（statement）趨於精確，以便能用嚴密的試驗加以肯定及否定。
4. 使用自然科學家所慣用的「公分—克—秒」製作為度量的工具。

縱觀社會學的發展歷程，可知社會學興起於十九世紀三十年代，已歷經創始階段和形成階段，正處於發展階段。

社會學的性質

「社會」一詞在我國古代文獻中早已出現，如唐代有「村閭社會」，宋代有「鄉民社會」的文字記載。不過，我國古籍中的「社」是指土地之神，或祭祀之所，「會」是指集合，社與會連起來使用是指在節日裡某個地方舉行遊藝集合、祭神的慶祝活動。「社會」一詞已成為人們廣泛使用的一個用語，其含義也與我國古代文獻中的含義迥然不同。現今對「社會」的定義，可分為廣義與狹義兩種。廣義的社會：是指人類關係的體系，包括人類所有直接的和間接的關係而言。它的範圍可大可小，大至包括全人類，小至幾十人所組成的鄉村。狹義的社會：是指一種特殊的和比較具體的人類結合而言。凡是一群人有某些共同的觀念、態度、和行為習慣，或是在一塊共同生活的，都叫社會。如果依據社會學家戴維斯（K. Davis）的說法則「社會是指社會關係的體系。」

社會學對社會的研究包括下列幾項基本概念：

1. 人類社會是建立在一個自然環境上，人於這自然環境的適應會影響社會的生存與延續。
2. 所有的社會都有其律法與常規，人們的行為是有其一定的形式，並經由社會化過程用以規範人們彼此的互動。
3. 個體行為深受團體之影響。因此，不同的社會有不同的行為模式。
4. 人創造社會，亦為社會所約束。
5. 社會規範有些是在無意中產生的，有些則是人們刻意設立的，用以範定人們的行為。
6. 社會學研究的對象，包括：社會規範、信仰與價值。社會學的主題

著重於個人與社會結構兩者之關聯。

7.社會學對社會現象的解釋只不過是所有解釋的觀點之一。

　　換言之，社會學是通過人們的社會關係和社會行為，從社會系統的整體的角度來研究社會的結構、功能和社會現象發生和發展規律一門結合性的社會科學。社會學既是以科學方法、客觀態度來研究人類社會之起源、發展、結構、功能及各種社會現象、社會關係、社會制度、社會互動、社會組織、社會行動、社會系統、社會行為等交互關係的科學。就其性質概可分為下列數端：

強調實證經驗的科學

　　現代的社會學早已脫離單純的哲學思考，而是經由實證性、科學化以建構其理論。社會學的理論建構，係經由研究者對社會現象加以探討，然後抽離出其中的原理原則。社會學研究者在探討社會現象時，採取實證性及尊重事實的態度，擺脫哲學思辨與特定的思想邏輯的束縛，此種做法，對於社會現象得以採客觀的科學方法進行探討。使得社會學有助於將分析現實社會所得的成果，進一步用於解決現實社會上所發生的問題。社會學者所獲得知識，是必須經由所蒐集的資料，從事嚴謹的構思，再將這些構思出來的原理原則，和現實的社會現象印證，加以理解、說明、並加以預測。

著重科學方法的科學

　　社會學必須經由科學的理論做引導，以科學的方法，蒐集社會發展的資料，並從事經驗性的驗證，無論是來自演繹或歸納，均需經由一定的程

序整合而成。其過程和自然科學完全一樣，經由「理論」、「假說」、「觀察」、「經驗法則的一般化」等過程孕育而成。

社會學既然被視爲科學的一個領域。當然在探討知識的過程中，也就必須具備下列的要件：

1. 社會學所提供解釋社會現象的原理原則，爲可驗證的知識。也就是其所建立的經驗法則，可經由不同的角度加以檢驗，於不同的時空，不同的人員操作，仍然得到同樣的結果。

2. 社會學的知識應建立通則化，以期適用於解釋社會現象。因此其所建立的法則，單純的僅止於單一事件的記述，而是對於人類社會現象從事一般「法則性」的建立。

3. 社會學的知識要能體系化。一個社會現象的發生與變化，往往不是由一個因素所促成。當中因素或許相互關連，形成一種社會關係網絡，因此社會科學者往往將幾個假設命題，綜合的加以關連，以分析社會現象的因果關係。

因此社會學對於它所研究的對象，除了採取嚴密客觀的觀察之外，對所設定的命題，必須透過驗證的手續，才能確立其法則。如果脫離了科學驗證的程序，則社會學的知識，恐將無法建立原則性，而且無法併入科學的行列。今日社會學的知識被應用在社會上各個領域，也是基於社會學具有科學性，所獲取的資料足以採信的緣故。

運用量化處理的科學

社會學者對於社會現象的描述，採用語言文字加以叙述，乃是我們熟悉的方式。但近年來社會學隨著研究工具的逐步發展，更趨向於量化研究，對於社會現象用數字加以表示，朝統計、計量、數理的方向發展，成

為重要的趨勢。

注重科際整合的科學

社會現象的研究，同時參酌相關學科的實證知識，以科際整合的方式，提高研究水準。社會學所探討的對象當中，如果是屬於過去社會的社會事實，則在研究的方法上則借重歷史學的知識，一如歷史學者在面對著史料一般，經由過去史實的發掘，以便對過去社會所經歷的社會歷史現象，賦與新的解釋。社會學在此情況下，參考歷史學的實證經驗知識，使得社會學研究人類社會的時空更為寬廣。

強調理論建構的科學

對於社會學來說，除了需要經由實證的過程，以檢驗資料的可靠性之外，將資料做合理解釋也是不可或缺的過程。社會學對於社會現象所做的說明，並非僅對現象進行敘述而已，而是更進一步闡明型塑社會事實的各因素間的因果關係，並經由理論命題的假設與概念的設定，以嘗試社會學理論模式的建立。

社會學既為一門科學，其基本目標與科學的一般目標是相同的。這個目標包括描述、解釋、預測與控制：

1. 描述：能對繁複的社會現象抽絲剝繭，以幫助人們真實了解其內涵。
2. 解釋：經由所蒐集的事實及對事實所作的系統分析與分類，達成某些概念間關係的一般性解釋或說明。
3. 預測：經謹慎觀察特殊事件，從而建立通則，然後再以此通則來解

釋個別發生的事件，並經由這些事件來證實該一通則。

4. 控制：社會學家也是公民，對所處的社會像其他人一樣充滿著關
懷。因此，可以藉助對分析社會現象的特殊才能，協助社會實現它
的目標。

按照科學探究的步驟來說，社會學的觀點可分為兩方面，一是分析
的，二是綜合的。

1. 分析的：即站在客觀的立場詳細分析問題或現象，以便找出構成它
的各種因素以及它們彼此間的關係。

2. 綜合的：社會是一個整體，因此研究時，要從多方面來考察而且要
將之綜合起來，以了解事實的真象。

社會學在現代學術領域中扮演著重要的角色。經過社會學有系統的檢
證，人們得以明白社會現象的真實面貌，並且經由知識以提供解決社會問
題的有效方案；另外，社會學亦協助人們建立周全的政策以為社會發展的
基礎。這些目標彼此交織不僅有助於社會的建構，也同時是社會學進步的
動力。對於社會學來說，除了需要經由實證的過程，以檢驗資料的可靠性
之外，對於資料做合理解釋的要求也是不可或缺的過程，因此理論的研
究，對社會學知識體系的建立也是非常重要的工作。社會學理論的建構方
式，可以經由幾個方式加以達成，但是理論的研究若能經由實證的方式進
行，將是最理想而深受期待的方法。由於社會學對於社會現象所做的說
明，並非單純的僅對現象從事叙述而已，而是更進一步闡明型塑社會事實
的各因素相互之間，彼此的因果關係，並經由理論命題的假設與概念的設
定，以嘗試社會學理論模式的建立。

社會學的重要思想家

　　社會學的開創與發展固然有其歷史背景及因素，但亦與社會學家的思維與理論建構息息相關。這些重要且深具代表性的學者包括：

聖西門（Saint－Simon，1760～1825）

　　法國在大革命之後，政治方面處於不安定的狀態，社會方面因傳統的社會秩序，遭受破壞而解體，新的社會秩序又正面臨重建的青黃不接的時期，社會極端混亂，經濟方面則受到英國工業革命影響的重大衝擊，法國社會可謂面臨著必須重建的重要階段。此時社會思想者，為著使法國社會恢復秩序，提出各種學說，當中之一即為聖西門。他於美國獨立戰爭時曾經渡海到美國，在華盛頓手下參與獨立戰爭，此期間自己母國法國正好發生革命戰爭，使得本身原本得以繼承的世襲財產（封建領地），遭受到被沒收的命運，但他本人仍然樂於見到法國革命的發生。在法國他是一位伯爵。主要著作有一八三九年的《工業論》。他學習當時學術界堪稱最興盛的物理學，以期透過社會的研究，來幫助政治的實踐。在研究方法上使用客觀、經驗科學的方法，由此研究所得的社會學理論，稱之為「政治物理學」，他認為未來的社會可以經由產業界與學者的合作，建立「工業制度」之社會。他提出工業主義，實證主義，以及社會生理學等概念，對社會學的成立有很大的貢獻，他也是社會學者孔德的老師。

孔德（Auguste Comte，1798～1857）

　　他生於法國，十八歲進入巴黎理工科大學就讀。此期間體驗拿破崙百日政權的建立與解體。及經歷了一八三〇年七月革命與一八四八年二月革命的社會混亂時期。孔德被稱為「社會學之父」，是因為他於一八三九年率先提出社會學一詞。該詞彙是孔德在《實證哲學講義》第四卷中，把表示「社會」的拉丁語" Socius "，與表示「學問」之希臘語" Logies "，兩者聯合起來創立了" Sociologie "的新詞彙。年輕時師事聖西門，協助其師進行研究。一八二四年離開他的老師，於一八三〇～一八四二年發表《實證哲學講義》一書。運用實證主義的方法，對於社會的重整進行研究，並且進一步將社會學的內涵加以體系化。他生長於法國大國命之後，當時社會出現持續混亂的局面，使他深切的體驗到，為了克服十九世紀初期的社會危機，重建法國的社會，必須使用實證方法，以科學的方式提出有效的解決之道。孔德的社會學在方法上採用實證主義。實證主義為自然科學所普遍採用的方法。依孔德的說法，實證的內涵，具有現實性、有用性、確實性、正確性、建設性、相對性等六種意義。這些意義是孔德為了法國社會的重建，所提出來的新觀念。孔德的實證主義同時也受到歷史的觀點所影響，因此他認為人類的精神，經由神學、哲學、科學的三個階段向前邁進。而對應此三種階段的發展，是以軍事型、法律型、工業型的社會型態。此即他所提出的著名三階段法則。孔德基於此種觀點，以確立現代社會的特質，並企圖對未來社會加以預測，而逐漸提出社會重建的計劃方案。同時他認為所有的知識，依據它的複雜性，在到達實證階段的過程中，並非同時到達，而是有其位階性。這些學科依序為數學、天文學、物理學、化學、生物學、社會學的順序，而社會學位居於這些學科的最高頂點。因此社會學較之前述所列舉的學科更具複雜性，該學問是研究社會現

象的科學。由於人類社會的所有現象均極富變化性，並且會隨著世代的不斷交替，使一個社會出現快速、連續性的進步。因此社會學和自然科學一樣，同樣地脫離了目的論與絕對論的觀點，在方法上除運用觀察、實驗、比較的各種方法之外，社會學也採用歷史研究法，以研究人類社會連續性發展的軌跡。

孔德社會學的主要內容，由社會靜學與社會動學等二種部門所組成。社會靜學的學說內容，主要在於闡明社會秩序的原理，使用社會有機體理論，分析社會的結構。社會動學的理論，則著重於說明社會進步的法則。將知識進步的三階段法則，用以說明社會變遷。孔德對於社會有機體的論說，雖然以個人、家庭、社會等不同的層次加以把握，然而他認為家庭乃是社會最基本的單位。孔德認為一個社會，如果精神狀態持續在混亂的情況下，若要直接經由政治的手段，進行社會改革，則很難達到社會重建的目標。因此一個社會在進行重建之前，必須是要先針對社會成員，提供科學的認知。他認為一個社會要重新達成整合組織，必須基於社會整體的觀點，提高連帶意識方克有功。孔德不認為組成社會的各個部門，是各自分散地存在，因而主張這些組成全體的各部門，必須在全體的關聯之中加以連結。

馬克思（Karl Marx, 1818～1883）

馬克思於一八一八年生於德國。曾醉心於伏爾泰、盧梭、洛克等思想家。馬克思天資聰穎，一八四一年由耶拿（Jena）大學獲博士學位，與普魯東、恩格斯等人結識，並與恩格斯創立共黨同盟。馬氏著作甚多，包括：《共產黨宣言》、《政治經濟批判》、《資本論》等。馬氏思想以經濟為重心，他認為，整個社會組織係由經濟狀況所決定，一切人類意識與制度只是經濟狀況的反映。在這種以經濟關係為基礎的社會上，再產生法

律、政治、文化等上層結構。同時，社會亦配合此種經濟結構，產生相適應的社會意識。換言之，物質生活中的生產方式決定社會的、政治的、和精神的生活之一般性質，不是人們的意識決定它們的生存，相反的，是它們的社會生存決定其意識。而整個社會結構，隨著經濟基礎之變遷而改變。馬克思相信，人類的觀念、信仰、價值與制度等，大體上都是經濟狀況的反映。愛爾華（C. A. Ellwood）稱此學說為「經濟決定論」。

馬克思認為，階級鬥爭是人類歷史上一普遍現象，任何一個時代皆然，歷史的演化即鬥爭的結果。至於如何推翻壓迫階級，其方法是被壓迫階級的革命。當勞動者自己取得並管理一切生產工具之後，社會上將無剝削之事，人類社會將變成無階級的社會；這是其理想社會的遠景。關於 K. Marx 社會學的一些基本特徵：

1. 是採取辯證法的思想方式：認為因素和因素之間是一種相互的關係，因此對於問題的探討必須是採取較廣泛而非單一因素，非以片面的來看問題。是一種重視批判和理論實踐的社會學者。

2. 是採取結構和鉅觀的觀點。

3. 採取價值中立的態度（value–free）：欲價值中立並不容易，但是正因為研究對某些問題無法完全價值中立，而產生人們對某些問題研究的興趣。

4. 有關理論和實踐統一的觀點：認為當時社會現象的研究，這種研究產生的理論必須是能夠運用於解決當時的社會問題。而反對理論是為政治或其他權威者御用的幌子。並且這些理論的研究必須是與該時的社會現象相結合。為此，Marx 對社會現象的探討具有濃厚的批判性。

5. 有關批判的態度：對社會現象的探討，並非只是看到其表面的現象，而被浮面的現象所圍限，而是以批判的眼光，深入問題的內涵

加以探究。

例如：對當時社會工人在資本主義下討生活，運用其犀利的眼光，指出工人錯誤的意識，以企圖導引問題的實質內涵。運用這種批判態度，使人們免於錯誤的認知。

6. Marx 對於衝突論及社會變遷的看法：Marx 認為社會衝突的根源來自於經濟因素，這是社會變遷中無法加以避免的，因為社會變遷的過程中，衝突乃是一種正常的現象，這使得原有社會走向毀滅的途徑。

例如：資本主義社會中，資本家以剝削手段，壓榨勞工取得利潤，這註定要引起革命（這種革命使舊社會走向毀滅）。

7. 資本主義社會本身就是一種強迫式的關係結構，這表現為資本家對勞工的壓制。因此必須是使得社會走向社會主義，社會才能使人們獲得解放。

8. 社會及歷史的取向：Marx 是採辯證的觀點來看社會現象，因此對於社會現象的研究亦採取歷史的觀點加以考察，以期獲得對社會全面的認知。其採用歷史觀點，是認為以往的制度是會影響當事人，而當事人必須運用社會運動來革除這種束縛，同時 Marx 亦認為下層結構的意識會反映到上層結構。而社會位置的差異，亦形成不同的階級意識等。

史賓賽（H. Spencer, 1820～1903）

史賓賽為英國人，在史氏出生前二、三十年的歐洲，正是自然科學興起的時代，著名的達爾文（Charles Darwin, 1809～1882）創立了物種起源論，亞當‧史密斯古典經濟學理論也在此期間發表。於一八五〇年出版的《社會靜學》一書中，展開了對於社會學所從事的系統性探討。

史賓賽所持的基本觀點為：我們所能夠了解到的世界，主要是經由經驗、觀察、接觸的世界；超越此範圍的深奧世界，則為所謂「形上學」的世界，屬於絕對無法瞭解的「不可知的世界」。我們對於世界的根本存在（神、或者絕對者）無法完全地瞭解，這些範疇必須委由宗教的領域加以探討。他認為社會為一個生物有機體，個人和社會的關係，有如細胞之於生物體。他的主要著作，《綜合哲學體系》從第一卷的「第一原理」開始，接著的「生物學原理」，「心理學原理」，「社會學原理」，「倫理學原理」等，其全體思想，均採進化論的立場。

將社會學分為社會靜學與社會動學二個部門，前者為處理秩序，後者為處理進步的學問。和孔德相比在時期上稍晚的史賓賽在其龐大的哲學論述中，也經由「社會靜學（社會結構理論）」與「社會動學（社會變遷理論）」二種體系，構築他的社會學體系。但是所不同的是史賓賽的社會動學，在社會進化論說中加以探討。史賓賽認為社會係經由軍事型社會（原始社會）往產業型社會（近代的商業社會）改變，以達成社會的進化。他也經由與生物有機體的類比，將社會視為超越個人存在的有機體，而提倡社會有機體說（ social organism ）。

史賓賽主張社會和生物有機體一樣，在其成長的過程當中，隨著結構的複雜化、功能的分化，各部門相互依賴的程度加深，即使組成單位的部份受到破壞，但是全體依然存續。再者他的觀點受到生物進化論的影響，認為人類社會的發展，係由同質性往異質性改變，而提倡由單純社會往複合社會發展的社會進化論。對於社會進化的內涵，如以支配社會活動的主要內容，加以分析的話，則認為社會由軍事型的社會往工業型的社會改變，為必然的趨勢。史賓賽早在達爾文之前即已提出進化的概念，但當達爾文《物種的起源》一書出版之後，再度援用他的自然淘汰說，進一步將自己的社會進化說加以精緻化。史賓賽提出社會進化的原則是由單純社會往複合社會，形成著稱的社會進化論。

史賓賽為有機體論最傑出的代表者,但是他認為個人與社會之間的關係,應把個人的存在視之較社會優先來考慮。亦即社會的成立是為著個人的需要而存在。也唯有在此情況下,社會的存在才有價值。因此他主張應採取個人主義的自由主義立場。由此可知史賓賽與孔德的社會學,雖然都是由社會靜學與社會動學所構成,但是二者在思想的取向上有很大的差異性。孔德把家庭當作構成社會的基本單位,重視社會的整體層面。而史賓賽則以個人為社會的單位,從自由主義的立場建構社會學。史賓賽認為社會和生物有機體的根本差異性,在於構成社會要素的個人是具有各自意識的自由主體。在工業型社會中,主張個人應增加其自由度,國家對於國民的活動不應加以干涉,並保護其應有的權利。他吸收當時普遍流行的自然淘汰或適者生存的原理,強調生存競爭為社會進化不可或缺的的手段。

達德（Jean Gabriel Tarde, 1843～1904）

達德對於社會的考察,採取徹底的個人主義立場,因此對於個人與社會的關係,特別重視以個人為分析的單位。涂爾幹認為個人如果在沒有拘束的情況下,無法過著實際的社會生活。個人日常生活的營生作為,為社會拘束力的一連串結果。他對於涂爾幹所提倡的此種社會意識,對於個人所造成拘束力,在經驗上持反對的看法。達德認為社會生活的變化、習慣、制度等的改變,乃是個人透過努力,從事改進、創造所獲得的結果。該觀點也是達德主張應重視個人層面的依據。在他所著一八九〇年的《模仿法則》一書中,提出對社會的看法,他認為社會只不過是個人與個人之間暗示與模仿的結果,「模仿才是社會現象本質的特徵」。而「模仿」有二種型態,其一、為超越時代的模仿,其具體的表徵為「傳承」,其二、為同時代的「流行」與「習慣」。

他利用反覆,對立,順應的概念對宇宙現象從事說明,而對於社會現

象的說明則採取模仿，對立，發明的概念。他認為個人在社會生活中，最初的生活階段以模仿為起始，由此構成社會現象。個人生活於社會之中，雖然會受到社會意識的拘束，但是相對的個人亦可經由此意識的指引，透過學習的過程，將前人社會活動所獲得的知識加以累積，進一步作為生活的經驗。個人在日常生活當中，即依照既定的習慣從事生活，對曾經經歷過的嘗試錯誤加以記憶。依據既定習慣以從事生活之意義，即意指依照模仿所產生拘束力的原理。但是個人在日常生活當中，依據模仿原理所得的成果，如果不能達到滿意時，就會採取另一種態度，此種態度的典型代表即為反對，所謂「反對」它的具體內涵則為懷疑。懷疑的態度一但出現，則足以動搖人類的精神，因而促使人類從事創造發明。人類歷史便是此種創造發明的成果紀錄。達德認為個人的發明之所以會被模仿，在於此發明的內容，有助於個人對社會的適應。由於達德特別強調個人的獨特性以及創造力，因此其學說中出現個人主義思想。

涂爾幹（Emile Durkheim，1858～1917）

涂爾幹吸收孔德實證主義的思潮，發表了《社會分工論》（1893）、《社會學方法規則》、《自殺論》（1897）等著作。他認為「社會的事實」雖然是心理的事實，但是不能用個人的心理加以說明。因為它是由集體意識所產生的集體象徵，而外在於個人的心理，對個人產生拘束，這才是社會事實。涂爾幹把社會現象當作社會的事實來看待，認為必須把它當作具體的事物加以考察。對於社會事實的理解，必須去除主觀的先入為見，而以客觀的自然科學方法，來加以處理，以了解社會事實相互之間的因果關係，以進一步尋找出社會的法則。涂爾幹認為社會的存在擁有多種層次，而這些層次均各具有獨立性，依據這種觀點，認為社會現象不能還原到個人的單位來探求。當個人在從事團體生活時所出現的行為，與個人

在獨處時的狀態迥然不同，此時是以集體為參考架構而採取行為。涂爾幹認為此種外在於個人，並對個人加以拘束的集體意識，才是社會學探討的主題。而個人與社會之間的關係，他主張社會優於個人。他探討社會意識這個主題，並據此對於型塑人類行為的社會規範：習慣、法律、道德等進行廣泛的研究。尤其將自殺當作社會現象加以探討，使用統計的方法，闡明其中的因果關係的研究意義，被當作社會事實研究的典範，直至今日，其所顯現的重大意義，仍受人尊崇。

涂爾幹有關社會分工的看法，其著有《社會分工論》（*The social division of labor*），認為社會的發展是源自於社會的分工所造成，即如「人口增加→人與人的物理距離縮小→社會互動增加→社會密度增加→人的競爭增加→產生分工」。至於社會發展的類型，是以社會連帶（social solidarity）為區分，包括：機械連帶的社會（mechanical solidarity society）和有機連帶的社會（organic solidarity society）。兩者的特徵為：

1. 社會組織：由「分工程度低，生活方式雷同，集體意識強，文化規約大，信仰共同，利益共享」到「分工程度高，生活方式相差大，個別意識強，文化規約小」。
2. 社會特徵：「相似性」（similarity）到「依賴性」（independence）。
3. 社會規範：「壓制性的社會規範」（repressive law）到「賠償性的社會性規範」（restitutive law）。

涂爾幹對於當時的資本社會，自由主義並不以為然。因為造成了社會凝聚力的潰散。

涂爾幹的另一重要的著作為《自殺論》（*Suicide*），於該著作中其強調：個體的行為受到社會的影響相當深遠，是以自殺並非僅是受個體影

響主要的為社會的影響。是基於社會整合的關係以說明社會上的自殺行為。自殺的類型分為：

1. 個人主義的自殺（egoism）：是個人利益重於社會利益，以個人為重的，由於覺得生命缺乏意義的自殺行為。
2. 利他主義的自殺（altruism）：是一種自願式，以團體為依歸出發的自殺行為，以利團體生存。
3. 迷亂（anomie）：是源於規範的失序和混亂而造成，使人們無法依從於規範行為。
4. 宿命論（fatalism）：源於認為人們無法決定其能力和權力，而是受命運、環境支配的自殺行為。

杜尼斯（Ferdinand Tönnies，1885～1936）

杜尼斯受到亞當史密斯（Adam Smith）與與馬克思的影響，樹立獨特的社會學說。杜尼斯的主要著作《社區與社會》（1896）一書，使用對照的概念。此書使他名登社會學史之榜。他所使用的書名《社區與社會》已成社會學的一種概念，而廣泛的為社會學家所使用。

杜尼斯的學說是由意志論的立場，進行兩概念的分類。也就是說，他將人群的意志，分為「本質意志」（wesenwille）與「選擇意志」，前者為「固有既定的思維左右個人的意志」。後者為「個人在自己自由的意志下，從事思維」。本質意志可說是人群自然所具有的意志；相對的，選擇意志則表現在個人人為目的取向的意志。杜尼斯將依據本質意志所形成的社會（集團），稱為「社區」，而基於選擇意志所形成的社會稱為「利益社會」。屬於社區的範疇，可分類為家族、民族、近鄰、都市、敎會等，利益社會則舉出大都市、利益社會本身的各種結社、國家、世界等。而人

群結合的本身即爲社區的目的，其成員爲基於情感而相互結合，是一種實存的有機生活體。相反的利益社會中的個人，基於個人需要的目的而結合，其成員結合的基礎是依據利害成立。

　　社區與利益社會的區分，爲社會（集團）結合形式的一種分類，也是社會（集團）本身的分類，爾後此種區分，成爲團體分類的先驅。再則，此種分類，也顯現了社會的發展模式，由社區往利益社會轉變的社會歷史過程。杜尼斯把顯現出利益社會典型的市民社會，看做是商業社會。而對其中的成員所出現競爭、鬥爭的日常化，導致人人陷入相互的對抗關係，加以批判。他主張經由有系統的方式，將社區與利益社會加以統合，以嘗試克服社會的危機，而提出勞動者的「協同組織」，也因此使杜尼斯成爲著名的傾向於社會主義的社會學者。

韋伯（Max Weber，1864～1920）

　　韋伯出生於德國，爲德國最偉大的社會學者。他認爲社會學主要的課題爲「社會行動」的探討。社會學者在於經由理解的方法，對社會行爲加以了解，以闡明其中的因果關係。因此韋伯的社會行動研究也被稱爲理解社會學。而社會行爲爲行爲者經由思考的過程，所表現出來的有意義行爲。當社會學者對於人們的思考過程，從事理解時，即針對社會現象中，社會成員所見、所聞、所閱讀等的內容，所內含的思想、感受，所表現出來的行動，在現實的層面上加以理解，對於此思考所具有的意義，往往追溯到行動者內在的動機、原因的層次，然後對此意義加以說明。社會學即爲對於行動者所表現的有意義的行爲，追根究底到隱藏在背後的原因、動機層面，理解當中原因與結果之間的關係，以便對社會從事說明的科學。

　　韋伯提出理想型的概念，做爲說明社會行爲時的方法。依據此種理念型的概念，從事社會行動的實際型態分析，以理解社會文化現象中，因果

關係歸屬的方法，其性質可分爲四種類型：⑴目的理性⑵價值理性⑶情緒性⑷傳統性；他使用這些概念，從事分析時，諸如，提出「目的理性行動」或「價值理性行動」等概念，並不是對於人類行動的本身，一成不變的加以描述，而是對於實存現象的基本要素，單方面加以強調，對於次要的因素加以捨棄，經由研究者構思之後，在邏輯上沒有矛盾的情況下，加以強調提出。由此對於研究探討對象的行動者，在態度上依哪些原則，以從事行動，研究者事先加以理解，接著加以思考體驗之後，所構成的新概念。

　　他的研究論文集中於一九〇四年以來在其編輯的《社會科學的雜誌》。諸如：發表《新教倫理與資本主義精神》，《世界諸宗教的經濟倫理》，《經濟與社會》，《經濟史》等著作對社會學有著深遠的影響。有關《基督教倫理與資本主義的精神》一書的主要內容爲：

1. 源於對西方經濟動力之源的探索。
2. 方法：先前採取一般元素（文化、經濟行爲、職業、種族……）的探索，並無法獲知，其後則採「宗教」的觀點。
3. 發現：喀爾文教派之信徒在經濟行爲上的優秀表現，係源於：
   ⑴資本主義是建立在一種合理的經營和勞資關係，喀爾文信徒具有此種態度乃源於其認爲「上帝有決定之權力，且不受任何干涉影響，以決定孰能上天堂。」信徒爲了能上天堂，因此採「禁慾」觀念，將經濟上的利潤轉爲投資，勤勞檢樸、、不浪費、不揮霍，以期建立合理的經濟行爲，榮耀上帝，並期望獲得上帝之榮寵進入天國。這種動力引發喀爾文教徒建立資本主義的理念與作爲。
   ⑵因宗教的信念，導引到經濟行爲的「理性化」作爲上，即追求目的和手段的合理計算，即爲資本主義精神。

(3)宗教對經濟行為的指引，並非直接的，而是一種微妙的、迂迴的「轉折」過程。

(4)這種資本主義精神在開始確實影響西方經濟行為甚薄，但是經過三、五十年，也漸為「世俗化」的經濟理念，影響人們對資本主義的追求，甚於執著於基督教的倫理觀。這也是韋伯認為許多理念的建構於完成後，其後反而成為人們必須遵行的「牢而不破」的框架。

4. 特色：

(1)韋伯將宗教和經濟行為的連結，以建立其間微妙的關係，可以說是一種「了悟社會學」的方法。另外，其運用「理念型」的法則，是一種由經濟研究中，抽出一些概念以建構一種社會學理論的方法，也影響著社會學的發展。

(2)在宗教與經濟之間的關係建構過程中，同時韋伯亦研究中國宗教（道、儒、佛……）印度宗教等，但卻未有顯著的影響。

(3)韋伯的宗教影響資本主義精神，對於馬克斯的「唯物論」，具有刺激作用，因韋伯是以較唯心論的觀點來看社會經濟行為。

(4)韋伯在建構其「宗教與經濟行為」時，並非是採取一元論，而是一種相對的論點。

(5)韋伯對社會的看法，採取了「理念」和「利益」的觀點，以客觀方式尋求社會現象，並抽濾出若干組成其意念，這便是一種「理念型」的研究方法。

有關韋伯的《社會科學方法論》一書，則有下列特質：強調運用「價值中立」的看法以反駁歷史學派的看法──不同意歷史學派後一階段較前一階段為高的看法，認為研究者應該嚴守「價值中立」的原則，以探究社會現象，而不宜注入濃厚的個人意念，以診斷社會現象。價值與事實的劃

分為：

1. 實然面與應然面的區分：
   (1)實然面是指實際的現象。應然面是指應該是如何。
   (2)在科學研究中「價值判斷」和「事實判斷」應該加以劃分。
2. 科學研究中，對象的選擇會受到「價值判斷」的影響。
3. 科學研究中，對於事物的探求，卻必須嚴守「價值中立」的態度，擇取事物的真實現象。就此點而言，自然科學和社會科學在態度上、精神上應該無所區分。
4. 認為社會科學不僅是要用來「理解」人文現象，更是能「說明」該現象。
5. 「理念型」是一種由價值觀念建立起來的思維圖像，是觀察者經由觀察以抽取某些特性，加以建構而成。其目的是以簡單的概念來看複雜的現象，同時使我們得以分別事實與想像之差別。

至於韋伯對社會科學的貢獻，包括：

1. 關於知識方法論
   (1)探討了自然科學和社會科學在知識類型，認知論上的區別。
   (2)社會科學是對歷史事件的理解和對人類行為的了解。
   (3)科學的目標則是追求對現象的普遍法則。
2. 關於科學方法論
   (1)建立了「價值關聯」與「價值中立」的觀點。
   (2)價值關聯：是指研究主題的選擇具有「價值關聯」。
   (3)價值中立：是指對社會現象的探求，研究者必須保持價值中立，使得事實能獲得澄清。
3. 有關研究方法論

(1)建立「理念型」探究事實的方法，這種方法如同是一「量尺」使得社會科學家經由此得以客觀的量度獲得對事實的探討。

(2)這是一種經由事實的經驗研究抽濾其概念組成，用以對事物的判斷和量度。

(3)說明性的理解：理解是把握事物的主觀意義，但是具有說明性。

(4)韋伯的這些研究方法後人稱之爲「詮釋社會學」。

辛邁爾（George Simmel, 1858～1918）

　　辛邁爾認爲，社會學並沒有涉足經濟學、倫理學、心理學和史學的研究領域。社會學要研究的重點是各種相互作用，正是這些相互作用構成了政治的、經濟的、宗教的、性的種種行爲。他認爲，只有把大量性質不同的人類現象，和同一形式概念聯繫起來，才能獲得正確的認識。

　　辛邁爾運用辯證法闡釋社會團體之間動態的互相聯繫和衝突。通過研究，他強調了個人和社會之間的聯繫和衝突。他認爲個人是社會的產物，是社會過程的環節。全部生活內容即使完全可以在社會歷程和相互作用的意義上研究，也必須同時從特殊性，即從個人經驗的角度出發認識全部生活內容。辛邁爾認爲，社會化了的個人和社會總是保持著一種雙重的關係：個人被結合在社會裡面，又和社會相對立；是社會裡的人，而同時又是社會外的人；他爲社會而存在，也爲了自己而存在。「社會人」不是「社會的」和「個人」二者簡單的相加。「社會人」的形成是由一個基本的統一體所決定的。我們只能認爲它是由兩個在邏輯上相互矛盾的決定因素組成的綜合體。人既是社會的環節，又是他自己本身；既是社會的產物，又是自主生活的產物。當一個人作出決定的同時，他已經被社會所決定；當他準備採取行動時，他只是按照社會的要求在行動。個人和社會之間的辯證關係貫穿於辛邁爾的全部社會學思想。每個人都被結合在社會關

係的網絡中，這是人類生活的必然命運。但是這又阻礙了自我的實現。社會既允許又阻止個性和自立的出現；各種生活形式既對個人產生影響，又允許個人特殊發展；同時又限制自發行為的自由發展。人只有在處於或通過符合社會制度時，才是自由的。但事實上，個人自由永遠受到這些制度形式的束縛。辛邁爾認為，完全協調一致的群體是不存在的。這樣的群體沒有任何生命過程，不可能變革和發展。他還認為，對凡是引起衝突的因素就否定，對凡是能達到一致的因素就肯定，這種看法是幼稚的。社會應該允許不滿情緒的發洩。這種不滿的發洩具有安全瓣的作用。如果沒有這種安全瓣，很多社會關係就不可能持久。社會總是衝突和協調這兩種形式相互作用的結果。這兩種形式都具有積極的意義。它們構成所有的關係，並且賦於這些關係以持久性。

辛邁爾嚴格地劃分社會現象和社會實際。他認為一衝突關係可能會被群體內外的成員看作是完全消極的因素。但分析表明，衝突關係卻往往有著潛在的積極的因素。只有逃避關係才可被看做是完全消極的。雖然對於群體中的某個人或某些人，衝突可能會使他們感到痛苦，但是相互間的衝突，又把他們連結在社會網絡中。辛邁爾認為，社會衝突必然涉及相互的作用，衝突是建立在相互作用而不是單方面意志的基礎上的。衝突有助於不同觀點和情緒的發洩，有利於建立更進一步的關係，還可以增強多方面在關係中的地位，從而提高個人的尊嚴和自尊心。由於衝突不但能夠加強已有關係，還有助於建立新的關係，因此辛邁爾把它看作是一個建設性的力量，而不是破壞性的力量。

辛邁爾認為，雖然人類創造的文化加強了人本身的控制，但是個人從契約的依附中得到逐步解放，是現代歷史的潮流。辛邁爾認為，在現代社會以前人類是生活在人數有限的、比較小的社會圈子裡。這些社會圈子不論是家族還是社會，不論是集鎮還是村落，都牢牢地控制著自己的成員，個人則全部身心投入到群體的生活中。因此，中世紀的組織形式控制了整

個人。它們不僅服務於客觀決定的目的，而且確實是把那些目標一致的人們組織起來的統一形式。在現代社會之前，協會並沒有特殊的功能，其目的也不是明確的。協會使個人結合起來靠的是相互間的依賴和忠誠。而且，在現代社會以前，從屬關係是典型地建立在個人完全被支配的基礎之上的。莊園主對於農奴來說不僅享有政治上的最高權力，而且還可以支配農奴人身的一切——不論是經濟、司法方面，還是社交方面。農奴則只能完全地依附於莊園主。在現代社會之前，個人被組織在以同一圓心而建立起來的社會圈子裡。他可以是行會裡的一個成員，而這個行會又屬於一個更大的行會聯盟。一個自由民長期生活在某個城市中，而這個城市又是屬於某個城市聯盟。個人和大社會圈不可能有直接的聯繫，但是作爲小生活圈的一個成員，又是包括在這個大社會圈裡的。一個原始部落不是直接由個人構成的，而是由氏族、家族和其他群體構成的，只有在這樣的群體裡，個人才是直接的成員。但是現代社會的組織原則和前現代社會根本不同：一個人可以同時是很多性質不同的集團的成員，沒有哪一個集團可以擁有和支配個人的一切。個人可以在性質不同的集團之間流動。衆多不同性質集團的出現是文化發展的標誌之一。現代人的家庭事務與他的職業和宗教是分開的。這意味著每個個人在衆多的相互交錯的組織中占有一個與其它成員不同的職位。一個人參與的群體越多，他在社會中的位置也就越特殊。一個人和其它的人可能同處於一個或幾個組織。但在這些組織的交叉點上，他恰好和另一個人處在同一個位置的可能性是很小的。當一個人從一個或幾個組織的成員轉變爲衆多組織的成員後，其個性也就改變了。個人具有多重的身份，個性已被高度地分化。在前現代社會，宗教信仰是由地域和家族所確定的。正因爲宗教團體恰好就是地方團體或家族團體，所以一個人是不能和另一個與他的宗教信仰不同的人生活在一起的。而在現代社會中，這種信仰的依附性已不存在了。一個人可能由於某種契約同鄰里聯繫起來，但他卻不一定和他的鄰居有共同的宗教信仰。但是，這並

不是說宗教失去它的作用，而是說宗教的作用更專一了。宗教信仰分化出來不再和家族和鄰里關係混在一起，反而更具有自己的特色。

在一個關係複雜的社會裡，人與人之間進行多方面的接觸、聯繫，對於提高人的自我意識是很有幫助的。當個人擺脫了小圈子的控制，其個性不再受到禁錮，因而獲得了一種解放感。與群體關係的減弱則帶來了一種獨立感和自由感。社會群體縱橫交錯是產生個性的前提。的確，人們現在更具有個性，而且有了更多的機會在不同的社會中流動。

在現代社會中，統治和服從的形式仍然有其新的特點。在現代無論何種統治在功能上都具有專一性，並侷限於特定的時間和地點。和莊園主比較，現代工廠主不能完全支配工人的個性，他的權力只限於在經濟上和勞動時間上行使。一旦工人們離開了工廠，他們就自由地加入到另一個社會組織的關係中。雖然在這些關係中他們可能處於從屬地位，而在另一些關係中，他們很可能又處於領導地位。這樣，不同的社會地位就相互補償了。根據這種觀點，演變就是從同質向異質、從共性向個性轉變，從個人由傳統的小範圍的預見行動向多重關係和開放性機遇的大範圍的活動的轉變。西方歷史的潮流導致了從地位關係到契約關係；從機械的團結到有機的團結；從妨礙個性發展的封閉社會發展到由有著多重複雜聯繫和契約而產生的個性和個人自治的社會。

索羅金（Pitirim Sorokin, 1889～1968）

皮季里姆·索羅金的社會學理論建築在社會靜態學（他稱結構社會學）和社會動態學這一區分之上。索羅金認為，人的交往過程涉及三個基本方面：作為交往主體的這個人；指導人的行為的意義、價值和規範；作為使意義和價值客體化的，並體現為一連串動作的運載和傳遞工具的物質現象。與韋伯相同，索羅金反對任何離開規範、意義和價值去研究人的事

務。他說:「捨去意義,所有的人的交往現象就變成僅僅是生物物理現象而已。」因此,索羅金的社會學思想強調文化因素的作用,這就是說超機體因素是社會行爲的決定因素。爲了理解作爲交往主體的個人和作爲交往總體的社會,我們必須記住他們是建立在文化這一基礎上的-這種文化是由交往中的個人所具有的、由物質的運載工具所攜帶的意義、規範和價值的總體所組成的,諸如禮儀用品或藝術作品,它們都表達了這些意義並使這些意義客體化。在分析社會交往的組成時,索羅金把未曾組織的、組織的和組織瓦解的形式加以區別。他討論了法律和道德控制的各種形式,並論及了社會交往的團結體系、敵對體系和混合體系,也論證了社會聯結類型:家族主義類型、強制類型和混合型的(契約性的)類型。在詳細闡明了社會交往中的不同類型後,索羅金又從功能聯繫和意義聯繫的角度對組織性群體作了分類。這裡,他考察了群體交往的不同強度和群體成員之間關係的親疏。進而他論述,群體可以是一種單一的聯繫,就是說這種聯繫只是基於某一種重要的價值(例如宗教群體、職業群體或親屬關係群體),群體也可以具有多重的聯繫(例如民族或社會階級就屬於這種群體)。此外,他又認爲,無論是單一聯繫的群體還是多重聯繫的群體都既可以是開放的,也可以是封閉的。對這些分類的構想無須作詳細的說明,因爲無論索羅金還是其他社會學家,在這方面所做的一系列工作還沒有具體結果。相反,他的社會變遷理論,以及社會流動和社會分層的理論應該受到充份重視。

社會學的研究領域

社會學的研究對象是社會,因此社會學的內涵就是以社會定義中所包含的各種特性爲共同的研究主題。而社會學的研究對象則廣泛到包括:家

庭、組織、團體、鄉村社會、都市社會、社會階層、國家與民間社會等各種社會形態，以及與此有關的社會與個人、社會與文化等問題。社會學研究的各個領域可以根據由上述內涵而形成的各種社會類型來區分。每一種社會類型都是社會學的一個研究領域。

　　本章引介日本社會學者富永健一的觀點，將社會學的研究領域區分如表，橫軸就其內容區分理論、實證、歷史、應用等四個部份，縱軸表示的是社會學的不同研究對象，依其特性可分為三類：第一，各種社會群體、組織。第二，各種地域社會。第三，各種文化領域。

　　社會學在理論的建構上，並不是只限於社會學的原理，而是涵蓋了對於家庭社會學、工業社會學、國家社會學、管理社會學、都市社會學、鄉村社會學、社會階層、經濟社會學、政治社會學、法律社會學、宗教社會學、教育社會學等理論的建構。社會學的理論研究一方面除了對社會學原理提出原理原則外，另一方面經由提出新的理論假設，並且把它同其它研究領域結合起來，同時進行跨越許多研究領域的理論整理。

　　這裡說的實證，就是指所謂經驗性的社會研究（empirical social research），其研究範疇是指蒐集對於社會現狀分析而言具有價值的資料，對它們進行分析，對分析結果進行彙整等工作。要蒐集資料自然要使用社會調查的方法，所以社會調查是這一領域內主要的研究活動。社會調查中有個案研究（質的調查），也有大量觀察（量的調查）。在量的調查中，資料蒐集之後還要進行資料分析。

　　社會調查中的個案研究大多是針對單獨個案進行長期觀察記述的性質；而大量觀察通常是測定各變量間有無相關性，找出變量間的函數關係等方式以得到一般性的結論。為了這一目的，資料分析的方法是不可缺少的。

　　第三是歷史。這是一種經驗性的社會研究，然而其研究的對象不是現在現存的社會現象，而是過去現象的情況。實證與歷史的區別僅在於做為

研究對象是現在的還是過去的。只有現在的現象才能夠經由調查來蒐集有關的資料。假如研究的對象是過去的社會現象，那麼即使是同樣性質的問題，也無法使用同樣的社會調查方法進行探討。如果要進行的是民國元年與現今我國社會階層的比較研究，就需要歷史學的方法。這種需要用歷史學的方法來驗證社會學的假說命題的研究稱為社會史研究。社會史根據其對象的不同性質可以有各種不同的類型，如：家庭史、組織史、都市史、鄉村史、階層（階級）史等等。社會史以社會學的概念為工具，以建立社會學的命題為目的，從而成為社會學的一個研究領域。

第四是應用。這是涉及與實踐有關的知識領域。應用是一種源自規範性的實踐。規範性的目的在於根據一定的價值標準對現實情況作出評價。並且建立對更理想的狀態提出政策性建議。

應用科學的研究是要建立有關事物的事實判斷，即辨別那些價值判斷是多數人所接受的，那些價值判斷是多數人所反對的；進而使我們能夠知道採用什麼手段才能實現這一目的。社會學的研究對象是社會，應用社會學的研究對象當然也是社會。應用社會學在今日社會中之所以日形重要，乃是因為現代的社會問題愈來愈多，也愈益嚴重，如果缺乏社會政策，則社會問題將得不到適當合理解決，個人與團體的安全與福利，也得不到合理的保障，社會與民眾將蒙受其害，故現代國家莫不注重運用社會學的知識以為社會政策制定的基礎。

社會學的研究領域是相當廣泛的。從研究的題材來看，它涉及社會生活的群體單位，例如家庭、鄰里、村落、城鎮、都市、部落和民族等；涉及社會的各種制度，例如婚姻制度、經濟制度、政治制度、宗教制度、教育制度等；涉及社會結構，例如階級、階層及其成員的流動；涉及社會各種活動和社會變動情況，例如社會的合作和競爭、戰爭、革命等；社會與論的形成和變化，社會價值觀念的變動，社會變遷和社會控制等；涉及各種現實的社會問題，如勞動就業問題、青少年升學問題、婚姻問題、人口

問題、犯罪問題、移民問題、社會生態問題等等。社會學注重社會社會的實地調查，蒐集必要的資料並進而分析產生某種社會現象的各種因素及其相互關係，從而達到掌握社會實情，找出解決社會問題的具體途徑。社會學實際上也是專門調查研究社會問題的科學。

§表1-1　社會學的各研究領域

			理　　論	實　　證	歷　　史	應　　用
根據對象區分			社會學原理	社會統計學　社會調查	社會史	社會政策
	社會群體組織	家庭	家庭社會學	家庭調察	家庭史	家庭問題
		團體	工業社會學 管理社會學	經營組織調查	經營管理史 經營組織史	經營社會政策
		國家	國家社會學	行政組織調查	國家史 行政組織史	福利國家政策
	地域社會	都市	都市社會學	都市調查	都市史	都市問題
		鄉村	鄉村社會學	鄉村調查	鄉村史	鄉村問題
	文化的各領域	社會階層	社會階層理論	社會階層調查	社會階層史	不平等問題
		經濟	經濟社會學	消費（儲蓄）行為、意識等調查		
		政治	政治社會學	政治意識、投票行為等調查		
		法律	法律社會學	法律意識、法律行為等調查		
		宗教	宗教社會學	宗教意識、宗教行為等調查		
		教育	教育社會學	教育意識、教育行為等調查		

社會學研究領域的範圍不斷擴展，它滲透到其他各個專門學科的領域，填補了社會科學上的許多空白區。當代社會學已發展成為許多分支學科。在這個科學群中，各個分支學科都占有一定地位，具有自己的任務和作用；同時，它們又互相聯繫和互相影響，構成了社會學的學科體系。下面簡略地談一下這方面的基本內容。

工業社會學（Industrial Sociology）

工業社會學是討論及描述在工業社會中從事製作，轉運，分配及供應各種勞務等人的行為。研究的是工業組織的社會結構和各種組織與所屬的社會結構間的關係。它包含由工作情況所產生的制度化關係及影響到這些關係的社會因素等的研究，這個研究範圍也稱為工作社會學（sociology of work）。在現代工業中有甚多問題不能用技術知識或經濟知識而明瞭，而解決。其後發現可以用社會學知識與方法加以處理。於是甚多社會學者移轉其興趣於工業上，亦有甚多工業界人士覺悟社會學知識對工業經營的重要。工業社會學的內容為：

1.社會關係與經濟行為互相影響。
2.初級團體與工業生產。
3.工業組織的社會性。
4.工業資本主義與社會情況及文化情況的關係。
5.產業工人的組織與集體行為。
6.工業界內的社會階層與社會移動。
7.工業人口問題與區位學等。

犯罪社會學（Criminal Sociology）

　　犯罪行為是社會現象，犯罪社會學就是完全用社會學的觀點和方法來研究犯罪現象的科學。犯罪隨文化模式而異，犯罪率本身，與某一社會的社會組織型式及形成該特殊社會的「一致的程度」或共通性有其關聯。犯罪的責任，多半應由社會負擔，因為犯罪並非單純的出於個人的自由選擇，而多半由於社會的原因（包含模仿和暗示，財富不均缺乏良好教育及環境惡劣等在內）所促成。因此社會對於犯罪應注意設法共同預防，以免個人被環境所迫犯罪。

法律社會學（Sociology of Law）

　　從社會脈絡方面去研究法律規範及其制定與執行之機關的一門特殊社會學。法律規範的研究，自古以來即成為人類的一大興趣，但多數研究卻注重於審判法規的適用技術、歷史、目的及邏輯，而忽略法律構成事實的研究。這種所謂的實用法學實無法適應工業化與都市化所帶來的社會環境。法律社會學乃在此情況下應運產生。法律社會學的概念由意大利社會學家安齊洛蒂（D. Anzilotti）於一八九二年創立，但這門學科的成立則歸功於德國社會學家埃立區（E. Ehrlich）。埃氏指出法律導源於社會而非立法與司法等過程或機關。活的法律必須符合社會事實，滿足社會需要。這種見解激發社會科學家之研究法律的社會面與功能面，也即從較廣泛的角度從事較有系統的研究。也逐漸認識到法律為一種社會控制，而這種控制功能殆非從法規本身的分析上可得明白。美國法律社會學家龐德（Rose Pound）。強調並表證法律為社會的產物，不僅是主權的正式命令。法律是折衝各個不同利益以謀共同福利的工具或過程，其主要功能為

平衡各方面或各階層的慾望，需要及利益，並非保護權力。龐德認為法律是社會工程的工具，有計劃、有步驟並明智地促進社會與經濟的秩序。據塞茨尼克（Philip Selznick）的看法，法律社會學的研究可分為以下三個階段。第一階段是原始或初步階段，主要工作是借用社會學的概念與原理法則以說明法的現象。第二階段是建設階段，其工作是運用特殊社會學的研究技術與理論於法律現象的調查與分析。第三階段是完成或成熟的階段，在此階段中主要任務為建設其本身的原理法則。

宗教社會學（Sociology of Religion）

以宗教為其研究領域，可視為宗教的社會學研究，即從社會學的觀點來探究及解釋宗教的現象，其著重點在考察宗教與社會的互相關係。它一方面研究宗教如何影響社會、文化、及人格或人的心理與行為；另一方面又研究社會、文化、及人格如何影響宗教的起源、發展、組織及功能。宗教是一主要社會制度，同時也是一種社會組織，故社會學家在這門學問中所探討的，主要包括這些方面的現象或問題：團體對宗教的影響；宗教儀式對社會的作用；宗教組織與信仰者對社會秩序之宗教反應的類型；宗教的思想體系與社會對宗教思想體系的影響；宗教派別與宗教運動的特殊分析；社區中主要宗教團體的互動作用及對各種社會活動，如政治、經濟、教育、福利等影響；宗教領袖所扮演的角色；宗教信仰與家庭生活及生育的關係等等。

知識社會學（Sociology of Knowledge）

創立人為曼海姆（Karl Mannheim），韋伯（Max Weber），舒烈（Max Scheler）。該學問強調：「要在不同的思想方式與不同的社群之

間找出不同的關係說明何種社群產生何種思想，並使那種思想得以發展。」知識社會學的研究，一方面的主要任務，在決定思想史上隨時都在變動過程中的各種觀點，並隨時顧慮到一切形形色色的知識，以便對於社會存在與思想之間的關係，取得系統的瞭解。分析思想過程，最易明白社會生活的本質。思想與知識，都是社會生活的產物，社會學研究知識思想的來源及其與社會生活的交互關係。找出它們產生知識和運用知識的社會聯繫，便成為「知識社會學」了。

　　知識社會學，亦稱科學社會學（sociology of science），是研究如何使觀念與知識，得到社會的意義，成為社會制度，用於增進社會福利，促使社會進步。因此，知識與社會制度發生密切關係。知識社會學，也研究觀念與知識如何受社會因素的刺激而產生，而發展，而維持，以至於起變化。反過來，觀念與知識又會影響社會情況，使之起變化，產生新的社會因素。知識社會學中討論究竟人的觀念與知識，是產生於別的因素，並受制於別的因素，或能獨立產生，並能獨立施行功能，影響別的事物？知識與別的因素，尤其社會因素，是獨立的，或是互相依賴的？有好多做學問的人，不論是哲學家或科學家，他們所專心注意的是觀念與知識的本身，很少想到觀念及知識與社會有何關係，或對社會有何用處，也不體認他們所在的社會對其觀念與知識有何影響或貢獻。但也有人很了解他是因感到社會上的某些特殊情況或事件而有思想和觀念，而研究學問。他們也會於有了觀念與知識後，就想運用其觀念與知識於實際生活上。社會意識強的人，且要用以造福社會。有這樣心懷的人，於凝聚觀念，構成學問時，就以社會經緯（social context）為其背景，或將社會的意義編織在其觀念與知識中。自十九世紀開始，就有人注意到觀念與知識與社會運作及社會制度有何關係；觀念與知識能影響社會，使之起變化。前己言之，有些人是為知識而追求知識，但他們所追求出來的知識，卻被別人拿去使用，使與社會發生關係。那些存心為社會福利而研究知識的人，自開始就使其知識

有社會意義或社會功能。這些觀察、分析、與議論，就是知識社會學的開端。

區域社會學（Regional Sociology）

區域社會學所研究者是區域的種種社會文化現象，而這些現象主要從下列兩方面發生的，一為該區域與其他區域之互相關聯，再為該區域內物質要素與文化要素之互相依賴。區域係指具有同質之地理環境與社會文化特徵的一個較大地區，布朗治（Vidal de la Blache）說：「一個區域是一個儲能庫，雖起源於自然，必賴人以發展之。人改造土地以符合己意，於是賦予土地以特性。土地之個別地勢。當地環境一些支離破碎的影響，經過人一番創造，匯集為有系統的力量。於是地區以新的面貌出現，迥然有別於其他地區。」一九二〇年美國社會學家歐淡（H.W. Odum）等開始提倡，方有區域社會學此一名稱之成立。社會科學家有見於一區域內之人口既有共同的社會文化特徵，也就有共同的問題與利害關係，乃以地區為單位予以研究，其功用有六：

1. 應用科學方法劃出正確的自然區域，以與人為之政治區域相區別，於是人類在自然的地方團體內之社會行為，經由自然區域容易得出較為切於實際的了解。
2. 社會問題有其空間性，含區域性，即具有地理的與社會文化的背景。使一地方變成一特殊區域的因素也常是造成社會問題的因素，故每一區域定有其特殊的社會問題，因此區域研究有助於社會問題之了解與解決。
3. 人類的經濟活動通常屬於區域性，舉凡生產、消費、分配、運輸以及其他謀生的方法，大都受區域的限制。此一事實之研究，使社會

學家明瞭社會經濟現象對人格、社會制度及社會過程之影響更爲深切。

4. 各區域之社會變遷在速度上常是快慢不等,有些採借發明或接受外來文化較易,因而其社會文化之進步亦較快,有些則反是,被視爲落後區域。如從區域的立場來觀察與研究其個中原因,顯然甚有意義,對於社會變遷性之了解也更加有所幫助。

5. 區域的研究能幫助人對各區域間之差異與關係得到同情的了解,以減少或消除彼此間之敵視或鬥爭,以促進社會和平。

6. 區域之探究是以區域文化爲分析對象而從事社會的比較研究。此種比較研究,不僅有助於區域間互相了解,且能促進社會學理之建設,以謀社會科學之進步。

教育社會學 (Sociology of Education)

應用社會學之方法及原理而研究教育之科學,稱爲教育社會學。它是應用的社會學之一支。依斯耐登 (D. A. Snedden) 的說法「 教育社會學是從社會學及其他社會科學選擇材料與方法,以解決教育上的重要問題 」教育社會學,自是教育學與社會學合作之結果。杜威教授於從社會學立場探討學校的功能,有人認爲這是教育社會學的開始。涂爾幹著「 教育與社會學 」一書,特別闡發兩者的密切關聯。

教育社會學是一門介於社會學與教育學之間的學科,具有三種重要的功能:一爲研究教育問題,證實社會學理論;二爲形成特別的教育理論基礎,作爲教育研究及師資培育的學理根據;三爲提供具體知識,作爲教育改革的參考。教育社會學是研究教育與社會之間交互關係的科學,或由社會學家從事研究,或由教育學家從事研究。其由社會學家從事者,偏重經驗性的研究,旨在證實學理,建立社會學理論;其由教育學家從事者,偏

重規範性的研究，旨在提供具體結果，指導社會行動。不過兩類研究共同探討有關社會過程、社會結構、社會變遷與教育之間的關係，並研究學校的社會環境、教育角色與地位等問題。

都市社會學（Urban Sociology）

一般言之，都市社會學是都市生活的社會學研究。它是社會學的一部門或一研究範圍，可稱為一特殊社會學。它是以都市社會或社區作為研究的對象，從事探究其起源，區位或分佈狀態、發展或變遷、結構、功能、居民心理與集體行為，及其有關諸問題。關於都市的科學探究、真正影響這門學科之發展的是派克(R. E. Park)、蒲濟時(E.W. Burgess)、麥根齊（R. D. McKenzie）及瓦茲（L. Wirth）等人，提出都市研究的一套理論，其影響也很大，成為許多都市社會學家討論的一個焦點。派克與瓦茲所探究的有三個主要範圍，即都市的區位、社會組織及居民心理。約從一九四〇年代起，美國都市社會學家對都市的探究其範圍更加擴展，除都市本身各種現象外，還注意考察都市的郊區及邊緣，都市與鄉村的連續性，以及美國都市與其他國家都市的比較研究，特別是低度開發地區的都市化與工業化問題。

鄉村社會學（Rural Sociology）

鄉村社會學為社會學中之一分支，以社會學的觀念，眼光，及方法專治鄉村人民之社會行為。鄉村社會學是研究鄉村人民社會行為與團體關係之科學。詳言之，鄉村社會學是以眾所週知之科學態度與科學方法研究鄉村社會之起源、發展、架構、功能、趨勢，以及可能有之演變等。鄉村社會學為一種應用社會科學。甚關心鄉村中之社會問題，除發現問題，更要

提示解決問題之途徑。其所以有此特性，及因其起源與發展之特殊背景。鄉村社會中常發生嚴重問題。嚴重問題引起衰敗或失調情狀，再轉而造成人民生活上之危機。發掘鄉村問題之根源，分析其內容與性質，並提出可能的解決方案，爲鄉村社會學責無旁貸之任務。綜合以上兩個意義，可知鄉村社會學有其純學術方面之探討，亦有其解決問題、充實生活之旨趣。在純學術方面，鄉村社會學要解剖透視鄉村社會之架構與功能，及鄉村人民在其社會組織或社會關係中之心理與行爲。在應用方面則常欲發現鄉村問題並研究解決問題之途徑與方法。

道德社會學（Sociology of Morals）

　　將道德當作一種社會現象而非內在的理念，並從其他社會現象或社會體系的關聯上研究道德現象的學科。道德社會學起源於溫特（W. Wundt）其建議從廣泛的社會網絡研究道德現象。其後史賓塞（Herbert Spencer）等進化論者也採用此一觀點，紛紛從社會網絡去處理道德進化的問題。道德社會學的研究以法國最爲發達。法國自普法戰爭後，宗教與道德分離，道德成爲學校教育的一部分，於是道德理論的建設成爲當時社會學科學家的急務。涂爾幹認爲道德社會學乃社會生理學的一部門，社會本身含有道德的一面。涂氏主張道德應視爲社會連帶工具。勒維布魯（Levy‑Bruhi）區別理論道德與實踐道德。前者是道德家和社會家所提倡的道德，後者則爲實際規約個人行動的道德。兩種道德相輔相成，但常有隔閡。勒氏主張道德的科學研究除理論道德外，應包括實踐道德的研究，以避免流於空談或缺少事實根據。亦有社會學家傾向於運用統計分析研究道德。例如，安格爾（R. C. Angel）從犯罪率與社區慈善基金的的運用，分析都市的道德問題。許多研究並將犯罪率與酗酒率看做道德的指標。

歷史社會學（Historical Sociology）

　　社會學的一部門，利用歷史資料，以探究過去的社會文化事實，尋求其共同特徵，然後下概括論斷，或造成各種有關類型，作爲說明或預測其存在情形與發展趨勢。歷史社會學設法描述和說明人類結合生活之起源，它溯源社會組織、結構、及制度之發展；它詳述歷史過程中影響和形成社會活動及社會變遷的社會信仰與態度；它檢驗在社會生活與組織的發展中，特殊與普通的因素；並努力發現在社會演化中有無正確的定律或趨勢可以應用於所有的人類；它提出社會失調的歷史根據，在論述近代機械工藝學興起以來，這個時期特別注重文化失調。這樣做法，它不僅指出機器與制度間的不均衡，而且也指出在各種制度當中，相關的發展速度之差異。目的是提供一個廣泛的和進化的透視，使我們對目前的社會關係有更好的瞭解，並幫助計劃一個更加合理的，安全的和繁榮的美好社會。歷史社會學與歷史哲學有點相關。二者皆係對人類過去的社會文化變遷作概括論斷，但是在前者係注重過去社會之事實的分析和綜合論斷，而後者則多半屬於思考或揣測，比較空泛。

職業社會學（Sociology of Occupation）

　　這是一門特殊社會學，注重研究討論職業結構和特殊職業如何與家庭、經濟、教育制度、和階級制度等有關的問題，並研究勞動的功能、意義及有關現象，例如休閒、失業、退休等；從事特殊職業的人，例如碼頭工人、建築師、醫生等。這種研究還包括計算報酬的方法、補充及訓練、職業形態、角色衝突、人格及職業間的關係、人力的分配及職業的尊嚴等論題。

醫療社會學（Medical Sociology）

它意指從社會的觀點或社會學的立場來探究疾病和健康的問題。醫學所注意研究的是人類有機體的疾病與健康狀態本身方面，包括疾病的原因，治療和預防，以及健康的保持和增進。至於醫療社會學則著重考察社會文化因素對疾病與健康之關係，包括社會的流行病，與疾病有關連的文化因素和社會關係，以及醫療的組織和治療的社會原理。根據曼古斯（Mangus）的見解，醫療社會學的基本理論有三要點：

1. 生命的諸過程是不確定的，而且一貫地互相滲透：其主要特徵不是結構而是平衡。
2. 在壓力之下，平衡的喪失所發生的主要狀況就被認爲失調或疾病，不顧微生物的存生。
3. 在人類中，平衡與壓力係經由互動、交通、及與別人共有之居間作用所造成。

由社會學的立場來看，醫院的組織是一種社會體系或制度；醫師，護士及病人各有其人格，地位，及角色；他們彼此間的互動都是制度化的，同時各有其社會文化背景，因而包含有態度和價值的因素互相影響作用。此外，醫院的組織係屬於整個社區或社會組織的一部分，故也必然受其影響。醫療社會學著重於這些方面的研究，這對疾病與健康的了解實有其特殊的貢獻。

政治社會學（Political Sociology）

研究政治現象與其他社會現象關係的一種學問。換言之，即從社會學

的觀點，來研究政治的現象。所以，政治社會學也可以說是社會學的一個部門。傳統的政治學，以國家為研究的主要對象。國家及政治制度之一，而政治制度，則為一大堆的社會制度之一。僅僅研究國家及至各種政治制度，殊難獲致政治現象的深刻的認識；必須旁及其社會的基礎與條件，才能得到全盤的瞭解。例如：研究民主政治與極權政治，必探究其社會學的成因，因此，便須涉及社會價值、信仰系統、權力之正當性與權威等的問題。是以政治社會學的產生，亦可謂為近來「科際整合」（interdisciplinary integration）運動的一種表現。有如：一個人的投票行為，從政治學的觀點看，即一政治行為；但從社會學、經濟學、心理學等觀點看，則與其身份、職業、人格系統、社會化等因素，均有關係。故政治行為的研究，須綜合心理學，社會學、人類學，就個人、社會及文化三方面來研究之，方能得其全貌。惟政治社會學，則係政治學與社會學結合的結果。大體言之，研究各種社會制度之間的關係，及社會學的一般主題；至於政治制度與其他社會制度之間的關係，則為政治社會學研究的領域。析言之，「政治學」主要為「國家」的研討，亦即注重政治制度的積極的與顯見的功能。而「政治社會學」則大體上繼續社會學原來的重點，強調社會衝突與社會的變革的研究；並集中於其隱性的功能，非正式的方面等之研究，較之政治學，其研究政治的範圍較為廣泛。

民族社會學

　　民族社會學是以社會學的立場來研究民族，內容的重點與民族學不同。民族社會學所重視的是民族的社會行動、社會關係以及社會形成等等資料的研究。若從研究的關係來看，彼此有相互補助的作用，但是研究的領域，兩者則有其顯明的分野：

1. 民族學藉過去的民族文化比較研究，來明瞭民族的本質的概念；而民族社會學，則以理解民族社會的形成過程爲其重要的基礎知識。
2. 民族學在研究的方式上，借用人類學與民俗學的說明來確立民族形成的基本概念；而民族社會學，則借用民族學與社會學來加以說明。
3. 民族學以理解種族及民族的發展爲其治學的任務，民族社會學則以理解民族的社會發展爲其治學任務。

　　根據以上所列舉的各點，當然種族、民族與社會之間的相互有關的概念不能予以否定，可是從相互的關係概念所發展的學問體系並不相同。民族學是以「民族文化的概念」爲主，民族社會學是以「社會團體的概念」爲主。同時在取材方面，民族學是以歷史的陳蹟與社會遺產爲對象，而民族社會學對「現實的民族」比起「傳統的民族」，「行動的文化」比起「現象的文化」更爲重視。

管理社會學

　　企業是具有一定空間，在時間上持續不斷，運用合理的科學方法，以促進本身發展，而有其一定目的的獨主性事業，具有一定的社會結構型態，且係融合經濟性、法律性、技術性與社會性的特殊因素於一體，不僅爲營利性的、生產性的，且亦爲行政性的。根據上項定義，社會學者需要探求企業的結構型態及企業所具備或與企業有關的社會系統。因爲社會學的任務，需要探討工業社會中工廠企業與其有關的問題，以及企業結構對社會行爲的影響。如所週知，工業帶給社會環境極大變化，對人類行爲發生莫大影響，可是事實上人類行爲依然左右工業進展。社會學者在分析企業結構型態時，一方面注意其本身特性對人類發生的影響，其重點要求探

尋企業的真正目的何在，並且同時重視社會因素對企業發生何種影響，以力謀促進企業的發展。

社會心理學

社會心理學，是研究人際與群際互動中產生行為和經驗的科學。隨著時代的進步，人與人的關係、人與群的關係、群與群的關係漸趨複雜。這等複雜的關係，是社會問題的淵源。社會心理學者具備有社會學、心理學、和文化人類學等三門知識，力求人類社會的安寧與幸福，以科學的方法，發掘社會問題的根源，和提供社會互動中的定理定則。在人類社會中，處處表現了人類的欲望、恐懼、誤會、衝突等，這些問題若用適當的領導、瞭解、輔導，始能挽回社會中的不愉快事件。社會心理學的目的，乃在使用科學方法，覓求社會的福利，創建快樂和有效的社會關係，強化人際合作，而產生建設性的力量；使人與人的關係，人與群的關係，群與群的關係趨向穩定。藉此，建設適當的社會和心理的環境，裨益人類生活。

社會心理學中，所包括的題目甚多，有認知、動機、態度、互動、影響、價值、群體、領導、溝通、角色、規範等項目，這些項目都與人類的社會行為有莫大的關係。我們欲瞭解社會行為，不可能從膚淺的主觀判斷，獲得有根據的結論。社會心理學者使用科學的方法，探求問題的癥結，並且根據問題提供解決的方法。社會心理學在這層意義上，是理論，也是實際。因此，社會心理學乃基於廣泛的學問，諸如心理學、社會學、文化學、人類學等知識而建立。

社會學的功能與應用

社會學是一門社會科學，它採取客觀、科學的方法蒐集資料，以探討人類社會各種需求，以及錯綜複雜的社會現象。社會學家經由社會各種事實的探討，瞭解其功能，可以將此研究所獲得的專業知識、心得，貢獻於人類社會，改善人類的生活，增進人群的幸福。茲舉出社會學可應用之處如下：

解決社會問題

社會學以科學客觀的角度瞭解社會現象或社會問題發生的原因，社會學家採用一定的研究方法，或從事資料的蒐集，或經由實證的經驗調查等方法，將所獲得的資料，經由分析、解釋，對社會現象得到合理的解釋，藉此以瞭解人類的社會行為。進而提出解決社會問題的策略。

由於一個社會在發展過程中，難免出現社會結構不均衡，各部門發展速度不一，各階層社會資源分配不平均等社會病理現象，社會學者可經由社會事實真相的探討，提供專業知識，事先提供前瞻性的引導策略，使社會發展方向，朝人們所期待的方向前進，並於事後提供問題解決的策略，社會學者經由社會學知識的累積，將使人們面對各種不同問題的情境時，能認清問題的本質，對問題下正確的判斷，使人們對於社會問題的未來走向，能作更準確的預測，進而採取更合理的，更合乎人性的方法，以選擇有效的對策和解決問題之道。

增進人群的福祉

　　社會學提供人類了知社會生活的正確知識，可增加人們的幸福。社會學者以廣博而深入的觀點，站在客觀與公正的立場，從事各種社會問題的觀察與社會現象的分析，並將由此考察所獲得的心得與學術經驗，提供人類作爲營爲社會生活最有利的方式。尤其現代社會的大衆處於快速變遷的社會，人們所處的社會環境複雜，在面對價值、觀念的多元化，社會病理現象層出不窮之際，有助於我們了解社會真相，知道如何採取妥當行爲與做出適當選擇，提高如何自處之道以及提高適應社會的能力。

增進適應的能力

　　人類社會隨著產業化、近代化、都市化、資訊化、核心家庭化的快速進展，使現代社會的社會結構產生劇烈的變遷，人群生活形態的改變快速，使得一部分社會大衆在面對快速變遷的環境，無法適時調整觀念與生活步調，觀念上往往仍拘於以往的認知形態，致使對於新興的社會現象，未能做正確的認知，個人行爲和大社會脫節。此種不協調的現象，人們由此可以獲得指引，增進適應社會的能力。

理解人群的行爲

　　人類爲著求生存，必需面對變遷中的各種社會環境，不斷的加以適應以某求生存之道，因此人類的社會行爲，在面對著生存競爭的環境過程中，也就複雜而多變，有些行爲在表面上看起來似乎是毫無意義，但卻具有其潛在的功能，也就是說人類社會的行爲，若光從單純的表象觀察，則

無法盡窺其所發生的社會意義。由於舉凡人類社會行為並非憑空而生，而是有規則可循。往往是在一定社會環境條件下，有一定的行為反應，產生一定的行為模式，此種情況讓社會學者從事人類行為的深入理解成為可能。

主導社會的發展

構成一個大社會整體的小部分社會與小部分社會之間的關係，往往是有機的關連，各部門的相互間具有密切的關係，形成錯綜複雜的網絡，而社會學以全盤社會為研究對象，經由社會現象的體系性理解，可以瞭解在一定的條件下，社會行為所呈現的模式與規則。社會學者應用整體的觀點來考察社會現象的結果，一方面除了可從多方面的角度來考察社會現象之外，亦即社會學經由部分現象的瞭解，進而從它們彼此的關係網絡，瞭解它的全體真相。社會學家將人類行為歸納為各種原理原則，將有助於掌握社會發展的方向。

設計社會的政策

現代社會中，一項社會問題形成的背後，其原因往往錯綜複雜，因此事前往往需要事先加以規劃，因此一個計劃案的擬定亦為重要事項，而社會學的知識有助於協助法案的設計。尤其一個民主社會的政府。為使社會不斷的達到成長與發展，適應新的時代變局，滿足人們新的需求，對於社會建設，必須預擬藍圖，此時有賴於社會學這門基本科學知識。

現今社會一個社會政策的推行，往往要耗費大筆的政府預算，或法案一但通過，施行的結果會對某個階層或弱勢團體造成社會資源分配的不公，或造成諸如勞動意願受到不良影響等後果。社會學者可將研究所獲得

的經驗,提供政策形成時的參考,事先謀求預防不良後果的發生,使得政策一但通過之後,可以有效執行。換言之,社會學家所搜集的社會事實資料,對於新訂或改良社區、社會機構或政府的政策,頗有助益。

社會發展的基礎

一個社會要能夠持續的發展,除了經濟、技術、自然資源等物質條件之外,尚需重視社會的、心理的精神層面,瞭解自己所處的位置所應扮演的角色,同時也瞭解別人所站的位置中,所要承擔的職責,如此可以提高個人對於新環境的適應能力,豐富生活內涵。尤其現代社會的各種組織,規模逐漸擴大,爲求組織之有效運作,必需要求成員遵守一定的規範,使各種組織活動有效率,積極發揮功能,社會學家可利用有關社會學的專業知識,增進合於人性需求的措施,增進組織成員的思想、感情、心理的層面需求。

在產業發展過程中,提供良好人際關係模式之知識,社會學亦扮演著重要的角色。生產效率的提高,和組織中成員的人際關係有很深的關係。社會學者可以提供如何合理有效的處理人際關係,增進人際關係的和諧,以增進生產效率。

結語

人類爲求生存,很難獨自和大自然搏鬥,必須和其他成員合作以某求生存。因此衍生許多社會關係。社會成員亦經由此種共同的生活領域,孕育出共同思想、行爲模式。此種共同的思考、感情、行爲模式行爲的結果以及所產生的一切事物稱之爲文化。另一方面人類依據自己本身以及所創

造出來的文化，亦相對的產生行為規範，社會的成員使用了共同語言與工藝技術、遵照各種社會制度採取行為，使得社會的能夠成立。家庭、學校、企業、都市或民族等擁有各種層次的的共同生活，稱之為團體。這些團體進一步複合為社會，故社會學亦可稱之為研究團體的科學。無論是團體也好，社會也好均由許多要素所構成。而這些要素之間相互關聯相互依存。則可謂此共同生活具有一定的結構性。各因素對於共同生活的維持與發展產生影響時，此種作用稱之為功能。社會科學所研究的對象，無論是政治、經濟、法律等，他的最底層均為社會學；而研究此共同生活的領域，正是社會學的任務。

第 2 章　社會學的思潮

社會學之父孔德（A. Comte）於建構社會學時，即強調該學問是一種科學。其後的社會學家無不企圖運用科學的程序和方式用以建構這門知識。經過對社會現象的理性探討，形成了模型或理論。由於理論的抽象層次較高，為了能具體的說明某些事實，因此運用「模型」，以期概化到實際的社會現象。社會學理論是指「一群在邏輯上相互關聯的概念所組成的，用以解釋說明社會現象及人類行為。」

古典的實證主義

古典的實證主義是由法國的聖西門和孔德創始，並為涂爾幹繼承。孔德在建構實證主義時，是要把整個人類知識作一個系統性叙述，而歸結到一種新科學的建立，該科學便是社會學。同時企圖運用此科學建立新的社會秩序，運用純粹理智的方法來觀察社會，特別是對資料的觀察和分析。孔德以為近代科學逐漸發展進步，人類知識的累積日趨於運用實證的方法，因此，知識的建立必須脫離神學、玄學階段進入科學領域。亦即運用推理和觀察以其建構抽象的理論、法則，並運用實際概念以解釋事實，促成科學發展。

涂爾幹把社會現象當作社會的事實來看待，認為必須把它當作具體的事物加以考察。對於社會事實的理解，必需去除主觀的先入為主，而以客觀的自然科學方法，來加以處理，以了解社會事實相互之間的因果關係，以進一步尋找出社會的法則。

涂爾幹希望以「社會事實」為社會學的基本概念，以期與心理學（重個體）、哲學（意識）加以分別，建立社會學的領域。社會事實的特徵：具有強制性，是外在的、是可驗證、可測量的。並非個人所獨有，起於社會組織的需求。經由對社會事實的探索以了解社會之發展與變遷。社會事

實可分為二部份；一是物質的：具體、可觀察的。另一是非物質的、必須是以間接的方法來探索、體察。

該主張使得社會學脫離單純的哲學思考，而係經由實證性、科學化的研究方式以建構其理論。社會學者在探討社會現象時，採取提高實證性及尊重事實的態度，儘可能擺脫哲學思辨與特定的思想邏輯的束縛，此種做法使得社會學者，對於社會現象能夠採取客觀的科學方法進行探討。因此舉凡能夠被信賴的社會科學知識，必需經由科學的理論做引導，以科學的方法，蒐集人類社會發展軌跡的資料與證據，並對這些資料從事經驗性的驗證手續方可確立。科學的知識，無論是來自演繹的理論或經驗的理論，均需經由一定的程序整合而成。即社會學所累積的知識，其過程和自然科學完全一樣，經由「假說」、「觀察」、「經驗法則的一般化」、「理論」等一連串的過程中，孕育而成。

依實證主義的觀點，所謂科學性的命題，假說或理論，應該是基於具經驗性的事實來架構的。故對於被提示的命題，假說或理論，必須依所觀察到的。在經驗中被確認的事實來驗證其真偽。聖西門把這種依據「被觀察到的、被驗證了的事實」所形成的知識或理論、稱之為具有「實證性」。他並且從歷史的角度說明人類知識的發展，認為是從曖昧，具推測性質的神學層次，往形上學層次方向演進，最後發展到實證的層次，而認知對象亦由單純往複雜方向漸次被實證化，另外，學問間也如「天文學→物理學→化學→生理學」般，逐漸變成實證科學（觀察科學）。不過他也不斷強調像生理，其實仍只停留在個人層次的處理上，但對於以各個人間的有機連帶為主的社會、文化之考察、也必須借用實證生理學上的方法，將人類的科學，界定為一種實證科學，據此重新建構社會。涂爾幹曾做了以下的評論：「實證哲學的思想、用語、概要皆出自聖西門時代，而建立計劃，並嘗試親自達到該目標的則為孔德。」即如實踐；Mill J. S 亦指出，「企圖將實證主義完整地系統化，將此系統化擴及人類知識的所有對

象的第一個人，則是孔德。」孔德發展了聖西門的學說，完成《實證哲學講義》六冊（1830－42）。他在說明實證性時，主張實際的、有用的、確定的、明顯的、積極的、相對的等六種性質，並將人類知識的三階段發展或諸科學階層構造，予以固定化。他認為，「觀察事實才是人類知識的唯一之強固基礎，凡是無法還原成事實描述的命題，皆不過是不具實際意義的形上學理念，而科學性理論則必須是都要具實證性質的。」他並設定了科學性（實證性）的基本標準。這些觀點，雖然受到種種批判和修正，但仍被英國的 Mill，史賓塞，法國的涂爾幹，德國的費爾巴哈等學者所支持，而成為十九世紀後期社會科學思想的主流。

古典進化論

　　古典進化論（classical social evolutionism）思想深受英國經驗主義的史賓塞及霍布斯的影響。大多數研究社會學發展史的學者都主張：真正把人類社會的變遷看做是一種向前邁進的過程的思想，是萌芽於十七世紀左右，成形於十八世紀，而盛行於十九世紀的歐洲思想界。他們認為這種社會進步的思想一方面是由於自然生物學科發展所帶來的影響，另一方面則也是受當時歐洲工業革命的衝擊所致。在生物科學界，達爾文（Charles Darwin）的生物進化論（biological evolutionism）是當時思想界的中心理論；但在社會科學界裡，史賓塞（Herbert Spencer）的社會進化論則代表此種進步的學說。當代的社會進化論社會學者指出雖然社會進化論和生物進化論兩者有很明顯的關聯，但是社會進化論並非全是達爾文生物進化論的推演。社會學家尼斯彼特（Robert Nisbet）提出三點重要的證據來說明社會進化論並非全然源自生物進化論。

1. 社會進化論如孔德、黑格爾、馬克思、史賓塞等人之主要代表著作皆完成並發表於達爾文生物進化論出版之前。
2. 生物進化論主要是一種統計生物數量的理論，而社會進化論則是一種類型構造的理論。前者的目標在於生物在自然環境的繁殖數量的增減，而後者則是強調進化程度差異所造成的不同類型的社會結構。
3. 生物進化論的基本概念是生存競爭，而社會進化論的基本概念則是社會進化的成長過程。

雖然社會進化論非全然源自生物進化論，但其思維深受影響，就達爾文的生物進化論主張：

1. 所有的生物皆有一種生育過多的傾向。亦即指下一代的數目總比上一代的數目多。
2. 雖然生物皆有生育過多的現象，但是從長時期來觀察，生物的總數量是穩定的，並無顯著的增加。
3. 此種穩定性乃是因為生存競爭，自然淘汰的結果所致。生存競爭和自然淘汰是自然選擇的兩種過程，能適應環境的就能生存，無法適應者乃被淘汰。
4. 每一種生物都有其獨特的體質。此種獨特的體質可經由遺傳而傳至下一代，使其更能適應環境的需求。
5. 生存競爭和自然淘汰的結果使得生物界的特質有所改變。下一代的特質乃與上一代有所不同。此種變遷亦即進化現象。
6. 如果一個人的社會行為使得這一個人更能適應環境，生育下一代持續下去，則社會行為必會經由遺傳基因而傳遞至下一代。社會行為因此不能單從社會文化的立場來分析，生理遺傳基因的影響必須兼顧。因此社會行為是環境、生理、社會文化三種因素的相互影響下

的產品。

　　史賓賽認為社會在其成長的過程當中，隨著結構的複雜化、功能的分化，各部門相互依賴的程度加深，即使組成單位的部份受到破壞，但是全體依然存續等之主張，被認為和生物有機體之間有相似之處。是以社會進化論認為人類社會的發展，係由同質性往異質性改變，而提倡由單純社會往複合社會發展的社會發展模式。

　　依據生物進化論的類比和應用，來說明社會的歷史變動，此種理論即所謂的社會進化論。這是在十九世紀後期為英國的史賓塞所首先提倡的。他認為進化是從同質物往異質物、從零散的、曖昧的東西往集中的，確定的東西等進化法則。此法則是不論是無機物、有機物或是超有機物都能適用，這也說明了人類社會的進化。

　　史賓塞的社會學一般被分為社會靜學和社會動學。於後者，其社會進化的法則是以「由軍事型社會朝向工業型社會」的形式，軍事型社會的典型是未開化社會，在這種社會裡，強制性的協同勞動具相當支配性，個人是為了全體而存在，也失去自由。相對於此，代表工業型社會的是近代商業社會。在這種社會裡，個人自動自發地協助社會，其自由也受到社會的支持。依此觀點，史賓塞認為軍事型社會將工業型社會轉變。他的思想在反對國家權力的強化、壓制，並發展自由主義社會上，具有重要意義。但另一方面，他也把來自國家的社會福利等的救濟弱者的社會措施，當成違反社會進化法則，而予以反對。他比較強調菁英主義，亦即依據社會性淘汰的概念，來讚美弱肉強食型的社會。而這種主張如果變成極端的話，則會形成所謂的「社會達爾文主義」。

　　歸結當時歐洲社會進化論有下列幾點主要理論特質：

變遷是自然的

　　所有的社會進化論者基本上都主張變遷是一種很正常和自然的現象。

社會是一直不停地在改變。我們所看見的固定現象其實只是一種膚淺和表面性的錯覺，因爲沒有一個社會是固定不變的。

變遷是方向性的

　　社會進化論者主張社會的變遷是朝著某種方向而運行的。孔德的三階段法則：神學、哲學、科學時期；史賓塞的軍事社會和工業社會；馬克思的古代奴隸經濟方式、封建社會、資本主義社會、社會主義社會和共產社會；涂爾幹的機械性連帶責任和有機性連帶責任，都是一種方向性的社會變遷。換言之，社會是由某一種類型特質而進化到另一種類型特質。

變遷是內在性的

　　十八和十九世紀的社會進化論者認爲當時歐洲社會所經歷的鉅變並非是受某種外在壓力之壓迫而引發的，而是因內在因素力量之牽引所產生的。因此，社會進化論者相信社會變遷基本上是一種內在性的變遷，是由社會本身的內在因素所引發。此種內在力量亦即孔德所稱之社會動態、史賓塞之發展假設、馬克思之現代社會運行經濟法則。

變遷是持續性的

　　基本上，社會進化論者都相信變遷是一種長時期的緩慢和累積性的變遷。在變遷過程中，可能會有暫時性的停滯或穩定情勢，但變遷是不會停止的。

變遷是必然的

　　沒有任何一個社會可以避免變遷，因爲只有不斷地變遷，社會才能繼續生存下去。比較歷史和比較民俗的研究結果都證明社會制度的成長不是一日造成的，而是經過長時期的變遷和發展，才有今日的型態。

單一的變遷因

歐洲社會進化論者雖然對導致社會變遷的因素各有不同的看法。但是他們卻都主張社會之所以改變乃是因為某一種單一的原因所致。孔德認為人類社會進化的原因是心理因素；馬克思主張社會變遷的主要因素是經濟因素；黑格爾則認為自由的想法才是改變社會的原因。

總而言之，歐洲在十八和十九世紀的社會進化論主張變遷是自然的現象，是有方向的，是來自內在因素所引起的，是持續和緩慢的過程，是必然的，而其原因是單一性的。這時期的社會進化論還有一個共同的觀點，將社會變遷看做是一種直線向上的進步過程。今日的社會進化論所牽涉的疇範已遠較十八和十九世紀之歐洲進化論為複雜。特別是進化變遷單方向論早已為今日社會學家所推翻。二十世紀的進化論主要的方向有三：

1. 綜合功能論以解釋社會秩序與變遷。
2. 特別強調工藝技術在進化過程中的角色和重要性。
3. 回歸達爾文的生存競爭觀點。

帕深思的社會進化階段大致上可分為三個主要階段：初民社會、中等社會、現代社會。人類社會的進化是適應能力的增強。因此，每當一次大突破發生，則人類社會就向前躍進一階段。例如，文字的使用代表一次大突破，使初民社會進化到中等社會，社會社區的出現、工業化、民主革命是中等社會邁進至現代社會的三個大突破。

帕深思的進化理論包含下列幾個要點：

1. 人類社會的發展是朝著一定的方向。
2. 現代社會體系的變遷只有一個來源。
3. 現代社會體系裡包含有各種不同分化程度的社會。
4. 現代社會體系就是西方社會體系。

5. 美國社會是現代社會體系的新領導社會，也是其他社會之模式典範。

6. 進化的目的是在於增強人類的適應能力。

7. 進化的速度並不一致，有快有慢。

8. 進化過程每一階段的時間長短不一，需要某種重大的突破才能向前邁進。

9. 每一個社會並不一定要通過同一的進化階段，也不一定要同時一齊進入另一個階段。

10. 後一個階段代表著某種進步。

　　社會進化論並不是十九世紀時唯一的理論，循環論代表著社會變遷的另一種看法，其中以巴烈圖（Vilfredo Pareto）的政治領袖循環論與史賓格勒（Oswald Spengler）的文明循環論為代表。巴烈圖相信政治和經濟過程都是一種起伏伸縮式的循環。在政治結構裡，權力的分配是集權與分權的交叉循環；在經濟結構裡則有經濟的緊縮與擴張的交叉循環。政治和經濟上的循環也影響了社會的循環。史賓格勒的"西方的沒落"直接指出文化是有生命的有機體，文明則是已消失了的文化的殘餘品。這種文化與文明之區別正是生與死之差別，也正是都市農村之區別。因此，人類文化要經過生老病死的生命歷程，循環不止。

歷史主義

　　這一思潮是由法國的伏爾泰（Voltaire, 1694～1778）提出。伏爾泰的著作甚多，其中與社會思想有關者計有《歷史哲學》、《論國家的道德與精神》等。甚至十八世紀著稱的史學家吉朋（E. Gibbon）皆以伏爾泰

的觀點為根據，寫成著名的《羅馬帝國衰亡史》。伏爾泰對《人類文明歷史》、《人性與社會起源》及《社會組織》等部份，有其獨到見解，並將其思維注入「路易十四的時代」一書中，哲理深奧，洞察入微，不僅對法王路易十四統治時代的文明，作了廣泛而深入的檢討，同時也展現其學術淵博，見解獨到。並影響到後世的社會科學家，如：特勒爾奇、韋伯、曼海姆等，使其思想潮流注入於知識社會學。

該學派的主要內涵為：

1. 能對社會現況進行廣泛而深入的探討，俾能找出統一的原則，使人類文明過程貫連起來。

2. 運用客觀觀點撰述歷史，從政治事件的變遷中，追溯人類的行為及心理歷程。

3. 歷史的內容，不是王者，而是廣及於運動，勢力及民衆；不是國家，而是人類；不是戰爭，而是人類精神的進展；因此歷史不是戰爭，而是整體社會過程的記錄，探悉人們如何生活，其目標為人類行為的歷史，而不是微小事件的細節，關照的是人類從野蠻進展到文明的步驟。

4. 運用宏觀的思維，將政治、經濟、社會、文化整合於其歷史著作之中，互相配合。徹底掃除以傳統史學及以神學與天意為社會事件原因的解釋及說明。

一般所謂的歷史學，是將焦點放在偉大個人活動等在政治層面所發生的事實，而作特質上的叙述。相對於此，歷史社會學在解釋歷史動態時，則更廣泛地從社會、經濟、文化各角度來說明來掌握。這種方式較屬於社會學的領域或方法。這樣的探討方式，可在伏爾泰、馬克思、涂爾幹等社會思想家身上看得到。將歷史社會學的問題突顯，刻意將之變成議論對象的時期，則是在十九世紀末到二十世紀前期的德國社會學，當時正值調解

歷史主義和自然主義的對立之方法論上的問題意識最盛行的時期。其調解的方法，是著眼於依據歷史和理論的類型學之綜合形式。

　　一九六〇年代以後，不僅德國，就連歐美各國，亦熱烈地從歷史學和社會學的領域來探究討論歷史社會學上的種種問題。在歷史學的領域裡，相對於歷來的政治史、個人史、歷史事件等傳統歷史觀，當時被積極主張的是社會史性質的方法。即從歷史事件所產生的結構性來加以掌握。而從社會學的領域來看，這種傾向是著眼於群體的精神和社會結構。

形式社會學

　　這是齊穆爾（G. Simmel, 1858～1918）在建立「社會化形式」這一概念的同時創建的，威斯繼承了這一學說，從而以德國為中心形成的一個思潮。威斯（Wiesse）與齊穆爾的觀點同時為杜尼士所引用，因此雖然杜尼士本人不是形式社會學的主張者，更不是這一思潮的創始人，但卻在這一潮流中占有一定的地位。這些人在哲學上受德意志浪漫主義及現象學等思想的影響，但從根本上說，他們的意圖在於把威瑪德國時代的社會學與歷史主義分割開來，並用以構築實證主義。該思潮的主要內涵為：

1. 社會是由相互作用的關係網絡所組合而成，其成員彼此之間的互動有一定的形式，該形式會劃越歷史和文化背景而重覆地出現。因此為了解社會，只有經過互動形式的探究加以著手。
2. 社會學的特質在於社會關係基於形式的事實分析，而不問其他具體的社會現象或歷史上的社會事實。
3. 社會學既為一門獨立的科學，應有特殊領域作為研究對象，即社會化形式或人類關係的形式。

4. 社會化形式存在於社會互動的基礎上，大部分的社會是社會化的歷程。

5. 社會學要能成為科學，必須從社會形式進行科學性的研究（諸如：幾何學，只研究平面或立體的各種形式），加以系統的分類。

6. 人與人的社會關係，其形式不外統治、順從、競爭、模仿、分工、隔離、聯合、接觸、反抗、社團、分化、整合等形式之組合。

於十九世紀末到一九二○年代，以批判早期的百科全書式的社會學，並以一門有固定研究對象的特殊科學來確立社會學，這種傾向是以對此領域相當有貢獻的德國為中心，主要的提倡者是齊穆爾，雖然此學門在一九三○年代為文化社會學所取代，但卻也帶給現代社會學在理論建構上的成果。

齊穆爾認為，社會本來便具有功能性質，是一種「個人間的內心之相互作用」。而產生個人間的相互作用的是衝動、關心、本能，這些便成為社會的「內容」（content）。或說是既存的社會諸科學的對象。而社會的「形式」（form）可說是一種內容的呈現，這種形式的相互作用，其樣式無非就是「社會化的（各種）形式」的領域了。就像幾何學是單一探討物體的空間形式一般，當社會學從社會內容中區分出形式，將其當做是特殊（社會性）的領域來探討時，便能橫向觸及社會諸科學的對象領域，以「人類相互間的關係形式」之科學，成立一門獨立專門科學。齊穆爾著眼於那些比較無關乎內容的社會化諸形式所發展出來的事實，於諸如國家、經濟團體、家族等，目的和意義全然不同的各種社會團體中，找到「個人相互間相同形式的行為模式」。例如，上級和下級、競爭、模倣、分工、黨派形成、代表等。我們若以動態的、微觀的角度來分析這些包括結合、分離關係的社會化諸形式，則具有形式社會學的特徵。形式社會學也被稱為純粹社會學，和一般社會學。

行動理論

　　這是由韋伯創始的，它從德意志歷史學派中分離出來，並且轉而批判歷史學派。行動理論主要著眼於行動中的主觀意義，韋伯將它稱為了悟社會學。帕深思繼承了這一觀點，並稱之「唯意志論的行動理論」。帕深思在建構行動時，同時加進了系統理論的內容，及結構功能理論的內容。另一方面，舒茲的現象學的行動理論也以韋伯的行動理論為一個出發點。近年來又出現了哈伯馬斯的溝通理論，這一理論中吸取了韋伯、帕深思、舒茲的觀點，並加進了語言概念，形成了行動理論的新發展。這樣可以看出行動理論思潮的發展不是單一的，而是多方面的。韋伯是以「分析性」的觀點來探討社會行動，同時運用「理念型」態度，對於社會現象其構成的因素抽慮出若干較主要的因素以分析該社會現象。而不是一種「歷史事件」的分析方式。對社會學的理念：

1.社會學是企圖理解社會行動的科學。
2.社會學是說明社會行動因果關係之學。
3.社會行動是社會學中分析之最基本單元。

　　韋伯對社會學的定義：「社會學是一種科學，其嘗試去理解社會行動，以便能夠達到對其因果關係的認知。」其中包含了：「詮釋」——是理解其意義的主觀妥當性，是一種主觀的態度。「說明」——是說明其因果的妥當性，是一種客觀的態度。是以社會呈現的原型，同時其目的是客觀條件釐清，則該社會行動易為吾人瞭解。

　　該學派的主要內涵為：

1.行為（behavior）→行動（action）→社會行動（social acti‑on）
　→社會關係（social relationship）→社會結構（social structure）
　→文化（culture）。
　⑴行為——是人在行動上無意識的動作，無意義的動作。
　⑵行動——是個體具有意義的動作，但該動作並不牽涉他人。
　⑶社會行動——具有主觀的意義，其意義針對他人而來，是一種相
　　互的互動，是以別人對該行動亦有反應。
　⑷社會關係——是一群人在社會行動上的關係。
　⑸社會結構——這種社會行動與別人發生關聯，這些關聯已被定型
　　及賦予某種意義。
2.韋伯認為所有的社會行動都與人具有關係，但是必須置於社會情境
　中觀察才有意義，經由對社會行動的探討，將使我們得以知道行動
　的因果關係。
3.韋伯以四種標準以探究社會行動的理念型：
　⑴目的理性——是根據客觀的方式以達到該目標，是著重手段以達
　　到該目標及目的。例：經濟上以賺錢（目的）不計較手段。
　⑵價值理性——行動者的行動是因其信仰某種價值，為了達到該價
　　值而導引其行動力量。例：宗教信仰。
　⑶情感——是基於感情衝動而產生的行動。
　⑷傳統——是因循慣例的行動，並非為了達到某種目標，祇是依慣
　　例而行動。
4.所謂行動，乃指行為主體的個人，在內部受能給予他動機的慾望所
　驅使，再加進外部的物質的、社會的、文化的要素，將這些以目
　的、手段、條件、障礙等形式使之產生聯結，據此而朝向滿足慾望
　的實現，以達成目的的過程。故行動觀點大致有以下兩方面：
　⑴將行動當成滿足慾望的過程，人類的行動為自私心所支配（即以

己利爲先）。

　　(2)強調社會、文化情況的重要性：除了內部的自私心外，人也透過
　　　　與他人的交涉及其同感受，來形成其慾望，或基於社會化的產
　　　　物，即社會一文化價值而形成慾望。

　　而行動的概念，便是這兩種相異的行動所存在的緊張關係。韋伯的兩
個相對立的概念「利害」和「理念」，或是帕深思的兩個相對立的概念
「動機取向」和「價值取向」，皆說明了這種行動概念。這和「行動主
義」和「新行動主義」之心理學所指出的行動概念，在方法上是對立的觀
點。在行動的概念上，行動的主體是個人、動機、慾望、認知、感情、意
思決定等，是個人的內部過程。即使是團體行爲的概念，也是將各個成員
的複數行爲以某種形式予以加總。所以，如果將個人層次的概念稱爲微
觀，將社會層次的概念稱爲巨觀的話，則行動是屬於微觀的概念。

　　而且，行動理論在社會學所占的位置，應該是從巨觀社會學區分出來
的一種微觀社會學的理論。

　　孔德和史賓塞所代表的第一代社會學裡，只有巨觀社會學，根本沒有
用到行動概念。第二代社會學者，如涂爾幹及其門徒也同樣是這種情形。
而以齊穆爾所提倡的德國的形式社會學，和同時期美國的 Cooley、
Mead，一樣，皆具有心理主義傾向。在此意義上，可以說是微觀社會學
的創始者。但是齊穆爾等人，與分析個人意識、精神的形成過程的
Cooley、Mead 不同，其探討僅止於社會關係，而未涉及個人行動。明確
地從行動來展開社會學的理論架構的，最早爲韋伯的《經濟與社會》
（1921－1922）和 Pareto 的《一般社會學提要》（1916），而帕深思的
《社會性行動的結構》（1937）則納入前二學者的研究。這些皆試圖用理
念主義的行動理論來修正功利主義的行動理論，也使得行動理論成爲社會
學的一個領域。只不過此三位學者的關注重點是在巨觀社會學，行動理論

僅僅是爲巨觀社會學而存在的微觀基礎罷了。而眞正將行動理論從巨觀社會學切離，以微觀社會學的角色獨立出來的，是以舒茲爲首的現象學行動理論和以布魯默爲首的形象互動理論。

社會變遷理論

　　韋伯社會學的另一個思潮，是社會變遷理論，該理論影響人們對工業化及現代化的思維，並引發對發展社會學的建構。該理論以史賓塞的社會進化論爲出發點，並爲杜尼士、齊穆爾、涂爾幹等人所共有。韋伯不是這一思潮的創始人，如果我們沿著杜尼士、史賓塞而向上追溯，那麼這一思潮的源頭可以一直追溯到霍布斯、洛克和史密斯的英國古典市民社會論，追溯到起源於帕斯卡和笛卡兒，並爲聖西門、孔德所延續下來的法國「進步理念」等各種啓蒙主義思想。然而，影響第二次世界大戰後帕深思、李維、潘乃德等人所提出的現代化理論，最重要的則是韋伯的理論，尤其是他有關現代化的觀點，韋伯認爲「合理化」是現代化最核心的思想。該思想同時也影響著其宗教社會學及權威社會學的內涵。現代化論的思潮貫穿了韋伯之前與韋伯之後的時代，成爲社會學的一個主要思潮。

　　韋伯指出近代化基本的特徵，脫離非理性觀念的束縛，亦即理性精神的普及。此意謂著個人採取理性的行動，取代了非理性的行動模式，社會成員不再受習俗、慣例、因襲、人情等的拘束，亦不受感情所左右，爲達到目的採取有效且適切的手段。此種理性的態度，須以獨立的個人爲主體。個人不再因身分、居住地的不同，而有不同的差別待遇，並脫離團體規範的束縛，個人能自由活動，擔負自己的責任，使傳統的社區與社會關係解體，個人相互之間的社會關係，基於功能的需要而互動。因而使近代社會出現各種功能團體，個人各自選擇最適切的功能團體參與。再者這些

團體的組織、運作採目的理性的方式，使得組織出現科層制，成員的考績由能力、表現，取代年資，成員的評鑑方式也由個人主觀的任意認定改採依據正式規則。排除與生俱來的世襲特權，以教育的普及為首，各種社會機會廣泛的擴大為大眾化與平等化，使得競爭與社會流動頻繁的進行。另外近代化社會，在政治方面採民主主義，在文化方面出現大眾文化，大眾傳播發達，特別是社會出現高度的都市化與產業化最具特徵。除此之外，該學派的主要內涵為：

1. 社會變遷是社會現象、社會結構的變動，其範圍包括：人群、制度的變化、發展、衰弱……等情形。
2. 社會是由分子組成的複雜組織，社會變遷時，分子的行為亦隨之改變。
3. 一切的變化是由包括「動作與關係」，動作是指各種運動，關係是指地位。變遷由動作而產生，變遷時產生地位的變動，亦即各部門關係的變動。

韋伯認為隨著社會變遷，人們由「價值理性」走向「工具理性」：是一種疏離的現象，也同時是西方文化內涵的一部份。為此韋伯提出了──

1. 「責任倫理」──是強調事物的效果與手段，為適應現代社會，因此責任倫理結合了「價值理性」及「工具理性」。
2. 「信念倫理」──是強調對事物的信念，此種倫理信念在現代社會已沒落。

為適應社會變遷的需求，責任倫理結合「價值倫理」和「工具倫理」並成為可以計算其行為結果，這亦是一種企圖讓人們生存在一種意念和尊嚴中，並能測知行為之結果。這說明韋伯對人類的生存，存在著知性的部份。

廣義來看，社會是一種與自然對照的概念，舉凡經濟、政治、及狹義的社會、文化都包括在內。從社會進化論的觀點來建構社會變遷理論時，社會變遷即指廣義的社會的變遷。而在短期間不會變遷的，一般我們稱之為社會結構。故所謂的社會變遷，可以說是指社會結構的變遷。如果從結構功能理論的觀點來看，和結構有密切關係的概念則是功能，還有在結構和功能兩概念之外，亦有系統（ system ）的概念。亦即系統、結構、功能是三者一體的。社會系統面對環境而行適應之道，以達成本身的目標。而系統的構造有所變遷，即表示向來的構造在適應環境的能力上，在達成目標的能力上，沒有充分發揮功能。社會成長的實現在伴隨著社會系統的構造變遷時，則稱之為「社會發展」。社會發展是人類脫離原始狀態，貫穿人類歷史的過程，最明顯的社會發展，可在近代化和產業化的過程中看得到。以總體層面來思索社會性密度、社會流動化的增加、社會分化的進行等現象；以結構層面來思索社會階層的開放性、社會流動和社會複雜性的增大、組織的大規模化、官僚制化、所有權的衰退、權力的民主化、職業所得階層的平均化、社會政策的擴充等現象。

　　哲學家們很早就將人類社會的變遷看做是一種無休止的循環過程。從古希臘的思想裡和舊中國的思想家這種循環論（ cyclical theory ）到處可見。原則上這些理論相信人類社會歷史的變遷過程與自然生物界的生老病死過程是很相類似的，他們認定不論社會怎麼變，歷史總是會重演的。進步的最後終極到頭來還是破壞和毀滅，正如人類生命歷程一樣，自生經成年而衰老，終至死亡。但是死亡並不意味終止，因為新的生命會替代持續下去，再經歷另一類似的旅程。英國歷史學家湯恩比（ Arnold Toynbee ）也把社會發展史看做一種循環過程。他認為每一循環的起點是當人類面對自然界的挑戰而需在社會結構上加以調整時。為了應付挑戰，社會發展出一套反應的策略，如果這策略有效，則社會繼續生存下去並發展以應付下一步的新挑戰；如果這策略失敗，社會即破壞滅亡。在這過程中，文明之

間可能融合在一起。文明可能繼續成長，但成長的結果造成破壞、衰退。這種循環繼續不停的在人類文明裡運行。索羅金（Pritirim A. Sorokin）是當代社會學裡循環論的代表。他認為人類社會文化有三個很明顯的體系：

1. 理想型體系（ideational system）：在此一體系裡成份是建立在神聖的信仰上。
2. 意識型體系（sensate system）：在此一體系裡成份的組成乃是建立在經驗科學和理性上。
3. 理念型體系（idealistic system）：此為上述二體系之綜合。

其特點是強調人類心靈的創造力，表現於藝術、文學、思想上。

索羅金相信人類文明的變遷並不是一致的，文明內部可能傾向於上述任何一體系，再轉至另外二體系。因此文明的變遷可以說上述三體系的昇降循環問題。崔賓（F. Stuart Chapin）亦相信國家的成長與衰弱是循環性的。這個循環圈牽涉到三個秩序：物質文化秩序、非物質文化秩序、文化複體秩序。每一循環牽涉到上述三種秩序的安排，如果它們都呈現成長，則國家必成長，但是如果它們呈現衰弱，則國家必衰弱。

根據波特（A. Portes）的說法：「對社會變遷的研究上，世界體系理論可以說是較新穎與吸引人的。它不僅擺脫過去現代化理論之沉痾，將西方歷史發展及現代化的經驗重新定位，使得吾人不但了解西方現代化中的內在因素，更能了解到一些非西方世界現代化過程中所受到的西方影響及其外在因素。這種在七十年代社會變遷研究上的轉變，以由文化價值意識形態與經濟發展間之關係之研究，提昇到一種整體的觀點來理解發展與低度開發的現象。」

世界體系理論是採取「歷史研究」（the study of history of society）。社會之歷史研究的特性有三：

1. 它是歷史的，重視編年式的記載。在此，不僅要注意社會結構之持續與變遷，也要注意到底發生了什麼事。
2. 它的研究單位是人群，他們生活在一起而且可以用社會學的辭彙來界定。
3. 它需要運用模型（model）作為解釋與分析上的架構。

世界體系理論具備了上述三種特性，它企圖全面回顧整個西方社會發展的脈絡。由其中找出西方發展的內發性因素（endogenous factors）以及非西方世界發展的外發性因素。世界體系理論已不僅是社會的歷史研究而已，更具有發展社會學的涵意。

世界體系理論在論述世界之發展時指出，一個自十六世紀以來形成之歐洲或資本主義世界體制在這三百多年的歲月中源起、成形而鞏固；因為這體系在發軔之初即存有＂擴張＂的性格，使得核心國家由單一的走向多元的，由單純之歐洲經濟體制走向今日的世界體系。在現代世界體系的擴展過程中，某些地區形成邊陲地位，使得其國家發展為核心國家或核心國家之多國公司（multinational company）所影響。用這種觀點來論述現代化過程時，使得問題之廣度擴大了，不再去探究個人心理之現代化與國家或社會現代化間的關係。反而，世界體系理論是站在一個總體的角度，將世界體系視為一獨立之社會體系，為研究上的分析單位，從其中將個別之國家視為體系中的次級體系，而來看體系中核心與邊陲之關係，而深入國家發展的現象中。

依賴理論，它主要在針對拉丁美洲諸國之國家發展提出一套解說。它可彌補發展理論中對邊陲地區之認識不足，指出一邊陲地區在現代化過程或國家發展過程中，所受到核心國家之歷史發展的結構限制。它可以說是二十世紀以來，由拉丁美洲諸國之發展中得到的慘痛經驗所形成之理論。拉丁美洲之社會科學家，例如：A. G. Frank, T. Dos Sentos, F. H.

Cardoso 等人。對其國家長期以來的不對等的貿易條件，工業化之困難以及伴隨而至的政治結構的改變，使得現代化的政策難以付諸實際。同時，這些社會科學家更發現外國人投資的介入，也產生了令人意想不到的惡果。第一，外人投資的對象是本地中利潤最高的企業。第二，他們從事的也往往是經濟活動中最重要的事項。第三，由於其資本雄厚對本國之資本流轉有舉足輕重之勢，他們往往會干預課稅政策。第四；他們往往又要求政府制定法律以保障其投資事業。第五，他們往往又以專利權或以西方過時的機器設備阻礙了當地在工業上創新的機會。第六，在當地政府拓展經濟計劃之際，外商往往又不肯合作。這批學者發現低度開發或落後（under－development）只是這一地區的普遍現象，現象背後還隱藏了另一層的意義，即依賴（dependency）。他們成了西方先進國家的附庸，舉國之前途皆與外人發生密切的關係。A．G．Frank 曾為依賴之關係提出五個假設：

1. 世界各地區皆可以劃分為都會區與衛星區(metropolis－satellite)，除了少數某些已為公認大都會區之外，大多數地區皆具有雙重特性，是某一都會之衛星區，但卻又是某些更落後地區之都會區。

2. 衛星區經濟發展之最成功時，往往是與都會區聯繫最脆弱的時候，這可能是在都會區本身產生戰亂，政變之時。但是當二者重新接觸時，衛星區原先之經濟發展就會中斷，而不能達到原先之目標。

3. 今日最落後地區在昔日往往是與中心都會區最緊密相連的，也是昔日中最繁榮的。

4. 大地之領域（latifundum），不論其今日是農牧場（hacienda）或是耕地（plantation），在昔日大多是商業中心，與世界市場發生密切的關係。

5. 另外，昔日礦產、農產中心，今日已日漸荒蕪，乏人問津，生產量

日減。

　　Frank 就是利用這五項假設並佐以歷史考據，指出今日拉丁美洲諸國之所以是低度開發地區即此依賴關係之故。這種關係使得拉丁美洲諸國之發展不能獨立自主，而是爲都會地區之資本主義發展而發展；這是盲目的發展，非但不能享受發展的成果，反得到應有的惡果。此因無他，依賴關係所造成的便是非本土性的發展。與 Frank 持同樣看法的則是 O. Sunkel 和 P. Paz，他們也曾以中心－邊陲之關係說明與拉丁美洲諸國發展。

　　世界體系是大於國家、社會之時空總體所形成的社會體系，它具有一般社會體系的特徵，世界體系不可視爲一個政治實體（political entity），毋寧是一個經濟實體（economic entity）。因爲其體系中部份之間的連結是以經濟爲基本的，在某一程度上，經濟連結將被文化連結所加強；同時，它最終也將被政治連結所加強，形成聯盟之形式。在上述種種情形下，實可認爲世界體系就是以世界分工之形式下，核心、半邊陲與邊陲三結構之間所造成的多元國家於其中的經濟體制。因此，世界體系在今日之所以具有全球性的意義，並非是某個統一之政治結構所導致，其內在結構與動力所導致之的各種衝突勢力是使其擴及全球的主要力量來源，而現代資本主義社會中科技之不斷發展與提昇則使得現代現代世界體系無遠弗屆，豐富了世界體系之生命力，使得它的擴展更加迅速。

結構功能理論

　　社會結構的概念可遠溯及早期英國史賓塞和法國涂爾幹之社會學理論。早期的社會學家如孔德和史賓塞等皆視社會如同一個有機體。孔德認爲一個社會就像一個有機生物一般，每一部門都是相互關聯的。社會進化

的原則亦類似於生物進化的原則。研究社會最適當的方式是將社會視為一個整體，進而分析其內在成份，而不應單獨研究分解其個別成份的單位。史賓塞將社會結構視為一種有機體。他認為一部門之變化將牽動另一部門之變化。由於分化的作用，社會的進化便由簡單而為複雜，及由同質而變為異質。社會結構之變遷，事實上是社會結構功能的變遷。功能愈分化，社會愈複雜。他指出：如果功能不變，則結構亦不變。因此欲瞭解社會結構就必須先瞭解其功能。雖然孔德與史賓塞的有機體論已具有社會結構的雛型，但真正導致該理論系統發展的則應該是涂爾幹。他認為社會是超乎個人的。一群人加起來的總和並不等於社會，社會結構和集體意識是組合成一個社會的主要力量。沒有社會結構和集體意識，社會是不成立的。因此，社會結構裡各部門之存在是為了實現履行社會整體之需求。社會結構中各部門之功能乃在於維持社會整體運作。社會結構在基本上是傾向於均衡的。社會結構乃是在一特定時間內個人的全部社會關係的總和。社會結構各部門之間應具有某種程度的整合性，才能維持社會的生存。

　　許多社會學家都承認帕深思在一九三七年所出版的《社會行動之結構》一書，實為社會功能學派日後獨霸美國社會學界之起點。對帕氏個人來說，該書之出版亦是他學術生涯的轉捩點。因此，討論社會功能理論自然應以該書之基本理論開始。社會秩序問題是帕森思社會學理論的中心主題。在《社會行動之結構》一書裡，帕森思指出霍布士人性自私論的過份悲觀，而洛克的自由論則是錯誤的理論。帕森思強調政府並非是指導人類行為的主要動力，價值（value）才是人類行為的準則。只要人們的價值觀念是共同一致，社會秩序就能建立，因為價值提供了人們日常生活行為的共同依據與準則。社會秩序不必經由政府來制定。現代社會雖然是一個個人主義的社會，因為人們具有相同的價值，所以社會是穩定而又有秩序的。西方社會裡的宗教代表著此種價值觀念，它告訴人們什麼是可以做的，什麼是不可以做的。價值深崁在人格裡而形成人們主觀觀點的一部

份。

　　帕森思在《社會行動之結構》一書裡指出此種價值理論可以在巴烈圖、馬歇爾、涂爾幹與韋伯等四人的著作裡找出。他們都相信人們的意志可以改變行動的方向。他指出，這四人都相信人們的行為並非全是合理科學化的，而是主觀的，有感情的。他說：「本書的主要論題認定馬歇爾、巴烈圖、涂爾幹與韋伯等四人之理論，並不僅僅是有關人類社會的四個特殊的觀察與理論，而是代表理論思想結構的一條主要變遷路線。」雖然《社會行動之結構》一書並非以結構功能學觀點為基礎之論著，其價值理論卻是日後帕森思所有理論裡的中心論點，認定社會秩序之穩定性乃是由人們的相同價值體系所促成的。帕森斯相信任何行動體系都可以由下列四個功能類型來分析：

　　1.體系的控制模式之維護。
　　2.體系之內在整合。
　　3.獲取目的之價值取向。
　　4.對外在環境的適應性。

　　因此，在帕森思的行動體系內，文化體系的主要功能是模式的維護；社會體系是為行動單位的整合；人格體系是為獲取目的；而有機行為體系則是為適應外在的環境。此四種功能亦即著名的 AGIL：A 即指適應（adaptation）；G 指目的之獲取（goal attainment）；I 指整合（integration）；L 指模式之維護（pattern maintenance）。

　　結構（structure）一詞本源於生物學，指一個有機體所有部分（器官或組織）的一種特定安排。現代系統論認為結構是指系統內各組成要素之間在空間或時間方面的有機聯繫與相互作用的方式或順序。社會結構是結構內部各構成部分或各個部分之間所建立起來的互動的關係模式。這些構成部分通常是指組織中的人、職位、橫向部門、縱向層次、權力體系、規

範制度等。社會結構是指「社會系統的構成要素，彼此之間保持著相對穩定的關係。這種關係使得社會系統具有一定的型態與功能。」例如：家庭、家族、宗族、學校等等，均爲構成社會系統的要素，而且具有其一定的結構、型態、特徵與功能。一般而言，社會結構具有以下特徵：

1. 穩定性：組織之所以存和保持其有序性，是在於組織各構成部分之間有穩定的聯繫，即其關係模式總是趨於保持某一狀態，其聯繫排列方式雖相對不變，但又與組織環境保持能量、物質和信息的交換，是動態穩定。

2. 層級性：如同生物運動的結構形式分爲亞細胞、細胞、器官、機體、群體、群落、生物圈7個層級一樣，人們可依據不同的標準把組織結構劃分爲若干層級，如高層、中層、基層等。

3. 相對性：在組織結構的無限層次之中，高一級系統內部結構的要素又包含低一級系統的結構，複雜大系統內部的結構要素又是一個簡單的結構系統。如在國家政府組織管理系統中，省、市、縣級組織系統，相對於國家中央政府組織是組成要素，而其本身又是一個結構系統。高一級結構層次對低級結構層次有更大的制約性，而低一級結構是高一級結構的基礎，並反作用於高一級的結構層次。

4. 變異性：組織結構總是存在於環境之中，總是要與外在環境發生交換，並在交換過程之中形成、變化和發展。

早期的社會學家如孔德和史賓塞等皆視社會如同一個有機體。孔德認爲一個社會就像一個有機生物一般，每一部門都是相互關聯的。社會進化的原則亦類似於生物進化的原則。研究社會最適當的方式是將社會視爲一個整體，進而分析其內在成份。史賓塞認爲一部門之變化將牽動另一部門之變化。由於分化的作用，社會的進化便由簡單而爲複雜，及由同質而變爲異質。社會結構之變遷，事實上是社會結構功能的變遷。功能愈分化，

社會愈複雜。因此欲瞭解社會結構就必須先瞭解其功能。

　　雖然孔德與史賓塞的有機體論已具有社會結構的雛型，但眞正導致該理論系統發展的則應該是涂爾幹。他認爲社會是超乎個人的。一群人加起來的總和並不等於社會，社會結構和集體意識是組合成一個社會的主要力量。沒有社會結構和集體意識，社會是不成立的。因此，社會結構裡各部門之存在是爲了實現履行社會整體之需求。社會結構中各部門之功能乃在於維持社會整體運作。社會結構在基本上是傾向於均衡的。社會結構乃是在一特定時間內個人的全部社會關係的總和。社會結構各部門之間應具有某種程度的整合性，才能維持社會的生存。

　　對社會結構概念闡釋最爲透徹的首推「結構功能理論」，該理論的中心概念是「結構」、「功能」、「均衡」。所謂「功能」是指一種對維持社會結構均衡有用的適當的活動。功能也可以被視爲效果。功能是控制體系內結構與過程運行的條件。這些條件影響到結構的穩定持續性運作。結構功能理論強調社會中各部門是相互關聯的。此種相互關聯的特質乃組成功能體系。其概念包括下面四個特質：

1. 每一結構內的各部門在功能上是相互關聯的。某一部門的操作運行需要其他部門的合作相配，當某一部門發生不正常問題時，其他部門可以塡補修正。
2. 每一結構內的組成單位通常是有助於該結構的持續運行。
3. 既然大多數的結構對其他體系都有所影響，則它們應可被視爲是整個有機體的副屬體系（sub-systems）。
4. 結構是穩定和諧的，不易有所變遷。

　　均衡是社會結構運行的最終目標。在此種狀態裡，社會結構是和諧而無衝突的。結構的變遷是緩慢且有秩序的。結構功能理論認定不論社會如何變遷，其最終目標總是朝向尋求社會結構的均衡狀態。因此變遷可以說

是一種對社會結構的調整，局部而緩慢，無損於整個社會結構之整合與均衡。

社會結構是指「社會系統的構成要素，彼此之間保持著相對穩定的關係。這種關係使得社會系統具有一定的型態與功能。」例如：家庭、家族、宗族、學校等等，均為構成社會系統的要素，而且具有其一定的結構、型態、特徵與功能，同時構成該結構的單元在短時間內不會改變其地位、角色。

所謂「功能」是指一種對維持社會結構均衡有用的適當的活動。功能也可以被視為效果。舉例來說：電燈開關的功能是在於控制燈光。因為此電燈開關有控制燈光的效果。功能是控制體系內結構與過程運行的條件。這些條件影響到結構的穩定持續性運作。

由於結構製造效果，因此結構具有功能。因兩者的關係密切，是以在功能學理論功能與結構二者常連在一起使用，而稱之為「結構功能理論」（structural functionalism theory）。該理論的研究單位不在於個人，而在於結構。

若干社會學家對社會的建構採取「社會唯實論」（sociological realism）的觀點，認為社會是一個具體的實體物，因此其有一定的特徵、意識，並且因而會影響到其中的個體。社會外在於個人而影響個人，社會是不可能縮減到個人的，因社會的實際存在係基於團體而非個人。例如：我們不能以一個黨員的特徵來研究推斷其所屬黨派，而應著重於該政黨的結構和歷史。

結構功能學理論（structural－functionalism）一直被批評為一種保守的靜態烏托邦理論，因為它把人類社會看做一種靜態的整合平衡體系。雖然如此，結構功能學理論裡並未完全忽略社會變遷的解釋，尤其近年來一些功能學領袖融合新進化論階段概念，用以解釋現代化過程的努力是相當值得注意的。

功能學理論分析研究社會文化體系內各種社會文化現象的功能。功能學理論認定社會是由一群相互關聯的部門所組成，因此單獨一部門是不能與整體分開來研究的。任何一部門所發生的變遷都會造成整體的失調。因此，其他部門亦必有所變遷以適應調整此失調現象，並導引社會重新朝向社會的整合與均衡。

帕深思理論中心是社會體系的穩定、整合與均衡。AGIL 的功能調整的最終目的不僅在使社會繼續生存下去，而且在維持社會體系之整合。帕深思並無意否認體系內變遷的可能性。他指出為了達到社會體系之整合，其各部門必須時常調整內部結構與各部門間關係，此類調整乃因內部之缺均衡而起，是一種變遷。換句話說，社會變遷由此而生。

帕深思以緊張（strains）這概念來解釋社會體系內部之失調。緊張乃是指任何影響正常規範下來往的二個或二個以上的單位的狀況。換言之，任何影響到社會整合的因素即是緊張。帕深思指出緊張的結果常常會產生差異行為，需要有效的社會控制加以校正。緊張、差異行為、社會控制的結果自然而然牽涉到體系系的變遷；校正偏差單位使其恢復原有之功能或創造新單位以補充代替偏差單位。

帕深思再更進一步融合進化論來解釋長期的社會發展與變遷。他指出歷史發展是一種進化的過程，人類社會的進化是「適應能力」（adaptivity）的增強。所謂「適應能力」乃指一個社會克服環境的種種困難而達到各種目標的能力。舉例來說：一個能控制傳染病散佈的社會比一個無控制能力的社會的「適應能力」高。同樣地，一個工藝技術高的社會比一個初民社會的「適應能力」高。簡單地來說：適應能力係指人類改變自然環境而為人類所利用的能力。

研究社會變遷的功能學者，目前已不再過份強調社會的均衡性，他們主張把社會看做是一種維護及緩衝社會各部門間的緊張成份與衝突性的組織。在此組織裡，變遷是正常的過程之一。功能學理論對社會變遷的新解

說主要依據分化（differentiation）、再整合（reintegration）及適應（adaptation）等三個基本概念。

分化是指一個社會單位被分解為二個或二個以上的新單位。這種新分解而出的單位各具其特殊的功能，同時各單位間亦能相輔相佐，更君有效的發揮其應有的功能。斯美舍指出新的單位在結構上是各自獨立的。但是他們的功能合在一起則與原有的單位功能相等或更高。他指出在經濟制度上，許多經濟活動在現代社會裡已從家庭單位裡分化而出。新的家庭只能算是一個消費單位，其原有的生產功能已賦予由家庭分化而出的工廠制度來擔當。在宗敎制度裡，政治管理亦已從宗敎分出而成一獨立單位。在社會階層裡，社會地位已不再全靠個人的背景來決定，工作能力與成績已逐漸成為評定社會地位的依據。功能學者基本上認定分化具有下列幾種特質：

1. 分化是歷史變遷過程中的主要原動力。
2. 分化可能出現於社會結構與文化體系內。
3. 分化可提供我們研究及分類各種社會結構型式和結構階段的基本概念。
4. 分化是不可避免的。
5. 分化是一種有益的過程。因為經由人們對自然控制的增強，人們的自主性與社會的成熟性必然增加。
6. 分化是一種內部的過程，因為它只能在社會體系內部產生。

衝突理論

衝突論學者不同意把社會視為一種均衡與整合的體系。他們指出帕深

思和其他功能學者對社會的描述太過美化，太不切實際。他們認定社會變遷不僅是必然的，而且也是急遽的；社會變遷的後果是破壞性而非建設性的。因此，衝突論應該是社會學的正確理論。因為只有衝突論才能眞正描述社會結構。

衝突理論的建構以馬克思的思想為主軸，而最能代表馬克思思想的論著是《資本論》在資本論中主要是顯露出三種觀點：

關於疏離現象

疏離（alienation）是一種情況，同時是一種客觀的，可以衡量的情況，是在社會結構下產生。L. Coser：「疏離是一種情況，這種情況是來自於人為其所創造物的束縛所產生。」R. Aron：「疏離是使得與原來的制度成為陌生的事物。即是人創造某種事物（舉凡機器、制度……等），結果人非但未能妥為運用，反而是在運作時成為該種制度役使、約束的對象。」在疏離過程中，雖然各階級都有，但是以工人為甚。馬克思認為疏離可以區劃為：

1. 是對產品的疏離：如生產中對物品缺乏完成的成就感，回饋造成的疏離。
2. 是製造過程時產生：一切的原料、生產、價格、產銷都無法參與、決定的疏離感。
3. 人與類本質：資本家運用對勞工施以區劃和控制，造成工人僅是為了生存而工作，無法產生良好的互動關係，而資本家的監督也造成了工人與工人、資本家與工人間的疏離。
4. 人與人（資本家）：人的通勤工作，疏於社區事務和社區產生的疏離現象。

疏離產生的原因：

1. 是由於生存的因素：工人爲了生存是以必須要忍受剝削、工作的無成就感……等疏離現象。
2. 是因爲資本家掌握了工業生產的後備軍，因爲尚有許多的剩餘勞工待雇用，因此勞工必須忍受雇主的剝削。
3. 爲了提高生產效率必須要分工，使得勞工產生許多工作成就感的疏離。

對資本主義的批判

資本主義是「一些少數人以其雄厚的資本來控制著多數人，並且對社會進行剝削。」的制度其主要的特徵爲：

1. 資本主義是爲了利潤（剩餘價值）而生產。
2. 商品是使用價值和交換價值之統一體。在以物易物的時代因爲物之彼此交換產生的是一種平衡狀態。貨幣發明以後，商品的交易便以貨幣的媒介，產生一種「商品－貨幣－商品」的交易。
3. 資本主義社會則是一種「商品－貨幣－商品」的交易，其貨幣的交換過程中產生的盈餘，馬氏稱爲「剩餘的價值」，而資本主義社會中亦將勞力看成是一種商品，因此，亦成爲資本主義壓榨、剝削的對象，以獲取利潤，而資本家的利潤便來自這種對勞工搾取的「剩餘價值」的累積。
4. 資本家壓低應讓給予勞工的合理報酬，經由此種剩餘價值而產生更多的利潤。
5. 資本家爲了增加更多利潤，其方法爲：增加工人的工作時數，但維持原來的報酬。運用機器以生產，因此產生勞工生活改善，轉而生

育率提高，加強了工業生產的後備軍，同時對勞工有了更多的壓榨。

6.為了改善這種資本主義剝削壓榨的辦法，唯一的就是革命，打破原有制度，以建立社會主義社會。

關於階級鬥爭

階級的定義：「是指一個人在生產過程中的位置，即是在生產過程中所擔任的角色及其擁有生產工具的有無。」階級區分：擁有生產工具者（資本家）及不具有生產工具者（無產階級），馬克思有關階級地位的區劃較重視經濟地位，同時是以生產工具之有無為標準。階級衝突則來自於：資產階級及無產階級對於工時、工資的看法有所差異，因此產生了衝突，謂之「階級衝突」。勞工階級是受雇於資本家以獲取工資；資本家階級是以榨取剩餘價值獲取利潤，或是靠租賃土地獲取利潤。中產階級會逐步在走向資本家階級及勞工階級的二極化過程。勞工階級由於知識分子的領導，獲得覺醒並組織起來。使得勞工形成一個能夠與資本家相互對抗的組織。任何社會都有階級對立的現象：如「主人－奴隸」「地主－佃農」「資本家－勞工」等。為獲取階級既得利益的保障，上層階級者因此，製造若干規範以期欺騙下層階級。而馬氏認為許多的上層建築，包括法律、宗教、文化、政治都是上層階級，為壓榨下層階級的工具。對馬克思而言，社會變遷的最主要原因乃在於經濟因素的改變。人類的歷史過程反映著這種改變。因此，如果無產階級能改變經濟結構既有的安排，則人類歷史就會出現一個美好的階段。

衝突理論的另一重要學者為達倫多夫，其指出衝突理論的基礎是建立在那些不可避免的社會變遷與社會衝突上。因此他說：「衝突論的最終目標應是對社會變遷的解說。」達倫多夫的理論總結成下列幾個主要要點：

1. 每一個社會無時無地都經歷變遷，因此社會變遷是無情與不可避免的。

2. 每一個社會裡都有紛歧衝突因素，因此社會衝突是無法避免的。

3. 社會裡的每一個單位都直接間接地促成了社會的分化與變遷。

4. 強制性的權力關係是社會的基礎。社會份子的關係事實上即是支配與受支配的權力分配關係。

考舍主張社會體系內每一部門都是相互關聯的。（這一點很近於功能論的基本概念。）但是他更進一步指出在此種關聯裡，一定會有緊張、失衡、利益衝突等現象。不同社會部門的操作、運行方式與過程並不一致，因為各部門對社會體系的整合與適應是不一致的。他指出因此暴行、紛離、變態、以及衝突在某些情況下對社會是有益的。社會整體內各部門間的失調必導致各式各樣的衝突，此等衝突引起社會的重組，增強其適應彈性，用以解決社會變遷等問題。

衝突可能導致新行為模式和新社會制度之產生。經濟史學者就常指出工業科技的高度發展的原因之一乃是勞資雙方工資工時問題衝突的後果。因為工人要求工資提高，資本家就越亟力想法改進設備與生產技術以代替工人。不過從另一角來看，衝突也可能是社會變遷的後果與產品。一種新的發明、新的文化、新的生產配銷制度的建立等都可能影響團體與社會體系的結構。某些團體可能因此等改變而更強壯滋長，但某些團體則可能受此種改變之打擊而破碎，因此就產生衝突。考舍提醒我們認清衝突不僅是社會變遷的原因，也同時是社會變遷的結果。

現象學

現象學基本上是試圖去描述人的意識形成的過程，並探求自然界一切

事物的原始本質。現象學主張把一切受文化薰陶下的假面目除掉，以還事物本來面目的態度和精神，來處理和瞭解自然界的一切現象。現象學者提出人們應該具有一種挑戰的精神，拒絕接受擺在我們面前的解釋而不加以詢問。現象學者認爲只有西方文明才具有此種挑戰性的精神。科學的研究是西方文明的最顯著特徵，而科學的研究就是這種批判和挑戰性的精神的表現。因爲所謂科學只不過是現階段的眞理原則，此眞理原則隨時都會因新的發現而修正改變。但是科學的研究方法常受文化的影響，而科學的原理原則所依據的資料常是蒐集而來的。因此，科學的解釋常使自然現象籠罩上一層偏見性的外表。此種「失眞性」在社會科學裡尤爲顯著。胡塞爾大聲疾呼「回到事物自身」（back to the things）的目的在於強調一種不受文化影響的研究，和瞭解一切社會現象的原始面目和特質。文化是由社會化過程中得來的，而社會化的目的在於訓練社會裡的成員發展出一種一致和規律的看法。我們知道椅子是可以坐的，但是我們之所以知道椅子是可以坐的乃是在社會化過程裡別人教給我們的。至於椅子到底是一樣什麼東西？倒變成不重要的問題，不必深究。現象學者認爲我們對外界事物的看法應求眞，而不應有「想當然爾」或「本來就是這樣」的態度。我們必須探討和深究爲什麼會「本來就是這樣」，以及「想當然爾」態度形成的過程。現象學者認爲如果我們把一切受文化薰陶下的假面具除掉，則剩下來的只是人們的知覺意識而已。現象學者所關心的是這種知覺意識的基因，而非其結構。現象學者試圖說明生命周圍的一切有關的現象，人們日常的社會生活，以及一切所謂「想當然爾」和「本來就是這樣」的現象的原始面目。因此現象學應該是各種社會科學知識的基礎，也是各種社會科學之總集成。現象學到目前爲止實際上仍只能算是一種哲學思想體系。雖然最近幾年來，美國社會學家已開始注意現象學的觀點和研究方法，但是其影響力並不廣，只能算是社會學理論主流範疇以外之一種激進派論調而已。

形象互動理論

　　爲了分析社會互動，社會學家建構了「形象互動理論」（Symbolic Interactionism）。由於該理論主要探究重點在於人與人互動的過程，是以亦簡稱爲「互動論」（Interactionism）。這項理論的建立深受美國社會學家：湯姆斯（W. I. Thomas），派克（R. E. Park）與米德（George H. Mead）等人的影響，其後並由布魯默（Herbert Blumer）總理其成，發揚光大。爲說明這項理論的內容，我們先行介紹這些社會學者對此理論的主要觀點：

　　湯姆斯認爲：人具有一種力量用以抗拒重覆做過去已做過的行動，我們稱之爲抑制力。在表現出此抑制力之前我們通常會經過一個自我檢討與沈著考慮的階段，此階段亦即我們所稱之情境定義。不僅我們的行動依附在情境定義上，而我們的人格與一生的生活皆受其影響。個人總是以滿足個人之樂趣爲優先，而社會則常以社會安全爲優先。因此，兩者之間自然會發生衝突。社會爲了協調其衝突乃定有道德準則以節制個人之願望和行爲。個人對情境所下的定義是眞是假事實上並不重要，只要個人本人認爲是眞的，其所導致之後果亦就是眞的。舉例來說：如果信徒相信上帝是眞的存在，則他們就會對上帝的肖像膜拜。至於上帝是不是眞的存在，都是無關緊要的事。換句話說，湯姆斯認爲個人對事物的反應不僅受實物外形的影響，而且亦受個人對該物之主觀看法的影響。

　　派克認爲社會學是研究集體行爲的一種科學。社會是由一群受傳統和受規範影響下的個人與個人間互動所組成。社會在基本上是一個控制性的組織，它的主要功能是組織、整合、領導社會裡的各個份子。因此，社會控制乃成爲社會運作中的核心。一個穩定的社會系統指社會控制的工具能

成功有效地制服社會裡的反動力量而達成某種程度的協調。派克認爲個人只是一個扮演各種不同角色的演員而已。經由其中的劇本和角色，我們才能瞭解自己的本性。我們對自己的看法和瞭解深受本身之職位和角色之影響。派克相信人的行爲受環境、角色、社會規範等各種因素之形塑。

米德強調社會學應該是研究社會過程裡的個人行爲和活動。由於個人行爲只是整個社會團體行爲和活動的一部份而已。因此，欲想瞭解個人行爲就必須先瞭解團體行爲。自我（self）是個人行爲和團體行爲二者之間互動的結果，亦是社會互動的主要媒介。米德將社會看成是一種動態的實體。他認爲人們和社會秩序都不是已完成的事實，而是尙在形成（processing）的過程，其間不斷地在變化、修正、調整。個人經由自我才能瞭解外界事物之存在，經由自我才能成爲社會的一份子。自我與社會是不能分開的。因此，個人的經驗必須從社會的觀點來瞭解。而社會則是經由持續的交通、互動過程而形成的，人的行爲、語言、文字，都直接間接影響社會的結構。他曾說：「個人的行爲只能依照個人在整個社會團體裡的行爲來瞭解，因爲個人行爲必然牽涉到社會行爲。」

布魯默指出人們在互動過程中並非完全是依賴彼此行動而反應，而是來自對對方行動所下的定義而反應。他指出社會唯實論者忽略了自我概念的重要性，總是將個人視爲一種社會因素影響下的產品。他認爲人類社會應該被視爲包括一群行動中的人，社會的生命則是包括這群人的行動。社會是由一群彼此互動的個人所組成。他認爲個人是融入社會團體的人。但這並非就是說個人永遠是社會制度的奴隸，是毫無主見的。相反地，個人具有某種程度的自主性，且對自己的行爲負責。在日常生活裡，個人必須對情況加以解釋並給予適當的定義以做爲行爲的準則。因此，結構功能學派所強調的制度對個人的規範與價值，布魯默認爲實際上並不重要。個人如何對某一情境下定義，如何加以解釋，才是決定個人行爲的主要影響因素。他聲稱，社會制度之所以能影響個人行爲乃是因爲制度影響了個人對

情境所下的定義，而並非是制度高高在上另成一體，指揮著個人去做某種行為。

綜合上述學者對形象互動理論的建構，該理論的主要觀點為：

1. 形象互動論的研究單位是互動中的個人，而非個人內在的人格，亦非社會結構。其重點在於研究互動的性質和過程。該理論強調社會只不過是由一群互動中的個人所組成。個人的互動行為不斷地在修改和調整，因此社會不斷地變遷。人們對外界刺激的反應通常是先加以瞭解和分析，而後再設法反應。在人與人的互動過程中，個人總是先將對方的想法加以吸收和解釋，然後再反應。譬如：當某一個人突然拍你肩膀，通常你會想到這人拍你是好意還是壞意，而後你才加以反應。如果你的解釋是好意，則你的反應就會是友善的；如果你的解釋是壞意，則你的反應就會是抗拒。這種過程就是形象互動論所謂的解釋、分析、反應現象。

2. 形象互動論認定觀點和互動是人類行為的二個重要變數。他們相信個人對外界刺激所持有的觀點不止一種。在某一種情境裡，個人的觀點可能是某一種形態，但在另一種情境裡，則個人的觀點可能會改變成另一種形態。這些觀點是用來當做個人反應的指導原則，是動態的，因為個人在互動過程中不斷地在修正觀點以適應當時情境的需要。

3. 通常個人是經由參考團體（reference group）而學得社會一般所公認的觀點的。因此，參考團體的觀點就常常成為個人的觀點。例如我們在一個聚會裡遇見一個陌生人。我們對他的觀點常常是受參考團體的觀點所影響。如果參考團體的份子認定他是一個怪人，則我們亦會說他是怪人。換句話說，起初我們個人的態度可能和團體的觀點有差距，但當我們知道團體的觀點後，我們就會將自己的態度

加以修正以符合團體的觀點。

4. 個人的動作實際上也是一種形象。因為當我們做某一個動作時,我們總是為了要把我們自己的意思表達出去以與別人溝通。舉例來說:與別人談話時,轉眼看手上的錶。這動作表示還有其他的事在身,讓對方意會到該結束這種談話的時候了。是以個人的許多動作皆不僅是身體上的互動,而且具有形象的意義。針對上述,可歸結出下列三點基本特質:

⑴形象的發展是社會性的。人們經由互動的過程以形象來表達意念、價值與思想。

⑵形象的定義與運用並非完全一致的。其定義通常是由使用者隨意而定。當互動的方式改變時,形象定義也可能有所改變。

⑶手勢和語言都含有某種特定的意義。當人們把幾個手勢和語言連接在一起使用時,它們就能用來表達意思用以溝通互動。

人們日常生活的每一部份都牽涉到形象的運用。如果沒有形象,則人們根本無法相互來往。人們的思想、觀察、行動等皆是經由形象來表達。形象互動論者相信我們對形象的使用從很小時候就已發展出來,也是整個社會化過程中重要的步驟。語言文字是所有形象中最基本最重要的一種。社會不僅依賴形象而生存,而且也靠形象而延續下去。

5. 形象互動論的另一個主要概念是自我 (self) 的產生。自我是社會的產品。人們對自己的看法實際上是受制於他人對自己看法的影響。如果沒有他人的看法,我們根本無法知道自己到底是怎麼樣的一個人。某甲常覺得自己很聰明,因為他周圍的人都說他聰明。自我概念之產生就是經過這種過程而來的。因為自我是經由他人和社會的定義而決定,所以會有發展與變遷的現象。布魯默指出:自我的擁有使得人們能夠應付外在世界的需求,它是一種指引人們行為

的工具。沒有自我就沒有社會互動。是以自我的主要功能包括：

(1)自我可以用來做為人們形象互動的對象。

(2)自我可以用來分析互動時的情境以做為反應時的參考。

(3)自我是可供人們使用的。

(4)自我可以用來判斷自己，也可以用來判斷別人。

(5)自我給予人們某種認同，使人們知道自己到底是怎麼樣的一個
　　人。

簡而言之，自我概念在形象互動論裡是一種社會的產品，是在人與
人之間互動的過程中產生的。它是瞭解個人行為和社會互動的最基
本概念。

6. 人們的行動多數是具有社會性的。而社會性的互動總是形象的。人
們以形象的表達方式來與他人溝通。因此形象互動過程中含有猜測
的色彩和想像的成份。我們總是猜測對方的行動到底是代表什麼意
義，到底有什麼企圖？然後依我們自己的瞭解設法使自己的行動與
當時情境配合，使互動順利進行。在社會互動過程中，我們總是根
據我們自己的目的和我們對他人行動的瞭解來修正我們行動的方
針。換句話說：互動是一種不斷修正和調整的過程以適應自己本人
和他人的目的和要求。

7. 形象互動論認為個人人格是在互動過程中發展出來的。雖然參考團
體、家庭、情境、經驗等都可能對個人人格有所影響，但是影響最
大還是互動。一個人的行為方向受互動過程中的情境和互動對象的
影響。個人的一舉一動，不僅決定個人本身行動的方針，同時影響
互動對方的行動方針。譬如：當有人衝著你微笑。首先你要解決的
疑問是：對方為何對你微笑？而後按照你對該行為的解釋而有所行
動。你的解釋和反應同時也變成對方下一步驟的依據。因為情境的
解釋和定義是抽象的。所以我們的行動反應常跟起初的本意有所誤

差。因此，個人的行動與人們的互動過程是很難正確的瞭解。倘若，有一個人推推你，原本是開玩笑，無惡意的，但是你的解釋可能相反，認爲對方是敵意，因而反擊回去，將小事變大，造成嚴重的衝突。這就是互動過程中形象運用的解釋和情境定義之模糊所致。

8. 形象互動既是模糊不清和常變化的，人們在互動過程中爲了適應情境的需要，很可能將自己好的一面表現出來，而隱藏不利的一面；也可能改變調整互動的物理環境以配合互動的需要。例如：相親時的互動過程中，爲了能給對方好的印象，穿著整齊，言行斯文，這是將好的方面表現出來以期獲得自己所尋求的目的。又如：賣貨品的店家，總是將賣場清理得乾淨、清爽，運用適當燈光、空調，以期能改變現場的物理環境，以期能獲得買主的青睞，貨品賣得好價格。

9. 形象互動論認爲社會只不過是一群互動中的個人所組織而成。因此社會裡所稱群衆（crowd），團體（group），組織（organization），社區（community）都是社會，沒有必要將他們區分開來的必要。因爲這些概念所指的都是同樣的一種行動：互動中的一群人。這群人不斷的在相互溝通，相互瞭解，相互調整，扮演角色，以及控制自我以配合他人。這群人可能只是二個人，也可能是數萬人，形象互動論者認爲社會互動就是社會。

從形象互動論的立場來看，社會只不過是一群以形象來互動的人群。這些人彼此互動，並共同發展出一套大家遵守的觀點和法則。簡單的說：個人影響社會，社會也影響個人；個人創造社會，社會更創造個人。此二者是不可分的。形象互動論的基本研究單位是互動中的個人，而非個人內的人格，亦非社會結構。其重點在於研究互動的性質和過程。社會只不過

是由一群互動中的個人所組成。個人的互動行爲不斷地在修改和調整，因此社會乃不斷地變遷。動物對外界的刺激通常是直接身體本能上的反應，人類則通常先加以瞭解和分析，而後再設法反應。在人與人的互動過程中，個人總是先將對方的想法和看法加以吸收和解釋，然後才給予適當的反應。通常個人是經由參考團體（reference group）而學得社會一般所公認的觀點的。因此，參考團體的觀點就常常成爲個人的觀點。

形象互動論者認爲個人實際上就等於是一個小型社會。因爲個人可以把自己當做對象來互動交通，正如在社會裡我們把別人當做對象來互動交通一樣。個人經由自我而思考而挑選，也可以經由自我而對情境加以解釋，更可以用來與自己本人或社會上的其他人交通互動。個人以自我來判斷別人，同時也以自我來判斷自己。布魯默指出：自我的擁有使得人們能夠應付世界的需求，它是一種指引人們行爲的工具。沒有自我就沒有社會互動。

戲劇理論

戲劇理論的建構深受高夫曼（Golfman）的影響，雖然他形成了一套自己獨特的理論，但是托馬斯‧米德以及形象互動理論者對他著作的影響還是顯而易見的。高夫曼的理論在很多方面豐富了社會心理學和微觀社會學，但是他通過有意識地研究戲劇藝術模式而發展起來的角色理論，才是他最爲獨特和最爲重要的貢獻。高夫曼之前的很多角色理論家都喜歡引用莎士比亞的《皆大歡喜》中著名的台詞：

整個世界是一個舞台，

所有男女不過是這舞台上的演員，

他們各有自己的活動場所，

一個人在其一生中要扮演很多角色。

　　但是只有高夫曼才把這種極爲模糊的比擬改造成一種強有力的戲劇分析的觀點。在他第一部至今仍然膾炙人口的《日常生活的自我呈現》（1959）這部書中，他試圖闡述和分析人們在與重要人物的交往中，用什麼樣的方式來塑造他們自己的形象。他認爲，我們就象舞台上的演員一樣，總是在不斷關心面對著如此衆多的觀衆塑造好自己的形象。我們形成自己的行爲舉止正是爲了在與我們有重要關係的人的交往中，給他們留下一個可以接受的印象。要做到這一點，我們就必須把自己爲對方不能接受的方面隱藏在後台，以便把一個爲對方接受的形象呈現在前台。社會行爲者總是處於與別人交往的狀態中，他要設法塑造自己的形象，以便給自己的交往者留下深刻印象。這個形象給了對方良好的反應，反過來又成了滿足行動者自我陶醉的源泉。有人已經注意到，甚至有經驗的演員也感到不演戲是極其困難的，不管是在台上還是在台下。高夫曼的行動者模式假定，正因爲我們總是在演戲，所以，要弄清楚一個人實際上是個什麼樣的人毫無意義。我們永遠是在舞台上，即使我們以爲，在我們對別人作出自己的反應時是最自然的，最眞誠的。例如，和教授們接觸時，我們可能扮演的是恭敬的學生；在和自己所鍾情的異性接觸時，我們可能扮演的是求婚者；在和父母相處時，我們可能扮演的是孝順的子女；而在行政機關中，我們給自己的上級留下的印象可能又是雄心勃勃的年輕行政官。高夫曼認爲，我們永遠不可能僅僅是一個單純的男人或女人，我們只能是我們所扮演的角色。

　　人們永遠被綑綁在印象操縱的車輪上，永遠被限制於情境的桎梏之中，所以人們不得不表演自己生活的悲劇和喜劇，直至他們離開這個世界。確實，我們有時可能稍微離開我們的腳本，做出一些「即興」演出，

而且試圖經由在一些特殊的劇目去實現某種「角色距離」。但是，高夫曼認爲，那歸根結底僅僅是一些極其有限的自由，只是當別人的壓力使得我們無法忍受的時候，給予我們一點點安全感而已。按照高夫曼的觀點，我們永遠無法，那怕是在瘋狂的時候，逃脫別人的存在；永遠無法逃脫根據別人的期待而塑造我們自己的這種傾向。所以有人悲觀地認爲「別人就是我們的地獄。」，在人一生的旅途中，別人總是自己的伴侶；沒有一個人能夠塑造一個不和別人密切相關的自我—那些人也在這同一個舞台上各自扮演著自己的角色。正如我們不可能在塑造哈姆雷特這個形象時，把他和國王、王后，和奧菲利、霍拉旭以及其他所有角色的關係拋開一樣，我們每一個人的自我確定—同時，反過來又被他人所確定—是在我們的行爲同其他所有陪伴我們度過人生旅途的人的行爲，相互交織相互作用的過程中實現的。

批評者提出異議，他們認爲高夫曼所描述的很多東西也許適用於美國中產階級和職業階級中一些「聽命於他人的人」，但對美國其他階級，或對其他文化或其他歷史時期，就不那麼適用了。但是高夫曼對相互作用、相互交織作爲的敏銳觀察；極有社會學眼光的審視；他那種解決人類在交易過程中所出現的錯綜複雜的種種問題的才能，豐富了我們對於微觀社會學發展過程的認識。

社會交換理論

交換學理論（exchange theory）綜合實驗行爲心理學、經濟學、人類學的基本理論而將人與人之間的互動視爲一種計算得失的理性行爲。基本上，交換論者試圖以經濟學分析方式來解釋非經濟性的社會現象，特別是在小團體裡的非正式社會互動。此理論認定各個人之間的交換行爲乃是

維持社會秩序的基礎之一。交換的對象並不一定是能看得見的物品，其他看不見的聲望、喜愛、友誼、贊同等也同樣可以做為交換的對象。同樣的道理，痛楚與難堪的避免，機會與利益也都可當做交換的對象。

對社會交換理論建構較具影響的學生，包括：愛默森、霍曼斯及布勞等人，以下分別簡述其觀點：

愛默森（Richard M. Emerson）指出，雖然個人是社會交換理論的研究單位，但是個人與個人間的社會交換關係才是真正的基本研究單位。社會交換理論裡所談的酬賞與懲罰、取與給、利潤與成本等概念雖然是以個人為單位為對象，但是它們也能被應用到解釋團體的特質。交換理論的主題既是稀有物資的交換，因此當這交換關係改變時，社會關係即有所改變，社會結構自然也跟著發生變遷。

霍曼斯在《人類群體》（1950）這部著作中，分析的注意力是放在對系統的探討上。而在《社會行為：它的基本形式》（1961）一書中卻將分析的注意力轉向心理的交流的探討上。這是一個新動向。在霍曼斯後來的著作中，他向社會學的系統理論發動了全面進攻。他斷言，在社會學的水平上是永遠無法對人類行為作出全面解釋的，必須從心理學的高度著手才行。霍曼斯主要借助於他的哈佛同事 B.F.斯金納的行為主義以及功利主義和古典經濟學，指出，使得人類社會運轉的基本動機就是獲取個人利益。他還認為，所有的人，就像斯金納所提到的那些鴿子，是根據環境所提供的肯定或否定的因素來修正它們的行為的。霍曼斯心目中的人類社會是由相互作用的個人所組成，他們彼此交換著獎賞和懲罰。為了和十九世紀的經濟學家的思想區分開，霍曼斯認為刺激人們活動的方式不但包括貨物和商品，還包括對人們的讚賞、尊重、愛戴以及其他一些非物質性的或象徵性的標誌。霍曼斯心目中的人是能對幸福和痛苦作出理性判斷的計算器，他們一輩子所熱切關心的就是增加利潤和減少損失。霍曼斯打算通過一系列推導來建立論點，他首先建立起這樣一條公理：「當人感到他的活

動的報酬越具有價值，他就越有可能去參加這項活動。」他從這一點出發，通過一系列的推導，解釋為什麼在一個特定的社會環境中刺激和無刺激可以使具體環境中特定的人改變自己的行為。

批評霍曼斯的學者把他說成是一個還原論者。他們攻擊他的推導程序不是重複別人的東西，就是為了自己的某些特殊目的。他們特別提出他的還原程序根本無法解釋，諸如工業化和文化程度這些基本的的社會學變項。批評者還認為，他忽視了人類具有使用象徵符號的能力，因而無法解釋那些決定人類行動過程的價值觀和規範。他們還指責霍曼斯忽視了那些不能還原為個人性格的社會結構屬性。

彼得‧布勞雖然深受霍曼斯的影響，但在他的《社會生活中的交換和權力》這部著作中，他也開始著手彌補霍曼斯概念中的不足，力圖把霍曼斯的概念和結構的概念協調一致。其實結構的概念在霍曼斯早期的著作中是占有主導地位的，而且後來他確實又回到了這個概念上。在《社會生活中的交換和權力》這部著作的第一部分，布勞依然以霍曼斯為榜樣，並且發展了一種基本模式，目的在於解釋「兩個人之間的交換行為，不管是有形的還是無形的，也不管報酬和價值的多寡」。不過他比霍曼斯更敏銳地意識到，無論何時，如果沒有公認的交換手段，例如貨物，那麼純理性的人類交易的經濟模式就是不完全的。他承認，如果沒有標準的價值尺度，那麼交換的概念就會失去它的精確意義。布勞認為除了貨物，人們生來就需要社會的讚同、尊重以及能夠按照他們的願望行事是他們最為需要。行動者為了獲取最大限度的報酬而相互競爭，並且這種競爭性的交換也會在這樣一個前提下繼續進行：給予報酬者將獲取報酬。在這些方面，他與霍曼斯的觀點是一致的。然而布勞與霍曼斯也有分歧。布勞認為當理想的互惠形式在交換者之間盛行的時候，事實上的不平衡和被剝奪，無時不在威脅著社會系統的正常運轉。因為依據擁有財產的多寡，人們被劃分為不同的階層，而不同的階層又擁有不同的權力；因此地位低下的人們往往受到

那些權勢者的剝削。在布勞這本書的第一部分中，雖然在某些主要觀點上他仍然贊同霍曼斯，但是他對霍曼斯強調均衡已不再感興趣，並且開始集中精力研究產生衝突和競爭的根源。在《社會生活中的交換和權力》的第二部分，拋棄了霍曼斯的觀點並回到宏觀社會學的觀點指出，制度化、價值觀的確立、規範的制定的過程使得用還原論去解釋社會的運轉成為根本不可能的事情。布勞在這本書的第一部分，只是闡述了建立在追求最大利益以及人與人之間相互吸引和排斥基礎上的最基本的交換原理。但在該書的第二部分，人們看到的卻是對功能主義者的共同價值觀的論述，對宏觀社會學問題的關心又一次取代了微觀社會學交換過程的枝微末節。人類的象徵性質以及這種象徵性質滲透在全部的規範和價值觀中又成了分析的主要對象。布勞確信，人類行動者完全可以堅持正統的價值觀，儘管這在追求最高利潤和個人利益方面會造成某種損失。共同的價值觀可以控制交換關係，這正像涂爾幹對他的結構所作的解釋，只有在一個原先就已經建立起來的規範的基礎上，訂立契約的個人才能繼續他們之間的交往。

批判理論

批判理論學是以馬克思的歷史唯物論、階級鬥爭論、唯物辯證法，以及馬克思主義的批判性原則等基礎，而形成一個獨立思潮。在第二次世界大戰後，開始有人提出馬克思主義社會學，並使它在社會學中占有一席之地，於是把它稱為新馬克思主義。

自霍克海默至哈伯馬斯的法蘭克福學派的「批判理論」，也繼承了馬克思主義的思潮。這一思潮一方面承認先進國家的現代化、工業化的結果，使得歐洲十九世紀出現了社會解體，貧困化、階級兩極化、階級鬥爭等情形。另一方面，則企圖運用對工具理性的哲學批判，以尋求馬克思主

義在先進國家中生存下去的道路。批判理論的概念是由霍克海默創始的，他提出有關社會的哲學思維，把人當作整個人類歷史的生活形態的產物，來進行研究。

批判理論的內涵：

1. 理論要有前瞻性，要能將實踐的部份提出。儘管理論受到社會的影響，但是需將理論從社會中抽離出來，以批評社會現狀。
2. 因此批判理論並沒有固定的內容不重視實用性，其最大的作用是出社會的不公平和給予關懷。
3. 傳統理論和社會許多層面是結合的，但批判理論則往往站在和社會對立的位置給予批判。
4. 傳統理論是支持、解釋世界，批判理論是反抗、改變世界為取向。
5. 傳統理論的內涵：強調邏輯性，可驗證性，假設性及量化。把事實孤立起來研究，在研究的進行中不影響事件的運作及進行。認為基本命題宜少，以期如自然科學一般，能證明理論的有效性。法蘭克福學派對傳統理論的反省：社會科學的研究與自然科學不同，因為社會科學研究必須參與社會事件，無法如自然科學置身於孤立中。因此在研究方式上，社會科學無法採納自然科學的方法。自然科學在研究題材，對象是科學內在的邏輯性。而社會科學卻受到外在環境中各種因素的影響，由此法蘭克福學派採用一種「批判理論」的意識型態，來說明理論和外在環境中的關係。

為說明批評判理論的內涵，茲列述哈伯瑪斯、阿多諾及盧曼的主要觀點：

批判理論的建構深受哈伯瑪斯、阿多諾、盧曼等社會學家的貢獻，茲簡介其主要內容如下：

哈伯瑪斯（Jürgen Habermas）

哈伯瑪斯認爲實踐討論及理論討論的基礎就是「溝通理性」。這是批判理論對於眞理的詮釋。請參見下表：

§ 表2－1

行動類型	所對應知識類型	論證的形式	傳統知識類別	行動類別
目的性行動、策略性、工具性	技術上、策略上可用知識	理論討論	科技/行動策略	溝通行動
描述性言詞、行動（表達訊息）	經驗理論知識	理論討論	理論	
規範性行動（如喜、惡）	道德、實踐知識	實踐理論	法律、道德	
戲劇化行動	美學、實踐知識	美學批評、精神治療	藝術作品	

Habermas 重視「討論」的重要性，並認爲討論是一種「理性的對話」，此種理性的對話能夠達到溝通的目的，並建立起共識，而「眞理」因此而獲得。Habermas 認爲「理想的說話情況」應具備的要件：

1. 是每個人都具有平等的參與機會，以達到彼此的溝通。
2. 參與者具有同等支持或質疑別人意見的權利，因此討論更形重要。
3. 與者可以表達個人主觀的情緒、感覺和意向。
4. 與者具有相同的機會去命令、反對、允許、禁止等行爲，使得人人有平等的溝通機會。

這種理想的講話情況，雖然是具有「反現實」和現實脫節的缺點但是卻是通向「理論到實踐」的道路。

Habermas 認爲在語言溝通上所謂「有效溝通」是包括下列各內涵：

§表2−2

有效宣稱	說明	被扭曲時的解決方法
可理解性	溝通的內容是可被認知	經由編譯、改寫，而達到溝通的目的。
眞理的主張	是陳述命題的眞實性	必須經由理論討論，來達到彼此溝通的目的。
正當性的主張	是一種妥當、被接受的說明	需要以實踐的討論來達到溝通的目的。
眞誠的意向	是一種讓對方信任的說明	可以由行爲的後果加以觀察而獲得澄清和溝通。

　　Habermas 對現代社會的批判，認爲在現代社會中由於科技至上，我們社會呈現過於信賴科學和專家，而過於強調科技，以至於影響吾人的意識形態。「輿論」是一群私人意見的公開化和制度化，而十六世紀開始有少數人對於公共事務提出意見，十八世紀經由報紙以表達輿論，然而現代社會中「輿論」日見重要，但卻產生了轉折：在自由資本主義下，人們爲了市場機能開始改變輿論。而到了後期資本主義，資本家或政府藉其財富的力量製造輿論或控制輿論，使得輿論的眞實性、自主性受到批判和影響。

　　Habermas 對於現代社會危機的看法，認爲此種危機包括「經濟」、「理性」、「合法性」、「動機」等種類，有觀此點，請參見下表：

§表2−3

危機發生所在 \ 危機類型	系統危機	認同危機
經濟系統	經濟危機	
政治行政系統	理性危機	合法性危機
社會文化系統		動機危機

1. 經濟危機：在後期資本主義社會，政府對各項公共投資、建設投資，產生財源困境，成爲經濟危機。

2.理性危機：是對政府在計劃、評估上的不信任而產生的行政管理上的危機。

3.合法性危機：人們對政府超縱功能合法性的懷疑，及對政府公信力的漠視，產生的危機。

4.動機危機：認爲在傳統功能上無法滿足人們功機性滿足而產生的危機。

阿多諾（Adono）

阿多諾對現代社會提出了嚴厲的批判，強調運用「啓蒙精神」使人們脫離愚昧，走向追求眞理的道路，而其對人類啓蒙的看法爲：

阿多諾對於實證論（Positivism）的看法：認爲研究方法上，自然科學與社會科學並無差異。社會科學的研究應以自然科學爲典範，由於自然科學係以精確、數理得到知識。足爲社會科學參照。強調普遍法則，專找事物的因果關係。主張科學研究中持守中立的態度。強調「技術至上」主義。同時具有科學主義色彩，認爲科學是最理性的知識。

關於 Adorno 對於人類啓蒙的看法，請參見下表：

§ 表2－4

階段	時期	辯證機能	說明
一	神話時期	魔法	是運用魔法、巫術以企圖操弄、賄絡天地，使得人與自然和諧。
二	希羅文化	階層制	運用社會階層、分工的觀念，區劃神的階層制，以企圖控制、妥協自然。
三	猶太、基督敎時期	利用	人可以經由上帝的意旨，利用自然、操弄、控制自然。
四	自然主義、科學工業時期	技術	是以技術、掌握、控制，甚至預測自然。
五	資本主義制度化經濟	系統	是由技術來控制自然、並運用到對整體社會系統的掌握控制。

儘管 Adorno 對人類啓蒙具有階段看法，但其同時認爲：當人們能夠掌握自然時，仍受到許多無法突破事物的羈絆。如：人被機器、電腦所「物化」，只是電腦下一個代號，人毫無隱私權和尊嚴，成爲機器下的「物－非人」的動物。爲尋求解脫，只有走向「教育」的改革，發揮人的自主性，反對權威，形成成熟的人格，使人得以提昇。

盧曼（Niklas Luhman）

Luhman 認爲 Parsons 的系統理論並未完全告一段落，是已有必要加以闡釋和持續，並且批評若干社會學將社會家行爲的分析過於單純化，實則社會已往是到了相當複雜的地步！其主張社會系統：

盧曼對於系統理論發展觀點的階段說：

1. 古希臘時代：亞里斯多德認爲「系統是各部份的總和、歸屬」、「整體是大於各部份的之總和」。這種理念一直影響到二十世紀。
2. 是運用自然科學的觀點：認爲系統有維持其均衡的功能，即是當系統受到外界的刺激後，再產生反應，會恢復到原來均衡，整合狀態。
3. 是運用較爲開放的觀點：認爲系統與環境之間具有一種「交換－相互依賴」的關係。
4. 系統具有自我反省、調整的功能，即 self－referential system 這是採用自我控制的觀念，認爲系統(system)和環境(environment)、內在（inner）和外在（outer）之間，尤其是複雜的環境中，系統經由自我控制及選擇中，將可以減低環境的複雜性，而選取生活當的同時使系統走向單純化。

盧曼對社會系統的類型分析：

1. 社會系統類型包含：

⑴互動（interaction）

⑵組織（organization）

⑶社會（society）

2.是指若干人具有相互關聯的互動，而這種互動具有：系統和環境有明確界限，及選擇的原則。

3.互動系統是最不穩定的狀態，是一種以時間為主體，由時間為決定因素，隨時間的結束而告一段落的體系。

4.組織系統的定義：是一種將成員彼此聯合起來，並在互動過程中依據一定規則去行動。社會就古典的界定是為包含所有的社會體制，但社會並非是包含所有客觀活動、互動和單純的總和，而是一種更高程序的系統。而其中這種程序並非是一種規範、角色，吾人可以純粹的「功能體系」來加以理解社會秩序。社會的疆界是在其可能及有意義的溝通，同時社會是一種有意義、有秩序的建構，以利於我們在選擇上的幫助。

結語

　　以上所列舉的各項社會學學派。將有助於讀者對社會學內涵的了解，以建立一個整合性的理論，並透過這些理論的說明，更為強化社會學是研究社會的實證科學。在現代的社會學領域中，其中部份理論還相互對立。儘管如此，現在沒有哪一種思潮具有統領整個社會學領域的能力。不僅如此，在家庭、組織、都市、鄉村、社會階層等許多個別領域中都出現了專業分工。在這種情況下，為對社會學有全面的了解，必須使用多元的方法來研究，並依照研究對象進行有機地整合。

第 3 章　社會學的研究方法

翻開人類的歷史，自茹毛飲血、衣不蔽體，到尖端科技探索奧祕。就發展的過程而言，這段科技文明的時間在人類亙古恆久的生命中，並不算太長。人們之所以能有傲視寰宇的高度文明，尤賴啓蒙時代以來的智慧快速積累造就，若干具有先見之明的智者，運用理性科學的方法，條絡分明地解決此仆彼起的自然、社群問題，使人類不僅得以克服先天的困塞，也勇於邁向時代的挑戰。人們之能化被動的自然承受者，而爲執掌發展脈動的萬物之靈，爲一窺自然奧祕而奮勇不懈，皆源於這股理性智慧的累積，匹配著勇於挑戰的實踐力量所導致。是以人類的文明，社會的進步，方期可成。

社會學被視爲一門科學，並與心理學、人類學同屬於「行爲科學」的部分，係因爲社會學是以科學的方法探究其所關懷的主題。自從社會學之父—孔德—提出社會學名詞之後，不僅爲其研究領域作了界定，同時將社會學定爲是以科學的方式探究其內容。

人類知識的區分

關於人類知識的區分，有很多不同的分類法。最普通的分法是把人類知識分成四類：即以物理現象爲研究對象的物理科學，以生物和生命現象爲研究對象的生物科學，以人和人類社會爲研究對象的社會科學，和人類的信仰、情感、道德、和美感爲研究對象的人文學。在以上四類知識中，人文學通常都只當作一種學科（ field of studies ），而不當作一種科學（ science ）。因爲人學科學中的宗敎、哲學、藝術、音樂、戲劇、文學等學問都是包含很濃厚的主觀性的成份，著重於評價性的敘述和特殊性的表現。這和物理、生物及社會科學摒棄主觀追求客觀知識的態度是絕然不同的，因此人文學不能當作一種科學。在以上四大種人類知識中，各自又

包含了許多更精細的分科。這些分科，基本上可以分為兩大類：一類是著重基本論性的；另一類是著重於實際的應用性。其區分情形可以用圖表說明（魏鏞，1974，p.38）。

§ 表3-1　人類知識的分類

性質＼知識	物理科學	生物科學	社會科學	人文學
基本的（理論的）	物理學 化學 天文學 地球科學 數學	生物學 解剖學 植物學 動物學 生理學	人類學 社會學 心理學 經濟學 政治學	哲學 文學 藝術 音樂 宗教
實際的（應用的）	土木工程 機械工程 化學工程 電機工程 採礦	農業 醫藥 公共衛生 護理 畜牧	法律 教育 企業管理 外交 公共行政	新聞 建築 電影 戲劇 廣告設計

　　社會科學的研究對象可分為三類：第一是人本身的行為，第二是人與人之間的關係，第三是人與其生存環境的關係。研究人類的個人行為，一向是社會科學家的主要任務。除個人行為外，社會科學家也留意個人的集合體諸如：社團、社會組織、社會制度等群體行為的研究；並且留意因群體生活而產生的價值觀念及文化諸問題。由於這些問題或現象均是從人與人之間發生關係後產生，因此有的社會科學家便認為「社會互動」，或「社會體系」是社會科學主要的研究對象。社會科學，是以「人」為中心的科學。無論是研究個人行為、群體行為、或人類與自然環境的關係，其重心或中心都是在「人」身上。事實上，各種社會科學家研究的最後目標都是——人，不過他們是從不同的角度去研究人罷了。我們可以說各種社會科學家雖從不同的途徑，用不同的角度去研究有關人類的一切問題，但其想尋求了解的，還是在人；他們在研究的對象和目標上，是殊途而同歸

的。

科學研究的意涵

人類隨著其文明的累積，對於衍生的諸問題，有其解決的途徑，分別為：

1. 嘗試錯誤：遇到問題時，嘗試運用各種方法，尋求解決之道，直到克服為止。
2. 訴諸前例：沿用先前人成功的方式如法泡製代代相傳。
3. 訴諸權威：請益具有經驗、成功的人。
4. 邏輯推理：結合經驗、智慧、與思考體系的方法。
5. 科學方法：Kerlinger 的界定為：有系統、控制、實證、嚴謹探討人類現象間假設的關係。

科學方法在人類解決其周遭所面臨的問題中，可謂具備理性的態度，是以孔德（A. Comte）便曾將學問的進展分成三個階段：神學、玄學、科學。亦即科學階段代表人類智慧發展最高的層次，無論是自然現象或社會現象的解釋和問題的解決，人們皆企圖運用科學的方法加以克服。科學方法的特性，大致上可以歸結如下表：

§表3-2

次序與控制	問題呈現後，蒐集資料，以探求結果。由控制變項以了解問題的真實原因。
經驗論	運用人類的感官直接、間接地蒐集客觀的證據而得到知識的過程。
通則化	知識建構的目的，是在說明通常性的現象，並予以概括化。

科學方法儘管能為人們克服諸多問題，但其並非是萬能，尤其是社會科學於進行時仍有其限制。諸如：

1. 道德倫理的問題：當涉及價值觀、倫理問題往往是無法以科學進行研究。例如近親結婚是否會產下低能兒？便不宜由人體實驗加以驗證。

2. 行為的複雜性：人的行為受遺傳、環境、成熟、學習的影響，難以達到完全的控制。例如人的群性行為是來自天性或是後天培育？便不容易釐清。

3. 測量問題：行為難於精準測量。例如我喜歡吃冰淇淋，但其程度如何？難於定位與測量。

4. 控制問題：難於控制研究變項，以進行有效的研究。

研究係指「對一問題作謹慎和有系統的探討或考察，以發現事實或原理。」簡言之，研究就是有計劃和有系統的去蒐集，分析和解釋資料，以達到有效解決問題的過程，其強調三個重點：第一、對現象因有問題或疑問，引發研究的動機，並經過思考、討論、觀察、探尋，以便釐清清楚或加以確定，以便找出問題的方法。第二、是有系統的探索，由嚴格的方法獲得客觀經驗及資料，以解答所提出的問題。第三、研究強調結果之外也重視其過程，因為任何研究不論採用什麼方法，其基本的邏輯或步驟是相同的。這過程要求：「正確性」、「可驗證性」、「系統性」、「客觀性」。

研究的目的，在於能客觀而周延地觀察、描述、解釋、預測與控制宇宙的現象。以達到發現、增強、或擴充知識。舉凡從滿足個人的好奇心到謹慎的探討問題，莫不為研究的範疇。歸納言之，研究的目的，約有下列三項：

1. 描述事實目的：研究的第一目的是在於累積事實。著重於描述性的功能，以澄清事實說明現況。研究者所關心的，通當在於獲得科學的消息，此係透過調查或歷史研究而得。

2. 建立理論目的：研究的第二目的是為理論的發展。此種研究型態導致建立嶄新的思想體系，最後在於協助人們了解和完成其生活目的。理論研究的結果，導向於未來行動的方向，並作為其後對自然現象或社會現象的預測。其研究型態的主要特徵涉及實驗過程。

3. 達到實用目的：研究的第三目的是在於解決實際的問題。此種問題為研究者所關切、或增進其對實際問題的了解。

社會研究的特徵

社會研究既以人所組構的社群為研究領域，其研究的特徵包括下列四端：

社會研究具有目的性

社會研究是一種理性的實踐活動。在社會研究實施之前，研究者事先必須明確為什麼進行社會研究，即有其明確的目的。如果沒有目的，那麼社會研究就成為一種盲目的活動，其結果毫無意義。因此，社會研究都有一定目的性。例如對市場調查的目的性在於獲取市場信息，分析市場變化狀況，預測市場發展前景，為經營決策、制訂經營計劃、改善經營管理提供依據；再如對人口調查的目的在於經由蒐集人口數量、質量、構成、分布等方面的資料，尋求人口中的問題，為政府機構制定正確人口政策、統籌國民經濟和社會發展提供可靠依據；還如青少年犯罪問題調查研究的目

的在於經由青少年犯罪狀況、類型特點、造成原因的研究，找出預防和矯治青少年犯罪的具體措施。因此，社會研究的內容與形式儘管不同，但都有相應的目的性考量。

社會研究具有自覺性

社會研究有目的性特徵，也決定社會研究有自覺性特徵。其自覺性是指社會研究在明確目的的基礎上，能自覺地按照一定學科的理論知識，運用相應科學方法，有計劃、有步驟地對確定的對象和範圍進行研究。這種自覺性的表現在上述例子中，如：市場調查研究就是按照經濟學的商品經濟理論和根據市場運作的知識，用抽樣、問卷等方法和相關分析、社區分析、預測分析等研究方法，對特定商品的市場範圍進行調查研究；人口調查研究是按照人口學的人口增長、素質結構、社會結構、社區分布等理論，根據人口生育、死亡、流動、遷移等知識，用普查或抽樣調查方法、統計方法、社區分析等研究方法對全國或某地區人口狀況進行研究；青少年犯罪問題研究是按照社會學的社會人群共同體、同輩團體、社會副文化等理論，根據青少年人格形成、行為特徵變化等知識，用參與觀察、訪問等調查方法和群體分析、社區分析、心理分析、等研究方法進行研究。此外，任何一種社會研究活動，都在實施前做有相應計劃、方案指導。這些都說明社會研究決不是無意識的活動，而是一種有意識的自覺活動。

社會研究具有有效性

由於社會研究是有目的的和自覺的活動，因而社會研究具有有效性特徵。其有效性是指社會研究經由有效方法取得成果，轉化一定社會效應。此特徵表現為三個方面：一則表現為社會研究實施過程中採用了方法取得

有效成果，此表現為上述不同研究採用不同方法得到不同認識、形成不同研究報告等成果。二則社會研究的成果能發生有效作用。此表現為：有的是為社會的發展和進步制定出正確的方針政策，有的是為解決一定社會問題訂出決策方案，有的是為直接研究解決一定社會問題制定出科學決策方案，有的是為直接研究某項工作任務提供了實施措施，等等。三則社會研究的這些有效成果和作用，指導改造社會的實踐，還將轉化為工作任務的完成、社會問題的解決，以至社會有所進步和發展等各種社會效應。

社會研究具有過程性

社會研究的過程表現在一項完整的研究，都是「準備—調查—研究—成果」的動態過程，因為任何社會研究都需有固定明確的程序和步驟。而每個階段工作各有各的功能作用，且首尾相連構成一完整的工作動態過程，所以社會研究表現為相互作用的工作動態過程。從後一表現來說，一則由於社會研究對象是社會人群（有的雖不是直接是人，而是社會中的事物，但社會中的事物都與社會人群相關），因而，在社會研究中勢必得到被調查者的支持、合作、配合，才能使其研究獲得有效成果。由此可見，社會研究是被調查者與調查者的互動作用的過程。二則除一個人之外的所有社會研究，特別是一些大型的社會研究，參與社會研究的人員都必須相互協調、共同合作，才能有效地完成其社會研究任務，因此社會研究也是社會研究人員互動作用的過程。

社會研究的步驟

對於社會研究程序的劃分，不同學者從不同角度有不同的分法。本文

從社會研究的角度，對社會研究程序的劃分是：

準備階段

此階段是為社會研究作好必要的充分準備，具體內容包括在訂定所要研究的主題之後並進行初步的探索，建立理論架構和擬定研究實施的總體方案。其步驟有四，分別是：

主題選擇
是根據理論或實際需要和可能，提出、選取有價值的研究主題，並根據選取的主題確定出研究所要達到的目的或目標。研究主題的選定，關係著研究是否能順利展開；因此為能確定研究主題，必需注意下列數端：

1. 主題的選定：
   ⑴勿大題小做：主題的選定需考量研究者的研究能力外，尚且需注意所掌控的時間與經費等要素，一個過大的題目由於研究者有限的時間、經費不容易把握，因此會造成無法著手，或是無焦點等缺點。
   ⑵勿小題大做：當主題的選定過小時，往往會造成論述的薄弱。
2. 主題的界定：選擇研究主題時需對研究的範圍作明確的範定。良好的主題界定將可提供研究者於研究過程中獲得如下的功能：第一「明確的研究範圍，以裨益研究過程的進行。」；第二避「免詞語混淆，以方便閱讀者一目了然。」
3. 選擇關鍵字詞（key word）：研究者於選定主題時應注意其中的關鍵字詞，關鍵詞語多半是該研究領域中，業有一定意義的詞句，清楚的標示將可明晰研究的內涵。

初步探索

在主題選定之後，接著進行初步探索性研究。具體作法包括：查閱和蒐集有關主題的文獻資料，訪問和諮議有關主題情況，研究有關主題的實例，從中得到有益啓迪，爲理論構建作準備。

文獻考查可提供研究者必要的參考模式，亦即以前人的研究經驗啓發思索的方向與觀念，並能了解該研究於專業領域中的地位，助於對研究方法的探索，甚至評估該研究之可行性等優點。

文獻考查於文獻資料的選定上宜注意：

1. 與研究主題有關的論文。以協助研究者有更爲寬闊的思考空間，並充實研究內涵。
2. 與理論架構有關，以促使研究架構之嚴謹性、適當性與明確性。
3. 與研究方法有關。以提供研究者的參考。

理論構建

在初步探索的基礎上，爲調查研究作理論準備。具體地界定概念理論假設、設立整體理論架構。

研究架構建立的目的，在於幫助研究者能清楚地、邏輯地、有序地思索該研究的步驟，以利執行該研究的過程。爲此，研究者需將現有知識做一總結，並預測其可能的結果，以期能產生新的發現。

1. 尋求變項：是研究過程中說明現象的指稱。
2. 概念性架構：由研究者做原創性探討。
3. 理論性架構：是自相關的理論中推衍建立的研究架構。

擬制方案

此環節的任務是在上述工作完成的基礎上，擬制研究的整體方案。具體有組織領導、人員任務分工、工作制度、經費和物資等方面應具體落實

的方案，以及研究的目的、意義、內容、要求、對象、方法、方式、時間、步驟等實施計劃方案的擬定和編制。

調查階段

此階段的任務是按照擬定的實施方案進行蒐集靜態與動態資料，具體包括按實施方案選定的調查方法做好必要的準備和落實，以及按實施方案和規定的調查對象做好確定工作，經過試驗調查之後，開展正式的調查實施。其步驟分別是：

方法落實

是按擬制總體方案中選取的研究方法，做好實施調查前的方法落實工作。例如具體設計和印製好調查問卷、表格、提綱等。

對象確定

是按擬訂總體方案規定的研究對象加以具體確定。一般是在界定調查研究的前提下，經過科學抽樣過程，達到研究對象樣本數的確定。

試驗調查

是在上述的工作之後，選擇有代表性的小範圍作試驗研究。

正式調查

按擬制方案中的調查實施步驟，進行全面研究工作，以達到獲取所需要的資料信息。

在調查階段宜注意抽樣的使用及研究的信度和效度等問題。

抽樣

從事研究的目的在於探討並瞭解一些事物的眞象，亦即探討或瞭解具

有某種共同特徵的群體。爲了對這一群體的眞象有所論斷與陳述，研究者往往由群體中抽取一小部分深入研究，然後用此部份的資料來作爲推論全部事實的根據。這種由群體中抽出部份可代表群體者，加以深入研究，再用此部份結果來說明群體的方法，稱爲抽樣。

抽樣法的功能有以下幾個：

1. 可節省人力與物力：此爲抽樣法之最大優點，以較少之時間與財力，物力獲得可靠的資料。
2. 可縮短整理資料的時間。
3. 可對所抽樣本作深入研究：由於樣本數少，可集中精力與時間，作詳細的分析與研究。
4. 可避免損壞研究之個體：如品檢時，如欲知產品是否合乎標準，必將使用該產品方能得知，此時則可以用抽樣得出部份產品，加以檢驗。
5. 可減少非選樣誤差。

研究的信度與效度

「信度」的意義：是指「可被採信的程度，測驗結果的一致性：即該問卷前後測驗同一人所得結果相同。」包括：

1. 一致性：回答問題的意念在邏輯上有其一致性。
2. 穩定性：不同時間運用同一問卷產生相同的結果。
3. 可靠性：受訪者能夠據實以告。

檢定信度的方法，第一是「再測法」重新測量，測驗結果相同。第二是「折半法」答案折半，進行相關分析以了解眞實情形。

「效度」是指：「所進行的調查研究能反映眞實世界的情況，使其結果具有正確性及對眞正特徵的表露。」其測定的方法包括：

1.專家鑑定法：由專家鑑定其有效程度。

2.既知團體法：和已知的研究以顯著水準比較。

3.預測法：由態度（認知、看法、觀點、意見）以了解其行為。

研究階段

此階段是將調查階段蒐集的各種資料進行整理和數據的處理，進而作出分析研究。具體包括對調查資料的核對和整理，對調查數據的不同處理，對處理的數據進行定量分析研究，對全部資料進行定質分析研究。其步驟有四，分別是：

資料整理

是將蒐集的資料進行分別整理，為分析資料作準備。具體地對原始資料按研究的要求作出鑑別和審核、留取有用有效的資料，按一定技術對審核過的資料進行彙總分類分組等整理工作。

數據處理

將整理過的原始數據資料輸入電子計算機進行數據處理。具體地根據需要統計的要求，擬定統計方案，並進行運算，運算結果要打印出所需要的有關數據供研究。

定量研究

是將電子計算機打印出的有關數據進行定量分析研究。具體對所顯示的不同特徵和數量關係進行研究。

定質研究

是在前面三個環節的基礎上，對調查的資料作定質分析研究。具體對資料顯示的性質、類別等作分析，以及對調查資料作整體性的定質說明。

成果階段

　　將分析研究的情況形成一定的成果和對成果作出處理、應用、評價。具體包括對分析研究的結果形成不同的研究成果形態，針對不同形態的調查成果妥善處理，對成果作出正確的評價。其步驟有四，分別是：

形成成果

　　將定量和定質研究的情況形成不同形態的成果。具體有研究報告、研究論文、專題論文、專著，以及有關形態的成果。如何撰寫論文？這包含兩個層次的問題：一是內容本身；另一方面則是格式問題。論文之標準格式分成三大部份：每部份又各自細分成數小個部份，依照順序排列如下：

1. 標題頁（title–page）：標示出撰寫人，研究主題等。
2. 摘要（abstract）：大都數讀者通常是先讀作者所撰之摘要，再決定是否繼續閱讀全文內容。因此，摘要本身必須以最精簡的文字表達該論文的架構。摘要的重要性除了引導讀者，讓讀者對於該論文有全盤性的概念。就一般論文而言，摘要大約只要1000字以內即可；就短篇文章而言，500字亦已足夠。摘要的長度雖短，但基於上述的重要性，它的內容至少必須包含問題的陳述、該研究所用之方法及其簡述、主要的結果三部分。
3. 誌謝（acknowledgement）
4. 內容目錄（table of contents）：此部份必須列出緒論、各章節名稱及參考書目、附錄等資料，並註明頁次。有時每章內之小節亦出現在內容目錄中，但有時則僅列出各章之標題。小節的標題通常比主章節標題後2格，如此可突顯出論文的結構大綱。

5. 正文（body of text）

(1)緒論（introduction）

「緒論」之撰寫通常包含下列各項：

- 整篇研究論文的目的、或是所欲探索的問題。
- 在這個領域（問題）中，前人已做過的相關研究有那些？
- 探索此問題的基本理由何在？
- 該論文所涵蓋範圍？
- 簡短引介後文的閱讀法。

(2)本文（body）

「本文」撰寫的一般原則如下：

- 標題的選擇必須具有強烈的說明作用。
- 可多利用圖、表、照片、流程圖等方法強化整篇論文的結構。
- 把次要的資料刪減或移到附錄上，以避免本文過於冗長。
- 所提出的各項創見，新理論及發現，均須加以證明。

(3)結論（conclusion）

緒論主要是引導讀者迅速進入問題的核心，而結論則是應留給讀者完整的、有明確結果的正面印象。若所研究的主題是具有開創性的理論推導或實際設計，最適當的結論應是對於自己的創造發明做客觀公正的批判，並指出將來研究的一些方向。結論與緒論一樣，都應簡短、明確、強而有力。但撰寫結論時，前面各章節所論的內容應以簡短摘要的方式加以扼要說明。如此，全文才能有一完整的結論。

6. 參考文獻（bibliography）：「參考書目」的作用，是將論文寫作時參考的書籍、期刊及論文等依序排列，並詳細註明其出處。參考書目編排的方法，有的是依照作者姓氏的字母順序；有的則是按照其在本文中出現的先後順序加以編排。然無論採用何者，其參考文

獻的寫法都是一樣的。

7.附錄（appendix）：諸如使用的調查問卷，訪談紀錄……等，不宜
　放置於論文的本文中，但卻有助於讀者對本研究主題了解的內容。

成果處理

　　將不同形態的研究成果作不同處理。若屬於具體不宜公開的送有關部門存檔，可公開發表或出版的送有關報刊或出版社等。

成果應用

　　將研究成果在實際應用中發揮作用。將調查研究成果轉化為能適用於實際工作所需要的信息、建議、改進方案等。

成果評價

　　對研究成果在理論和實際中的作用情況進行反饋，根據反饋的信息作出總結性的評價。

　　茲將整體研究的步驟陳述如圖：

圖3-1　社會研究的步驟

準備階段	主題選定	調查階段	方法落實	研究階段	資料整理	成果階段	形成處理
	初步探索		對象確定		數據處理		成果處理
	理論構建		試驗調查		定量研究		成果應用
	擬定程序		正式調查		定質研究		成果評價

社會研究方法的類型

　　社會科學被視為一門科學，係因為該學問是以科學的方法探究其所關懷的主題。在運用研究方法以解決人類所面臨的問題之前，我們首先要區

分出「研究方法」及「研究方法論」。所謂的「方法論」（methodology）所涉及的，主要是科學研究方法的基本假設、邏輯，及原則等事項；目的是在探討科學研究的基本特徵。例如：計量的研究方法是否適用於社會科學。至於研究方法指涉的則是：從事某種研究工作所實際採用的程序或步驟。例如：問卷調查法的研究方法，應經過那些步驟才能達到研究者的目標。本文強調的是研究方法，亦即經過研究目標的建立，和依據各項研究的程序，以達到對現象的認知或問題的克服。

　　社會科學是將社會生活的各個層面當作研究對象，亦即以社會生活中的各種經驗現象為研究主體。社會科學的方法包括：研究方法和表述方法，其中研究方法強調經驗研究，是以資料蒐集和資料分析為主體，常用的方法式為：問卷調查法、觀察法、實驗法、歷史文獻法，社會指標法……等等。這些方法可依研究對象的性質及研究者的立意，單獨使用或合併使用。

問卷調查法

　　問卷是一種為了調查之需以方便進行統計的標準化表格，經由資料蒐集方式以獲得對個人情形的了解。其內容包括對個人行為乃至態度的量度。一般而言，因研究對象及目的的不同，可將問卷的類別區分為：

1. 無結構型的問卷：未有特定性答案，是開放由受訪者填答。
2. 結構型的問卷：根據假設需要，將所有的問題陳列，並蒐集受訪者之意見，經統計分析表列其結果。

問卷設計時，該問題宜注意：

1. 問題應正確而合適：針對實際需要而設計問題之題目，使資料不致

過多或過少的現象。

2. 問題應切合研究假設的需要：每一題目均爲驗證假設或研究主題所必須。

3. 問題避免混淆不清：問題需辭語清楚，可免調查的偏差及失眞等現象。

4. 問題應避免涉及社會的禁忌。

5. 問題避免產生暗示作用。

6. 問題避免超過受測者的知識和能力範圍。

爲方便讀者能一目了然整個問卷調查法的研究步驟，茲將研究步驟以簡單的流程圖示加以叙明：

圖3-2

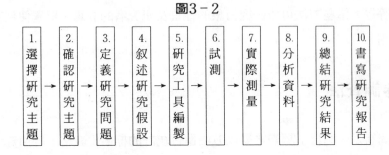

| 1.選擇研究主題 | 2.確認研究主題 | 3.定義研究問題 | 4.叙述研究假設 | 5.研究工具編製 | 6.試測 | 7.實際測量 | 8.分析資料 | 9.總結研究結果 | 10.書寫研究報告 |

實驗法

自然科學研究能爲人們所信服，係基於其研究方法的科學性，邏輯性。社會科學研究者爲提升其研究的品質，往往也藉助這套方式以探究社會現會。在實驗法的設計上，研究者企圖了解的是：當一變項改變時，另一變項是否也會改變？是否是僅有變項（x）的改變，才能促進變項（y）的改變？例如：「薪資」（x）的增加，是否會造成「工作效能」（y）的提昇？在這種設計中，首先須從實驗對象中選擇出兩個可供對比

的團體來。其中一是實驗團體——接受特定情境刺激的團體影響；另一個為控制團體——不接受刺激影響的團體。

圖3-3

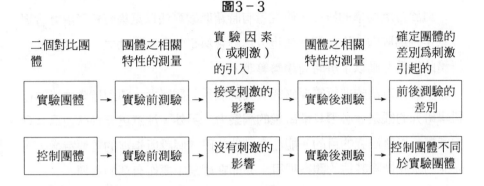

二個對比團體	團體之相關特性的測量	實驗因素（或刺激）的引入	團體之相關特性的測量	確定團體的差別爲刺激引起的
實驗團體 →	實驗前測驗 →	接受刺激的影響 →	實驗後測驗 →	前後測驗的差別
控制團體 →	實驗前測驗 →	沒有刺激的影響 →	實驗後測驗 →	控制團體不同於實驗團體

　　實驗法的特色爲實驗變項的控制，這種嚴格的控制可使測量儘可能正確，一項設計良好的實驗，要能孤立重要變項的影響，並控制具有潛在影響力的變項。但在眞實世界中，要想把實驗對象配對，有系統地引入刺激，或確定其他刺激不影響實驗，這是非常困難的。此外，在實驗期間，我們也無法完全排除其他事件或不必要刺激的影響。再者，研究者在人類身上實施的實驗，有時可能會對人類造成危險、恐懼或其他傷害，因而牽涉到倫理的問題。爲了克服該問題因此有「自然的實驗設計」，此方法是研究一種既存的情境或某些正進行中的事件。爲了實施這一種研究方法，研究者可能要在既存的情境中，尋找兩個或多個團體；這些團體在某些重要層面上彼此相似，又已遭遇或將要遭遇不同的經驗。例如，我們假設：電視節目會影響兒童的暴力傾向。爲了證實這一假設，我們可以透過兩個尚未有電視的同性質社區，其中一個社區即將要有電視。然後，我們比較研究電視到來前後兩個社區兒童的情況。一年後，或許我們發現在有電視的社區兒童增加了暴力行爲，而在另個社區並沒有這個現象發生。因此我們可以推論：電視節目會影響兒童的暴力傾向。

觀察法

對於行爲科學的研究，研究者有時藉助觀察法以蒐集資料了解社會現況或是行爲取向。因此觀察法也成爲社會科學的研究方法之一。觀察社會群體的行爲互動以了解時尙趨勢等等。

本研究方法的進行需要研究者具備敏銳的觀察力。運用觀察法以進行科學研究的觀察者必須具備敏銳的洞察力。另外，注意重要特徵並爲有意的選擇，以達研究的目的。能注意到他的研究假設所指涉的重要特徵，而從他的視界排除其他的觀察項目；亦即在觀察中要作有意的選擇。

研究者使用直接觀察法於蒐集資料時，首先要做的事就是決定要觀察什麼？究竟應選擇那一個團體作爲觀察的對象，應視其研究問題而定。次一個問題就是要觀察研究對象的那些事件。除此之外，觀察者也會故意隔開對於其他目的是很重要的許多事件。易言之，觀察法研究步驟上應包括：觀察些什麼？觀察對象的確立；觀察那些事物？對觀察事物的有效篩選。

觀察法於進行中易產生下列問題：

觀察中信度與效度的問題

在直接觀察法中，效度與信度的問題是無法避免的，社會科學已在發展若干方法來使觀察法更有效、更可信賴，這可減少觀察者的問題與觀察對受觀察者的影響，因此，一位研究者在將觀察的記錄作成研究資料之前，可能需考量工作者會對觀察者的出現很敏感，而以致他們的行爲會趨於表面化；但一段時間後，工作者也許會開始鬆弛，較少注意觀察者。當觀察者已熟悉某些團體份子時，便可請問他們：當他離開後某些行爲是否會改變。如果工作者不理睬觀察者觀察者，此時就可能會有機會蒐集到有

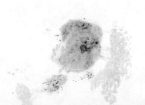

效的資料。無疑地，許多偏見仍然會存在，但研究者必須對其蒐集的資料持嚴格的態度。

觀察的代表性問題

觀察的代表性問題須視研究目的而定，如果研究者的唯一目的只是想對他所觀察的團體作一描述性研究，就沒有代表性的問題；但如果研究者欲將其結果概推到其他相似的團體，則他必須要確知受研究團體與其他團體的同質或異質性何在，這個差別必須在概推時考慮進去。

觀察法中的倫理困境

參與觀察者的角色會涉及方法及倫理上的問題。研究者應如何向受研究者解釋研究的詳細內容？如果人們知道研究的內容，他們會故意改變行為嗎？研究者應在何時始積極地請教人們問題？如果研究者發表了研究的結果，曾信任他的人們會受到傷害嗎？這些問題表示研究倫理與效度、信度等，對研究客觀性的考驗。

文獻資料分析法

文獻資料分析法係以系統而客觀的界定、評鑑、並綜括證明的方法，以確定過去事件的確實性和結論。其主要目的，在於了解過去、洞察現在、預測將來。文獻資料分析法的應用，約有下述幾項特點：

1. 它所研究的事件是過去而非目前發生的。
2. 它所利用的資料是過去的記錄與遺蹟。
3. 它只是一種間接的而非直接的觀察，因為研究者對過去所發生的事件無法及時親自觀察。
4. 在某些限度之內，它可以幫助我們了解過去，重建過去，解釋現

在，及推測將來採用科學研究者經常會遭遇到某些特殊問題。這些問題既無法用實驗來加以驗證，又不能以社會調查來尋求解答，其解決的唯一方式，便是從分析既有的資料中尋找答案。這類問題包括：

(1)歷史性的問題。研究者根本不可能使歷史情境再次復現。此時，解決問題的途徑之一，便是從政府機構歷年累積下來的經濟統計資料中找尋有關的研究材料。

(2)難以實驗的問題。在研究某些問題時，研究者雖然可能在實驗室或實際生活場所中佈置出他感興趣的問題情境，以檢視一組自變項對研究對象可能產生的效果；然而，此種研究計劃之執行倘若違反了社會規範；或可能導致不良的後果，則整個計劃會顯得窒礙難行。例如，研究飲水中含砷量與烏腳病之間的關係時，我們很難想像有任何研究者能以人為對象，將此研究付諸實驗。一般而言，研究此類題材較為可行的途徑，仍是從醫院中留存的記錄中找出烏腳病的個案，再研究其居所附近飲水的含砷量。

(3)實用的問題。社會科學研究者若想運用其研究結果來解決社會問題，則他在撰寫研究報告時，必須對該一社會問題提供翔實可靠的背景資料，這些資料的最大來源是既有的文獻。研究者可以檢視其研究結果是否可以應用於現實社會中，一方面關心該一問題的社會大眾也比較容易接受他的看法。

社會科學研究者運用得最廣泛的幾種既有資料分別是：統計記錄。例如政府機關出版的「統計要覽」或是「統計報告」，「調查報告」等。或是大眾傳播媒體。如電影、電視、廣播、報紙等等。另外是專屬書籍。有關研究主題的專業論著如：博、碩士論文，研究報告，專書，等等。

文獻資料分析的研究步驟，包括：

1. 確定問題與擬訂假設：研究者應先決定合乎個人興趣與能力的研究範圍，並在此範圍內，廣泛探討有關文獻，包括專書、專刊，及他人所作的研究報告或論文。確定有意義的研究題目。問題既經確定之後，其次應建立明確而可以驗證的假設。再根據假設探求在史料文獻，專書上的證據。

2. 蒐集文獻資料：文獻資料分為原始資料和次級資料。前者係指公私機關或私人的記錄、文稿、檔案、日記、自傳及其他文件。後者係指相關的研究統計文件或出諸他人的轉述資料。

3. 分析資料：資料獲得之後，研究者尚須加以分析，藉以釐清並整理其內容。

4. 解釋與歸納資料：運用歸納方式對於所蒐集的資料加以整理及解釋，並藉以提出研究者的看法。

利用文獻資料分析的最大優點是：節省研究經費。由於資料是現成的，研究者不必再耗用大筆經費去蒐集資料，因此可以省下大筆研究經費。其次，由於大多數的既有資料都是長期累積的，以之從事研究可以看出一件事情在時間序列上的長期發展。同時，本研究方法不必求取研究對象的合作。以晤談或社會調查的方式蒐集資料時，訪問者常會遭遇到受訪者不肯合作的困擾。尤其是訪問的內容如涉及受訪者之財產、收入、或隱私等情事時，受訪者更會抱有懷疑的態度，以為吐露實情可能對自己不利，而在言談之中有所保留。以既有資料從事研究時，研究者既不必訪問受試者，又不必向他求取訊息，自然不會發生此類困擾。

內容分析法

本研究方法強調的是由研究者對研究對象的言論及語義，再進一層的

分析其內涵的意義，以了解其真正的取向及意義。因此研究者要有敏銳的觀察力，把握重點分析內涵。才能由解析事物的表向事蹟，以獲得其本身的內涵意義和內蘊訊息。

Laswell 分析本研究的重點及分析的內涵，應包含下列諸項：

1. 誰發表？
2. 對誰發表？
3. 說了些什麼？
4. 如何表達？
5. 產生的結果？
6. 在何種情況？

實際作業上，內容分析方法考慮的面向：

1. 時間的因素：不同時間對同一訊息之報導是否有所差異？
2. 不同的報導立場，對同一訊息產生的差異。
3. 同一報導機構，對於不同訊息報導的相關性。
4. 一項報導對政策的影響。
5. 報導人的差別，對報導內容的差別。
6. 情境的改變，對同一訊息產生的差別。

為進行內容分析本研究的步驟為：

1. 確立研究的主題。
2. 蒐集相關的素材：除報紙、雜誌等次級資料之外，尚可有初級資料（如直接採訪）加以運用。
3. 對於研究內容的分類：依照項目分析的區別。
4. 依據研究目的選擇分析的重點：根據考慮的面向對所蒐集的資料做

篩選與取捨。

　5.統計方法的運用。

　6.結論。

　　內容分析法不僅為新聞研究的重要方法，並已經為社會學、政治學、公共行政所採行。但其最大的困難為：資料無法取得；涉及機密性檔案；另外質化的資料在統計分析上較為困難。

社會指標分析

　　社會指標是以中性的量度以獲得社會現象的概況，亦即是一種運用客觀的方法測量出事物之現象面及內涵面的標準。其有助於決策者改進政策和推展施政的意見。

　　社會指標於運用時有兩種方式：一是環比指數：是每一個環節和另一個環節的比較。例如：後一年和前一年之比較。另一是定基指數：是某一個特定的基點為基礎產生的比較。例如：與1960之比較。其運用的時機為，當研究課題快速變化時，則採「環比指數」，若變化慢則採「定基指數」。

　　社會指標的類型可區分為：

　1.總體的和個體的指標。

　2.大類目和細類目的指標。

　3.正向和負向的指標。

等類別，其區劃需有良好的理論基礎，且統計時應注意其各類目的取向。總之，社會指標的功能，是能達到：描述社會現象；有助於對社會政策的評估；產生預測功能；並作為比較各社會相互比較的基礎。但使用上仍有

部份的限制，例如：統計資料之不足，造成無法以社會指標做爲分析之判準；對主觀感受和意識部份，其測量較爲困難。

良好研究的標準

現代研究的各種方法，多以科學爲準據，用以發現眞理，尋求人類問題的解答，而良好研究的標準有下列諸項：

1. 研究的目的，或所涉及的問題，應加以確定，並對有關的名詞，及其所包含的意義能闡明清楚。如果研究者事前能清晰地確定其問題，則易於完成一項周延的研究，否則所涉及的問題大而無當，或含糊不清，對研究本身的眞確性將有所影響。因此，研究者必須先藉問題的叙述，闡明其所欲探求的主題。並分析其基本變項及其範圍與限制。

2. 所採用的研究過程，應詳加說明，並能籍以提供其他研究者進行重複研究。以強化其研究的信度與效度。

3. 研究的過程設計，應加細心規劃，以期待其結果的客觀性。在涉及母群體的樣本時，報告應包括有關樣本代表性的證據。從文件資源，或直接觀察中，有許多可靠證據可資利用時，就不必使用問卷。文獻的探討應儘量徹底。實驗應有科學的控制。直接觀察在事態之後，儘速加以記錄。同時，在選擇與記錄的資料，應致力於將個人的偏見及影響減至最低程度。

4. 研究者應坦誠報告在程序設計方面的缺陷，並估計其對發現的影響。一位有能力的研究者對不完善設計的影響，至爲敏感，而且宜在分析資料和撰寫報告時，加以客觀說明。

5. 資料的分析應充分顯示其重要意義，同時所使用的分析方法也應力求適當。對於資料的效度和信度應加以細心考查。資料分類的方式，應能配合研究者獲得有關結論。當使用統計方法時，錯誤的或然率應加估計，同時統計的「顯著水準」，應予以應用。

6. 結論應從研究資料加以證實，並由此資料提供充分的基礎。研究時一般常企圖增廣歸納的基礎，係由個人的經驗，而不是所搜集研究資料控制下的對象，如此將會使其結果減低研究的客觀性與信心。因此，好的研究者應指明在何種條件下，產生該結論。

7. 研究報告的撰寫應符合標準格式的要求，以提供明晰周延的研究成果。

依照近年來在科學史領域中產生廣泛影響的庫恩，其「科學革命的結構」(Kuhn, T.S., 1970)觀點，在一門科學中必要形成一種「範型」。當某個時期，某個階段出現了既有的範型所不能解決的問題，便使得該範型面臨變革，這就是其所稱的「科學革命」。按照庫恩的觀點，將科學的進步看作是一個漸進的過程是錯誤的，只有科學革命才可能帶來科學的進步。庫恩的科學革命論是就自然科學而言的，近年來，庫恩的科學革命論也進入了社會學，當既存學說遭到批判，新的學說繼之提出時，人們便將這種情況稱為「範型變革」。我們應如何看待這一現象呢？庫恩認為社會科學處於「前範型狀態」。假如是這樣的話，在根本未建立什麼範型的社會學當中，當然也就不存在範型變革的問題了。但是，在現實當中，援用這一概念便可以十分方便地使對既存學說的批判合理化，所以社會學中也有自行援用這一概念的傾向；以促進社會學的學問朝科學方向邁進。

第 4 章　個人與社會

「個人」是組成社會的基本單元，「個人」也是社會關係的一個根本單位，沒有個人社會也就無法存在，同樣的個人也依存於社會，靠社會滿足人類的各種需慾，個人與社會兩者是互相依賴和互相影響的。

行動的概念

　　什麼是行動？什麼是互動？簡單的說：行動是由個人進行的，互動是在個人與個人之間進行的，因此要認識作為互動產物的社會，首先須從認識個人及其行動入手。對此，往往有一種觀點，認為不僅個人、社會（群體、組織、地域社會）也可以是行動主體。如家庭購買、企業投資、城市計劃、國家立法等。的確是如此，但即使在這種情況下，決定購買和投資、制定計劃和法律條文的，實際上還是作為該社會成員的個人。與單純的個人行動不同的是，在這些行動背後，有一個整合多數成員意向的過程，在某種意義上把代表該社會的資格賦予了履行上述職責的個人。社會行動是經過了上述過程的個人行動。所謂行動：包含慾望、動機、知覺、思考、判斷等。社會沒有慾望，也不會思考，社會行動的說法也就無意義可言。在這種意義上，進行行動的是個人，進行相互行動的也是個人，因此建立社會的也是個人。從現實看，我們都降生在社會中，因此在這種意義上，又不如說社會先於個人。但是，人並不是不能借由自己的意志，如魯賓遜飄流那樣脫離社會而存在。因此，從理論上說，即使沒有社會，個人也能生存。如後所述，昆蟲大多未建立社會，儘管沒有社會，個體也存在著。以個人追求實現更高需求滿足為目的來說明社會的形成，就是社會的微觀分析或微觀社會學的視點。微觀（microscopic）一詞，雖然有時是在作為考察對象的群體是家庭及工作群體那種小群體的意義上，即以小群體為研究對象。但在這裡，我們要視社會現象為個人層次上的問題，即

構成各個人的社會需求滿足來說明社會現象的方法，稱作爲微觀分析。

個人的需求滿足過程是行動，因此微觀分析的中心概念就是行動（action），以及作爲行動與行動相互關聯的互動（interaction）。行動是個人進行的，互動是在個人與個人之間進行的，因此微觀社會學是採取個體論的方法。它認爲社會並未構成獨立的存在層次，所以也可以說微觀社會學採取的是社會唯名論的觀點。但是，我們在採用個體論和社會唯名論時，並不排除集體論方法論和社會唯實論。也就是說，社會的微觀分析並不是社會學分析的全部。這是因爲，在社會現象中，有許多問題是不能用個體論乃至社會唯名論觀點來說明的。

社會的微觀分析，是從行動（action）概念進行探討的。因爲在個人層次上探討的社會現象，都可以分解爲個人行動和相互行動。也就是說，社會和國家無論多麼巨大，還是由構成它們的個人所聚集。不僅如此，如前所述，只有個人才能成爲行動主體，企業的行動或國家的行動這種表述，只是一種抽象的說法。

行動是微觀社會學的中心概念，但行動這一概念被界定爲社會學分析的基礎工具，並不是很久以前的事情。「行動理論」是韋伯和巴烈圖等社會學家所建構的。在他們以前的社會學者中，甚至與他們同時代的社會學者杜尼士、穆爾和涂爾幹等人，都還沒有明確的行動理論。因爲沒有這一理論，在聯結個人層次與社會層次上便明顯存在著重大缺陷。但是，即使在韋伯提出「行動理論」的社會學之後，他的這一貢獻也很少如他的宗教社會學、權威社會學、理念型方法論、價值中立論那樣被人深入探討。當時，行動理論的真正發展，還有待繼承韋伯理論，並且重新修改其內容的帕深思。

韋伯對行動的定義：「是指行動者把主觀意圖與行動聯結起來的行爲」。帕深思將行動界定與下述的四項內容：目標、情境、規範性規定和動機建立等的行爲有關。同時，他又提出構成行動的條件，即動機建立、

情境、他人的期待、情境作為、符號對自我有意義等。

綜合上述，所謂行動，是具有下述取向的目的實現過程，即作為行動主體的人因需求而產生動機，從他所處的情境中吸取物質的、社會的和文化的各種因素，並通過目的、手段、條件、障礙等形式與這些因素連結起來，從而實現需求的滿足。這個定義強調了因需求而產生動機和與此互為表裡關係的目的取向性。不過，作為定義的中心概念的「需求」一詞的意義相當廣泛，既包括人與動物共有的生理層次的需求，也有人所特有的高級的社會或文化層次的需求，行動概念雖然並不排斥前者，但主要焦點放在後者。人的行動的固有特性，在於人通過有意識的反省作用，預測行動的經過和結果，並進行自我控制。當然，這種自我控制的程度，因每一個別行動的不同而有很大差異，如果援用韋伯的行動四類型劃分：目的合理的行動、價值合理的行動、情感行動和傳統行動，則上述特性顯然接近於目的合理的行動，但情感行動與傳統行動也不乏這一特性。所謂把行動作為目的取向的情形，就是指經由這種意識作用的自我控制的過程。至於缺乏這一特性的反射性行為，是行動之前發生的，是排除於行動概念之外。

上述意識的作用，其本身是一個屬於個人內在主觀世界的過程，但這種內在、主觀的意識，不僅僅是內在、主觀的，它可以通過社會化而為多數的人們所共有，這是人的行動所固有的另一特性。這種超越個人或在人們相互間（interpersonal）所形成的互動關係，通常是人類經由語言為主的各種符號，把本來是內在、主觀過程的思考經過及其結論，用客觀上可以理解的方式，傳遞給多數的他人。這就是人際交流的（interpersonal）意義傳遞。交流之所以可能，就在於客觀上存在著意義的確定性，以達到相互交流的目的。

韋伯的了悟社會學建立了行動理論。韋伯以前的社會學，從法國的聖西門、孔德到涂爾幹，從英國史賓塞到霍布斯，從德國的馬克思到杜尼士，基本上是宏觀社會學。第一次把微觀因素引進社會學理論中的，是韋

伯與齊穆爾。齊穆爾是從心理的相互作用出發，直接進入社會關係的分析的，而韋伯則在社會學上首次提出了下列的觀點：把社會學分析的觀點放在「可主觀揣度的意義」的個人行動上。行動理論從韋伯的觀點出發，在兩個不同的方向上繼承了韋伯的思想。一個是帕深思的行動理論，該觀點是朝著行動系統論的方向發展，把強調微視觀的行動理論與自宏觀社會學觀點的結構功能理論結合起來。另一個是以席勒和維爾坎德爲先驅，進而爲舒茲所建構的現象學的行動理論。這種理論沒有像帕深思那樣把微視社會學與宏觀社會學結合起來，而是把韋伯的「主觀的意義」概念同胡塞爾提出的「生活世界」概念結合起來，從而分析人們日常生活世界經驗的共同意識等現象。

符號互動理論雖與現象學的行動理論具有完全不同的哲學源流，結果卻發展了與其類似的行動理論。符號互動理論的建構深受社會學家米德學說的影響，其中含有角色理論及自我形成理論，因此符號互動理論在理論上對社會學整體所具有的重要性，可以說比現象學的行動理論更爲深遠。另外，受到舒茲的日常生活世界理論影響，而建立的加分克的「俗民研究方法論」，也強調符號互動分析的重要性。

根據前面所提的行動定義，我們舉出若干行動的構成因素，進行深入考察。

需求、需求滿足、動機建立

行動是由動機開始，動機是引發行動的主要來源。人如果沒有動機，就不會自發地行動，因動機建立而產生的行動，也將隨著動機的消失而終結。促使有機體產生動機的因素是需求。由於這裡是把分析角度限定在個人層次上，因此只探討個人行動者的需求。僅管從根本上可以說一切行動都是因需求而產生動機，並以實現需求的滿足爲目標的，但若是考量目的

與手段的問題，則行動有下列區別，即直接以滿足需求本身為目的行動，和暫時延緩需求的滿足——在某些情況下甚至抑制這種需求——而以準備必要的手段為目的的行動。前者稱為表意性（expressive）或完結性（consummatory）行動，後者稱為手段性或工具性（instrumental）行動。如果把這一區別運用於相互行動，這種區別便成了共同社會行動與利益社會行動的區別。

另外，動機建立的狀態雖然要到實現滿足以後才消失，但在現實中，需求並不能時時得到滿足，甚至因某種原因使需求的滿足遇到障礙而始終不能實現。這時，由於動機的狀態沒有消失，行動並未完結而處於中斷狀態。此時所出現的情況有下述兩種：未消失的動機狀態引起另外一些行動以資補償。降低需求水準，增加實現需求滿足的可能性，以進行再一次的嘗試。這兩者並不是矛盾的，在短期內先發生，在更長時期內繼之而發生，二者是繼起性的。

目的

前述的定義把行動看作行動者的目的實現過程，那麼，目的和需求是什麼關係呢？行動是實現需求滿足的過程，行動是行動者的目的實現過程。這兩種說法雖然被認為敘述的是一個同樣的事實，但其角度是不同的。需求或需求的滿足，是觀察者從外部客觀地觀察行動者而得出的概念，而目的則是站在行動者自身的主觀立場上的表述。目的一詞中包含著主觀的意圖，如果去掉這種主觀意圖的含義則可以表述為目標。哺乳動物的體內環境穩定機制中維持體溫的目標，是有機體內本來具備的，它與有機體自身的主觀意圖無關，而是有機體客觀內在的機制。人的行動目的既不同於機械系統，也不同於有機體系統，它是在「為了什麼」這種主觀意義賦予的基礎上加以確定的。

在韋伯的行動定義中，需求和動機都未出現，只指明了「可主觀揣度的意義」這個範疇，其原因是韋伯在對行動進行概念化的時候，所依據的觀點是將行動理解爲「內在經驗」（作爲與外在知覺相比較的範疇）出發的意識或精神事實。可以說，目的是屬於韋伯所認定「可主觀揣度的意義」裡的東西。日常生活中有許多個別目的，例如：因爲飢餓了就要吃飯、因爲想有錢花就去工作等等，是相當實際的，目的的設定是由個人進行的，也就是說意義的賦予是屬於行動者個人的主觀世界。帕深思所說的功利主義，與這個問題密切相關。功利主義把行動的目的作爲前題，把目的與手段關係合理性的基準置於中心位置。也就是說，只要提出目的，就可以科學方式選擇最有效率、能順利實現這一目的的手段。

意識與自我

人類具有意識的主觀世界，已有笛卡兒以「我思」這個命題表述過了。但是，笛卡兒的「我思，故我在」只使用第一人稱單數形式提出了人的主動作用，而未言及「我」在被動過程中通過與他人相互接觸而形成的一面。顧里在評論笛卡兒的這一命題時，認爲它有兩點不足之處。第一，「我意識」並非是人生下來就有的，而是後天形成的，即經驗的產物，第二，既然意識是在社會中形成的，那麼，「我們」意識的說法也是成立的。顧里把笛卡兒的「我思，故我在」命題修改爲「我們思」的形式。他說：「自我與社會，是整體的兩個方面同時並進的，我就如同意識到自我那樣，直接並且確實地意識到我生活在社會群體」。當然，顧里的說法在某種意義上也是片面的，例如：即使是兄弟姊妹那樣在類似環境中成長的人們，也各有自己的個性和特有的主張，「我」並沒有在「我們」中消失。但不管怎麼說，關於自我意識，除了考慮笛卡兒提出的那種建立自己的主張的主動作用之外，還需要分析自我意識形成的被動過程。對自我的

分析，在米德、佛洛伊德、艾利克遜等人的社會心理學、精神分析學領域已有所探討，在與行動分析密切相關的社會學中也是需要這些知識的。

物的情境

　　行動不是在眞空中發生的，通常是在情境中產生的。行動在情境中發生的說法，與宏觀社會學觀點中社會系統在環境中產生的說法相似。這其中的差異是，研究社會系統的宏觀社會學觀點是客觀的，而研究行動的微視社會學觀點含有主觀因素。情境（situation）一詞，自湯姆斯提出「如果人把情境界定爲現實，則那個情境在結果上就是現實」的定理以來，是在下述意義上使用的，即行動者對於外界事物的出現進行主觀的意義賦予，並從自身觀點出發加以定義。如果反過來理解，即使是客觀存在的事物，如果行動者未把它規定爲現實，則它就不能成爲情境的一部份。行動者是對他規定爲情境的事物作出反應，情境是被主觀意識化的東西。如以大範圍來界定外界事物是由物、人、（他人）和符號（文化）所構成的。物的情境有自然和人造物之分。自然就是和廣義的社會相對應的範疇，如大地、海洋、河川、空氣、森林、鳥獸等。人造物是人類通過勞動作用而加工出來的，如耕地、使用水、房屋、店鋪、農作物、商品、工具、機械、工業產品等。這些物的情境與人的行動的關係，可以根據行動者將它們置入行動中的方式，劃分爲四種：目的；手段；條件；障礙。以食物及消費品爲主的一切成爲完結性需求對象的物的情境是目的；以工具、機械爲主的一切被作爲工具使用的物的情境是手段；旣不是直接目的，也不是手段，而是引起間接作用的一切物的情境是條件；妨礙實現目的的一切物的情境是障礙。

他人

　　凡對於行動主體來說成爲情境構成因素的人，即所有其他行動者，都是這裡所界定的他人。既然人類是通過與環境的互動作用而獲得人類生存所必需的物質資源，那麼，物的情境無疑是行動的重要構成因素。但是，根據行動理論的說法，社會情境具有物的情境所沒有的特性，社會情境的特性就是他人與行動主體一樣也是行動者，因而在社會情境與行動主體之間存在相互行動。行動者也把他人或作爲目的，或作爲手段，或作爲條件，或作爲障礙。所謂他人是行動的目的，是說行動主體所要實現的目的是獲得該人本身，如作爲婚配對象、朋友等，這與前述的與他人關係的需求滿足有關。所謂他人是行動的手段，是說目的不在於獲得他人，而是其他，其種類也可能與前述四種需求的某一種有關，但爲了達到那個目的，需要將該人作爲手段。所謂他人是行動的條件，是指行動主體雖然未把該人直接同行動過程結合起來，但他的行動卻間接地影響著行動主體的需求滿足過程。最後，所謂他人是行動的障礙，如同目的和手段的情況一樣，是說該人對行動主體的需求滿足過程起了負向作用，妨礙目的達成的作用。

符號

　　在情境中另一個具有特殊地位的是文化，其特徵在於它是人爲創造出來行爲的產物，但又不是物質性的。在文化情境中，符號是特別重要的一個構成要素。符號有語言符號和非語言符號之分。作爲意義傳遞媒介使用得最多的是語言符號。在行動中，有許多爲用語言符號把自己意識世界中的主觀構成物傳遞給他人。例如：口頭語言方面有講演、授課、討論、辯

論和戲劇等，文字語言方面有小說、詩詞、學術論文等。非語言符號是一種在使用上很受限制的形式，為音樂會作曲的音樂家和演奏樂曲的演奏家的行動，為展覽會繪畫的畫家的行動等，都是純粹使用非語言符號把一定的意念傳遞給他人的行動。作為這些行動的結果，如果行動主體與行動客體相互加深了了解、獲得了共同的感受，則這種行動可一說是哈伯馬斯所說的「溝通行動」。但是，通過符號進行的交流，絕不是僅如上述而已。例如：工人根據分工系統以製造產品的行動，和商店裡把商品賣給顧客的行動，則是哈伯馬斯所說的「目的性行動」。此時，行動的目的不在於交流，而在於製造和銷售，但這些行動是不能單獨進行，必須與交流同時進行。

同樣的道理也適用於哈伯馬斯所說的「受規範限制的行動」，由於人們的行動多半是與他人互動而產生必要關聯性，因此，符號的互動成為人們行動中不可或缺的部份。所謂只需單獨的行動者即可完成的行動，事實上幾乎僅限於睡眠、排便那樣單純的生理層次上的需求滿足。從這一點考慮，我們可以說，符號的互動對於建立具有社會學意義的行動概念，是一個不可缺少的構成因素。

規範及價值

行動可以為環境中的他人所觀察和評價。人並不是什麼事都可以作為，通常是受可以作為、必須作為和不能作為等區別的約束。提供在特定情況下應該怎樣行動的基準，就是規範；而提供理想作為的基準，就是價值。某個群體內為多數人所共有的規範，產生了要求順從（conformity）該規範的壓力。。當自我不能順從他人所施加的壓力時，自我便成為群體中的孤立者。行動的目標實現不能只靠單獨行動者，必須和許多他人協調，協調程度要同需要相適應。在群體中的這種孤立，將使自我的目標難

以實現。因此，正像布勞（Blau，1964）分析的那樣，自我爲了實現目標、滿足需求，只好接受使其順從的壓力，進而努力取得他人的社會承認。但是，當自我強烈地感覺到難以承受這種壓力時，自我對待他人的態度就有了「矛盾心理」的性質，以致強化了疏離性（alienative）需求傾向。帕深思分析說，這種疏離性需求傾向是越軌行動產生的泉源。

社會規範即：以意識或觀念的形式調整人們在社會生活中各種社會關係，維護社會共同生活的各項行爲準則之總和。在不同的社會制度下，社會規範的根本性質存在著差異。在階級社會，社會規範具有階級性質，它是維護統治階級利益，防範廣大民衆的工具。社會規範是維護廣大人民群衆的社會利益，建立良好社會秩序的手段。它通過灌輸和教導的方法，使人們自覺遵守社會共同生活中的行爲規則，維護社會的共同利益。社會規範的內容包括：法律規範、道德規範、社會習俗、宗敎等等。其功能表現在兩個層次上：一是在對社會整體的各種關係調整的層次上，表現爲整合的功效：(1)將人們的各種活動，各種關係有機地聯繫起來，通過共同的準則保證人類社會生活共同體的存在；(2)維護人類生活的社會性準則；(3)協調社會各部分的關係，使社會維持一種相對穩定的秩序；(4)保證社會的均衡發展；(5)保存和傳遞社會文化，維持社會的不斷延續。二是在對社會共同體中的個體進行調整的層次上，表現爲促使個體社會化的功效：(1)它爲個人提供了一整套行爲的模式；(2)是個人社會化程度的重要衡量標準；(3)促使個人在社會生活中滿足各種需要。總之，社會規範使有效的社會控制和個人的發展有機統一起來，保障著社會的完整和秩序。

以上從七個方面列舉的各種要素，已大致列出了在社會學的行動分析上被認爲是特別重要的因素。其中，前面的三個因素（需求、目的、意識）是關於行動主體方面的，後面的四個因素（物的情境、他人、符號、規範）是關於情境方面的。這些都是用微觀社會分析的觀點，論述個人與社會關係的各種類型。

社會意識

　　由於個人需參與社會，自然產生「社會意識」。所謂「社會意識」（social consciousness），根據席汝楫先生的界定為：是主觀經驗或意識狀態的一種覺知。因此不同的階級有其特定的意識，不同的種族因其族群的意識居住不同的地而有其個別的意識。相同的意識可成為群體認同的焦點，進而成為一個社會單位。如採取行動則形成結合，加強認同作用及我群的感覺，並能為共同社會，相互合作。社會意識是人類共有的精神生活，也是社會生活的重要組成部份，其結構包括：

1. 意識形態——是經過人們自覺的從社會中的各種現象加以抽濾、概化、創造出來的。
2. 社會心理——即群體成員於交往、互動過程中形成共同的心理現象。
3. 社會結構——則其成份包含：社會輿論、社會風氣、社會偏見、社會習慣、社會情緒等，是一種對社會存在自發的反應形式。

　　社會是由個人的聚集所構成的。在「社會與個人」關係中，不論是主張「社會唯名論」或是「社會唯實論」，大概都能以下述兩個毋庸置疑的事實為前題來進行思考。第一：個人是客觀存在，個人是行動的主體；第二：我們所說的社會是客觀存在，它是由多數個人的相互行動而產生的。我們應當思索個人為什麼要建立社會。在19世紀到20世紀的行為科學即提出了所謂「群居性本能」（instinct of gregarious），認為人之所以建立社會，就在於天生具有群居的本能。在今天，本能概念顯然已經過時，社會學家對人類為什麼建立社會的現象重新作些說明。認為：社會是經由持

續的相互行動所形成的社會關係體系，從這個社會的定義來看，即使在人類以外的動物中也存在著社會。但是，根據動物學家的研究成果，並不是各種動物都同樣會形成群體：有的形成家庭，有的不形成家庭；有的形成群，有的不形成群，因種而異。因此，哪些種能形成群體，哪些種不能形成群體，動物學一直在研究並解釋這些現象的原理。這對解釋人類為什麼會形成社會的情形提供了重要參考。這是因為人也是動物的一種，既然有動物過群居生活，有的動物不過群居生活，那就不能認定人類的群居是一種本能。而必須有更具理性的解釋原理。既然，人類選擇了社會生活，那麼這其中必然有其原因。所謂社會，必須是由具有個體維持能力和族群維持能力的「社會的個體」所構成。由此看來，蜜蜂和螞蟻所建立的並不是社會，其本身並未超出個體，因而它們也沒有超出昆蟲不建立社會的原則。其次，在哺乳類中，一般說來幼獸是沒有能力的，需要父母的保護，即需要有育兒行為，適應這種情況，形成了家庭。當幼獸不需要依賴雙親的時候，家庭便隨之消失。在象、馬和鹿那樣，幼獸生下來就能獨立行走的動物，家庭不是獨立的，而是被吸收到群體中。所謂群體，按照動物學的說法，是個體被組織起來的集中型態，它與未集中而彼此劃分勢力範圍的情形形成對立。是否結群與食物的性質有關。在草食動物社會中，食物豐富，不會引起分配問題，所以在防禦外敵保護自己上，群體生活會產生分配問題，而且因為它們強悍，沒必要聚合在一起，這就是它們採取領地制的原因。

我們試把上述對動物社會的考察運用於人類。人的嬰幼兒階段與其他所有動物的情形相比，是最沒有能力而且需要長時間照顧的，他們長期需要父母的保護。另外，人的先天行為能力（本能）的範圍極其狹小，父母與孩子之間文化傳遞的重要性極高。這說明了古往今來人類社會中家庭的普遍性。另一方面，比之於其他動物，人類明顯地具有較高的衣食住和文化方面的需求，要滿足這些需求，單獨活動是無法滿足的，需要與他人合

作和形成分工。在狩獵採集階段，分工僅限於男性狩獵、女性從事採集。到了農業社會階段，隨著農業生產力的提高，城市與農村之間出現了分工。而進入產業社會階段，整體社會的職業體系組織內部的分工體系快速地精密化。過這種協調和高度分工，群體、組織的數量增加，地域社會範圍擴大。人類進入文明階段後，一味追求提高需求滿足水準的事實，解釋了為什麼在現代化、產業化過程中會出現群體、組織增加和地域社會之擴大的現象。

以上這種以個人追求實現更高需求滿足為目的來說明社會的形成。同時也說明了個人與社會之間的關聯性。簡言之，個人參與社會是為能滿足下述需求：

1. 維持個體的需求：與攝取食物及恢復疲勞有關的生物層次的需求。
2. 維持種族的需求：性需求、與育兒有關的母性需求。
3. 與他人關係的需求：依賴他人、與他人產生共鳴、希望得到他人的承認及尊重等等與他人交往的需求。
4. 文化價值的需求：想掌握學問、學習技術和技能、在事業上取得成功等，源自文化價值的目的而產生的各種需求。

行動者對於外界事物的出現進行主觀的意義賦予，並從自身觀點出發加以定義。既然人類是通過與環境的互動作用而獲得人類生存所必須的物質資源，所以社會情境無疑是行動的重要構成因素。根據行動理論的說法，社會同樣也是行動者，因而在社會情境與行動主體之間存在的相互行動。

行動的目標實現不能只靠單獨行動者，必須和許多他人協調，協調程度要同需要相適應。自我為了實現目標、滿足需求，只好接受使其順從的壓力，進而努力取得他人的社會承認。由此便可以看出個人參與社會時，所秉持的社會意識的重要性。

社會的組成要素

對個人而言，社會誠屬不可或缺，因而有社會的構成因素以為因應，用以維持社會的運作，這些因素包括：

社會秩序

社會運行過程中，社會的各個部分有規則地排列，並表現出整體的穩定、平衡、和諧發展的狀態。表現在兩個方面：一是社會行為秩序。人們在社會關係中遵守並維護一定的社會規範，使社會生活保持著正常、穩定的狀態；二是社會結構秩序。社會整體中的各個部分相互協調、功能互依，達到社會整合之目標，使社會協調發展。社會秩序的好壞是社會存在的標誌，也是社會良性運行的基礎。只有創造安定的社會秩序，才能實現經濟、文化的發展，人民才能安居樂業。因此，維護一個國家的社會秩序是任何政府所追求的政治目標之一。為維持社會秩序的穩定需靠下列因素：

風俗

風俗是世代相傳做事或行動的社會習慣。簡單說，風俗就是社會習慣。風俗既是一種社會的力量，對於個人行為自然發生影響。茲分數點論述如下：

1. 凡風俗所規定的成為一種社會標準，對於個人即具有約束的力量，所謂風俗的強制力。而人對風俗則有順從風俗的趨向，所謂順從多數的人的心理。風俗之所以發生影響，即因這兩方面的關係。

2. 凡流行的風俗，具有社會的標準價值，即有極強的強制力。個人違背風俗時，社會即表示不贊成的態度；這種不贊成的態度，稱爲社會的制裁，對於違背風俗的個人，發生很大的影響。大抵人都有期望社會讚許的心理。故大體上說，人都願意接受制裁，而奉行風俗的。

3. 風俗強制力的大小，因風俗本身的性質而有不同。有的風俗具有極強的強制力，有的則力量甚弱。

4. 風俗在鄉村中的力量，比都市爲大。鄉村中風俗單純而少變化，人口旣少，一致奉行。苟有違背，衆人共見，故其力量自大。都市社會則多元雜處，人各有其原本遵守的風俗，故風俗複雜而變化多。誰都不能強制誰奉行單一的風俗，於是力量弱而影響小。故從風俗的立場說，都市中的生活比鄉村爲自由。

　　總之，風俗旣成爲社會上一種集體的力量，即彷律有其客觀的存在。對個人行爲發生很大的影響。

時尚

　　時尚的意義：時尚是一時流行的樣式（ style ）。樣式就是任何事物所表現的格式。譬如一座房子的外形，有種種不同的樣式；一件衣服的外形，也有種種不同的樣式。他如運輸工具、用具、裝飾、音樂、文字、藝術、說話、用詞，甚至宗敎哲學等，也都有樣式可講。凡屬樣式總可時常變遷。所謂時尚即一時崇尚的樣式。所以孫墨楠與愷萊以爲，自服裝以至理想的格及渴望的事物，均有時尚可說。只要社會上一時崇尚，任何有樣式可講的事物——無論是有形具體的，或無形抽象的，都可稱爲時尚。

　　時尚的特點：時尚的第一特點是「標新」就是表示「新奇」的意思。無論是服裝用具等等都有一種趨向要表示與以往不同——表示不是陳舊的而是新奇的。極端的例子如大城市——巴黎、紐約、倫敦等——服裝時尚

的變動，幾乎愈新愈好，愈新愈合時尚。韋伯倫（Veblen）稱之爲「新奇原則」（the principle of novelty）。時尚的第二特點是表示「入時」（up to date）。凡入時的，遂覺得優美，覺得好看，覺得爲人所看重。同是服裝，五六年前入時，則覺得優美，覺得好看；但到了目前已不入時，便覺得不優美不好看。所以時尚的基本因素，就是「入時」。凡「入時」則覺優美。不「入時」則不覺優美。時尚的第三特點是表示「從衆」（conformity）。愛爾華說：「時尚純粹是一種模仿。時尚是仿效團體中他人的行爲，不是爲「實用」（utility），而是爲「從衆」。因大衆暗示的力量迫使個人不得不出於「從衆」。從衆——從衆人的時尚，便覺得舒適自然，這是時尚的約制力。時尚的第四特點是表示「奢侈」。韋伯倫以爲「顯示奢侈」的原則（the principle of conspicuous waste）是時尚流行的重要準則。穿時服者往往旨在表示其力能「多費」入時，而可以不事勞作。這正是「有階級的特徵」。時尚的第五特是表示「立異」。人有一種願望要表示與他人不同。勞史稱爲「自我個別化」（self-individualization）。

道德

　　道德簡單說就是人類社會認爲正當的人人應該遵從的行爲標準。因爲是天下古今所同得之理，而爲天下古今所共由，所以道德便成爲社會上公認正當的人應該遵從的行爲標準。但這所謂正當的人應該遵從的行爲標準，會因時代因社會而有不同，是全憑當時當地社會上人們自己的判斷而定。我國古時以綱常爲基本道德，孟子所謂：父子有親，君臣有義，夫婦有別，長幼有序，朋友有信。這種基本道德是規定人與人間基本關係的行爲標準。推而之於任何社會，亦都有當時公認的正當行爲標準。其標準與內容儘管有不同，而在當時當地都認爲是正當的，是人人應該遵從的，這一點沒有不同。其次，道德既然是正當的行爲標準，凡合乎這種標準的就

是「是」的「善」的。不合乎這種標準的就是「非」的「惡」的。所以道德總是有善惡是非。反之，凡是有善惡是非可辨別的行為就含有道德的意義。

1. 道德的行為含有一種義務觀念。就是說，道德的行為是人人認為應該做的，是人人應盡的義務。即使社會上他人不依照這種標準做，而我還認為是應該如此做的，這就是道德。就這一點說，道德與風俗是大不相同。風俗的流行，大致由於順從多數的心理；人之依照風俗，只是順從社會習慣，大家如此做，我亦如此做。不如此做，我如認為是應該做的，我仍舊如此做。這是由於道德的義務心的表現。

2. 道德的行為含有善的行為的意義。善的行為常為人所願意踐行，故有可愛的意思，惟其可愛，故人願意踐行道德。

3. 道德的行為的標準是由社會所決定，我們既知，道德，一方面含有義務心，使人不得不實踐，一方面含有可愛性，使人自願實踐；那末，這種引起義務心與可愛性的對象，究竟從何而來？稍一考察，便知道，這是社會所決定的。一個社會常在過去定了許多行為的標準。凡可以激發人的義務心與可愛性的行為標準，就是所謂道德。所以道德是社會所決定的。涂爾幹說：「道德命令我們，就是社會命令我們，我們服務道德，就是服從社會」。因此，可知道德的根底全在社會。

4. 社會所決定的道德的行為標準，只是日常的正當行為，所謂常道。

法律

法律對於個人行為的影響，可從消極與積極兩方面分別言之：

1. 消極方面：法律的功用，在限制個人行為，不能有法律所不許的行

動，以適合國家社會的需要。凡國家社會認為需要的行為，由法律
規定，如當兵納稅等是。凡國家社會認為不需要的行為，亦由法律
予以限制，如侵犯他人的生命財產。人違犯此種規定，國家即認為
不法行為而加以制裁。所以從這一點看來，法律的功用，在使社會
上各個人的行為受國家的統制。法律愈多，個人的自由愈受限制，
這可使各個人的行為趨於一致。原來社會統制個人行為的機構很
多，如風俗、制度、時尚、道德、法律、宗教、教育等等，各有各
的範圍，各有各的功用。假使國家要擴張他的統制的範圍，便需要
把法律的範圍漸漸擴大，能包括：風俗、道德、時尚、信仰等一部
分的內容。如此，法律的功用愈大，個人自由活動的範圍愈小，而
社會一般人的行為則可愈趨於一致。

2. 積極方面：法律的功用，在使個人在法律所容許的範圍以內活動，
以保障社會利益，增進社會幸福。法律原為國家統治人民的利器，
一方面固在限制個人行為使遵循一定的途徑以維持社會秩序；而另
方面則在使全國人民在有秩序的生活狀況之下，共謀社會幸福。無
論民法、刑法、商法、以至行政法憲法等等，其最終目的無不在謀
社會進步，以增益社會幸福。所以法律之於社會，一方面是一種制
裁，一方面是一種保障。制裁在限制違反法律及不利於社會的行
為，保障在保護社會合法的行動與利益。無論公法私法都不外這兩
種功用。社會上任何方面的改進，無不恃法律為工具。必須在有秩
序的生活狀況之下，纔可謀社會的改進；必須借重法律的力量，纔
可可推展改進的工作。這是人類在過去生活的經驗中所得的結論，
亦即近世法治國家厲行法治的基本原則。

教育

涂爾幹（E. Durkeim）說：「教育是一代成人對於社會生活尚未成熟

的一代所發生的影響」，「教育是一代年青人的社會化。」教育是智識技能思想行為已有相當成熟的人，對於尚未成熟的人的一種作用。其次，教育是以社會的標準去規範年青人的一種作用，所以可說，教育是社會約制個人行為的根本法則。從上面所論教育的本質看來，已約略可知教育的功能所在。茲再加以分析如下：

1. 扶植個人自立：教育的第一功能是扶植個人的自立。人自呱呱墮地而後，即由父母或其他年長者予以哺育。起初僅是物質生活的供應，繼而予以社會生活的指導；自衣食住行使用器具玩遊戲娛樂，以至待人接物交友合群，無不隨時隨地，加以輔助與指導，使能自立生存於社會。這種功能貫徹人生未成年的時期，實為個人自立的基本。而實施這種功能，有賴於家庭與學校。家庭培植其基礎，學校續施其訓練，二者同樣重要。

2. 傳遞思想文化：教育的第二功能是傳遞社會上流行的思想文化。一個社會的各種遺業—風俗制度思想文物以及感情信仰等—無不賴教育以傳遞。其中一部分靠人生初期家庭生活中漸漸獲得；另一部分則在學校中由正式訓練領受；其他部分則在一般社會生活中經過正式或非正式的手續而得。如此新陳代謝，先後連接，使過去社會的遺業，得以綿延繼續，累積發展。

3. 造就社會成員：每一社會必有它自己的文化特質與文化模式。這類特殊的文化特質與文化模式，或表現於思想感情與行為，或表現於風俗制度與文物，都成為社會的標準；流行於社會，為社會上人人所遵從。如何使社會的標準，為社會上人人接受而遵行呢？這全靠教育的過程。使每一個人的思想感情與行為，能符合社會的標準，而成為社會的一員。所謂社會化就是教育的過程。社會是利用教育的方法使得個人遵從團體的習慣，所有宗教道德政治法律都是經過

教育的體制，纔成為社會控制的工具。

4. 敦促社會進步：教育的第四功能是敦促社會的進步。社會上任何部
門的知識技能，沒有不經過教與學的過程的，而社會上任何事業都
有它的專門智識與技能。可見任何事業的進步，沒有不仰仗於教育
的。而況進代社會進步，是教育發達的結果。

社會發展

社會體系按照一定規律演進的歷史過程，稱為社會發展。包括(1)人口
增長、人口素質提高；(2)人們的思想行為方式的進步；(3)人們的生活質量
和生活方式質量的提高；(4)婚姻家庭結構的變化、發展；(5)生態環境保護
的強化；(6)社會保障體系、醫療保健體系、公共服務體系的發展和完善；
(7)文化、體育、娛樂設施完備；(8)精神文明建設加強、形成良好的社會風
氣等等。在現代社會發展過程中，社會發展的動力一般來自兩個方面，一
是「內在動力」即存在於本社會系統中的力量，強烈要求社會向現代化方
向發展；二是「外生動力」，即一個社會體系受到另一個社會體系發展的
影響和壓力，而採取促進社會發展的政策和措施。現在第三世界國家的社
會發展，是在兩種動力相結合下進行的。它要求政府積極回應來自內外部
的動力，積極地制定穩當有效的社會發展措施，進行社會改造，加速新舊
體制的轉換，促進社會向更高層次的目的發展。

社會變革

在社會發展過程中，對某些不適應社會發展的弊端所做的局部的改
造、重建等，它存在於社會結構，社會制度和社會體制等各個領域中。社
會變革不同於社會革命，它並不改變根本的社會制度和社會存在的基礎，

而是對社會生活中局部障礙進行改變。其特點表現在：(1)涉及範圍的局部性；(2)變革步驟的穩定性、漸進性；(3)變革手段溫和性、改良性。現代社會的變革一般是由政黨和政府通過自上而下的有組織的推動進行的。政府在計劃指導社會變革中擔任主導的地位，它試圖通過積極的改革措施，革除社會弊病、打破阻礙社會發展的障礙，以使社會結構與功能相互協調，維持社會的良性運行。為謀求社會的有序變革，需要制定社會發展的計劃、步驟、措施，使社會變革保持一種積極、穩適之狀態，不致因發展的盲目性而導致社會巨烈的動盪。

社會控制

有廣義和狹義之分。廣義的社會控制指：利用社會規範對社會成員的行為施行約制，以維護社會秩序的過程。它既包括整個社會，或社會中的群體、組織對其成員行為的指導、約束和制裁，也包括社會成員之間的相互監督、相互批評。狹義的社會控制則：對偏離社會規範的越軌行為，所採取的約制措施和約制過程。社會控制的作用在於，維持社會的秩序，實現社會的良性運行。社會控制的特點表現為：(1)控制的集中性：社會控制總是代表社會組織的利益和意志，它以某種社會的名義，代表某個社會組織實施控制；(2)控制的互動性：社會控制通過一定的社會實體才能發揮約制作用。社會組織經由社會規範實施社會控制。因此，社會組織是將社會規範轉化為控制力量的中介。同時，社會控制還透過人們社會行為之間的相互影響發揮作用；(3)控制的多向性：社會控制的形式多種多樣。主要包括內在控制和外在控制、制度控制和非制度控制等。內在控制是指社會個體在發展過程中，不斷將社會規範內化為自身的行為準則，從而自覺遵守社會控制要求的形式。外在控則指通過社會組織等外部力量實施對社會成員的控制形式。它又分為制度化控制和非制度化控制。前者通過正式化的

規範和權力體系實施控制，如國家法律規範、政權、紀律、規章及敎育等方法或程序，它具有強制性特徵，因此又稱爲強制控制。後者則不依賴於強制力，而是依賴於社會輿論和社會心理進行控制，包括風俗、道德、宗敎、信仰、信念、輿論等。

社會整合

社會整體的各個部分聯繫起來，並按整體的要求實現的一體化狀態。帕深思將社會視爲一個系統，系統中的各個部分在功能上相互依存。當功能分化到一定程度時，社會依據一定的目標加以協調和整合，確保社會體系的統一性。社會整合在兩個層次上進行：(1)社會制度的整合。即通過一系列的規則和行爲準則，使社會結構完整，功能相互協調，表現爲各個部分配合默契，社會秩序穩定；(2)社會個體的有機整合。經由一定的價值標準、法律規範、道德規範等，確立個人在社會共同生活中的行爲準則。社會控制的目的就是爲了有效調整社會複雜的關係，達到社會結構的平衡，維護社會的穩定。社會整合的手段有多種多樣，主要有意識形態整合、行爲規範整合、法律整合、政策整合、輿論整合等等。

社區

社區是指：在一定區域內、按一定的社會制度和社會關係組織的，具有共同文化維繫力的人類生活共同體及其活動區域。社區是社會的有機組成部分，對於社會整體的運行與協調發展具有重要的作用。構成社區的基本要素有六項：(1)聚居在一定區域內的人群，即以一定社會關係和交往方式組織起來的人口集體。人口的數量、集散疏密程度以及人口素質等等，是考察社區的重要內容；(2)那有一定的區域。社區的區域不僅是純粹的自

然地理區，還是一個人文區域，即社會空間和地理空間的結合；(3)社區中的人們由於某些共同的利益，面臨共同的問題，具有共同的需要而產生了共同的社會價值傾向、共同的意識、共同的行為規範和生活方式，表現了社區比較牢固的內聚作用；(4)社區居民群體發生各種社會關係，如親屬關係、鄰居關係、職業關係等；(5)具有為謀求社區生活目標而建立的各種社會組織或機構，既有經濟的，又有政治的、文化的；(6)具有一定的為社區居民建立的服務設施，以滿足其物質、精神的需要。社區有多種種類：根據歷史發展線索，可分為傳統社區、發展中社區和現代社區；從社區結構和特點，可分為城市社區和農村社區；從社區的功能，工業社區、農業社區、商業社區、文化社區、旅遊社區、行政社區；從社區人口的富裕程度，可分為貧民社區、中產階級者社區和富人社區等。現代社會學重視社區研究，因為社區是社會的基本單位。一切社會活動都在社區裡進行，社會普遍存在的現象都可以在某一個社區裡反映出來。因此，加強社區的建設和管理，促使社區自身的協調發展，有助於滿足社會公民對社會生活的需求，同時有助於促進社會的進步與發展。

結語

個人對於社會環境調適的基本目的有三：一為維持人格的完整，二為滿足人生的需要，三為平衡人我的關係。

1. 維持人格的完整：如果環境的力量足以妨礙或破壞人格的完整，人必起而護衛。這護衛的行為，我們稱它「調適」。
2. 滿足人生的需要：人生的各種需要與各種願望、安全的願望、感應的願望、與稱譽的願望。人為滿足這種種需要與種種願望，乃表現

種種活動以調適於環境。如果環境的狀況，不能使人獲得適當的滿足，人必用盡方法以尋求滿足；除非外界有極強的限制力量，人必追求直至獲得適當的滿足而後止。

3. 平衡人我的關係：人雖同具種種的需要與願望，但各人需要與願望的對象與範圍，因各人所生長的社會、所接受的教育、所從事的職業，與所結交的朋友等等，而有不同。無論需要與願望的相同或不同，人在社會中共同生活，勢不能不發生相互的接觸；由相互間的接觸，乃有衝突、競爭、侵害、抵抗、壓制、反動、欺詐、委屈等等現象發生，人為平衡這種種人我間的相互關係，於是表現種種活動；人我間的關係不平衡，人的活動不停止，直至獲得適當的平衡而後止。

總之，個人的行為——無論是單獨的或與他人聯合的行為——都無非為維持人格的完整，滿足人生的需要，或平衡人我的關係。人的人格觀念人生需要與人我關係，儘管有不所同但同具這種傾向。人為達到這種目的，乃表現各種的活動，以求與社會環境取得相當的調適。

第 5 章　社會互動與社會結構

社會互動

「互動」（interaction），是社會學上經常使用的詞彙，就其意義根據社會學家孫本文的說法是指：「分子間互相交感的行為過程。」（孫本文，1966）例如：一個人於日常生活中，對於其所遇到的人可以是尊敬，可與之合作，也有可能是輕視，甚至敵對……等等。在社會生活中，個人與他人之間能夠產生關係，主要是因為互動所造成的。所以互動是個人與他人或團體發生關係的一種過程。由於互動是社會化的基本條件，一個人自參與社群，使自我與社會生活結合為一體，因而達到群體的穩定運作和發展。

至於「社會互動」（social interaction），是指「人與人或團體與團體在行動間的交互影響。」社會學家齊穆爾（G. Simmel）於建構「形式社會學」時，更強調「社會互動為人類社會生活的基本要素，一切社會現象皆基於互動而產生。」由是可知古往今來，人類社會現象的內容雖然千變萬化，但是社會現象的形式，則僅僅是來自人與人之間的互動而已。這些互動不但是一切社會現象的共同之點，並且也是形成社會現象的主要根源。社會互動的方式，派克（R. E. Park）與卜濟世（E. W. Burgess）認為可區分為下列數種：

合作

合作是個人或團體和諧地在一起工作，以達成其個別或集體目標的行為模式。最簡單的合作行為可能發生於兩個人之間，他們一起工作，以達成共同的目標。團體如沒有合作是不可能存在的。由於個人無法單獨地滿

足他自己的需要，而需依賴與他人的合作，因此社會團體的建立乃是為了促進共同目標的實現。

一般而言，團體都會要求成員彼此能夠合作，特別如家庭、遊戲團體、鄰里或初級團體。

合作通常可分為三類：非正式合作、正式合作與共生合作。

非正式合作

非正式合作（informal cooperation）又稱為互助，它表現在初級團體或社區中，因為這些團體的日常工作就包含了彼此成員的互助。它常是自發性的，而非契約上的義務。非正式的合作行為很少受到規範、傳統或命令的規定，而只有在人類有親密的結合時，它才會存在。在人類社會中，由於非正式合作的重複出使，因而形成了習慣與傳統，而代代相傳遞。

正式合作

正式合作（formal cooperation）是有意的互動關係，並且具有契約的關係。正式合作會涉及到相互權利彼此成員間的相互權利與義務，它通常發生在正式組織中。

共生合作

共生（symbiosis）是指兩個有機體和諧地生活在一起，彼此從對方取得利益的一種合作關係。市場上的互動是共生合作的最好例子。當貨物從生產者轉移到市場銷售時，涉及很多的工作，如加工、運輸與銷售等，由於這群人彼此之間具有互賴的關係，他們的行為變成為整體過程的一部份。因為在這過程中，如無其他人的幫忙，則他們絕不可能達成預期的目的。為了從他人身上獲取利益，彼此必須工作在一起。共生合作不同於正式合作，後者有共同目標，而前者只涉及相互的利益而無共同目標。換句話說，正式合作的行動可被視為是同一團體的份子，而共生合作的行動者

多屬於不同團體的份子。

競爭

競爭是反對的交互作用的一個方式，其定義有廣義和狹義兩種。廣義的是指生存競爭，包括一切動植物的爭取生存行為。狹義的是指人類社會中的競爭，亦稱社會鬥爭；這是指兩個或兩個以上的人或團體互爭一種有限量的東西或目標。人類的競爭有三個特徵：

1. 必須有某種東西，物質的或非物質的，爲其爭取的對象。
2. 參與競爭者彼此不必直接發生接觸，也不必互相認識，即在不同地方的人或團體可以不知不覺地處於競爭狀態之中。
3. 個人或團體在競爭中的成功足以限制或剝奪別人的成功。

依社會學的觀點常把各種競爭分爲兩類：

1. 非私人的競爭，這一類的競爭是以某事物或價值爲對象，而不是以人爲對象，參與競爭者彼此並無情緒的交互作用。
2. 私人的競爭，就是競爭者把競爭的目標轉移到競爭者對方的身上所發生的交互作用，他們不但感覺到彼此是在競爭，並且知道只有打倒對方才能達到目標。

競爭雖然是一種普遍的社會互動方式，但從另一方面來看，競爭足以影響社會文化與團體分子的人格和行為。先就個人來說，競爭有其好的影響如鼓勵個人奮鬥、向上、自賴自助、並發揮個性、創造力及領袖才能；也有其壞的影響，因爲競爭厲害的社會，個人生活常在緊張之中，如競爭失敗，則易於人格解組。再就社會文化方面來講，競爭也有好壞的影響；西洋近代工商業及科學的發展，它們的個人主義和經濟的自由競爭實予其

惠，美國的交通運輸、娛樂設備、及社會教育等的日新月異，亦不能不歸功於它們的自由競爭。比較來說，這都是屬於建設性的競爭，都有其結果。但有些競爭對於社會文化卻是有壞的影響，如有人用毀壞財富的方法以從事競爭，各國政府用賄賂的方法進行競選，列強消耗無量的財富來從事武備競賽，凡此種種都是屬於破壞性的競爭，對於社會文化方面都是有其不良的後果。

衝突

競爭是反對的交互作用的一個方式，是專指人類社會中的競爭，亦稱社會鬥爭；這是指兩個或兩個以上的人或團體互爭一種有限量的東西或目標。衝突是社會互動的一種，是指兩個或兩個以上的人或團體之直接的和公開的鬥爭，彼此表現敵對的態度或行為。衝突與競爭同是反對的互動方式，有時兩者不易完全劃分清楚，因為有的反對方式雖然叫競爭，但同時也可稱為衝突，像角力、拳鬥及某些辯論之類；又有時競爭的發展也常易變成衝突，當競爭者決定直接把對方打倒以爭取勝利時，衝突就因此而產生了。

故競爭者常易引起衝突。不過大體上說，競爭與衝突是有其區別的，競爭多半是間接的接觸，非私人的關係，不是訴諸情緒的，也不一定是有知覺的，並且多少是有持續性的互動行為。衝突則是直接的接觸，私人的關係，訴諸情緒的，有知覺的，和有間斷性的互動行為。豪爾（John Howard）將衝突歸類如下：

1. 物質上的衝突：是為了分配有價值的資源所引發。
2. 形象上的衝突：是對社會上所認定的形象所引發。例如對國旗、國歌、國號等。

3.意識上的衝突：是對思想意識上的差異所引發的。

4.文化上的衝突：是因為生活方式及習俗的差異所引起的。

社會學家齊穆爾（Georg Simmel）曾列舉了四種重要的衝突類型：(1)團體間的戰爭；(2)團體內的糾紛或派系鬥爭；(3)訴訟；(4)非個人理想的衝突。理想而非物質慾的衝突可能是最為殘酷，且極具破壞力。例如，政治理想與信仰——民主、共產及法西斯的衝突，帶來人類的災禍遠大於工業及技術的衝突所造成的災禍。因為衝突常會帶來不幸、毀滅與暴力，甚至死亡的惡果，所以人們常把衝突視為一種負面性的現象。但許多社會學家卻強調衝突有其積極的功能，例如，衝突可作為整合對立者的一種力量，而把他們牢牢地和團體連繫在一起；衝突也可能導致所需的社會變遷，如促進團體間的溝通，並迫使團體面對它們的問題。

敵對

敵對（rivalry）「是從競爭開始的，但有一種私人化的性質。敵對不完全針對競爭的目標，而是以蓄意打擊對方為主。」（謝高橋，民國71年）換句話說，敵對主要的目標是用於挫折對方，而不是用於達成目標。敵對者像競爭者一樣會遵守行為規則，例如，一位男生為了獲得芳心可能會與他的好朋友變成敵對。敵對可能有助於減少例行生活上的單調，但它也可能導致惡劣的衝突。

強制

強制（coercion）「是一個人或一個團體將其願望強加於另一個人或另一個團體，受強制者的角色只是順從的反應而無法反抗。」強制常被視

為是一種負面性的社會互動，因為對付拒絕的行為常需要強制的手段。社會學家的研究顯示，強制會使受害者產生挫折與緊張，因而可能導致他們的敵對與侵略行為，也就是引起人際間的衝突。社會關係如果是建立在強制的基礎上，是不會穩定的，此乃由於它所帶來的緊張會導致衝突，且產生社會變遷。然而，強制也有它的積極功能。雖然父母及教師在教養兒童上有許多種社會互動模式，但強制的威脅常是社會規則的教導基礎。強制的威脅常表現於具體的事實，例如沒有禮貌的兒童被禁止外出，不聽話的兒童被體罰等。

交換

所謂的「交換」，是指：「一個人與另一個人的互動，是以獲取報酬為目的。」例如：老闆與職員的關係就是交換的互動，職員按照老闆的指示行事，而從老闆取得報酬。報酬非盡屬於金錢或物質方面的，主觀的情感報酬也會成為許多社會交換關係的基礎。例如，當一個人的施予行為，是以取得他人的感謝為目的時，情緒報酬就已存在。無論是偶然的互動或原本具有親密關係的互動，交換關係的存在也是重要的。一個人付出愛心，雖不在乎回報，但取得報酬的期望仍然是互動關係的一部分。如果施予者從未接到任何情感上的回報或感謝的表示，他基於愛心所付出的情感或許會在這種不公平交換方式中逐漸消失。

順應

達到和諧共處乃是任何團體生活所需要的。為了保持和諧，人類社會發明各種消除、減少、或避免衝突的方法，這些就叫做順應的方法。

妥協（compromise）

當敵對雙方勢均力敵，雙方自己提出條件，彼此討價還價，互相讓步，以達到平息紛爭的目的，一般稱爲妥協。

和解（reconciliation）

進行妥協的雙方，其原有的敵視態度不一定改變；而和解則含有雙方由仇視的改爲友誼的態度之意義。這多半是由雙方的代表進行磋商，或自第三者說法使雙方對彼此有新的認識與較好的了解，以建立和平的關係。

調解（mediation）

雙方自己不出面設法講和，而由第三者出來調停，試探雙方平息紛爭的可能性，這就叫調解。調解人可向雙方提出平息紛爭條件，但這種條件對雙方並無約束的力量，而只作爲他們的參考。故調解事實上乃是促進和解的一種方法。

仲裁（arbitration）

如果衝突的雙方將其案件交與第三者去裁判，而其決議對雙方又都有約束的力量或遵守的義務，這就稱爲仲裁，通常又可分爲志願的與強制的仲裁兩種。

容忍（toleration）

若是兩個或兩個以上的人或團體有不同的信仰或行爲規則，在一個地方共同生活，但任何一方面都不強迫別人遵從或採取自己的標準，也不改變自己以順從別人，而是彼此互相寬容，或有同情的了解，這就叫做容忍。容忍可以說是人類建立和平的社會關係之最基本條件。

突轉（conversion）

是指一個人或一個團體忽然改變其信仰或態度而完全接受原來與自己

有衝突之對方。這在宗教和政治信仰方面比較常見，例如原來反對基督教的人，因為得到啓示，他可以自然變為基督徒。又如甲乙兩個對立的政黨，因為某種關係，甲可能放棄自己的政策而完全接受乙的。突轉與同化有密切關係，也可視為同化的一種方式。所謂同化（assimilation）是指代表不同文化的個人或團體融合成一個同質的文化單位之過程。同化與順應不同，在順應的過程當中，思想、態度或行為習慣的改變是部分的、很快的、有知覺的、並且可能是由於間接的接觸所引起的。在同化的過程中，這種改變卻是整個的、漸漸的、不知不覺的，並且是由直接的、持續的接觸所產生的。

　　人類社會，可區分為「縱的部份」及「橫的部份」，前者即為「社會文化變遷」，後者即為「社會的互動」，經由本節對社會互動的敘述，相信將有助於對整體社會的運作有更清楚的了解。

社會結構

　　社會互動與社會結構關係密切，任何人都不是孤立地存在於社會之外。個人的生存與發展都受到社會結構的影響和制約。社會結構可分為一般環境和特殊環境兩大類。一般環境主要是指所有組織都面臨的總體外部社會客觀環境。一般環境中的因素影響著社會的目標、結構、效能等組織活動。構成社會一般環境的因素包括：(1)文化：諸如文化歷史背景、意識形態、社會價值、行為規範、社會制度等；(2)技術：社會科學和技術發展水平；(3)教育：國民的教育水準、教育發展程度、職業和專業教育普及程度等；(4)政治環境：社會的一般政治氣氛，政治權力集中的程度，政治組織的功能分化、分權的程度、政黨制度等；(5)法制：對憲法的重視，法律制度，各政府部門的權力分配，特別的法律等；(6)資源：自然資源的性

質、數量和可用性，氣候與其他條件；(7)人口：可向社會提供的人力資源的性質、數量、分布、年齡和性別，人口集中程度及城市化程度；(8)社會：社會結構、社會階級、貧富差距、階層流動、社會制度性質及發展。(9)經濟：基本的經濟結構、經濟組織的類型、經濟的集中與分散、銀行體制、財政政策、投資水準及消費水平等。社會的特殊環境主要是指那些對於社會目標的建立與達成有關的外在環境和一些具有潛在關係的外部環境。

社會結構是指「社會系統的構成要素，彼此之間保持著相對穩定的關係。這種關係使得社會系統具有一定的型態與功能。」例如：家庭、家族、宗族、學校等等，均為構成社會系統的要素，而且具有其一定的結構、型態、特徵與功能。

早期的社會學家如孔德和史賓塞等皆視社會如同一個有機體。孔德認為一個社會就像一個有機生物一般，每一部門都是相互關聯的。社會進化的原則亦類似於生物進化的原則。研究社會最適當的方式是將社會視為一個整體，進而分析其內在成份。史賓塞認為一部門之變化將牽動另一部門之變化。由於分化的作用，社會的進化便由簡單而為複雜，及由同質而變為異質。社會結構之變遷，事實上是社會結構功能的變遷。功能愈分化，社會愈複雜。因此欲瞭解社會結構就必須先瞭解其功能。

雖然孔德與史賓塞的有機體論已具有社會結構的雛型，但真正導致該理論系統發展的則應該是涂爾幹。他認為社會是超乎個人的。一群人加起來的總和並不等於社會，社會結構和集體意識是組合成一個社會的主要力量。沒有社會結構和集體意識，社會是不成立的。因此，社會結構裡各部門之存在是為了實現履行社會整體之需求。社會結構中各部門之功能乃在於維持社會整體運作。社會結構在基本上是傾向於均衡的。社會結構乃是在一特定時間內個人的全部社會關係的總和。社會結構各部門之間應具有某種程度的整合性，才能維持社會的生存。

對社會結構概念闡釋最爲透徹的首推「結構功能理論」，該理論的中心概念是「結構」、「功能」、「均衡」。所謂「功能」是指一種對維持社會結構均衡有用的適當的活動。功能也可以被視爲效果。功能是控制體系內結構與過程運行的條件。這些條件影響到結構的穩定持續性運作。結構功能理論強調社會中各部門是相互關聯的。此種相互關聯的特質乃組成功能體系。其概念包括下面四個特質：

1. 每一結構內的各部門在功能上是相互關聯的。某一部門的操作運行需要其他部門的合作相配，當某一部門發生不正常問題時，其他部門可以填補修正。
2. 每一結構內的組成單位通常是有助於該結構的持續運行。
3. 旣然大多數的結構對其他體系都有所影響，則它們應可被視爲是整個有機體的附屬體系（sub－systems）。
4. 結構是穩定和諧的，不易有所變遷。

均衡是社會結構運行的最終目標。在此種狀態裡，社會結構是和諧而無衝突的。結構的變遷是緩慢且有秩序的。結構功能理論認定不論社會如何變遷，其最終目標總是朝向尋求社會結構的均衡狀態。因此變遷可以說是一種對社會結構的調整，局部而緩慢，無損於整個社會結構之整合與均衡。

社會結構的功能主要包括：(1)提高效率。社會結構建立的目的在於使該組織有效地運用資源，以最小的輸入，獲得最大的輸出；(2)人際溝通。社會結構規定了組織中信息溝通和聯繫的管道，發揮溝通功能；(3)滿足需要。社會結構旣提供人員的任務、責任、權力，又提供地位及歸屬關係，滿足人們在生存、歸屬、發展等需要；(4)統一組織。經由分工和協調、權力與責任、義務與利益的安排，統一人們的行動，爲達到社會目標而奮鬥。

社會互動的基礎：角色

　　角色一詞是司空見慣的日常用語，無論對誰都是個熟悉的概念。「角色」最初應用於戲劇上，用來指演員在戲臺上所扮演的人物，可是此字彙在通俗的意義中常被應用於社會生活中的角色扮演。任何角色的演出必定涉及行為，或附帶著一整套的行為模式。在舞臺表演上，角色的行為模式是由劇本原作者所規定，在實際生活中則由社會習俗及文化規範所制約；角色扮演的成功與否，與扮演者對角色的體認與了解程度有關；同樣的道理個人在社會生活中亦需對自身被指附的角色有深切的認識，於社會文化環境對角色所期望的行為模式有所了解，才能達成良好的生活適應，Parsons對角色所下的定義之一：一個人在整體結構中，亦即在規範制約下，參與一種社會互動過程，而與特定的、夥伴建立交互關係謂之角色。但長期以來，在社會學的各種思潮中，古典實證主義、古典社會進化論等二十世紀20年代之前的各種學說，都沒有論及角色概念，就連最早提出社會行動理論的馬克思‧韋伯（Max Weber）也沒有使用這個概念。創立角色理論並賦予角色概念以重要意義的，首推符號互動理論和結構功能理論。雖然這兩個流派都用角色概念，但他們對角色的看法卻是不同的，這種分歧長時期來一直未得到調和。

　　符號互動理論中對角色的概念，是在個人層次上加以說明，認為角色是在相互行動過程中逐漸形成的。這種角色概念的創始者是提出自我理論的 G. H. 米德，米德認為角色概念和自我概念是緊密關聯的。他曾提及「取得他人的角色」（take the role of the other）的概念。這種取得他人的角色概念與涂爾幹建構的「同理」（sympathy）概念極為接近；是指在相互行動中，彼此的社會互動，某種對他人的態度喚起了自我內部與之

相呼應的意念。它雖然與模仿這一概念有關係，但與其說是單純的模仿，不如說為了順利的進行相互行動而對自己的行動進行自我控制，以使自己的行為與他人協調。在如此反覆的協調過程中，他人的態度逐漸地被內化於自我之中，這就是形成客我的過程。可以說取得他人的角色是走向客我的一個前置過程。米德把這種能夠導致取得他人角色的交流媒介稱作「有意義的符號」（significant symbol）。有意義的符號對其發出者和接受者的意義是相同的，因此能喚起雙方的共同反應。如果這種交流遍及一個社區的全部，則有意義的符號也將為社區內的全體成員所共有。當然，在社群中的個體彼此有不同的性格，然而這種個人差別仍能喚起他們的共同反應時，一種角色就由許多人來認知和扮演（enacted）了。就此符號互動理論提出了對角色是如何發生的解釋原因。

與此不同，結構功能理論中的角色概念，是就社會系統層次上加以說明的。結構功能理論認為就像是在整體社會的職業角色中，和企業組織的職務系統中所看到的具體例子一般，角色是社會結構的構成單位，它是根據社會系統的需要而分配給個人的，使自己的行動適應社會要求與規範的指導。這種意義上的角色概念，是和地位一詞相互使用的。二者的定義告訴我們：地位是指行動者在社會系統中所處的位置；與此相應，角色則是在社會系統中行動者的行動過程。首先把地位和角色作為概念使用的是文化人類學者林頓（Linton, 1937），而承續這個概念並將之完整的納入結構功能理論之中的則是帕深思。帕深思把兩者聯結起來，把地位——角色看作是社會系統中的單元；這個單元在結構中稱之為地位，但就功能的觀點則是角色。前述的「位置」，是表示某個行動者在與其他行動者的互動中處於何種位置，因此也就是結構，而「過程」則是表示某個行動者在與別的行動者的互動中是如何行動的，因此也就是功能（Parsons, 1951, pp.19-26）。稱「地位——角色」是社會系統中的單元，意味著它是與社會系統有關的特性，而不是與行動者有關的特性。是以就符號互動理論

而言對角色的概念是自微觀社會分析而得，而結構功能理論中的角色概念則是自宏觀社會分析而得。

因此，在社會結構中角色具有下列特徵：

1. 角色是行為方式：此種行為方式多半是由文化規定的，而由一代傳給下一代。個人則經由社會化的過程取得該行為模式。

2. 角色具體表現規範：社會角色含有規範的性質，經由角色的學習，規範才能深植於個人內心，因而使個人產生罪惡、羞恥、驕傲及尊嚴的感覺。

3. 角色是結構的一部份：角色並非單獨存在，而是與其他角色發生互補關係。因為互賴關係，社會角色才能產生意義並履行功能。

4. 角色具有合法的權力：侵犯個人隱私權是不合法的，但這種行為如果是具有合法權力的角色所為之行為，其意義就不同了。例如：醫護人員為檢查病患，請其裸體則是合法而且可以接受的。

5. 角色具有義務的性質：社會角色的效力，涉及扮演者所應履行的義務，而這使許多的社會關係得以維持與繼續。

在這結構功能理論中的角色概念是建立在社會系統層次上，實現角色功能的個人行動稱作為角色行動，其中包括所有角色履行、角色扮演等行動，在結構功能理論中是把角色與地位兩者相互關聯來討論。

在這裡，必須注意的是現實的角色行動，無論是職業角色，還是企業組織中的職務角色，絕不只是單純靜態的東西。例如：人們對醫生、教師、主管的角色，雖然有某種程度的認定，但其中也允許有一定幅度的變異，如有著重權威的醫生和老師，也有屬於自由放任型的醫生和教師等等。通過醫生和患者、教師和學生、科長和科員，彼此間的相互行動，可以由兩個當事者創造、修正形形色色的個別性的角色行動內容。也就是說，角色行動和角色期待的內容絕不是一成不變的，而是隨著相互行動的

過程被不斷更新創造。

　　自上述而論可知，角色概念具有微觀和宏觀兩個方面的性質，也就是說，把角色視爲一種職能來探討時，角色是一種個人行動，屬於個人層次，因此包括角色履行（role performance）、角色扮演（role playing）等行爲。如把角色視爲整體中的部份，則它屬於社會層次，其內容包括：角色結構（role structure）、角色分配（role allocation）等。例如：要建立家庭這個社會，在功能上是要有人履行夫妻、父母、子女的角色；要建立企業這個社會，在功能上是要有人履行製造、採購、銷售、財務，工人、經理、總經理、董事長等的角色。角色概念的同時包含著個人和社會這兩個層次，這在社會學分析上具有其重要的意義。

　　在結構功能理論的角色概念和符號互動理論的角色概念之間，儘管分析者關心的焦點有所不同，但對角色行動的性質本身的看法並無分歧。角色行動者一方面可以以獨立行動者的身份，自由、自主地決定角色行動；另一方面又必須服從相互行動中的各種社會系統的約束。這兩方面各自表現的程度如何是因每一個別狀況而異的。所以，在任何情況下，角色總是通過相互行動的過程逐漸形成的，而不可能是事先確定了角色，然後只是被動地按照角色一成不變地去完成角色行動。角色形成與自我形成一樣，是在相互行動過程中完成的。不僅如此，自我形成與角色形成又是同時在同一相互行動過程中進行的。自我形成反映了社會化這一個人層次上的現象，是經由社會進行的，從而展現了個人過程的社會依存性；而角色形成則反映了行動系統的組織化這一社會層次的現象，是由角色行動的承擔者——個人來進行的，從而展現了社會過程的個人依存性。由於相互行動同時包含著這樣兩種過程，所以個人層次依存於社會層次、社會層次依存於個人層次，也就是個人與社會的相互依存才得到了發展。自我形成創造了個體的個性、具有持續性和一貫性的態度和人格，但有時也可能導致所謂自我衝突現象。同樣，角色形成建立了被稱爲社會秩序、社會組織等具有

互補性的角色系統，但有時也可能導致所謂角色衝突的現象。要了解這些問題，就要針對自我形成和角色形成等進行理性研究。這種相互行動過程是受個人需求的滿足，和社會的必要功能條件的滿足所制約。

根據西方著稱的社會學家墨頓（Merton, 1968）的說法：一個地位可能同時具有若干的行為方式；例如，律師有對待顧客的行為方式，也有對待法官或同僚的行為方法。這種多行為方式或多種角色的存在，就是「角色組」（role set）。當多種行為或互動模式同時加諸於一個人身上時，便容易產生「角色衝突」（role conflict）。易言之：所謂角色衝突是一個角色或行為方式，妨礙了另一個角色或行為方式的履行義務。例如職業婦女可能產生工作角色與母親角色或妻子角色的不調和。另一個相關的問題就是「角色緊張」（role strain）（Goode, 1960），它指著個人難於滿足角色之各種要求情境，這種情境會發生在家庭、工作或任何地位網路。例如：一位護理長介於護理部主任與護士之間，介於醫生與病患之間，為了同時能滿足主管的目的與期望，並且要想維持與部屬的親密和關懷，在此情況下，利益衝突的產生會使其顯現出角色緊張。

產生角色衝突的原因多端，仔細歸納約可區分如下：

1. 個人人格與角色不相配合。美國甘乃迪總統喜愛政治家角色，但卻討厭競選時親吻嬰孩。在現代社會中，婦女與年輕人常發現他們的傳統角色所期望的行為，並不能符合變遷的世界；許多人經歷到新角色的期望與實際的角色行為之間有強烈的衝突。

2. 角色的必要條件含糊不清。一位新婚婦女應做一位家庭主婦抑或職業婦女呢？婦女的主要地位應是家庭主婦的看法，在變遷的社會中已逐漸模糊。現代社會缺乏指導青年與父母如何認識青年角色之權利與義務的標準，因此劃分青年與成年角色越加困難。這在原始社會是不成問題的，因為青年們經由一種青春儀式轉變為成年人，兩

者的界線相當明確。

3. 許多角色所要求的行為不一致。當一個人擁有許多角色時，角色間的不和諧可能就會發生；如一位警察於逮捕一位朋友時，可能會有角色不調和的感覺。

4. 角色的中斷。每個人在生命循環的過程中可能會經驗到角色中斷。例如少年到成年，單身到已婚，已婚到離婚或鰥寡，這些角色的中斷會因社會的快速變遷而更加嚴重。

　　角色期待是所有角色概念中最重要的一個，角色概念若被剝奪「行為期待」的部份，就失去整體的意義。Theodore R. Sarbin 將「角色期符」解釋做擔任某一職位者被期待的行動或特質。角色期待的主要功用在使角色行使者明白其權利與義務，可從自我期待（self－expectation）與他者期待（expectation by others）兩種角度來考察。自我期待就像在家庭這種初級團體的日常關係中，夫婦個別對有關自己角色的定義問題；他者期待是夫婦個別對對方的角色應有方式之期待問題。即自我期待就像是一種義務，對方的期待就像是一種權利。夫婦的角色期待若能一致，又彼此被期待的角色能夠實際地付諸實現，那麼家庭生活就能圓滿，相反地，若相互間的角色期待多少有差距存在時，就會威脅到家庭生活的和諧，並可能妨害家庭的維持和發展。

　　社會文化背景及其所形成的價值觀與社會角色的概念有極密切的關係，它是決定夫婦態度與行為的重要內容，社會對夫婦角色的期待是隨時代及文化的不同而有所差異的。為了使角色更容易適應，結婚當事者間相互的角色認識，以及婚前彼此對角色期待的明確化之必要性是無可置疑的。「角色衝突」，Parsons 的解釋是：角色行使者面對兩組彼此衝突的合理角色期待，而欲兩者皆完全實現不可能。每個人同時會具有多種的角色身分，每一種角色都伴隨著不同的權利與義務，有時候兩種角色所要求

的義務是矛盾的、相互衝突的，那麼就會造成個抉擇上的困難。這是屬於角色間的衝突（inter－role conflict），為個人同時具有兩個以上相互衝突的角色，無法加以協調，以符合生活所需。職業婦女的職業角色與家庭角色無法兼顧就是這種「魚與熊掌，無法兼得」的情況，形成一種心理衝突。另一種角色衝突則稱為角色內在衝突，乃因兩個以上團體對同一團體有不同的期待，因此角色行使者無所適從，不知如何去選擇適當的行為模式。這可以說是主體面對角色的統一而形成的衝突，也就是自己的角色認知和遵照這個角色認知去行動，兩者間不能結合即雖有這種角色認識，但無法照此行動而產生主體的內在衝突。Parsons 曾以緊張（strains）的概念來解釋社會體系內部的失調。以「角色期望」為出發點，說明緊張的原因可能是：

1. 人們無法達到角色期望的要求。
2. 角色模糊不清。
3. 個人同時扮演兩個相互矛盾衝突的角色而引起的。

將家庭視為一個體系，在配合上述角色衝突的概念，便能了解 Parsons 緊張的概念。當個人扮演各種角色時，因為無法學習到與角色有關的權利、義務，而不能有效的表現角色，就會產生壓力。從社會體系的觀點來看，角色壓力是外在力量擾亂內在體系的穩定性，而使個人在所處的社會結構中無法表現適當的角色行為的狀況。角色壓力是由於社會結構中存在著對成員含混、不協調及不可能完成的要求，使成員無法履行其角色義務的結果。所謂含混的要求，研究角色壓力的學者稱之為角色的不明確。不協調及不可能的要求則分別稱為角色衝突、角色的過度負荷。角色的不明確是指個人無法獲得清晰的角色期望，或面對角色期望不一致的混淆狀況。職業婦女扮演職業與家庭雙重角色時，面對了各種的困難與適應問題，是因新的理念尚未完全形成以替代傳統秩序；新生活型態雖已產

生，卻尚未爲輿論所承認，而使家庭生活陷入於混淆狀態。角色過度負荷是指角色要求過多，使角色表現者無法在一定時限內完成；或角色要求水準太高，超過個人能力所能及的範圍。職業婦女同時扮演著「妻子」、「母親」及「工作者」的多重角色，而這些不同的角色各含不同的行爲期望，且本質上也不易和諧共存，致不可避免的使職業婦女感受到角色衝突的壓力。

角色是指一個人在某一位置上所表現的行爲模式。至於，性別角色則是指某一社會或文化，期待男性或女性表現之適當行爲模式。性別角色在心理學上的意義，認爲人格特質是個人透過自我的行爲表現，以明示他所歸屬性別的行爲型態。對性別角色的論述可分爲下列幾種理論：

精神分析理論

佛洛伊德（Freud）認爲男女二性分化是兒童認知生殖器官的不同，再透過潛意識的作用而形成。就是說生理的構造決定了個人的人格與早期性別角色的發展，男性發展男性化行爲，女性表現女性化行爲。批評者認爲佛洛伊德忽略了個人的認知能力對選擇性別角色行爲的影響，以及在性別角色發展過程中環境與文化扮演了很重要的角色，否定兒童在性別角色認同的發展中主動的地位。

社會學習理論

班度拉（Bandura）等社會學習理論者認爲性別角色分化是由於環境中，父母、師長、同儕團體及社會上一般人，不斷地對個體性別角色扮演予以制約而形成，也就是男女角色行爲及人格特質跟所有其他行爲一樣，是經由學習的歷程形成。學習的歷程主要有兩種方式：社會化的代理人

（父母、教師）藉直接的增強，削弱與處罰來發展兒童適性的行爲。認知能力較爲成熟的兒童，透過觀察模仿而發展適性的行爲，兒童由於逐漸習得抽象化的認知能力與記憶能力，個人即便不作實際反應接受外來的增強，也可以經由觀察他人的行爲而習得新的觀念、態度和行爲；而且社會化的代理人通常指引男孩發展完全依賴社會與社會化代理人的規範，兒童只是行爲的被動接受者。也就是說社會學習理論者認爲在特別角色認同的過程中，社會與環境是最重要的因素。

認知發展論

認知發展學派的學者指出兒童利用內在的認知結構與外在環境的互動而習得性別角色。柯爾堡（Kohlberg）認知社會學習理論不足以完全解釋個體性別角色行爲的分化，更重要的是個體對自我性別的認知。兒童基本性別角色的認同是由於自我分類爲男孩或女孩的結果。當自我標幟爲男性或女性後，因爲「性別恆常」的概念，知道性別不可改變的事實，自然開始以其性別爲架構知覺自己和世界。同時想做與性別一致的事，而男女事情的判斷取決於社會中所存在的對性別角色的看法，以及一般男人女人的表現。但是認知發展論者忽略了文化與情感在形成性別角色認同過程中的影響，例如家庭的傳統，同儕團體的壓力，個人的需要等。可是由於人們可以智力選擇時，他們不會只以社會或生理的可接受爲標準，同時會以自身的需要與否爲考慮。

根據以上三大派對性別角色內涵的詮譯，可知性別角色的形成，除了生理上的差異外，必須考慮外在環境的影響，以及個人與環境互動過程中，知覺到自己所屬性別而形成的內在特別角色概念架構。換言之，不管是內因或外力促成的性別角色，都以社會中存在的特別角色刻板印象爲起始點，而個人形成的性別角色又反過來支持性別刻板印象。

性別角色的分化常與社會、經濟及政治環境有關，經由社會化的過程，形成男女角色行為刻板化的印象。在傳統的社會中，男孩子被要求獨立自主，女孩子則應依賴服從。這種意識型態經由父母、教師或大眾傳播媒體，甚至教科書的強化，使得性別角色行為更僵化，這也是人格發展的一種限制。許多研究也顯示，性別角色認同刻板化結果對人格發展呈現負面的影響，同時不利婚姻和諧與成就動機。學者李美枝則更明確的指出：女性整體的限制根源於性別角色刻板印象。當性別意識被喚起時，一般人常以性別角色刻板印象作為導引自我行為及期望他人，評價他人的認知參考結構。當不合這個參考架構時常引來負面的評價或進一步的行為抵制。

長久以來，不論是在西方國家或東方國家，女性在社會上的地位總是不如男性，不論在實質生活方面或在法律規範方面皆是如此。然而在時間、空間的變化下，婦女們漸漸地發展出他們的一套生活方式與過去不同，同時亦漸漸要求社會給他們平等的對待，而這也正是目前世界的一種趨勢。

時代不斷地在向前推進，工業社會的崛起，不僅影響到產業結構的改變，更進一步在政治、文化、社會各方面產生了影響，其中又以女性角色的改變最為引人注目。由於女性的學歷較過去大為提高，參與社會工作的機會增加，家庭組織趨向核心化，子女人數減少等等，都使得女性的地位有了顯著的變化，加上女性具有經濟能力，其自主權也就相對地得到了發展，於是男女的互動關係及家庭組織便有了急驟的轉變。

已婚職業婦女進入勞動市場的比例日高，這是世界各國的一種趨勢。這種量的增加已改變傳統家庭生活結構，如家庭權力結構趨於平權、夫妻共同分擔家務工作、育兒方式改變等等。婦女就業形成雙份薪資家庭，對家庭生活產生若干影響，而其中 M. A. Laman & A. Riedmann 指出雙薪的婚姻會造成兩種失調的狀況：過重的負擔（特別對婦女）以及受傷害的感覺（特別對丈夫）。Mangus 在所著「角色理論與婚姻諮商」一文中強

調婚姻關係中質的一面決定於：

1. 配偶對相互角色期待與允諾的一致性程度。
2. 配偶對婚姻角色之期待與配偶真正角色履行程度之差距。

A. Arkoff 亦認為夫妻之間衝突的來源是角色期望的差異與知覺角色間的差異。換言之，夫妻之間知覺角色與期望角色不一致將影響其婚姻關係。丈夫期待就業妻子善盡家庭夫婦之責，而妻子因過重的負荷，無法達成丈夫的期待，若未經適宜協調，必然影響彼此的互動。尼伊（Nye）認為婚姻的一方在扮演婚姻角色時越來越能勝任愉快，則另一方愈能從婚姻關係中獲得滿足；易言之，妻子有更好的能力扮演其角色，丈夫就會從婚姻關係中獲得較好的滿足。他並指出妻子扮演體恤丈夫，養育子女角色的能力比其他角色在滿足婚姻關係更為重要。因此當一個女性在無任何可依循的模式下意圖努力達成其職業婦女與家庭主婦的角色職責時，其心理壓力之大可想而之。

根據高淑貴的研究結果顯示，傳統與現代的角色觀念相重疊是現代婦女的特徵。女性在傳統中以家庭角色為主的情況下，雖然今日大多數婦女贊成就業，也接受職業婦女的角色，但是所參與的職業必須能配合家庭的需要，不和家庭發生衝突才行。而且一般來說，結婚有助於男性事業的發展，與職業角色的扮演，而女性投入事業的結果，將會影響她對家事的執行；然而社會上卻又慣以事業成就來定義男性之成功與否，而無視於其婚姻狀況，但對成功女性的要求，往往除了事業外，家庭與婚姻亦為重要的參考架構，時代的變遷造成父權式微與女性在家庭功能的削弱，然而即使在工業化國家，家庭內角色的分化型態變遷不大，傳統的家庭內性別分工仍持續著。目前臺灣婦女的角色態度是傳統與現代並蓄，換言之，女性希望建立「家庭事業雙軌型」的意圖十分明顯，也就是兼顧妻母與職業角色為理想。造成此心態的原因主要是：社會一方面鼓勵婦女投入社會，承擔

更多的社會責任，以增加生產力，另一方面又希望婦女繼續維持家庭的基本功能，在發揮家庭對社會的影響力中擔負更積極的角色。

現階段的台灣社會中，封建式的大家庭已式微，代之而起的是自給自足的小家庭，家庭結構已經有了顯著的改變。而由於近百年來，由於西方工業革命的影響，台灣已走向工商業社會，在典型現代家庭中，妻女的利益被視為和丈夫或小孩的利益一樣重要，而妻子的利益包括了對職業的追求，造成丈夫與妻子同時負擔家計，所以丈夫的絕對權威不再被毫無疑問的接受，女性地位已有逐步提昇的趨勢。

社會結構的基礎：家庭和宗族

我國是一個以家庭為主體的社會，傳統以五倫為人際的規範，在五倫中：父子、夫婦、長幼等三種倫理，便屬於家庭，足見家庭與個人關係密切，亦可說明家庭為社會結構最基本的單元。現代家庭受工業化、都市化、資訊化的衝擊，不僅是家庭型態方面有重大的改變，在功能方面也有許多的變化。傳統的家庭的諸多功能已漸次被取代，諸如：職業場所與家庭分開，教育在學校進行，宗教活動在寺廟進行，娛樂則由休閒場所所取代；家庭逐漸成為單純的日常消費生活的單位。就此，經由對家庭的深入探討，與家庭功能的分析，正足以揭示社會結構的內涵及變動的趨向。

家庭

家庭為構成社會結構的基本生活單位，為了對社會加以了解，首先對我國家庭的特色加以敘述。

家父長制

　　家庭制度的產生，是為了滿足二種生活的基本需要，一種是男女之間「性」的需求，另一種是親子之間的愛，這二種關係為人類生存的本能，前者構成橫的家庭關係，後者構成家庭縱的聯繫，這兩種關係的結合產生婚姻與家庭。而基於這種婚姻與愛的結合，構成了社會基本單位的核心，這些關係為，夫＝妻，父＝子，父＝女，母＝子，母＝女，兄＝弟，姊＝妹，男兄弟＝女姊妹等。但是這八種關係的各個因素，在每個社會所佔的比重不同，台灣漢族社會以父＝子關係佔優勢。簡言之，中國家庭的形式為以父為中心的父權制。

女性個性的抑制

　　父權強大的結果，當然使得女性的個性受到抑制，女性的社會地位較男人低，女性地位的提昇，靠自己的力量幾乎是不可能的。雖然根據孝的倫理，當其子出人頭地時，她的地位亦隨之而升高，而母親對其子亦深具權威，但是漢民族一般的社會規範，對女性要求遵守「三從四德」。而且對女子不強調能力，而是講究「女子無才便是德」，這種對女性個性的抑制，在某種意義上，有益於大家庭的維持。

家庭同居

　　家父長根據權威，對眾多家庭成員加以管理。一般的理想上，均期望著這些成員能夠同住在一起，同心協力以求發展。近世台灣漢民的生活方式，以農耕經營為主體。這種生活方式，在近世農業生產導入機械之前，主要是依賴勞動力，人口愈多則意謂著勞動力愈豐富，因此傳統社會上乃流行著「多子多孫多福壽」，「有子萬事足」的觀念。

家系的重視

　　許多家庭，尤其是有名望的家庭，擁有家譜或族譜。家譜記載著有關

自家的興盛，變遷。其記載的規則，依各家庭所定寬嚴不一，但至少均有祖先的名字及世代的源流，這一點是共通的。此一共通性，亦即重視家系連續性的重要佐證。各家族對家譜均慎重的加以保存，以便將遠代祖先的功名加以流傳。由於重視家系的聯繫，因此「祖宗有德」被認為是後代子孫成功的因素之一，因此祖宗有德也被用為對出人頭地者的稱讚語，這種觀念的出現，也可看出祖先與子孫的緊密關聯性。

經濟同財

近世台灣社會，土地為家庭生活的必須工具，根據習慣，直系尊屬尚存時，子孫不可按照自己的意志別藉異財，或直系尊屬對財產的處分，子孫不可抗議。原則上，家長為財產的處理者，成員必須將其收入全數繳交給家長或生計管理者，而家族成員日常所需費用，依事物性質所需費用的大小，再向家長領取。原則上女人不可私蓄財產，但一般來說，家庭的禮教若不是非常嚴格者，在共同財產之外私蓄小產，以及儲蓄私房錢，乃尋常之事。有時為了增加私房錢，妯娌之間甚至採取競爭狀態。民法儘管規定女子也有財產繼承權，但是受到舊習慣女子沒有這項權利的影響，實際上乃由男子繼承。

孝的倫理

家庭內的人際關係，以孝為人倫的根本，社會上強調「百行孝為先」的價值觀念，一切行為當中，以孝為最高德性。由『倫語』來看，孔子孝的思想具有以下兩種功能，(1)維持圓滑的人際關係，遵守長幼之序，建立有秩序的社會；(2)為倫理道德的規範，為人子女者除了要對祖父母盡孝外，對於遠代祖先也要盡孝，孝順的對象範圍包含極廣，由生者的長輩至死者全都包括在內，這種時間的淵源流長，也與祖先崇拜有著關聯。甚至這種孝順的觀念，社會上對於做為後輩的子孫，要求單方面的對父母盡孝，而對父母則要求極微，子女對父母的盡孝可說是無條件的，這與日本

對儒教家族倫理的解釋有其不同，日本人認為「為人子者由於得到父母的恩惠，因此用孝來回報」是有條件的。

孝的實踐，最基本的在於父母的養育，但一般的理想，對子女的要求不僅止於此，同時也要求「敬」。又出人頭地，光耀門楣，名顯父母，使祖宗一沾光榮，此為最大的孝，因此孝的倫理與出人頭地的意識，有著很大的關聯性。

嚴父、慈母、長幼有序

根據孝的倫理，家族成員之間的關係是不平等的，家庭內的階級組織，由尊卑、年齡、性別等因素來決定。當中輩分低者要對輩分高者禮讓，輩分相同者，年齡小的要對年紀長的禮讓，對於高齡者則特別禮遇，社會上強調「敬老尊賢」的道德。男性則高於女性，即所謂的「男尊女卑」。

家長的配偶選擇

由家庭結構來看，父母關係固然重要，但由家庭連續性來看，夫妻的關係也很重要，因此對婚姻對象的選擇，成為家庭聯繫的重要因素。一個優秀家庭成員的選擇，對家庭的發展將扮演著重要的角色。

以父系血緣為中心的家族，由於家長權的強大，以及重視家族連續性的結果，結婚並非單純個人一己之事，而是全體家族的事情，因此女子的婚姻大都根據父母的意志來決定，這與歐美以夫妻為中心的家庭型態迥然不同，歐美的夫妻基於二人的愛情而結合，當愛情消失時則離婚，與家族的聯繫極其有限。

近世台灣漢族，在配偶選擇時所考慮的因素，可歸納為三：(1)女性的勞動力；(2)生育力；(3)人際關係能力。女性的生育力，對家庭的延綿發展非常重要，但這種能力在婚前無法預知，除此之外，人際關係的能力與生產的能力等，一般均可由女方的出身家庭背景來推測，結果配偶選擇約略

在同等程度的家庭中找尋。即講求所謂的「門當戶對」，因為同程度家庭背景出身的女性，其生活方式，家訓勤勞等，均較類似的緣故等。

祖先祭祀

　　為了不忘記祖先的恩德，各家都有祖先的祭祀，這也是祖先崇拜的具體表現，放置神主牌的地方為非常重要的場所，一般都放置在「正廳」中。且神主牌繼承與財產繼承相關聯，也就是繼承者在繼承財產的同時，也賦予牌位祭祀的義務。祖先的祭祀，一年之中較大的節日，如舊曆新年、年節、忌日等，備一定祭品祭祀，平日則為每逢農曆初一、十五日，備清香及簡單的果物，在神主牌前供祭祖先。

宗族

　　中國人出生以後，生命的安全，需求的滿足，地位的獲得與維護，死後的祭祀，全在宗族中追求，因此宗族組織為漢民族重要的社會組織。例如，許烺光將宗族作為中國社會特徵的典型代表，與日本的家元，印度的喀斯特，美國的俱樂部做比較，為中國社會的特徵。宗族為漢民族最發達的親族組織，但是，宗族組織不只存在於中國大陸，漢民族所到之處，以及儒教文化影響所及的地區，也都存在著這種組織。然宗教組織受到各地的自然環境，以及社會文化的影響，產生各種型態。根據《社會學辭典》所下的定義，所謂宗族為「中國男系親族團體，從同一祖先，由男系出身的成員們，有共同的姓，以最高世代的年長者為族長，對一族加以統治，族內同輩的成員們均視為兄弟關係，保持外婚規則」。

　　家庭是根據血緣、婚姻或收養關係而成立，為具有共同家計、財產的單位，家庭的外部有家族，以及宗族，三者形成同心圓，家庭成員最為密切，而家族為最遠的同心圓圈，家庭範圍較小，普通只有二、三世代，各

家族擁有各自的財產，而宗族由複數的的家族集團所構成，宗族財產的目的，主要是爲同族的教育、救濟、祭祀、即財產的共有關係限定在一定範圍內。擁有財產的宗族，族員爲著保護自己的權利，會特別重視系譜，如果一族沒有共同財產，則對系譜不會加以重視，因此共同祖產與系譜，可謂皆爲宗族發展的基本條件。

共同祖產

　　表示宗族結合的存在，在物方面最明顯的是共同財產。這對一族的親睦非常有效。財產的來源是多方面的；諸如一族成功者的捐贈，或者在分配財產時扣除一部分提撥出來。爲對這些財產加以營運管理而組織的團體，一般稱爲「祭祀公業團體」，而這些財產，依其設定目的之不同，而有各種不同的名稱，例如：「祠產」是用來提供祭祀宗族共同祖先之宗廟，及建立祭祀各分家祖先的支廟、祠堂或維護修理的費用。而提供祖先祭祀所需的費用叫「祭田」，提供子孫教育的費用叫「學田」。同族者可利用這些教育費用，保持讀書的氣氛，有些「書香世家」，常是受共同財產之惠，使得世代子孫都成爲讀書人。族產是聯繫族人最有效的工具，但是這些族產，隨著近代資本主義的浸透，常引起糾紛，再加上日據時代殖民地政府對祭祀土地的收買，政府實施土地改革等因素，致使共有財產大爲縮小，使得宗族的結合力亦因此而削弱。

　　但是，一般沒有建立共同祠堂的宗族，用輪流的方式祭祀祖宗的墳墓。而這種祭祀的建立，規模愈是宏偉富麗，則愈顯示著一族勢力的強大，同時也表示一族的繁榮昌盛，當族人增加，宗族的分支龐大複雜時，爲著使祖先的祭祀連綿不絕，有些宗族將祭祀加以制度化，而輪流擔任祭祀的單位，普通爲「房」，亦即小宗。

　　祠堂裡所祭祀的祖先，一般都是較遠的祖先，各族世代較近的高、曾、祖父、父輩等，在各家的神主牌供奉。

宗族族員透過共同祖先的祭祀，具有宗族團結力，因此，現實上儘管一族的族員分居各地，如果一族有困難，則同族會給予援助，這種援助的內容，並不一定限於金錢方面的的贈予，有時屬物質方面。

系譜—家譜、族譜

　　家譜是宗族的重要文獻，除了維持同族和平秩序外，它還有財產繼承權的重要依據，族譜記載著一族的重要歷史。系譜為一族長期間的歷史記錄冊，其形狀大小不一，由厚厚一本書狀至僅僅一張紙大小的家系圖都有，大族的家譜，所記載的內容相當廣泛，同族者的行事均由族長加以記載，例如葬儀，結婚儀式，考試的合格等。一族的族譜對女子的記載往往較簡單，這是因為宗族以男系為主，且女子因婚姻的關係，而脫離宗族集團的緣故。擁有財產的強大宗族，在族譜、家譜詳載各宗族的分支，族內輩分關係，依此亦可做為祭祀權及同族身份資格的證明，而經由族譜的記載可確認死後埋葬於祖墳，以及死後被祭祀的資格。而家譜當中，尤其是世家、豪族，常收錄一族的規章，這種規章種類甚多，一般稱之為家規、族約或家訓等，這些規約即為一族的自治法律，這種族約、規約規定較嚴格者，對違反者，經由同族尤其是年長者的判斷，加以處罰。最嚴重的違反者，將遭到放逐於族外的命運，在家譜、族譜中喪失登錄資格，這即意謂著死後得不到祭祀之意。由儒敎的永生觀念來看，這是非常嚴重的處罰，因此，近代以前，此種族譜具有法律效用，有時比正式法律效用還大，基於此種族譜的法律效力，一族的行動，經過幾個世代之後，形成一種特殊的家庭生活方式，亦即「家世」與「家風」。因此族譜上具有以下三點不可忽視的效用：第一、將祖先的功名加以發揚；第二、具有敎育、訓誡子孫的效果；第三、具有積極獎勵出人頭地的效果。

　　宗族擁有共同財產及祭祀，同時具有族約、宗約等之自治規範，這些事物的處理，要單靠族長一己之力是不可能的事實，因此為了要達到一族

自治的目的，必須由其族長及其族員，設立自治的機關來推行，族長的選拔，以往以嫡長子為優先，但隨著時代變遷，成為族長者，其條件漸由「身份」轉變為「能力」，即以一族之有能者為優先考慮，此自治機關除了處理日常族內諸活動外，亦舉辦一年之間的儀式，特別活動等，茲將其大略敘述如下：

一族的祭祀

宗族成立的要因之一為祖先崇拜，因此祖先的祭祀為一族的大事，當中對祖先的墓地之維護，家廟、祠堂之建立，特別受到重視，為著祭祀的需要，常設立一族共同祭祀團體。

教育族員

經由一族協力進行族員教育，因此貧困的族員，可經由族產的援助而接受教育，對於有能力的貧困者，提供更公平的晉陞機會。

族內紛爭的解決

宗族成員間所發生的族內紛爭，經由協議來解決，而族內之事原則上不許向外張揚，這種規則雖各族規定略有不同，但各宗族均禁止將族內的紛爭，告知以官，族內不能解決時才訴諸於官府。

自衛

在農業時代，農田的灌溉、土地紛爭、墓地的取得等常引起糾紛，這種糾紛發生時，由代表一族的族長居中協調解決。各宗族為著對抗其他族，以便保護自己的權益，常謀求擴大一族之力，通常一族勢力之擴大，可經由四個途徑：

1.由族員的增加，擴大勢力。
2.財產尤其是土地的增加，以擴大勢力。

3.一族的團結，所產生力量的增強。

4.使更多的族員任官，由此所產生勢力的擴大。

當中最後一項，使更多的族人往官宦之途邁進，對一族勢力之擴大最
為直接有效。因為一旦成為官吏容易取得財富，經由財富可購置更多的土
地，而官吏在社會中最受尊敬，同時儒教倫理對官吏地位有很高的評價。

宗族的成員係根據父系，而崇拜共同祖先的一群，成員間的互動關
係，根據族規、族約與習慣的遵守而加以維持，因此宗族的基礎，依存於
各宗族的規範、共同祭祀、財產。而宗族團體為著自己的利益，具有排他
的性格。

宗族關係發生的原因；第一是出生，第二是婚姻。基於同姓不婚的原
則，族員的結婚伴侶必須在異姓之中選擇，但必須注意的是，原則上宗族
以男性為主，妻與夫族之間的宗族關係由婚姻而產生。但是夫的親族與姻
族之間，並不產生宗族關係。

宗族的成員，根據出生及婚姻而產生。新的成員根據宗族的規則，立
即成立一定的輩分關係。這種關係的具體表現，存在於族員的行為規範以
及親族成員的稱呼。宗族的成員依一定的身份，被期待一定的行動，例
如；兄友、弟恭、父慈、子孝、敬老、慈幼等，個人的行為受到一定的規
範，同時在日常生活中，由親屬的稱呼，可將族員的性別、輩分、身份序
列明顯的區分出來。親族的稱呼也表現了重要的行為規範。隨個人稱呼之
不同，在親族體系中則占有一定的位置，在生存中它的位置很難加以交
替。

宗族關係之消滅，最主要的原因在於死亡。但在女性方面，則除了死
亡之外，與夫族之間的宗族關係尚有因其他的理由而消滅，例如；妻子於
丈夫死後，若她未改嫁，則妻與亡夫之間的宗族關係，仍可繼續保持下
去。如此基於一定的關係體系，所組成的宗族團體，儘管成員有所增減，

但經由同族的規範與族長的統治，乃可保持一定的團體形式，繼續存在下去。

　　由以上的說明，宗族所具有的特徵，可歸納爲以下五點；即⑴大家族主義；⑵祖先崇拜主義；⑶自治主義；⑷男性血緣中心主義；⑸身份主義。

第6章　社會化

社會是各種人際關係的總和，亦是人們互動交往的產物。社會的存在和發展，決定於人們所處的社會環境及謀生的方式，此種謀生的方式深受社會化的影響。人的社會化，就是指一個人從自然人成為社會人，發展自己的社會性的過程。要成為一個符合社會要求的社會成員，就必須學習和掌握所屬社會長久積累起來的文化知識、技能，並且按照社會規定的規範行事。因此社會化對於個人及社會的影響既深且遠。

社會化的意義與性質

　　由於「社會化」對於個人具有特別的意義，因此諸多社會學研究者便曾就此名詞加以界定，較為著稱的包括：

　　「社會化即是學習社會與文化的信仰、價值、規範與社會角色的過程。」（P. I. Rose）

　　「社會化為個人將其團體規範內在化的過程，經由這個過程乃有自我的出現，以區別個人的獨特性。」（C. K. Humt）

　　「社會化是一種過程，個人由此成為其所屬社群的一份子，即是他的一舉動符合該社會的民俗民德。」（S. Koenig）

　　「社會化過程是社會代代傳遞、文化永存的基礎，個人透過社會化始具有人之心性、人格。因社會化使個人與社會合一，文化的觀念情操也與個人的需要能力合而為一。」（Davis）

　　「社會化是將『生物的我』轉變為『社會的我』的一個過程。換言之，就個人而言，社會化是協助或強制個人發揮潛能，促成自我的覺醒。」（詹火生）

　　歸納而言，社會化即：「個人學習社會規範與期待的過程。就是一個人學習或受社會影響而成為一個社會所能接受的人的過程。」

綜上所述的定義，吾人可以歸納，社會化包括下列的性質：

使「生物個體」培育成爲「社會個人」的特質

人之所以爲人，乃因其具有人格，人格的形塑雖具有生物因素或人類遺傳的根據，然而其所表現的方式和性質，則與團體生活有密切關係。諸如「因飢而食」是個體的生物本能，但是食物的選擇、烹調的方式、用餐的規範、食物的獲取……等，隨著不同族群便有所差別，因爲這當中便包容了社會化的過程。

制約行爲和發展個人的功能

社會化實現了個人潛能，並完成個人發展的過程，因爲社會化帶來的文化規範和約束，一方面制約和訓練個人的行爲，使其成爲社會中的成員；另一方面則藉由文化的傳遞，使個體獲得諸多社會技能，有效發展個人的人格使個人透過這樣教化的途徑克服本能上的障礙，進入有組織的社會生活方式，成爲社會的成員。

源自於個人主觀吸納及客觀環境影響

當我們生存於團體生活中與別人互動時，便無時無刻不受到其它成員提供資訊的影響，然而這些資訊的呈現是否會納入我們生活的部份，則需就當事人的接納情形而論，如果個體將之併入自己的人格或生活的部份，便使得社會化過程得以完成。其間則端賴個體主觀上的吸納，同時社會對個人傳遞文化、態度、價值、行爲規範或生活方式等，也運用酬賞原則加以影響，使個人爲求團體認同、接納必然予以學習、採納，而個人因社會化而進入有組織的社會生活方式，是以社會化具有客觀影響的特質。

人天生只是一個人類有機體，並非一個社會人。生下後得到社會的教養，與別人接觸，習得所屬團體的價值，所贊成的態度、觀念、及行爲模式，遵守社會的規範，並有了地位與職務，才成爲一個有人性有人格的社

會人，也就是社會化的人。故社會化可說是社會對個人傳授其文化或生活模式與團體價值的過程，也可以說是將新生的嬰兒模塑成為一個社會份子的過程。自我的獲得：即個人經由社會化而獲得「社會自我」（social self）一個人身份或社會角色或其他特徵。若無社會化，社會就不能永續，文化也不能存在，個人更不能成為有人性、有人格的人。因此，社會化實在是人格發展與表現的基本過程。大凡愈社會化的人，則愈能適應團體生活和社會環境，愈容易與人相處，如果從其團體標準來判斷，他的人格一定也是正常的。

社會化的目的與功能

亞里斯多德曾說：「能不在社會裡生存的人，不是禽獸就是神明。」人不能離群所居。社會學研究者證明人是依賴團體、社群而生存，進而驗證社會化對團體的重要性及其功能。經由人類自羅馬時代起到現代曾發現的三十多個「野人」，似乎更令人們相信亞里斯多德所言為真。我們可以更加清楚了解「社會化」對個體的重要性，因為其建構了人們的人性以適從社會而生活。就如同社會學家顧里（Cooly）所言：「人性，是指人類具有優於下等動物的那些情緒和衝動，並且使其屬於全體人類，而不專屬任何一個特殊種族或特定時段。它特別是指同情心與含有同情心的許多情緒，如愛情、怨恨、奢望、虛榮、崇拜，以及社會的是非感覺。」

社會化的目的是設法使生物的個體，能順利納入社會而經營群體生活。是以社會化不僅對個人的生存和發展是必不可少的，而且對社會的生存和運作也有其貢獻。社會化的目的，茲綜合社會學者的看法，大致上可分為下列數端：

灌輸社會規範

社會化是傳遞社會文化的過程，而社會紀律和規範是文化的重要特質。個人要成功地扮演社會的角色，就必須接受扮演這些角色的紀律規範和行為模式等。

訓練社會角色

社會化就是訓練每一個人，依其能力和各種因素，來扮演社會的角色，並學習每一個角色所附屬的職務、行為模式等。小孩教導學習生活習慣能力，學習社會技能，充分發揮個人潛能，使其將來成功扮演社會角色，透過社會化，完成個人基本訓練。

教導個人技能

個人為了與他人互動，必須透過社會化學習角色的行為模式和互動的方式與技能。

引發個人抱負

社會化鼓勵個人在社會文化所允許的範圍之內，根據個人所具有的潛能，引發其抱負，實現個人理想之目標。

培育社會品格

由動物人變為社會人時，受社會影響自會塑成其人格而成社會品格，分為：

1. 傳統導向的社會品格：以傳統之禮俗、制度為主，受傳統習俗影響。
2. 自我導向的社會品格：注重個人主義，強調奮鬥成功之社會理想，自助天助之宗教信仰等。
3. 他人導向的社會品格：缺少自立之能力或目標，完全依他人導向而

無自我主觀之觀念,注意他人之行動思想而反應。

4.綜合性的社會品格:即包括傳統、自我及他人導向之社會品格。

社會化的功能乃在形塑「真實的我」以調適個體的生物特性,俾便納入社會生活。為了達到此項功能,社會化幫助個體由「本我」(id),「超我」(super ego)走向「自我」(ego);換言之,社會化是將「生物的我」及「理想的我」轉為「社會的我」、「實在的我」。就個人而言,協助或強制個人發揮潛能,促成並陶鎔出「自我」。

創造「意像的我」

個人經過與他人的互動和語言的溝通,逐漸在自己的腦海中塑造一個「我」的概念。當這個人領悟到別人對這個「我」的態度時,便漸漸發展一個「我像」(self-image),透過觀察別人對他行為的反應,而產生對自己的看法。

創造「理想的我」

從他人對自己的態度,個人又出現一個意像:應該如何行為和表現才能夠獲得社會的嘉許和讚揚?這個意像的發展,是在「社會化」過程中發生的。所以在小學和中學階段,所謂「我未來的志願」,就是發展「理想的我」。「理想的我」的存在,有其利弊;就利而言,求與「理想的我」的價值、目標、角色,證為同一,本是社會化的重要目的,所以有助於社會秩序的維持;就弊而言,如果個人的潛能與理想的我,相差懸殊,或理想之我要求太高,很可能導致個人覺得無法滿足「理想的我」的要求,而自慚無能、自甘墮落。

塑造「實在的我」

　　所謂「實在的我」，就是「主我」和「客我」協調之後的我，也是佛洛伊德所謂的「自我」。它代表個人經過社會化之後，所表現出來實際的我。它表示個人整合和控制的功能，協助個人人格的發展，並與社會的規範價值和行為模式相整合。所以，社會化的最終目的，是塑造一個「實在的我」，也就是「整合的我」（integrated self）。

調適個人的認同

　　社會化的過程，協助個人在不同的人生發展階段，當面臨舊有角色的消失、新角色的建立時的認同危機，如何調適個人的自我角色概念，達到一個整合人格的角色。而這個整合的人格，也就是米德所謂的「概括化他人」的我。

社會化的基本條件與形式

　　社會化機構就是那些對社會化產生作用的團體或組織，社會化的執行乃是經由這些機構的運作方能產生對個人的影響力。由於一個人的社會化及其社會角色的學習都是終生的歷程，只是每一個人生發展的階段有其重心和特徵，因此影響該階段的社會化單位可能有所不同。例如：在嬰幼兒階段，家庭扮演最根本的角色；在青少年階段，家庭與同輩團體與學校其影響性較深遠；成年階段，則深受職業團體和大眾傳播媒體的影響。本節將進一步分析其內容：

家庭

　　家庭是個人社會化第一個單位，也是最重要的單位。因爲當人類降臨人間，家庭便負起哺育、養育、教育的責任，是以家庭左右個人最早期的人格發展，家庭也塑造個人的態度、信仰和價值，透過父母兄弟姊妹的相互互動，個人得以漸次成長、參與社會，也只有在家庭，兒童才能滿足一切需要，同時也經由家庭認知並學習社會角色。是以家庭提供了一個人人格形成、人格社會化及人格發展的中心。根據佛洛伊德的分析認爲：發展兒童的「超我」（super ego）是家庭的工作，它慢慢地灌輸給兒童有關道德價值及社會規範，於是兒童獲得了控制其行爲的有效指導原則。佛洛伊德的人格理論特別強調家庭是決定兒童性別角色的主要社會化機構。男孩在出生時，就對母親產生強烈的認同；後來，他們面臨要斷絕這種異性認同的問題，如果女孩傾向傳統的婦女角色，男孩傾向於父親的角色，則其對於性別認同的困難自然較少，因爲他們早期的角色認同、行爲取向，在成年後的生活仍可繼續。

　　在原始與傳統的社會，家庭是社會化的重要機構；但在工業社會中，這個原則已改變了。在工業社會中，父母及未婚子女組成獨立的核心家庭，他們通常與其他親屬分開居住，而父親大部份的時間都不在家。因而導致更多的其他團體，擔任家庭所具有的養育與社會化的功能。家庭社會化功能的改變，已引起有關兒童情緒安全的爭論。如果再加上母親出外工作，學齡前兒童可能把大部份的時間花費在家庭之外，因而會造成家庭喪失對兒童社會化的機會。兒童進入學校後，不僅受制於一種社會化的正式系統，也有同輩的非正式系統，甚至於學校的輔導員，如導師或體育教練，也可能作爲學齡兒童的重要社會化單位。在這些不同的社會化機構中，兒童有時要面臨若干衝突的行爲模式、目標及選擇。這種情況可能會

造成兒童及青少年心智上的迷惑，他們可能會感到家庭的社會化教育，並未教導他們在學校裡與其他社會環境裡所要扮演的角色。人類原可經由家庭完成最有效的學習，但現代此種複雜的社會，已使之成為問題。

同儕團體

除了家庭之外，同儕團體(peer group)可能是在個人生命裡最具影響力的社會化機構。著名的心理學家皮亞傑(J. Piaget, 1932)便指出：「兒童在同輩團體中的互動，對其道德的全面發展，具有重要的意義。」社會學家李斯曼(D. Riesmen)也認為：「同儕團體變成了當代社會之唯一最重要的社會化機構。」因為同儕團體與家庭或學校不同，其特色為同伴相當平等，由於年齡、性別與社會身份的相若性，眼界和看法較為一致，可以學得交易和合作的真正意義，也可以享受父母和教師所禁止的事情。

同儕團體對於個人的人格發展，有重要的影響力量、個人縱有良好的家庭生活，也會在不良同輩關係影響下，形成人格失調問題。進一步言，在現代社會中，同儕團體對於個人的影響力量，遠較以前的社會為大，現代社會日漸都市化，個人漸漸離開傳統的農村環境，接受同儕團體影響的機會更多，另一方面學校的教育年限不斷延長，個人離校就業的期限延遲，在同輩團體中的機會，乃因之增多，總之，同儕團體成為影響青少年社會化及人格發展的重要單位，吾人實應寄予重視。同儕團體依個人年齡的發展可分四種類型，即：遊戲團體、夥伴（clique）、幫派（gang）和青年服務團體，而青少年時期為同輩團體達到最高潮時期。柯爾曼（Coleman, 1961）認為這是青少年發展自己的社會：有專屬他們自己的用語、符號、英雄、價值等，從某些觀點而言，青少年乃反抗成人的目標，另一方面，卻也反應成人的經濟背景和家庭地位，因此柯爾曼強調青少年的副文化即是成人社會的雛型。

學校

　　若相較於家庭是一個非正式的社會化機構，則學校係一個準正式的社會化機構。學校之所以成為現今社會的重要社會化機構，乃是由於家庭型態邁向小家庭制度，又加以雙薪家庭比例快速增加，致使父母面臨將兒童提早送進學校，使學校成為兒童離開家庭進入社會的重要機構。學校生活與家庭生活大不相同，家庭是感情連帶的社會關係，學校則要求學生服從正式的規範，服從老師，服從校規。因此，學校使得兒童遵守統一的價值和組織的生活，以邁向成人社會的模式。兒童在學校裡擔任了新的角色，比其在家裡所扮演的角色行為更趨向於廣大的社會。教師告訴學生，社會對於他們現在作為學生及將來作為公民的期望。兒童的表現，及與他人相比較，因而受到有系統的評鑑；教師可能每天非正式地評價學生的日常行為，讚揚可接受的，與責備錯誤的。學校不定期地評量學生的學業成績，也考量他們的社會適應，如遵守規則、自我控制、彼此相處等等。學校的這些活動形成了個人社會化的重要環境。

　　學校的社會化教育，強調個人調適於非私人規則與權威。這種調適是在現代社會中成功表現的基本條件。在家裡，兒童學習尊敬父母，並承認父母為權威人物，但父母與兒童的關係性質是私人的與情感的。兒童順從父母，是因為他們敬愛父母，因為他們依賴父母，並感受到親情的溫暖；但在學校，兒童學習遵守規則，不是因為與教師個人的關係，而是學校的規則控制兒童的尊敬與服從，而兒童與教師的私人關懷，只是他們與學校關係的一個部分。

傳播媒體

在現代社會中，大衆傳播媒體在社會化過程中已經扮演了極爲重要的角色。因爲在大衆傳播媒體出現之前，只有很少人能讀書識字，情報訊息只能經由人們的口信緩慢的傳播。今日，資訊的傳播只是幾秒鐘的事情，只要輕輕一按開關，人們就可以收聽音樂、新聞、戲劇等節目。這些傳播媒介人們接觸到通俗文化（popular culture）的要素。從大衆傳播媒體對人們社會化產生下列影響：

兒童經由電視、電影與其他媒介，感受到一種成人世界的情境，他們也許還不是這一世界的一部份，但卻被這一情境所吸引。在這一情境中，兒童獲得有關成人的價值觀念、社會角色及其他的社會組織等的知識。這就是偶然學習，也是一種娛樂的副產物。美國的社會學家曾以成年人的工作世界爲題，研究電視影響年輕觀衆的問題。研究顯示兒童對其所接觸的個人職業最爲熟悉。電視上經常描述的職業角色，兒童幾乎有相同的瞭解，但兒童對生活中見不到的工作卻缺乏瞭解。一般而言，這個研究表示電視是偶然學習的一種重要來源。甚至他們並未親身體驗，各階層的兒童都能描繪某些職業角色，如董事長與侍者的行爲、服裝形式及社會地位。同時，這個發現顯示，兒童接受有關職業角色的觀念，往往有曲解與固定不變的情形。大衆傳播媒介與其他社會化媒介的影響之間有交互作用。現代社會希望年輕人能逐漸的充實自己，以便未來擔任職業的角色。家庭與學校或其他社會化的教育機構，既不能有系統地提供各種職業的消息，因此，不論在工作領域或其他領域中，電視與其他大衆媒介變成爲不在場的老師。傳播媒介提供了偶然的消息，雖然有些是不正確的，但他們協助兒童形成有關成人應有的生活觀念。

近幾年來，人們逐漸關心電視節目對兒童的影響，以及可能從電視獲

得的偶然學習。有關戰爭的卡通影片、打鬥及槍擊已成為電視觀衆的娛樂節目。更多的證據顯示：電視、電影、漫畫書及雜誌等過份地描述暴力，可能會導致兒童潛意識的增加暴力行為。雖然兒童從電視學習的東西，大部份是無意的結果，但許多人承認電視具有一種直接教育工具的潛能。例如，有意義的兒童節目、交通規則與家庭計畫的節目，可能會產生有效社會化的教育功能。

　　媒介藉著強調且重複某些主題及特別的解釋，可能塑造一種對社會眞相的曲解印象。例如：如果電視經常描述性行為的混淆，則觀衆可能接受這一規範。當人們必須界定他們自己的性行為時，從媒介來源所內化的標準，可能指導他們的行動。如果電視、電影重複地描述暴力，並視其為處理衝突的一種方式，且為社會所接受，則當個人遭遇問題，而認為暴力是選擇的解決方式時，他可能會循著這個方式去解決。電視與通俗雜誌描述的生活型態，常站在富裕社會的一邊。摩登的髮型與穿著時髦的年輕婦女，在豪華公寓，展示新產品。在電視上，慣見一些翩翩少年伴著嬌媚的情侶，並擁有豪華的享受。許多電視節目描述的當代生活是少數富裕式的，它們暗示富有與安全，但在一般的社會，它們僅能適用於少數人。當然，觀衆未能顧及這種事實，而誤認這些節目是描述社會的普遍生活。低所得的兒童比富有的兒童，更可能會有這種感覺。電視、雜誌與報紙廣告，強調汽車、電化用具、化　品及其他日常用品，有助於我們界定這些東西為必需品而非奢侈品。擁有這些物品，甚至對於有相當收入的人，也有相對剝削的感覺。對於一般低收入者而言，這種應有的生活與實際的生活，有顯著的對照。當然要確定傳播媒介的正確影響是困難的；但我們可以假定，在我們追求更平等地分配社會財富時，傳播媒介扮演了重要的角色，並會激發不利的結果。

　　當然，媒介所界定的行為方式，不應被過份強調。社會學家關心傳播媒介對文化規範的影響，但他們承認不同結合的重要性，及大多數人可從

多方面感受到規範，而傳播媒介不是唯一的。有些規範的來源可能是混淆、暴力與豪華的消費，但對於缺乏對抗結合的人，媒介對提供行為的界定可能扮演了一個決定性的角色。

職業團體

職業已成為現代人生活中的一部份，不論是因為養家活口所以要工作，或是為求自我實現而工作，總之，就現代生活而言，職業與我們生活息息相關，所以職業團體對我們社會化也有所影響。職業團體成為社會化單位在現代社會中愈來愈重要。一個人進入勞動界即是要經歷職業工作生活，他們開始發展各種工作技術、態度和個人生活方式，他們相信各種適當的職業目標，在職業生活中，許多人乃逐漸形成其職業人格，以適應其工作環境，例如：醫生溫文的態度，圖書館員小心的習慣，律師精明的眼光，科學家求是的精神等，這些職業態度都是構成個人人格的一部份。

社會化的理論

人格是一個人的特性及價值的總體。此種特性與價值就社會學家的觀點，認為深受社會文化的薰陶，並且影響個體的行為。由於行為科學研究者的貢獻，使得人們對於其性質、起源、功能及內涵，有更為深入的了解。較為著稱的包括：

顧里的「鏡中之我」理論

顧里認為社會事物是來自個體主觀思維與自我所共同組成。社會與個

性是不可分離的，當我們談到社會或其他集體概念時，注意力往往集中在人們的某些普遍觀點上，而當我們談個性時，就往往忽視觀點的普遍性，而只注意它們的特殊性。顧里強調一個人的自我，是由他的人際交往所形成的，因此，「一個人所呈現的社會性是來自與別人的交往而獲得的。」對顧里來說，一個人的自我意識是他認為的其他人對其看法的反映，所以，不可能有孤立的自我。如果沒有「你」、「他」或「他們」等相對意識，也就沒有「我」的意識。

顧里提出「鏡中之我」（looking-glass self）的概念。他認為一個人轉變為社會人，主要是個體的「社會自我」的發展。換句話說，我們如何看待自己，是受我們如何考慮他人觀察我的內容所影響。例如：我們為什會知道自己是漂亮聰明的，因為大家都這麼說；為什麼我會覺得自己能幹，是因為周圍的人都給予如此的評價。我們對自己的印象是從別人的評估裡得來的，正像我們從鏡子裡才能看見自己的影像一樣。為了說明自我的反映特徵，顧里將它同鏡子作比較，認為每個人都是另一個人的一面鏡子，反映著另一過路者。「每當我們鏡中看到自己的面孔、形象和衣著時，我們都對它們產生興趣，因為它們是我們的；我們對它們是感到欣慰，或是沮喪，取決於它們是否滿足了我們希望它們是個什麼樣子的意願，所以在想像中我們看到了其他人對我們的外貌、舉止、目的、業績、性格的意見，並且受到這種意見的各種影響。」鏡中之我的觀念包含：

1. 我們對我們的外貌在他人眼中的想像，對此人就這一外貌所作的判斷的想像和某種自我感覺，如驕傲或羞恥。

2. 自我在社會交往過程中產生並反映在一個人的意識。顧里把社會過程的兩個階段置於同一意識中，把自我看作他人對「我」的想像，而他人則是我對他的想像，即是說，他人對我的反應和我對他人的反應只是意識的相互作用對我們思想的影響。這一頗有點抽象的概

念，可以用顧里提出的有趣例子加以說明。他設想出兩個人，一個叫艾麗斯，帶一頂新帽子，一個叫安吉拉，剛剛買一件新衣服。他們相見時艾麗斯的情況是：(1)一個僅爲她的創造者所知的眞正的艾麗斯；(2)她自己想像中的自我，即「我（艾麗斯）帶這頂帽子很體面」；(3)她想像中的安吉拉對自己的看法，即「安吉拉認爲我帶這頂帽子很體面」；(4)她想像中的安吉拉認爲她對自己的看法，即「安吉拉爲我有這頂帽子而自豪」；(5)安吉拉想像中的艾麗斯對她自己的看法，即「艾麗斯認爲她戴這頂帽子很漂亮」。當然還有安吉拉和她的新衣服的類似推斷。顧里補充說：社會是各個精神自我的交織物。我想像你的思想，特別是你對我的思想的想像，和你所想像的我對你的思想的想像。我在你的思想面前表現我的看法，期望你會在我的思想面前表現你的想法。誰若不能或不願做到這一點，那他就無法產生圓融的互動。很多觀點正是通過我們的思想與他人的思想之間不斷的交流和估量才取得一致的。社會內化爲個性精神；社會經過多次的個性之間的相互作用成爲個性自我的一部份，個性之間的相互作用使所有個性成爲有機的整體。

換言之，顧里的「鏡中之我」的概念，有三個因素：

1. 想像我在他人心目中的形象
2. 想像他人對此形象的評價
3. 由此形象產生自我的感覺

我們藉著他人的反應，以評價自己的行爲。如果我們認爲他人贊許我們的行爲，我們也會依從此種行爲。自我是一種社會的產物，它是在許多的社會互動中，自他人的判斷與反應所形成的。顧里深信，最爲主要的自我形象形塑是發生在初級團體。故一個人的自我形象與自我觀念的建立皆

須靠他人協助，且以他人的標準來比較。自我乃由他人反應中學習而來，故別人對我的反應即是自我的一面鏡子。亦即把社會看成一面鏡子，如兒童常視其父母由其中的反應，認定自己是聰慧或愚笨。而表現何種才會被父母所接受或讚賞的行為，即個人依他人的判斷而表現。

米德對社會化的理論

米德（G. H. Mead）對自我的形成，建構了豐富的理論，影響較為深遠的包括：「概括化他人」（generalized others）、「有意義他人」（significant others）、「主我與客我」（I and me）。

「概括化他人」

概括化他人（generalized others）是指兒童對團體組織的初步角色反應；由於兒童的自我形成往往來自於其接觸最為頻繁、影響最為深遠的家庭與父母，因此父母的態度與家庭成員及親屬的態度和享領的次級文化，便成為兒童社會化的來源。一個人於社會互動中，自他人的行為與態度建立自我，形塑自我意像，將社會態度內化。並經由概括化他人的過程，發展出複雜而完整的個人。

按照米德的看法，要想意識自己，就應把自身作為一個客體來體驗；而要使這種體驗成為可能，就必須能夠「採取他人的態度」。所謂採取他人的態度，就是站在他人的立場上，從外部觀察自己。要做到這一點，必須累積與他人接觸的社會經驗。這就是自我形成過程。米德把這一過程分為下述兩個階段：在第一階段，自我意志的發展程度還很粗略，只能對特定個人的特定行動的經驗進行個別的組織化。在這個階段，自我的社會化還是不完整的。進入第二階段後，自我意志的發展更趨於成熟，可以作為自己所屬共同團體中的一個成熟的成員進行活動了。在此同時，自我終於

與整體結合在同一意念下，此即「被概括化的他人」（generalized others）。這個受概括化的他人影響的組織化，所形成的自我有一部份是客我。也就是說，米德所說的客我，是概括化他人的內化。例如：當某一個個體接納其所屬的社會或團體的習慣、制度、規範時，他的客我便由此產生。團體的約束力越強，自我內部的客我便越具優勢。但是，客我不是自我的全部，自我的另一半是主我。也就是說，主我是不受外部的他人約束的、影響的、其具有獨特性的，並能夠進行自我的組織化。

「有意義他人」

由於個人的喜好、接觸的頻繁度，甚至是「選擇的親近性」，使得在社會化過程中有特別重要影響性的他人，其對於個體有長遠深入的影響力，米德稱之為「有意義他人」（significant others）。米德認為：一個完全成熟的個人對於自身和另一個人，不只是注意其他人，即「有意義的他人」的態度，同時還必須以他們的態度對待一般的社會活動的各個階段和方面。在日常的社會活動中，這些人作為有組織的社會或社會群體的成員。遊戲規則標誌著從扮演簡單的角色到充當一個特定的、標準化了的角色。借助規則，兒童被引進社會的強制性的和更接近真正的成人的、對人有所約束的組織機構中。一個人只有以他所屬的社會群體的態度對待對待他人，他才確實發展成為一個完全的自我。因此，只有「概括化的他人」的過程被內在化之後，成熟的自我才會產生。正因為如此，共同體的經驗才能控制它的各個成員的行動。

「主我與客我」

米德認為自我尚有一個未被社會化，易衝動及有創造力的部份，這就是「主我」。主我代表自我未被組織與指導的趨勢與傾向。而經由社會化的過程與學習制約薰陶下的自我，就是「客我」。客我是由他人的社會態度內化或組織而成的，常優先考量他人的意見。

米德試圖以「主我」與「客我」（I and me）的區別，來闡明他的自我概念，即自我並非只是社會態度的反應。「主我」和「客我」二者都必須與社會經驗相聯繫，「主我」是機體對他人態度的反應，而「客我」卻是想像的一套組織化的態度。他人的態度構成了組織化的「客我」，進而影響一個人的「主我」。當一個人居於「客我」時，他就會意識到自己是一個客體，他將按照他人對他所採取態度來左右自己，或對自己做出反應。他的自我評價是他所設想的他人對自己的評價的結果。「客我」是按照有意義的他人和整個社區的觀點來設想和認識自我，它反映了法律、道德以及社區的組織法規和期望。「主我」和「客我」完全不同，「主我」是來自於個人自由感和獨創感。客我在意識中永遠是作為客體，即一個作為「客我」的自我。但是若沒有作為獨一無二的主體的「主我」，「客我」是不可設想的。「主我」和「客我」不是同一的，因為「主我」永遠不能完全預測，它總是有某些和處境所要求的不同的東西。

米德闡述說：「我們是出生於某個國家、居住在某個地理位置、具有這樣的或那樣的家庭關係以及文化，或那樣的政治關係。所有這一切都表示了一種處境，而這種處境則構成了『客我』。」每個人都誕生於一個不是由他們自身創造的社會結構中，生活於制度化和社會化的秩序中。由於語言、法規、習俗和法律等因素的限制，他們要受到一定的約束。所有這些因素都將作為構成元素而進入「客我」，而「主我」總是以獨特的方式對已經形成的情境作出反應。就像，宇宙中的每個單子都從各種不同的角度反映宇宙，故而他們反映了宇宙的不同方面或景象。由於自我出現於社會經驗中，所以作為一個整體，它是「客我」和「主我」的自發性的混合物。正因為這樣，自我在總體上是一個開放的自我。如果自我不存在這兩個方面，就不可能會有意識的反應，也就不會產生任何新的經驗。米德注重人的自主性，但他認為自主性形成於反饋聯繫中，而不是形成於與他人的隔絕狀態中。人類作為行動者，將不可避免地陷入社會之中。但是當一

個成年的自我對社會世界產生反應之時，正是他對這個世界開始改造之日。

　　米德認為社會學是：研究處於社會過程中的個人的活動或行動的一門科學。而個人的行動只有被看作是他所屬的社會群體的行為時，才能被理解，因為個人行為影響所及，已超出個人的範圍，所以是一種社會行為。這種社會行為既超越了行為者自身，也影響到群體中其他的成員。早期的社會心理學都從個人的心理出發，來解釋社會經驗，而米德卻提出應該以社會為出發點，至少應以作為社會秩序基礎的交流為出發點，來闡釋個人經驗。米德的社會學對經驗的探討是以個人為基點的，不過，他認為特別確定的是，屬於這種經驗的究竟是什麼，因為個人屬於一種社會結構，即一種社會秩序。米德認為，離開社會就不可能有自我，也不可能有自我的意識和交流，因此，社會也必須被看作是一種結構，而這種結構是通過不斷進行的通訊聯絡的社會行動，並在彼此適應的人們所進行的各種交往中出顯現出來。米德認為打手勢的根本目的在於實現社會行動，但他十分機智地把無意義的（非自我意識的）手勢，就像在動物身上發現的那種手勢，和有意義的（自我意識的）手勢相區別。有意義的手勢為人類交往活動的主要特徵。對於動物來講，手勢只不過是對某種刺激所作出的反應。狗 A 發出的吠聲，對狗 B 是一種刺激；至於狗 B 對這種刺激作出的反應是進攻抑或退卻，則要視當時的具體情況而定。相反，在人類的交流活動中，有意義的手勢包含一定內容的語言符號。這些內容對於不同的個體或多或少是相同的，從而它們對所有這些個體來講，在意味著同一件事情。動物則不會把自己置於其他動物的地位並在實際上預測「它將以這種方式行動，而我卻以那種方式行動。」對動物來講，它們不可能有思想，而對於人類，當符號即發音的手勢普遍化時，思想就出現了。發音的手勢在個人自身引起的反應，同樣也在他身上引起。在持這樣一種反應觀的人看來，個人是可以指導他自己今後的行為的。在符號交往中，人們則根據對

於符號的解釋所產生的意義來了解彼此的態度和行動。符號互動的過程包括釋義和定義兩個方面，所謂釋義就是弄清他人的行動和語言，而定義則是向他人說明自己將如何行動。人類的傳達過程涉及行動者不斷地對他人行動作自我意識的調整，即通過定義和再定義，詮釋和再詮釋來反復地適應彼此的行動。米德認為：每個個人都連續不斷地被捲入和其他人相關的、綿延不絕的社會互動中。正是這樣一個過程產生並形成了每個人的思想。意識不是先天的而是後天的。

米德對「自我的產生」認為：人從孩提時期開始，就具有一種扮演他人的角色並從他人的角度來觀察自身行為的能力，這種能力處於不斷發展的過程中，而人的意識和自我就產生於這一過程。從這種觀點出發，只有當一個人對符號的理解同他人的理解一致時，人類的交流才成為可能。正因為如此，幼小的孩子還不具有這種使用有意義的符號的能力。小孩在玩耍時的行為往往在很多地方與在一起戲鬧的小狗頗為相似；隨著年齡增長，他們透過玩耍逐漸學會扮演他人的角色。一個兒童在玩耍時可能扮作一個母親、一個教師或一個警察，總之扮演了各種不同角色。處在成長過程中的兒童，由於經常在玩耍中假扮各種角色，從而逐漸使自己具有一種把自身置於那些對他有意義的人的地位的能力。隨著年齡的不斷增長，他不僅能在玩耍中扮演這些角色，而且也能借助設想在想像中裝扮他們。這一轉變是兒童在社會發展過程中的重要標誌。處於在玩耍中「扮演角色」這一時期的兒童，在和他人的交往中逐漸實現從用手勢的簡單互動，到能使用有意義的符號，這一轉化的過程表示，一個已經學會在想像中把自己置於伙伴的地位的兒童，仍不能在心目中把自身以外的人所扮演的各種角色相互聯繫起來，因此，他雖然能理解母親或父親與自己的關係，但不能理解他自己的母親並非他父親的母親。一個兒童只有在具有進行複雜的有組織的遊戲的能力後，他的概念化能力才會出現，只有在那時他的心目中才會產生其他人扮演的各種角色，並估計這些角色相互間的潛在關係。在

簡單的遊戲中，遊戲伙伴總共只有兩種類型；而在複雜遊戲中則不然。在拋球遊戲中，一個正在拋球的孩子根本不必去修正另一個參加遊戲的孩子拋擲的結果，也無須對一起遊戲的伙伴有什麼表示。同樣，在玩捉迷藏遊戲時，除了那個藏起來的人，其餘的人都無一例外地作為正在找人的人，也就是說，所有參加捉迷藏的人，不是一個被找的人，就是一個找人的人，兩者必居其一。但在一個有許多人參加並包含各種不同角色的複雜遊戲中，例如棒球遊戲，情況就不同了。這時，一個正在扮演某個角色的兒童，必須隨時準備扮演其他任何一個伙伴扮演的角色。這一類遊戲不僅與只有兩種角色的遊戲不同，也與米德稱為「玩耍」的那些遊戲不同，同時也與那些雖然也叫遊戲，但卻與成人扮演的角色無關的遊戲。複雜的遊戲與簡單的玩耍之間的最根本區別有以下幾點：在複雜的遊戲中，兒童必須持有所有參加遊戲的其他兒童所持的態度。參加遊戲者假定的其他參加遊戲者的態度構成一種組織單位，而控制著每個個人反應的正是這種組織單位……一個參加遊戲的人，他自己的每一個動作都取決於他假定的正在進行遊戲的其他人的動作。在棒球遊戲中，每個參加遊戲的人同時扮演著棒球中所有其他人的角色，這會影響個人的行為，至少，其他人的態度會影響個人的特定反應。顯然，在上述種種條件下，我們得到的「他人」，正是那些參與同一過程的人們組織化的各種態度。玩耍與遊戲的區別還在於參加人數的不同和規則的有無。玩耍是無規則的，而遊戲卻是有規則的。但是，由於參加人數的不同，規則也有所變化。兩個人的遊戲只要求遊戲者簡單地扮演角色，而有多數人參加的遊戲，則要求遊戲者扮演「概括化的他人」的角色。這就是說，每一個遊戲者都必須理解其他所有參加遊戲的人彼此之間以及他們自身的行為。借助遊戲所應遵守的規則，參加遊戲的兒童發展了扮演他人角色和確定他人反應的能力。這些規則實際上是一組反應，而這組反應則是由一種特定的態度引起的。米德證明，當個人扮演「概括化的他人」的角色——即採取整個共同體的態度時，兒童成人化

過程的最後階段就來到了。

因此，在米德看來，隨著個人活動範圍逐步擴大而逐漸形成的自我，決不能被理解爲僅僅只是一個軀體。確切地講，自我是一個社會實體，它產生於從用手勢進行的簡單交談，到用「概括化的他人」進行認同活動的社會發展過程中。有意識的自我首先由自然界進入社會關係，然後融化於社會關係之中並形成一個新的自我。自我進而向前發展，去重新創造自然界和社會制度。米德還認爲，自我的實質在於它自身的反射。個人的自我之所以是個人的，只不過因爲它是一種對於他人的關係。由於個人有依靠想像採取他人態度的能力，因此他的自我就成爲他自身反射的客體。既作爲主體、又作爲客體的自我是自我所具有的社會性的實質。導致每一自我形成「概括化的他人」。其過程是每個人決不會相同的，因此，儘管個性植根於社會，但每個人都在對社會的進程作出各自不同的貢獻。

佛洛伊德對社會化的理論

佛洛伊德（Sigmund Freud）認爲在成長過程中，某些器官會出現性感官的能量，稱之爲原慾（libido）。原慾處於無意識領域的本我之中，把行動導向追求快樂，避免不快的方向。隨著個體的成長，原慾出現在身

§表6-1

年齡	階段	特　　　徵
出生至一歲半	口慾期	嬰兒由吸吮以及後期由咬的動作中獲得快感。
一歲半至三歲	肛門期	主要的樂趣來自刺激肛門的經驗
四至六歲	性蕾期	原慾的焦點移轉到性器官，孩童出現性別認同，且男孩有戀母情結，女孩有戀父情結的傾向。
六至十二歲	潛伏期	壓抑並否認對異性的興趣
青春期	生殖期	開始對異性有興趣，並已具備生殖能力，爲步入成人性關係的開端。

體的不同部位，刺激該部位時，皆會引發愉悅的感受。佛洛伊德認爲孩童早期的經驗及親子間的互動對其以後的人格發展有極大的影響。他提出的性心理發展階段如前頁表6-1。

至於對人格結構，佛洛伊德認爲人格分爲：本我，自我及超我等三個主要部分。

§ 表6-2

分類	特性	原則	特　　徵
本我	生物的我	快樂	具有原始衝動，包括各種生理需求，遵循享樂原則，追求立即、完全的滿足。
自我	眞實的我	現實	在現實環境中循求個體需求的滿足，是調合本我與超我直到合適的情況。
超我	道德的我	完美	經由社會化過程提供合於社會要求的規範，並管制和壓抑本我的衝動，遵循道德原則以明辨是非。

艾利克遜對社會化的理論

艾利克遜（E.H.Erikson）所關心的焦點，集中於伴隨工業化和現代化的過程，隨之而來的共同社會趨於解體、教育時間普遍延長及職業生活專業化和技術化的過程中，所產生的青年的認同危機。艾利克遜繼承佛洛伊德的觀點，因此也是先從關心幼兒期開始，但他的興趣逐漸越過幼兒期而轉向青年期。艾利克遜提出了有名的「生命周期」表，把人的一生劃分爲八個階段，並把每個階段人所遭遇的「危機」的性質模式化，作爲第五階段的青年期，危機的特徵是認同與角色的混亂。自我認同是一種整合自我的機制，但是在青年期，人必須脫離原有社會，加入職業世界，職業世界是包含許多分化出來的角色的利益社會，如果不能良好地適應時，就會出現認同危機。艾利克遜認爲，現代工業社會所特有的各種青年期精神病理都可由此得到解釋。

同時艾利克遜也主張社會化的過程並不僅限於佛洛伊德的幼兒期階段，人生的每個階段皆有其心理危機，也有個體所認為的重要關係他人，這些重要關係他人影響著個體的社會化，其內容可簡述如下表：

§ 表6-3

年齡	心理危機階段	重要關係他人	順利發展後的構念
0-1.5歲	1.信任或不信任	母親或母親的代理人	展望未來的動機和希望
1.5-3歲	2.活潑主動或羞愧懷疑	父母	自我控制力與意志力
3-6歲	3.進取或愧疚罪惡	家庭成員	方向與目標
6-12歲	4.勤勉或自卑	鄰居或同學	勝任與能幹
12-18歲	5.自我認同或角色混亂	同儕與崇拜對象	忠誠
18-24歲	6.親密或孤立	同性與異性朋友	友誼、關懷、愛
24-54歲	7.活力或頹廢	家人與同事	關懷社會
54歲至死亡	8.統合或絕望	同胞與人類	智慧

皮亞傑對社會化的理論

皮亞傑（Jean Piaget）為當代最著名的兒童心理學家，他所創認知發展說（Cognitive Development）認為認知發展是一種社會和心理現象，對於人格發展和社會化理論開拓新的領域。皮亞傑所分四個認知發展階段包括：（Furth, 1969）

皮亞傑強調兒童在不同階段有不同的思維方式，這些認知發展既是純粹成長的結果，亦是反應文化和社會化的影響。皮亞傑曾說：「各種不同階段是兒童與其環境互動經驗的產物，經驗導致兒童自我認知組織的重建。」（Piaget, 1969）可見認知發展是個人與其環境交互影響的結果。

§ 表6-4

發展階段	年齡	內　　容
感覺動作 階　　段	嬰兒時期最初的 二年	這個時期嬰兒逐漸瞭解自我的身體和環境，認知發展主要是目標的發覺，例如：嬰兒認知母親、玩具和其他物體對象。他也開始能區別自己的身體和環境。這種認知發展（目標的持久性）同時亦配合著嬰兒情緒的發展（即信任）。
直覺階段	二歲至七歲幼兒 時期	這個時期最重要的是學習語言。語言使幼兒與其他人交往、思想、陳述外在環境、過去和未來。幼兒亦藉語言去表現其心理經驗，評斷自己。總之，由語言的使用，幼兒可以描述目標和經驗的心理景象，擴大其生活領域。二歲至七歲兒童的思考或理智尚不及成人，一般說來，每次只能思考一種觀點或一個層次。例如：有人問四歲兒童有兄弟嗎？他回答有，是張三，若再問他：張三有無兄弟？他可能回答：沒有。可見兒童不能同時考慮多種觀點。兒童亦可能以語言作為侵犯他人之工具，以語言為自我評鑑的基本媒介，因此這個階段也可能形成懷疑和犯罪之感。
具體操作 階　　段	即小學年齡時期	兒童思想漸趨成熟，他們開始運用工具，瞭解因果法則，區別事物及思考各種邏輯關係，這些心智發展是他們歷經各種經驗的直接結果。在此時期，兒童的一切想法皆以具體為主，即他們祇對真實物體和情境，加以反應。這種具體性也使兒童評鑑物質大小和各種客觀的成就。兒童也會與其同伴相互比較其身體與反應，產生自傲、自卑的感情。
形式操作 階　　段	即青少年時期	青少年時期開始發展抽象概念、理論和普遍原則，並且自己創造各種假說。青少年抽象思考的發展是一種情緒的結果。他們依情緒的好壞對人物產生直接反應，例如：對他好的人就是好人，反之，則是壞人，他也可能同時對同一人有愛憎之感。

孔伯格對社會化的理論

孔伯格（L. Kohlberg）對於社會化理論的建構是經調查各國兒童發展情況而建立此學說，其認為人對道德問題之思考，不只是文化思想之結果，亦是情緒之成長、認知之發展而來。孔伯格將兒童道德發展分為三階段：

§ 表6－5

階段	內　　容	特　　徵
前約制階段	指兒童尚未發展到是非、善惡觀念	(1)兒童服從權威，畏懼懲罰。 (2)兒童因讚許而行動。
約制階段	關心到他人之想法，他人的行為成為自己行為之導向	(1)兒童因期望博得父母之歡欣稱讚，逐漸形成以他人為導向的是非、對錯觀念。 (2)兒童逐漸考慮到規則問題，即善惡之區分。
後約制階段	即走出家庭踏入社會受他人影響，在觀念、態度上有其想法與作法	(1)認識道德衝突問題，以不同觀點來評鑑所獲得的原理、原則。 (2)開始有強烈的好惡感，成為一種自我導向（self－directed）而有正義、互助、平等、自尊等之感覺與原則。

兒童對於道德問題的思考是逐漸在接觸環境中與成人、團體互動而形成的。易言之，道德發展受到社會化的影響。

再社會化

社會化是一種逐漸的、持續的改變過程，根據艾立克遜的理論，是因為人一生均處在社會化之過程中，且成年以後，或由於職業的改變、學

習、結婚、子女出生等生活的改變，不斷面臨新的角色，而必須隨著角色的變遷而學習新角色的規範、價值、行為模式等，此種成年之後因個人角色之改變面臨新角色的社會化，即是「繼續社會化」（continuing socialization）；至於再社會化（resocialization）則是一種更基本的、迅速的灌輸價值觀念或文化，以徹底改變或放棄原來生活方式而接受另一種截然不同生活方式的過程，且新的角色完全不同於原來的角色，甚至反對過去的角色價值，如集中營的洗腦、犯人重建、削髮為尼等。

社會學家認為，一個已經社會化的成年人，其人格穩定，價值和行為模式也已是十分固定，如欲其再社會化，通常需要十分強烈的方式，這些強烈的方式，即為再社會化之特點，分述如下：

1. 對個人進行全面控制，使個人與他所熟悉的社會環境隔離，消除社會團體或環境對個人的影響。

2. 否認個人過去道德價值：個人以前所習得的道德價值觀念、規範，完全不予承認，個人過去的看法、想法亦被認為是徹底錯誤，然後灌輸另一套新的道德價值觀念。

3. 壓制個人過去地位：把個人在原社會所得到的角色和地位完全拋棄或否認，然後在再社會化機構內，他必須重新開始一項新的地位和角色。

4. 加強同輩團體或初級團體的壓力和支持：再社會化機構應用同輩團體的非正式影響力、私人互動關係或初級團體的力量，以協助其達成個人再社會化的目的。

5. 行使嚴厲制裁：再社會化機構應用各種心理和肉體的制裁方式，從消極的制裁，如：社會隔離，到積極的制裁，如獎勵接受新的規範等，強迫個人再社會化。

6. 自動重新社會化：個人被鼓勵主動參與自己的再社會化之過程，從

事自我分析、自我批評，坦誠自己的錯誤與失敗，使個人主動放棄舊有角色的規範和價值。

至於再社會化的機構，包括監獄、集中營、精神病院、管訓機構等，這些機構設置之目的，在使一些需要再社會化的人，經過其敎化、改變或再造他們的角色、態度和信念，這也可算是社會化的單位。

總之，社會化即個人獲致物質、心理和社會技能，以求生存和成為社會分子的過程。在社會化過程中，由於生物與文化的互動，影響兒童發展的方式很多，大體言之，社會化開始於父母與兒童的互動，許多社會科學家已提出各種理論，幫助我們瞭解社會化的過程。此外，社會化為每個人終生的歷程，家庭、同輩團體、學校、職業團體、大眾傳播媒介及再社會化機構等皆為基本的社會化單位，對於兒童、青年和成人的社會化與人格發展，均有重要的功能與影響。

結語

依照心理學家對人的分析，認為人天生有某種自然的行為傾向或趨勢，這些傾向可自分為：反射（reflexes），本能（instincts），天生的才能（inborn capacities）。這些傾向多半只是有某種可能性，而不是完全定型。亦即當個體遇及某些刺激時，才可能產生某種作用或反應。然而人不能依據此種自然的傾向在社群中生活，因為社群是團體生活，為求與團體互動，人類在家庭、學校、同輩團體社會中逐漸培養出「人性」。所以社會學家派克（Park）說：「人不是天生下來就有人性的。」

換言之「人性」（human nature）係指「人類共有的某種心理或行為特徵，使人與禽獸有所區別」（T. H. Newcomb）。而人之所以為人，

最主要的除了其具備人性之外，尚且具有人格。所謂人格（personality）根據社會學家楊格的界定爲：「人格是指個人在社會中所擔任的職務，他在別人心中所佔的地位，以及他的自我印象或他對自我的觀感。」人格所表現的方式和性質則與團體生活有著密切關係。此種影響的過程，我們稱之爲社會化（socialization）。個體若是沒有社會化，就僅能依其本能行動，無異於低等動物；當其經過社會化，受到人類社會的影響，才能展現出人格的特質。這正是以彰顯社會化對吾人的重要性。

人的社會化，是一個很長的過程。從人需要不斷學習以適應社會來說，人的社會化就是社會不斷訓練敎化個人的過程，而重點則是兒童和青少年的社會化。兒童社會化，是人的社會化過程的開端。兒童經過訓練，掌握了生活的起碼能力，懂得了一些做人的行事規矩，接受了最初步的文化知識。青年社會化，是在兒童社會化的基礎上進行的。人的青年期是一個人成長的重要階段。在這個階段中，社會對青年進行訓練和敎化的工作，使他們形成自己的世界觀、社會道德觀念，學會基本的文化知識，掌握生活的技能。一個社會能否生氣勃勃地發展下去，就必須依靠全社會的力量幫助青年健康地渡過這個社會化過程。如果一個人到了中年，還沒有掌握社會成員所具備的一定的知識、技能和行爲規範，這就是說他還沒有完成社會化過程，需要繼續社會化。社會是不斷變化發展的，特別是當今社會變化更快，今天的知識和技能到明天就可能陳舊了，因此，每個人都要繼續社會化。有些青少年經過社會化後，仍然存在某種危害多數人利益的越軌行爲，甚至成爲犯罪分子，這是社會化過程中發生的病態現象。社會對於這部分人必須實行強制性的敎化，即再社會化。再社會化過程，就是要使再社會化對象由被迫接受到自覺自願接受的過程轉化。社會化不僅是一種社會敎化，協助個人掌握文化知識、技能和行爲規範，也是透過社會文化陶冶和鑄造的過程，以型塑一個人的氣質、個性、民族性以及社會性。總之，社會化的最後成果就是把社會的文化傳給下一代。由於各個社

會的文化環境不同，因而各個社會的社會化的內容也不同。在社會化過程中，社會擔負著主要的、決定的作用。只有充分發揮社會的作用，才能使一個人更好地實現社會化。

第 7 章　集體行為與社會運動

社會運動是研究社會學的學者所關切的主題。近年來國內政治風氣開放，社會快速變遷，使社會壓力不斷增加，加以大眾傳播媒體的報導及影響，在民意高漲下，社會運動早已不是社會稀有的事物，甚至社會運動普遍盛行於各階層，包括：勞工、婦女、教師、消費者、學生、環保團體、農民……等之。在一九五〇年代，研究社會運動的論著極少，且多半集中於歷史事件的探究與分析。然而由於社會運動幾乎已成為一個進步中國家都會遭遇到的問題，同時這些活動都密切地與政治、經濟、社會、工業、種族、宗教、教育等問題相關連，更引發社會學研究者的關注，不僅是描述社會運動的發展程序，同時也企圖分析該行為的性質和內容。而探討社會運動不但使我們更加瞭解人群社會的集體變化，預計其得失；並且增進對當前社會型態的深切體認。

社會運動的定義

　　由於社會運動與集體行為關係密切，因此論及社會運動的定義時，需先對集體行為有所說明。

　　集體行為（collective behavior）依照社會學家派克（R. E. Park）的界定：「人群聚集的產物。在此人群情境裡，每個人在共同的情緒或心境下思想與活動。」在此情況下個人較易接受暗示，感染情緒，並秉諸本能行動。布魯默（Herbert Blumer）指出：「集體行為乃團體行為的一形式，產生與發展於不確定的情緒與情境。」其特徵是在其互動過程中，各個成員對共同目標具有一致的的意念。集體行為與一般的團體行為所不同的是：它是非制度上的行為，而一般的團體行為則是依照文化規範與社會結構所建立的行為。

　　就上述的定義集體行為有以下三個特徵：

1. 自願性：集體行為的分子在集體中扮演較自由的角色，其行為非世俗的，不受現有的社會規範限制。
2. 情緒性：成員間流傳著反社會或反制度的思想，並且常將這種看法付諸實際行動。其結果成員對問題情境的反應甚為不穩與不規則。
3. 過渡性：即其存續的時間至為短暫。集體行為是社會變遷的手段，故當其目的達成後，即自行解散或演變成為永久性的社會團體。

社會運動（social movement）根據龍冠海教授的界定為：「社會運動是一個團體有目標、有計劃的一種共謀行動，其目的在乎改變社會整個或部份的現象，它可視為社會變遷的一種手段。」至於劉脩如教授則認為：「社會運動者，乃對現存某種社會制度或社會現象，或某種社會風氣作有目的的改革，通過一種群體行動的方式，表達群眾的意向和呼聲，以鼓勵風潮，製造風氣，而促成社會進步之一種方法。」西方學者卡瑪倫（Bruce Cameron）則定義為：「社會運動跟我們的生活有相當重要的關係，或者說，社會運動是實現更為高貴的目標的一種手段。當相當數量的人團結在一起，以求改變或攫取已存在的文化秩序或社會秩序中的某部份時，就發生社會運動。凡是社會的事，都跟社會運動有關，社會運動的主要特性是它要求改變文化或改變社會結構，或把社會之內的控制權重新分配。」

綜合上述的定義，我們可以為社會運動歸納出下述兩個主要的特徵：

1. 社會運動必然是一群人有組織的行動，一般人所說的時代潮流或時代風尚，因其為無組織的行動，故不得稱為社會運動。
2. 社會運動必然是有其目標，而且大體的說它的目標總是要求改變當時的狀態。
在上述兩個條件之下，社會運動是以普遍利益為對象，而其活動廣及一個國家，甚至可遍及於世界。

社會運動經常要揭示其崇高的目標，祇有這樣它才能鼓舞人心才能形成為廣大的影響力量。目標是集體行為的靈魂，沒有這個目標，它便不能吸引群衆。從這個觀點來看，每一個社會運動的目標必須有其特殊性，不然，它會缺少號召的力量，而在不受注意的情況中受自然的淘汰。許多社會運動者都要創造新鮮的口號，其原因即在於此。

研究社會運動目標時，應該注意到：

排列及整理社會運動的目標

這一項工作，祇要把宣言加以整理就是了。而亦有許多的社會運動，領袖們的言論更占重要的地位。因之，研究社會運動目標者，往往要搜集領袖們的書札以及日記等類的文稿。更困難的一點，社會運動中所公開宣示的目標，許多是自相矛盾的，而且亦有許多並未發生作用，故何者為社會運動的眞正目標，常須經過審愼的鑑別。

追尋各項目標思想上的淵源

從思想史的觀點來觀察社會運動，往往發現一個新的社會運動，實不過是許多舊思想的新排列而已。每一個社會運動均有其新奇的口號，但是追尋各項目標思想上淵源的人，就不至於為其所欺。更有甚者，每一社會運動的成就均有限度，這固然因為受到時空的影響，但思想的進展有一定的程序，這也是很重要的原因。

研究社會運動目標後面的基本假設，特別是對人性以及社會性質的看法

所謂社會運動的目標，對人性以及社會性質就做了個基本的假設。民

主運動的許多目標，無形中說明它們有人性本善的看法，至於國家，那不過是人類爲追其理想目標所設計的工具而已。馬克思的共產主義運動一方面主張「以往的歷史皆是階級鬥爭的歷史」，而國家是榨取……另一方面，認爲人性是可以塑造、改變的。無論那一個集體行爲，都對人性有所假設，國家有機體或國家工具說等等不同的假設。這許多假設，在經驗中亦許都不容易予以證實的，但它們對社會運動的性質，卻又必然發生最爲深刻的影響。凡欲辨別社會運動，究竟屬於建設性的亦或破壞性的，對此基本假設的認識是極關重要的。

追求社會運動目標所以能鼓舞當時人心的原因

每一集體行爲所揭示的目標，都是前人早已倡導過的，然則何以到了此時此地地始能發生驚人的力量？相同的思想，與不同的歷史因素相配合，就會發揮完全異樣的光芒，歷史因素是一個原因，惟歷史的因素很多，那一個才是主因。近代心理學者，從群衆心理來解釋這個問題。在這個新方法之下，必須詳細研究社會生態學上的許多問題，而後方能發現某一人群在某一時所以有某一願望的原因。

蘭氏夫婦（K. Lang G. Lang）在「集體的動態」（collective dynamics）中指出：社會運動的發展，必須經由四個階段，這四個階段是：初步、民衆、正式及制度階段。他們構成了大多數社會運動的生命循環。

初步階段

在社會運動的初步階段，對於社會條件或某種問題不滿的問題開始出現。一項社會運動應具備的條件業已明顯出現，但尚未完全具體亦未形成組織。

民眾階段

此時，領導者出現，運動已逐漸成形。在此階段中，了解的程度增高，但社會運動仍然缺乏明確的目標，及如何達成目的的方法。

正式階段

其顯著的特色，就是理想、信仰與目標的形成，以及正式的組織出現，且有職位角色的層級組織，領導者很少是理論家，多於勇於行動的實踐家。如民眾示威就是最好的代表。

制度階段

到此社會階段以達到部份的成功，其目標逐漸成為一向社會制度，情況的進步已被確定，會繼續維持。此時，運動不再被認為是運動，因它的目標已成為社會的規範。

群眾行為

一般社會學所謂的群眾是指「聚集於一處並具有共同興趣的暫時性之團體。」群眾有以下六個特徵：

1. 各成員間彼此相接近。在群眾中，成員間的接觸互動頻繁，彼此間有很多機會將情緒、態度或行為傳染對方。因之，群眾組成後，全體成員將分享共同的情緒及作相同的反應。
2. 成員間有共同的利益或對一事物有共同的興趣。
3. 群眾是一時的存在，當共同利益達成後或興趣消失時，即隨之解體。
4. 參與群眾與否，完全由偶然的因素決定。

5. 群眾的分子是匿名的。

6. 群眾的分子易受群眾心理的影響，成為感情用事。

社會學家認為群眾在形式與性質上有四種不同的類型：

1. 偶然的群眾：這種群眾的特徵是暫時而無組織的，其組成分子自由
   來去，隨集隨散，對於引起興趣的事物及有暫時的興趣，分子間的
   互動也止於最小的程度。

2. 因襲的群眾：這種群眾的行為與偶然的群眾相同，所不同的是它按
   照制度或傳統的方式成立。而偶然的群眾則臨時產生的，非制度下
   的產物。

3. 行動的群眾：行動群眾的特徵是它有一定的目標作為行動的指南。

4. 抒情的群眾：其特徵是其情緒衝動表現在身體的運動中，完全為求
   輕鬆自由，並不指向於外界的目標。例如：因宗教儀式而聚合的群
   眾。

社會學對群眾行為的分析理論，較為著稱的為：

傳染理論

群眾的共同態度與行為發展，被視為是一種傳染過程。人在群眾裡，
接受並實行一種不被許可的行為，暗示感應是它最重要的傳染機能。黎朋
（Lebon）認為，人在群眾裡容易感受到暗示，因為他們處於匿名的情
況；群眾使其份子產生一種強大的權力感覺。本理論著重個人在群眾中的
行為是由於社會抑制力量較弱所導致。

輳合理論

人們在群眾情境中，容易表現出個人的潛在傾向。群眾參與者並非經
由暗示感應或因他人激發情緒，而是基於本能，或潛意識的需要。按照這

種說法，人們在群衆情境中才可能顯示出他們的眞正自我。因此，當許多遭受共同經驗的人們（如受過挫折的人們）聚集在一處時，個人潛意識的需要或慾望，就容易獲致解放，而發展爲強烈的行動趨勢，群衆行爲就因而產生。

緊急規範理論

在緊急狀況下，群衆似乎具有一致性，因而會產生一種行爲模式，這種行爲模式出現後，就會成爲支配整個情勢的緊急規範，而對不遵守規範的參與者造成一種社會壓力。

群衆行爲發生後，社會民衆中產生一些受其影響的重要組織，那就是一群關心群衆行爲的特別人士。他們特別關注的是：「群衆行爲如何被解釋？這些問題的界定或解釋，對群衆行爲的抑制或繼續發展，會產生立即的效果。另外，由於社會秩序的不穩定與緊張所產生的群衆行爲，會對旣存的領導與法治的程序造成一種挑戰。因此，必須建立一種新的制度及程序，以規範這些生活上的新情境。是以群衆行爲也具有正面和積極的功能。

群衆行爲的型態是可以判斷的，都是一樣的。吉斯（Geth）指出群衆行爲的進行程序可區分爲四個時期：「不安」、「激動」、「形式化」及「制度化」等。

不安期

任何一種群衆行爲都淵源自社會的不安，此種不安往往是：

1. 社會變遷會帶來不安，變遷使原來的生活與新的生活方式產生差距，這種不安的現象，蔓延在變遷中的社會。
2. 含糊情況的發生也會帶來不安。當社會產生某一種情況，社會中的

人士，其傳統的信念不能解釋這種情況時，他們就陷入含糊的狀態。當群衆尋求含糊情況的原因時，已經帶有相當濃厚的主觀因素，且基於主觀因素，再蒐集資料來佐證含糊與不安的原因。社會變遷、社會解體、社會失調等，與社會不安都有密切的關係。

3. 慾望和挫折會帶來緊張和不安。社會的進步不斷地提供人類可慾望的項目，可是社會所提供理想中的慾望，並不能保證慾望的完成。當個人追求慾望的滿足時，社會並不作任何成功的保證，雖然個人投入精神與物質的資本，也未必能完成其慾望。在努力的程序中會帶來緊張，失敗會帶來挫折，而挫折會加深不安。何波將不安的特性分類爲：(1)一般的不安與不穩定；(2)社會階級間的互相敵視；(3)不安的蔓延。

當社會中已有了上述的條件後，這時候領導運動者若能提供民衆心理新的反應的條件，民衆就容易投身於該運動。一般領導者在這階段都以煽動、提示、模仿、宣傳等策略鼓動民衆。領導者所提出的口號或運動的理想，必須針對該社會與心理的響應。首先使參與的民衆集中在一起，變成爲心理群衆，促進互相間心理的響應。

激動期

在激動期中群衆最容易接受一套理想社會的藍圖，並且對這藍圖加以神聖化而崇敬之。這時外界的壓力使他們增加我群感與團結感。由此運動的領袖所標榜出來的口號，大部份都以「正義」來吸引社會的同情與參與者的獻身。到這階段，社會感染（social contagion）所產生的集體激昂的情緒極爲明顯。群衆已經充滿了衝動與情緒，原來傳統的態度、規範、價值不復存在。領導者在繼續使用煽動、提示、模仿和宣傳，加強團體精

神。社會運動的領導者，若能善用團體精神作為社會控制的方法，始能鞏固群眾間的互相關係，使群眾對運動的方向產生忠誠和整合的觀念。團體精神也能鞏固社會運動的團結，防止群眾的不滿而至團結力的鬆懈。在群眾匯集後強調不安的原因與不滿的現象，能促進群眾的互相關係。假如社會運動停滯在討論與計劃的階段時，很容易產生不安和紊亂。因此，行動是鞏固運動的方法，領導者在運動中，需有先知（prophet）及改革者（reformer）的風度；前者即指他對問題有綜合的判斷力，並向群眾提出問題的原因，提供解決問題的新哲理，澄清群眾的欲望與希望，增加群眾的信心。後者即指他對社會情況的反應，對改革原因的分析，並訂定改革的藍圖。

形式化期

當群眾匯集的一刻，還未能建立有組織的團體，情緒的高昂統配了群眾的活動，這群群眾極有爆炸性的威力。團體精神能疏導群眾的力量，朝向領導者的目標，維護群眾的士氣與理想，而避免運動的瓦解。群眾行為若單憑集體的激昂和情緒感染，其基礎甚為鬆懈，因此群眾行為的形式化（fomulation），包括對問題的澄清，程序的安排，與組織的運用等。這些步驟都是群眾行為中很重要的措施，不然該行為就像一陣風的吹襲，在瞬間中消失。領導者在形式化過程中，不斷地強調人民的欲望，供應獲得欲望滿足的途徑。因此，在形式化階段中其特性有：

1. 綜合與澄清群眾的動機與態度，並訂定明確的活動目標。
2. 領導者必須提供群眾行為的組織形態、信念和結果。

制度化期

　　群眾行為者有系統地進行時，到了一時期就形程制度化。所謂群眾行為的制度化即指群眾行為的澄清，目標的釐定，及行動形式的固定。這樣參與運動的群眾始能發現到這種群眾行為的價值。參與群眾行為的群眾，始能延續一段相當久的時間。

　　群眾行為的最後一個模型便是制度化期。任何一種運動不達到制度化時期，便不算十分成功。假如某種運動到某種階段停頓，或不受制約而發展，終於歸於毫無整體觀念的活動。到了制度化期外界的反應，始會承認其行為的價值，並且其行為才會有持續性的影響。一般的群眾行為到最後的階段，其特性為：

因果特性方面

　　精力耗進，群眾的舊態度與舊觀念再發生，而導致社會的混亂。

結果特性方面

　　社會的改變，走向極端的路線，社會陷入混亂與無結構狀態。在制度化期中，領導者需有行政的能力，適當地應用分工與合作的原則，來整理運動後的混亂。制度化的產生與社會的衝突、調適（accommodation）、同化（assimilation）的社會程序一樣，而最後達到制度化的階段。

社會運動的先決條件

　　社會運動的發生，先是少數積極份子予以倡導，其後則多數人起而參與。然此積極的少數人及順從的多數人何以會發動此一社會運動？他們到

底抱著怎樣的動機？茲據韋伯（Max Weber）的理論，以為討論的依據。

韋伯的四大動機說，一般認為係解答上述問題的重要思考。他說：人們所以參與社會運動，不外四種不同的動機。第一種人出於理智的選擇，堅信某一種運動有助於公道原則的推進，故決心獻身於此。第二種人為狂熱所鼓舞，非出諸瘋狂的行動，不足以洩其鬱積。第三種人為習慣的傾向所決定，而所謂習慣的傾向，有的是家庭的傳統，有的是地域或職業的成見。第四種人為利害心所動，遂亦附和某一社會運動。尤其於社會運動接近成功之日，雖平素反對此一運動者，或為將來地位著想，或欲避免可能發生的禍害，遂亦望風而來。

M.Weber 的理論，顯然是著重於對人們參與社會運動的動機，加以分析。另外我們可以引自陳國鈞教授以「文化・社會及個人」為背景，加以探討集體行為產生的原因。

文化的混亂

在原始傳統的社會裡，人們的生活較有一致性，給人一種定規定型的印象。對於大多數的問題，他們都有很明確的答案，行為標準和價值觀念也很有力量。但是現代的大眾社會，是一個很明顯的對照，整個社會共同一致的地方甚少，對於社會上許多問題的答案也常有衝突，對於問題，一個人可以有許多的選擇解決辦法，其中有的是不確定或不良的後果。

分歧的行為標準，具有多重工作目標的機構，文化的雜亂矛盾，使得一個人很難可以找到可以接受的清楚明確的價值觀，而且這些也都將遭受迅速的變遷，變得更為複雜，故而不一致和不穩定是大眾社會的基本特徵。文化的混亂和文化的真空，有助於一種奇妙想法的產生，而這些奇妙的想法，有時會成長發展。集體形成「諾言」（the promise），提供了

長久的理想。儘管這些諾言到後來將會是如何地虛幻，它卻給予人們很深刻的連續感和穩定感。

社會的複雜

　　大眾社會的混亂矛盾，部分由於它的複雜性所致。一個社會由許許多多的團體組成，形成生活上雜亂分岐的行為準則。由於每個人的行為準則不同，意見不一致，因此，若想將其意見付之實施，常需借助於組織的力量。不管其組織市何種形式，或為政黨，或為工會，或為農業團體，有組織的會社是大眾社會裡的一種產物。

　　現代的社會運動，在其發展的過程之中，時而以正式的會社形式出現。因此，社會集體行為的複雜性也就可想而知了。它的複雜不僅在於其包括許多在分組（subgroup），以致產生了許多特殊利益和不同的價值觀，而且也在於它有數不清的障礙，阻擋其實現其利益與價值觀，而這些障礙又大都非經組織運用特殊方法是不能克服的。

　　通常社會運動應用組織來做為達到某一目標的手段，但它的組織較鬆懈，而份子也很複雜，遂致每每缺少實現其目標的力量。因此，社會運動的領導人物每寄托其希望於政黨，想利用政黨的組織，以充實其力量。至於政黨，它既然要爭取政治地位，自然願意接受社會運動的目標，只要對選票有所俾益。因此，社會運動常與政黨有密切關係。

個人的不滿

　　個人的不滿（discontent），部份由於大眾社會生活的後果：對於未來的憂慮、目前的挫折、慾望不能滿足所引起的繼續不安，或由於不了解情況所造成的困惑。每當一個人的信仰和觀點因憂慮、恐懼、不安和挫折

而遭到嚴重的混亂時，他就開始懷疑社會的規範和價值，而一般的社會結構就不在符合他的需要，因此，在社會標準與個人標準之間發生了很大的距離。此人就會傾向於新的領導、變化，乃至於革命。所以說，社會運動以及其他社會變遷的現象，通常都是社會不安（social unrest）的產物，而這種社會不安是起因於許多個人的不滿。當在相當的人公開表示其不滿時，「不滿」的現象始被認識。一旦大群人開始追求他們還沒有得到的答案，但確信他們已經得到的答案是正確的，我們可以說，因社會不安導致的社會運動便出現了。

當一個人處在一個極不滿足的情況下，亦即遇到一種非常混亂的外界環境，他所需要了解而無法使他了解的情況下，是最容易受到暗示（suggestibility）而傾向於新的領導、變化、乃至革命。

社會運動的產生除了上述的原因之外，尚且需有若干社會條件相配合，這些「社會條件」往往是構築，同時促發社會運動的重要背景：（李長貴，民國62年，pp.4-38）

大眾社會

現代社會已脫離傳統農業社會中的人情味，進入大眾的非人情與制度化的社會。制度化是專門講究功能的協調和群體的效力，而不太注意個人心理上的問題，使個人的需求與滿足產生落差。此種現象促發生於大眾社會中的個人，藉助參與社會運動，表達對社會的不滿，滿足個人的心理需求、社會地位，甚且企圖修改大眾社會中的錯誤觀念等。

大眾傳播

在社會運動中，大眾傳播工具不但能聚集個人的不滿意見，且能理智

地指出不滿的根源，並以統計數字和邏輯推論的方式，使社會成員深信其揭示的主張。隨即激起民衆的情緒，增強對立與緊張的狀態。這些包括：電視、廣播、報紙、雜誌……的大衆傳播媒介，促發了心理不平衡的人去尋求人生的意義，而採取社會集體行爲來維護心理的平衡。

文化流落

文化是不斷地在演變，這種緩慢的演變就稱爲「文化流落」（culture drifts），在文化流落的過程中，舊制度、觀念、態度、方法都在轉變。當文化流落的速度過激時，社會中的制度、價值、規範等演變也趨於過激，社會中自然產生新舊衝突，並導引迷亂、脫序的行爲。此種現象甚至產生「文化漩渦」，生存於「文化漩渦」中的人民，因爲原有的價值、規範等演變，極不易接受新的價值體系與規範內容，其所構成的心理混亂與不安，便有利於響應「社會運動」的號召。譬如：勞工運動、婦女運動、青年運動等，由於人民經驗到原有的文化規範和價值產生變遷，在變遷中人民意識到其應有的特權和尊嚴，因此產生新的慾望和期待。這種心理效應的過程中，群體對既有的社會制度不滿意。所以，容易以社會運動的方式回應，對未來社會的新意象和期待。

社會解體

社會不斷的演進，社會既有的組織隨著變遷，變遷也是社會解體的開始。社會爲了應付由變遷帶來的困擾，重新組織制度去迎合變遷。一個制度的發展，其他制度不能相調適時，就構成文化失調的現象。文化失調也是社會解體的主要原因。當社會中的各制度相應調適時，社會是安寧的，社會運動是不可能產生的。可是變遷中的社會，往往會帶來社會解體的現

象。社會變遷也是社會解體的主要原因。社會變遷中各制度的變遷，規範與標準的變遷，其速度不一，使過去協調的現象產生極大的矛盾。在這種狀態下，社會會陷入混亂的局面，人民生存在紊亂的局面中，價值體系及行為規範亦產生動搖，傳統的控制力隨之喪失。在社會解體的狀態下，支撐個人的因素喪失，人民會感覺到：

1. 社團領導者對人民的需求不太關心。
2. 社會已無力從事於建設性的活動。
3. 人生的目標很困難實現。
4. 虛無的感覺增強。
5. 缺乏社會與心理的支持。

社會的解體影響個人，使他產生疏離（alienation）的觀念，他感到無力、無規範、及社會隔離（social isolation），也就是說個人的情緒與社會脫離的現象。這些現象表現於不安全、混亂、及容易接受提示的傾向。

社會不公

社會不公（social injustice）與個人主觀中的察覺和價值判斷有關。其因是各社團有他們自己的價值標準，並且依據此標準評價社會潮流、情況及事實。因此，某一社團認為不公的事，在其他的社團不一定有類似的判斷和感覺。社會中的公義或不義源自社團中的個人以他們的信念、價值體系為尺度來評價社會。當人民感到社會中有某一方面的事件存有不公時，或是某種社會體系或制度不公時，他們就產生不滿與挫折的心理，同時與社會體系間的距離漸次疏遠。他們也熱烈的希望此種體系必須改變。社會不公不只由於貧窮的情況下產生，一個制度裡其成員所感到不公的現

象與事實，常潛在制度中，他們自認為制度不公的犧牲品。易言之，一個人或一群人，其欲望受到挫折時，便以不公的口號來表明其內心的不滿，藉此維護他的地位意識。當政府公布耕者有其田的政策時，地主必然感覺政令的不公，剝奪他們的權利去利益某部份人，因為他們的思考只限在狹窄的自我領域中。社會的公義與不公等判斷都是價值體系的問題，也是個人心理的察覺。這種剝奪的心理，也是社會運動起因之一。挫折能產生不滿，由挫折至不滿的過程中，個人很容易責備社會秩序、社會結構、社會組織等之不公。不滿本身不一定會產生變革的願望，但不滿能滋長反抗社會的心情，其前題因素之一是權力欲望。但權力欲望者並不一定有勇氣來領導社會運動。害怕環境的人，不會想到改變環境。我們生活朝不保夕，顯然無力控制我們生存的時候，我們對於習慣和熟習的方式依然不肯摒棄。我們往往把我們的生存視為一種固定的常軌，藉以制衡那種深刻的不安全感。所以，對環境驚懼的人，他們都害怕改革。赤貧的人害怕周圍的社會，並不會主動去企圖改變。那些冒然參加廣泛變革者往往會覺得他擁有不可抗拒的力量，他對自己的能力也從來沒有過這樣大的信心。這種誇大的信心的人結合在一起就產生改革的心理。

人口流動

當個人開始移動進入另一社區，他不完全被社區的人所接受，而成為社區中的一份子，這種人被稱為「社會邊緣人」（social marginal）。這些社會邊緣人，因為生活的浮動，原有的價值觀念和行為規範，漸次損失，又加以不能滿足生活上的慾求，因此易於造成對現實不滿的狀態。此時社會容易隨著解體，制度的內部也易發生衝突，原來所既存的價值與規範，或是新的價值與規範，無法產生規約力量，因此便從傳統觀念中解放。

然而，綜觀人口流動的原因，原先是這些人在原社區無法樹立社會地位與經濟基礎，他方面是這些人希望將來完成更大的理想而遷移。為此，他們必須放棄原來的生活方式、思維方式，並建立新的人際關係，並且嚴格地約束自己，適應新制度的要求。這時，也容易感受到社會的壓力、冷酷，甚至於是人性的薄弱，人性價值的喪失等。因而心理上產生極大的含糊與不安，開始對於社會不滿，對人情澆薄的歎息，對事業經營不易的緊張，對制度冷峻的批評。這種情況下，使舊的精神基礎破壞，新的規範基礎薄弱，使得深陷於含糊的狀態，在心理不安、不滿下，因此容易回應社會運動的作為。

社會孤立

　　根據康豪士（ W. Korphauser ）的研究，發現到無隸屬任何組織的人，比有隸屬的人較容易參加公眾運動。因為社團隸屬的人，是生存在孤立的社會中。由於人際關係的孤立，使其容易產生嚴重的社會批判。為期證明社會孤立與社會運動的關連性，康豪士研究工人參加社會運動與工人生產性質的比較，指出工作性質與社會脫節時，自然使社會結構以及社會接觸的機會削弱到相當低的程度。如礦工，他們工作與整個社會具有脫節的情形，而構成孤立的感覺，他們認為其工作對社會有極大的貢獻而社會卻認為他們是一群無智慧的傭工。使其心靈有被剝奪的感受，因此容易以集體的行動喚起社會對其肯定和重視。

家庭聯繫的鬆懈

　　當家庭的聯繫鞏固時，對家庭成員參與社會運動會加以約束或阻礙，因為參與社會運動要消耗大量時間，而因此怠忽了家庭責任。有一種看法

主張家庭若有充份的愛心，並且能滿足家庭中的成員，他們就不需要藉著社會運動來補償心理的空虛與發洩心理的不滿。愛尼斯特及羅斯（Ernest and Loth）研究家庭成原與社會運動的關係時，發現到無家庭及與家庭疏遠者，參加社會運動的百分比特高，尤其是十八歲至二十二歲者，這一段年齡且尚未結婚，而在社會運動中佔絕大多數。這些參與者與父母的衝突也很嚴重。從前述兩位學者的研究可以看出在家庭中的心理氣氛不和諧時，青少年極容易將反抗家庭的力量轉移到社會運動上。因為一種不滿的心理其轉移性極大，倘若他們將不滿轉移到社會運動時，可以藉著社會運動而發洩。

個人的反動

社會運動之所以能使個人產生響應，或是自動鼓吹運動的原因，從行為科學的立場觀察，可歸納於「適應的困難」所形成的反動。

行為科學主張個人在社會中當不能滿足生活中的各種角色，不能安逸地生活，不能獲得適當的地位，不能獲得需求的滿足時，個人很容易轉移到社會運動上，以求得不滿和壓抑心理的發洩，來填補空虛。

此種現象，曾由郝霍爾（E. Hoffer）的探討中得到證實：個人在難於適應現況的情況下，心理上的感受極為複雜，其可能奮發自強，也可能因嚴重的挫敗而自我貶抑，而形成自我否定。當社會運動的理想，號召，能引起自我否定者的滿足時，這兩者便能有效的結合。他們可以在社會運動的嚴密組織裡，達到自我急救的目標。

至於我國社會於近日所產生的社會運動，就其肇因大致上集中於「經濟發展的外溢現象」、「政治權力的轉化」及「民間社會」的出現與「人民力量」的結合等三項原因：

第一種解釋強調「經濟發展的外溢」是促成社會對於參與決策要求提

昇的主因，並表現出對於過去管道不足與封閉資訊的不滿。而社會運動的產生便是這種要求擴大參與，促使多元社會與政治體制得以形成發展的社會力展現結果。所謂經濟發展的外溢，簡單來說就是因經濟富裕而導致所得提高、教育普及、傳播媒體的擴張與中產階級的興趣，這種經濟發展所形成社會體制轉型的改變，提供了民間社會豐富的資源，使得民間有能力與政府直接對話，並提供相對應的資訊以監督政府。

第二種解釋強調「政治權力本身轉化」乃是引發社會運動得以勃興發展的主要原因。所謂政治轉化，指的是國家政治權力中心支配結構的鬆動。由於內部派系的衍生與浮現，自成一股要求權力重組的力量產生，外部反對勢力的組成，更直接對國家權力結構構成有形的壓力，於是在內外在的壓力下，國家霸權支配力便下降，從而蘊育了來自受國家支配的民間社會開始胎動的條件與環境。各種社會運動的興起，便是這種民間社會展現力量的管道與表達方式。

第三種解釋則強調「民間社會」的出現與「人民力量」的結合與壯大才是展現不同社會力的根本原因。這種解釋強調民間社會內醞的反支配力量，一旦集結而成，便會發生民間自主化的運動，這些運動完全的呈現在各種草根的社會運動力量中，抗爭的對象是國家由上而下的支配體系，因為長期以來的過度再生產，已嚴重地扭曲民間社會的自主空間，因此，反支配的訴求便是這些社會運動的共同論調。

社會運動的行動方式

社會運動的行動方式大致上可分為：「暴力方法」、「非暴力方法」及「準暴力方法」等三大類型。

暴力方法

社會運動中有影響力的暴力方法有如下數端：騷動、群眾示威運動、革命或內戰、暗殺和恐怖主義。為了發起暴力行動，往往必須先強烈的煽動民眾。因此，在討論暴力方法之前，我們簡述一下煽動術。

騷動

被激起的騷動通長都是先有為數甚多的人對某件事感到真正不滿，但並沒有組織或計劃做任何更正的行動。有時只是恰巧有一群人非正式的，未經宣傳的聚攏在一起，經由社會運動者及其同道混入群眾之中，一方面挑撥群眾的情感，一方面散播自己的觀點。匿名使他們不易受到別人的防備，點火的話，使群眾互相傳遞，促使人們做出某些行為。

遊行示威

遊行示威通長是以政府機關所在地為其遊行得目標。遊行示威並不必然預先計劃好要用暴力，然而在群眾的激烈情緒下，往往會行成暴力行動。

革命

以推翻現在政府體制為宗旨的長期暴力行動。

恐怖行動

恐怖行動並不一定是由社會運動者所指揮的有計劃的極端措施。它往往是小型的暴動的擴大。此種暴力行動似乎是盲目的，任何人任何東西只要便於攻擊，就成為攻擊對象。在此種情勢下，法律與秩序的正常控制已經破壞，任何挫折都可以暴發為攻擊行為，暴民累積的恨意透過恐怖行動以產生宣洩的方式。

非暴力方法

最顯然的非暴力方法是組成一個「多數選民」。社運召集了一大群份子，告訴他們什麼人應當選，什麼政見應當支持，然後「出去投票」。它的結果是可以計算的。但是，除非在擅加操縱的政治區，一個社運要想完全控制選舉人非常困難。第一：要使大多數選民都成為某一社運的份子很不容易，其次：份子越多意見越不容易相同和控制，這在前面已曾述及；第三：只靠組織之內的選民來贏得選舉是不夠的，因為社運以外可能有許多選民是社運的同情者，更有一些是搖擺不定者，對這些人的爭取能大大影響結果。因此，實際上常用的辦法是「影響多數選民」。

一個社運如果組織得好，很容易說服他的會員，而對於已有決心的反對份子也無需徒勞再去說服。因此，合理的目標便是針對那些猶豫不決的人，這些人由於遭受的壓力互相衝突，沒有清楚的傾向，不知該投誰的票或支持什麼政見，便把票幾乎可以投向任何一方。

一個社運對其份子雖然不需再用任何直接的方法去推動，但另有一個極佳的間接方法使他們「加入隊伍」，就是讓他們自己對外界人士展開工作。人在把一個觀念向他人推銷的時候自己往往也就更加為這個觀念賣力。一個社運如國有汽車接送選民，成功的機會就更大，如果要選民步行四條街，成功的機會可能就比較小。基本的原則是讓選民捲進選舉中，即使他的投票只為了不願讓助選員失望也好。為了達到這一點，助選員的人格必須對選民有某種影響。讓他投票選舉的理由越多，他投票的機會也越多。

第三種非暴力方法是「阻擾法」。一個運動在不可能實現其本身之目的時，或不能控制與影響選票時，它可以阻擾對方的成功。當合法的行動需要大多數選民的支持或選民的成份相當複雜時，情況尤其是如此。許多

年來，美國與法國的小團體都特別採用這個辦法。有些人責罵這種態度，說它是佔著茅坑不拉屎。當然這是讓對方氣急敗壞的事，但我們此處研究社會行動的技巧，並不把道德判斷計算在內。阻擾辦法常是一個有效的辦法。

這個辦法用在工會上就是罷工。經理部門與民眾都知道，分工越細，少數份子構成的團體越容易使整個工作停頓。在選舉上，一個人算一票，要想阻擾對方的計劃，至少必須控制三分之一的選民。但在生產線上，只要能控制一個有戰略地位的人，就足以產生阻礙行動。他的生產價值可能不大，但他的干擾價值卻可能大得很。

不過，只是阻擾很少能達成積極的結果；它寧是防衛性的態勢而不是攻擊性的。如果兩派可能互相阻擾，往往也需要互相支持。因此，阻擾往往只是一個暫時的步驟，只為了爭取時間以完成組織。

一個社運如果自己不足以聚集足夠的力量，可行的一途是跟其他團體組織成聯盟，在這種情況下，幾個人或幾個組織約定互相幫助，互相交換利益。然而，這種安排要想得到各份子的贊同並不容易，往往雙方先證明了互相阻擾的能力才能達成聯盟。

總之，要達成聯盟，必須先有幾個條件。一、必須先找到可以交換力量的團體。二、各團體的領導人必須構想出互相協調的項目，甲支持乙的某項計劃，以換取乙支持甲的另一項構想。三、領導人必須判斷他的從眾會不會接受這種交換，如果他們接受了，又會不會削弱他自己在社運中對他們的控制力。

至於不以政治形式而行的運動，其主要的非暴力行動是經由大眾傳播與個人接觸而實行的說服。音樂或藝術上的運動不是藉「獲得選票」而成長，而是說服。如果其它領域有名望的人士和批評家表示工開支持，儘管不一定能增加從事此種藝術改革的人數，卻可能吸引大批人士。

準暴力方法

與非暴力方法相去不遠的是準暴力方法（quasi－violent methods），這種方法本身不是暴力的，但其效力卻以暴力的可能性為基礎。其技術包括威脅與最後通牒，即是用強烈的言詞在對方心中造成暴力行動的印象，要對方知道，如果社運的願望不能達成，這種暴力行動即將發生。這種方法的成功與否要看對方心中引起的印象如何。如果他是一個想像力豐富的膽小鬼，則只用模稜兩可的話就足以讓他想像出可怕的結果來。想像力不強的對手便可能需要把威脅的內容說得清楚些。但這裡有一個問題：恐懼會導致防衛，他明白了何處會受到威脅，就會在那一方面加強防衛。如果危險是明確的，而對方沒有能力反抗，他可能會被嚇住，如果他也很有力量，則明白的威脅只能告訴他如何防衛才是最好。

社會運動的組織方式

社會運動的組織方式，每因參與份子的動機不同而不同。當然，每一社會運動均有各種類型的人參加，故所有的社會運動的組織方式不會十分單純的。赫伯爾因領導份子不同的素質，把社會運動分為三類。

第一類的組織方式是屬於精神性質的。這一類的社會運動，由富有理智的人領導，參與份子亦均經過理智的選擇者。故此一社會運動，往往為極小的團體，參與份子彼此極為熟悉，且有極深的同志感。此類組織方式，經常極其民主，蓋合則集體討論，分則各自獨立，每一分子都是為此信仰而奮鬥的戰士。社會運動在開始萌芽的時期，往往採取此種組織方式。概在此一時期，社會運動常受迫害，非於社會運動的宗旨極具有信仰

者不肯毅然而來。而且此一時期，社會運動常須密秘密，小的團體以及每一份子均能獨立活動，較爲合適。雖然，亦有許多社會運動到公開的時期仍採此種方式者。不過它難免要採取類似宗敎的偶像與儀式，以爲多數人的精神維繫。

第二類的組織形式，可以說是情感型的，以熱情的領袖（charismatic leader）領導，而運動的成功與失敗，亦全恃此一的聰明才智。這一種組織的方式，採絕對的領袖制。領袖的左右，自然環繞著一群二級領袖，他們因領袖的信任而得到地位，因領袖的命令而採取行動，一若本身毫無光輝及意志者。這一種組織方式容易發生幾種流弊。其一：二級領袖常因爭寵而發生派系之爭；其二：運動缺乏固定的目標，常因領袖意志的改變而改變；其三：領袖對群衆的感召力量，須自領袖超群出衆的行爲中得之，故此種運動每易走上冒險的途徑。以上的幾點，在德國的納粹運動中均能找到證據。希特勒的部下，充滿了彼此傾軋的暗礁；納粹運動的目標，常受希特勒衝動的影響；而希特勒爲爭取多數人的信仰，長須有驚人的作風，採取許多不可思議的決策。

狂熱的領袖，爲採取行動時不可少的人才。但有狂熱的領袖不一定必須採取情感型的組織。許多時候，狂熱的領袖不過是被利用的偶像，在組織中並不能有決定的作用。然而在多數的情形中，狂熱的領袖是不可控制的。有狂熱的人，往往無法自制，何況外在的組織？因之，社會運動而達到行動的階段，總是需要一個狂熱的領袖，而也在這個階段，社會運動最易變質。拿破崙是法國革命所需要的人，但有了拿破崙以後，法國革命的精神立刻爲之變質，這是多數社會運動所要遇到的難題。

第三類的組織方式是功利型的，所謂同盟或聯合陣線者是。幾個不同的社會運動，爲著暫時的共同目標而聯合起來，往往採取這一個組織方式。例如：共產黨勢孤力弱之際，每與其他運動相聯合，以壯聲勢。納粹運動沒有成功之前，亦與東德的地主派聯合，而二次大戰之後，德國的流

亡派亦暫時聯合，皆是此種組織的例子。

　　吾人所可以注意著，第三種組織方式大多是極為脆弱的，它有如國家組織中之邦聯，未嘗有真正的團結。一旦時移境遷，同盟或聯合陣線即宣告分裂。蓋所謂同盟或聯合陣線，均擁有幾個完全的領袖，各自領導其自己的群眾，領袖之間，鮮有不同床異夢者。

　　社會運動的分類隨著不同的標準和意念，有其複雜的一面。雖然各種社會運動的型態都可以單純的標示出來，但實際上有許多不同的原因與目的，構成運動的錯綜複雜的現象。

　　據此，我們可將社會運動的類型區分為：

價值取向的社會運動

　　價值取向的社會運動，是企圖改變社會，列舉社會的弊病，制度的失調，從而主張運動價值的社會性。價值取向即指一種運動必須清楚地劃分為數種不同層次的目標。從最容易完成的目標到最困難完成的目標，依層次排列。諸如：行政廉能的改革運動，這運動不能在籠統的革新口號下完成，必須訂定的革新計劃，從制度間的矛盾著手，訂定進行的程序，以達到最後的完善階段。

控制運動

　　所謂的控制運動是指任何一種企圖統制社會的社會運動。也是一種以權力為取向的社會運動。其運作的方式有兩種：一種是從團體成員中的一部份醞釀一股心的力量，企圖推翻原控制勢力。例如：軍人奪取政權。另一種方面是某種團體企圖伸延其勢力到他一團體。例如：經濟團體企圖控制政治團體，或是政治團體企圖控制經濟團體。控制運動會熱切地要求群眾的支持及諒解，並且以民眾的支持為武器，力求民眾的擁護。以集體的方式，以獲取必要的權力。

分裂運動

分裂運動是在一個大組織中分裂出互相認同的小群體。分裂運動導因自不同的理想、信念，或意圖奪取一部份的權力控制而產生的運動。這種情形較常出現於國家、政黨、教會……等。

分裂運動的特性可歸結為：

1. 分裂團體仍是認同於原來團體的興趣、價值與觀念。
2. 分裂團體能極端地主張原來團體的部份價值規範。
3. 分裂團體有改革與控制的企圖，並對原來團體大表失望。
4. 分裂團體總會推出「魅力型」（charismatic）領袖，抨擊原來團體的無能，擴大領導者的權柄。
5. 分裂運動所主張的大多是以瑣事為主。

參與取向的社會運動

參與取向的社會運動是指該運動的推行，不在改革社會秩序，也不能獲得民眾的注意，只是成員為了自我滿足的活動而已。因此參與運動者只為某團體中的人士而已。由於成員參與運動而獲得滿足，基於此點，參與取向的運動可分為幾種型態：

1. 個人地位的運動

這種運動是提高成員在社會中的地位，並喚起社會對他們的認識，同時表現了他們在社會中的清高地位。

2. 以身作則的運動

這種運動強調了個人的清廉行為，並以身作則地推行社會中認為有價值的規範，藉此取得社會的尊榮。

遷徙運動

遷徙運動即指社會中存有共同危機或脅迫的情況，產生成員的不滿或

不安情緒，促使民眾拋棄原來的居住地，抱著未來的期待及未來的目標，遷移到新的地方去逃避危機，發展自己族群的前途。

遷徙運動的發生與當地環境有密切的關係，當地民眾受到某種原因，諸如：政治、經濟、社會、文化、戰爭等，威脅到其安全時，首先會產生一種民間流言或謠言，動搖了他們的價值體系。而心理的不安動搖了他們判斷現況生活，並對未來的期待產生了認知不協調之處，降低現有環境的價值與未來性，提升他移的價值與未來性，藉此形成搬離本地的心理準備。

表現運動

當社會中的人士，被社會體系、制度及規範所限制，在他們感到無所適從的情況下，最容易產生表現社會運動。表現運動發生在社會事實令人不愉快，或改革制度後使人不愉快時發生的。表現運動也是改革運動的一種，其改革的方法往往不是以積極的方法，而是以轉移的表現方法為主。轉移的表現運動有：異象、儀式、舞蹈、運動及其它情緒的表現方法。當轉移的社會運動產生時，原來實際生活的不滿與挫折，可藉著轉移的方法，暢通內在的感情，使生活趨平衡。許多表現運動可以使群眾忘卻現實遭遇的痛苦，把注意力轉移到將來社會的建構。

理想運動

自有人類往往不斷的期望所居的社會，能夠達到完美的境地，他們每日的活動與將來的幻想都受理想的支配，因此，哲學家、文學家、科學家、社會學家等都不斷地論說完善的社會模式，並由此模式為藍圖，從事各方面的活動。諸如：制度的改善、謀求社會福利，而至幸福的人類生活的追求，都是理想運動的型態。

改革運動

改革運動乃針對社會中一些不合時宜的體制而加以修改。改革運動在集權國家並不容易發生，因為政府領導者不能容忍改革者的抨擊。唯在民主國家裡，改革運動不斷發生，人民有批評制度的權利和自由，並希望不適於大眾期待的制度作程度上的修改，藉此解決現存的社會問題。當改革運動的目的完成後，參與運動者自然解散。

革命運動

革命運動與改革運動僅是程度上的差異，改革運動僅就社會中不適合的規範與制度，作部份的修改。然而革命運動即全盤地推翻既存的社會體系，以另一種不相同的社會體系來取代。改革者僅就企圖修改不完全的部份，革命者企圖重心結構社會的新體系。

革命運動的程序，可區分為：

1. 累積深度的不安延續數載。
2. 個人與社會體系脫節，對現實採取更加批判的態度。
3. 宣揚革命的理想，加強革命信念，並藉以革命來完成更美好的社會。
4. 執政者無法反應社會運動的需求，而暴發革命運動。
5. 執政當局受到革暝的暴發，造成體制的鬆懈。
6. 革命者採取極端的態度，消滅異己。
7. 以恐怖施政。
8. 恢復常態，完成政權的移轉。

抵抗運動

革命運動始於人民不滿社會變遷的緩慢，或社會現存制度的不合理。抵抗運動始於人民不滿社會變遷過於快速，旨在抵制變遷而將本來社會之

體制與制度摧毀。在民主國家裡，社會的蛻變是很自然的事，但在蛻變中，會產生反蛻變的運動，便是抵抗運動。

如就本章所引用的理論及內容觀察臺灣的社會運動而言，大致上可歸納爲下列三個期：

第一個時期是1950年～1969年

這個時期是個有限度參與的時期，明顯的是以政治力爲主控，以政治權威來決定政治的發展。就社會學而言，這是壟斷性權力時期。

第二個時期是1969年～1986年

是擴大參與時期，工業人口超過了農業人口，以經濟力掛帥的主導力量，爲開創了臺灣十五年的經濟起飛與高度成長，這種有利民主政治發展的誘因，在這最具發展潛力的時期促成中產階級的興起，邁出臺灣民主政治的一大步。

第三個時期是1986年迄今

是多元競爭時期，戒嚴的解除，報禁、黨禁、集會結社紛紛納入正軌的法律規範，非政府的力量爲從事公益性的目標而相互競爭、努力。這種來自民間社會（civil society）的社會力展現，加強了人民對公衆事務參與的縱深與廣度。

研究臺灣這個階段（一九八六年迄今）社會現象的學者，對於這種社會全面參與的力量展現是基於各種社會運動的觀察。總括來說，自一九八六年迄今的社會運動，依其性質，大可以歸納爲六種：

社區的公民不服從運動

許多社區的居民對於公署的公共權力表示不服之運動。如反對垃圾掩埋場的設置、變壓所在住宅區的興建、工業區土地的徵收等，居民多以集結、圍堵方式，表達其利益與態度。

生態運動

其中包括了低層次的，非批判性的環境運動，以及高層次的，反體制的生態抗議運動，尤以後者最具衝擊力。例如：鹿港的反杜邦運動、新竹的反李長榮化工運動、後勁的反五輕運動、宜蘭反六輕運動，甚至全面性的反核運動等。

學生運動

從一九八六年的政大野火事件、臺大的校園言論自由運動等校園自主性爭取，到一九九○年以召開國是會議爲訴求的憲政改革運動，訴求主題隨著政治發展不斷地更替。

新都市社會運動

這乃是近年來臺灣最新穎獨特的都市運動，以都市內個別社區的居民爲發動主體，訴求主題均爲都市內公共設施與都市空間配置與分配。如高雄紅毛港遷村事件、臺北關渡平原開發計劃、社子島色情專業區的開闢等，甚至萬人夜宿忠孝東路的無殼蝸牛無住屋運動，更市這類運動的典型主張。

宗教運動

包括新興宗教出現的新宗教運動以及舊宗教重獲承認的宗教復興運動。如新約教會的錫安山事件，是屬於新宗教運動，這類宗教的特色在於具有在哀慟與狂飆中尋求淨化與皈依的特質。而一貫道的重獲官署承認，無異使其廣大的信徒不再畏縮於社會的陰暗角落。

消費者保護運動

這乃是發展最訊速的新興社會運動，喚醒民眾在商品交易行為下，消費主權意識的認知與重建。從貨品出門概不退還的買辦心態，到售後服務的品質保障，督促廠商企業體質的改善。

結語

社會運動所顯示的現象，依西方著名社會學家哈伯馬斯（Jürgen Habermas）的看法：「這是一種超體制的抗議形式，它們顯示了既有體制內溝通領域內的僵化與退化。」該集體行為具有社會實驗的性質，如果運動失敗，會逐漸停止，如果成功，它的基本前提會被納入社會體系中。社會變遷能給社會運動注入心血，相對地，運動也能帶來許多變遷，也因而產生反對運動的對抗，反對運動的目的就是持續原來運動力量，反對運動新起於反對既存利益。簡而言之，社會並非靜態，社會在任何時間都有許多運動和反對運動共同構成複雜的體系，將其推往不同的方向。當運動與反對運動的拉鋸戰最後達成勝負時，其即變成社會的一部份。因此，我們如何在這社會多元的趨勢下，因應國內傳統威權逐漸下降之際與民間力量慢慢興起的客觀事實，調整現有政經體制，吸納各種社會新生力量與團體組織，擴大參與的層面，穩定政治的發展，將民間力量轉化成國家進步的動力，便成為吾人所關心的課題。

第 8 章　人口

「人口」是指：「生活在一定時間及一定地域內，由具有一定數量和質量的有生命的個人所組成的社會群體。」人口有雙種屬性；一種是生物屬性，即人口作為一個生物種群，同其它生物一樣，有出生、成長、衰老、死亡的自然發展過程，有自身遺傳、變異以及全部生理機能，生物屬性是人口存在和發展的自然前提；另一種是社會屬性，即人口處於特定的社會關係之中，是這些關係的體現者，人口的本質屬性是社會屬性。同時，人口具有數量和質量兩個方面的特性。人口數量指人口的規模、增長速度、構成和各種數量特徵；人口質量指人口總體的身體素質、科學文化素質以及思想道德素質，它反映了人口總體認識和改造環境的條件和能力。人口是全部社會活動的主體，是社會的基本生產力，是生產關係及其他一切社會關係的承擔者，研究人口過程的人口現象，揭示和探索人口規律、對於人類自身發展，社會經濟各方面的發展都具有極其重要的意義。因此人口的研究成為社會學的重要領域之一。

人口研究

在進行對人口學的介紹時，我們需先對與人口相關的名詞為清楚的界說。

人口（population）：「在社會學中通常指一地區內的全體居民。它所強調的是人的數目，即個別的人或人類有機體單位，在一特定空間上集合而成的總體。」人口集團：「任何一個特定地區內的人口聚集，我們都叫做一個人口集團。」人口現象：「任何一個人口集團所呈現的任何狀態或特徵，都可稱為人口現象。一般按人口的狀態分為動態人口與靜態人口，前者指人口的出生、死亡，及遷徙等現象。後者指一地人口在特定時間之內的數量及其組合情形。更為普通的分類法是以人口的性質或所表現

的特徵爲根據，將它分爲數量與品質兩種。」人口學（demography population）：「人口學是研究人口過程及發展規律的科學。所謂人口過程，是指一個社會人口的自然變動（人口的出生和死亡）、遷移變動（人口在空間上的移動）、社會變動（人口社會構成的變動）這三種變動的總和。人口的存在和發展要受一定的自然條件影響的。這種自然條件既包括人口所在的自然環境，又包括人類自身的諸如遺傳、變異及各種生理機能的自然因素，因此，人口學的研究就不能不涉及人類自身的一些自然因素。人口問題是一個複雜的社會問題。要明白人口過程及其發展規律，就必須清楚社會生活的各個主要方面，這涉及各種社會關係，特別是人口與經濟、政治、文化、家庭等關係。人口學一般分爲廣義的與狹義兩種。狹義人口學注重人口數量分析，研究人口的出生率、死亡率和人口增長率，至於影響這些數量的社會原因，認爲不屬於人口學研究範圍。廣義人口學除注重人口數量分析之外，還注重研究人口過程的存在和發展如何受一定的社會生活條件的影響，研究人口數量變動中的規律性。」

　　人口學成爲社會學中重要的內涵，是因爲人口研究有其實用性的價值，包括於下列各領域：

1. 政治方面：劃分行政區域、選舉人民代表、釐訂各種政策……等，人口知識都是必須的。
2. 軍事方面：人口是軍事力量的一個主要來源，人口多少亦爲國力的決定因素。
3. 經濟方面：凡生產、消費、分配、就業機會及農工商業之發展等方面的現象，莫不與人口有關。
4. 社會方面：不論是都市與社區的劃分、社會組織、社會分工、社會問題及社會計劃與人口都密切關係。
5. 教育與文化方面：無論從人口的數量或品質來看，它與教育和文化

都有密切關係。

6. 國家民族方面：世界上恐怕沒有那一個國家或民族對其人口不表示關切的，尤其在人口的品質方面。

7. 國際與種族方面：晚近由於世界交通日形發達，國際關係日見頻繁和密切，不論在國際權力之平衡，經濟之發展方面均與人口有直接的關係。而人口現象中包含有種族的要素，任何一個的迅速增長都將被其他種族視為對其自己的一種威脅，足以影響彼此的關係。

8. 人類前途方面：因為世界人口無限制的增加，晚近若干西方學者對人類前途都表示相當悲觀，認為人口的不斷增加乃是人類最嚴重的問題，也是世界前途的危機。

因為人口現象與社會發展關係密切，故它的研究乃是不可忽視的。

在人口研究的內涵上，社會學家多半以「出生」、「死亡」、「遷徙」等人口特徵，來描繪人口的現象。

出生率

1. 粗出生率：粗出生率（crude birth rate, CBR）是指一年內某一地區每1,000位年中人口之出生數。

$$粗出生率 = \frac{一年內之活嬰總數}{該年年中總人口數} \times 1,000$$

在上述公式中，活嬰（live birth）係指產婦完全產出或取出之懷孕產物，該懷孕產物在完全脫離母體後，應能呼吸或顯示任何其他生命現象，凡如此出生的嬰兒均被視為活產。至於年中總人口，一般是以該年七月一日的人口為準。一般所說的出生率多係指粗出生率，用以瞭解一個地區人口的出生概況。此項比率的優點是計算簡單，且易於相互比較，以顯示人口生育力水準的一個指標。我國

（台灣地區）目前的粗出生率為千分之十五點五，在世界各國為中度水準。

由於社會風氣愈趨開放，國內婦女婚前懷孕及墮胎的比率始終居高不下，台灣省家庭計畫研究所完成的一項調查發現，婚前懷孕的比率高達三成八，也就是說，每十對結婚的男女中，將近四對的新娘是挺著大肚子走進禮堂；至於墮胎比率則隨著懷孕次數水漲船高，顯示現行避孕方法失敗率偏高。

這個結果與該所歷次針對青年男女性態度、行為及知識所做調查大致相符，亦即，訂婚到結婚之間，是男女性防線最容易潰決的時期，政府有必要對已訂婚的男女提供更積極的避孕服務。

根據台閩地區戶籍登記資料，八十三年出生三十二萬多名嬰兒，其中非婚生有七千三百四十一名，占百分之二點二七；棄嬰有一百九十八名，占百分之零點零六。

台灣社會過去習稱非婚生子女為「私生子」，不過，統計顯示，現在非婚生子女獲父親認領的比率不低，去年七千三百四十一名非婚生子女，有兩千四百四十七名獲認領，占百分之三十三。從七十年到八十三年，台閩地區棄嬰比率最高的一年是七十九年，達百分之零點一四；最低的是七十年和七十一年的百分之零點零五。

2. 生育率：生育率（general fertility rate, GFR）指育齡（婦女人數與在一年之中生育活嬰數量之比，亦即一年內每1,000位育齡婦女平均之活產數。

$$一般生育率(GFR) = \frac{一年內之活產數}{該年15～49歲育齡婦女之年中人口總數} \times 1,000$$

生育率用在國際間或地區間的比較時，要比粗出生率更具意義，因為它已消除了粗出生率中所含性別與年齡組成中的部份因素（如男性、老年人和幼兒）。在此公式中，育齡通常係指15～44歲或15～

49歲，但依國情不同，也有選用10～44歲或10～49歲，我國則提採用15～49歲。我國生育率自民國四十年的千分之二一一逐年下降至民國八十五年的千分之五十六，幾乎與已開發國家相同（美國在西元1984年的一般生育率為千分之六十五點四）。

為能更詳盡地說明生育率的情形，人口學上運用下列三項指標加以描繪，既能側重衡量或描述生育水平的某一方面，有獨立存在的意義，而且又互相聯繫，互相補充，構成一個完整的生育率統計指標體系，借助這套統計指標體系，可以從橫向兩個不同角度、系統地、全面地分析研究某個人口總體的生育實況。

(1)年齡別生育率 = $\dfrac{\text{該年齡婦女生育嬰兒數}}{\text{某一特定年齡育齡婦女數}} \times 1,000$

(2)累計生育率 = $\dfrac{\text{該年齡段婦女生育嬰兒數}}{\text{15歲到一定年齡止的育齡婦女數}} \times 1,000$

(3)終身生育率 = $\dfrac{\text{該批婦女生育嬰兒數}}{\text{同批進入育齡婦女人數}} \times 1,000$
（經過整個生育周期）

粗死亡率

粗死亡率（crude death rate，CDR）是為一年內某一地區每1,000位中人口之死亡數。

$CDR = \dfrac{\text{一年內總死亡數}}{\text{該年年中人口數}} \times 1,000$

台灣地區由於醫藥衛生之進步及社會的發展，已由高死亡率的型態轉變至低死亡率之型態，亦即由民國四十年之千分之十一點五七，降至民國八十五年之千分之五點六〇。其與世界各國相較，粗死亡率似比歐美先進

國家爲低，此因我國人口的年齡結構以靑少年年齡組人口較多之故。

粗結婚率

粗結婚率（crude marriage rate，CMR）係指一年內每1,000年中人口中所有結婚的對數。

$$CMR = \frac{\text{一年內所有結婚的對數}}{\text{該年年中人口數}} \times 1,000$$

粗結婚率的優缺點與粗出生率和粗死亡率相近，只是一種結婚的粗略概算。台灣地區的粗結婚率於民國四十年爲千分之九點五五，逐年稍有下降，至民國七十七年爲千分之七點八九，顯示選擇單身貴族或不採合法婚姻方式的人逐年增多，此可能受到歐美風潮和開放理念的影響所致。

國人結婚年齡愈來愈晚，孔子說的「三十而立」到了今天恐怕將變成「三十而婚」；離婚率則不因晚婚而有所改善，反而是逐年攀升，年年創新高。學者認爲，婦女經濟獨立，自主性提高，以及整體社會價值觀改變，都影響兩性對婚姻的看法。內政部所公布八十五年台閩地區重要人口指標，統計顯示，男女平均初次結婚年齡再攀新高，男性爲三十一點六歲，女性爲二十九點五歲，較八十四年分別增加一點五歲和一點三歲。人口學者擔心，女性晚婚，生育年齡延後，對婦女及胎兒的健康都有影響。

根據行政院主計處八十三年的統計報告，我國目前十五歲以上女性的未婚比例高達百分之廿八點五；其中二十五歲至三十歲之適婚女性，未婚比率更高達百分之卅六點四，比十年前提高了一倍，也比近鄰日、韓要高。尤其值得注意的是，教育程度越高的婦女，初婚愈晚，大專及以上敎育程度者初婚年齡平均已達廿五點五歲。

我國女性晚婚的現象，直接影響到生育的年齡；目前女性生第一胎的年齡平均爲廿三點七歲，較十年前已延後了二點四歲。而大專及以上程度

者平均更遲至廿七歲，才生育第一胎。至於生育子女的數量，亦隨之遞減。目前女性生育女子數已降至平均為三人，較民國六十八年已減少零點七人，而大專及以上程度者更僅有一點七人。換言之，如果女性的配偶學歷相當，則在高等教育人口群中，夫妻兩人的平均子女人數將不及二人，連人口基本數量的維繫都已成問題。這也反映了目前計畫生育機構所呼籲的「增產」訴求，的確有其實際根據。如果此一情況不得改善的話，則我國社會「老齡化」的趨向勢將日益嚴重。

女性晚婚現象的普遍化，一方面固然對應著台灣女性自主性提高及教育程度普遍提昇的事實；另一方面，則反映了在女生自我成長的過程中，仍然面對著許多不易調適的社會現象。譬如，許多適婚女性經常會抱怨「天下好男人都到那裡去了？」深覺尋覓合適對象之不易。此外，離婚率及外遇事件的大幅度增加，也讓許多女性對婚姻產生恐懼感，除非逼不得已，否則便傾向於儘量拖晚，以免過早受到婚姻的束縛。除此之外，雖然目前兩性平權的觀念已逐漸普及，但家庭暴力的頻繁發生及法律的相關保障不足，仍屬對女性較為不利；因此，更形成了部分女性在面對婚姻時躊躇未決的心理困擾。這些困擾，牽涉到法律制度、傳統觀念以及兩性互動等複雜的層面，殊非僅僅改善女性經濟地位及提升學識基礎，就可解決者。目前雖已有許多女性團體努力為女性爭取權益，但無可否認的，這些團體多以高學歷的專業婦女為核心，與一般婦女的實際訴求仍有相當的距離。

顯然，女性的遲婚狀況，以及由此所凸顯的婚姻問題，並不是女性團體單方面的努力所可解決的，必須有賴於全社會的配合。事實上，女性遲婚以及女性不願多生子女，不僅反映了女性本身的自覺和社會中存在的困境，而且也將直接影響到社會整體生命的維繫及下一代人口的品質。值得注意的是，在行政院主計處所提的是項報告中，特別指出，最近三年已婚女性的托育費，平均每月為一萬零八六六元。如此沈重的經濟負擔，目前

均係由夫妻承擔，政府實應考慮及早納入社會福利及健康保險制度中，以期給予合理的補助。尤其目前許多托育中心照顧的品質不佳，甚至造成眾多嬰兒傷害事件，政府絕不能再袖手旁觀，聽任其繼續惡質化發展下去。這也是政府必須努力解決的一項重要公共政策議題。

粗離婚率

粗離婚率（crude divorce rate，CDR）係指一年內每1,000位年中人口中所有離婚的對數。

$$粗離婚率 = \frac{一年內所有離婚的對數}{該年年中人口數} \times 1,000$$

台灣地區的粗離婚率於民國四十年為千分之零點五，此一比率約維持到民國六十五年，此後可能因為職業婦女數增加而致接觸面廣和具有自立自主的條件，再加上民主思潮的竄升和民風開放，因此其後數年的離婚率逐年上升。至民國八十五年為民國四十年的二點五倍。粗結婚率下降而粗離婚率反而增加甚多，顯示了家庭的穩固性逐漸下降、破碎家庭造成的社會問題增加，其亦是造成出生率下降的原因之一。

結婚年齡延後，未必保證能以成熟的心智維繫婚姻關係，因為統計顯示，離婚率年年提高。八十五年離婚對數為三萬五千八百七十五對，粗離婚率為千分之一點六七，也就是平均每一千人中有一點六七對（或三點三四人）離婚，較八十四年增加千分之零點一一。離婚率攀升，結婚率則遞減，去年台閩地區結婚對數為十六萬九千四百二十四對，粗結婚率為千分之七點九，較八十四年下降千分之零點四七。此外，去年台閩地區總生育率為一點七七，即去年每一婦女平均一生可生育一點七七個小孩，低於「兩個孩子恰恰好」的人口政策指標。雖然大家總喜歡以「百年好合」祝福新人，不過國內離婚現象日趨普遍，離婚率年年創新高。和其他國家比

較，台灣的離婚率較歐美等工業先進國家爲低，但與亞洲地區國家相比則偏高。歐美國家中，美國的離婚率最高，根據內政部取材自聯合國年鑑資料顯示，一九九三年美國的粗離婚率爲千分之四點六，英國（一九九二年）爲千分之三點零一，德國爲千分之一點九八，丹麥爲千分之二點五。歐亞橋樑的土耳其，離婚率和義大利一樣都很低，大都維持在千分之零點五以下，據了解，這與回敎國家一夫多妻制有關。訴請法院判決離婚案件逐年增多，以八十四年爲例，各地方法院共受理二千七百廿三件，平均每天八件。離婚事由，以離家出走等，不履行夫妻同居義務的惡意遺棄最多；離婚者的已婚年數，超過九年者占當年訴請離婚者的一半以上，打破少年夫妻離婚率高，及「七年之癢」離婚多的迷思。根據司法院統計，從民國七十五至八十四年，台灣各地方法院審理終結的離婚案件，共一萬九千七百八十九件。十年中，法院審理的離婚案逐年增加，從七十五年的一千三百六十三件，遞增至八十四年的二千七百廿三件。司法院並統計，十年中男方主動訴請離婚者占百分之四十點八八；女方主動訴請離婚者占百分之五十九點零九，而且女方要求離婚的比率，年年升高，顯示現代女性自主性強，已不甘於永遠承受不幸福的婚姻枷鎖；男女雙方均主張離婚者只有六件，占百分之零點零三。八十五年各法院審理終結的離婚事件，司法院尚未完成統計，但根據已有的數據，女性訴請離婚仍遙遙領先男性，且結婚超過九年始離婚仍占最高比例。現代人的婚姻觀，眞的與以往大不相同。

內政部統計，八十三年台閩地區每出生四十四個嬰兒，就有一個是非婚生子女，棄兒比率有百分之零點零六，離婚率也逐年升高，正反映台灣社會快速變遷的新社會現象。

人口密度

　　人口問題之發生與生活空間有密切關係，而探討生活空間時，就需考量土地的大小，因而人口與土地的比例係人口問題研究的一個基本要素。人口密度為表示人口與土地關係的一種指數，又稱人口密度指數，即某一地區或國家全人口數與其土地面積的比例。即是全人口數與總土地面積比。

　　台灣地區總面積原為36,000平方公里。民國七十年以前，台灣地區人口密度均在每平方公里500人以下，至民國八十五年已高達592人，人口密度之高，僅次於孟加位而為世界第二位。根據經濟學家估計，以目前台灣的土地總面積來看，最大的人口容量約為3,000萬人，為使人口合理成長不致於太快速，我國的家庭計畫工作仍宜繼續努力，而不可稍有懈怠。

平均餘命

　　平均餘命，又稱平均壽命或預期壽命；係指滿 X 歲生存者人口，在假定現在的衛生狀態不改變的條件下，一直生存至無生命時之個人平均生存年數。例如，20歲人口中，不論其壽命長短，若台灣地區之衛生狀態一如民國七十九年的水準而持續下去的話，平均而言，男性尚可生存51.33年（71.33歲—20歲），女性尚可生存56.75年（76.75歲—20歲）。

　　民國十五年台灣地區居民平均壽命男為38.76歲，女為43.13歲；至民國八十五年，台灣地區平均壽命，男性為71.83歲，女性為77.82歲，此皆係公共衛生之進步、醫療保健設備與技術水準之提高、國民衛生知識之增進、經濟發達與國民生活水準及居住環境之改善、以及國民營養之重視等所達成之結果。

人口遷移

　　人口遷移（population migration）是人口動態的一種，普通限於涉及有較長期居住變更的人口遷徙，並非指任何一種人口移動。例如甲地人口移往乙地從事較長期的居留，這才叫做遷移。從甲地的立場來說，這種人口移動稱為人口外移（emigration）；從乙地的立場來說，則稱為人口內移（immigration）。

　　人口遷移的類型：根據遷移的目的和動機可分為謀生求職與非謀生求職型；根據遷移的就業性質可分為產業性移民與非產業性移民；根據社會組織情況可分為自發生性與計劃性、有組織與無組織，自願與強制性類型；根據移民遷移時間長短可分為：臨時性、季節性、間期性與永久性移民；根據遷移的空間範圍可分為城鄉流動型與地區間流動型；區域間流動又分為國內遷移與國際遷移等等。人口遷移受自然、經濟、政治、軍事和宗教等因素的制約，是一定社會生產方式下的產物，同時，它又對遷出地和遷入地的社會經濟和文化發展產生巨大影響。人口遷移貫穿人類歷史，越到近代，人口遷移頻率越高，規模越大，遷移過程也大大縮短。

　　根據內政部統計，八十三年台閩地區人口自然增加率僅為千分之九點九一，為歷年最低紀錄；各縣市人口也出現很大變動，澎湖縣人口外流最嚴重，人口年增率為負成長千分之二十七點七四。

　　世界上為什麼有人口遷移的現象？考其原因，主要的有以下四個：

1. 經濟的：如自然資源缺乏，農工商業不發達、災荒等使居民謀生易。
2. 人口的：如人口壓力過高或人口過剩，工作難找等。
3. 社會的：先移出者成功，親友受其影響或引誘。

4.政治的：因政治意識、宗敎信仰的理由，強迫遷徙或流亡國外。

人口遷徙會對一個社會造成影響，其影響層面約有下列四端：

1.人口的影響：在移出國方面可以暫時緩和它的人口壓力或減少其人
　口數目，但移出者多爲壯年男子，留下老弱婦孺可能影響他們的結
　婚率、生育率與死亡率。在移入國方面，它的人口必然因此增加，
　同時壯年男子的比例當然也會被提高。

2.經濟的影響：就移出國來講，因爲移出者多爲壯年男子，它的勞動
　力必定因之減少而影響其農工商業等的發展；但從另一方面來看，
　如果它的僑民在外國發達，而有大量的款匯回祖國，這也不無補
　償。再就移入國來說，移民對它的各種事業必然有很多貢獻，使其
　經濟更加繁榮，但同時也可能因爲人數衆多，與當地居民容易發生
　經濟上的競爭與衝突，而遭歧視、排斥。

3.政治的影響：移居先進國家的僑民，因受其政治思想和行爲之影
　響，而將其灌輸給祖國同胞，可能引起政治改革作用。同時他們對
　僑居國的政治也有影響，例如移民政策的釐訂，選舉權的授與，同
　的措施等。如果人數衆多而又有投票選舉權，他們對政治可能成爲
　一決定因素。

4.社會的影響：移民對於祖國及僑居國都可成爲社會變遷的媒介，同
　時也可能造成若干社會問題。他們可說是文化的使用者，一方面旣
　可以把自己祖國的文化帶到外國，另一方面也可以將僑居國的文化
　傳到祖國，而文化的變遷乃社會變遷的一個來源。但假定移民一去
　不復返，對祖國毫無貢獻，這又可能影響祖國社會的衰弱。又假定
　移民不能適應其新環境，以致於失業、犯罪或心理上發生變態等問
　題，這對於移入國難免不影響其社會治安並增加其經濟負擔。

社會增加率

　　人口大小的改變（無論增加或減少），稱爲「人口增長」。影響人口增長的原因有四種，即出生、死亡、遷入和遷出。經由遷移造成的人口變化，稱爲社會增加；經由人類自然地出生與死亡造成的人口變化，稱爲自然增加。因此人口增長是社會增加與自然增加所產生的結果，其計算的比率分別爲社會增加率與自然增加率。

　　社會增加率（social increase rate）係指一個國家或地區全年人口遷移數（遷入人數－遷出人數）對該年年中人口數的比率，以千分比表示之。

$$社會增加率 = \frac{一年內遷入人數 - 遷出人數}{該年年中人口數} \times 1,000$$

人口金字塔

　　人口按年齡與性別來分配通常是以累疊的橫格圖來代表之，這稱爲人口金字塔（population pyramid）。其中各種橫格代表連續的年齡組，每組距爲五歲，最低的年齡組放在底層，順序而上，最高的年齡放在頂端；從頂端到底層在累疊的橫格中間畫一直線，其左邊的指示男性各年齡組所佔百分比，其右邊的則指示女性的所佔百分比。大概底下三格所佔位置愈寬，而頂上幾格所佔的愈狹，則所代表的人口係屬於增進型的；反之，則屬於退減型的。

　　人口金字塔有種種用途。它不僅告訴我們一個人口集團在一特定時間內各年齡組的男女比例之多寡，勞動力之大小，以及它在將來是增進、衰退、或穩定，同時還可以幫助我們推論它所受到的某些因素之影響，如遷

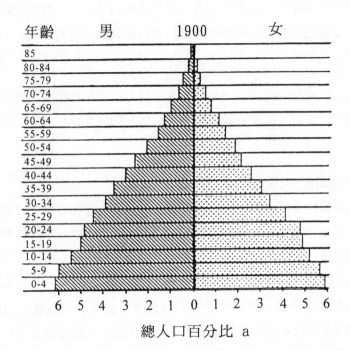

圖　人口金字塔

總人口百分比　a

移、戰爭、死亡、及生育節制等。由於人口隨著年齡的增加而逐漸死亡或
減少,因此人口的性別年齡分佈一般皆呈三角形。然而由於國家不同,出
生數和死亡數的不同,鄉村城市的不同,尤其是發生社會問題如地震、水
災、旱災和戰爭時,人口變動會很大,也造成人口組成型態並非都是規則
的三角形。通常除了金字塔形外,尚有下列四種:

鐘型 (bell－shaped)

　　此型之特色爲出生率低、平均餘命長,年齡小的人口少,年齡大的人
口增多,造成人口金字塔的底邊縮短而呈鐘型,如歐洲各國等屬之。

壺形（bottle－shaped）

出生數逐年減少，造成5～9歲人口數比0～4歲的多，而10～14歲人口數又比5～9歲的爲多，此可能與家庭計畫實施成效卓著有關。

星形（star－shaped）

由於人口流動的關係，成年層的人口移入數增加和膨脹，乃呈星形。此爲都市、大學城、殖民地區等特有的型態，因爲其自外處吸入大量的生產年齡人口或成年學生人口。

葫蘆型（gourd－shaped）

此型多見於農村，因近代工商業發達，具有生產能力的人口大量地遷至都市所致。若是發生戰爭，役男死亡過多，更會造成成年層比例削減而呈瘦腰葫蘆型。

根據人口學者觀察，國內一對夫妻生育子女數已降到一點七個，夫妻兩人生不到兩個小孩，將導致總人口數減少。他說，現在總人口還未減少，是因爲正值育齡的夫妻是在戰後嬰兒潮出生，人數非常多，但估計，大約三十年後台灣的人口會出現逐年遞減現象，雖可紓解人口擁擠，但老年人口占總人口比率會增加非常快速。

台灣的政經文化中心台北市，八十三年人口自然增加率爲千分之九點四五，但實際年增率爲千分之零點一二，是唯一近乎人口零成長的地區。這顯示台北市可容納人口已經飽和，部分人口自然遷出，維持了台北市的平衡。

根據內政部完成的台閩地區人口統計，八十三年底台閩地區人口總數爲兩千一百一十七萬七千八百七十四人，較八十二年底增加十八萬兩千四百五十八人。

但八十三年粗出生率爲千分之十五點三一，較上年減少百分之一點七三；粗死亡率爲千分之五點四，較去年增加百分之一點六九；以致人口自

然增加數只有二十萬九千零七十二人，自然增加率由上年的千分之十點二七降到千分之九點九一。

性別比

男女兩性的分配狀態即它的性別組合；男女人數的比例即稱為性別比例（或簡稱性比例）。這是人口組合最簡單的測量方法，通常是指一時一地的人口中每一百女子與男子人數之對比，即以女子人數除男子人數再乘以一百，所得結果就是性別比例。在人類當中男女兩性的人數從出生到死亡很少完全相等。在懷孕時，男性比較多，其比率大約一二〇～一三〇男性對一〇〇女性，但因為男的未出生之前死亡率較高，故在出生時性比率平均常在一〇五左右。在嬰兒時期男的死亡率往往超過女的，因此又將性比例稍為降低。又男的長大到童年及成熟時期，他們在戶外活動較多，易於傳染疾病，所從事之職業也常有更多的危險，故死亡的也多，因而更加減少其人數，而使兩性在中年時數目差不多相等。不過女的壽命平均比男的長，大約到了四十五歲之後，女的數目漸漸超過男的，大概年齡愈高，性比例就愈低，即女的人數愈多於男的。這僅就一般的趨勢而言。目前西洋各國的情形，大半是女多於男；至於東方的國家如中國、印度則是男多於女。影響兩性不均的因素，除生育與死亡的生物因素外主要的有三個：(1)戰爭：在戰爭中被殺的多半是男的；(2)移民：向遠地遷移的普通是男的多；(3)社會態度：重男輕女的社會大半男多於女，如我國。

性比例的高低和許多社會經濟問題有直接的或間接的關係，故從一個人口集團的性別之分配情形，我們大概可以窺見它的社會組織和經濟活動的狀態，例如在婚姻方面，如男多於女，則能結婚的男子少；如女多於男，則不結婚的女子多。又男女勞動性質既不同，工作的種類也有差異。重工業宜於利用男工，故在煤鐵工業的中心普通是男多於女。輕工業宜於

女工,故在紡織業的中心是女多於男。總之,社區的經濟狀況足以影響男女兩性的分配。

人口分布

人口在一定時間內的空間存在形式。人口的變動總是在一定的時間、空間內進行的。人口分布是在一定歷史過程中的空間現象,而人口的歷史發展過程又總是在一定的空間中進行。人口分布是人口數量、人口質量、人口結構不同地區的組合與聯繫。人口分布形成的兩個因素是人口的自然增長和人口的自然遷移,它們是塑造人口地理的基本因素,但在不同時期、不同地區、它們所起的作用程度不同,有時自然增長是主要因素,有時遷移增長是主要因素。人口分布是不斷形成又不斷變動的過程。它是相對靜止的又是絕對運動的。人口的靜止是指在一定的歷史時間內人口相對靜止的分布狀況,它反映特定時間內的人口分布特徵。人口的動態分布是指人口分布的歷史發展和變動情況,它反映較長的歷史時期中人口分布特徵的變化,這兩方面結合在一起,反映人口分布在總體狀況。

人口結構

人口總體內部各個部分的比重及其相互聯繫。人口是一個具有許多規定和關係的總體,可以從不同的方面,不同的層次,按照不同的規定,採用不同的標準來研究它的內部關係。人口結構分爲:(1)人口的自然結構,即以人口的自然屬性爲標誌來分析人口結構,主要包括人口的性別結構和年齡結構,以及這二者相結合的性別——年齡結構。人口自然結構與人口成長和社會經濟發展有極密切的關係,所以這些構成情況是進行人口預測的基礎資料,也是安排國民經濟的重要依據;(2)人口的地區結構,即以人

口的居住地區爲標誌來分析人口結構，主要包括人口的自然地理結構，人口的行政區結構和人口的城鄉結構。人口地區結構與自然資源、生活環境以及經濟發展狀況有著極爲密切的關係，它影響各地區社會經濟的發展，是國家制定地區發展規劃和各項政策的依據；(3)人口的社會結構，即以人口的社會標誌和經濟標誌來分析人口結構，主要包括人口的階級構成、民族構成、宗敎構成、職業構成、部門構成、文化構成等。人口社會結構既是社會經濟發展的結果，在很大程度上又影響著社會經濟的發展，並且是國家制定有關社會經濟政策的依據、互相制約，對人口成長和人口發展產生重要影響。人口結構是一定社會歷史條件的產物，受很多因素影響，主要有生物因素、地理因素、生產力因素等，同時各種人口結構對社會經濟發展也有不同程度的作用。

人口變遷

　　人口研究的目的是增強了解社會如何運作與變遷。人口與社會的關係是一種相互影響：一個人口的組合、大小與變遷率，都會影響社會，而社會也會影響人口結構。內政部統計，臺灣光復五十一年以來人口數增加二點五二倍；其中零至十四歲人口所占比率大幅減少，六十五歲以上老年人口所占比率快速增加，人口結構大轉變。八十五年九月底臺灣地區戶籍登記資料分別爲戶數五百九十六萬餘戶、人口數二千一百四十一萬餘人，平均每戶三點五九人，與光復後一年（民國三十五年）底比較，戶數增加四點九六倍，平均每戶人口則減少二點五人。這些統計數字充份標示出人口變遷的脈絡。

　　爲了解人口變遷的情況，人口學的研究者運用「人口增長率」加以表述，人口增長率也稱「人口淨增率」，是指：一定時期內（一般爲一年）

人口淨增數（出生人數減去死亡人數）與同期平均人口數之比率，它用於研究人口自然增長的趨勢和速度，計算公式爲：

$$人口自然增長率 = \frac{一年內人口的淨增值}{同年平均人數} \times 100\%$$

出生人數超過死亡人數時，即出生率超過死亡率時，人口自然增長率爲正值，反之，人口自然增長率爲負值。在分析人口自然增長率時，應注意人口的年齡構成，不同年齡組的出生率和死亡率對其綜合影響。

自從第二次世界大戰以後，許多發展中國家的死亡率下降，主要是因爲工業前進國家輸出現代醫藥與公共衛生方法。因爲死亡率的減少，世界人口的成長率，從一九四〇年間的1%增加到一九六〇年間的2%。如果照此成長速度，世界到二十一世紀初，將會有現在的兩倍多人口。

馬爾薩斯理論

馬爾薩斯認爲：人類的生育能力與食物的生產能力，有一種恆常的鬥爭存在，因爲人口以幾何級數的速度成長，而食物是按算術級數的比率增加；於是人口增加往往超過食物供給。當人口成長超過食物供給時，飢荒、瘟疫與戰爭等災難即可能發生，而提高死亡率、減少人口，以配合食物供給。馬氏稱這種方式爲積極抑制（positive check）。食物供給的限制，乃成爲人口成長的絕對極限。因此，世界的大部分地區，除非能發展生產技術或抑制人口，龐大人口的壓力可能帶來災禍。馬氏認爲人類也可能逃過積極抑制的慘境，那就是社會要能夠對人口實施預防抑制（preventive check），如遲婚與性節制。

馬爾薩斯理論是在十九世紀建立，大多數西方國家仍然是以農業爲主；因此他未能預期有效生育控制方法的發展與被廣泛的接受，也未料到農業技術的革命性變遷大量增加食物的生產。這種社會經濟的快速發展，

使該理論幾乎失效。

人口轉移論

自工業革命後，西歐與美國的人口快速成長，但在第一次世界大戰，有些國家如英國、法國及北歐國家的人口，已停止成長或將停止成長。社會科學家們謹慎地研究這種人口成長模式，並形成解釋的理論，這就是人口轉移論（the theory of demographic transmtion）。其主要的內容強調：「社會現代化以前的人口，經由高死亡率與高生育率的均衡，形成一種穩定的成長數量。當他們開始經歷現代化的影響時，營養與健康標準的改善，減少了死亡，但生育率仍維持在高水準，因而引起人口的快速成長。後來，都市化與工業主義的發展，引起了其他項目的社會變遷，而創造了有利於較小家庭的情境，生育率因此開始下降，而再次與死亡率達成均衡。」本理論正說明人口成長與社會經濟發展及現代化的關係，及人口轉移帶來的問題。

按照人口變遷的階段，社會被分為五類：

1. 第一類是生育率與死亡率皆高的國家。這是大多數原始社會的特徵。
2. 第二類是生育率高而死亡率正在下降的國家。
3. 第三類是生育率高而死亡率相當低的國家。例如：拉丁美洲國家。
4. 第四類是生育率正在下降而死亡率低的國家。例如：台灣。
5. 第五類是生育率與死亡率低或有波動的國家。例如：澳洲。

由人口變遷的情形而言，一個地區如果人口成長速度過快，勢將造成資源匱乏的窘境，如果成長速度過緩，亦將帶來整體社會新陳代謝的問題。這也是何以政府會重視人口計劃的主因，以企圖引導人口合理的成

長。

　　一九五八年聯合國曾發出警告，到西元二○○○年時，世界人口將多達六十億。但從今天看，這個預測數字不但將達成，並且可能超過。法國國家人口研究所指出，在二○○○年開始時，世界人口將達到六十億九千萬。儘管全球人口增加率近年來趨緩，但增加的趨勢仍在持續。在下個世紀結束之前，世界人口將多達一百零三億，在二一○○年之後，世界人口將穩定在一百一十億左右。人口增加速度最快的地方將在南半球。世界人口的成長百分之九十五是集中在開發中國家。西元二○○○年，開發中國家的人口將佔世界人口的絕大部分。屆時開發中國家的人口約為五十億，工業國家的人口約為十億多一點。在西元二○○○年時，中國大陸仍將是世界人口最多的國家，多達十二億八千萬人。印度人口將在二○○○年時突破十億大關，最終將取代中國大陸成為世界人口最多的國家。屆時十五歲以下的人口將佔世界人口的百分之三十一，六十五歲以上的佔百分之七，但是在下個世紀結束之前，這兩個數據將逆轉。

　　臺灣生育率目前平均每對夫婦只有1.7個小孩。一九八○年代比六○年代整整少了一百萬嬰兒；二十五年後，25歲到30歲的青壯年勞動人口，將比現在減少四十多萬人；而老年人口比率，更將高達20％。臺灣人口結構迅速改變，從個人、企業、社會、到國家公共政策，都將遭受空前衝擊，其影響的層面包括：

人口危機的社會

　　由於過去二十多年來，臺灣生育率一直下降，人口壽命延長，使老人愈來愈多。一九九四年臺灣人口結構中，65歲以上老人已超過7％，達到聯合國所稱：「高齡化社會」的標準。未來臺灣人口結構改變的速度將會更快，老年人人口成長速度會一直增加，年輕人慢慢減少，而小孩子更少

的局面。四十年前的人口結構圖像埃及金字塔，現在金字塔底層已慢慢縮小，頂尖擴大，未來人口結構圖的形狀像一根直柱子。人口結構變遷的「苦果」，將會應驗在現在30歲左右這一代人身上。當然這一代人老了時，可能沒有小孩可以養他，如果自己沒有積蓄，可能必須度過淒涼的晚年。很諷刺的是，這一代年輕人重享受、消費、名牌，也不生育，也不儲蓄，這些人老了怎麼辦？

舉目無親的社會

依目前這種低生育率及人口變遷的趨勢，推估二〇二〇年的臺灣。年輕人減少，意味著未來老人，愈來愈少有機會和親人子女共住，安享晚年。同時因為子女稀少，將來形成一個沒有兄弟姐妹、伯叔姑嫂的社會——一種「舉目無親」的社會。屆時年輕人也將非常辛苦，老人將成為年輕人無法承受的重擔。依據內政部人口統計，老人將佔總人口15％，會變成四個年輕人要養一個老人。

活力變遷的社會

一九九三年時臺灣總人口中有一半是二十九歲以下的年輕人，反映出來的社會性格極為年輕。但二十五年以後，社會上一半的活動人口將是四十五歲以上的人，社會自然會較成熟、穩重，但相對的也較無活力。

勞力不足的社會

在勞動方面，已經飽受勞動力不足的臺灣企業界，會因為年輕人減少，發現未來勞工將更不足，根據內政部統計資料顯示：臺灣目前勞動參

與率已偏低，僅59％。但未來，估計二十五年後，25歲至30歲新增加的勞動人口，將比現在更減少四十多萬人。勞力不但量不足，且質也會改變。因為一般家庭子女數只有一至二個，接受教育的程度將大大提升。一九九〇年在美國出版的「二千年大趨勢」，一書中指出：未來新加入勞動市場的工作者，將是高教育而家庭富裕，他們忍受挫折的能力低，也不在乎有沒有一份工作養家活口，所以跳槽、改行的情形會更普遍。

福利危機的社會

人口結構的改變，也吞食原本運作良好的社會福利制度。世界銀行在一九九四年「避免高齡化危機」報告中指出：「高齡化使世界上所有國家的社會安全制度都面臨危機」。日本在去年通過立法，將原本60歲就能領老人年金的規定，延長到65歲。瑞典老年人口已超過17％，一九九四年瑞典政府決定將縮減對老人的補助，「如果不阻止債款增加，留給後代子孫的將只剩下債務而已」。

「兩個孩子恰恰好，一個孩子不嫌少」的口號已經無人再提起，家庭計畫也改變了控制人口急速成長的主張，原因是：孩子出生率降低，而台灣人口成長在銳減。事實上，這個現象已在民國七十三年就出現了，卻帶來相當廣泛而深遠的影響。

從台灣人口統計，按年齡組來觀察，台灣人口中，零至十五歲年齡組人口自民國七十三年起開始減少，至八十四年，每年平均減少五八、八三〇人。可預期地，十五至十九歲年齡組人口會從八十七年或八十八年起開始減少。這一現象告訴我們的事實是：⑴台灣幼齡人口已自七十二年起開始下降，而且迄無回升跡象，對此一趨勢，不可忽視；⑵台灣總人口仍在增加，但增加之勢十分薄弱。到八十四年，較上年僅增加千分之八‧四三，或者十七萬八千人。可是六十五歲以上年齡組人口，該年之增加率卻

高達百分之四‧四三，佔台灣總人口的百分之七‧六三。這也顯示老化現象愈來愈嚴重。

　　按目前人口銳減的趨勢來看，尚沒有一種力量能扭轉這個趨勢。人口增加固會產生一些問題，而人口銳減更會產生一些問題。茲就它所衍生的幾個問題。

1. 年輕人口愈來愈減少，相對地，老年人口卻愈來愈增加：自民國四十五年至今四十年，每年人口增加率均在百分之三‧五以上，這些增加的人口現在均逾六十五歲。今後他們的安養問題與醫療問題會愈來愈多，對整個社會的負擔也會愈來愈重。

2. 就學人數減少後的學校教育，必須重新考量。現在適於讀小學、國中的人數已在大量減少，而適於讀高中的人數也在減少。這種趨勢馬上會影響大專院校的就學人數。到公元二○○○年時，會有私立學校搶招學生的現象。到那時，政府要不要再增設公立大學？這些變化牽涉到教師的培植與就業、轉業問題，也牽涉到學校建築的增設及利用問題。

3. 公共建設的極限問題：幼齡人口逐年減少的趨勢，到二○二○年，台灣的總人口會減少。而且當一個國家的人口老化之後，對公共建設，如鐵路、公路等的利用會相對減少，而總人口的減少也會減少對公共建設的利用。

4. 兵役問題：今後單子家庭或無子家庭的數目會不斷的增加，廿歲至卅歲的男性青年在十年之後會大量減少。無論是徵兵制或募兵制，在實施時都會有困難。

5. 移民問題：政府已經倡言經濟自由化、國際化，生產因素中的勞動也會有較大的自由移出或移入。某些部門勞動力的不足，又產生外籍勞工問題，今後如何因應這個問題的持續存在？同時廿一世紀到

來之後，兩岸人民的流動必會增強，這對人口變動也有影響。

對於人口銳減這個問題如果我們沒有能力扭轉這個趨勢，我們就應認真考慮它，尤其考慮它所衍生的問題，以及解決之道。

人口品質

社會學家對人口品質的關注，是因為該項人口現象，將影響到社會整體的發展。

人口品質係指人口單位的體質和心理的特質。亦即，全體人口認識和改造自然、社會及自身而使生產力發展的綜合能力。其內容包括人的身體素質、科學文化素質和思想道德素質三個方面。身體素質是人口質量的自然條件和基礎，而科學文化素質、思想道德素質又促進了身體素質的提高，三個部份是相互聯繫、相互影響的。這種特質有好有壞，有優有劣，凡是不增加團體負擔，或有助於社會文化之發展的都是好的、優的；反之，就是壞的、劣的。一般的說，人口品質的好壞不但可以影響個人的生存，同時也可以影響社會、經濟、政治、軍事等等的設施以及國家民族的前途。人口品質對社會和經濟的發展具有決定性意義，人口數量和質量之間的矛盾是人口問題的核心。在一定生產力水平下，過快的人口增長，過多的人口數量，會使人口質量下降，所以必須實行計劃生育，使人口適度成長，以保證人口質量不斷提高。

人口品質的影響既然是多方面的，它的來源當然也不只一個，普通分為遺傳與環境兩者。遺傳對人口品質之作用有些地方雖然比較確定，但大半都是有伸縮性的，容易受環境的改變。

人口品質的問題係因健康或智能缺陷所引發的個人殘障、社會經濟成

本增加和國家衰弱等問題。人類健康與先天性缺陷的預防和後天健康促進有關，尤其是先天性缺陷的預防可從產前檢查、產前遺傳診斷以及孕期婦女避免某些環境因素如藥物、輻射線和感染等著手；智能則主要與先天遺傳有關，如唐氏症和貓啼症等會造成智能不足現象，亦應加強產前檢查和產前遺傳診斷以期早期發現並做適當處置。現今世界各國為提升其人口素質，無不採行優生保健和遺傳學的方法，以保護婦女健康、防止因先天性或遺傳性疾病所致的敗兒死亡與殘障。

改進人口品質的方法可分為積極的和消極的方法：

1.消極的方法主張預防劣種的繁殖，其主要方法有三種：

(1)限制一切有缺陷的人結婚。

(2)把他們隔離起來。

(3)給他們斷絕生育。

2.積極的方法主張增加優種的人數，即鼓勵有好遺傳的人多生育。

不過，由於積極的辦法難於實行，所根據的理論也不健全，所以主張積極的人便減少了，而主張消極的反而增加起來。但還是有許多困難。除此之外，如發展醫藥衛生、改良營養、普及教育等皆為人口學所主張的良策。

為了促進因人的人口品質及健康，多年來政府擬訂了人口政策做為該項工作推展的依據。

研訂台灣地區未來人口合理成長

目前台灣地區人口因出生率降低，人口淨繁殖率已低於替代水準，為防止三、四十年後的人口結構嚴重老化，應促使生育率回升到替換水準；除繼續加強宣導「兩個孩子恰恰好」之措施、倡導適婚年齡結婚和防止離婚率上升以提高有偶生育率，期能維持未來台灣地區人口之合理成長。

加強辦理老人福利措施，健全老人安養體系

　　由於公共衛生的進步、醫藥科學的發達及國民營養的改善，促使國民平均壽命逐年提高，再加上生育率持續下降，使得台灣地區未來人口逐漸走向老化和高齡化。為有效防範未來老人問題，應加強辦理老人福利措施。

重視優生保健，提高人口素質

　　實施優生保健的目的，在於提高人口素質，進而保護母子健康和增進家庭幸福。其措施為透過婚前健康檢查、遺傳諮詢、產前遺傳診斷、婦幼保健指導及新生兒篩檢等方法，期能早期發現有礙優生疾病；同時採取避孕、結紮、人工流產或新生兒治療等措施以防止或杜絕先天性缺陷兒或惡性遺傳素質的綿延發生。

實施區域計劃，誘導人口均衡發展

　　工業化的結果，導致鄉村人口大量移入都市；為緩和都市人口過份成長，並促進人口與產業活動合理分佈，應加強基層建設、開闢新市鎮以及分散各項重大經濟建設，期使人口均衡分佈，並促使人口都市化現象趨於緩慢。

人口老化

　　由於社會快速變遷的影響，老人問題勢將趨於嚴重。高齡化社會的發生，基於兩個主要的原因：一個是「人工長壽」的技術發展（即醫療、營養……）；另一個則是節育技術與觀念的發展。兩個原因中，前者使人們的平均壽命提高了；後者卻使年輕人口在控制下減少了，兩個力量共同使社會「高齡化」。

聯合國認為六十歲以上老人超過總人口10％；或六十五歲人口超過7％都屬於高齡社會。就台灣地區的人口結構而言，從民國六十四至八十三年間，零至十四歲的幼年人口，由35.8％降到24.4％；老年人口則由2.4％升至7.37％，據估計公元二〇〇〇年時將達到14％。同時，根據行政院經建會的調查：台灣在民國八十三年，就符合聯合國所公認的「老人國」，老年人口占總人口的百分之七以上，到民國八十九年，全國老年人口數為一百八十三萬人，每五點一名就業人口就必須照顧一名老年人，負擔將相當沉重。台灣的高齡人口迅速增加，這不單是影響到「老人數量」的問題，還牽涉到「安養品質」的問題，其過程所伴隨而來的老人居住與生活照顧問題，對家庭已經造成極大的衝擊，政府必需有因應的策略和措施來調節。

社會大眾界對於「老人」的看法，已從傳統「長壽」、「有福」、以及「仁者、智者風範」的象徵意義，轉化為「依賴人口群」、「社會的負擔」和「福利的無底洞」（胡幼慧，1995，p.18）。當老年人口成為依賴人口群時，其生活、安養、醫療、照護、育樂等的需求，自然成為社會的重大議題。

近數十年來，社會學家對老化理論的研究顯著增加，反映出當代老人所面臨的問題。這些困境非僅老人本身的問題，是有關價值系統、政治制度及社會經濟結構等均應負起責任；因此，幾種主要的社會學派思想，相互提出不同看法；功能理論強調老人對社會最主要的功能在社會化的過程中扮演著對下一代文化傳承的角色。此派並主張社會裏所產生的老人問題，是社會結構影響下產生的，其原因不在老人本身，而是整個社會的結構問題。衝突理論則著眼於：老人問題之所以存在，是因為在年齡階層裏，權力不均等分配的結果。在此狀況下，老人代表著一個受壓榨的團體，為了求生存，必須依靠老人團體抗爭，以改變其地位。交換理論強調；因為老人缺乏可以用來交換價值的資源，所以老人問題因此而產生；

老人缺乏賦予別人的利益，老人在社會就受到冷落。上述理論，**解釋了**人類社會的一般結構與組織，同時也含了對老人社會基本特質的說明。而人口老化現象究竟帶給社會什麼樣的衝擊，茲就「家庭安養」、「照護需求」、「老人失偶」、「人力運用」等，加以簡述如下。

家庭安養的問題

就我國傳統社會而言，在所有制約個人行為和調適的制度中，以家庭最為重要，而家庭對於老年人尤其重要，因為老年人在桑榆之年，對其它團體的參與日趨減少。在社會與經濟資源稀少或缺乏的情況下，若再加上退休和喪偶所造成的「無角色的角色」（rolelessness）時，必須依靠子女以獲得經濟支持或情感慰藉。在中國人的觀念中，孝順和奉養父母是傳統的家庭倫理，父母從小撫育我們，當他們年邁時就需照顧他們，這是為人子女的義務與責任，與父母或公婆同住是天經地義的事。讓父母在家中能與子女、孫子女相聚，共享天倫之樂，一直被視為是家庭生活的最佳模式；故這種孝行家庭一直為政府所倡導。

根據多項實證研究其結果均顯示：絕大多數的父母認為三代或多代同住是理想的家庭型態。因為：

1. 未成年子女有祖父母照顧。
2. 成年子女與父母或公婆同住可以彼此照應，如身體健康的照養，危難時相扶助，或由父母代勞家事等。
3. 子女與祖父母可以互為玩伴，祖父母可以享受含飴弄孫之樂。
4. 子女可以學習到尊敬與服從長輩。
5. 子女有祖父母提供人生經驗或敘述家庭歷史。
6. 成年子女能盡孝道，孝順與奉養父母，並增進親情。

7.家裡較熱鬧。

8.增進父母或公婆的健康長壽。

　　這些研究結果，強調家庭於老人安養上擔負的功能與重要性，相對照於我國社會中老人福利的發展，也是以回歸家庭功能為主軸，則可證諸：親情是無法取代的，所以老有所安、老有所終就是希望有「家」的溫暖，若不得已需要有其他機構的照顧，也需要有家的感覺與照顧的溫暖。

　　儘管，絕大多數的父母認為三代或多代同堂是理想的家庭型態，三代同堂也一直被視為是老有所安、老有所終的好福氣。但就實際現況，台灣地區老人與子女同住的比率愈來愈低，老人「獨居」和「配偶同住」的比率則愈來愈高，老人「理想中」的居住型態與「實際上」的居住型態是不同的。其原因為飲食習慣不同、對孫子的管教方式與年輕人不同、自己住較為輕鬆等。所以老人的居住方式在理想與實際上的落差，也導致三代同堂的問題轉變為「三代同鄰」，即所謂「新三代同堂」的觀念。如何建構「健康的距離」，維持遠距離的親密，將是新三代同堂努力的目標，如此也較能符合現實環境的需要，而且彼此也將有更多的自由，若有病痛也較方便照應。

　　家庭是老年人最可依靠的安養場所。但是有四個問題值得注意與省思：

1.老人問題不單只是家庭問題，它還是社會問題、是公共問題。需要由政府主導、規畫福利制度，加以因應。

2.三代同堂的家庭，很多是由於成年子女購屋困難，所以才與父母或公婆住在一起。但對缺乏資源的老年人而言，在家中的地位大受影響，孝道的道德觀成為唯一的社會資源，是維護「三代同堂」這基礎的唯一防線，在「不安全感」下，他們期望倡導三代同堂的政策來保障自己不受遺棄。有鑑於此，政府在倡導孝道觀念的同時，也

應該致力於維護三代同堂的相關措施的擬定，例如提高所得稅中父母扶養寬減額的優惠、提供折衷家庭新購房屋或翻修的貸款補助以適應老年人的需要等。

3. 在家庭關係中不論是育兒或是奉養的責任，被要求的往往是婦女，照顧的天職往往與婦女劃上等號。「女性的天職是照顧者」這是性別社會化的過程中所塑造出的概念。在多元文化價值觀的影響下，社會規範對於男女性別角色與家庭責任應有更彈性的調整。如果不能調整對女性角色的定位，如果仍是將女性的天職鎖定在家庭中的照顧者，那麼所有的福利政策對女性而言只是一種制約；反之若能以真正開放、尊重的態度重新肯定女性多元的角色功能，這才是一個正確的起點。

4. 台灣目前女性的平均壽命比男性高出五點四三歲，再加上男女在婚齡上的差異為三點五歲，就此現況而言，老年女性守寡的平均年數高達九年。另外，據統計女性到了七十五歲以後，七成以上是寡婦。目前未喪偶的夫妻仍以「妻侍夫」這種老伴照顧的型態為主。老年婦女在「父系家庭」、「喪偶居多」、及「缺乏長期照護體系」的狀況下，造成「代間依賴性高」，而且媳婦往往承擔最重的負荷，三代同堂阻礙了兩性的不平等，也使家中兩代女性——婆婆和媳婦的困境都隱形化了（白乃文，民八十四年，p.50）。由此可見國家對於老年人安養醫療及婦女福利的照顧是刻不容緩的。

5. 因應人口老化所帶來的老人安養問題，應著眼於老人的經濟力以及其親屬共居扶養的可能性；換言之，在討論父母與子女共居意願之前，應先考慮有無子女可以共居的可能性，即須先確認老人安養背後的人口基礎。否則老人光有共居的意願，而無子女與之同處的可能，則多代同居的情形仍無可能。

老人失偶問題

在許多已開發的國家的人口統計資料中都顯示，女性的平均壽命比男性長五到七年，再加上女性通常與年紀較長的男性結婚，使得老年人口中女性成為失偶的機率遠大於男性。以英美為例，一九八八年的資料顯示，六十五歲以上的失偶女性佔女性老人的比例在兩國均為49％，而失偶男性佔男性老人的比例卻分別佔17％和14％；若以其人數計算，失偶女性和失偶男性比值幾達五比一。在我國根據行政院主計處的資料，在一九九一年，女性老年人口中失偶者佔53％，男性老年人口中的失偶者則僅佔17％；人數的比例接近三比一。由此可見無論是台灣或是歐美，老年失偶的問題其實主要在於老年婦女的問題。

對於任何一個人而言，配偶的死亡是生活遭遇中壓力最大的事件，而就女性而言，平日生活多以男性為主，一但配偶死亡，對於女性而言，不僅帶來極大的悲傷，她同時會面臨所得、社會網路和健康等方面的重大變化。這時，來自子女、其他親屬和朋友的各種社會支持對於悲傷情緒的平撫扮演重要的角色。雖然每一位失偶婦女的哀悼時期長短不一，但通常在一年半之後，悲傷哀悼的情緒會漸漸撫平，開始展開她的新生活。由於老年失偶婦女得子女大多已經成年，子女奉養情形不是問題，而她們再婚的機率遠比同樣情況的男性低，因此在往後的生活中，所得的保障、健康的維持，以及子女親友的支持網路便成為影響失偶婦女生活的關鍵因素。

所得的保障及健康的維持是每一位老年人是否安享晚年的兩大關切的議題。由於台灣地區除了少數老年享有所得的保障外，大多數的老年主要是靠子女供給生活開銷之所需。對於這些婦女曾經進入勞動市場的比例很低，是否有子女供養就成為晚年所得保障的主要決定因素。

在健康方面，無庸置疑地，影響老年生活品質最關鍵的因素是健康，

健康狀況不良則不僅會耗盡所有的積蓄，使生活陷入困境，而且須要他人照顧的生活容易使老人失去自尊心、心生不滿和充滿絕望。研究指出自評健康狀況是影響老人是否需要家人照顧的一個重要因素。由於婦女一生中常扮演照顧別人的角色，若非健康因素不輕易接受別人的照顧，所以對一個老人而言，健康代表獨立，亦即生活可以自理，而生活可自理就意味著自我尊嚴。

支持網路或社會支持指的是能提供友誼、生活協助、建議或個人照顧的人，通常是一個人的父母、子女、配偶、好友、鄰居和其他親屬等。對老人失偶婦女而言，則其子女、好友、鄰居和其他親屬是支持網路的重要組成。至於支持的類型可分為經濟的（如金錢），日常事物性的（如交通、打掃、洗衣、和病痛照顧等）。社會的或精神上的支持（如閒聊慰藉）。這些支持網路對一個老人的心理健康與生活滿意度有正向的影響。根據林松齡、陳燕禎、徐麗君等學者的分析，於老人失偶問題上可獲得下列幾項發現：

1. 台灣地區的老年人口中，失偶者仍以女性居多。與國外的情形一致，失偶婦女人數為男性的2.3倍，顯示老年失偶婦女的照應的確是值得注意的。

2. 台灣地區的失偶老年婦女普遍有年齡稍高、教育程度偏低、且多與子女或子孫同住的現像。她們的教育程度多集中於不識字、這與她們生長的環境有關；由於失偶的女性老人需依賴子女提供生活保障，導致居住在三代同堂家庭的比例最高。

3. 在經濟保障與健康方面，老年失偶婦女的每個月所得金額不高，但大多足以自給自足，影響開銷不足的原因與健康有關。大多數的失偶婦女自覺健康狀況良好，生活大多可以自理，但患有一種慢性病以上的比例高達79％。資料顯示傳統的婚姻角色對婦女身體健康有

負面的影響，對男性則反而有正面的保護作用。

4. 在支持網路方面，多數的老年失偶婦女依賴兒子提供金錢上的支持，生活事物的協助除了自己之外，主要是靠兒子、媳婦，精神上的支持則子女、孫輩與鄰居朋友同具重要的位子。

由以上的分析中可以看出，失偶婦女無論在生活、健康、支持網路方面，都遭遇相當大的問題，主要的原因在於環境的影響，目前台灣失偶婦女的生活多依賴子女的支援，再加上早年失學、以及生活環境多侷限於家中，健康問題亦隨年紀而惡化，失偶婦女各方面需求宜得到適當的關注。

老人照護問題

依據行政院主計處，民國八十五年臺灣地區老人狀況調查報告顯示：臺灣地區六十五歲以上老年人計一百六十一萬八千人，其中最近三個月內因病住院比例為4.48%（53,000人）。其健康狀況因患病而在日常生活上無自我照顧能力者占4.63%（約55,000人）；其中居家者占88.25%（約49,000人），居住於慢性病療養機構者（包含醫院慢性病床）占11.75%（約6000人）。老人病患長期住院，將增加病患個人及社會整體的負擔。

為說明老人照護的情形，茲就機構及家庭照護問題檢討如下：

老人照護體系嚴重不足

行政院主計處於民國八十三年，對台灣地區六十五歲以上做過生活評價調查，在全國148萬位老人中，23.7%感到生活很快樂，認為普通者有62.5%，覺得不快樂者有13.5%。這20萬位不快樂的老人，主要的煩惱源當中，身體病痛便佔了一半。另外，根據台北市府衛生醫療改革小組的調查推估，台北市目前需要長期照護的老年人口約三萬三千人，但正式立案與未立案的安養中心僅能提供五千人的照護，由此可見國內正式的長期照

護系統嚴重不足。

隨著醫療衛生科技進步，近四十年來，除國民平均壽命的大幅提昇外，十大死亡原因，也由四十年時的「急性傳染病」轉變為「惡性腫瘤、腦血管病變、糖尿病」等慢性急病。至於人口結構的改變，有快速朝向「人口高齡化」的趨勢；65歲以上的人口佔全數人口的比例已由民國六十四年的3％，躍升到八十五年的7.8％，預估到公元二○三○年將更達16％。因此整個社會的醫療需求，將由往常以治療取向的服務，逐步邁入以照護為取向的發展方向。職是之故，未來在預防保健體系，疾病照護體系及後續照護體系等工作，將成為醫療福利的重心。

為應高齡化社會的來臨，長期照護規劃主要可分為兩大體系：「居家護理」與「護理之家」的照護。其中居家照護旨在提供居住於社區家庭中的個體服務，避免住入醫院造成老年人對環境適應困難及費用浪費。是以居家護理最適合病情穩定不需住院，但病情又會持續一段時間的病患。在長期照護系統中，對於病患其活動能力仍能部份自理，且仍有家人協助者，可由居家護理接案照護，若患者已完全依賴並造成家人難以承受的極大負擔，而影響家庭正常功能時，可轉介至護理之家，給予短期性或全天二十四小時照護。但是，根據陳月枝教授對繼續照護體系護理人力之推估，如下表：

§ 表8－1

類別	護理之家	居理護理
民國84年	2,538人	2,003人
民國89年	3,295人	2,383人

惟到民國八十二年，正從事長期照護的護理人員僅有71位，其中服務於護理之家者為20位，餘51位則擔任居家護理工作。顯然這兩者在供需上有極大的距離，護理人員在護理專業機構供需上嚴重失調，亦將造成疾病

老人於尋求機構照護安養時的困擾。

家庭照護的隱憂

目前國內失能老人有八成以上都是依賴家人及親友的照顧，家庭照護以老人的配偶、媳婦與兒女爲主。雖然在家庭照護可提供老人傳統與親情的照護，但因家庭照護者長期獨撐照護責任，承受相當大的壓力；在醫療方面，沒有專業人員指導照護知識技巧、缺乏諮詢管道、缺乏醫護人員駐診巡視；在金錢方面，則可能因爲需要照護病人而停止工作，還增加了醫藥等費用。家庭照護者也可能因此而必需減少自己的社交活動及休閒，而在家庭結構變遷、婦女就業及價值觀改變的潮流下，家庭照護的功能可能會日趨式微。

衛生署於八十五年的最新統計，台灣老年人口中需要長期照護者就超過七萬八千人，但其中接受合法機構照護的人數約只有一萬一千多人，其餘還有六萬六千多人無法接受合法安養照護，都要借助未申請立案的安、療養機構，這些機構的照顧素質參差不一，令人擔心受照護者所受到的照顧。衛生署的調查顯示，台灣目前的照護資源確實不足，以護理之家爲例，據估計需求床位數在兩萬床左右，但實際上目前合法的床數只有四百到五百床，供需間差距四十到五十倍。

根據吳淑瓊副敎授的研究：臺灣在民國八十年時，至少有一項失能而需長期照護的老年人口約有六十萬人左右，且隨著老年人口增加，人數一直持續上升，預計到民國一百二十年，失能老人將成長5.5倍，而該研究亦指示：四分之三的老年人，罹患一種以上的慢性病。他們許多並不需要住院，但卻需要部份專業醫療護理。這些事實和未來發展，更可看出「護理機構」設置的迫切性。尤有甚者，疾病纏身的老人，常會使得小家庭經濟崩潰，子女心力交瘁，根據日本一項調查指出，因老人健康問題導致家庭經濟困難者佔分之二十五，近一半的受訪者因爲受不了長期壓力而有自

殺念頭；學者認為，台灣缺乏老人安養福利制度，老人造成小家庭危機的情況會更嚴重，日本經驗值得警惕。而該項調查資料顯示，已經邁入「超高齡社會」的日本，看護病弱的老人已成為家庭最大負擔，有百分之五十五的家庭因而感到身心疲倦和壓力，有自殺念頭者百分之四十四，百分之三想一走了之，四分之一的家庭造成家庭經濟困難，百分之十二的家庭失和。

就實務經驗來看，台灣情況可能並不比日本樂觀，每個老人一個月安養費就要兩萬五千到三萬元，一個月入六萬元的小家庭，在繳房屋貸款、家用之外，要長期負擔老人安養費用，實在很艱難。事實上，有能力送到安養中心的，都還算是幸運地，有多少貧病的老人是在乏人聞問之下撒手歸西？最慘的是，孩子受不了這種長期重擔，先自殺了，造成白髮人送黑髮人的慘劇。

機構照護的需求

全民健保開辦後，慢性病人佔住各大醫院急性病床的情形更加嚴重，許多大醫院統計增加兩倍以上。其解決之道，除了設置專業照護機構外，護理之家應納入健保給付，讓慢性病人有後送管道。根據衛生署的統計，八十三年健保開辦後，各大醫院住院卅天以上的慢性病患占全部住院病患人數比例不斷上升，像台大醫院由健保前的百分之十升為百分之卅一點五，長庚醫院由原本的百分之五點三升到百分之十五點六。該調查也顯示，住院卅天以上的病患中，五分之四是可以出院的，其中有近四成適合轉送慢性病床或護理之家，兩成四可由居家護理照顧。慢性病患脫離急性醫療期後，缺乏後送管道是造成急性病床「塞床」的主因。因此護理之家應納入給付，以提供完整的照護體系，是有助於福利社會的開創。

教學醫院長期以來，因為老年的慢性或復健病人佔住成本高昂的加護病房或急性病床，使得真正病危者住不進來，醫院也深受不敷成本之苦。

這些問題，在急性醫療系統以外的照護機構設置，如：老人或慢性病療養機構以提供解決之道。同時從醫院的立場來說，急性病床或加護病房的投資成本極高，而且功能是設定在救治緊急狀況的病人。究此，可明確看出當台灣人口正快速老化，亟需趕快建立老人及慢性病護理機構。

許多財團近年來致力設立的千床以上大型化照護機構，但就學理而言，認為社區化、小型化的方式是最適合的長期照護方式。目前最主要的工作在督促政府制定社區化長期照護公共政策，要求立法和行政機關儘速修訂並通過鼓勵社區化長期照護的法案。但是護理之家目前碰到的問題就是健保給付和土地變更方面的障礙，使得護理之家推行多年以來到目前為止全台合法設立的只有十七家。為此健保局應該就長期照護納入健保給付的多項方案中逐一開始辦裡。並且將居家照護的各項特殊材料納入給付，以應機構照護的需求。

托老機構的需求

在工商社會裡，夫妻多為雙薪家庭，因此老人日間乏人照顧的問題日益凸顯，日間托老服務業務，為日間乏人照料的老人提供休閒性、社會性、康樂性及部份護理的服務。老人日托是老人福利的一環，而非僅有的一環，它必須和其他福利措施相結合，才能發揮福利的功能。換句話說，一個老人從「完全健康、獨立」到「完全依賴他人照顧」，必須有一個完整的、連續性照顧的概念，使服務完整化而非零碎化、切割化，這個「連續性照顧體系」可分為四大類：

1.居家服務。
2.協助生活服務。
3.社區服務。
4.機構服務。

老人福利工作並非只靠政府部門就可以做好。例如：健康照護問題，需要衛生醫療單位的配合；日間托老的服務接送，需要交通單位的支援；老人的保護工作，需要司法單位介入；居住安全則需住宅建築的調整……唯有各部門之間相互協調整合，才能發揮整體性的最大效果。老人的安養並不限於身體的照護，老人心理的發展與尊嚴的維護更不容忽視，因此老年人力的運用也有助於老人對自我價值的肯定。

銀髮族的人力運用

　　隨著醫藥科技的進步，人類的壽命大大提高了，老人自六十五歲到他的人生盡頭，往往還有長達二十至三十年的光景，若不將他的能力做有效的運用，對整個國家社會而言是莫大的損失。長壽是為了更幸福，如果「活著只能等死」，人們活得愈長心理上卻愈痛苦，這豈不是一大諷刺？

　　有些人視退休後的老人為「撤退人口」（disengagement population），並認為他們的工作是多餘的。但是專家評估表示，老年人仍然需要工作，主要理由包括：經濟需求、自我實現、寂寞排遣、人際接觸、心理補償、老化延緩、自尊維護、精神寄託等。所以社會應把老人也當作一份社會的資源，不要因其漸老，就將之放棄或摒棄，而應積極地將老人組織起來，使此一資源得以投向生產。例如：有文教專長的老人可輔導其進入民間機構從事社會工作或文宣策劃；住在社區中的老人可向工廠包攬工作；另外也可以為老人舉辦職業訓練或成立老人人才中心，讓老人能尋求機會以充份發展潛能，過著具有生命尊嚴及彩霞滿天的晚年生活。

　　就現代社會發展的事實而言，自工業革命以後，凡屬工業化的社會，同時伴隨著都市化的產生，其結果對人民的家庭生活與職業均產生重大影響。諸如：受薪階級須依靠薪俸維生，無工作即無收入，無收入則生活即陷入困頓。是以，在工業化社會裡，所遭遇的各項問題，已不能僅憑藉舊

有的社會制度與福利措施提供解決之道。為因應此種趨勢，社會必需尋求新制度與新措施加以解決，以促使人民生活福利的增進。同時，在工業化社會裡，人民認為政府有推行社會福利服務的職責，人民亦有要求政府提供基本需求滿足的權力。

在政治變革的聲浪中，老人福利向來都是最熱門的話題，這不僅是因為老人人數的增加所造成的人口結構的轉變，因此人們預期將引發一連串的社會連鎖效應；另一理由則是老年人有投票的權利，每逢選舉就使得老人的議題備受重視。綜觀老人的福利議題，如敬老津貼、中低收入戶生活津貼、老農津貼和老人年金等，顯然大部份老人福利過份著重於救助或是補助，而模糊了老人福利服務的本質。

老人真正需要的是各式各樣的服務設施，而目前政府或民間所能提供的服務相當不足。例如實際提供食衣住行服務和老人問題諮詢的機構就相當地缺乏。此外，政府也應鼓勵民間以企業化的經營方式提供各式各樣的服務，供老人購買，使服務的類型更多元化。目前的老人福利法中並未特別制定法規明定老人處於不當生活環境的任何保護措施，對於那些行動不便或精神狀況衰退的老人，我們似乎不能只仰賴傳統的孝道來保護那些受虐或是被忽視的老人，因此老年福利法中宜加入老人保護一章，以加強老人保護的合法性。

現代國家無不積極以提高國民生活水準，促進國民生活幸福為主要目的，一般學者將之稱為：福利國家。並認為透過社會福利制度的實施，不僅能解決人類所面臨的貧、愚、懶、髒、病等問題，同時也能有效達到社會安全，增進福祉的功能。因此，今天各先進國家均以福利政策為施政重心，更在憲法中規定福利綱目，用以保障民眾的權益。而政府的角色亦由「權力國家」的觀念，轉為「福利國家」。老人的生活應不是意謂著孤單、失落、悲傷或被忽略、被遺棄，即使是完全癱瘓、無意識的老人，都應享有「被愛」與「被尊重」的生活。當我們社會中的老人安養與照護問

題日益受到重視之際，健全的老人政策亦將是推動社會福利工作的具體體現；就此，政府不僅應保障老人經濟安全、醫療保健、住所、就業、社會參與、持續性照顧等權益，更重要的是所有的服務要能維持個人的自立、增進社會參與、促進自我實現、獲得公平對待和維護尊嚴。以達社會福利的目標。

第 9 章　社會團體

團體與個人關係密切，團體是個人與社會的溝通橋樑。社會通常祇是一個概念而非實體；而社會團體則是一個實體；所以個人直接參與的往往是團體而非社會，同時社會乃經由團體將個人納入整體體系，由此可見團體對個人的重要性與影響性。

社會團體的性質

團體的定義

　　團體是社會學的研究對象，但是，一般學者對其所下的定義頗不一致，其主因是他們對於團體現象的著眼點有所不同；具體而言，這些定義大致可以歸納成下列六大類：

1. 著重團體份子對團體的認知：此定義如史密斯（Smith）「社會團體為包含二人以上獨立的有機體，他們對於其單位具有集體的知覺，並且有能力以集體的方式對其環境採取行動。」貝爾斯（Bales）：「一個小團體可以界定為任何二個以上的人們，彼此在單一的面對面聚會或一系列的此類聚會下從事互動；在此組合中，每一份子均能接納其他份子對它的印象或知覺。」此類定義強調：團體中各份子知覺該團體是形成團體的必要條件。

2. 著重團體成員參與的動機：此類定義認為個人之所以參與一個團體，乃是基於他們相信該團體能滿足其某些需要；凡不能滿足團體份子需要的團體均會陷於瓦解。譬如卡特爾（Cattell）：「團體為有機體的一種集合，藉此個人得以滿足其需要。」而貝斯

（Bass）：「我們界定團體爲個人的一種集合，其存在目的在於酬賞每個人。」此類定義強調動機與需要的滿足，是個人加入團體的必要條件。

3. 著重團體目標的達成：此類定義強調團體的形成，係由於成員有共同的目標。如米爾斯（Mills）：「小團體乃是由二人或二人以上所組成，其所以互相組合，乃是爲了某些共同的目的。」佛利緬（Freedman）亦認爲「個人參加團體，是爲了達成共同的目標。」

4. 著重團體組織的現象：此類定義重視團體的結構要素，如角色、地位與常模、關係等。譬如麥克戴維德（McDavid）：「一個團體是二人或二人以上的一種有組織的體系，他們彼此互相關聯，以便該體系實現某些功能，具有一種團體份子間角色關係的標準，並且具有一套支配該團體與團體成員的功能之標準。」謝利佛（Sherif）：「一個團體是指一個社會單位，它包含許多個人，他們彼此之間具有一定的地位與角色關係，並且該團體有一套成員行爲的價值或標準。」

5. 著重團體成員的互賴：認爲團體的產生是因爲成員彼此具有互賴、互動的關係。譬如：勒溫（Lewin）：「團體爲一種動力的整體，且成員互相依賴。」費德勒（Fiedler）：「團體一詞通常意指許多具有共同命運的個人之組合，他們具有互相依賴之感，並且認爲凡事可能影響團體中一份子的事件，也有可能影響整個團體。」卡特萊特（Cartwright）：「團體爲彼此具有相依關係者之組合體。」

6. 著重成員彼此間的互動：認爲互動是一種相依的方式，此種相依方式即爲團體組合的精義，因而提出他們對團體所下的定義；譬如霍緬斯：「團體爲許多人的組合，他們彼此往往長期互相溝通，其成

員較少，以便每一個人均能與其他人互相溝通，他們彼此面對面地溝通。」波諾爾（Bonner）說：「團體是指許多人彼此交互影響，其互動歷程使團體不同于偶集的群衆。」史托格笛爾（Stogdill）：「團體可以視爲一種開放性的互動體系，藉此互動的行動，以決定該體系的結構。」

上列定義均強調人際溝通或互動的重要性，此類互動可能採取多種形式，如：語言的溝通、身體的溝通與情緒的溝通。

綜合上述的觀點，所謂團體：「乃是二個或二個以上的人，他們彼此交互影響以便每一個人能影響他人或受他人影響。」

團體的性質

了解了團體的定義後，我們進一步分析團體的特性。關於團體的性質或特性，學者李美枝認爲一個團體具有下列四大特性：

1. 組成團體的各個成員知覺其他團員的存在，與他們互動而發展了相互的依賴與情感的聯結。
2. 雖然團體是由個人組合而成，但是團體本身是一個單位實體，團體的規範不會因爲個人的加入或離開而有所改變。
3. 團體的維繫，有賴團體成員的共同興趣與一致目標。
4. 團體是一個組織體，爲了維護一個團體的生存，每一個團體成員必須執行他在團體中的特殊責任與角色。

谷德（W. J. Goode）則認爲團體具有下列六大特性：(1)成員間彼此持續互動；(2)成員間期待持續彼此間之社會關係；(3)彼此建立行爲的標準，並且互相遵循；(4)成員間彼此視每一個人爲團體的一部分，故在成員

與非成員間，具有一種社會藩離存在；(5)成員間具有認同感；(6)團體成員被外人視爲一個組合。

綜觀上述，可見團體絕對不同於無組織、無秩序、無規範的人群集合，它是有組織、有秩序、彼此互相依存、有歸屬感與認同感，並且持續地互動的二人以上的結合體。

另外，依照唐尼（Turner）的觀點，社會團體應有下列幾點特徵。

1. 基本上，團體是一個相當小的社會單位，由範圍狹小的職位所組成。例如，人數約數十人的學校班級，是個較大的團體，而所組成的職位卻只有教師及學生。家庭通常是個很小的團體，其成員大多數在六人左右，而組成的職位也很少，通常只有父母及子女，但如是大家庭，可能還會有其他的職位，如祖父母與孫兒女等。

2. 任一團體的職位都有規範。例如，學生與教師要按照期望來實施某些行爲模式；家庭中不同的職位也有不同的規範，以指導不同份子的行爲；甚至於最親密的友誼團體也存在著對份子行爲的期望。在大部分的情況下，規範是相當明確的。團體份子對於不明確的規範，常會努力予以澄清，但如團體的模糊規範繼續存在，通常會引起衝突，甚至導致團體的瓦解。

3. 團體的職位與規範具有互惠的性質，而且從彼此的關係中取得共同的意義。例如，父親的職位是由孩子的存在來界定；教師的職位由上課的學生來界定。職位所屬的規範也是互相連接的；對父親的要求等於是孩子的期望；學生希望教師講解，而教師也希望學生聽講與作筆記。

4. 團體常以社會控制作爲手段，以確保每個份子對於規範的順從。社會控制主要是經由制裁來實行，這種制裁方式可能是言辭與其他姿態，或其他爲了誘導份子順從規範而設計的符號。例如父母管敎子

女是一種社會控制的方式，是爲了讓子女瞭解他們所期望的行爲模式。

5. 團體常顯示出某種伸縮性與變遷潛力。團體分子常會在面對面的互動中協商他們的期望。當然，團體要實施控制，以確保角色行爲符合規範的要求；但這並不表示團體是靜態的，因爲團體有其變遷的能力；它們具有彈性，這對革新與改變是有益的。

至於著稱的社會學家龍冠海教授，則以下列十項內容來說明社會團體的特徵：

組織性

團體的構成最少需要二人以上，且彼此之間是有關係的，其關係也許是平行的，也許是分等級的；同時也必定有某種行爲規範，使他們有所遵守，否則必混亂而不成爲團體。

目的或功能性

團體的結合是有功能的。例如男女結合而成立家庭，其主要目的是經濟合作與養育子女；學校的建立是爲傳授知識，培植人才。

個別性

任何一個人類團體都是自成一實體，有別於其他的，也有它的特殊表現，這就是它的個性。

變異性

團體在空間的分布範圍有大小，在時間上的存在也有久暫；團體的分子有多有少，其活動種類和程度也有差異。

持續性

人類因爲有文化的緣故，使團體生活可以不斷地繼續下去。前後仍可

有其一貫性。尤其是滿足人類基本需要的，如家庭、學校、敎會、國家等，一經建立之後，總有延續其生命的趨勢。

複雜性

人類的團體範圍愈大，其組織也愈複雜，在一個大團體內可以有各種不同的小組織；在一小團體內，因為分子人格的差異，也是相當複雜的。

錯綜性

不但團體組織本身是複雜的，團體分子的身份和地位也是交錯的。同是一個人，他可以同時屬於好些團體，在各個當中他也可以有不同的地位與職務。

分工性

人類團體生活的分工現象不但是普遍、而且是顯著的。社會愈發展，分工也愈多，愈複雜，而且是有計劃，有目的的。如無分工，不僅人類的欲望不能滿足，團體目標也很難實現。

互賴性

這也是團體生活一大特徵，個人因為不能單獨滿足其各種需要，故與別人組成團體。在團體內，無論是在心理或物質生活上，分子之間都是互相依賴的。分子間的關係如此，團體間的關係也如此。世界上沒有一個社會團體可以說是能夠完全獨立生存的，多少總要依賴別的社會團體以通有無。團體生活範圍愈擴大，交通愈發展，人的關係愈複雜，團體的互賴也愈大。

互動性

所謂心理的互動是指心理的交感作用。這不僅是團體的識別特徵，並且是團體之所以成為團體的基本因素。有心理上的互相聯繫就有團體，否

則團體就不存在。換言之，組織團體的分子必須有若干共同的觀念、信仰、價值和態度，或共同的興趣或利害關係。這一種因素事實上是團體的主要媒介和動力。團體生活之健全與否可以依據其分子之心理表現以爲斷。如果分子的心理聯繫很強，則團體的組織也一定是鞏固的；反之，如果這種聯繫是脆弱的，或是常發生矛盾和衝突的現象，那麼團體的組織也一定是散漫的。

上面所列舉的特徵爲社會團體所共有。總而觀之，這些足以說明團體生活性質。

團體的類型

團體雖均由兩個或兩個以上有心理互動或是互相影響的人所構成的。但由於以不同的標準衡量，也產生型態不同的團體，一般而言，社會學將團體的分類區隔爲下列數種類型。

依團體的組織程序，可將團體分爲：

1. 正式團體：遵照規定的手續而組成的，例如依據我國人民團體組織法所組成之一般社團。
2. 非正式團體：是一種自然的結合，不須根據何種手續，份子的關係既無成文的規定，其組織也無一定的形式，例如一般的遊戲團體。

依團體參與份子之意志作團體之分類標準，此種方法是由美國社會學家杉德森（D. Sanderson）提出：

1. 非志願：指份子不由自主地所形成的團體，如親屬團體、種族團體、職業團體、文化團體之類。

2.志願的：指份子自動加入而成立的團體，如服務團、旅行團、兄弟
　會等。
3.代表的：這是指較大團體中選出來的小團體以代表全體執行其任
　務。這一種團體在代議政體之下特別盛行。

依團體之功能可分爲：

1.家庭團體：主要功能是養育子女。
2.政治團體：主要功能爲管理衆人之事。
3.經濟團體：有時也叫做職業團體，主要目的是維護及促進經濟利
　益。
4.教育團體：主要功能在傳授或促進知識。
5.遊戲或娛樂團體：主要功能爲娛樂。
6.宗敎團體：主要功能爲滿足心靈上的要求。

　依份子與團體關係的立場或態度作團體的分類標準，此種分類法爲孫
末納（Sumner）所提出：

1.內團體：是指我們自己所屬的團體，因此我們對之忠心、愛護、合
　作，表示好感，並視本團體的份子爲朋友或兄弟。
2.外團體：是指別人的團體，因與己無關，而表示冷淡，甚至對之表
　示懷疑，蔑視或敵視等。

　依團體份子關係的程度爲標準，此種分類方式爲美國社會學家顧里
（C. H. Cooley）所提出：

直接（亦稱爲初級）團體
　如家庭、遊戲或鄰居團體，名之爲「直接」，因爲它們是最初有的和
最重要的。亦稱之爲「面對面團體」，在這種團體裡，人們常易碰頭，彼

此關係很密切，大家都有「自家人」的感覺。這種團體是普遍的，在任何時代或社會發展階段皆有。它們對其份子人格的發展有很大的影響，並且這種影響是有永久性的。

因為顧里強調社會生活的整體性，所以他團體中的成員與團體的關係。強調「所謂初級群體，是指成員間有面對的交往與合作的群體。初級團體最主要的是構成個人的社會性和理想性的作用。經由成員彼此間密切聯繫的結果就是一個共同體中各種個性的整合，因此，一個人的自我在很大程度上是群體的寫照。描述自我的整體性的最簡單辦法是用「我們」來表示。顧里認為初級群體的統一是建立在和諧和友愛的基礎之上的。他認為「這些情感將獲得共鳴而被社會化，並且受共同精神的約束。個人可能雄心勃勃，但他目標和其他人的理想一致。」

在初級群體中交往最密切的重要群體是家庭、兒童遊戲群體和鄰居。顧里相信這些群體足以產生彼此的友誼，是培育友愛和同情心的園地。在這些群體中，人們為了整體的最大利益可以放棄個人利益，並且用同理心和情感促使彼此聯繫在一起。非屬初級團體的群體中人與人之間的只是為了相互調適以獲取個人的最大利益。在這樣的群體中，人存在的價值在於獲取自我的利益；相較之下，初級群體是以彼此的內在價值為基礎。

初級團體與個人關係密切，其主要的特質可歸納如下：(1)人數少；(2)經常不斷的面對面互動；(3)頗為持久；(4)關係親密，共享互相關懷，即情感的結合；(5)重複的關係；(6)非工作取向的關係。

布朗（Leonard Broom），認為初級團體與個人的互動中有如下的特色：

1. 對全人（whole person）而非部分發生反應：父母對子女的反應，不管子女行為表現好或壞，皆能予以接受，這種反應不會發生於對待他人的子女；是全人反應的一個典型例子。顧客與店員之間反

應，僅限於標準化的銷售行為部分，而且這種反應可轉移於另一顧客或店員，這種反應是次級的。

2. 溝通縱深橫廣：在初級關係中，溝通的範圍和方式，均少有限制，凡是不能出現於公共場合的感覺和需要，能在初級關係中盡情表示。次級關係不能透露人格的深層，而侷限於正式的和公關的互動中。

3. 私人滿足高於一切：初級關係不是利用為達到進一步的目的之工具，而是直接獲得私人的滿足，是對初級關係本身加以重視。

至於，初級團體對個人的指導含有幾項特質：包括在初級關係中，個別性受到重視。同時，個人從初級團體的成員身分，獲得自我意像；此一意像因成員身分的繼續而得以維繫不墜。另外，因為初級團體所考慮的是全人，瞭解他的缺點與優點，各方面顧及他的特殊個性，故能緩和外在規章法令所帶來的壓力。初級團體為了保護個人，對於目標和規則，予以變更和解釋，以配合個人的能力，及其個別的特殊環境。

源於上述的特質，我們總結初級團體對社會具有下列的功能：

1. 初級團體在形成個人的社會導向與理想是最重要的，亦即它對於團體成員的社會化扮演一個重要角色。

2. 所有人類需要他人的情緒反應，也要與他人有密切結合；初級團體能夠滿足這些需要。

3. 初級團體可作為社會控制的工具。

4. 初級團體，其成員若不接受較大社會的規範，則可能會對社會發生反功能。

間接（亦稱為次級）團體

是指比較大的，人類眾多的，和缺少私人接觸的人類結合，如國家、

都市、政黨、教會、工會，以及其他各種專門職業或學術團體的組織。在這種團體裡份子的聯繫不靠面對面的接觸，而是藉傳達工具爲媒介，他們彼此之間也許永無一面之緣。就其特質，可歸納如下：(1)人數多，規模大；(2)有限的、非私人性的面對面互動；(3)非持久性的；(4)關係弱淡，非情緒、正式、特殊化的，即成員相互利用以達到特定目的的結合；(5)有限的關係；(6)工作取向的關係。

參考團體

所謂參考團體（reference group）（或參考他人），根據古德曼及馬可仕的界定是指我們在面臨各種態度或各種行動方針時，必須從中選擇其一而可給我們作參考的那些團體（或他人）。參考團體提供個人以價值、行爲標準，甚至特殊的自我意像（self－image）。人們藉諸「規範參考團體」（normative reference group），以確立他們自己的行動標準。他們參照「比較參考團體」（comparative reference group）的標準與表現，模塑他們自己，以及他們根據「觀衆參考團體」（audience reference group）對其評價，以調適他們的行爲。

一般參考團體之「關係形式」可以分成四種：

1. 份子身份關係：按此形式，個人使用其所屬團體的觀點，作爲指導其思想與行動的參考架構。
2. 期望參與的關係：按此關係，人們常使用其希望參與之團體的規範，作爲評價自己及指導其行爲的尺度。
3. 認同的關係：人們會認同於非所屬團體的某個觀點，並使用該觀點作爲指導其行爲的規則。
4. 否定的關係：人們對於某一團體的否定取向，會導致其對該團體表

現出敵對的行爲。

　　參考團體雖然從來不能全面決定個人的行爲，可是這個概念卻有助於社會學家，透過隱藏於個人對參考團體的忠心或厭惡以瞭解行爲的微妙之處，而這卻不是僅僅從個人的初級與次級的團體身分所能容易解釋的。

正式組織

　　正式組織是指「任何社會模式，其團體內一部分人的一切活動，均由另一部分人爲之訂定系統的計畫，以達成某種特殊的目的，此種組織即爲正式組織。」就此定義，我們可以分析其特徵爲：

1. 正式組織是爲了某種特定目的或功能而存在的。
2. 組織內的一切活動或工作是有一定的系統，以別於任意的或自然的非正式組織。
3. 正式組織內是具有層級結構。決定計畫的人，即是有權力的人，其地位高於依據他人的計畫而工作的人。

團體的動態

順應

　　順應（accommodation）：生物改變其構造和功能，以合乎環境的條件，以圖生存的方法；是個人調適於社會環境的最普通的法則。是改變個人一部分的習慣行爲以適應環境的需要。人爲參與社會需有順應社會的行

為，或出於個人的自願，或出於環境的逼迫，須視個人與環境的狀況與關係而定。順應亦有多種，最普通的順應是「順從」──就是順從環境與需要。另外就是「權宜」──人若遇到環境的狀況，不得不暫時服從或順從以解決當前的困難，權宜是非常的行為，亦是偶發的不得已行為。人處特殊環境而遇特殊的刺激，往往需要特殊容忍，以順應環境。換言之，人處此種情境時，須抑制其習慣行為，以避免衝突或糾紛。消極的順應即是「聽天由命」，社會情境常錯綜複雜，不可詰究。有時愈用人力，愈不易解決，反而純任自然，聽其演變，可得佳果。人處極困難或極危險的境遇，而能以極輕鬆的方法解決之，謂之智術，亦稱為機智。人能以智術調適於社會環境，絕非易事，故智術非人人所能。

同化

同化（assimilation）是指：不同文化的個人或團體融合成為一個同質的文化單元的過程。同化與順應二者性質相近，而範圍與程度不同，順應是改變一部分的習慣行為，或暫時加以改變。同化則是改變全部的習慣行為，而且長期加以改變。個人同化是與社會上混合同化，而不自立異。人自出生後，漸漸接受社會上的文物制度風俗習慣，而成為社會中的一分子，這種過程，稱為同化。

合作

同化是指行為的混和言，凡多人有意無意間，為達共同目的各自表現似相配合的活動，謂之合作。人在社會與他人共同生活時，隨處須與他人合作，以適應環境的需要。合作的法則可別為二：

1. 分工：各人分做一事的一部分以合成一事。社會上各種事情牽涉了許多人的，恐怕沒有不是分工的。職業上各種任務，其性質愈複雜，其分工愈細密。每一分工部分的工作，與其他部分密切聯緊而不能獨立自存。整個事業的推進，常恃各部分的和諧合作。任何一部分的不能合作，即影響於整個事業的進行及其效率。
2. 互助：互助是互相補助的意思。分工是分別合作一事，互助是共同合成一事。在物物交換時代，「以其所有，易其所無」的貿易，是一種互助的現象。即現代商業「以貨幣交換物品」，也是有互相補助的意思，所以也可稱為互助。

克制

人遇環境中種種困難，不為環境所屈服，而能設法加以克服者，謂之克制。克制環境中各種困難，為人生一大問題，原非輕而易舉之事；但其基本法則，不外乎下列兩項：

1. 制服：一遇困難，便直捷了當把困難制服。
2. 說服：不用武力，而用言語善為說辭，以理說服。

領導

為達到某種目的，設法控制環境中的各種條件，為我所用，謂之領導。為達到對外在控制的目的，有時需以智術統御環境，使外人不知而目的已達。

變通

　　人之調適環境往往因困難而不能進行，其不能不轉變其方法或方向，以求順利。易經上說：「窮則變，變則通，通則久。」由窮而變爲治事不可忽略的一種原則。普通人調適環境，固往往如此，即偉大人物，意志堅強，除基本原則不變外，有時亦不能不稍事變通，以適應環境的需要。

因勢利導

　　社會環境中種種現象與種種條件，未必全合我們固有的計劃，固有的程序，與固有的意向。但亦可設法就其原有狀況，因勢利導，使漸合於我們的期望。

調適

　　我們對於環境的調適，並非是被動的而是主動的。我們自身立於主動的地位，對環境表示種種適應的活動。至於奮鬥，是與環境作繼續不斷的調適，在未能獲得完全調適之前，還是繼續奮鬥。所以奮鬥可說是對環境不斷的求調適的表示。

防衛機轉

　　人因身體或心理或其他社會方面的缺陷而思調適於環境，這爲人生極尋常的行爲。防衛機轉包括：

1.幻想：這是逃避現實的一種法則。

2.自解：人對於困難或缺陷常加以一種「自圓其說」的解說。

3.替代：在不能消除其困難或缺陷時，另在別方面設法彌補。

謙退

人遇環境中困難，既不能積極的加以克制，復不能設法彌補其缺陷，其惟一的法則，只有出於消極的謙退一途。謙退有二方面：一謙遜，二退讓。謙遜就是尊重他人的自尊心，而仍不失為維持個人的自尊心。所以謙遜實為調適環境的一重要法則。人能卑以自處，虛以接物，就是謙遜。至於退讓：完全是一種消極的應付。對於環境的種種困難，不願或無法應付時，往往出於退讓。謙遜偏重於態度方面，退讓則注重行為。

競爭

競爭（competition）是指：兩個或兩個以上的人或團體互爭一種有限的東西或目標。

衝突

衝突（conflict）是指：兩個或兩個以上的人或團體直接和公開的鬥爭，彼此表現出敵對的態度和行為。

團體的形成

　　英國社會學家史賓塞（H. Spencer）以有機體的概念描繪社會，建構著名的「有機類比說」，而此種概念亦可運用於團體的形成。團體的形成。團體的形式可區分為「團體期」、「形成期」、「協商期」、「成就期」、「完成期」等五個階段，其主要內容包括：

第一階段：蘊育期

　　本階段分為三個小階段：

1. 團體前的私下期：此時團體成員都是未知的、未曾整合的。伯恩（E. Berne）認為這個階段只是在團體組織發起人的心中存在。
2. 團體前的公開期：團體領袖決定一個團體的組成，而將之公開於世，這時有可能參加的成員會問有關聚會的時間、地點、期限、團體大小、以及其他成員的興趣等。這時應該決定團體的目標與內容，完成契約與提供服務。
3. 團體前的聚合期：經由面對面的會議，帶起團體成員對團體的期待。

　　概括地來說，這一階段的三個時期所要做的有三件事：(1)透過會談，個別了解，決定組成團體的成員；(2)組成團體後，成員開始面對面互動；(3)發展團體目標。

　　然而，從第一次見面開始，一些細膩的團體動力可以感受到。團體首次會面即是引介（orientation）的開始。這時，很明顯地有兩組行為將發

生，一種是沈靜而退縮的；一種是活力而粗暴的。每個成員總是試探性的、機伶的、揣測的、以及爲達到目的而考慮安全性。那種情形下，心情是焦慮的、恐懼的、封閉的、僞裝的與不友善的。此時成員也期待得到訊息、友善、安全與解除緊張，他們同時渴望有成果出現；但反對領導權威。因此，團體領導者應多敏感地聆聽，不宜造成壓力，應允許團體內的社會距離存在。團體不宜追究成員使用熟習的角色與地位之原因，應允許成員有試探的權利；工作員也應盡力製造一種保護的、包容的氣氛，運用催化的功能，使團體發展一種可信賴的關係。應該是用坦誠和眞實而可信賴的活動，以增加成員的信心。

具體而言，此階段在社會目標團體裏，領導者在於使成員認同與參與團體，並協助成員熟悉團體計劃，而使他們能在民主參與中活動。運用澄清來協助團體表達共同需要，並探索可能的團體行動，以迎合這些需要。

第二階段：團體形成期

這個時期成員開始確立角色體系和行爲模式，團體被要求達成成員的期待。此時團體成員對領導者或其他成員或團體本身有依賴感的產生。並開始分化領導群，人們開始有其角色功能，他們發現了自己的角色，清楚了團體目標，參與團體的方向，滿足自己的期待。團體形成階段將產生導向、試探、認同、人際關係的期待、任務的行動，以及互賴關係的產生。此時期應鼓勵成員參與，協助成員產生歸屬感，分享互賴關係，建立團體主要目標，發現達成目標的方法。

一般來說，短期團體只有一次這種機會；而開放會期的團體(open-ended group)則因不同時期而改變形式；長期團體比較不執著於團體的形成過程，有時會因團體結構或領導者的能力而變化每個時期的長短或改變團體生命週期的幅度。

第三階段：協商期

　　團體形成後隨即進入整合階段，但並非整合之後就不再分化。並非所有團體都會發生分化現象，有些團體可以順利跨過。

　　這個階段成員處心積慮在尋求安頓（to find a niche），此時可能產生四種情境，(1)成員計謀控制團體；(2)試探領導者的主張，使他不能壓制或掌握團體；(3)成員可自由表達各種意見，以及負責團體一切事務時，成員會感到焦慮；(4)成員開始發展相互關係。團體可能因衝突而分化，對於成員間的衝突，固然會為團體帶來衝擊，但亦可能有益於自我再認知，成員可以從別人的回饋中了解衝突的本質，以引導成員從衝突過程中獲得同理心的能力，何況衝突也應由團體成員來處理。通常在團體過程中的衝突應是有意義的。必須協助團體發展近程、遠程的工作目標，不論是多麼民主的團體，工作員都可參與成員的團體決策，只是參與方式不同而已，在發展性團體，工作員可以用激發成員表達個別意見或適時提出具啓發性或示範性的意見，以達到團體創造性思考的目的。這時侯，成員更牢固地連結在一起。成員間的互賴成長是關係到既定目標的達成，強調團體活動在於增強彼此工作在一起，如此，進而增長達成團體目標的信心。

第四階段：成就期

　　團體逐漸能明顯地表現團體的功能與維繫團體的進行。團體目標變為有意義的，即團體目標突然呈現。在以人為中心的團體此時可以達到社會情緒得到支持和感受的表白。目標的達成，使團體形成一種團體感（groupness），發展出一種內團體的感覺（in - group feeling）。

　　團體的成就期在社會目標團體方面是解決了最大的權力問題，且有高

度的相互支持與良好溝通。初期社會目標達成時，領導者可以協助團體擬定新的目標。另一個團體工作階段開始後，經由成員投入與參與，以確保團體不地停產生效果。成員注意到團體外的改變。團體在未達到完成期之前仍然不斷地在調整環境與滿足需求。

第五階階：完成期

團體完成期是指團體結束，完成期可分成結束前的準備階段及結束後的追蹤工作。團體結束前，領導者應適時提醒成員做分離的準備，並進行回饋與經驗摘要的工作，使團體經驗完整性。一個團體的結束通常有幾種情況來判定，(1)團體已到了預定結束的時限；(2)團體完成預定任務時；(3)成員不再需要這個團體時；(4)團體無法再整合時；(5)團體嚴重分裂時；(6)團體痛苦感受漫延到整體時；(7)成員少到無法完成任務時；(8)缺乏共同的目標時。

在結束團體的階段，應協助成員考慮原有團體目標已實現後的新方向。

團體的例證——台灣地區的原住民

中國人關於台灣原住民的學術研究，首次較具規模的團隊合作，是民國38年由省文獻會及台大考古人類學系等單位。展開民族學調查。關於台灣土著族群的分類，是根據體質、語言、習俗，一般討論認為是九族山胞，有人亦以邵族為一族群而有十族。

早期學者為重建原住民傳統生活的歷史面貌，視其為與外界隔離的原始部落；後來的研究則是視這些山地部族視為是鄉民社會，李亦園和許木

柱等學者指出「隨著台灣經濟的發展，山地社會已相當程度的納入整個台灣社會的經濟體系中，山地部落已無法孤立於大社會之外，且在經濟上也產生了某種依賴。」即山地社會已不是孤立部份，它在整個台灣社會中，也因其自然、人力資源而有著重要性，但由於歷史上的種種，使得山地社會之外的各種因素，如政、經等更影響他們至深，所以單獨考察將無法有效瞭解；因此要瞭解原住民族群，就必須置於台灣社會歷史發展的脈絡中，從族群接觸（包括社會、文化接觸）中的觀點來理解其內涵。因為社會是一整體，社會結構與文化往往難以區分；雖然文化較偏向精神、觀念，社會則比較是指談結構、組織、技術，然而實際上彼此常存在著互動的關係。雷菲德（Rober Redfield）強調：「文化是各種習慣性的整合。通過文化系統才能描述這個社會。」原住民社會是指一個生態系統中，共有一獨特文化的群體。就原住民歷史上社會的發展階段，我們嘗試用雷菲德「民俗社會」的理念型（ideal type）中的幾個不同面向的特質來分析：

社會比較孤立，成員人數較少

原住民社會由於人口少，互動都在自己熟悉的範圍，我群意識強烈，易排外因此具封閉性，與外界連繫少，但社會成員之間溝通密切頻繁。

缺乏文字紀錄

文明人類與其它人、其它時代的溝通，是透過書籍來實現的。而原住民社會封閉的一個特徵，就是沒有任何書籍。社群的溝通只能透過口頭語言，因此只限於很小的範圍。另外，也由於缺乏通過文字紀錄建立起信念型式，所以就不存在文明人類所具備的歷史意義，也不存在根據紀錄經驗所形成的科學基礎。除了工具和其它耐久的製造物，經驗累積的唯一方式是智慧的增加，這種增加是隨著長期的個人生活實現的；因此，只有老人才具有聲望和權威。

經濟上為自給自足單位

原住民社會本身便是一個消費單位,在單位內人們生產自己消費的產品,又消費他們生產的東西,自給自足。

社會文化變遷緩慢

雷菲德指出:民俗社會的成員處理重覆發生的生活問題的方式,是習慣的累積,這種方式是群體內部在面臨這些問題時,長期相互溝通的結果。這些習慣方式在人們之間相互關聯起來,最後形成一種系統,即文化。而在民俗社會的內部,這種整合體,或這個社會系統,能夠滿足個人從生到死反覆出現的需要,滿足社會在不同季節和年代的需要。

行為以傳統為取向

原住民社會的成員,在任何時候作任何事情,這些事和每個人都有複雜的關係,表現著集體的感情和觀念;由於個人行為不斷重覆出現,而成了模式化的習慣行為:它往往遵循著一種規範。人們所做的事之所以可以做成,不是因為某個人或是某些人決定應當做,而是它對於事物的本質來說似乎是必要的。亦即,民俗社會的行為是傳統的、自發的和無批判的。

宗教信仰力量可觀

民俗社會的文化是一種整體大於部分的文化,生存的保證來自於宗教的支持,人與人之間的各種關係也由超自然世界所控制的觀念或文化的其它方面所憑斷。對於民俗社會的成員來說,生活不是單個人的行為,也不是那一種不同的行為,生活是一個複雜的整體行為,其中的每一部份都無法和這個整體分離,儘管它可能不影響其它部份。

社會結構比較簡單

民俗社會是根據家庭,即血緣所組成的社會,而非根據地緣來組成。而個人的關係,乃帶有家庭性質,且家族模式往往可以向外擴展,從有輩

份關係的個人群體，一直擴展到社會整體；但當民俗社會匯聚了大量人口，或者是村落，或者是遊牧社群，就會發現兩種情況：即重視同宗關係，婚姻則落居於第二位。

社會發展的階段的分期可分爲民俗社會、鄉民社會、現代社會。其中所體現的文化型態又相應有：部落文化農村文化邊陲文化，這三種不同的社會文化階段，各有著不同的特徵和運作邏輯。就台灣原住民來說，最早由部落文化的民俗社會走入鄉民社會的，可追溯至荷蘭人佔領台灣時的平埔族部落，其它各族則依種種歷史因素，和地理位置的環境而有時間早晚不同。不論改變時間，台灣原住民都經歷過民俗社會的階段，散居各地不同的部落，雖在組織型態上略有差異，但在社會各面向卻有著共同的特性。以原住民的觀點，乃是經歷幾次外力的進入，及族群間的接觸，其影響較著者計以五次：

西元一六二四年～西元一六六一年

荷人於一六二四年以經濟上的動機進佔台灣，爲了開發更多富源，荷人在生產技術上力求改進，更藉由軍事上的優勢，來鞏固及擴展經濟利益，宗教則作爲他們安撫及開化原住民的輔助。爲行政區上的便利，荷人把勢力所及的地區分爲七個行政區。他們讓各種原住民依照舊習慣來選舉長老，這使得原住民原本全面性的傳統得以保留，這外力也被整合入原住民原有的組織結構中。對於當選者授以刻著公司徽章的銀頭藤杖以作爲權力的標誌；並與他們維持著良好之互動關係，每年且有固定之聚會，以檢討相關事項。原住民和前一時期相同，未有整合的力量，但可自給自足；而荷蘭人所轄的，無疑是其中最大者，雖擁有較高層次的組織技術，及生產方式，卻由於過客心態，和經濟至上的動機，使得對全島完全的操控並無興趣，因爲這將耗費更多荷屬東印度公司的經費，所以他們所捍衛的，並不是實質的領土，而是現實的利益。此種模式的發展，導引著台灣發展

的方向，並影響日後的原住民至鉅。

西元一六六一年～西元一六八三年

　　此時鄭成功據台，其念念不忘者即揮師中原，以大陸中土為核心，所有台灣資源都作為此一系統軍事和政治上的支援，因此他行屯田制，強力分兵開墾、鎮撫土著，此時墾區已達今之彰化附近，並將平埔族人納入生產體系。這個系統的特色，在於以漢人為多數，已超過平埔族人口，此即漢人眼中的「熟番」。漢族以強勢的人口吸收入原住民，系統中的權力面又多握於漢人之手，平埔族只好臣服於此系統內，任由原是其「鹿場」的大塊平原，讓漢人來墾種。鄭氏系統的開發地帶，除南台灣外，中、北部僅是點的控制，東部則非其範圍。因此大部分的土地仍在原住民手中，在這些系統裡，傳統社會文化的體系仍維持其各自系統的運作，他們仍擁有自己詮釋的世界；所不同於前者只是一具有優越土地經營技術與生產方式的族群，已建立起一個系統，雖其擴展有限，但經由「傳播」的作用，族群的辨識已有更明顯的力量。

西元一六八三年～西元一八九五年

　　國姓爺在台灣雖遵明室，但實際所施的，卻是獨立自主的政治和行政制度。清朝於一六八三年據台後，將臺灣改成福建省的一府，這樣就和滿清帝國渾然一體了，獨立的政府北移，使它成了一個更大體系的邊陲，這種系統的性格及大結構上的位置，使得中原文化作為一種生活方式，其影響力愈來愈大。

　　初期清人只在荷、鄭的範圍內消除反清勢力，除非有亂民深日入內山或東部，才有軍事行動；也為了這個原因，他們嚴格管制渡台的群眾，以免人口擴展太快，一旦平地人口飽和，就繼續向內地深入，將原住民趕開，原居平地的居民向山區移動，導致其他系統的重整。後期由於其他外力，改變了清朝眼中對台灣的看法，態度轉趨積極，其中由以1884的劉銘

傳影響最大。他是台地第一巡撫，不僅著力撫蕃，統合近年之成果，其在今宜蘭、台東、南投埔里都已拓墾，更在已墾殖區修大路，以續往原住民所須居之山區前進；他也鋪設了台灣、澎湖、福建間的海底電線，使得台灣和世界的電報體系發生連繫。這些作為奠定了台灣作為一個單一體系的規模及基礎。

西元一八九六年～西元一九四五年

西元一八九五年，日人據台，延續了清末劉銘傳力圖革新的企圖，日人積極地經營台灣亦是以「經濟」為重。日人期望糖及樟腦等經濟作物的生產能有利可圖；但樟腦生產卻是以山區為主，為能有效開發，便與其原住民政策息息相關。大體上可分為三時期。

(1)約一八九五至一九〇六年，此時如上面所言，重心在平地即系統內的穩定及治理，對於系統外的山地則是懷柔放任。

(2)一九〇六～一九一五年，開始擴展系統規模，其方式是設置「隘勇線」，標出系統的地理邊界，並對山區的原住民逐漸包圍，在此一系統內，經濟的發展，社會的制裁，以及各地區都需服從系統內統一的核心政權，不再有自主能力，各地互賴關係的關係形成，則是系統運作的基礎。

(3)一九一五年日本戰敗離開台灣，原來對於這些系統的邊陲部份，所採「撫育」手段，施以基礎教育，輸入稻作農耕改變其生產方式及土地機經營技術，仍有深遠的影響。

西元一九四五年之後，政府初期以保留地方式，持續了日據時期山地社會的規模，並在「山地平地化」的口號使這單一系統的凝聚及連帶更加突顯。

從以上五個階段，我們可以發現：從早期多個系統並立到晚期一個系

統的形成，給原住民帶來不同的影響，像早期的經濟影響、軍事擴張，後來政治權威的作用，深深影響著原住民的外力與結構因素是在歷史中形成。原住民一直無法保有主體性的歷史過程，其因素有：

1. 原住民的文明，一直未發展出較高級的組織層次，欠缺超越部落、族群的正式政治組織，也缺乏物質文化條件的配合，使得全面性的整合力量缺乏，以致無法和外來移民競爭。

2. 原住民的族群繁多，在現實生活中，很少存在著族群的認同，多半是化成不同支的血緣團體，或不同的社群，這樣數十個的組織實體更由於對立、結盟的關係而被主流系統利用。

3. 原住民獨特的文化特性，各族的表現可統合成一種完整面貌，在快速變遷的環境中，無法有效的對外來的挑戰作出反應，相對地主流族群也一直缺乏對原住民的基本尊重，以保障該族群的生活。

4. 由於台灣本島的地理位置近中國，中國人民總會就近移至台灣，其人口的壓迫很快就形成平地的困擾，而往山區移動的結果，即使得原住民的生存空間縮小，加上系統一統化的要求，終於使的原住民喪失了應付外來挑戰的能力。

下面我們將用更具體的實例來說明，外來的力量對原住民的社會文化造成變化。

外來宗教─原住民儀式的基督教化

在外來宗教方面，原住民的社會歷史中，曾出現幾種較明顯著，其一是漢人的民間信仰，如道教。其二是日本人的神道教，其三是西洋傳來的基督教、天主教。其中西洋宗教在很短的時間內深入了原住民族群，即在六〇年代中形成80％的原住民信仰基督、天主教的格局。為何在短時期間原住民便大量的放棄原有宗教，大規模地接受西方的宗教？學者研究的結

果可歸因於：教會主動傳敎的結果；生態改變（水田稻作取代火耕）使得原有的傳統宗敎活動無法解釋新的現象、治療新的疾病；傳統社會組織的沒落，造成了原有宗敎衰亡，代之而起的是西洋宗敎；另外物質的吸引也是原因之一，西洋宗敎在傳敎時所帶來的救濟品、現代藥品設施，更使信徒人數大增。

市場經濟的介入

使原住民變遷由鄉民社會，推展到現代社會的階段，則始於市場經濟體系引進。市場經濟的介入，加上土地測量政策的結果使其原有的社會結構瓦解。因為土地已不再如傳統社會般地由集體所領有，其建立在集體基礎上的社會組成也因土地的私有化而漸趨式微。

近代，當原住民的社會系統不再孤立，紛紛被合併入一個更大的系統後，這個較大的社會體系變成了原住民族群各單元變遷的動力，原住民各族群成了大體系的邊陲，大體系又是一個更大的體系的邊陲，整個世界經濟的資本主義體系，則是終極的推動力。於是原住民各聚落的低度發展是可以預期的。但是原住民本身的自覺，加上漢人的反省，使得我們可以期待這些情況或許能稍有改善。

第10章　社會組織與科層制度

社會組織的定義與分類

　　社會組織是社會學所常用的一個名詞。就社會學的觀點而言，社會組織是一個社會或一個團體內的各部份相互關係的總體。這是說，人類的社會組織，不是散漫而無秩序的，社會的各部份，彼此都有密切的關係的，是一個有系統實體。

　　社會組織是「存在於特定的社會環境之中，由相互間具有有機聯繫的要素有秩序地組合起來，為完成特定功能或達到某種目標而建立，並隨著內部要素和外部環境的變化而尋求生存、適應、變革和發展的一個複雜的社會系統。」一般性的組織具有有以下基本特徵：(1)組織的開放性。組織是一個有機的開放系統，而非機械的封閉系統。它不斷地與外部環境進行物質、能量和信息的交換，獲得資源即輸入（input），然後予以認知、分析、判斷、評估，形成決策或計劃，即轉換（transforming），最後向社會提供產品和服務，即輸出（output）；(2)組織的生態性。作為生態系統，對外組織必須感知、了解、分析外在環境的變遷，從而不斷地加以適應、變革、謀求生存和發展；對內必須就所掌掮的人、財、物、時、地等內部資源作統一的整合使用，從而保持新陳代謝、不斷發展；(3)組織的心態性。組織的主體是人，是由人們的行為互動而形成的人際關係模式，是人們之間相互影響和協作的一個合作系統，它具有較為明確的團體意識、價值觀念和行為規範；(4)組織的整合性。儘管從不同角度來分析，構成組織的要素各種各樣，但各種要素之間具有相互依存的關係，組織是建立在各種要素有機結合的基礎之上的；(5)組織的目標規定性。任何組織的建立總是為了實現某種目標，獲取某種利益，即具有自己既定的目標，組織正是圍繞目標形成、運行和發展的。

社會組織是人類社會存在和發展的前提條件。人正是憑藉組織的力量使自己擺脫自然狀態，又使自身不斷得到發展。組織擴大了個人的力量，造成一種新的合力。當人們通過組織把許多孤立的個體結合成一個能動的團體時，它所產生出的力量遠超過同樣數量個別的「機械總和」，並足以提高工作的效率。

社會組織複雜多樣，情形各異，學者們為便於研究起見，常依其特性進行分類，但因分類標準不同，故有不同的組織分類：

1. 按組織中權威的基礎，可分為強制性組織、功利性組織、規範性組織。
2. 按組織內部是否有明確、正式的分工關係，要分為正式組織和非正式組織。
3. 按受惠人的情況，可將組織劃分為公益組織、服務組織、企業組織、互利組織。
4. 以權力分配為標準，可將組織為集權與分權組織、完整制與分離制組織、首長制與委員會制組織、層級制與功能制組織。
5. 以主要功能為標準，可將組織分為領導組織、幕僚組織、實作組織、顧問組織、營業組織。
6. 以能否自由參加為標準，可分為自主組織、準自主組織、非自主組織。
7. 以社會生活的基本領域為標準，可分為親族性組織、文化性組織、經濟性組織、政治性組織。

社會組織間各部門的固定關係，固為一般所公認，但這並不是說組織是缺乏變遷的。在現代社會裡，一切社會組織，均在不斷變動，不斷發展，不斷適應。無論在功能方面，結構方面，為維持組織的繼續生存，必須隨著環境為之調適。易言之，社會組織是團體或社會內部關係的體系，

其所組織的份子非彼此獨立，而是互有聯繫的。這種聯繫的性質，決定社會組織的類型。

社會組織的特性

自社會結構的角度分析社會組織，則可以發現社會組織的特性有下列項目：

組織是社會運作的必要工具

社會學家把組織視爲達到特定目標的工具。其結構型態透過合理的設計，務求以最高效率完成既定的目標。在此前提下研究者所追究的只是工具的有效性，至於他所要達成的目標是否有價值以及選定這些目標的過程都不在研究範圍內。韋伯的學說可以說最接近這一研究途徑，他研究的主要對象是行政組織，但他所列舉的理想的組織應有的特性，大都可以使用到其他型態的組織上。他認爲一個組織必須具有以下的特性，才能以最高效率達成組織的目標：

(1)組織必須有一套規章，爲組織行爲之依歸。

(2)組織行合理分工，各單位有其專業職掌。

(3)權力之分配依位置之高低而不等，權力之範圍不得超出組織規章所賦予者，各單位層層節制。

(4)工作人員與其職位是合約關係，貢獻其所長，而得薪金爲報酬，在工作之外，工作員有其個人自由。

(5)工作人員是任命的，不是選舉的，任用悉依其能力是否適合其工作

為準。

(6)工作員應依規章執行其職務，個人的情緒、偏好、以及私人關係，
不應與所辦業務混淆。

從以上的條件來看，為求達到組織的目標，不但整個組織要求高度理
性化，即使工作員在組織中的行為也應完全理性化，務求達到最高效率。

依照上述條件建立的社會組織，有許多優點：

第一、工作順利進行，有理性化的組織結構為憑藉，即不必依賴工作
員彼此所持的態度。事實上，純理性化的組織對工作員彼此間良好情感的
發展，是不鼓勵的。因恐一旦有私人的情感關係，往往會影響正確的判斷
和紀律的執行。其次組織既有了正式結構（formal structure），其受人
的因素左右的程度，便大為減低。不至發生「人存政舉、人亡政息」的現
象。組織的重要職位，不必一定要由「偉大人物」來充任。天才超眾的人
物，偉大的領導人才，或可增進組織的工作效率，但組織卻非如此即不能
生存。

然而，組織的正式結構也有許多缺點：

1.同事間的關係完全「公事化」，使得高度的團體精神無從產生。
2.組織領袖的新陳代謝，絕不像工具者所想像的那麼簡單。而組織對
於有創造力的人才之要求，也因其性質而異。如果組織的任務，要
求工作員能發揮其創造力，則過度拘泥於組織的正式結構，對工作
效率反而有害無益。

組織的運作是有目的

這一研究途徑和組織工具論相似卻不相同。後者認為組織是達成某一
團體之目標的工具，前者則認為組織本身是有目的的，那麼組織的目的究

竟是那些？目的對組織的結構又有那些影響？這是此派社會學家研究的主要問題。

　　首先應該注意的是，組織正式宣佈的目的，與實際上所追求的目的並不盡同。組織所正式宣佈的目的，當然有其重要性。它們一方面是組織活動的準繩和衡量其成就的尺度，另一方面也是組織所以存在的依據。然而，儘管組織的正式目的有上述作用，如果以這些「條文」為評估其工作成就唯一的準據，則是不切實際的。蓋以實際的表現和預定的目標之間總有一段距離，倘若以之為唯一的衡量尺度，及不免得到一些武斷的結論。不是說某組織未曾有效的達成目標，就是說該組織所實際追求的目的與它所想達成的目標不是一回事。事實上，任何組織都不能百分之百完成其理想的目標。其所以如此，部份原因是由於組織的活動，並不完全與達成其目標有關。為了組織本身的生存固然用去了部分「能量」，在作成各種決定的過程中，因為內在和外在的壓力，又不免有所折衷，而在執行的時候，由於執行者的能力及作風，也不免發生若干變化。此所以組織的實際工作與理想目標永遠有一段距離。

　　為達到組織運作的目的，一般需要把握下述兩項原則：

　　第一、任何一個組織為了它本身的繼續生存，總要解決若干基本方向，但以從事與完成其目標有關的活動為最優先。組織要作的決定種類繁多，許多社會家曾將組織所要作的決定加以分類，其中以帕深思（T. Parsons）所作的三級分類法在觀念上最為清澈。一個組織的各級單位，由於任務的不同，要作的決定也各異。組織的最高層級單位，其功能在協調組織與外界社會的關係，以便達成其目標，並能繼續生存。組織的中間層級是管理級，其任務是取得和分配其所需的人力與物力，並協調各單位之工作。最低層級是技術級，其責任是在技術上如何完成本單位的任務。以大學為例，大學教育是否應與經濟建設配合，其經費來源如何等等，是大學最高級協同有關組織（如政府）應作的決定。至應招多少學生，建多

少教室，請多少教授，是管理級應作的決定。至於如何招生，如何建教室，如何請教授，那便屬於技術性的決定了。

第二、不論組織的目標是製造某種產品，或是提供某種服務，總不免與其外界環境（其他社會單位）發生關係。一個組織依賴其環境的地方很多，如原料、設備、市場、勞動力，和政府補助及減免稅等。同時，甲組織的產品，可能正是乙組織的原料，彼此關係密切。

組織為一社會系統

韋伯一派的學者，由於著重現代組織和其他群體活動的不同，故特別強調組織理性化的特性。但是他們過份強調了組織的這一面，卻忽略了組織的另一面，那便是它的非理性化層面。例如工作人員彼此的關係固然有組織的正式結構加以規定，可是或因他們趣味相投，或以因利乘便，或以利害相關，而又形成若干小的組群，成為非正式結構（informal structure），而這些非正式關係不一定有益於促進工作效率的。注意研究組織這類非理性現象的學者所使用的一個觀念，就是把組織視為自然的社會系統（social system）。簡單地說，這一觀點認為任何一個社會單位都有若干基本需要，這些需要如得不到滿足，此一單位便不能繼續生存。而且，能夠滿足這些需要的，諸種因素是互有關聯的；一個發生變化，必導致其他因素也發生若干變化。社會系統究竟有那些基本需要呢？帕深思認為任何社會單位都有四個基本需要：(1)適應環境；(2)完成目標；(3)內部團結；(4)維持其文化模式。組織不過是一個具體而微的社會系統，也有這些基本需要。如何獲得它所需要的資源（人、財、物、地），是其適應環境的問題；如何運用已獲得之資源，以完成既定的目標，是第二種需要的滿足。組織的內部團結問題，是指如何使工作人員能作最大的努力，達成組織所分配給他的任務。第四種需要是指組織為使其工作人員和社會大眾瞭

解並接受其存在價值而作的種種活動。組織和其他社會系統有什麼不同呢？其不同在於它特別注意目標之達成而已。

組織不僅可以視為若干社會結構，而加以分析、研究，同時也可以視之為工作人員生活與工作其中的環境。有許多社會學家就是採取後一途徑來研究組織的。探討個人在組織中的行為，可以從許多不同的角度著手。包括：第一，組織成員的動機。第二，組織對其成員的影響。

組織成員的動機

組織成員可粗略分為志願與非志願兩種。非志願成員如監獄中的服刑者、集中營的受難者、乃至精神病院的病人。他們的進入這些組織不是由於強迫，便是出於必須，所以當事人的動機可以略而不談。至於志願的成員則是為求得報酬而參與組織。報酬可概括分為金錢與非金錢報酬兩種。後者包括工作環境、工作性質、組織的聲譽、地位的高低、個人理想實現的程度等。一個人決定參加某一組織，便是計算這兩項報酬的結果。革命者參與革命政黨，愛國者投筆從戎，慈悲為懷者獻身教會，但求理想之實現，心靈之滿足，至於報酬的有無或多寡，在所不計。這些人的計算公式至為簡單。但一般常人計算報酬的過程卻是非常複雜（雖然當事人不一定自覺），個人的價值觀念，社會的價值系統，主觀所具的條件，客觀所需的要求，乃至就業機會的多寡等因素，在在發生影響。例如，許多人寧願進入機關作個待遇較低的白領階級工作員，卻不願意進入工廠當一個待遇較高的工人，便是由於「學而優則士」的價值觀念，在支配著人們對薪金多寡與工作性質的衡量。

組織對其成員的影響

　　爲了探討組織對作員的組織行爲之影響，首先將「明顯的社會化」與「潛隱的社會化」兩個過程加以區別。前者指組織由其工作人員所施的社會化過程；後者指組織在不知不覺中，對工作人員的行爲、習慣或心理傾向所發生的影響。

明顯的社會化

　　將成員造成某種典型，是若干組織—如監獄、感化院、修道院、學校等的主要任務。但對大多數組織而言，從事明顯的社會化，僅爲次要功能，通常僅以使工作員達於適用程度爲限。有些組織自設訓練單位，新進人員受一個時期的訓練，以獲得工作上應有之技能。如所需技術不高，也有施行在職訓練的。至於需要高級專業人才的訓練，其人才的訓練，則多仰賴專門從事社會化的機構，如大學或職業學校等。但由於人們在受社會化的過程中，不僅習得知識與技術，同時也習得價值、態度和信念等等，因之，此一分工有時也造成許多困難。新進人員的技能也許符合工作的要求，但他對人對事的態度，則未必合乎原有組織的期望。例如，建築公司聘一工程師，此工程師篤守專業信條和標準，公司因競爭的緣故，也許要他稍作變通，工程師在此情形下往往要面對強烈的角色衝突。又如在官僚化醫院工作的醫生，也常面對類似的難題，職業上的要求是救人第一，醫院的要求卻是手續爲先。

潛隱的社會化過程

　　社會學者大都認爲潛隱的社會化過程產生不良的結果。社會學家莫頓（R. Merton）認爲官僚組織中的工作員之所以一方面對法規墨守不變，另一方面對他們服務的對象又態度傲慢，就是潛隱社會化所導致的惡果。

組織中有若干規定或措施，其原意本爲促進效率，但在不知不覺中卻也發生了許多反效果。譬如賞罰條例使工作人員謹守法規，旣不敢有所權變，更不敢有所創新。又如行業榮譽固然使工作人員樂於所業，其他榮譽也往往成爲抗拒變革的力量。但是，何以在同一組織中，卻只有部份人變成形式主義者，而其他人並不如此呢？布勞（P. Blau）實地研究，發現主要的原因是職位上的安全感。如一工作在職位上有安全感，往往敢於隨機應變，爲適當之處置。反之，那就唯上級之命是從，不敢有違了。

組織與環境的關係

在過去，社會學家多把組織當作一個封閉系統來研究，致力於內在因素分析，直到晚近才有人注意到組織與其所處的環境之界限，原來並非一清二澈，涇渭分明的。影響組織的，除了內在的因素，還有許多是來自外界。組織工具論者，強調組織應嚴防工作人員將他們在組織以外關係帶進來，因而影響他在組織中的職位和行爲。這當然只是理論上的要求，事實上組織往往不得不與社會有所妥協。社會階層系統，往往從組織的人事結構上反應出來，便是一例。

一個組織可能與其他組織發生若干不同的關係，重要的有下列四種：

1. 競爭——兩組織無直接關係，但共同與一第三方有關係。
2. 談判——兩組織直接接觸，以期達成交換貨物或服務的協議。
3. 部分聯合——一組織容許另一組織派遣代表參加其決策，如大規模的公司，於決策時邀請有關銀行派代表與會，以提供意見。
4. 聯盟——若干組織共同決定方針，一體遵守。

組織的有效性，端視其自主範圍，即受環境左右的程度而定。組織的領導者的主要任務之一，就是要創造一個能使組織不受外界干擾以達成其

目標的環境。例如學術團體或慈善團體之理事會，其主要是設法使社會認為他們所代表的組織有存在的價值，所作的活動合理合法，同時又能為組織謀求它所需要的各種支持。理事會的一作用是使工作人員免於或減少外界不當批評或影響。

有明確統一的目標和價值觀

任何一個組織的建立都必須回答兩個問題，即為什麼要建立這個組織，這個組織要做什麼。圍繞這些問題就形成了組織的目的與目標。組織的目的或目標，是組織力圖達到所期望的未來狀況。從另一個意義上來說，組織的目標也可以被看作是對組織過去實現某種狀態的要求。這些期望和要求，對一定的人們即組織成員來說，是明確且統一的。組織通過自身的結構和職能，調動全體成員努力實現這些期望和要求。組織不僅有明確統一的目標，與此相聯繫，組織也有明確統一的價值觀。組織的價值觀反映的是組織成員對組織目標和行為規範所持的一整套的共同信念和評價標準。這種價值觀不僅影響到組織目標的制定，還影響到組織成員實現目標的具體行動。

有固定的分工和職能體系

分工是達成組織目標的基本手段。正式組織一般都根據組織總目標所必需的活動，按照合理性與科學性的原則，把組織的工作劃分成各種專門化的任務，然後把這些專門化的任務組成不同的部門和工作崗位，組織的成員分別被固定在特定的活動範圍之中，這就是組織內必要的分工形式。組織內的分工還將各種專業化的活動劃分為若干執行專門職能的部門，形成組織的職能體系，其任務是對組織的活動進行計劃、協調和控制。計

劃、協調和控制產生了組織的職權和職責體系。

有明確的界限和明文的規章制度

所謂組織的界限，是就其相對封閉性而言的。一個組織要達到一定的目標，必須有其獨特的活動領域，這"領域"就形成組織與它以外的環境的區別，因此，可稱之為組織的界限。當然，由於組織與外部環境有著密切的交往，社會組織的界限並不像物理學或生物學那樣容易確定，組織的界限在一定程度上都是開放的。但是，組織有界限又是顯而易見的，它主要表現在以下幾個方面：

1. 組織與組織之間有明顯的排他性。
2. 組織有相對獨立性和自治性。
3. 組織制定了特定的人員錄用條件和錄用標準，制定了對物質和信息的利用標準和向環境輸出產品的標準。
4. 組織有其特定的明文的規章制度，它們體現具體組織的目標和利益。

具有開放性

任何社會組織都不是可以與外界隔絕的封閉系統。社會組織要發揮其效能和作用，就需要不斷與外部環境交換信息、物資、勞務和人員。這就使開放性的組織比相對封閉的組織具有優越性。相對封閉的組織系統由於缺乏資源的轉換，往往以固守陳規來保持其平衡狀態，而開放的組織則通過資源轉換保持其動態平衡，使組織具有生命力和活力。然而組織的開放性也是相對而言的，如果無限制地開放，就無所謂開放。我們說組織的開

放或封閉，都是就程度而言。一個組織不能拒絕外界的一切影響，同樣，也不可能接受外界的一切影響。因此，組織是有選擇的開放系統。

具有權力與決策中心

組織目標的實現，組織結構的建立，組織系統的運轉等方面，都主要是依靠與該組織相適應的權力和決策中心來完成的。一個組織內部權力與決策中心的數量、大小取決於該組織的規模、性質與民主化程度等因素。權力與決策中心的主要負責人或由選舉產生、或由委任產生、或由上述兩者相結合的方式產生。

組織是一個系統，組織的結構把組織中的各個方面聯繫在一起。組織系統中各個組成部份之間的相互聯結、交互作用與共同動作，其中一個方面的變化勢必影響到整個系統的變化，同時也使一個有機的社會組織始終以整體性的面目進行運動與發生作用。組織是人類社會發展到一定的階段上的產物，任何一個具體組織的存在一般都是因該組織的目標尚未完成。一當組織目標實現，該組織也就無存在的理由了，或解散、或轉換與重新確立組織目標，並建立與之相適應的組織體制。否則，就會給社會發展製造組織障礙。

社會組織的變革

「組織變革」是指：「組織系統爲了適應組織外部環境和內部因素的變化，根據組織系統所出現的弊端，進行分析、診斷，對組織的結構、功能進行不斷的調整，改變舊的管理形態、建立新的組織管理形態的一種組織行爲和管理過程。」組織變革的特點在於：

1.組織變革是組織主體主動地、自覺地使組織適應環境的過程。

2.現代組織變革是有計劃的變革。

3.組織變革是一個克服阻力的過程。

4.組織變革的方法和途徑具有多樣性。

組織變革的動力或壓力來自組織外環境因素的變化。一般而言，組織結構、組織運行、組織成員等方面的變化是組織變革的內部原因，如組織結構非合理化、組織決策緩慢、溝通不靈、效率低下、缺乏創新、組織衝突等。同時，由於組織是一個開放的社會系統，外部環境的變化必然要影響組織的變化，一個組織要求得生存與發展，就必須不斷地進行內部調整，以便有效地應付來自外界政治變革、經濟變動、市場競爭、技術進步、社會價值的改變和社會需求的壓力。組織變革的方法主要有以人員為中心的變革、以組織結構為中心的變革、以技術為中心的變革以及系統的組織變革。

李維的組織變革理論

社會學家李維（K. Lewin）提出的一種組織變革的理論模式。他認為組織變革有三個基本階段：

1.現狀解凍（unfreezing）：所有的變革都會給參與變革的人帶來一定的損失，人們常會因不安全、社會關係破壞、經濟地位受到損失等原因反對變革。人們已形成的思想、觀念、態度、行為像冰一樣相對穩固，因此改革必須打破原有的平衡和固有模式，即予以溶化解凍。為此，必須要使個人或群體認識組織的現狀和變革的必要性，否定舊的態度和行為，同時創造心理上安全感，消除變革心理障礙。

2. 改變（changing）：即形成新觀念、態度和行為的過程。新模式的形成主要通過認同作用和內化作用而產生，如努力保存組織成員有用的習慣；事先向成員提供有關資訊：鼓勵職工參與變革計劃的擬定與執行；提供諮詢等。

3. 凍結（refreezing）：利用必要的強化手段和方法，使已經習慣和實現的變革（態度和行為）趨於穩定、持久化和模式化。本理論強調以人為中心的組織變革，同時提供了以人為中心組織變革的方法。

卡斯特組織變革理論

美國學者卡斯特（E. Kast）提出的一種組織變革的程序模式，他認為組織變革分為六個步驟：

1. 對組織本身、組織取得的成就和缺陷進行回顧、反省和檢查，並對組織所處的內外環境進行分析研究，以便為變革做準備。
2. 在上一步驟的基礎上發現問題，認識到進行組織變革的必要性。
3. 辨明問題，找出現有狀態和希望狀態之間的差距。
4. 確定決問題的方法。按照問題的性質提出多種可供選擇的方法，對這些方法進行評價，並選擇一種最優方法。
5. 實施變革。按照選定的方法進行變革的具體行動。
6. 檢查變革的成果，進行反饋，並找出以後改進的途徑。

薛恩組織變革理論

行為科學家薛恩（H. Sohein）提出的一種組織變革理論。所謂組織

的適應性應變循環，是指以組織的內部或外部環境的變化開始，同時以一個更爲適應變化的、動態的、處理變化的一系列活動或過程。他認爲這一適應過程分爲六個階段：

1. 洞察組織內部情況和外部環境所發生的變化。
2. 向組織中的有關單位提供組織內部和外部環境發生變化的確切資料和信息，如組織內部決策程序、信息交流、人際關係以及團體間關係、職工態度和技能，資源供應，國際及國內的政治、經濟、技術、社會變化現狀等。並在研究這些信息的基礎上，確定是否需要進行變革以及在哪些方面進行變革。
3. 採取行動，進行變革。
4. 減少或控制因變革而產生的不良副作用。
5. 輸出由於變革而產生的新產品、新成果等。
6. 通過反饋，進一步觀察內外環境的一致程度，評定變革結果。在適應循環的過程之中，每一步都可能碰到困難，但卻（有利於）分析以後改進的辦法。

薛恩列舉了困難並提出了應對的方法：

1. 組織無法洞察環境的變化，或對變化作出錯誤的判斷。解決這一困難的方法是調查研究、民意調查等。
2. 無法使組織的有關單位接受關於內外環境變化的資訊，因爲有關單位及其主管部門會認爲這是對自己原有態度、行爲、管理方式的威脅。解決的辦法是上級單位和主管要主動提高自己對變革的認識，同時調查部門或參謀門應提供有說服力的資料。
3. 無法使組織系統做必要的改變。組織實際變革比認識變革更爲困難，這是因爲組織內各系統都有自己的工作方式、人際關係、行爲

規範、價值觀念。所以不能用簡單命令的方式要求變革，而應讓各個部門參與決策過程，共同討論應如何實施必要的變革。

4. 忽略變革結果對其它單位所產生的影響，或無法將本身的變革固定下來。解決辦法是實行系統的變革，同時由於組織最高層態度的改變容易擴展到下級，所下一項改革最好由領導部門首先推行。

5. 雖然有了新的成果、產品或資料，但卻無法輸出，無法使外界接受。解決的辦法是除了產品的質量或數量之外，還需加強宣傳和推廣工作。

6. 無法得到有關變革是否成功的反饋。解決辦法是民意測驗、社會調查、態度評定，並可成立專門小組調查、評估變革的成果與失誤。

唐納利組織變革理論

美國學者詹姆斯唐納利（J. H. Donnelly）提出的組織變革模式。他認為，組織變革是一個系統的過程，可分為八個步驟：

1. 變革力量。即要求變革的壓力，分為外部環境（政治、經濟、社會的變化、技術進步、市場變化等）和內部力量（包括組織運轉程序和人的因素）。

2. 認識變革的需要。管理人員要對組織的各種情況進行研究，及時確定有無變革的需要，不要大難臨頭方進行變革。

3. 判斷分析問題，要弄清問題的實質，弄清需進行哪些變革，變革的目標是什麼，如何對這些目標進行衡量等。

4. 找出變革發展的方法和戰略。進行變革的技術不外從三個方面著手，即組織結構方面的變革，人的行為和態度方面的變革，技術方面的變革。

5. 認識限制條件。影響變革成敗的條件不外三個，即領導氣氛（指上級領導作風、慣例對工作的影響）、正式組織（結構、控制、政策）和組織的風尚。

6. 選擇方法和戰略。依據對限制條件的認識，選擇適當的變革策略，或者採用集權的方法，或者採用較民主的方法。

7. 實施計劃。在實施計劃時，旣要注意選擇變革的恰當時機，又要恰當地選擇變革範圍。

8. 評價計劃。對變革計劃實施的結果進行評價，並做出反饋，以便修正和準備下一輪變革循環。

格雷納組織變革理論

美國哈佛大學教授格雷納（E. Greiner）一九六七年在《組織變革模式》一書中提出的一種按權力分配實施變革的理論模式。此模式的核心在於以權力分配說明變革方式的選擇。他提出，一般組織的權力分配可分為三種：獨權、分權和授權。這三種權力分配可以有七種不同的變革方式。在獨權領導管理方式下，組織變革有三種方式：

1. 命令式，最高權力者宣布變革決定，由下級人員去執行。

2. 取代式，更換組織中不稱職的重要職位者，以他人取代之。

3. 結構變革，改變組織的設計與技術等結構的關係，以影響組織成員的行為。在分權式領導下，實行權力分配，即讓下級參與變革的決策。

4. 團體決策的變革方式，領導擬定幾種解決問題的方案，由組織成員共同參與決定選擇哪種方案。

5. 團體問題解決式，變革方案由團體討論決定並提出解決問題的方

法。在授權式領導下，將權力和責任轉交給下屬，由他們自己去解
決變革什麼及如何變革。

6. 個案討論的變革方式，領導只對討論作指導，而不將自己的意見強
加給團體，鼓勵成員自己提出看法，決定方案。

7. 敏感性訓練的變革方式。他根據許多變革的研究，發現實現組織變
革成功的方式是採用分權式的變革，而不是獨權或授權方式。

正式組織與非正式組織

　　正式組織（formal organization）是人們為了達到特定目標，經由人
們設計，在勞動分工、職權分配、層次劃分的基礎上而建立的關係模式。
也就是我們在一般意義上所說的組織，它是相對於非正式組織而言的。正
式組織的主要特點是：(1)經過規劃設計而建立，並非自發形成；(2)有明確
的組織目標；(3)組織成員的活動有明確的規則和制度；(4)組織內各個部門
的職責、權限均有明確規定；(5)組織內部的各個職位，依照等級原則進行
法定安排，形成自上而下的等級系統。

　　相對於正式組織而言，非正式組織中的若干成員由於生活接觸、情感
交流、興趣愛好、利益一致、個人經歷、社會關係、居住區域等因素的作
用，在相互交往和互動過程中，自發地形成的一種互動交往的人際關係網
或模式、。人們參加非正式組織的原因在於滿足情感、友誼的需要，獲取
人們的認同，保護自己，謀求發展。非正式組織具有以下特性：(1)非正式
組織是人們自願結合而成的，是順乎自然的，沒有人去故意安排、設計，
在認知和情感基礎上自然結合的群體；(2)人們在非正式組織中彼此來往，
相互了解，發生互動行為；(3)由於相互交往，彼此間的感情較為密切，心
理上較為相容；(4)組織成員之間的社會距離和差距較小；(5)沒有明文規定

和法律，也無地位的高低，平等交往；(6)非正式組織中若有領導，那不是靠權力，而是靠影響力來領導；(7)非正式組織具有組織成員所公認的「行為規範」，雖不是明文規定，但存在於每一個成員心中；(8)非正式組織具有強烈的內聚力；(9)成員的角色重疊性。

非正式組織的存在既有其積極作用，也有其消極意義。從積極方面看，具有維護團體擁有的文化價值，提供組織成員以社會滿足感（如歸屬、認知、友誼、情感、平等等），促進有效溝通，加強社會控制，分擔正式組織責任等正向功能。從消極方面看，非正式組織具有反對變革、引起組織分裂、傳播謠言、妨礙組織目標達成的反向功能。非正式組織的存在是一種客觀現象，不能用簡單的行政命令方法加以禁止，但也不能放任自主，需要加以引導和利用。一個管理者只有當他認識到非正式組織的重要並加以有效利用時，才是一個合格的管理者。

在研究非正式組織的問題時，人們依據不同的標準將非正式組織劃分為若干類型。美國學者達爾頓（Melville Dalton）按成員構成，將非正式組織分為三類：

1.垂直型：這是由同一組織中不同層級組成的。其中又可分為兩類，一是垂直共檔集團，此種組織成員之間具有高度的依賴性，領導維護下屬，替部下掩飾錯誤，並提拔他們，部下也維護領導利益；二是垂直寄生集團，此種團體人員彼此提供的幫助並不相稱，下級人員多寄生於上級主管，只享權利而不盡義務，成員多為主管的親戚朋友。

2.水平型：指由地位差不多，工作範圍相近的一群人的結合，可能跨越部門界線，包括多數部門地位平等者。也可分為兩類，一是防守集團，在改變權力體系時，對某一類型人構成了一項威脅，這些人聯合起來，形成團體壓力，維護本身的地位與權力；二是攻擊集

團，與防守集團不同之處是其目在於改變組織內現行不合理的現
狀，採取的態度是積極影響而非消極抵抗。

3. 混合型：由於不同地位、不同層級的人組成，常是因共同興趣、友
誼、地域等因素組合而成的。

根據非正式組織的性質，也可分爲三類：

1. 積極型：其目標、活動與正式組織的目標與活動準則基本一致。其
活動效果對正式組織目標達成有積極作用，同時也能滿足其成員正
當的心理需要。

2. 中間型：這類非正式組織大多從事對身心有益的一些活動，對正式
組織的目標達成既無直接的積極意義，也無較大的消積意義。

3. 消極型：其目標與活動準則同正式組織的目標與準則不相一致，甚
至對立，僅爲其成員私利拉關係、搞宗派，起著消極的破壞作用。

社會組織的理論

　　組織理論是屬於一種系統化地認識、研究和解釋社會生活中組織現象
的觀念知識，它力圖揭示各種組織發展變化的規律，目的在於對組織實施
有效的管理，提高組織的效益。雖然組織現象早已存在，在歷史上許多政
治家、思想家、軍事家對組織問題進行了研究，提出許多富有價值的論
述，但對組織現象作系統地研究與闡述，提出較爲系統的組織理論，卻是
二十世紀以後的事情。

傳統組織理論

亦稱古典組織理論，產生於十九世紀後期和二十世紀初期，在二十世紀二三十年代得到系統發展。其產生與工業革命要求發展新的組織形式，工業組織的興起有密切關係。早期組織理論的主要學派及代表人物有：

1. 科學管理學派：以泰勒、布蘭德斯、甘特為代表。
2. 行為管理學派：以法約爾、古立克、厄威克、莫尼、雷利等人為代表。
3. 官僚模型學派：以德國社會學家韋伯為代表。

傳統組織理論的主要觀點是：

1. 組織是分工體系，強調專業分工的意義。
2. 組織是一個層級控制體系，強調指揮統一。
3. 組織是一個權責分配體系，講究職責分明。
4. 組織是一個法令規章的體系，具有明文規定的制度、規範。
5. 組織有明確的目標。
6. 組織活動的目的在於追求效率。

傳統組織理論突出的特點在於：追求組織結構的系統化，因而十分強調組織設計、合理職責權限分配及完善的層級節制體系；追求組織運行的計劃化、標準化，強調任何工作都要計劃，處理一切事務都要依賴可靠的事實或一定的標準；追求組織管理的效率化，認為組織管理的目的在於提高效率，以最經濟的手段獲得最大的效果。傳統組織理論的缺陷在於：過分強調「機械」的效率觀念，把人認為是經濟人，以至抹剎了人性的尊嚴；過分注重組織的靜態面，忽視了組織的動態面；將組織當作「封閉系

統」來研究，未能涉及組織內外環境的關係及彼此間的相互影響。傳統理論的學者大多以其本身工作的環境和專業知識爲基礎來研究組織問題，並試圖建立普遍適用的組織原則。實際上，以有限的知識及觀察所定下的原則，不能接受普遍的考驗。

行爲科學時期的組織理論

針對傳統組織理論和研究方法的偏失，從二十世紀三四十年代起，許多學者用行爲科學的理論與方法研究組織現象，提出了一套不同於傳統理論的理論模式和價值體系，從而形成了行爲科學時期的組織理論。這一時期的主要學派和代表人物是：人際關係學派，代表人物梅奧、羅茨力伯格、懷特、赫德；動態平衡學派，代表人物巴納德；決策理論學派，代表人物赫伯特·西蒙；需要層次學派，代表人物馬斯洛；激勵理論學派，代表人物赫茨伯格、弗羅姆、亞當斯等。在研究方面，行爲科學時期組織理論的研究取向發生了根本的轉變，表現在：

1. 從靜態的組織結構的研究轉向組織實際行爲的研究，如個體行爲、群體行爲、決策行爲、領導行爲等。
2. 從對組織管理原則的研究轉向對組織現象本質的分析。
3. 從正式組織結構的研究轉向對非正式組織行爲的研究。
4. 從價值的研究轉向事實的研究，即由研究「應如何」走向研究「是如何」。

因此，在研究方法上，他們重視實證研究、行爲的研究、社會研究、心理的研究和統計研究法。這一時期理論的基本精神在於強調組織是一個「心理的及社會的系統」。其立論的要旨在於：

1.組織是一個心理、社會系統，它不僅是經濟的技術系統，同時也是人們爲了達成共同目標所組成的一個完整體。

2.組織是一個平衡體系，人們參加組織並爲組織作出貢獻，組織也能給他以最大的滿足。組織之所以存在和發展，就在於組織成員對組織的貢獻。兩者保持平衡狀態。

3.組織中的各種行爲本質上是一種制定決策的行爲，組織本身也是提供合理決策的機構或制定合理決策的社會系統。

4.組織不僅是在權責分配、勞動分工基礎上建立的正式的組織體系，還有人們在相互交往、彼此了解基礎上建立的非正式組織。

5.組織不僅是權責關係的結構系統，而且是人們在相互交往過程中產生的影響力系統，這種影響力貫穿於組織之內，不僅上級可以影響下級，下級也可以影響上級。

6.組織是一個溝通系統，沒有溝通的組織不能稱爲組織。

7.組織是一個人格整合體系，組織是由許多不同的人所組成的，不同的人格對於事物的認知、理解與解釋也不相同，故組織的衝突也便存在，組織的基本功能之一便是協調衝突，達到人格整合。

8.組織人的行爲出發點便是人的動機，爲了激動組織中人的積極性，提高組織活力，必須通過滿足人的需要等手段來激發人的動機，即實施激勵。

9.在組織管理上講究由監督制裁走向人性激發，從消極懲罰走向積極激勵，從專斷領導走向民主領導。

這一時期的組織理論的主要缺點在於：

1.過分強調組織中人的行爲研究，甚至根本否定組織結構及法律規章的重要性。

2.在研究非正式組織的過程中，有忽視正式組織研究的傾向。

3. 研究對象雖然是組織中的人，但仍未能涉及外在環境對人和組織的影響。
4. 由於重視實證、統計的研究方法，因而缺乏必要的綜合與歸納，致使研究的內容分散，理論體系支離破碎。

系統方法時期的組織理論

從二十世紀六十年代起，隨著一般系統論、信息論、控制論的產生和應用，一些學者在總結、吸收古典組織理論和行為科學時期組織理論的合理成份，揚棄其錯失的基礎上，從系統的觀點出發，運用系統分析的方法研究組織現象，組織理論的研究從而進入系統理論時期。這一時期的代表人物有卡斯特、羅森威格、席斯克、雷格斯等。系統理論時期組織理論的主要觀點是：

1. 組織是一個「結構的社會技術系統」，它由五個次級系統構成，即管理子系統、心理及社會子系統、結構子系統、技術子系統、目標與價值子系統。每個子系統雖然各有其功能，但卻相互依存，構成一個完整的統一體。
2. 組織是一個開放系統，與外界環境保持著物質、能量和信息的交換。
3. 組織是一個反饋系統，一個組織在實現其目標的過程中，對所採取行動所產生的效果或情勢，予以認知、判斷，根據偏差進行適當的調整或修正。
4. 組織是一個生態系統，必須不斷適應內外環境的變化，不斷變革和調整，從而才能維持其生存和發展。
5. 組織管理的權變性，組織管理沒有永久不變的定律，要隨機應變，

不可執著，組織管理的方法也是多樣化、殊途同歸。系統理論為組織研究開創了新的歷程，它促使人們從整體、系統的觀點來認識現象，對組織的研究起到產生整合的作用；並促使組織管理富於彈性，系統理論本身也有許多侷限，如它過分抽象，不能付於實施與操作，這也反映了此領域研究的不成熟。

理想型官僚體系論

德國社會學家韋伯提出的一種組織理論。韋伯認為任何組織都必須有某種形式的權力為基礎。存在著三種純粹形態的合法權力，它們是傳統權力、超凡的權力和理性法律的權力。傳統權力的依據是古老傳統的不可侵犯性和按傳統執行權力的人的地位的正統性的信念。超凡權力的依據是對個別人特殊的和超凡的神怪、英雄主義或模範品質的崇拜，或對這個人的啟示或發布的標準模式或命令的崇拜。理性法律的權力（法定權力）的依據是對標準規則模式的「合法性」的信念，或對那些按標準規則被提昇到有權指揮的人的權利的信念。

韋伯認為，在這三種純粹形態的權力中，傳統權力的效率較差，因為某領導人不是按能力來挑選的，其管理只是為了保持過去的傳統而行事。超凡權力則過於帶有感情色彩並且是非理性的，不是依據規章制度而是依據神秘或神怪的啟示，所以這兩種權力都不宜作為行政組織體系的基礎，只有理性法律的權力才能作為這種基礎。

根據韋伯的論述，建立在法定權力基礎上的行政組織體系有如下特徵：

1. 明確的職權領域。按系統的專業化和分工確定職責領域；為了履行這些職責，提供必要的權力；明確規定必要的強制手段及其應用條

件。

2. 組織形態系一層級節制的組織體系，在此體系之中，按地位高低規定人員之間的命令與服從關係。每一個下級機關在上級機關的控制和監督之下，由下到上，有表示不滿和申訴的權利。

3. 規定和程序；需要一個「受規章制度約束的連續的法定職責的組織」，每一個人的職務都要服從有關的規章紀律和控制，這些規章制度不受外界干擾，對任何對象都具有同等效力，它可以保證組織內的協調一致和連續穩定。

4. 「非個人化」的關係。人員的工作行為和人員之間的關係，須遵守法規的規定，不得摻入個人喜憎、愛惡的情感。

5. 永業化傾向。人員的選用是按照契約的方式，通過公開競爭考試或表明其技術訓練的證件或兩者兼而有之來挑選的，僱用當局只有在某些情況下才有權解僱僱員。

6. 報酬和獎懲制度。政府官員有固定的報酬（薪金）。工資等級是按等級系列中的級別來確定的，除此標準外，職位的責任大小和任職者在社會地位上的要求也可能要予以考慮。存在著按年資或成就或兩者兼而有之的「陞遷制度」。

7. 在一個和平理性的組織中，一個重要的原則是管理當局的成員必須完全同生產資料或生產資料所有權相分離，他們並不擁有非人格化的生產資料和管理資料。

動態平衡組織論

　　行為科學時期組織理論家、被人稱為「現代管理理論之父」的巴納德提出的一種組織管理理論。巴納德認為組織是由個人組成的協作系統。組織的存在與發展在很大程度上取決於組織成員的協作意願也就是個人由於

協作而得到的「誘因」同協作作出的「犧牲」：個人為實現組織目標而提供的服務和貢獻。誘因的淨效果愈大，成員的協作意願也愈大；當誘因的淨效果趨於零成為負數時，他的協作意願也將趨於零，甚至將退出這一組織。因此，組織存續和發展的關鍵在於實現組織的平衡（誘因和犧牲的平衡）。組織平衡可用下式表示：「犧牲≦誘因→組織的存續和發展」。這就是說，組織向成員提供的誘因必須大於或等於成員所作的犧牲（貢獻），組織才能得到存續和發展。所以，這一理論又可稱為組織存續的理論。

社會系統組織理論

美國當代著名社會學家帕森斯對社會生活中的組織現象研究後提出的一種理論。帕森斯認為，所有的社會組織都面臨著四個問題，組織存在的目的就是要解決這些個問題。它們是：(1)適應，即適應外界環境提出的有關要求，並作出相應的反映和靈活變化；(2)目標達成；(3)內部整合，亦即調整組織內部的部門關係，人際關係和工作活動，使之協調一致，以有效地實現組織目標；(4)模式維持，使組織中的文化模式和價值體系符合社會的一般狀況，以贏得社會的認可，並維持組織的生存和發展。

為了解決所面臨的問題，需要通過三個階層去完成。第一層是戰略階層，負責整個組織的長遠發展政策和目標。主要解決「模式維持」問題。第二層是管理階層，亦稱協調階層，主要負責兩項任務，一項是調整組織內各單位工作的活動，即負責解決「內部整合」問題；另一項是處理本單位與外部有關的社會團體關係，即負責解決「對外適應」問題。第三層是技術階層，亦稱操作階層，某主要任務是運用專門技能和工具，按既定的計劃和步驟，解決「目標達成」問題。

科層制度

在正式組織裡，經常伴隨著科層制度。所謂「科層制度」（bureau-cratic system），是一種分層負責處理事的安排方式，也就是各種有等級的地位與職務之關係的一個體系。這種現象在現代一般大而複雜的正式組織，如政府、工廠、公司、及大學中幾乎普遍存在。

科層體制是由德國社會學家 Max Weber 在二十世紀中葉所建構的一個理念型（ideal type）組織結構，也是組織正式結構的典型。廣義而言，科層體制既是一種結構，也是一個過程，一種組織的形式，以及運作的一種方法。綜觀韋伯的原意與後來學者之詮釋闡發，科層體制的特徵可歸納如下：

1. 層級節制的權威：科層體制的權力結構是一垂直的層級，權力集中在頂端。低職位者為高職位者所監督控制，有清楚的主從關係。為了要安穩而有效地執行工作，部屬必須要接受他們的薪資水準、他們的權限、責任與職務。

2. 分工原則：在科層體制內，基於功能性的專門化，對個別成員或職位均有明確的分工，用專才來執行專門性的工作。由於能使人只負責某一種明確的工作，因此易於發揮專精的特長，而增加總生產的效率。

3. 統一的成文規章與程序：用以範定每一正式職位之權責，個別成員之權利與義務；以及組織運作上，每一特殊情況的處理程序。科層組織的運作有一種符合組織目的的抽象管理原則，這種規則常是明確而成文的規定，這種規則存在有兩種目的，預測組織個人的行為

和有助於組織運作的持續。

4. 非人情化：亦即強調組織內理性化與合理化的人際關係，成員經由正式化的溝通管道，依組織的正式規則互動，其管理係立基於書面的文件。韋伯認為私人的情感與職位分離才會產生合理的行動，而適合於完程組織的目標。

5. 能力勝任：在科層體制內，舉凡聘僱、陞遷均唯才是用，亦即使用一套一視同仁的標準，遴選知能合格者循組織的層級晉陞，而不致受個人政治與社會因素所左右。個別成員經由能力之被認可而據有某職位後，組織以「終身職制度」保護之，所謂終身職制度，又稱事業原則就是一種對生涯事業保障的制度，使個人得免於專橫權威之恣意解職，同時也對個人在專業知能上的投資提供保證。科層組織的理想特徵在於強調人員的僱用、委任與晉陞，都必須依據技術的資格審查，經由一系列公平基礎的條件來評鑑資格與工作的表現，才能達成更大效率與促進合理的行為。

韋伯相信上述諸原則之連結，將可創造出最有效率的行政組織，同時也將是組織理性之所在。儘管科層制度已為諸多組織建構的體制，然而在享有其提供的效率，非私人化，穩定處理例行工作產生極大的功能之餘，社會學家也曾剖析其對組織及個人造成的負面影響，諸如：

科層體制對個人人格的影響

它未能完全允許個人的成長與成熟人格之發展，易養成個人的從眾性格，甚至在其潛移默化之下，個人變得陰沈、遲鈍，成為一個被制約了的「組織人」。為了去處理由科層體制所引發的挫折、不滿與不安全感，個人極可能發展出一套「科層病態」的行為模式。

科層體制對組織績效的影響

1. 由於它未將非正式的組織以及各種突發意外的問題納入考慮，加上過時的控制與權威系統，因此往往無法掌握時效，做彈性機動的應變。

2. 對於不同層級與不同功能性團體之間的差異與衝突，缺乏有效的解決措施。

3. 溝通與創新的構想都因層級節制的決策而被阻礙或被扭曲，另外，就溝通的方向與速度來說，下向溝通遠比下情上達來得頻繁且快速。

4. 新的技術與具有專門知能的人，很難融入其中。

5. 內部的人力資源往往因成員彼此間的猜忌、憂慮與報復心理，致無法充分發揮。而非人情化的強調，也使得成員不易完全投入於組織的活動當中。

6. 組織強調成員的忠誠性，故而某種程度吞沒了個人的目標，強迫個人遷就組織的目標。

其中 Perrow（1972）特別指出：由於科層制度壓抑了成員的自由、自發與自我實現，使得新的技術與具有專門技能的人，很難融入其中。自然不利於專業職能的發揮。而近年，諸多行業在社會發展下，逐步邁向專業，高度分殊化的社會也依賴具有專業知能的人所提供的各種服務。而所謂的「專業」，根據 Hall 的建構應建構下列特質：

結構屬性

1. 反應社會結構對該專職行業的需求。

2. 專業的養成教育。

3. 具有專業協會。

4.專業倫理的制定。

態度屬性

1.視專業組織爲其主要的參考團體。

2.具有服務大衆的信念。

3.能有自律（self－regulation）的信念。

4.專業人員對其工作的使命感。

5.工作上享有自主性。

無疑地就護理工作的特質已符合上述的條目，並被視爲一門專業。由於「專業」意味著有彈性、富創造力與平等的組織工作方式，而「科層組織」卻與僵化、機械的以及構威的方式相結合，因此如學者 Freidson 便曾提出兩者所存在著衝突性。

不同的控制結構

1.在科層組織中，控制的力量來自權威的層級，工作績效由上級監督與評定，決策權集中在層級的頂端，循層級階梯逐級下達。按韋怕建構科層體制的原意來看，行政權威必然是具有合格的訓練或技術性的知識，因此，科層越高，代表行政者擁有的知識也就越豐富，所做的決策也就越合乎理性，是故，部屬在此基礎上接受自己在層級中較低的職位，凡事接受上級之指導。

2.專業則傾向強調自我管理，以及個別專業成員的自主性爲達到自我管理，該專業經由專業敎育內化一套自訂的準則，並由專業協會訂頒倫理守則，要求成員共同信守，實行同行監督。除此而外，專業亦強調權威的水平模式，同僚間在工作上維持「建議性的關係」。由此可見，科層體制的權威結構是比專業的更嚴密且更有限制的。

規章與程序的彈性

　　詳盡的成文規章與一般化的程序正是科層體制維持其普遍性、穩定性與非人情化的主要工具。在一個科層體制裡規章與程序不但規定成員的職務與權責，同時也是成員處理每一特殊案件的範本與依據。這也就是一般人所謂的「照章行事」。以私人開業起家的專業則不然，不論就權利義務的範定言，或就個案處理而言，所依據的規章都是相當有限，而且是富有彈性的。就專業人員的角度而言，被聘僱在科層組織中的專業人員是一個「現代的邊際人」。他立足在兩個不同、甚至衝突的制度環境裡，一方面被期待以專業人員的身份作為；同時，另一方面他又被要求按照科層組織的受僱者的方式行事。換言之，科層組織中的專業人員必須經常面對一個抉擇究竟該對其專業承諾，抑或應該效忠於所屬的組織呢？這種兩難的邊際角色，不但平添專業人員的挫折感與疏離感，影響工作績效，同時也使得科層組織的運作陷入困境。

　　Scott 在專業社會學的經典作「專業化」一書中指出，專業人員在科層結構裡，產生四方面的角度衝突：

　　1.對科層規則的抵制。

　　2.對科層標準的排斥。

　　3.對科層監督的拒斥。

　　4.對科層體制有條件的忠誠。

　　他進一步說明了產生這些抵制與排斥的原因是：科層權威和規則侵犯了專業人員根據其專業判斷與專業信念，運用專業知識與技術的自由。由於詳盡的規章和例行的監督體系相當程度地控制了由專業人員所執行的任務，所以，在一個他律性專業組織裡，要去規定出那些活動範圍是專業人員個別的或整體的職責所在，是一件很困難的事。受過專業訓練的專業人員，對於組織的目標與績效標準似乎持有批判性的態度，尤其是當它們不

是由該專業內的成員所認定之情況爲然。此外，專業人員希望免於層級節制之干擾以及程序規章之限制，他們期望在專業活動的推展上擁有最大程度的自主性與自創性再者，專業人員也希冀能在知能範圍內，具有影響力，擔負責任並獻身專業的發展，此即所謂的「專業文化」。相對於此的是由一般非專業人員所形成的「科層文化」，包括按照法令規章行事、一意效忠組織權威並極力在組織的權威層級體系中尋求職位的陞遷。這兩種文化將使得彼此在問題的情境釋義上，在目標擬定、策略技術的選擇以及結果的評估上，經常會產生齟齬。科層組織中的上級長官經常以效忠程度作爲對下屬的評價標準，而專業人員則由於其信念與上級主管扞格不獲青睞，致常有求去之心。此種傾向尤以較專業取向的專業人員爲然，很容易造成組織內「劣幣逐良幣」的反淘汰現象。

科層制度深入現代社會已是不爭的事實，隨諸分工的細密現代社會愈強調專業工作的重要性，兩者互動的頻繁仍使科層制度影響到專業工作，尤其易於大型組織中出現，至於其何以會受到社會學研究者的重視和關切，就如同派克（Park）所分析的：「科層制度所造成的官僚組織有一些反功能（dysfunction），例如：具有疏離性，非人性化，以及僵硬的性質。同時引發了科層組織控制者的責任問題。甚至造成員工對工作的低度投入，以及不良的工作生活品質。這些可由頻繁的勞工轉業、曠職及罷工得到證實。」（Park, 1986）尤以專業工作者往往會感受到科層體制駕馭其上，使專業人員深覺距離決策與重要訊息過於遙遠，個人在整體關係與溝通的非人性化，以及形式化，形成對自由裁決與創意的侷限。此種組織運作趨向於形式化與僵硬化的情形，使技術性與專業性的員工特別有挫折感。因爲依據專業人員所受的訓練，他們原先會期望自己的工作能有一些自主性。當我們的社會日趨複雜與互賴，而各組織的規模也不斷擴張時，不可避免的也就有越來越多的人受僱於科層組織。即使在過去以「自由」著稱的專業，也逃不過科層化的潮流。職是之故，更有賴我們對專業工作

的科層制度加以探究。

社會組織的運作

組織目標

組織在一定的時間、空間內努力爭取以期達到的最終結果或狀態。組織目標的功能和價值在於：

1. 它反映了組織的功能，規定了組織運行的方向和內容，即具有行為導向功能。
2. 判斷組織活動的合法性。
3. 對組織成員具有激勵作用。
4. 是組織決策、計劃和控制管理的基礎。
5. 為組織及其成員工作績效的考核提供了客觀標準和依據。
6. 可以克服組織中存在的本位主義、部門之間的衝突和摩擦，產生協調整合的作用。

社會組織儘管性質不同、目標各異，但所有組織的目標也有其共同之處。一般來講，組織目標的性質包括：

1. 目標的一致性。任何組織的總目標都是組織中各單位、人員所努力奮鬥的方向，小目標服從大目標，且組織目標前後一致，不相矛盾。
2. 目標的社會性。組織目標並非僅滿足組織本身需要，還要顧及社會

利益，接受法律的管制，因爲任何組織都是社會大系統的一個子系統，對社會應負責任。

3. 目標的層次性。組織目標就時間而言，有長期目標、中期目標、近期目標之分；就內容而言，有總目標、分目標、個人目標之區別，這些目標之間形成相互關聯的層級關係。

4. 目標的差異性。組織目標取決於組織性質，因組織性質不同而各異。

5. 目標的明確性。目標作爲組織行爲的方向，必須明確，否則人員將無所適從。

從一般意義上而論，組織目標由四種要素組成：

1. 目標主體，指那些負有完成目標任務的組織機構或工作人員。

2. 目標客體，指受目標主體行爲影響的機構或人員。

3. 任務，是指目標主體應當做些什麼以及何時、何地、如何做的規定。

4. 指標，指目標主體完成目標任務所應達到的程度和標準，包括完成目標的時限、數量、質量等方面的要求。

組織氣候

組織中由組織成員的感情、態度、思想、精神、情緒所表現的或產生的一種普遍而又持久的行爲趨向或風氣態勢。行爲科學表明，組織行爲是由組織成員的活動所形成的，每一個人的行爲總受其意識與態度制約。在組織當中，組織成員對環境自然會有所感知與察覺，因而會產生不同的情感、態度、思想、情緒，組織成員共同的行爲趨向和工作作風便構成了組織整體的氣候。組織氣候和組織成效之間有著密切的關係。如果組織氣候

良好，諸如成員責任心強，歸屬與認同感強烈，具有合作精神和團結意識，對組織忠誠，工作積極主動，組織團結奮發，充滿生機，那麼組織內聚力便強，組織成效必然提高；如果組織氣候消極頹廢，諸如組織成員無責任心，工作態度低沈，情緒低落，組織衝突、猜疑、不團結、人際關係緊張，那麼組織則衰而無力。影響組織氣候的因素很多，包括組織結構、領導、權責、人際關係、獎酬、溝通等。

組織衝突

組織中的雙方因目標、利益、價值等的差異和不同而引起的一種公開與直接的行為互動，衝突雙方的行動都是意在阻止對方達到目標。構成組織衝突的因素包括：

1. 衝突主體，即衝突的雙方，它可能是個體與個體，團體與團體，也可能是團體與個人。
2. 衝突的客體，即構成衝突的對象或實體，諸如目標、利益、思想意識、權力等。
3. 衝突的結果，即衝突雙方在衝突之後或衝突處理之後達到的最終狀態和結局。

衝突是任何社會組織都存在的一種普遍狀態。傳統組織理論過分強調和諧統一和靜止，而將衝突視為越軌的、失序的和病態的，所以具有片面性。實際上，組織衝突既有越軌，失序和破壞組織秩序的作用，也有組織整合和發展的積極功能。組織管理的一個重要內容就是通過處理組織衝突和利用衝突，來實現組織內部的整合和組織的動態平衡，從而提高組織的效能和維護組織的發展。

組織文化

是一組織體系中人們共同的心理狀態和行為趨向，具體表現為組織成員對組織的思想信仰、行為規範、價值觀念、認知標準、態度和情感、精神風貌和工作作風，組織所追求的目標與利益等。組織文化對組織系統的作用主要表現在：

1. 目標導向功能。組織文化決定組織所追求的目標、價值和利益。
2. 行為規範功能。組織文化為組織成員提供了行為的規範，從而使組織成員各守分際、各盡職責。
3. 組織整合功能。協調組織中成員的行為，消除相互之間的衝突，促進組織一體化。
4. 行為激勵。良好的組織文化能夠激發人的動機，調動人的積極性和創造性。
5. 加強組織內聚力。組織內聚力在於組織成員之間的合作和組織對成員的吸引力，這一切均以組織成員共同的思想、認識、信仰、態度、情感為基礎。組織文化的功能在於促成這種共同的心理狀態，加強組織內聚力。
6. 促成社會對組織的認同和維持功能。一個組織的文化形成主要通過三個管道，一是出自組織成員對自己所處組織的認知、察覺和思考，二是來自歷史的積澱和遺傳，三是來自組織社會化的過程。

組織溝通

組織中人與人之間、群體與群體之間、上下級之間憑借一定的媒介和

通道傳達思想、情感、觀念和交流信息情報，以期達到相互了解、支持、合作，從而實現組織目標的一種互動行為和動態過程。組織不僅是一個權力分配系統，同時也是組織成員意見溝通、情感交流的心理狀態；組織管理本身也是信息收集、加工、處理、傳遞的一個過程。現代行政組織規模龐大，人員眾多，業務複雜並高度專業化，這樣易導致相互間的衝突與摩擦，組織溝通不僅能消除這些弊害，而且能夠促成思想統一，對職責的了解和團體意識，加強組織的認同感、歸屬感，提高組織成員的士氣，最終達到提高組織效率的目的。

一般而論，組織溝通具有如下特點：

1. 組織溝通的動態性。溝通本身就是發訊者把他要求傳遞的思想、意見、情報、信息等，通過編碼變成接收者能夠理解的語言、文字或其它符號，並借用一定的媒介傳送出去，接收者譯碼，變成自己的觀念，作出行動並反饋給發訊者的一個動態的過程。

2. 組織溝通的互動性。組織溝通必須在信息源（傳遞者）和接受者之間進行。

3. 不可逆性。信息一旦傳遞出去，並被別人破譯，便無法追回，同樣，接受者一旦被某一信息所影響，這一影響結果就不可能再收回。

4. 環境制約性。組織溝通受到組織環境的制約和干擾。

組織溝通有各種類型。按溝通管道產生的方式，可分為正式溝通和非正式溝通；按所借用的媒介可分為言語溝通和非言語溝通；按是否有反饋可劃分為單向溝通與雙向溝通等。各種溝通形式都有其特點和適用範圍。

組織效能

組織系統行為能力，運轉狀態和作用效果的總稱。傳統組織理論單純片面地強調機械的效率和利潤，將增加產量，提供服務，獲取利潤作為衡量組織效能的唯一標準，忽視組織對人和社會的價值。近代行為科學理論強調組織成員的滿足、人際關係，但未注意組織對變化的環境的適應能力。現代系統權變的組織理論強調全面綜合的評判標準。綜合而論，組織效率的衡量標準應包括以下諸方面：

1. 組織的效率、獲取的利潤及自我維持的程度。
2. 組織的社會效益和對社會有價值的程度。
3. 組織滿足成員需求的程度。
4. 組織內部整合的程度，乃指組織協調內部各部門，解決其間衝突的能力。
5. 組織的應變能力，指靈活機動地適應環境的要求和解決問題的能力。

組織發展

有廣義和狹義之分。從廣義上來看，是指一個社會組織根據內部因素和外部環境變化的形勢，作適應性調整，不斷改變自身的管理形態，以便維持組織的生存，推進組織健康發展和成長的自然的歷史過程。從狹義角度來看，組織發展是以行為科學的理論為指導，採取各種干預措施，使組織結構、活動過程、戰略、人員及組織作風、規章制度等因素之間得到有機的協調和配合，解決組織存在的問題，促進組織效能和健康發展的一種

有計劃的、系統的行爲過程。

　　組織發展的特性是：

1. 組織發展是一個不斷提高的過程。發展的目的在於使人們放棄舊的態度和行爲方式，代之以新的方式，故它是持續漸進的，並非短暫時期便可達成。它也不是解決組織問題而採取的權宜之計，而是通過長期相互作用及一系列變革程序，來激發人的動機，提高組織效能。

2. 組織發展是有計劃的再教育手段來實現組織變革的策略。組織發展假設行爲的基礎是規範，如果經過有計劃的教育和訓練，可以使人們拋棄舊的規範，建立新的規範。

3. 組織發展是從系統的觀點來看組織，強調組織各部分之間的相互聯繫、依賴和制約，注重系統化的變革。

4. 組織發展從本組織的現狀出發。組織發展沒有固定的模式，一切變革都要以組織的具體情況爲基礎。

5. 明確發展的目標與計劃。組織發展的各種活動，實際上都是設置目標並實現目標的過程，應當根據組織現有資源設置可行的、明確的目標，充分利用組織潛力，完成組織發展的任務。

6. 組織發展注重行爲科學的應用，行爲科學理論和方法是組織發展的支柱。

科層組織的擴展

　　科層組織的理想幾乎擴展到社會組織的每個層面。在現代社會中，初級團體關係常包含在正式組織的廣大範圍內，這是因爲科層組織的規模及範圍有增加的趨勢，也就是他們有擴展的趨向。因此，科層組織瀰漫了社

會生活的各個層面。這種擴展傾向有時會導致正式組織的瓦解。在歷史上，許多帝國都是由於過份的擴展而瓦解。羅馬帝國與希特勒的窮兵黷武，可作爲很好的例證。在企業界，組織的擴展使得某一種工業所屬各企業之間的合併，成爲龐大的工業組合。科層組織的擴展趨勢是明確的，它會向外伸展，一直伸展到在物質上或法律上它無法再行伸展爲止。科層組織常由於過份擴展而分裂。

寡頭政治鐵律

科層組織的另一個趨勢就是米契爾（Robert Michels）所謂的寡頭政治鐵律（the iron law of oligarchy）。寡頭政治就是一個組織爲少數或一個小團體所控制。米契爾（1915）認爲科層組織會發展成爲少數人的統治，而這些人會繼續維持他們的影響力，甚至於可能危害組織的發展。米契爾的觀察不同於韋伯的觀念；韋伯認爲人的晉陞是依照功績與能力，而米契爾卻認爲組織常由少數的菁英所經營，他們善於取得權力，但可能缺乏有效經營組織的能力。

米契爾的格言被一些社會學家批評爲過於宿命論，但事實表示正式組織的寡頭政治傾向是強烈的，寡頭政治幾乎發展成各種類型的科層組織。正式組織之所以發展成爲寡頭政治，有兩個相關的理由菁英（elite）的權力野心和組織之多數份子的不關心。只要多數份子能從組織取得某些利益，他們就不會太關注於權力領導者的人選及其任務的持續。因此，在某種條件下，正式組織有反民主的趨勢（Turner, 1978：259）。

彼德原則

科層組織的另一個重要趨勢就是彼德原則（peter principle）所描述

的情況，這個原則是以創立者之名而命名的。彼德原則就是：「 在任何一個階級組織裡的每一個職員都很容易晉陞到難以勝任的工作水準。 」這個原則背後的理論就是科層組織人員的晉陞主要是依據於個人的功積。一個人在某項工作做得很好，他因而爬上階梯，晉陞到另一工作，逐級上升，他終於會達到個人頂端的職位，而這一位置，是他能力難勝任的。按照彼德的觀點，組織所完成的每一件事都需具有某種效率，而這些事是由許多無能力的人做成的。這個原則在白領階級比藍領階級更具實在性，因爲大部份的位置多不相同，且白領階級的晉陞多是垂直的。於是，科層組織會變成爲無效率，因爲它們隨時會僱用大量的無能力人員。當然，彼德原則只是一種潛在趨勢，這種理論僅存在於某些時間與某些組織，但這個原則引起了我們去注意一個有趣的爬升過程。

行政組織

存在於特定環境之中，爲了實現政府的管理職能，實現公共意志，執行公共事務，經由權責分配、勞動分工而建立起來的，由干要素（組織結構、組織心理、管理技術、管理運行方式等）的相互作用所構成的一個系統或一種關係模式。行政組織除了具有一般組織的特點之外，又具有自己的特殊的特徵，這表現在；(1)公務性。它是專門管理社會公共事務的組織，是爲國家、爲全體公民辦事的機構；(2)合法性。一切大小行政組織的設立，必須有法律作依據，它們的權力大小和責任範圍都必須由憲法或其他法律作明文規定；(3)強制性。從國家利益、公民意志出發，行政組織掌握著廣泛的管理社會公共事務的權力（即執行公共權力），這種權力是合法且具有最高權威的，因而每個公民必須服從；對於拒不服從者，國家可以使用各種強制的行政手段強制執行；(4)權威性。行政組織是代表國家行使權力的機構，它的一切合法命令全國上下均要遵守，不可以有另外的權

威與之抗衡；(5)公益性。行政組織的受惠者爲整個社會、全體公民，其目的在於謀求全體民眾的福利，社會的安定；(6)層級性。行政組織是一個統一的、自上而下的、層級節制的系統；(7)規範性。行政組織中成員的角色均有明確規定，具有較爲嚴格的行爲規範標準和嚴明的規章制度。

第11章　社會階層與社會流動

社會階層的定義和性質

「社會階層」是以探討社會關係層級化為領域的學問，自是社會學中重要的部份。因為社會階層影響人們的互動，行為模式、態度，甚至喜好……等等。

所謂社會階層，係指社會資源分配的不平等狀態。這裡的社會資源，是對物質資源（財富）、政治資源（權力與聲望）和文化資源（知識和教養）的統稱。由於這些資源對於滿足個人需求和實現社會系統的功能是有用的，因而誰都想獲得它們。但是，這些資源的供給小於人們的需求，因而無論對個人或是對社會而言，它們都被賦予價值。社會階層在社會結構分析中所具有的重要意義，在於人們都十分關注社會資源的不均等分配。

十九世紀以來的階級理論，把社會階層放到總體社會中去研究。另外，社會階層既可以以個人為單位來定義，也可以以群體為單位來定義。雖然通常進行的社會階層研究大多在於確定個人的階層地位，但事實上總是把家庭看作是階層分化的單位的。其原因在於可以把家庭看作是一個共同消費的社會，尤其是在現代產業社會的核心家庭中，一家人只要一個人有職業，其他家庭成員不僅分享其所得，同時分享其職業上的權力和聲望。在現實中存在著這樣一種現象，即人們都以成年男子為對象，進行階層的實證調查。此種分析就運用的上述假設。例如：被調查者本人現在的階層地位，用他現在的職業來測定；他出生及孩童時代的階層地位，則用他父親當時的職業來測定；妻子的階層地位，用丈夫的職業來測定；收入地位用家庭的收入地位來測定……等等。雖然階層地位是就個人加以界定的，但是由於同一家庭的成員具有相同的階層地位，因而社會階層分析實際上大多可以以家庭為單位進行。

社會階層形態，大致可以分為兩類：一類是按出身身份（ascriptive）確定的階層地位，一類是靠獲得階層地位的競爭，按工作成就（achievement）確定的階層地位。一般把前者叫作歸屬地位，把後者叫作成就地位。印度的種姓可以說是一種強調歸屬地位的階社會，其階層地位完全是由出身的家族和傳統的職業所賦予的，階層界限的確定是固定的，實行族內通婚制。大體而言，歸屬地位通常是農業社會的形態，成就地位則是現代產業社會的形態。但是，我國自隋朝以後至清朝末期，延續的一千三百多年的科舉制度，就是依據工作成就原則來任用選拔官吏的，因此必須說明，在農業社會有時也會以成就地位決定社會階層。韋伯在「儒教與道教」一書中，把通過科舉考試的人稱為「讀書人」，並注意到中國是世界上僅有以文人的教養，為評價階層地位唯一標準的國家，而且這種地位不是世襲的。

社會階層的理論性探討

　　現代產業社會中的社會階層，與農業社會中強調身份制度有所不同，其階層地位是可以流動的，同時是根據工作成就原則來確定的。當然，現代產業社會的這一特徵，並不是在現代化和產業化的初期階段就出現了。不僅如此，十九世紀歐洲的階級狀況仍是中世紀封建社會的延長，當時一個人的階級歸屬，是來自天賦屬性，而終生不變的。近代階級理論的創始人——聖西門和馬克思的階級概念都反映了這種概念。聖西門將社會階級分為：貴族、布爾喬亞和實業者等三個層級。馬克思、恩格斯則將社會階級分為：資產階級、中間階級（小工業者、小商人、手工業者和農民）和無產階級等三大類。此種分法概括了西歐十九世紀初期和中期的歷史事實。今天，階級歸屬意識在人們的日常生活中日益淡漠，階級的界線也變

得不甚分明。但十九世紀的歐洲，階級在人們的日常意識中是實實在在地存在的，其界線也很明確，是具有各自的言語和文化與社會群體的一種社會類型。

在十九世紀的西方各國中，僅有美國未出現如歐洲的階級體制，這是因為美國沒有經歷過封建制度的關係。馬克思指出：歐洲的共和政體只是資產階級對無產階級的無限專制。而美國則不是如此；他說：其原因在於美國雖然也有階級，但它不是固定的，其構成要素在不斷地更換，使社會街級出現了流動的情形。在這樣的背景下，與十九世紀歐洲的階級概念不同的階級概念，在美國開始出現。由於這種新的理論摒棄了「階級」一詞，而普遍使用了「社會階層」（social stratification）的概念，因此，社會階層一詞即逐漸被確立為社會學的術語。十九世紀歐洲型的階級概念所指稱的：如貴族、布爾喬亞或無產階級等，是一種一元論的概念。至於社會階層這一概念則是一種多元的、分析的概念，我們把它叫作分析的、多元論的社會階層理論。

我們說二十世紀的階層理論是在美國產生的，但分析的、多元論的概念在美國發展起來之前，就已經由韋伯首先建立起來了。韋伯把階級狀態定義為：財富供給、外在的生活地位和所擁有的價值；把處在相同階級狀態下的人定義為階級。但是，韋伯所說的階級並不是單一的，而是把階級區分為：⑴財產階級；⑵營利階級；⑶社會階級。這三種類型，前二者又可分成兩種類型：即擁有財產的階級和沒有財產的階級，具有營利機會的階級和沒有營利機會的階級。第三種社會階級不是分析性的範疇，它分成工人、小市民、知識份子和特權階級四類。同時，韋伯提出了與階級相區別的另一個概念，即身份（stand）。身份狀態的評價標準有三：⑴生活方式的種類；⑵教育；⑶基於出身的聲望或職業聲望。韋伯所說的階級是狹義的階級，是按經濟標準界定的；與此相對，身份則是聲望階級。二者相加則成廣義的階級。韋伯又在經濟階級和生望階級之外加了一個權力階

級，用黨派來表示。因此，廣義的階級乃是經濟階級、聲望階級和權力階級三者的組合。韋伯對權力階級有更詳細的分析，他認為：權力在社會秩序的維持具有重要性，其代表的是一種「統治、支配與被統治、被支配」的關係。而統治：是一種狀況，其意志命令是為了影響他人，同時產生了影響，使被支配者將其命令視為服從的目標，也使得統治者獲得利益。因統治者具有實質權力做為其後盾，並由於被統治者也提供統治者某種程度的利益，以維繫統治的關係。自統治的類型可以看出權力的基礎及來源，韋伯將此區分為：

§ 表11－1

因素＼型態	法制型	傳統型	卡理斯瑪型
統治者	行政首長、官員	君主、封建諸侯	先知、宗教領袖、軍事英雄
權威來源	委任	世襲的傳統	隨從對領袖的效命
正當性理由	對法律的信念	對傳統的遵奉	相信領袖具有非凡特質
統治者職權	由法律規定	受傳統限制（神聖的）	由領袖創造
管理幹部	官僚制度	私人幕僚、家臣、族親	隨從、門徒
最接近歷史型態	近西方的科層制度	長老制、家產制、家天下	革命組織、宗教狂熱團體

1. 法制型：命令與服從是建立於法律基礎上，並由法律來規約人們的行為。
2. 傳統型：
   (1)權力的來源是傳統，由傳統的傳承產生支配關係。
   (2)其權力根源是神聖的，不可變動，傳統代表權威，同時傳統是不能更動，同時權力根源是一種相襲已有的制度，代之相傳的傳

統。

3. 卡理斯碼型（神寵型）：

   (1)領袖具有超凡的神聖力量，使其隨從樂於遵從。

   (2)統治型態基礎最不穩固，常隨人物的流逝而瓦解，因此繼承的的問題較嚴重，可爲法制或傳統型代之。

就人類歷史少有單一的純粹型式，往往是混雜的。然而就社會的變遷，法制型將成爲現代社會的主軸。使法制型社會得以順利運作的則爲「科層體制」。該制度是指：一種階層明顯，每級官員具有其執行職守且組織嚴密，免除私人干涉的行政體系，其權力基礎是法律所賦予的。其理想型態包括：

1. 分層授權，每層級之官員有其職責，並且是公私分明。

2. 職位階層的劃分明確。

3. 職位的權限有法律規章明訂之。

4. 官員的任職是基於自由契約。

5. 新進人員的選任爲專業。

6. 對於官員是以貨幣支付其所得。

7. 是一種專業性、專任性工作，職位是工作者最重要。

8. 職位的陞遷，係以年資，表現爲基礎。

9. 行政官員及行政工具是劃分開的。

10. 辦理公事必須依從有組織、有紀律的控制。

該制度適用於行政體系及各種大型的組織體系，以期增加組織功能和效率。並且能夠使組織的運作是建構在「可計算」的基礎上，因爲係按照規章運作。

美國的社會階層理論是索羅金（Sorokin, 1927）提出的。索羅金把

社會階層分成以下三種類型：(1)按貧富差別區分的經濟階層；(2)按權力和聲望、名譽和職稱、統治和被統治等來區分的政治階層；(3)按職稱地位是否被認為有名譽、是否有權力來區分的職業階層。在這種劃分中，(2)和(3)都具有權力和聲望等兩個以上的因素，而且互相重疊，因而劃分不夠明確。如果為了改進這一點而把(2)限定為權力階層，把(3)限定為聲望階層，所羅金的劃分就與韋伯的三分法大體一致了經濟階層對應於韋伯的階級，政治階級對應於韋伯的黨派，聲望對應於韋伯的身份。但是，索羅金使社會階層概念與社會流動（social mobility）概念相對應，而且十分重視社會流動的概念，甚至把它作為著作的題目，這是韋伯所不具有，但為索羅金強調的特徵。索羅金把社會流動區分為水平流動和垂直流動兩種類型。他分析產生垂直流動的四個原因，即：

1. 階層之間出生率和死亡率的差別。
2. 父母與子女間的能力差別。
3. 環境的變動。
4. 個人能力與個人階層地位不一致的事後調整。

索羅金不同於歐洲階級論的另一特點是他收集了大量的統計資料，從而運用實證分析以探究社會階層。由於索羅金的研究，引發美國的社會階層和社會流動研究與社會調查方法相結合，邁向了實證研究的方向，並影響了歐洲，使社會階級的研究走向計量分析的軌道。

社會階層的測量

社會階層的區分是多元，包括主觀的（如：在心理上所認同的社會類屬的層級），客觀的（如：財富、聲望、權力等）。為期對社會階層有進

一步的了解，常運用的探究方法，有「生活方式法」、「社區聲望法」、「主觀計量法」、「職業聲望法」、「多項指標法」等等。

生活方式法

社會學家所使用的一種最複雜及廣泛的階級水準測量法，就是韋伯所謂的生活方式指標。按照何奇士的看法，這些指標的設計包括測量互動模式（誰與誰結合）、象徵式財產（消費財貨與物質財產）、及象徵式活動（娛樂、演講與正式結合）（Hodges, 1964）。

這種社會階級測量方法所依據的理由是：

1. 社會親密只會發生在有同等對待的人群。
2. 不同社會階級的份子，可使用某些項目以劃分彼此社會親密的最好指標就是婚姻，但朋黨關係、家庭中的接待行為、社會組織的共同身份，以及互惠的活動形式也表現出親密關係。這些事項都可以作為社會互動的指標。所謂的社會與經濟地位量度是用於測量地位，指標項目的使用與佔有為測量的條件。

階級位置的生活方式法（the style of life approach）的優點，就是它的廣博性。我們將互動關係、象徵式財產及象徵式活動列表，就可計算出個人或團體的地末指數，而在地位量度上訂出等級。這個方法的缺點就是一般互動（甚至婚姻），並不常依循階級路線。因此，大眾生產會使財產迅速喪失它們的地位意義，而上層階級的娛樂活動同樣易受到下層階級的影響。從生活方式指標所計算的地位量度，必須不斷加以修正，才能克服這種問題。

社區聲望法

社區聲望法（the reputational approach）是透過有豐富知識的人來評審社區份子的等級。評審員的選擇有若干方式，但所依據的理由是相同的。這種方法假定：一個社區或社會系統的份子，基於其對社會位置的私人經驗，有第一手知識。換句話說，他們知道每一個人在他朋友眼中的聲望，社會學家使用這種方法，不像使用生活方式法要計算指數，所以不涉及統計，而可節省許多的時間與工作。

無疑地，輿論所反映有關一個人的事，對於他的地位具有重要意義。但聲望法也有其缺點，許多人私下贊成或不贊成的某種行為會區解他們的判斷。聲望法的另一個缺點，就是要瞭解大社區的每個人是不可能的。此外，如何選擇有資格的評審員也有困難。

主觀計量法

主觀計量法（the subjective approach）要求受訪者評審他們自己的等級，也就是說，使他自己成為階級等級評審的對象。這個方法依據的假定是，個人最能夠瞭解他本身在階級系統中的適當位置。這個方法的優點就是，可用於研究較大團體，節省時間，而且方法簡單。

主觀法所受的批評是，人們對自己在社會階級系統的位置，可能有錯誤的認知。若干研究顯示，許多人很難考慮階級差別，除了富人與窮人外，他們根本就沒有中間階級的觀念。也有些人強烈相信社會是沒有階級的，他們不敢承認有多種階級系統的存在。關於評價自己，有些人會因觀念、自我或其他理由而曲解自己對階級位置的認知，如表示比實際持有之位置更低或更高的階級。無論如合，學者如能謹慎設計研究，這些缺點可

以減少，但會增加主觀法的複雜。

職業聲望法

這種方法使用職業作爲階級位置的一種指標。這種方法依據的理由是，職業是一種社會實體，即它對地位具有直接的意義。此外，職業可作爲廣泛的比較，又職業在所有社區和不同國家中幾乎是相同的。

文崇一、張曉春兩位敎授於民國六十八年進行「職業聲望與職業對社會的實用性」研究。該研究是採用「職業聲望法」，共有一千五百個樣本，所採用的職業共有九十四種。

§表11－2　文崇一與張曉春之臺灣職業聲望量表

順序	職　業	平均數	順序	職　業	平均數
1	省主席	91.2	48	藥劑師	63.9
2	教授	87.9	49	代耕隊員	61.6
3	科學家	86.5	50	牧師	61.1
4	大使	84.0	51	商店老板	59.8
5	大法官	83.8	52	電話接線生	58.7
6	國大代表	81.5	53	辦事員	58.3
7	市長	81.3	54	人事管理員	57.8
8	立法委員	80.5	55	圖書館管理員	57.6
9	軍官	79.7	56	會計員	57.3
10	監察委員	78.9	57	科員	56.7
11	大企業家	78.9	58	出納員	55.9
12	中學教師	78.8	59	房地產經理	55.8
13	工程師	78.8	60	代書	55.1
14	醫生	78.6	61	船員	55.1
15	郵政局長	75.9	62	司機	54.5
16	小學教師	75.1	63	攝影師	54.2
17	飛機駕駛員	74.7	64	裁縫	54.1
18	經濟學家	73.6	65	木匠	53.8
19	董事長	73.3	66	泥水匠	53.8
20	消防隊員	72.7	67	電視裝修工	53.7
21	作家	72.3	68	廚師	53.7
22	省議員	71.9	69	工頭	53.5
23	火車站長	71.5	70	打字員	53.4
24	音樂家	71.3	71	和尚	53.3
25	郵差	70.9	72	加油站服務員	52.4
26	律師	70.5	73	店員	51.6
27	總經理	70.4	74	清道夫	51.5
28	縣市議員	69.9	75	礦工	51.3
29	銀行經理	69.4	76	導遊	50.6
30	警官	69.3	77	鐘錶修理匠	50.5
31	推事	68.7	78	演員	48.9
32	農人	68.4	79	工廠女工	48.5
33	農會總幹事	68.3	80	車掌	47.5
34	護士	67.6	81	美容師	46.2
35	工廠廠長	67.0	82	歌星	45.7
36	助產士	66.8	83	理髮師	45.6
37	中醫師	66.7	84	推銷員	45.3
38	新聞記者	66.0	85	遊覽車小姐	45.3
39	社會工作人員	65.7	86	工友	44.7
40	神父	65.5	87	道士	43.8
41	科長	64.9	88	攤販	43.8
42	村里幹事	64.8	89	侍者	42.5
43	會計師	64.6	90	風水師	42.2
44	警察	64.5	91	女佣人	41.8
45	空中小姐	64.3	92	算命仙	32.1
46	畫家	63.9	93	舞女	29.0
47	機械修理工	63.7	94	茶室女	27.1

資料來源：文崇一、張曉春，1979, pp.631－632

民國七十四年，中央研究院瞿海源教授進行「台灣地區職業地位主觀測量之研究」是時間上最近，而且在方法上相當嚴謹的研究，樣本數共計一三七人，所採用的職業共計二十九種。

§ 表11-3　瞿海源之臺灣職業聲望量表

順序	職業名稱	指數	順序	職業名稱	指數
1	教授	8.900	16	農人	5.850
2	主席	8.822	17	雜貨店老闆	5.646
3	法官	8.789	18	歌星	5.508
4	省議員	8.772	19	工頭	5.376
5	大企業家	8.672	20	水電工	5.344
6	醫生	8.252	21	機車修理工	5.264
7	立法委員	8.174	22	泥水匠	5.059
8	中學教員	8.116	23	司機	4.942
9	律師	7.780	24	推銷員	4.921
10	銀行經理	7.733	25	店員	4.860
11	機關職員	7.579	26	攤販	4.678
12	小學教師	7.561	27	工廠女工	4.553
13	村里幹事	6.735	28	工友	4.478
14	警察	6.516	29	理髮師	4.323
15	護士	6.416			

資料來源：瞿海源，1985，p.7

這個方法的優點就是可對複雜實體從事單一因素測量，儘管職業作為階級的測量有其不可忽視的效力，但仍具有將職業與地位等量齊觀的危險。

多項指標法

前面四種方法，如單獨使用，則效果較弱。因此，大多數研究者寧願

使用兩種或多種方法，所以他們有社會階級位置的多項指標。如果研究是聲望法或主觀法與生活方式法或職業聲望法的結合使用，而發現它們之間有一種高度相關存在，則會產生更可靠與更有效的資料。許多研究者設計複合指標，以減少社會階級之單因素測量所引起的偏見，同時也可符合使用多項方法之雙重檢查的需要。多項指標法仍在試驗階段，有待進一步的研究。

社會不平等之根源

在社會階段的理論探究上一直存在著衝突論和功能論的對立和論戰。十九世紀歐洲的階級理論都是屬於衝突論，這種階級理論主要源於聖西門，經過馬克思明確化並加以定型，同時按照所有制來定義二階段的模式。但是到了現代社會，所有制的意義已經減退，取而代之的是強調以權力之有無為區分的新衝突論（如達倫道夫）。社會階層既然是不平等的結構化，那麼不平等是否具有某種功能呢？最早提出不平等具有功能這種理論的是戴維斯和莫爾（Davis & Moore，1945），這使得他們成為社會階層功能論的創始者。

衝突論

馬克思和恩格斯強調衝突的主要領域在於經濟方面，而階層化是因競爭社會上有限或稀少資源的結果。強調集中於社會階級之分類及社會變遷之現象，對社會階層暗示是強制的結果，與握有控制職位之人壓迫社會其他份子之結果。於馬克思之辯證唯物論內提出二個命題，假設：

1. 社會生活具有相對力量與利益間緊張與衝突之特徵。
2. 社會相對力量之奮鬥推動社會沿著一種不可避免變遷之路線其強調衝突之範圍主要在經濟方面，勞資雙方之衝突，控制生產手段者與生產者之鬥爭，此爲社會之本質，而控制生產手段即爲剝削勞工階級造成衝突，階級系統由此處建立。一個政府之存在主要在於調停經濟領域內財產所累積而帶來之社會利益之衝突，但隨著資本主義之發展，政府本身亦干預此衝突，而經濟統治者常會控制政治，剝削勞工則會發生衝突，推翻救有統治階級，形成一種新階級，這種理論內強調社會階層爲一階級壓迫另一個階級之工具，亦同時刺激產生階級意識之發展，不平等爲社會系統內必須之觀點，按此理論看法認爲不平等之存在乃因缺乏有價值之報酬與聲望，次級之團體爲取得此種報酬與聲望故產生鬥爭，而這些報酬之分配在他們認爲非因能力，乃基於力量剝削與每一個團體認爲此報酬爲維持團體生存之重要因素。而此理論另一看法：一種階層社會提供不同之途徑用於激發人民占有某些職位，但階層常會限制發現社會可用性才能之人才即會埋沒一些人才，維持不平衡之機會，社會階層是經濟的與剝削的衝途與鬥爭，它是無益於社會的。

功能論

戴維斯（Kingsly Davis）與莫爾（W. E. Moore）認爲社會階層化是爲整體的社會利益所做的必要性安排，強調社會之整合、秩序與均衡之狀態，階層爲報酬之系統，用以協助社會之穩定維持之社會秩序。社會階層爲每一社會相當重要之部份，受廣泛接受之價值系統與信仰系統所約束，功能理論者乃涉及每一部門發揮其功能及角色，使社會維持穩定狀態，社會界層把每個社會份子分配於組成不同之地方，擔任其特別角色，配合角

色發揮其地位功能，而此角色仍有重要層次之差別，角色重要付出之勞力、技術亦較多，但每一角色皆不可或缺，整體功能始能發揮。戴維斯不認為除非角色有不平等之報酬，否則工作無法完成，這些報酬關聯社會最重要之角色，此角色須最多之訓練與才能，故社會對此角色應視情形而予報酬，對容易充任之角色不能給予過多之報酬（金錢財富）。社會功能基本上是統合的，社會中需有報酬之系統，誘導個人占有位置，報酬方式因位置分配不同，社會必須有階層，否則無法有效發揮作用，社會階層變成社會不平等之情勢，即不同職位不同角色與不同報酬之不平等方式，階層依這種理論而言是有利於社會，因階層具有共同之價值系統，按角色而獲不同報酬，鼓勵最有資格之人做最重要之角色或工作，因此不平等的報酬是需要的，而社會不平等是必要而且合宜的。

茲依據 Robert Perrucci & Dean D. Knudsen（1983）之意見，將功能論與衝突論之社會階層觀比較如下：

§ 表11－4

衝突論	功能論
1.階層雖是普遍存在，但非必須，亦非無可避免的。	1.階層是普遍存在著，必須且無可避免的。
2.社會階層影響社會體系。	2.社會體系影響了社會階層型態。
3.社會階層因競爭、衝突、征服而產生。	3.社會因需要整合、協調、團結而產生階層。
4.階層阻礙了社會與個人之功能。	4.階層提高了社會與個人的功能。
5.階層反映社會上權力團體之價值。	5.階層反映社會內共享的社會價值。
6.權力在社會內由一小群人控制。	6.權力在社會內合法的分配。
7.工作與酬賞分配欠缺合理。	7.工作與酬賞是合理分配的。
8.經濟結構為社會之骨幹。	8.經濟結構次於其他社會結構。
9.階層須由革命來改變。	9.階層經由進化過程而改變。

社會流動與階層界限

　　社會流動所指稱的是：個人的地位從一個團體改變到另一個社團，稱為社會流動，亦即社會位置的變更。社會流動有兩種不同的現象，一種稱為橫的社會流動（horizontal social mobility），另一種稱為縱的社會流動（vertical social mobility）。例如：從某一政黨轉入另一政黨，這種流動稱為橫的社會流動。又如個人在社會地位，從下層階級升遷到上層階級，或從上層地位降到低級地位，如工人升為職員，科員升為科長，又如經理降為股主任或貴族降為平民，這種流動稱為縱的社會流動。社會流動與人口的遷移流動其意義有別。

　　社會流動的情形，在工業革命以前的舊社會裡，頗為不易，尤其是社會階級地位的流動，一個平民要變為貴族是絕對不可能的事，因為靜態社會，階級的地位有固定的組織，沒有突變是不會變動的。到了工業社會，因交通的便利，職業機會的擴大，個人的地位不像從前階級制度的社會，受到種種的阻礙，而現在可以由自身的努力，成功的命運操在一己的才能。

　　工業社會對各種不同的職業有不同報酬，報酬的高低是吸引人的因素。要獲得較好的報酬，必須具較優的能力。具有較好的報酬必然是較優的地位，能夠獲得較優的地位，是競爭的結果。工業社會給人們在職業上以競爭的機會，使社會流動的情形，增加了速度。社會流動可依不同的社會結構，而建立起下列三個典型的社會流動模式：

卡斯特社會的流動模式

古印度的卡斯特（Caste）社會，把各類人劃分為婆羅門、刹地利、毗舍、首陀羅（即奴隸）與賤民等五種階層，階層與階層之間，嚴禁通婚，禁止有任何的往來，所以在這種社會之內，既無世代的流動，「各人生於何層，長於何層，婚於何層，子女則留於何層」。職業之間的流動，既或有之，亦屬很少。所以這種社會結構的社會流動模式，毫無垂直的流動，而可能只有部份的水平流動。

完全開放社會的社會流動模式

在一個完全開放的社會結構中，階層與階層之間的流動毫無限制，即使有限制，其影響力也減至最低，同時類屬之間的流動極為頻繁。換言之，完全開放的社會，不僅有水平的社會流動，更有垂直的社會流動，一般以美國社會為這種模式的代表。

混合的社會流動模式

混合型的社會流動，指的是在一個開放模式內存在著卡斯特流動模式，這種卡斯特流動模式，可以出現在社會階層的不同階層之間，或是出現在不同的類屬之間，前者以中國傳統帝制社會的社會流動為代表，而後者以美國社會內黑白種族之間的社會流動為代表。

中國傳統帝制社會，皇帝之下有諸侯，皆為世襲，故一般平民無法流動到這個階層，而其下為士大夫，由考試仕進，平民可經由考試而進入此階層。士大夫之下，則為老百姓與奴隸。故其社會流動的模式是在士大夫

階層之下各層形式開放式流動模式；諸侯和士大夫之間，無法有垂直的社會流動，形成卡斯特流動模式。而另一種混合模式的社會流動，只在相同類屬之間不能有水平的流動，如美國社會中，黑人與白人之間關係猶如卡斯特社會，彼此之間難以產生水平的社會流動；但是在白人社會或黑人社會之間，卻各自形成開放社會的社會流動模式。

至於影響社會流動的因素可歸結於：

機會結構

社會流動最有效之力量為機會結構，在封閉之社會流動之機會低；在Caste之社會，幾乎無社會流動之機會，在工業社會流動性大，在農業社會則流動性小。

社會變遷之速度

社會變遷激烈的社會，階級界線不嚴密，社會流動的限制較少，個人向上或向下的轉移容易，例如：工業革命造成迅速的社會流動。

人口因素

(1)移民；(2)生育率之高低；(3)死亡率之高低。農村人口漸移都市，以提高其社會地位，造成很多社會問題，亦影響社會之改善與社會之流動，另可激發當地人民之流動及競爭性向上之流動。

社會中某階層人口常有不足現象，可由另階層者來取代，如生育率低人口少會影響此一階層之結構。若出生率提高或死亡率降低，個人向上流動之機會即減少。

分工與專業化

在高度分工的社會，由於專業化程度和技術訓練高，隔行如隔山，階級流動不易。

技術之變遷

可改變職業結構,可吸引某一階層人口至另一階層。在已開發國家由於技術改變以機器來代替造成失業,大量擁入白領階級,白領階級人口之增加,增加社會之流動性。

希望的層次

即個人之願望,達成希望之成就意願高,則會朝著目標努力以赴,促成往上之流動性。

教育之因素

直接開闢垂直流動之通道,如求職要靠文憑,故教育學歷高可求得更好之工作。因此社會的職業結構愈複雜化,其依賴教育程度及愈深。

種族因素

社會中若干種族或團體界線分明,明定某一種團體或種族擔任不同職業,同樣也會阻礙社會流動。

性別分化與性別階層理論

中國婦女和其它社會的婦女一樣,並不是終其一生完全沒有權力,問題的關鍵在於其權力的影響範圍。通常被侷限在家庭或私人領域範圍內。

婦女被禁錮在私人領域,其勞務與功能由於不被認知為具有社會生活中公共領域的政治與經濟意義,自然喪失了作為建構人類歷史的主導性角色。當個人的角色與貢獻,不是由性別與階級來認定與衡量其意義時,兩性階層的不平等才能獲得改善,無性別壓迫、無階級壓迫的社會才有可能到來。

在我們的社會中,傳統的「男尊女卑」、「男主外、女主內」的性別角色與分工,與強調父權意識型態和文化仍根深蒂固。雖然說台灣婦女已具有憲法所保障的參政權、受教育權、工作權等。然而在父權意識型態的支配下,來自社會結構與傳統制度的性別歧視,仍阻礙了婦女地位的改善與提升。

討論婦女地位時,通常以下列三方面指標爲主要依據:

1. 資源分配:探討社會上一切有價值的資源(包括經濟、權力、社會地位等)在性別上的分配有無差異。
2. 兩性關係:探討家庭內性別分工與男女性生活關係。
3. 意識型態與兩性角色刻板印象的僵化。

以下將用經濟、政治、家庭、教育等實證資料來檢驗台灣婦女的地位,茲分述如下:

經濟

台灣婦女勞動參與率從十年前的38.76%提高到目前的44.86%,而男性勞動參與不升反而降了2.33%。婦女參與勞動對經濟發展的貢獻已獲得肯定。然而愈來愈多婦女可以就業,並不表示工作機會和報酬就與男性平等。台灣婦女的工作權、平等權雖有憲法明文保障,但缺乏落實到勞動法規中,使得台灣婦女工作權從招募聘僱、報酬、配置陞遷、退職退休、福利措施、到資遣解僱都受到剝奪。經濟結構上女性的不利地位,只是父權社會的反應;換句話說,婦女就業政策不過是經濟成長的政策。婦女在經濟結構上,主要的兩性不平等現象,分述如下。

職業結構上的性別隔離現象明顯

　　根據一九九三年《人力資源統計月報》統計結果，在行業上女性勞動者有34％就業於製造業，而男性則有29％。在職業階層中，擔任行政及主管人員，女性每千人只有一位，男性則有九位；有不少學者指出階級、地位、權力三者間有高度相關性，而且認為職業是工業社會中最佳的單一指標。因此，顯然婦女是處在職業結構上的不利地位，這必然會影響到婦女社會資源的分配與控制。

薪資結構上的性別差異

　　許多研究已證明台灣勞動市場上的確有對婦女的性別歧視存在。社會一般認為「男人賺錢是養家，女人賺錢則是貼補家用」是源自男外女內傳統性別分工，姜蘭虹的調查顯示：有66％的女工工作目的是為了貼補家用，只有13％是為了養家，僅比在家無聊而工作者多1％。由於大部份女工認知上仍受父權意識支配，對於勞動的不平等待遇，較易採取消極態度，也就阻礙了爭取權益的行動表現，反映在工會的參與結構上，工會會員男性遠多於女性，各級工會理監事中女性僅佔13％，因此婦女工作權益問題很難成為勞工運動的抗爭議題。根據《兩性勞動情勢統計》，指出女性平均每月薪資只有男性的64％，較之中國大陸的74％還低了10％。依據該統計資料，可以發現：愈是低級產業、愈是教育程度低、愈是高年齡組則兩性所得愈不平等。

　　女性所集中的職業多屬低所得，美國的研究發現，美國職業別中，若是女性人數比重增加1％，則該職業之平均收入將減低43美元，亦即職業會隨著女性比例之增加，而呈報酬遞減。

　　由以上統計資料顯示，經濟結構上的性別階層化程度仍高。

政治

　　政治經常是決定有價值、稀少資源分配與重分配的最主要因素，因此政治權力上的劣勢與缺乏利益者，常常會淪為資源分配與重分配的犧牲者。以下將從行政部門、民意代表、選民行為取向的兩性結構差距來說明：

行政部門

　　依考試院八十五年的統計，行政機關中女性職員佔53％，雖超過半數，但大多集中在基層職員；在中級職員，女性只有16％；在簡任的高級職員每一百人才出現女性四人。在總統府、五院及省市政府、各部會一級單位主管、部會附屬機關首長、國營及省營事業董事長和總經理、省市二三級單位首長共691位行政主管，再加上縣市政府府內一級主管268人，其中女性主管只有22位，所佔比例僅僅2.29％。亦即擁有政策決策權與影響力的幾乎全是男性天下，女性成為政策中弱勢的性別。有關婦女權益與問題的議題，自然很難排上父權政治的議程，更遑論決策者會將可能影響婦女生活情境的因素列入政策評估中，而以婦女發展為政策終極目標，似乎更為不可能。

婦女的投票行為

　　從公職選舉中，女性選民所表現出來的行為結構模式顯示，的確有性別差距存在。兩性投票行為模式的差異，主要表現在：女性選民容意受到家人、候選人本身特質的影響，較少受政見、政黨認同所影響，也最少是政黨動員的取向；男性選民恰好相反，政黨動員因素高，受家人影響低。實證研究指出，婦女投票行為模式以非政治因素影響最深，特別是家族取向。這顯示出儘管台灣婦女已獲得參政權，卻仍然受限於傳統角色分工，

而不能透過投票的集權行為，來影響議會運作與政府政策方向，也就難以改善婦女對社會資源和權力的分配和控制之不利地位。

家庭

人類最初的分工是男女之間為了生育子女而發生。雖然懷孕、產子與哺乳是女性生物特徵，卻隨著私產制、貨幣交易以及婚姻制度的演化而兩性角色定型化，婦女被侷限在私領域，從事無貨幣報酬的家務工作，同時婦女被嚴格要求遵守處女、守貞及守寡等規範。台灣家庭結構已從擴大家庭轉變成核心家庭，對家庭變遷的研究，也逐漸注意到家庭中兩性權力的變遷。在家庭的兩性平等，僅選擇以下兩部份來討論。

家庭性別分工明顯

在現代國家的勞動力與經濟統計上完全將婦女家務勞動排除，使得婦女主內角色的價值迄今未受到應有的肯定。但是如果能把烹調、清理和撫育子女等工作的價值計算出來，那麼它將會是許多國家的國民生產毛額的一半。台灣已有研究嘗試以機會成本方法，推估出台灣婦女家務價值約佔國民生產毛額的10％。婦女參與勞動市場的趨勢漸增，然而不管婦女從事那一種有收入的工作，仍然同時被期望或要求承擔大部分甚至全部的家事與照顧依賴者。呂玉瑕的研究顯示，婦女參與勞動與否及其特徵對於家庭角色與權力結構並無顯著影響，亦即婦女在家庭內的角色及決策地位並不伴隨著其參與勞動力而改變，這是因傳統父系社會之角色規範比婦女就業因素更有效的支配家庭內的角色與權力結構。根據一九九三年的《台灣地區時間運用調查報告》顯示，男性從事家事育兒的工作每日平均僅僅21分鐘，比通勤通學所花的時間32分鐘還要少；而女性平均每日則需花費3個小時又24分鐘，比男性多了183分鐘，是男性的十倍多。

對於職業婦女除了必需工作6小時52分外，更需花費2小時22分於家務勞動。而中國大陸女性家務勞動，只有比男性多分攤一個小時，足見台灣家庭內性別分工仍相當地傳統與僵化。另外，依《婦女生活狀況調查報告》顯示：在家庭角色分工上仍深受父權意識與規範的支配。其中「婦女對自己工作收入的決定權」指標，顯示只有半數婦女可以全部自己決定，足見在家庭中仍缺乏對婦女獨立自主的完整人格之尊重，婦女在家庭中的附屬地位仍有待男女雙方認知與角色的調整和改變。

兩性性關係

根據蓋洛普在一九九一年二月所公佈的《台灣地區民眾性與生活》民意調查顯示，男性有將近四成接受男人一生中可有一人以上的性伴侶，卻有近八成反對女人一生中有一人以上的性伴侶；而女性由於長久受傳統禮教的規範，只有四分之一能接受男人如此作為，對女人自己要求則更為苛刻，僅有15％能接受。在談到能否接受配偶婚前與他人有過性行為，男性有六成以上不能接受，而女性卻有將近一半能夠接受，對性的雙重道德標準仍然明顯存在，這阻礙了婦女對自己身體的自主權與決定權的發展。另外有一半以上的男人仍視夫妻性行為是為了傳宗接代。

教育

教育是地位改善與階級向上流動的重要工具，也是維持或改變既存意識型態與文化的重要機制，因此教育的平等是緩和階級對立衝突與差距的基本要件之一。教育平等不僅僅只是進入學校的機會均等而已，舉凡消除書本上，大眾傳播媒體及文化對性別角色的刻板印象等等，都是給予女性平等教育權所必須的。

國內從事這方面的研究頗為豐富，但注意到教育、媒體、及文化傳播

對婦女角色與地位的衝擊,則是八〇年代以後才有增加的趨勢。國民小學教科書內容和一般的兒童讀物,都有強烈的性別刻板印象;學校教師的女老師人數隨著小學到大專而迅速遞減(各級學校女教師比率,據一九九五年《教育統計年報》統計,幼稚園女教師高達99%,到了大學陡降僅剩30%),此將會影響成長過程的性別角色認知;校園內人事職位階層男高女低現象,也會造成男尊女卑的認知影響;傳播媒體的刻板性角色,也會強化傳統的兩性關係。

受教育學生性別比例

一九九五年男女進入各級學校的機會隨著愈高等而擴大性別差距。女性接受國民學校教育的人數為男性的94%,專科學校教育比例降為84%,大學教育雖然仍有84%,但是碩士則陡降為34%,博士班則只剩19%。亦即更高深專業的教育仍存在明顯性差異,阻礙了女性欲進入講求文憑主義與專業的社會的政、經、社領導菁英階層,自然減低了女性對資源分配的支配權與影響力。

研究人員性別差異

一九九一年《社會指標統計》指出具以博、碩士、學士學位或專科畢業且具有三年以上研究經驗,並且目前仍從事研究發展工作者,女性只有15%,這使得各研究領域很容易忽視有關女性議題的研究,也可能導致男性觀點下研究發展現象或問題的扭曲或誤解。

其它

課程安排的性別隔離,教材兩性刻板印象內容,師生互動中師長表現角色期望,男女分班制,學校人事結構的性別差異,各級學校的性別招生限制,以及科系的性別隔離現象,大眾媒體的性別歧視等等,皆強化了傳統性別的角色與分工,阻礙兩性不平等關係的改善。

教育對性別角色與兩性關係的影響至深至遠，因此唯有透過教育的改造，才能造成支撐父權制的意識型態之徹底變遷。

　　對於生活在權貴家庭的婦女，自己或一般人很難把她們與劣勢者聯結，然而她們的社會活動的參與，是以其父親、丈夫、兒子之女、妻、母的身份參與，大家對她們的肯定與尊崇。一旦將她們與其男人隔離，則很難在人際互動維持一樣的地位。由本節以上討論，台灣性別階層化程度仍相當高。有些學者認為婦運團體仍必須加強組織化，來推動婦女意識的覺醒，以及不斷批判與衝擊既存的社會制度和價值。對於政府而言，更應積極推動社會福利，前瞻性規劃社會政策與措施，如此一來，不但可以透過改善婦女地位。

第12章　社會問題與社會控制

社會問題的定義

「社會問題」是大家耳熟能詳的概念。然而若是要請每個人就其所思，列舉出所知的社會問題，則吾人得到的答案，可能未盡全然一致，造成個中原因的是一般人的思維中，只要是社會上不求自來，且無法克服的困難，都是「社會問題」。是以社會問題的認定，便涉及了一般人對社會的看法，也反應了對社會的觀點。由於社會問題幾乎是任何社群普存的一種現象，加以其內容、肇因的複雜，因此要爲社會問題做清楚的界定並不容易，甚至自不同的觀點也有著不同的說法，較爲人們熟知或引用的諸如：

社會問題乃是「一種情境，此種情境與社會大衆的價值相悖，並且共認爲其爲造成社會困難或不幸的根源，而需要探取社會行動以謀求改善。」（Smigel & Erwin, 1971, p.278）

社會問題是指「能影響到相當多數的人們，並被視爲是不可欲的一種社會情境，同時對此情境，人們感覺到是可以透過集體行動來加以解決者。」（Harton & Leslie, 1966, p.304）

自上述的定義，我們可以發現：一個社會所出現的問題，之所以被當做「社會問題」，在於認爲它將妨害到一個社會秩序的維持，因而必須把它當做社會的問題而加以解決，在條件上，需有以下兩個因素：

1. 社會的大多數成員認爲，導致問題發生的根本原因，在於社會，而它的解決，必須要謀求整體社會的解決，如果由個人的層次要設法解決，將面臨著困難。

2. 在社會上有許多輿論，提出必須對於這些問題，由於社會的層次加

以解決，並且同時有許多運動，促其實現。

　　根據 Fuller 和 Mayers 對社會問題的定義，他們認為「一個社會問題即是：一種被相當數目的人們認為是與他們所持有的某些社會規範產生了偏離情形的狀況。是故，每個社會問題包含著客觀條件和主觀定義。所謂客觀條件即指：可由公正、經由訓練之觀察者確認出其存在和數量（比值）的可驗證情境，如國防狀況、出生率趨勢、失業率等等；主觀定義則指：某些人體認到某種情況對其所持有之某些價值造成了威脅的情形。這種偏離情形只有靠眾人集體的行動才有去除或改善的可能，單憑一個或少數幾個人是無法做到的。」就本定義，我們可以歸結一種社會現象是否被視為社會問題？便涉及了：

1. 這個現象違背了某些公認為良好的社會規範或價值，或觸犯了某些人的利益。
2. 這個現象為大多數人認為是普遍存在於社會結構中的問題，且其嚴重性持續一段相當長的時間，可能對許多人產生不利的影響。
3. 在絕大多數的情形下，這個現象的發生非由個人或少數人所應當負責的。
4. 對此現象，人們有加以改進或去除的意願，並相信有可以改進或去除的可能，但是改進或去除並非一個人或少數人可以做到的，必須透過某種集體行動的方式才可能達成。

　　嚴格的說，一個社會現象只要是不具備上述這四個條件中的任何一個，就很難稱得上是社會問題了。

偏差行為的性質

社會問題與偏差行為關係密切,所謂的「偏差行為」(deviant behavior)通常指的是:「在一個社會或文化體系之內,有些共同接受或承認的行為標準,凡脫離這個標準或與它衝突的行動,通稱之。」易言之,偏差行為是指該行為的表現,不能夠得到廣大的社會與社會各團體所接納,脫離了文化所能夠容忍、支持的標準,所顯現的行為。判定偏差行為的標準,是隨社會規範及文化類型而有多少的不同。各種形式的偏差行為,其意義是隨著所在地區或團體的社會規範而變動的,一種行為被團體察覺為偏差行為時,必然根據此一團體所訂立的社會規範去量度它。因此,可能發生社會制裁或控制的力量。寇恆(A. K. Cohen)認為:「違反社會制度所期許的行為,就是偏差行為」,而所謂「期許」就是一個社會體系內認為合法或正當的意思。偏差行為的評量標準,以往係比照習以為常以及大致能夠接受的平均類型,而以是否屬於例外的情況來判定;但是,在現代社會,則演變為在大社會以及社會各種團體中,它的行為表現,是否受到大多數的成員所接納而定。換句話說,是由是否違反制度化所期待的標準而評定是否無偏差行為。由此,可以理解的是,偏差行為具有相對的意義,隨著社會與團體性質的不同,判定偏差行為的標準,當然也呈現相異性,再者,這些偏差行為的認定,即使是在相同的一個社會當中,也由於時局的變遷、時代的不同,它的認定標準亦不相同。偏差有許多不同的層面,一般可分為五類:

1. 偏差行為(deviant acts)亦稱為行動偏差,這是指一些明顯的偏差行為。包括:

(1)犯罪，指的為侵略性行為，且違犯規範者，如謀殺、搶劫等。

(2)性偏差，即不正常的性行為者，如性虐待。

(3)自殺，此類行為可歸之於道德失敗的理由。

2.偏差癖性（deviant habits）或稱習慣偏差，乃指偏差行為，連續出現成為一種生活方式者。

3.偏差心理（deviant psychologies）或稱人格偏差，此乃肇因於人格的不正常。這種人不能夠與他人做有效的互動及扮演正常的角色。

4.團體及組織的偏差，偏差者組織成為團體。

5.偏差文化（deviant cultures）或稱次級文化的偏差，一種次級文化是某些人口所共有的特殊文化特徵。一種偏差的次級文化就是一特定人口所共有的特殊文化特徵，而違反社會大多數人所具的文化。

偏差行為是對社會既有規範的反動，因此儘管社會可消化相當數量的偏差，而不會產生太過嚴重的影響。但持續性或牽涉廣泛的偏差行為對社會上就會有若干的反效果。包括：

1.偏差會妨害人類社區複雜的互動系統。

2.偏差會搖撼團體中他人遵守規範的動機。

3.偏差會危害團體生活所需的互信互賴。

雖然偏差行為的存在，會影響到社會的運作，但從某些角度來看，偏差行為仍可能有助於社會系統的運作及變遷。我們將之稱為「偏差行為的社會功能」。

1.偏差行為有助於澄清及界定社會規範，（因為有些規範含混而不明確）。

2.偏差行為會增加團結，使採取共同行動以控制或抑制偏差者。

3.偏差行為可能使人警覺到舊有的規則未必適當，改變規則則刺激社

會變遷。

4.偏差行爲具有示戒的效果，使未偏差的人得到某種慰藉，大家遵守
　規範的動機就會加強。

社會問題的理論性探討

社會問題的理論，來自於社會學家對社會問題的探究。多年來社會學
家對社會問題提出的研究觀點頗多，彼此之間也有相當差異。這是因爲立
足的角度及採取的觀點不同所致。本節引介較爲著稱的數端；以供學者參
研。

我們可以說社會問題也就是一種社會關係的失調。由於社會的存續與
發展，是建構在社會中各單元的和諧互動，並完全發揮其機能，此種關係
如果因道德價值的改變、社會制度的變遷，而有所破壞，各部份不能發生
適當的作用或相互矛盾，因而妨害整個或部份的順利進展，就成爲社會問
題。爲了說明社會問題，社會學者建構了社會問題的理論，其內容分爲
「微視面」及「鉅視面」等兩大部份：

微視面的觀點

鬼魔附身理論

本理論係由民間對鬼魔之恐懼、憎惡的歷史背景發展而來，犯罪的行
爲和意念，是由邪靈附身所引起的；它強佔了人的靈魂，然後迫人遵其惡
旨，去從事不法的勾當。

犯罪的古典學派

　　畢卡里為主要的代表者，他是從哲學的觀點來解釋犯罪。當一個人的行為危及他人或社會時，這種行為就應被制止，並且應予以適當的懲罰，使其打消作奸犯科的歹念。由於，人類是快樂主義的追尋者（hedonistic），為能逃避痛苦，以求得最大的快樂；因此，人會避免犯行。本理論強調：把握人類俱有自由意志並追求快樂；及主張以懲罰為手段來防制犯罪。

犯罪的生理學派

　　本學派包括有，義大利的實證學派、犯罪生理學派等。

1. 義大利的實證學派：是由朗布羅梭提出。該學派對犯罪行為的探討是建立在客觀的、第一手的經驗資料之上。其要點為：

   (1)犯罪人是與生俱來的。

   (2)吾人可經由某些症候判斷一個人是否會有犯行。

   (3)這些徵候或生理特徵並非造成犯罪的主因，但卻可做為犯罪類型的辨識。

   (4)只有透過嚴厲的社會制裁力量，才能使生來犯罪人的行為受到約束。

2. 犯罪生理學派：是由犯罪生理學家胡頓、薛爾頓、葛魯克夫婦等人所提出。其觀點為：從人類生理上的不同點，尋找犯罪人特有的生理特徵。包括：內分泌，遺傳基因等等。因此為了消弭犯罪必須消滅所謂犯罪家族。

現代實證主義學派

　　人生活在一種因果環境之中，免不了遭受環境的影響，使其受到內在的推力和外在的拉力的驅使，因而當外在的犯罪誘因超越內在的道德意

識，便形成犯罪行爲。

由於實證學派強調的是環境因素對個人的影響，於是就發展出了各式各樣不同的，甚至相反的研究方法。

馬薩認爲過度決定論（overdeterminism）是件危險的事，罪犯並非完全是一個法律的破壞者，他是逐漸漂移成罪犯的，犯罪人並不是天生的罪犯，他只是表現出社會中的「隱藏價值」。

心理分析學派

佛洛依德爲本學派的主要代表者。該理論建構於：個體皆同時具備有兩種基本的本能或驅力；一個是「愛神」——生存或愛的本能；一個是「死神」——死亡或恨的本能。犯行即受制於恨驅力的影響。

人格由本我，自我，超我。當此三部份無法達於一致或互相衝突時，個體就會產生偏差行爲或犯罪行爲。因此，犯罪的成因是：

1. 自我或超我的發展不足，使得個體無法控制犯罪的動機。
2. 反社會性格的形成，是由於自我發展受阻。
3. 超我過度發展，使得本我的需求，無法獲得滿足。

本學派係將犯罪性格歸因於內在的衝突、情緒的問題、潛在的不安全感、不適應和自卑感等因素的影響。

增強理論

增強理論是一個廣泛被接受用以說明犯罪行爲的理論。該理論強調：犯罪行爲的學習與正常行爲的學習皆經由相同的歷程。因此，一個人應如何避免成爲犯罪人，就如同學習正常行爲一般；其基本假設是：個體經由訓練的過程，來學習避免成爲一個犯罪人。

增強理論認爲犯罪的傾向，係由下列因素所決定：

1.接受訓練及約束的方法。

2.對懲罰的敏感度。

3.家人對犯罪的態度。

4.同伴對犯罪的態度。

差別結合理論

　　蘇壽南（Edwin Sutherland）所建構的差別結合理論（theory of di-fferentiation association）認為：偏差行為和其他行為一樣，都是從學習而得。它是在與他人溝通中學習而得，尤其是從個人所親密歸屬的團體中最易學習。其學習過程，包括偏差活動的技術、內容、合理化、動機和態度。該理論認為偏差行為的產生是因為有利違犯法律的定義或解釋多於不利違犯法律的定義或解釋。亦即，人們同時承受強調守分及偏差的觀念；當其周遭的觀念主張偏差的比例大於強調守分的比例時，偏差就可能會發生。在貧苦而犯罪率高的地區，許多年青人，在與他人互動中，感受到太多的偏差文化，因而他們可能認為偏差行為是正常的。

　　該理論強調若干因素，它們決定偏差及守份的解釋對於個人的影響，包括：

1.涉及他人的強度：親密朋友及家人的觀念，比關係較不親密者所持的看法有較大的影響力。

2.優先：乃指人在早期兒童生活上感受到偏差或守份行為的先後所生的影響，接受一項界定愈早，它的影響力愈大。

3.期間：乃指人感染一個概念的時間長度。

4.頻率：乃指人感受守份或偏差概念及行為次數的多寡。

5.接觸次數：即接觸贊成偏差或守份者的多寡。

依照強度、優先、期間、頻率及接觸偏差概念或守份概念的次數，人

們會產生有利偏差行為的印象或有利守份行為的印象，並據此來行動。與他人互動的性質及對行為的定義如何，將會決定偏差與守份行為發生與否。

社會疏離說

社會疏離說（social alienation and criminality）認為：一個人犯罪是由於其參與犯罪率高的團體，這些團體在成員的社會互動上呈現著：孤立（isolaion）、隱匿（anonymity）、非個人化（impersonalization）和疏離（anomie）等書社會疏離的特質。社會疏離可區分為：

1. 個人的疏離：個人的疏離是指個人在人際關係上的疏離和孤立現象。
2. 團體的疏離：團體的疏離是指個人所屬的團體疏離或孤立於大社會之外。此種現象通常擁有文化偏差，或者就是一個有社會障礙的人。
3. 法律的疏離：由於政府運作的功能和程序，自人民的手中移轉到職掌政客和遊說者（lobbyists）手中，造成法律的訂定與民眾意願產生疏離現象。亦即法律的價值和社會中其他機構或團體的價值之間，出現一種所謂法律的疏離。該疏離現象將引發個人的情緒和社會的疏離和孤立，乃為形成犯罪和偏差行為的主因。

抑制理論

抑制理論(conainment theory)首先由瑞克利斯(Walter Reckless)提出。其主要內容係建構在以下的觀點：

1. 個人的四周，充滿了「社會壓力」：不利的生活環境和窘困的經濟環境、弱勢團體的地位、機會的缺乏和家庭的衝突等。
2. 「拉力因素」（pull factors）。由於這些拉力因素的影響，使人易

於被誘離正常的規範，加入不良的幫派、偏差的團體，或是接觸犯罪的副文化，結交不良的朋友。

3. 個人同時具有內在文化的抑制力量，以抑制個體走向偏差行為。這些力量來自於有效的家庭管敎和親密的支持團體。

4. 當內在抑制力量無法抑制內在的推力（如敵意、攻擊性）時，個體即可能形成犯罪行為。

5. 內外在抑制力量增強了，自可遏止並防範個體偏差或犯罪行為的產生。

參考團體理論

哈克斯認為：一個人自其接觸頻繁的參考團體中，習得相近的行為、語言和文化；如果該團體充滿著犯罪次文化，則個人行為亦朝向犯罪方向。該理論並認為：

1. 家庭是一個人最早接觸的參考團體。
2. 家庭是一個正常的參考團體。
3. 身為參考團體的一員，個體很自然就習得了團體的價值態度和行為模式。
4. 在一個少年參與犯罪活動之先，街道團體（street group）早已成為了他的一個參考團體。
5. 低社會階級的街道團體，如果是個人的參考團體，則比較可能擁有犯罪的次文化。
6. 在個人參與犯罪活動之先，團體早已權衡了犯罪活動的利害得失。

鉅視面的觀點

涂爾幹的迷亂說

行為迷亂（anomie），原本意味著對法律的忽視，或者沒有法的存在之意。亦即社會呈現著 anomie，有時也用於希望喪失、目標喪失、不安、自我疏離等特殊的精神狀態。涂爾幹發現，當社會面臨著經濟快速繁榮的時代，自殺率會呈現增加的趨勢，他著眼於此種事實，而對這種現象，用 anomie 的概念，嘗試加以說明。他發現，在經濟快速發展，達到順利成長的社會，個人的慾望直線的上昇，以往漸進式的提高生活水準方式，已不能讓人群感到滿足。因而驅使人群為著能夠得到滿足，而破壞了社會原本具有的社會規範。除了此種快速的繁榮之外，突然的遇到不景氣、地位、角色的快速變化等，社會對於個人的慾望，所產生的控制力亦會喪失，規範對於社會控制功能顯現不足。

涂爾幹的此種概念，除了適用於自殺的行為之外，同時也能夠適用於異常行為。莫頓（R. K. Merton）對於行為迷亂論，強調的成功目標與達成手段，兩者之間產生不和諧的狀態。莫頓對於人群漠視社會規範，而使得規範衰敗，此種社會狀態，叫做行為迷亂。

莫頓的結構功能論

莫頓認為：偏差行為是來自於文化定義的目標與達成目標的社會結構手段之間的差異。由於社會所強調的是「目標」，而非「手段」，於是許多人因為缺乏平等的機會和合法的手段，迫不得已，只好採取非法的手段——偏差行為，來達成目的。這就是犯罪的由來。本理論對犯罪行為的看法是建構在下述的思維：

1. 擁有滿足需求的消費，和追求成功是人人所期望獲致的。
2. 因資源的分配並不平均，使得達到目標的合法途徑被低階級和少數團體的成員所否認。
3. 衝突往往由達成目標的非法手段來解決。
4. 個人拒絕了達成目標的價值和手段，於是鋌而走險，企圖以非法的途徑來達成目標。

經濟決定論

朋格（Bonger）將犯罪行為歸諸於貧窮。因為貧窮是來自失敗的經濟競爭（economic competition）所造成的，而它又將導致個人的解組，形成了資本主義社會潛在的一種危機。

社會解體論

社會解體（social disorganization）的理論，在1910年代的美國社會學中出現，隨著此後的發展，此種理論愈形完備。有關社會解體（Social disorganization）的概念，顧里（C. Cooley）有以下的敘述：所謂社會解體，為人性與社會的諸制度之間，不能夠調和，因此，社會秩序與規範，呈現缺憾的狀態。再者，湯姆斯（W. J. Thomas）與辛尼格（F. W. Znaniecki）等指出，所謂社會解體，為現存的社會行動基準，對各個成員所產生影響力的減退，成員之間呈現強烈的反社會態度。M. A. Elliot 與 F. E. Merril 對於社會解體的定義，社會行動基準影響力減少，人群具有濃厚的反社會態度，人群缺乏遵守社會規範的共識的狀態。在此種解體的狀況下，社會的種種構成要素，即目標、價值標準或規範、行動模式、社會資源等相互之間，存在著不均衡的關係，全體社會、區域社會、或社會諸集團的功能產生障礙。費瑞斯（R. E. L. Faris）將社會解體定義為：社會或團體的成員之間，功能的關係出現崩壞，導致成員的統合性喪失，無法正常執行所給予的目標，在目標達成上受到阻礙的狀態。

以具體的例子來表示的話，為(1)由於土地價格高昂，建築費用的升值，一生所獲得的收入，即使是完全的投入，要擁有自己的住宅仍然是不可能（目標與達成手段之間，鴻溝的擴大）；(2)個人之間，社會連帶性的喪失，在眾人的環伺之下，仍然從事犯罪的行為，再者，由於人性的疏離，對於暴露危險情況之下者，往往亦不伸給援助之手（社會成員所具有關心的個別化）；(3)由於生活必需品的不足，所產生的生活障礙（資源不足）等現象，可以用來說明社會解體發生的原因。

全體社會、區域社會、各種社會團體等，未能充份的加以組織，而喪失了它的統合性，因而不能正常的發揮功能。社會一旦喪失統合性，則各種規範對於成員的統制力，便發生減退，成員當中有更多的異常行為。例如：在戰爭剛結束的混亂期、犯罪，不良行為的發生往往達到最高峰。例如在臺灣地區大都市及其周邊都市，是社會解體狀況，進展最快速的地區，許多犯罪、不良行為，泰半集中於此。再者，成員間價值觀與角色期待的衝突，因而導致家庭當中，犯罪、不良行為、離家出走、自殺等的異常行為。人群本來就期望採取隨心所欲的行為，但受到各式各樣的社會紐帶，對於它的隨意行為加以阻止，而在解體的狀況中，這些紐帶，顯得鬆弛或者斷絕，因此，可以隨心所欲，自由的採取行動；同時在解體狀況的社會中，由於功能出現障礙，因此，人群的不滿（discontent）、挫折（frustration）、緊張（strain）、以及相對的缺乏感（relative deprivation）因而造成不擇手段等的情況。

犯罪副文化理論

寇恆（Cohen）提出「犯罪副文化理論」。該理論主張：把犯罪少年視之為組成副文化的一種價值體系。根據寇恆的說法，低社會階級的兒童，經常使用犯罪副文化，當作對中產階級社會的反應模式。他們無法透過適當的社會化過程，來獲得中產階級社會所能擁有的地位。這種情形，

寇恆把它稱之為「地位的挫折」。

低社會階級兒童排斥的價值：

1.雄心。

2.責任感。

3.技術的培養和具體的成就。

4.放眼未來，不急於目前的享樂。

5.先見、計劃和時間支配的理性。

6.態度、禮貌和人格的理性培養。

7.控制身體攻擊和暴力侵犯的需要。

8.從事有益健康的娛樂活動的需要。

9.對財富及保有財富的尊敬。

低社會階級卻把正常的規範翻轉過來使用，以致在犯罪副文化團體中認為是對的，幫派就是他們犯罪的工具（手段）之一。

寇恆（Cohen）的犯罪副文化理論，是根據墨頓和蘇壽南的觀點而形成。偏差行為可以從下列兩者之鴻溝找到解釋。即中產階層對兒童的期待，和工人階層在其生活中，真正體會到的期待，兩者之間的距離而找到答案。寇恆認為，在學校所教授的是中產階層的一套規範和理想，而工人階級的兒童雖接受此理想，但缺乏達到此目標的方法；因此在挫折和焦慮中，發展出一套與中產階層要求相反的副文化；即想以非法手段完成理想的目標。

標籤理論

「標籤」的觀念，首先由勒馬特（Edwin Lemert）提出，並由貝克（Howard Becker）衍伸說明。這個理論的基本觀念：偏差主要是牽扯到社會規範，而不是某類人行動的固有特徵。貝克說：「社會團體經由制定

規範而同時創造偏差，因為遵奉規範的反面即是偏差；應用規範來界定某些人，並指稱他們為邊際人。偏差不全是個人行為品質所決定的，而是他人應用規範及制裁於違犯者的結果。偏差者是那些武斷地被指稱為偏差的人，而偏差行為是被扣上『偏差』這頂帽子的行為。」

依據這一觀點，一個人可能偶而會有偏差行為，甚至經常有偏差行為，只要他的偏差不被發覺，就不會被認為是偏差的或病態的。反之，倘使一個人的偏差被發覺，且不被原諒時，他就變成為被扣上標籤的偏差者。因此，他被迫接受團體所指派的偏差身份與角色。這個情境本身對個人有嚴重的影響，它會促成一種「自我實現的預言」。實際上，這個偏差的標籤或身分使個人成為「邊際人」。作為一位「邊際人」，個人再沒有選擇的機會，只有忍受他人所強加的觀念。被迫擔任與遵從「偏差者」的角色並表現於行為上。依照貝克的看法，偏差身份與偏差生涯的最後階段，就是個人投入一個有組織的偏差團體，以獲得情緒支柱、鼓勵及援助，與其成員彼此認同，而安於偏差行為，提供他繼續履行偏差行為的合理化基礎。

標籤理論（labelling theory）提供偏差如何發生與持續的新觀念、它也提出了瞭解某些偏差生活如何發生效果的方式。但標籤理論有些地方受到若干批評：

1. 這個理論不應假定，一個人一旦被指稱為偏差者，就必然會被逼上梁山，而表現出偏差的行徑，且堅持到底。
2. 這個理論並未有效的說明為什麼某些人會因被扣上標籤而繼續其偏差行動，而其他人則不會。

雖然如此，標籤理論有助於我們洞察社會與行為之間的互動性質，及其對塑造偏差的意義。

衝突理論

　　■文化衝突　施林（Sellin）認為，所有的團體，都有其行為規則或規範。不同的團體，有不同的行為規範和價值。都市是不同團體的聚集區，因各團體享領不同的文化，因此產生了文化衝突。另外，文化衝突，有時是文化成長過程中的副產品；有時被視為，是因移民或區域性的遷移，所產生的結果。不論其形成的原因為何，文化衝突的結果，常會導致非法或偏差行為的出現。

　　■團體衝突　每一個人均是某一個團體的成員；團體內及團體間的活動，受到相對的個人及團體利益的影響。犯罪被視為是少數團體的一種行為方式。許多個人所屬的團體與法律形成一種敵對的狀態，這就是衝突的團體。從這個角度來看，少年幫派就是此「多數」團體相敵對的一個「少數」團體。

　　■社會價值衝突　社會價值衝突論（the value conflict theory），此說是美國社會學家傅拉式（R. C. Fuller）於1937年首先提出，根據他的看法，所謂價值係指一特定社區的標準、理想和信仰，至於社會問題，卻是任何客觀的社會情境依許多人的社會價值來判斷，是要不得的或有害的。因為社會中各團體的人，有不同的價值，它們對某種情境的判斷，便有見仁見智之別，於是發生了問題，所謂社會問題，事實上就是價值的衝突。例如：勞工問題的產生，係由於資本家和工人階級之間價值的或利害關係的衝突。傅拉式同時又指出，社會問題的分析牽連三方面的事實：(1)客觀的社會情境；(2)社會價值的衝突指示問題的存在；(3)改良的建議，隨此而來的，又是行政組織與效率的問題。每個問題，從其發現到解決，都要經歷這些過程，故他的這種探究法又被稱為社會問題的自然史說。這個學說的優點，在於強調社會問題的主觀方面的事實，同時也指出社會問題是可以依其發展程序來作分析研究的。

文化失調論

　　文化失調（cultural lag）一詞，首先為美國社會學家烏格朋（Ogburn）於1920年代出版的「社會變遷」一書中所採用。依此說，文化進展速度有快慢的不同，一般是物質文化比精神文化進展為快，於是彼此之間有失調或不能適應的現象，便產生了社會問題。有的學者也用社會變遷或社會失調的名詞與文化失調一詞交換來用。除烏格朋外，有好些的社會學家，也採取同樣的觀點，其中比較著名的有念果夫（Nimkoff）、巴安斯（H. E. Barnes）及季靈等。這個理論的特點是：它不僅注意問題本身，而且檢討問題產生的過程；不僅集中注意力於問題的變遷，而且注意問題的發展，社會對問題的反抗，以及對付變遷的社會政策和實施之失敗的緣由。

社會問題的現象與影響

　　社會問題的影響並非僅是違反了社會規範與社會制度化的期待，因而擾亂公共的秩序、安寧，侵害到個人的權利而已。而是對該社會的反應作用（social reaction），常能夠反應社會所採取的方法及各種對應方式。而一個社會，對於異常行為，諸如承認、漠視的心理等，一旦超越了社會大眾所能夠容忍的限度時，人群立即會感受到它是一項社會問題。但是有些種類的偏差行為，由於人群的容忍或者漠不關心，將會逐漸蔓延，而使得這些偏差行為，為社會帶來嚴重社會問題。對於社會問題，呈現容忍以及漠不關心的時機，最常見的是在社會團體的規範產生衝突，認定偏差行為的基準不同時。對於既有社會規範與道德意識，具有挑戰性而促使所屬社會從事改變的行動，因此，有些學者認為社會中存在某種程度的社會問題，亦無損社會的健全發展。黎默德（E. M. Lemert）曾經對於社會問

題形成的原因，提出：

1.個人特有的屬性，例如：性格、態度、動機、精神、身體的異常等，所產生的偏激現象。
2.貧困、失業、家庭衝突等的外在情境與本身的能力角色，自我評價的內在情境，產生衝突的情況。
3.對於某團體所屬次級文化的順從，致出現脫離廣大社會的規範，而導致文化衝突。或者，因社會控制功能的失效所導致。

人生活在社會裡，個人與社會是相互依賴的。因此，個人必須提供必要的貢獻予社會，社會也必須提供最基本的需求給予每一個社會成員。在人與社會的互賴與互動中，有些人因某種原因無法達到個體的需求和適應，阻絕個體與社群在發展上的困擾，而形成社會問題。

在不同的類群上進行調查，對社會問題的嚴重性有了不同的認知和看法，足見社會問題的界定和感受是受到時間和不同類屬而有若干差別。唯其中也有若干延續性及相通性之處，如將其歸納，則約可區分為下列五項因素：

1.社會分殊化與社會整合的矛盾。例如：統獨問題。
2.社、社會動員與穩定的不平衡。例如：憲政改革問題。
3.科層結構制度化與創新性的矛盾。例如：稅制的公平性問題。
4.世俗化與宗教化的矛盾。例如：色情泛濫的問題。
5.個人人主義與群體主義的矛盾。例如：道德及法治教育的問題。

社會問題的解決：社會控制

社會控制原意是指社會通過各種規範來控制人的動物本性，限制人們

發生不利於社會的行為。現在通常把通過社會力量使人們從社會規範，維持社會秩序的過程，都稱為社會控制。

社會控制是整個社會或社會中的群體和組織，對其成員行為是否符合社會規範進行指導、約束或制裁；社會成員之間的相互影響、相互監督和相互批評，也是社會的控制過程。沒有社會控制，就沒有正常的社會秩序和穩定的社會局面。

社會控制的形式很多，概括起來說，有強制性的社會控制形式，如政權、法律的紀律等；觀念性的社會控制形式，如習俗、道德、宗教等，以及自我控制形式，即人們通過社會化過程而樹立的世界觀、社會集體意識，自覺地運用社會規範來指導和約束自己的行為。社會輿論是社會控制的一種重要工具。各種控制形式，構成了社會控制體系。每一種控制形式在社會控制中都占有一定地位，起著不同的作用，其中強制性的控制形式，占有主導地位，起著主導作用。一切社會控制方式，都是由該社會的社會制度所決定的。

各個階級、各個民族對人們行為的要求有不同的標準，各有自己的社會規範。因此，我們不能籠統地反對一切違反社會規範的行為，這要看這種行為是否符合當時社會進步發展的需要。在任何社會中，凡是違反社會規範的行為，依照當時的法律應當受到刑罰處罰的，都是犯罪。犯罪有主觀原因，也有客觀原因，在不同的犯罪者身上所起的作用不一樣，要作具體分析。社會學工作者十分重視探討犯罪原因，這可為預防、控制、減少犯罪和教育改造犯罪提供科學依據。

社會問題足以威脅社會的發展，不僅為社會科學研究者所關懷，並且企圖加以調整改善。就該問題的解決大致上可分為下列方式：

1. 在社會快速變遷情況下，運用理性態度探求人類的生活與社會環境中所呈現的事實與問題，並為妥善的設計與規則，圖謀社會各方面

的均衡發展，才能使社會轉向於新的發展價值和目標。

2. 社會問題的發生，具有連鎖性及循環性的現象，其因素非常複雜。所以，必須先就病態事實及其內外在因素從事調查研究，並擬訂政策和計劃，進而推行積極性的改善措施。亦即，當社會問題的癥結被清楚地了解其性質、範圍、原因及影響後，便宜提出具體有效的辦法，俾爲改善的依據。

3. 社會政策與社會立法的協調與配合，亦即解決社會問題的必要條件，如社會立法的順應實際需要，社會政策的健全完整，社會工作的專業化等，皆能助益於社會問題的解決工作；同時，必可減少許多原則性和片面性的行動，來影響預期的成效。

4. 社會問題之妥善與適當的解決，必將避免社會病態現象的重現，以及減輕威脅人類社會繁容與進步的阻力，共謀維護人類的尊嚴、權益與正常的生活，增進社會的和諧發展。

5. 社會各方面之合作，社會問題是與整個社會有關的，要徹底圓滿解決，必須借助社會的力量及各方面之合作，方能克竟事功。

總之，就社會學的觀點，中外古今任何社會幾無可避免會有社會問題的存在。此誠如美國社會學家尼斯比（Nisbet）所言：「不管社會是多麼簡單和穩定，沒有可以完全免除社會的失序、偏差的困擾。從人類行爲的比較研究中，我們可以清楚看出，只是這二類型的社會問題及其強度，常因文化的差異和時代的不同而略有差別而已。甚至，有些社會學者還以爲社會失序和偏差是相當正常的，它對社會生活的日常運作還具有其功能。」

當前的社會問題

近十幾年來,我們的社會在現代化的潮流衝擊下,歷經了快速的社會變遷,使社會的型態由典型的傳統農業社會轉變至現代工商社會。此種社會蛻變,不僅使社會結構與個人生活有著急驟的變化,同時人們的價值及意念也有相當的變異。換言之,經由現代化所引發的社會變遷,為社會植入了新的意念與價值觀;然而,也產生了若干新的問題。根據,社會學者葉啓政教授的分析:「就社會問題促成的原因而論,現代化的社會變遷所帶來的社會問題至少有三種:(1)主要是由快速變遷本身所促成的社會問題,如心理疾病問題;(2)主要是由變遷後的現代社會及生活特徵所促成的社會問題,如勞工問題、消費者問題、環境污染問題等;(3)主要是由現代社會及生活特徵與傳統社會及生活特徵交互作用所促成的社會問題,如家庭與婚姻問題、升學主義教育問題等。在社會變遷的歷程中,任何一種社會問題都會同時涉及快速變遷本身、現代社會的生活、傳統社會的生活三類因素。」

行政院主計處所發布的「台灣地區社會指標統計」,從這一份於民國八十三年進行的社會指標可以發掘到不少現存甚已嚴重或潛伏的社會問題。以下就這些問題做扼要的分析說明:

離婚問題

近年來離婚率節節上升,再婚率雖也持續未下跌,顯示家庭和婚姻制度的存續尚不構成威脅,但婚姻關係的穩定性卻已受到明顯衝擊,其中子女可能受到父母婚姻「失敗」的傷害以及女性再婚機會的社會障礙,已形

成值得關注的社會問題。

　　離婚不單是道德上的問題，還是社會上的問題。我們對於離婚之認可與否，先要看這事件在道德上的地位，其次是要看在社會上的價質。愛爾華德（Ellwood）在他的《近代家庭問題》中討論離婚問題，分析造成夫妻離異的原因是：

1. 宗教的頹廢。
2. 個人主義的勃興。
3. 婦女解放的運動。
4. 近代產業制度的發達。
5. 近代都市的發達。
6. 生活與娛樂功能的標準提高。
7. 晚婚。
8. 法律思想的普及。
9. 一般人關於離婚及結婚的思想。
10. 對於家庭本身的認識不足。

　　至於在我們社會，形成夫妻離異的原因，主要為：第一、個人主義的勃興；第二、婦女解放的運動；第三、生活與娛樂功能的標準提高；第四、都市化的興起。

　　無論如何離婚決不是一個好現象；這並不是說不該離婚、離婚不好；乃是對離婚的前身——不良的婚姻而發。我們人類的結合，兩性的關係，脫不了「感情」與「戀愛」兩元素，離婚不獨喪失了戀愛或感情，並且做為一種恨惡和憤妒的性質，足以擾亂社會的秩序。

　　社會學家史德曼（Steigman）指出：「婚姻失敗者的小孩，常遭受同伴之譏笑，心懷自卑，此種心理發展之結果，可能造成行為上之失常或病態，故少年犯罪者有許多出身於破碎家庭。」家庭的完整性對子女的影

響甚爲嚴重，一般由於父母死亡而造成，其不利影響並不大，破碎家庭的子女犯罪率根據調查，是正常家庭的子女的兩倍，主要是因爲父母關係不和諧，帶給子女很大的挫折感與不安全感，另外由於對父母的不滿意，造成了子女反抗社會的行爲。

當一個家庭中，父母有失和的現象時，不和諧的空氣會立刻將整個家庭籠罩起來，使每個人感到不安，甚至有窒息的感覺。特別是做子女的將更覺緊張。他們不一定了解父母失和的原因，也無法改善當時的局面，同時又無從預料將可能造成怎樣的結果；於是所形成的疑懼，將影響子女各方面的適應。有時候夫妻失和的情形延長很久，爭吵和衝突便形成生活的一部份，大家對之似乎已經習以爲常，而漸能適應了，但是它的不良影響卻依然存在。一般說來，值得注意的有下列幾項：

1. 補償現象。夫妻失和以後，彼此不能充份獲得對方的愛與感情，不能滿足心理的需要。此時極易有的一種傾向，就是在子女身上，尋求補償，他們可能把全副精神都放在子女身上，將原本應對配偶的關心和注意也都移轉於後者，結果卻可能妨害了子女正當的發展。
2. 遷怒現象。夫妻失和之後，彼此之間產生了反面的情緒反應。但是很多時候他們爲了避免正面的衝突，或是顏面的關係，把那些相互不滿的情緒抑制下來。可是被抑制的情緒並未因此消滅，而需要尋找出路，遷怒便是極常用的一種手法。
3. 不一致的教養方式。夫妻相處不和諧時，他們教養子女的方式常會有不一致的傾向，這可由兩種情況形成：
   (1) 由於夫妻失和兩人之間的機會減少，很多事情原宜經兩人商討或共同研究之後再做決定的，現在缺少溝通機會，就憑各人的想法做決定。
   (2) 由於父母缺少商議，教養子女的方法及原則可能不一致，甚至發

生牴觸現象。由於父母失和所引起的情況，就是雙方有意在子女
教養上持相反的意見，互相對立。

4. 忽視現象。夫妻關係不和的另一結果，便是形成對子女教養忽視的
情況，一般人認為父母之愛子女是基於天性，但是他也需要一個適
當的環境使之發展，使他表現出來。

5. 不和諧的夫妻關係，使雙方不能充份發揮為父母之道。這就是說雙
方不能做子女良好的表同現象。在失和的情況下，父母雙方都將不
會成為完好的榜樣。因為一個男人要能充份發揮他的男性品質，就
必需和其配偶以良好的關係，並需獲得後者的支持，女性也是如
此。在失和時，父母之關係不復保存其應有的正常情況，雙方所表
現的行為，特別在對待異性的一方面，也就不足為範了。

6. 不和諧的夫妻關係，將使子女對於將來本身的婚姻生活，懷有恐懼
的心理。父母之關係，常是子女所最先看到的配偶關係，也是子女
觀察最多的婚姻關係。因此將在子女心目中留下深刻的印象。而自
幼形成的印象，常可能增加其對婚姻生活的困難。近代的研究，也
發現父母婚姻不和諧的影響，也將及於下一代了。

近年來，台灣地區經歷了工業化、都市化與現代化，家庭功能逐漸喪
失，新制度也因應而生，如經濟制度、教育制度、政治制度與宗教制度都
脫離家庭制度而成為獨立的制度。這種社會制度化雖使家庭問題的範圍限
於以婚姻與家庭生活為主，然而幾乎每一個社會問題都與家庭有密切的關
係。因此家庭對於社會的功能上，仍需發揮教養子女的功能，否則子女的
身心不易獲得平衡而健全的發展，勢必造成未來社會的隱憂。

貧富差距擴大及白領犯罪的問題

自一九八〇年以來所得差距持續擴大的現象，以及更嚴重的財富分配

嚴重不均問題，恐已對社會心理和社會風氣造成扭曲，相對剝奪感和不平之鳴更是瀰漫於中下階層的認知和感受之中。

就一般大眾的印象及官方的犯罪統計資料，使我們相信：犯罪行為在社會低階層的比例較高，而在高階層中則比較少見。據統計屬於高階層者，祇有少於百分之二的人被捕入獄。犯罪學家，透過個案史，統計數字和刑事裁判機構的資料，建構了一般犯罪行為理論。因為犯罪是集中於低階層，從而他們認為，這些犯罪行為的產生，是因為犯罪者受到貧窮，以及在統計上與貧窮相關的個人和社會特性，如低能、精神病理偏態、貧民窟和墮落的家庭等因素有關。實際上，犯罪與貧窮，以及精神病理、社會病理並不是完全相關的，一般犯罪行為的說明之所以有偏誤，主要的原因，是因為其樣本來源有偏誤，該偏誤的樣本無法包括不屬於低階層範圍以外的大部份偏差行為者。而在此被忽略的範圍中包括了商人和專業人員的犯罪行為，亦即是白領犯罪。

白領犯罪經常是發生在商業界和專業界。商業中的白領犯罪，經常發生在公司財務報告的虛偽陳述、操縱股票交易、商業賄賂，為了獲得有利契約成立而直接或間接的賂賄政府官員、廣告和推銷術的欺騙行為，挪用公款、濫用基金、貨物稅欺詐、管理者和破產者的濫用基金等種種形式，在商業中是相當普遍。至於在醫療過程中，也常發現非法出售酒精和麻醉劑、人工流產等暗中犯罪的非法服務，以及意外事件的虛偽報告和證明等，或是源於職守上監督的便利，而做出有利於自己的判定，甚至由職務上得到非法的利潤。由上述所指陳的這些情況將使我們深信：犯罪行為並不如一般犯罪統計所說的，該行為是社會低階層人的專利。同時，透過白領犯罪的說明我們將發現因為商業界和專業者以其智慧、能力和職守等，使得該類型的犯罪成本總和要大上好幾倍。這使得我們必須更注視此問題的內涵。

根據首先對白領犯罪進行研究的犯罪學者蘇壽南（E. H. Sutherland）對白領犯罪的定義爲：一位高社經地位者，在其職業活動中，違反了刑法之謂。就蘇壽南的研究，白領犯罪通常是指涵蓋下列三個範圍的行爲：

1. 商業白領犯罪，如違反信託規定的經濟犯罪。
2. 專業白領犯罪，如醫師的酬庸介紹費和密醫等。
3. 政治白領犯罪，如利用職權上的貪污等。

白領犯罪之所以有別於一般犯罪是因爲此類犯罪具有下列的特質：

1. 犯罪證據的不易提示性。
2. 造成較嚴重的財務損失。
3. 對社會造成道德低落、解組的危險。
4. 技巧的迴避法律的仲裁。
5. 犯罪行爲等於被控訴。
6. 聲望和權力的影響阻止了控訴。
7. 白領犯罪的行爲是學習而來的。

就一般的社會結構而言，犯罪和處罰應該是一個「團體過程」的兩面，或是一個特殊類型的社會互動的二個連鎖的環節。具有法律制裁功能的規範，在本質上是足以決定犯罪者，是否具有反叛者，精神病犯或純理性利潤追求者的傾向。社會規範是相對於偏差和犯罪行爲，亦即社會規範爲人們所接受時，其同時建構了什麼是偏差行爲。

根據 Vilhelm Abert 的說法，晚近的社會科學研究者，在考慮白領犯罪時，長久以來皆忽略探討犯罪行爲。刑法，刑法制裁和社會結構間關係的傾向。這使得我們無法清楚地在社會規範中界定白領犯罪，並且以社會結構的關係釐清白領犯罪的意涵。而蒲其士（Burgess）則認爲在所有傳統犯罪中，皆隱含了一種特別的「犯罪決定過程」（a special criminal－

making process），經由此過程，我們界定了何者為犯罪，並且對於犯罪的罪行得到一致性的解釋。然而在白領犯罪的認定中則缺乏此種過程。亦即是這項社會界定將使「罪犯視其行為為犯罪，同時社會亦將『犯罪者』的標籤清晰明確地貼在犯罪的身上。」至於白領犯罪者由於階級意識和社會結構的含混認定，使犯罪者本身和社會界定出現了混沌不清的情形。

是以，我們若企圖對白領犯罪有明確清晰的說明，則不僅需由犯罪理論，刑法內容加以澄清，同時需要由社會結構等方面做明確的判定。就成文法而言，白領犯罪和傳統犯罪有很多相同之處，同時對於兩者都有明確的制裁規定。但是在執行上，對於白領犯罪則出現迂腐、無效率、高度工具性的現象。另外，我若將白領犯罪視為犯罪，那麼低社經地位和其他相關因素，就不能普遍地做為解釋犯罪的決定因素。換言之以貧窮、人格解體、低智能、體質類型等因素來解釋犯罪的理論，顯然地並無法涵蓋對白領犯罪的說明。

無可否認的，高階層人士比低階層人士，在塑成刑法和其行政時，對影響其利益的立法，較有影響力。白領犯罪，在法律之前的特殊位置，主要的可說的是，因為他們擁有特別地位，並不需要特殊努力，就能取得法律前的特殊位置，另一部份，可能是來源於賄賂和政治壓力。中世紀社會，有權團體，使用「牧師豁免權」取得相對的免疫，而今日我們的有權團體，則使用「商業或專業豁免權」取得相對的免疫。與白領犯罪權力相反的，是被害者的脆弱。消費者、投資者和股票所有者，是沒有組織和缺乏工藝智識，以致於不能保護其自己。是故，依據貧窮、或是與貧窮有關的精神病理、或社會病理條件，而建立的犯罪行為理論，可因下列三個理由，而有偏誤。

1. 其通則，是基於偏誤樣本，而忽略了整個白領犯罪的樣本。犯罪學家，因為方便和疏忽的理由，局限了他們的材料，以致於所討論

的，僅限於刑庭和青少年法庭的個案，而這些代理機構所控制的個案，主要的為低社經階層的犯罪。結果，他們的想法，大部份是來自罪犯經濟階層的偏誤觀點，以致於犯罪是與貧窮相關的通則，是不正確的。

2. 犯罪是與貧窮相關的通則，並不能應用於白領犯罪。除開少數的例外，白領罪犯是不貧窮的，也不是生長於貧民窟或高度墮落的家庭，更沒有低能和精神病患。甚至這些白領犯罪有機會接受好的教育。一般犯罪學家，由其材料而得的命題：「今日的罪犯，就是昨日的問題少年。」對於白領犯罪是不適用的。因此對於犯罪原因必須是在童年中尋找的想法，是錯誤的。

3. 一般的犯罪理論，甚至沒有解釋低階層的犯罪性。社會病理和心理病理因素，曾無疑地被認為與犯罪原因有關，但在白領犯罪和低階層犯罪的一般過程中，並不曾發現與那些因素有關，因此這些因素，可說並不曾解釋上述二種犯罪。它們可能解釋的為，犯罪態度和方法—即為什麼低階層犯罪，易犯夜盜和搶劫多於詐欺。

透過上述一般理論的缺陷，能解釋包括白領犯罪和低階層犯罪的假設，似乎是必須的。從經濟、扼要和邏輯的理由而言，假設也是要能涵蓋上述二階層，因而它才能使因果原因的分析成為可能，為了達到此目標，就更依賴於一般社會過程的探究。下列三個因素，能幫助我們法律為何會有差別執行的應用，即商人的地位，逃避處罰的趨勢，和對抗白領犯罪時相對於無組織的憤怒公眾。

1. 執行任何法律，必然涉及立法者，司法和行政人員，對於未來法律影響的評估而定。也就是法律的執行者將基於對商人的「恐懼」和「尊重」等態度，而使得在法律的執行上有更多的考量。這些擔負刑法審判的執法人員，一方面是恐懼於對抗商人，其他尚有很多的

後果考慮，例如：不利的法律仲裁可能影響到下次的政治獻金。更重要的是：立法者、法官、行政者和商人，在本質上是文化同質性的原故，立法者讚美和尊重商人，從而感覺到，他們不應以罪犯視之。換言之，商人犯罪，與大眾形象的罪犯不相符，因而立法者相信，那些商人只要使用溫和的壓力，就可使其順從。

2. 由於偏離依據刑法程序的趨勢，使得法律對於白領犯罪的執行，有差別執行的情況。此種趨勢在白領犯罪中比較其他犯罪領域將別快速發展的原因，乃是嶄新的法律使得此領域少受判例的束縛。另一原因是受到商人地位的影響，此趨勢看起來，已完全放棄死刑和身體酷刑，而藉著非刑事方法，如假釋及相伴於假釋的個案工作方法等來取代刑事方法，或藉著在監獄中個案工作和教育政策的發展等非刑法方法，來補足刑法方法。白領犯罪在法律執行方面而言，是與青少年犯罪一樣，兩者在刑法的程序上都已受到修飾，而使得罪犯不受犯罪污名的標示。尤其是白領犯罪已經完全地擺脫了外部表徵，因而這些白領犯罪者也自然不抱括在犯罪學的理論內。

3. 是在法律和民德間的關係差別上，引起在白領犯罪領域中的法律差別執行。白領犯罪對於大眾的影響是可能分散於很長的一段時間，或是涉及百萬以上的人，但沒有某一個人在某一特別時間上受到影響。大眾傳播代理者，並不曾在社會裡，表現和組織制裁白領犯罪的道德情操，但是最大的可能是，大眾傳播代理者，是受到違法商人的直屬或控制，因而它們也受到相同道德律的控制。

　　由於這些因素造成法律，規範對於白領犯罪的差別執行和規約。為了能有效進行對白領犯罪的處過，我們必須採取必須的處遇措施。雖然分析白領犯罪的決定性關鍵，是違反刑法的標準，然而如僅以被刑庭判刑為標準，則是不充分的，因為有很大部份的犯罪並不曾受到刑庭的判罪，是故

此標準有加以增補的必要。這些增補的處過包括：

1. 除了透過刑庭對白領犯罪的判刑外，其他代理機構的揭發指陳，也應該包括在對白領犯罪的指控，因為刑庭並不是對於刑法違法，作判決的唯一代理機構。

2. 就任何階層而言，行為只要具有對犯罪的合理預期，不論在刑庭或是在其他代理機構中受到審判指控都應被稱為犯罪。從而就此意義而言，宣告有罪應該是犯罪的標準。

3. 有些行為，即使因為它能使法庭或其他代理機構本身受到壓力而逃避了有罪判決，但此行為也必須被界定為犯罪行為。

4. 白領犯罪的同謀者，應該與其他犯罪的同謀者一樣被視為罪犯。例如：政治貪污應受到制裁的不僅包含接受賄賂者，也應涵蓋致送賄款者。

透過這些處過措施或評使犯罪理論，犯罪學研究中因為包容了白領犯罪而強化對其處過方法。

無庸置疑的，白領犯罪所產生的經濟上損失，不僅已達到驚人的比例，這些損失尚是此種犯犯罪最起碼的影響。普通犯罪使被害者發生不便，如身體之侵害，但充其量這僅引起社會的一般動亂，白領階級犯罪卻傳播不信任，更低的公共道德以及因此而造成的社會解組。

為此，對於犯罪的界定，我們宜由過去的「法律上視其具有社會侵害性，或因它可構成刑罰的任何行為。」轉為：「從事非倫理或不道德行為的任何行為。」同時由此導引而出的相關的處過措施或許才能使我們對白領犯罪有正確的看法。

犯罪率昇高問題

公共生活的安全品質（如交通事故、公共場所火災、犯罪）日益威脅國民日常生活步調，某種集體的焦慮感可能也正在浮現當中。

內政部於八十五年十二月所提出的研究報告指出近六年來，國內刑案發生率成長百分之八十，犯罪人口率成長百分之七十一，犯罪被害人口率成長百分之六十，顯現治安惡化之驚人，社會已為此付出慘重代價。據警政署的統計，七十九年的刑案發生率為每萬人四十二點四八件，至八十四年增為每萬人七十六點二七件；犯罪人口率由每萬人有四十二點八七個犯罪嫌疑人，八十四年增為每萬人有七十三點三五個犯罪嫌疑人。從社會被害的角度來看犯罪現象，七十九年社會上每一萬人中有三十八點八四人在犯罪案件中受害，至八十四年，增高為每萬人中有六十二點一五人受害。在犯罪被害統計中，尚應包括因犯罪事件所衍生的被害者心靈、身體、財物及周遭親友所共同遭受的深痛傷害，以及對社會所造成的影響，這是統計數據所無法具體呈現出來的。每一犯罪事件的發生需有三個要素：有能力且有傾向的犯罪者、合適的犯罪標的物、抑制犯罪者之不在場。因此，欲降低發生犯罪的機會，就應考慮從「減少犯罪者」、「增強犯罪標的物之防禦性」及「增加犯罪抑制者在場」等方面著手。

其實犯罪行為是人類所有行為中的一種，因此不論在任何時代、任何地點都有發生的可能；但我們卻不能因而忽視犯罪事件愈來愈多；犯罪年齡卻愈降愈低的現象。尤其是青少年犯罪是其中最重要的一環，因為愈早進入司法體系的青少年，將來停留在司法體系的時間就愈久；也就是說，今天的少年犯極可能是日後的成年犯。所以我們必須將有效的防制犯罪率的提高及採取適當的青少年犯罪處遇措施，以避免犯罪行為對社會的危害。

環境保護問題

環境污染的惡化，城鄉生活均難逃各種污染的危害，污染受害感早已凝聚成自一九八〇年以來各地區反污染自力救濟和抗爭運動的社會心理基礎。

八十五年的賀伯颱風，造成六十餘人死亡，經濟損失高達近兩百億元，是繼八七水災以來，臺灣地區損害最嚴重的天災。檢討之下，不乏對國內長期不重視環境保育工作的指責。這些記憶猶新的事情，不僅使得臺灣的環保運動受挫，亦在在顯示出臺灣經濟社會正走到一個重要的關卡。環境保育與經濟發展兩者之間如何取得平衡，已是刻不容緩的問題。

其實，經濟發展與環保，並非是絕對衝突的。政府應該徹底實施臺灣的產業政策，訂定一套遊戲的規則，像一些已開發的國家，他們的產業政策，就是讓污染反應在生產成本上，一些高污染的產業早已外移了。

經濟發展與環保並不衝突，現在許多的企業界，已轉而向環保界合作，達到一個互惠的地步。甚至由企業界主導環保，雙方達到制衡，而且企業界的形象也大大提昇。

自從十八世紀工業革命以來，尤其是在第二次世界大戰以後，經濟發展突飛猛進，一般民眾生活，獲得大幅度的改善，同時對環境也造成相當劇烈的衝擊，環境保護應運而生。

臺灣為了在國際地位上佔有一席之地，拼命的發展工業，一切以經濟發展為導向，雖然因此創造了經濟的奇蹟，但是我們也付出了慘痛的代價，我們基本的環境權喪失了，不再有青山有綠水，到處空氣污染，我們的生存環境改變了。人民開始覺醒，開始想要保護我們生存的地方，環境運動因運而生。六十年代之後，自力救濟事件層出不窮，使得政府當局、學者及一般民眾都更積極的來面對各類環保問題。

因此從生態的討論到環保作爲導致計畫性社會變遷之長期運動，乃至打破既有體制之整體性的呼籲，慢慢蔚爲風氣。在這個環保蔚爲風氣，形成實際社會運動過成中，政府眞切的面臨了必須重視環保問題以平衡經濟發展的根本政策問題。也因此，爲了應付環保問題，政府將原屬於衛生署的環保局改制爲環保署，推動各種環保工作。

　　但是，環保工作最重要的應該是環保教育的整體性規劃，建立現代物與人的關係，養成正確的環境觀及人生觀。然而，這種觀念在工業社會之下，往往被忽視。

　　面對新時代的思維方式，政府應在建立國家未來發展的共識後，協助企業和地方建立新的遊戲規則，才是解決不斷抗爭，造成社會個種資源浪費的長遠之計。

　　隨著環境意識的升高，全世界幾乎都必須面對居民反對污染性工業設在自家後院的現象，中央政府和地方政府因爲污染性工業設置，而引發的衝突一再重演。現在，許多國家都已開始重新修正政治過程，爲根本解決衝突，讓地方政府參與中央產業政策的決定，使環境或民意的要求在一開始就得到充分的溝通。

　　此時環境運動所扮演的角色，不在只是和企業界站在敵對的角色，兩者的關係應是相戶合作相戶依存，同時監督政府達到三贏的目標。

　　近幾年來，由於全球環保運動的努力，以及企業界的覺醒，每個人都希望提昇環境品質，環保教育也深入民心，環境保護與經濟利益已經不再是絕對的對立了，時代的趨勢走到環保與競爭力找出了互利共榮之道，企業界打出永續經營的理念，強調「資源生產力」的概念，就是用全心的角度考量產品生命週中每一部分的成本與價值。當環境保護走進「資源生產力」階段，改進環境品質與增加競爭力就可合而爲一。綠色行銷的時代已經來臨了，環保已經一個遵守的社會法則，在這個階段環保的社會運動以發展成制度階段了。

新的競爭形式，迫使企業界重新思考經濟競爭力與環保的關係。在過去，由於技術進步緩慢，自然資源就決定了產業的競爭力，但是未來企業的目標發展，應該是要有效率的使用資源，環保運動將主導企業界的經濟發展。而環保資源也將成為經濟競爭力的指標。環保趨勢將遍及各行各業，環保對企業來說，應該不是一個要求，而是一個習慣和社會規範。

臺灣的生態環境已不能再被破壞下去了，我們必須要朝向低污染、資本密集、技術密集的產業型態邁進，政府應該徹底實施臺灣的產業政策，以強而有力的公權力介入高汙染的行業，讓汙染能確切地反應再生產成本，而不是反過來修改符合企業期望的環保規章。

環境保護已經是一個必然的趨勢，臺灣的環保運動已經努力了很多年，民眾在這數十年中也意識到環保的重要性，越來越多人投入這個運動，我們期待有一天臺灣的環保運動能晉級到制度階段，讓環境保護成為一個社會的規範，目標被所有的社會大眾所接受。

青少年性行為氾濫

根據行政院衛生署統計，國內十五到十九歲的青少女生育率達千分之十七，高居亞洲之冠。我國青少女生育率與亞洲各鄰近國家相較，比日本千分之四、新加坡千分之九、韓國千分之十一都要高，顯示這些地區，情況都比台灣好，不僅反映出國內社會風氣日益開放，影響青少年性行為，也顯示這些懵懂少年，多半不知採取避孕措施。國人性觀念雖仍趨保守，但性行為卻日益開放，偷嚐禁果的青少年愈來愈多；但像日本等青少年性行為比率也不低，其未成年人生育率卻不比台灣高，可見國內青少女生育率偏高，關鍵在於避孕觀念的缺乏，許多青少年只知享樂而不知善後。

衛生署近年來在十八家醫院陸續開設了青少年保健門診，目的即在提供青少年正確性知識和避孕、懷孕問題諮詢的管道，希望藉由事先的教

育、指導，讓青少年即使忍不住想嚐禁果，至少不必付出懷孕的代價，甚至為此影響一生。據統計，這項門診每年雖有三千多人求診，但真正因為性問題諮商或懷孕、避孕問題而找醫師的比率，仍只有百分之六左右；顯示青少年對性多半敢做不敢說，要他們上醫院門診向醫師請教，公開討論性的問題，許多人還是會不好意思。

在社會大環境充滿聲色刺激的情況下，要普遍生理早熟的青少年，還像他們爸爸媽媽那一代，到十六、七歲仍對性懵懂無知，恐怕已不可能；所以與其任由他們自行摸索，做出後悔的事，不如加強教育，讓他們知道：過早生育對身心都不利，應採取適當防措施，學習兩性正確的交往。

十來歲的少女懷孕生子，在老祖母的早婚時代早已司空見慣；到了二十世紀末，卻成了一項令人憂心的現象。現代青少年的生理成熟度雖然較過去提早，但心理、人格成長卻相對減緩，少女生育所衍生的問題因而形成嚴重的社會問題。

根據台大醫學院調查兒童生長發育情形發現，現代少女的初經年齡較二十年前提早兩歲，平均十一歲即初經來潮，少男性特徵成熟期也較過去為早。青少年早熟導致生育年齡提前，加上社會風氣開放，青少年人際層面擴展、媒體資訊豐富，以及「只要我喜歡，有什麼不可以」的自我意識高升，在在都使得兩性接觸機會較以往頻繁，老祖母年代「男女授受不親」的觀念，早在時代潮流下，成為迂腐的想法，愈嘗禁果早已不是新鮮事。

但是，青少年生理發育雖然提早，心理成熟度反而呈現減緩現象。台北市立陽明醫院精神科主任周勵志在一項以高中二年級學生所做的問卷研究發現，現代青少年自我重整的能力較十年前為低；例如，過去國、高中畢業的孩子多須走入社會，自力更生，或自己規畫未來的就學、就業方向，現代新新人類不但經濟上多倚賴家長、心理上，對自我前程的規畫也缺乏準備。

老祖母時代早婚、早育合乎社會價值，當時少女多及早做好生育的身心準備。現代少女雖然生理早熟，但結婚、生育對她們而言，一切都「還太早了」，即使不必承受未婚懷孕的心理壓力，人格表現上，卻是「大小孩生小小孩」，不少難以承受如此生涯風暴的早婚少女，因而棄子離家，這也是台灣常見青少年問題之一。

　　導致台灣地區少女生育率攀高的主要因素，關鍵在於國內至今尚未建立明確、有系統的性教育課程。雖然青少年早熟，成年人皆有目共睹，但各界對於國中課程應否教導避孕措施，卻仍莫衷一是。少男、少女對性事一知半解，對避孕方法的認識更是不足，才是導致台灣少女生育率高於亞洲其他國家的主因。及早規畫青少年性教育課程，由國小至大專，依孩子的身心狀況分別設計性知識及避孕常識，才能根本解決少女生育衍生的社會問題。

　　台灣省家庭計畫研究所的調查青少年學生的「第一次性行為」，發現有百分之廿一是與自認尚未達彼此相戀地步的朋友、同學或同事發生的，其中有百分之三的人是「以金錢交換的性伴侶」，有百分之二的人是在妓女戶發生性行為。該調查也顯示：在學高中職及五專學生對婚前性行為的態度相當開放，百分之卅四點九的人認為「只要兩人相愛或互相喜歡即可作愛，何必在乎是否結婚，結婚不過是一種形式而已。」有百分之廿二點三的人表示「可以滿足生理，心理的需求，不必刻意抑制許多困擾。」百分之十三的人認為「會有助於適應未來婚姻生活，促進未來婚姻幸福。」百分之十二的人認為「可以增進男女雙方的感情。」另有百分之二點七的人表示「現在只要好好避孕，即不會懷孕，怕什麼！」百分之二點四的人表示「做愛是很樂（爽）的事，應即時行樂。」也有百分之零點六的人認為「很多人都這樣做，不這樣做很遜、落伍。」

　　有關「學生初次性交對象及地點」的調查是以已有性經驗的學生為對象，總共四千七百六十人，約有一成的受訪學生在受訪時已有過婚前性行

爲。其中三分之二的人是與「相戀的愛人」，與未婚夫或未婚妻發生第一次性關係的僅百分之二點五，比例偏低。家研所指出，這是因爲在學學生訂婚的情形較少，過去該所針對青年男女所作的調查顯示，有百分之廿一的女性及百分之四十一的男性在訂婚後首次發生性關係。

學生第一次發生性關係的地點，大多在男方或女方父母家裡，約佔百分之卅五點七，在自己或對方租住的地方則有百分之廿點九，在旅館或賓館有百分之九點二，在 MTV 或 KTV 店發生性行爲的比例也不少，約百分之七點七。

學生接觸色情信息的管道及場所多得嚇人，在色情書刊、色情錄影帶（A片）、色情電話、色情歌舞等管道方面，七成以上的學生表示曾接觸過二到三種；從未接觸過的，男性不到百分之三，女性也只有百分之十六。

男女學生遭到性騷擾的情形也不少，調查發現，有百分之廿八點七的人受過性騷擾。

台灣省家庭計劃研究所分析比較民國七十二年與八十四年所做的高中職與五專學生性知識、態度與行爲調查時發現，學生們的性態度與性行爲大爲開放，與性知識的增加不成比例，這是相當令人擔憂的現象。其中主要內容爲：

1.有關性知識的變遷方面，學校教授生殖生理及避孕情形的情形已有一些進展，在生殖心理方面，學生表示學校沒教或只叫學生自己看的比例已顯著減少，但在避孕方法方面，仍有約半數的學生表示，學校沒教或在學校沒有學到。一個奇怪的現象是，學校對女學生講授生殖生理及避孕常識者比對男生講得更普及、詳盡，這個情形十年來沒有改變，而且在「墮胎的壞處」、「如何與異性交往」、「戀愛與擇偶」知識的傳授，學校也是教女生比教男生詳盡，只有

「性病與愛滋病」的講授是男女平等的。

2. 父母在性知識傳授的角色令人慚愧。有半數的學生表示，在「如何與異性交往」、「戀愛與擇偶」方面，父母「幾乎未談過」。在「婚前與異性發生關係可能產生的問題」、「夢遺、月經或手淫方面的事」、「如何避孕」、「生殖生理或懷孕如何發生」、「性病與愛滋病」等方面，都有四分之三以上的學生表示「父母幾乎未談過」。而且父母與學校一樣，對女孩子講這些事比對男孩子講得多，也講的詳盡。

3. 在性態度變遷方面，民國八十四年的高職及五專男、女學生都比十二年前的男女生更開放。以「是否可有性行為」為例，認為「與喜歡的人」即可的比例，男生從百分之八提高到百分之廿一，女生從百分之一提高到百分之五；如果是「與相愛的人」，則男生由百分之十九提高到百分之卅七，女生由百分之三提高到百分之十三。如果是「與已訂婚的人」，則男生由百分之卅六題高到百分之六十，女生也由百分之六提高百分之二十九，十年來開放程度不可同日而語。

4. 有近四成的男生與二成的女生表示，只要彼此相愛即可同居，表示須等到結婚才可同居的比例，男生不過兩成多，女生略多於四成；有五成到六成的男女生表示，「非常介意」或「有些介意」未來配偶是否為「處男」、「處女」，不太介意的比例，女生比男生高。

5. 在已有性經驗的學生中，有三分之二第一次性行為時並未避孕，其原因，有半數表示因為是「臨時發生，沒有預備」，另外，有十分之一認為那時是安全期，不必避孕；有第一次性行為者，近四分之三表示沒有導致懷孕，有百分之十一造成懷孕，百分之八以墮胎結束，百分之三將孩子生下來。

再以上面指出的五項社會問題警訊為例，這份社會指標報告也提供了最起碼的客觀事實，可做為倡導社會改革行動和公共政策改進的依據，諸如：

1. 對於婚姻關係的不穩定趨勢和問題，公共政策能著力的或許不是直接介入到夫婦之間極為私人的婚姻關係，而是在因應這種離婚率上升的社會現象和所產生的子女和女性可能蒙受二次受害的社會問題上；提供在公共政策上的保護和保障。

2. 針對所得差距和財富分配不均所產生嚴重的社會問題，更符合社會正義的種種公共政策均須積極和強力的推動，這包括所得稅累進制度的推動、遺產稅的確實執行和防弊措施的強化、房地產投機和壟斷的防制，以及相關社會福利制度的改進（如失業保險的開辦、年金制的規劃等）。

3. 交通安全、公共場所的防災安全、犯罪的防治，無一不涉及政策的領域。針對近年來上述公共安全的惡化，相關政府機關和各級官員執行不力的癥結恐怕更大於政策本身的不周全。

4. 針對環境污染的惡化和自然生態的破壞問題，相關公共政策的不足固然是主要原因之一，但政府，尤其是為政者和領導決策者對環境保護的理念認識不深刻、沒決心、對盲目經濟成長的迷思，恐怕是更深沈的癥結。如何根本調整國家的工業發展方向和策略；並且從經濟成長的施政理念轉變成為「永續發展」的為政理念，當是考慮政府決策者政治判斷和智慧的試金石。

結語

　　若以社會問題的產生過程而言，具有主觀上和客觀上的認定。所謂客觀上的認定是指：一部份相當人類的成員，其行為結果的內涵違背了某些道德、價值標準或是利益。該問題的嚴重危害性為有識之士、社會大眾所注意，成為公眾論題，最後由特定的組織及制度來處理。至於主觀上的認定則係來自個人的意念及價值；由於人類表現在社會階層、群眾、利益、權威和知識程度等方面的差異，人們的道德、價值和觀念也可能隨之不同，因此對於一個社會現象的「問題感」的體認和確立也有了差別。這就如同社會學家孫末楠（Sumner）所說：「民俗締造了真理，因此好與壞，或對與錯的概念，乃是靠社會秩序體係中流行的規範和具神聖意義的民俗來界定。」換言之，諸多社會現象和人類行為「好壞」、「對錯」、「善惡」的判定，是與判定者的經驗、價值、觀念、利益，以及當時流行的規範有著密切的關係，這其中自然存在著主觀的成份。

　　至於我們宜如何面對此些日益紛雜的社會現象，Nisbet 則以「理性主義」、「人道主義」為訴求。認為運用理性主義使人們不僅能清楚界定社會問題為何，並且能更有自信的來解決該問題。而人道主義的運用則使我們發掘更多的社會問題，肯定其嚴重性，並積極促使人們對社會問題產生更多的關懷和奉獻。以此態度面對不單是使社會道德秩序得以穩定建構，同時能促發人們以更為理性、健康態度，克服社會變遷所帶來的各項問題。

第13章　社會變遷與現代化

社會變遷的意義

　　人類在經營生活時，並非一直維持著遠古社會的結構與功能。為著能夠確保生存發展以滿足生活上的需要，當環境產生變化，將引導人類從事新的活動。同時由於人們不斷的追求較好的生活，除努力改善環境，並試圖改良或是創造新的文化，經由創造力的發揮，使得人類社會產生變遷。為求滿足個人生存的目的，一個社會組織及其結構的形態，不會呈現固定靜止狀態，而是隨著情境變化不斷的變遷。一個社會很難獨自封閉，它經常會受到來自外在社會的種種刺激與影響。當社會的各種因素，諸如：成員的需求、價值意識、行為模式、人口的增減、階層流動、知識開發、科學增長、思想改變、技術進步、勞力供給、產業結構，政權消長等範疇有所變動時，均會促使社會變遷。社會為著滿足其成員的需要，不斷的從事調適，因而顯現永無休止的變化。

　　由於人們所身處的社會環境頗為複雜而多元，因此社會變遷的現象，往往令研究者有不易界定的困擾。社會變遷指的是何種社會現象？是頗為複雜的概念。亦即當一個社會出現變遷情形時，該現象究竟是由那些因素所造成？該變遷影響的程度如何？也就有各種不同的論說出現。

　　所謂「社會變遷」，一般是指：「為既存的社會結構，隨著時間的改變，受到內在的或外在的各種因素的衝擊，以漸進或激烈的形式，出現部分或全體的變化。」亦有社會學家將社會變遷界定為是人類文化因素和社會組織型態的改變。由於社會各部門逐漸累積的變化，使得社會結構本身出現和以往不同的顯著改變。一般而言社會結構是由各個部門組合而成。由於社會各部門是彼此互為關聯，因此構成社會部門的任何一個因素變動時，往往直接或間接的影響到其他的部門。如果此因素的變化速度太快，

致使結構間，形成不良的整合，則會使得社會上大多數成員的生活，出現無法適應的不良後果。由此導致社會結構解體的現象。

社會變遷的類型

發展

現今社會的型態，係經由長期以來發展所得的結果。回顧人類發展歷程，在距離現在大約一萬多年以前，僅靠狩獵和採集的方式，獲取食物以維持生活。在這個時期，尚不會使用農耕的機具，由於所獲取的食物有限，為了能夠餬口，也就成為日常生活中最大的挑戰，四處謀生，居無定所，爾後隨著家族人口繁衍，數量逐漸增加，其後由氏族形成小規模的部族社會。把這種部族社會的單純社會形態，與今日高度工業化的複雜社會相比，則高度發展社會所具有的農業、工業水準，以及服務業的發展，工業機械設備的使用，大都市的形成等，均呈現著顯著的對比。此種情況是人類社會不斷發展的結果。

停滯

綜觀全體的社會，並非均能順利地從原始落後發展到高度文明的階段。直到現在，世界上尚有一些仍然還停留在農業社會的階段，不僅如此，也有某些社會甚至還停留在原始社會的階段。

衰退

　　文明社會往往會被新興的族群所超越，一個大帝國衰亡之後，其文明亦隨著沒落，社會一度變遷到達較高水準之後，往往又回復到較低層次階段，此種變動的形態，在歷史上亦屢見不鮮。當中，擁有高度文明的社會，由於蠻族的入侵，而被毀滅。再則由於治安的惡化，導致工商業衰退等，使得整體社會的生活後退。

循環

　　一個社會歷經發展、停滯、衰退的過程，此種過程仍然會在另一個時期重覆演化種現象，這代表著社會的循環型態。

改革

　　如果放任社會發展不管，將會導致社會出現沒有秩序的情況，使社會衍生問題。如能考察社會發展趨勢，預估大眾之需，經由人為有計劃的引導，將可促使社會往人群期待的方向前進。

革命

　　一個社會的變化有二種形態。其一、如自然的變化一般，出現自動的、無意識的變化，其二、基於人類慾望與為滿足需要所帶動社會產生變化，亦即社會變革。社會變遷除了單純變化之外，社會內部也會因矛盾而產生社會緊張的問題，為解決這些問題，必需急速及全面地調整社會發展

方向，以試圖改變當時的機構，即是革命。

社會變革有兩種形態：其一、改革或改良，其二、革命。改革指部分社會機構的變革，以漸進的形態進行，往往是在法律許可的範圍內進行，原則上禁止暴力的使用。而革命為對於既存的社會機構，從事根本而且全面性的改變。其目的在於促使支配秩序的交替，因此與改革有別；其特性是基進的、非法的。無論如何社會要從事變革時，往往會伴隨著集體行為的社會運動。

進步

進步的觀念為近代社會理性思想的產物，認為社會的發展是往較好的方向前進，此種情況為進步。雖然有些論者認為，進步的觀念含有濃厚的價質判斷，將導致無法用客觀的標準以論斷社會的進步與否，再者進步的基準亦無法由單一因素加以決定等，而提出批評。但是人類社會漸次往較好的方向發展，卻為社會學家多數的見解。

持社會進步論者，認為人類隨著知識的進步，對自然支配的力量亦將隨著擴大，這方面雖然是技術層面的問題，但是技術發展的結果，也對人類的福利與道德的進步有促進作用，故基本上對於社會的發展持樂觀的觀點。此種初期樂觀的想法，爾後隨著資本主義社會的發展，帶來負面的結果，這是因為初期資本主義的理念過分強調理性所造成。諸如主張自由主義的競爭，造成大量貧窮階層的出現，如此對進步的觀點產生懷疑、批判的態度，蔚為二十世紀初期的一股學術風潮。爾後促使社會病理學與社會心理學研究的興盛，這些現象反應出社會並非單純直線的進步。

十九世紀末儘管對進步的觀念雖加以批判，但是進步的觀念並未完全喪失其意義。有些學者認為進步的觀念之所以受到否定，在於未將理論加以體系化之緣故。事實上人類的歷史是經由進步的歷程而來，人類如無追

求較好社會的態度與意願，社會也許不會繼續發展前進。

變遷的導因

一般來說，一個社會文化爲何會發生變遷有諸多的原因，諸如：環境、人口、社會、戰爭、信仰、價值規範，或是來自工藝技術等因素所引起。

環境因素

環境的變遷包括自然的事件與人爲環境的突變，諸如災難、氣候改變、飢餓、資源殆盡、疾病及其它的改變。這些因素對於人類性格的形成與變化會產生影響。但是環境的因素只是外在的一個因素，或一個條件，社會發展是透過人類行爲的變化所促成。因此環境因素可說是社會變遷的原因之一，而非決定性的原因。

人口因素

人口因素包括：人口的出生率、死亡率、增加趨勢、遷移型態、兩性人口比例、人口分布的不平均等；都可能影響社會上對資源的分配與利用。因此，一個社會裡人口特質的改變就可能導致社會失調，以致使社會變遷。其次人口現象當中。人口數量的增加與向某一個地區集中，對社會變遷會產生一定的影響力。今日人們對人口的看法，已非僅單純的把它看作爲一種生物現象而已，隨著人口數量的增加，所引起的社會結構變化爲重要的課題。人口不僅在量的增減，在質方面的變化，亦會造成社會的變

動。

　　涂爾幹強調人口因素是導致社會變遷的主要因素。依據他的觀點，認為決定社會變遷的速度與方向，是導因於生活範圍的廣狹與人口的數量及人口分布和人口組合（即內部的社會環境之社會容量），因為此因素影響著個人與團體的接觸、集中的程度。涂爾幹稱：「文明的本身，為諸社會的容量與密度出現變化，所產生的必然結果」便是最佳的寫照。

經濟的因素

　　政府在經濟發展過程所採取的決策，能影響變遷的速度和方向。經濟因素直至今日仍被認為是對社會變遷，最具影響力的因素，物品的生產、分配、利潤分享方式對人們生活方式有重大的影響力。依據馬克思的觀點，人類社會基於生活物質的生產而成立。而個人再生產過程中需與他人結合，經由互助合作以有效的提高生產力。因此生產力與各種生產有關的總體，構成了社會的基礎結構。另方面法律、政治的關係與觀念，及各種文化形態，則構成社會的上層結構。而基礎結構的變動，勢必影響到上層結構的改變。

精神的因素

　　強調觀念與知識等精神因素，是社會變遷的主要原因。是屬於精神史觀或觀念史觀。持此觀點者，如社會學先驅聖西門，其認為一切社會的根本在於人類的精神，人類社會秩序的改變，是透過精神的變化而進行，他認為人類精神法則支配一切。其弟子孔德繼承其思想，認為人類的歷史，是受到人類精神的發展所支配，在人類歷史中發現，精神對於社會變遷的引導是基於主導地位。

文化傳播的因素

一個團體受其他團體或文化傳播的影響，是促使社會變遷的主要因素。文化接觸是變遷的最普遍原因，當文化內涵從一個社會擴展到另一個社會時，亦會對社會造成衝擊。

競爭的因素

競爭或衝突會促使社會產生變遷。因此龍冠海在其所著社會學一書指出競爭是社會鬥爭最基本的方式。任何一樣為人類所需要的東西，若供不應求，必引起競爭。由於競爭便產生社會互動、社會結構的改變。他將競爭的種類依其目標分為十種型態：「經濟的競爭」、「政治的競爭」、「軍事或武備的競爭」、「種族的或人口的競爭」、「宗教的競爭」、「文化的競爭」、「美術的競爭」、「體育的競爭」、「社交的競爭」、「配偶與愛情的競爭」。

迷亂的因素

迷亂（anomie）係指社會目標與達成方式兩者之間的矛盾或差距。社會訂立了某種目標，讓人們去追求，可是社會所允許的方式卻不一定讓每一個人都能得到該目標。因此，會使得有理想，但達成目標手段不足的成員，採取社會不能認同的手段，其結果將導致社會變遷。

再者社會資源的不足亦為促使社會變遷的一項因素，每一個社會對資源的供應和分配都有一定的規範，但是由於資源有限，人類的慾望卻無窮，在此情況下，社會資源總是供不應求。因此，社會裡總會出現認為自

己所擁有的資源，是相對稀少而感到憤憤不平者，對現有的規範和制度進行挑戰。這種挑戰乃導致社會變遷。

工藝技術的因素

重視技術對社會變遷所產生的影響，將技術視爲社會變遷主要原因，是現代社會變遷論的有力主張。其論點強調技術對社會變遷所產生的影響力。持此論說的主要代表者諸如；烏格朋（W. F. Ogburn）把社會變遷視爲文化變遷的一種形態，特別重視技術革新與發明，對引導社會產生變遷所具有的力量。麥基佛（M. Maciver）認爲近代社會的重要問題，全受技術變遷的衝擊而出現，或至少受其影響。法普（P. Farb）更把歷史上人類的幾項重要工藝技術的發展列成一個表，用來說明工藝技術造成人類社會發展和變遷的事實。

社會變遷的理論分析

社會變遷一詞最早係由 Ogburn, W. F. 之《社會變遷》一書中所提出（1922）。但是社會變遷的課題，早已由社會學創始者設定爲社會學研究的主要對象。

社會變遷的形態，受到地區的特性，不同的時代，而呈現不同的風貌。但儘管如此，一個社會所出現的變遷過程與方式，由宏觀的角度來看是具有普遍性。而說明這些變遷的普遍原理，即爲社會變遷理論。

古典社會學家對社會變遷之理論探討

聖西門

聖西門提出了人類的進步是個「有機年代」和「批判年代」間的動態交替過程，前者指的是穩定而建設性的時代，後者指的是兩個「有機年代」間的過渡時期，這兩個年代藉相反相成的兩股力量作螺旋式的上升。聖西門堅信科學能征服未來的不確定性，而帶來人類的幸福。社會演進的法則是可尋的，隨著人類知識、智慧、信仰的發展，人類的社會組織也會隨著變動，而十九世紀的人們最重要的工作就是建構起新型態的社會組織（也就是工業社會）來相應智識、信仰發展中科學實證主義的出現。

工業社會是個「科學工業化的組織」，它的目標是較大的生產和自然的征服，讓大家能均享其利，不過它倒不是一個沒有階級的社會，而是以個人的能力來區分階級，聖西門將社會分成三種人：重理性、重知覺（sensory）、運動能力強（motor－capacity）等類型，各司其職。該工業社會有四個層面：一、重生產；二、講求方法；三、由工程師、工業家、企業家等人所組成；四、知識為其基礎。一個新工業秩序已克服了政治體系的專制，無能與黑暗面。雖然新的社會中仍有階級的存在，但是沒有階級控制與衝突事實的發生，可以說這是個計劃性、生產力高、內部和諧的一個階級社會。

聖西門相信以知識技術超越自然的限制是人類的使命，由於反進步的力量會帶給社會很大的痛苦，聖西門希望能創造出一個穩定文明，而以科學為其宗教。為達此一目的，他建議以教會的模式作基礎，創立科學教士，由他們來促進政治正義，分配社會的財富。聖西門亦強調權威必須建

立於科學專長、社會計劃、專家決策……等知識因素上。新社會將是由「原理原則」來加以統治。

準此而論，聖西門表現出下列幾個觀念：

1. 科學將成為一個新的主宰力量。
2. 社會變遷是進步的，必然走向工業社會。
3. 是個狂熱的技術專家政治的擁護者。

孔德

在孔德的社會理論當中，存在著兩個中心論題：一為三階段的法則，二是企圖將自然科學與人文科學整合起來，就三階段法則而言，孔德認為人類知識的成長得經過神學時期（theological）、形上時期（metaphysical）、實證時期（positive）三個階段。「在神學時期，人類的心智在尋求自然界的起源和目標的時候總會歸結到超自然的能力；在形上時期，人類的心智推論有關創造萬物的抽象力量；在最後的實證或科學時期，人類心智已不再尋求宇宙萬物的起源和終點，轉而重視且運用到人類本身的法則。」雖然孔德主要的以人類心智成長為關注焦點，不過他強調它和社會組織、社會秩序型態、人類生活狀況的發展相平行。也就是知識的發展和社會的發展都經過三個相同的階段。

就三階段法則而言，孔德是個「觀念決定論者」。貝爾曾言：「少有人認為我們所預測的社會變遷是出自於意外或完全出於人類想像的設計，即使它們首先以觀念出現，但是它們也必須落實在制度上，所以我們要描述工業社會的發展階段必須從馬克思的預言說起，因為馬克思把社會變遷根植於社會結構或制度組織上，而不是心智狀況。」孔德的思想是出自於聖西門的一些觀念，尤其是對知識在社會變遷中所扮演的角色的重視，以及在進步理念下的發展三階段法則。

史賓賽

繼孔德之後，英國社會學家史賓賽為社會學的學術領域，奠下穩固的基礎。他的學說深受生物學的知識所影響。他亦把社會學分為社會動學與社會靜學，社會靜學的學說基礎，建立於與生物有機體的類比上。他認為社會中的個體，與大社會之間的關係，宛如生物體與細胞之間的關係一般。生物體在成長的過程中增加細胞的數量，進而隨著量的增大，結構產生分化與複雜化，人類社會的社會結構產生分化與複雜化，情況亦復如此。結構分化的結果也促使功能產生分化。同時分化出來的器官，由於彼此之間的相互依存，產生連帶關係，社會各部門的相互關聯亦與此情形相同。再者社會全體的生命較之個體的生命久遠，此亦與生物體較之細胞生命長久的情形相通。當然社會亦有異於生物體的一面，因此他把社會視為一種超有機體，有關社會動學的學說則由社會進化加以說明。並指出社會的進化是由軍事型社會往工業型社會改變。

馬克思

馬克思思想中最根本的一個關注基點即在社會變遷，他的興趣在找出人類變遷的法則。在馬克思青年時期就曾寫下如是的句子「以往的哲學家只在解釋這個世界，而問題卻是在改變這個世界」，這也正是他一生最好的寫照。在變遷理論當中，馬克思又以資本主義的未來為其討論的中心，在處理的方法上，他用的是「歷史途徑」，他認為：了解資本主義的關鍵在了解資本家和薪資工人間社會關係的本質，若就先進資本主義來看其間的關係，一些不合理的現象似乎都是應然，只有借助歷史概念來了解社會關係的本質，才能知曉資本主義的特質以及資本家剝削的事實。於是在《資本論》第一卷，馬克思自「商品」的使用價值和交換價值談起，也就是其著名的「勞動價值理論」，簡單的說就是馬克思認為商品的交換價值完全是來自於這個商品生產過程中人類所付出的勞動量。進而討論較簡單

的商品生產，亦即前工業時期的社會，在精神上，商品生產是「為了買才賣」；以金錢和商品的關係來說，是為了商品的使用才生產商品，金錢只不過是交換過程中的媒介或工具而已。在工業化時期，在精神上，大部分的商人是「為了賣才買」，而人與人之間的交換關係已逐漸為金錢所主宰，金錢已成為交換的目的，商品反而成了媒介物或工具而已。

馬克思認為資本在轉換的過程中一定得超過原有的價值或是有所增加，而這個增加就是所謂的「剩餘價值」（Surplus Value），已因為資本家日益的追求剩餘價值，迫使勞工的勞動價值日益受到剝削，於是導致工人的「異化」，資本家和無產階級的衝突日益嚴重，以致於工人將採取聯合的行動，革命推倒資本主義，創建一個社會主義的新社會。

換個角度來看，馬克思將社會分成兩個部分，下層結構和上層結構，前者指的是社會中所有的經濟層面，而後者指的是經濟以外的「剩餘範疇」，如宗教、政府、家庭、哲學……等等，其重要的觀念是上層結構是依存變項而下層結構是個獨立變項，也就是說，經濟的改變導致了社會其它方面的變遷。然而下層結構可分為生產工具和生產關係兩個部分，前者指經濟的技術層面，如資本主義社會的機器與工廠，就此社會可分成資產階級和無產階級，馬克思相信生產關係影響整個社會組織，社會其他的部分都必須和經濟相調適，其間是存有因果必然的關係。假如下層結構造成了上層結構的變遷，那是什麼促成了下層結構的變遷？馬克思認為經濟是自動的，它本身就藏有變遷的種子，馬克思假定人類在本性上就想征服自然，於是常想改進科技來控制自然，而在歷史發展的每一個階段，當現存的生產關係成了生產工具的阻礙時，就有革命的發生，一個新社會將出現。當經濟改變，一個新階級取代了另一個階級，所以說歷史是個階級的鬥爭史。

韋伯

韋伯對現代化社會中「官僚制度」（bureaueracy）的理論，是他對西方社會變遷研究中很重要的一個論題，基本上韋伯主張：現代化社會之中存著命運式不可避免的因素，也就是他所指稱的官僚制度與理性化，但這兩種特質並不能決定社會秩序的全部。其中尚存兩種可能：或對個人及其自由的尊重，或者透過理性化過程來達到專制統治的目的。用韋伯的話來說，「官僚制度」是現代社會的世界性命運，也就是說，韋伯認為西方社會發展的最大關鍵是理性化，它藉法律、經濟、會計和技術散佈出去，整個生活就是一個功能效率與功能衡量的精神，是一種經濟化的制度（最小的成本最大的產出），這個態度不只是對物質資源，而且也及於整個生活，由於理性化的不可免，行政管理掌了權，而所有社會制度的官僚化也就不可避免了。它既是資本主義制度的一個特徵，也是社會主義制度的一個特徵。就韋伯而言，技術知識的擴張以及工業經理和政府官僚的興起，是種新型態的控制，將來是屬於官僚階級的，而不是如馬克思所言在於無產階級的手裡。

涂爾幹

雖然關於社會變遷的問題，涂爾幹未曾在著作中直接提出過，但是我們依然可以從他的《社會分工論》與《社會學研究方法論》等書中發現相關的觀念。其有關的概念有：

社會變遷的起源，是指變遷前的條件與狀態。現代工業社會的起源是傳統農業的條件與狀態，就是涂爾幹所說：的機械連帶社會是有機連帶社會的起源，機械連帶社會中已有現代有機連帶社會的雛型。在機械連帶社會的原始社會中，由於集體意識特別強烈，人們的個別意識與集體意識互相矛盾、衝突，個人僅具有「社會個人主義」。進化到工業社會後，在有機連帶的情形中，人們從集體意識中解脫，形成「純粹個人主義」。因

此，工業社會的「純粹個人主義」來自傳統社會的「社會個人主義」。基本上，涂爾幹的社會變遷論仍是一種進化論的理論架構。在分工論裡他認為：社會的進化是由機械性連帶責任發展到有機性連帶責任。自然環境、遷移、都市化、人口增長以及工藝技術的發展，都增加了人與人之間的互動，高度分工化的結果使得社會各分子間的同質性產生了變化（高→低）頻繁的互動與接觸帶來了競爭。為了社會的整合，社會裡必須發展初一套方法來協調之；分工制度由而產生，最後也帶來了新的社會責任。

涂爾幹的分工論是分析社會連帶責任的代表作，他在這書裡談到原始社會及文明社會的不同，就在於前者是一種機械性連帶責任的社會；而後者則是一種有機性連帶責任的社會。機械性連帶責任是建立在社會各份子間的同質性上，社會的價值和行為融洽一致，人們重視傳統及親戚關係，因此社會的束縛力也較強，各個人之間的差異較小，社會大於個人。他說：「社會裡全體份子所共有的思想和傾向比每一個份子的自我人格既強又大。此種連帶責任的成長與人格的成長是相對的。」

有機性連帶責任的淵源仍是基於個人的不同：他是社會分子的產品。由於社會高度分工化的結果，每一個人都變得特殊化，並缺少同質性。同時個人間的互相依賴性相對增強，相互合作更變成必需。就如同有機體生物的各部門間相互依賴合作生存一般。涂爾幹強調此種社會的異質性與個人之特殊性並不代表社會的瓦解，而代表著一種新形式的社會整合。

涂爾幹的社會變遷論仍然是一種進化論的理論架構。在分工論裡，他認為社會的進化是由機械性連帶責任發展到有機性連帶責任。自然環境、遷移、都市化、人口增長以及工藝技術的發展都增加了人與人之間的互動。頻繁的互動與接觸帶來了競爭。為了社會的整合，社會裡必須發展出一套方法來協調之：分工制度由而產生，最後也帶來了新的社會連帶責任。

古典社會學家的理論中，我們可以看出進步理念在十八、十九世紀的

影響力。大體上說來，十八世紀的進步理念是抽象性及臆測性的，到了聖西門這個理念才被具體化，並給予更實質的內容。而十九世紀的時候，聖西門工業化的概念受到相當的重視，此時進步指的卻是工業化，大家都相信工業主義的邏輯終將推向一個新的穩定點，一個較高的新層面，到了這個境地，過去的一切動態矛盾將得以解決。也就是說，這些社會學家皆生活在一個空前美麗事物已經產生的印象下從事理論的建構工作，當然也充滿著希望與失望的情懷。我們可就新社會的中心問題來加以分類，聖西門和孔德所關切的是舊秩序瓦解後的危機以及重建社會的必要性；而馬克思和韋伯所預見的新社會，在本質上是資本主義式的，將會導致危機化和「非人化」，是故馬克思想藉革命的手段以達到共產的美好社會；而托克維爾則認為社會的特質乃是「追求平等的熱情」，也帶著幾分將走向群眾社會的隱憂。不論如何，悲觀或是樂觀，他們都以描述和解釋他們所面臨的「大轉變」為其終身職志。

就他們思想的陳述而言，他們詮釋的來源是基於「藝術性直觀」，尤其是那特殊的真知卓見，如韋伯論資本主義和新教倫理，馬克思論資本主義中經濟異化與非人化的影響，托克維爾「追求平等的熱情」，孔德思想中知識的強調，以及聖西門工業社會的概念。這些思想家對新興的秩序皆有一種特殊的洞察力。他們在審視社會發展所提出的時代問題，如聖西門的技術專家政治，尤其是馬克思的概念中階級的問題，以及韋伯的官僚制度與理性化的趨勢，是為二十世紀社會學家所要討論的主題，也正是後工業社會所要探討的主題。

至於社會演進有幾個階段的問題，十八世紀的哲學都臆測人們必須經過好幾個階段，如孔道塞人類文明的十個階段，聖西門的三階段說。而十九世紀的孔德與馬克思曾提出人類歷史三階段的看法：孔德的神學—形上學—實證主義三階段法則；而馬克思則更嚴格地劃分六個階段，它依序為原始社會、奴隸社會、封建社會、資本主義社會、社會主義社會、共產主

義社會，這種分類在根本上我們可以看出是種「三分的概念圖式」（tri-partit scheme），其中第三階段（共產主義社會：社會主義社會）克服並廢除了第二階段（資本主義社會、封建社會、奴隸社會）階級社會的異化，再恢復到第一個原始階段的道德狀況。而貝爾的前工業社會—工業社會—後工業社會的三階段說，這也是十九世紀「三分概念圖式」的一個做效。

當代社會學家對社會變遷理論探討

　　二十世紀初期，社會變遷理論在社會理論中失去了主宰的地位。所存有的除了官僚化以及管理革命的理論之外，其它的就是一些歷史哲學家，如史賓格勒（Oswald Spengler）、索羅金（P. Sorokin）、湯恩比（A. Toynbee）……等人的歷史循環理論。但是其後受到許多的巨變：二次世界大戰、人口爆炸、新興國家獨立、殖民地主義之消失、婦女解放運動、資本主義和共產主義的對抗等都無法令當代社會學家坐視不管。特別是第三世界非西方國家的現代化運動更是一大問題。因此，近年來有關社會變遷的理論已逐漸成為社會學理論不可分割的一部分。

　　不過進步理念並未就此沈寂下去，反而在二次世界大戰之後，新興國家的興起，而且這些社會的未來發展使得社會學家不能再避視社會變遷的問題，於是社會理論又回溯過去進步理念鼎盛時期的演進理論。一九五〇年代的社會變遷理論較近似十九世紀末的社會理論，是種充滿著進步理念下的樂觀看法。然而，在一九六〇年代，這種理念終結的信仰以及所有問題都已解決的觀點頗受學者的質疑，結果導致大家再度提起對「工業社會未來」的興趣。

桑巴特

很少資本主義的學者認爲資本主義是社會的一個永久制度，他們相信資本主義只是經濟社會演進中的一階段。第一位使用資本主義來分析經濟歷史的是德國社會學家桑巴特（Werner Sombart），在他的《現代資本主義》一書中，就以精神、型態與技術三個要素來說明經濟社會的轉變。就此他分資本主義爲早期的資本主義（從十三世紀中期到十八世紀中期），這時還有工藝時代的標誌，傳統主義還很有力量，經濟活動尚重個人與家族；全盛時期的資本主義（約從一七五〇年到一九一四年），這時利潤的原則與經濟合理性瀰漫在所有的經濟關係當中；市場擴張、企業規模加大、科學的機械技術被利用，而人群關係變成制度化而非個人；晚期的資本主義（在第一次世界大戰之後），這時期有兩個重大的變化：國家角色日形重要，而公司裡企業心態逐漸衰落，代之而起的是官僚心態，也就是桑巴特所說的，現代資本主義精神沒有了，只有型態和技術尚存。

熊彼特

熊彼特（Joseph Schumpeter）的《資本主義、社會主義與民主政治》（*Capitalism, Socialism and Democracy*）一書，他於該書預言資本主義文明的終了，這種大轉變是屬於心態和社會結構兩個層次的變遷，就心態上的變遷有三個因素：

1. 資本主義過度追求理性化，一切都得合於經濟理性，一切浪漫與神秘觀念都加以去除，這樣是個不好的現象。
2. 企業家功能的沒落：國家角色日形重要，經濟進展已非個人的或自動的。
3. 固有信仰的腐蝕，理性主義與實驗主義助長了批判的態度，任何事物受到懷疑，傳統開始動搖。

而在社會結構的層次上，支撐資本主義制度的財產制度和契約自由已

受到很大的挑戰，就前者言，獨佔化與大公司的成長開始排除中小規模的公司，而且所有權的重要性已移轉到支薪的行政人員手上，財產力量日微，而經理集團這股新力量有其新的社會態度，這些對資本主義的財產制度是個重大的挑戰。而契約自由亦受各種規定的阻撓，工會和政府的介入就可以看出端倪，是故熊彼特認爲在一世紀之內，深藏於底下的而逐漸成長的文明將會出現。

亞宏

　　法國社會學家亞宏在論述社會變遷時，是以經濟發展爲中心，其指出在工業社會裡強調的是科技知識的重要，是個「有機的社會聯結」、重理性化和「普遍主義」、重要的是第二級產業部門的生產。就此，工業社會的特徵在「技術的命令」，是個經濟化、理性化的社會。當然有系統的科技應用，似乎意味著先進工業社會將由技術專家所統治，眞正的權力已從選任的代表中，移轉到技術專家之手。未來的新型政府不是民主政治亦非官僚政治，而是技術專家的政治。科技專家在政治生活中將扮演一個重要的角色。

現代化的意義與特徵

　　「現代化」是一個大家耳熟能詳的名詞，也是多數社會所追求的目標；至於現代化意涵以及其所涵蓋的各種假設，我們可以列述廣狹兩種的定義：第一就廣義而言：「任何一個社會，只要在整體性社會結構面、科技知識面以及人際互動與個人態度面，經由轉化過程而邁向另一新紀元時，我們就可以將它稱之爲現代化。」第二就狹義而言，所謂現代化專指：「在西方現代科技與工業文明之衝激下，任何傳統社會在邁向現代社會的轉化過程。」至於依照 Robert Bellah 教授的說法，所謂現代化

（modernization）此一概念，帶有理性態度（rational attitude）的意義，它涵蓋了下列兩大面相：一是「企圖對所有物理現象與社會現象，尋求一種理性解釋的可能性。」二是「把自然界的一切事情，包括社會現象在內，視為具有一定的因果關係與某種律則或軌跡，而人類得以運用理性去了解、控制或改變它。」

現代化亦是指一種過程（process）——從某種社會特徵或狀況，轉化或轉變成另一種社會特徵或狀況的路徑。我們可以把它歸納為下列幾項特性：（Black, 1976）

1. 現代化是一種革命性過程：很明顯地，歐洲社會的現代化，是經由一連串的多面向革命而成的：文藝復興的思想革命、宗教革命、政治革命以及產業革命。因此現代化的過程，是一種極端與全面性的變遷。

2. 把現代化的過程，視為一種極端複雜的過程。特徵為：其反對所有現代化理論或學說中的單因化或單面向化。強調現代化的多元因素及其過程的錯綜複雜性。在現代化所涉及的因素，譬如工業化、都市化、社會動員、世俗化、理性化、結構異化……等，無法片面抽離其中單一因素，即構築為現代化的全貌。

3. 視現代化為一體系性過程。亦即，在現代化的轉化過程中，任何一種面向的轉化或變遷，必然與其他面向有所關聯，而且互相產生影響的結果。

4. 把現代化視為一種全球性過程，認為現代化本身，就是一股全球性浪潮，沒有任何人得以抗拒它。影響所及，開發中國家，幾乎全都投入了工業化或經濟發展的時代行列裡。

5. 強調現代化過程的時間性，認為現代化是一種長期性過程，需假以時日才能成功，所有企圖邁入現代化的國家，最多只能期待縮短一

或兩世紀而已，絕不可能在一或二十年間，就能完全體現多元面向的現代化。

6. 強調現代化過程的階段性：在社會轉型的過程為多元性階段次。譬如 Rostow 的經濟現代化區分為二：傳統社會之經濟與現代社會之經濟。現代化過程又區分為：傳統、準備、起飛、成熟與消費等過程階段，而在每一階段中，又含有高低不同層次的發展結果。

7. 現代化的同質性：不管什麼類型與性質的傳統社會，只要想邁向現代化，其過程必然具有共同的特徵，因而體現同質化的現代社會。

8. 現代化為一種既無法抗拒的過程：現代化的時代性，人人必然會受其影響與感染。同時現代化過程是必然取向，雖然在速度與影響層面上，或許會有快慢、長短與多寡的差異性，甚至於偶然發生靜止或停滯之過渡狀態，然而，就長期而言，終究是無法避免的時代潮流與過程。

9. 現代化為一種進步性過程，所謂進步，有強烈的主觀性與期待性。換言之，現代化非但是一種必然的社會變遷，而且一定能夠符合人類主觀的期待與需求，因此，它是一種進步的過程。就此意義而言，雖然傳統社會在邁向現代化的過程中，往往會產生社會轉型期的迷亂狀態，造成了許許多多的社會問題，然而，現代化既然是一種進步的過程，無論是要付出多少代價去渡過或克服此種難關，仍然被認為是值得的。

在論述現代化的類型上，本文引用 Levy 的觀點加以說明。以現代化的動力淵源為基準，把現代化的類型區分為兩大類：

1. 內發型：現代化的動力淵源來自該社會本身。即指現代化的動力，不但來自其社會本身，而且在現代化的轉化過程中，偏向於主動性的創意與創新，因而造成傳統與現代的明顯對比。此種現代化以歐

美社會爲代表。

2. 外發型：現代化的動力淵源，來自外力的干擾或衝擊的結果。即指現代化的推動力，乃是來自外來科技文明的刺激，在其現代化的轉化過程中，偏向於被動性的應付與調適。此類現代化是以第三世界爲代表。

除此之外，S. Chodak 把現代化區分爲以下三大類：

1. 工業的現代化：這種現代化的社會，主要以工業化爲其推動主力，以工業結構替代傳統農業結構。又可以區分爲資本主義社會與共產主義社會兩種不同形式。

2. 涵化的現代化：這是指兩種（或兩種以上）不同文化之接觸所產生的現代化。一般第三世界所引發的現代化，大部份都屬於這一類型。

3. 引導式現代化：這是指現代化的推動與活動，皆由政府有目的與有計劃地引導與管制。

現代化既然是指傳統社會轉化爲現代社會的一種過程，而其涵蓋的主要面相有：社會結構性的、社會互動性的，以及個人觀念與行爲態度等層次。構成傳統農業社會的此種共同特徵或特性，就叫做傳統性。同樣地，構成現代工業社會的此種期共同特徵或特性，則稱之爲現代性。茲依陳秉璋教授的說法，列表如下（參見表13-1）。

任何完成現代化的社會或國家，是否具有某些共同特徵？他們不但認爲必然會有，而且進一步把這些共同性特徵合稱爲現代性。因此，現代性此一概念，就成爲衡量或研判一個國家或社會是否已經體現了現代化的判準。

類目	社會型態	
	傳統社會	現代社會
社會結構	1.農業性結構 2.環節性結構 3.靜態性結構 4.封閉性結構 5.同質性結構 6.神聖化結構	1.工業性結構 2.整合性結構 3.動態性結構 4.開放性結構 5.異質性結構 6.世俗化結構
社會互動	1.機械性社會連帶 2.社會流動性極少 3.互助性互動 4.權威主義盛行	1.有機性社會連帶 2.社會流動極為快速 3.競爭性互動 4.平等主義抬頭
個人價值觀	1.社會個人主義 2.超自然主義或自然主義 3.感性主義 4.群體互惠主義 5.世襲社會地位 6.宿命主義	1.純粹個人主義 2.人文本位主義 3.理性主義 4.個人功利主義 5.個人成就地位 6.實證主義

　　C.E.Black 教授所強調的現代性，涉及較廣的社會與心理層面，與內容如下表（參見表13-2）。

　　一九七○年代 U. N. Research Institute for Social Development 所出版：《發展指標彙編》，以及《社會經濟發展的內容與測量》兩書中，所引述並強調跟現代相關的指標如下：

1.都市化程度。

2.識字率與職訓率。

3.報紙與雜誌的發行與流通量。

4.政治民主化；以多黨制，秘密投票選舉為主。

5.自由企業。

§表13-2

類別	項目
知識方面	1.知識的理性化與世俗化。 2.科學知識的無限擴張，並用以改善人類的生活及其環境。 3.知識的權威性增加。
政治方面	1.中央政府直接統治人民，相當於中央集權。 2.重視法治，以法律替代個人裁決。 3.官僚行政機構日益擴大。 4.民族主義的普及或民族國家的建立。 5.趨向於福利國家或社會。 6.政治結構的異化。 7.政治文化的世俗化。 8.人民對公共事務的大量參與。
經濟方面	1.機械化。 2.專業化。 3.由農業到商業，以及農業的商業化。 4.由輕工業到重工業。 5.技術科學化。
社會方面	1.都市化。 2.小家庭制度。 3.社會流動性極大。 4.社會動員的程度極高。 5.經濟平等。
心理方面	1.成就慾望增加。 2.樂於接受變遷。 3.容忍與適應性增強。 4.相信能控制環境，而不為環境所控制。 5.贊成依據貢獻來決定報酬。

6.世俗化：以理性的制度化視為主要的行為規範。

7.社會流動性的程度。

8.職業異化的程度。

9.志願結社的激增，包括工會與商會等等。

10.國家統一；減少種族與宗派之爭。

11.核心或小家庭模式。

12.司法獨立。

現代化的社會

　　社會發展的主要目的，是使所有的人都能夠獲得適當的生活水準。但是，一個國家及民族的進步，不能單用國民生產毛額及平均所得加以衡量。「發展」包括政治成熟的觀念，也包括民眾教育的普及、文藝的萌芽、建築的繁興、大眾傳播的成長、及休閒生活的充實。事實上，發展的最後目的是人類本性的改變──這種改變一方面是促成更進一步發展的「手段」，另一方面也是發展過程中所達到的「目的」。

　　因為在二十世紀之中，社會發展已經成為家喻戶曉的觀念，所以很多人以為它是一種單純的過程。事實並不如此，社會發展包括四種意義：第一、在工藝方面，開發中的社會從運用簡單的傳統技術轉而應用科學知識。第二、在農業方面，開發中的社會從自給自足的耕作轉為農產物的商業生產。第三、在工業方面，開發中的社會從人力及動物力的運用轉而應用機器的力量。第四、在社會生態方面，開發中的社會由農莊鄉村漸漸趨向都市化。

　　這四種過程不一定同時發生。農業商業化的時候，工業方面可能沒有改變。工業化可能發生在鄉村之中，英國早期的工業化及某些亞洲社會的工業化，便屬於這種情形。城市也可能不因重大的工業化而膨脹；在亞洲及非洲的某些地區都有這種情形。

　　「現代化」一詞在觀念上與「社會發展」一詞相似，所包括的範圍卻

較廣泛；它指在整個社會及文化背景中，工藝、經濟、及生態方面的綜合變化。在一個新興國家中，我們可以預期深遠的變遷：

1. 在政治方面，由部落或鄉村的權威制度轉變成選舉、政黨、代表等制度及文官科層制度。
2. 在教育方面，減少文盲及增進生產技能。
3. 在宗教方面，世俗化的信仰代替傳統的宗教。
4. 在家庭方面，大家庭制度漸漸消失，取而代之的核心家庭或主幹家庭。
5. 在社會階層方面，地理及社會流動增加，歸屬地位的階級制度漸漸改變爲成就地位取向的階級制度。

同時，發展中的國家在這幾方面的變遷，時間及速率都不相同。一個現代化的國家經歷多種制度的變化；無論從事如何審慎的社會變遷計劃，有些制度的變遷總居先，有的則落後。

在工業化之前的社會，生產大多集中於血緣團體。自給自足的農耕佔最重要的地位；其他工業只是農耕的補充，並且附屬於家族及鄉村。職業地位由大團體所決定。交易關係也由傳統的家族及社區義務所決定。生產活動與社會關係與傳統的家庭─社區背景，混合而無顯著的分化。社會發展最重要的意義是生產活動和這種傳統背景的分離。在農業方面，金錢交易使生產與消費的單元不一定相同。農業生產方面，僱用的是個人而不是家庭，也常常破壞了家庭生產單位。在工業方面，手工藝及其他工業產品，行銷市場，並不專供自家消費。製造業及工廠制度興起之後，個人漸漸和其他勞動市場的人接觸，並和自己的資金及家庭成員分開。現代化使生產活動和家庭與社區分離。

這種變化的結果，使工人在生產的關係，大爲改變。於工作上所得到現金的報酬，又在市場中運用於貨物及服務方面。他的所得及福利日漸依

賴薪水，而不依賴在親戚及鄰居之中的傳統權利及義務。這樣，工人在現代化市場中遭遇適應的問題，包括：

1. 新的計算基礎。就分配生產時間說，他不再根據自己的速率工作；他必須適應日復一日的工作天及工作週的觀念，同時在職業中配合機器的節奏，而不是配合身心和諧的韻律。就分配財富說，他必須分配一月之內的收支。和傳統的計算方法比較：都市工業中的工人在觀點方面，需要相當的改變。

2. 經濟安全情況大爲改變。在傳統農業及家庭製造業中，市場波動僅僅使個人不充份就業，而不使他失業。在這種情況下，他的工作較少，並轉向親戚、族人、及鄰居求助。在「都市—工業」背景中，生產活動蕭條的時候，個人容易完全失業。即使個人的平均所得比以前高，在新環境中，他的所得及福利的波動，都較過去爲大。

3. 在消費方面，面對著繼續變化的標準。都市市場提供了很多新東西。當減少舊式花費而追求新式滿足的時候，便容易有無所適從的感覺。當然，商人也有很多機會售賣不良貨物，欺騙沒有經驗的消費者。

4. 適應的困擾儘管人們在「都市—工業」環境中，他們對都市的需求與機會的看法，好壞都有，卻常向鄉村的親戚及鄰居，描述一種完美的都市生活。如果鄉村環境不良，他們便不容易適應傳統的生活方式。這樣很容易增加都市及鄉村地區、年青和年老一代之間的社會衝突。

由於社會互動和「家庭—社區」背景分離的結果，家庭喪失很多早期功能，成爲更專門化的機構。家庭不再是生產單位，家庭成員離家工作。家庭活動漸漸集中在情緒的滿足及社會化方面。家庭結構改變所產生的社會影響是很大的；最重要的是因家庭流動所造成的「個別化」及「小家庭

孤立」的現象。家庭成員到勞動市場工作，旁系親屬的關係減少；居戶中共住的人沒有幾代；年青人結婚之後就組織新家庭，離開長輩。這樣產生的一項社會問題是老年人的社會孤獨現象。為了解決這種問題，新制度如養老金、社會安全等，成為不可或缺的制度。同時，親子之間的關係也發生變化。父親離開家庭就業，自然喪失對於兒女的經濟訓練功能。因此，專門化的工廠興起之後，家庭學徒制度消失。常常有人以為，經濟權威減少，使一般父權也隨著減少。在兒童發展的大部份期間，母親是兒童所能看到的唯一成人，所以她和兒女建立更深密的情感關係。因為母親單獨負起形成兒女早期情緒生活的責任，所以他的社會化角色更形重要。不過，無論母子早期的關係怎樣好，它的時間總是短暫的，現代的「都市—工業」社會所需要的工藝技能，並不是家庭所能培養的。因此，家庭將很多訓練的功能轉移給正式的教育制度。小家庭在兒童發展早期，就喪失了約束力；到了青春期，兒童不僅在教育方面，同時也在勞動市場方面和外界接觸。兒女在十幾歲左右可能就離開家庭，完全獨立。由於這種親子關係的改變所造成的一種結果，是「青春期的失調」現象。年青人早已不受父母的約束，卻還沒有擔負起職業、婚姻、及公民的職責。因此，他在幾年之間，社會角色不定。從心理學觀點說，這是年青人的無所適從時期；它促成了很多紛擾的徵候，如抗議、追求愛情和安全、趨向時髦、疏離等等。很多批評家已經指出：「都市—工業」社會造成了青年的反抗及少年犯罪。

　　血緣關係改變的另一個結果是新家庭的形成。在許多傳統社會中，婚姻由長輩安排；結婚者本身的興趣及感情並不重要。結婚的基礎並不是愛情，而是實用的安排，例如一大批嫁奩或一塊陪嫁土地。大家庭消失及親權改變之後，年青人能自由選擇配偶。這種自由也同時產生了一「真空」狀態，換句話說，甚麼標準代替原來的條件呢？在現代「都市—工業」社會的不確定情況下，我們只能說愛情成為選擇的標準。現代化之中的家庭

單位，建築在愛情及情緒基礎上面。除了家庭成員的某些片面外界關係之外，家庭漸漸和其他社會環境隔離。家庭這樣孤立和專門化之後，對於其他社會環境的影響較小；引用親人加入社會角色的傳統辦法也隨著崩潰。最後，家庭成員之間的多種複雜關係減爲情緒關係而已。

在傳統的社會形態中，社區及社團生活和社會生存的天賦基礎密切相關：血緣及族緣，部落和階級地位。正式組織如工會、社會俱樂部、志願性組合，很少形成。大部份的社會生活及問題，都在具有多種功能的自然團體中表現及解決。一直到都市及工業社會逐漸形成之後，這種社區及社團生活的傳統基礎，仍然存在。例如，鄉村中有了工業化，或者建立許多家族工業的時候，許多社區及血緣的關係能在工業情況之下，繼續維持。同時，遷到城市的人常常有所謂「姻兄弟」的併發症；他們投靠親戚族友，在找職業期間（甚至在謀職以後）和戚友共同居住，社會生活也僅限於和戚友交往。

在「都市化—工業化」環境中，傳統關係的存在，並不足以爲社區及社團生活的基礎。一段時間之後，這些傳統關係必須由特別組織，如俱樂部、協會、互助團體、教會社團等，予以補充。這些組織雖然各有特殊目的，卻常常是具有多種功能的組織。慢慢地，這些組織的變易性消失，具有經濟及政治目的的功能性組織，取而代之。

就經濟及社會變遷對於社會秩序的影響可區分爲：

1. 在現代化的過程中，結構的變遷是不均勻的。就經濟制度本身說，迅速的工業化常常不能和現存的社會及經濟結構配合。社會制度的發展也有領先、落後、和阻礙等現象。

2. 新式的社會及經濟活動容易和傳統的生活方式衝突。例如，工廠大量生產，市場充斥便宜的貨物，許多家庭手工人員因此喪失生計。就理論說，他們應轉爲受薪工人；而事實上，這種改變所需要的時

間很久。因此,現代化的矛盾情況是:當經濟及社會進步的時候,許多社會成員無所適從,同時也可能敵視進步。這種現代及傳統方式的繼續衝突是社會不安的一種因素。

3. 新興國家的政府處理社會不安的情況,常常引起更進一步的不安。政府爲謀統一國家與進步;對地方、階級、地域、及其他傳統的權威形態,卻又是一種威脅。這種威脅造成了新興國家分裂割據的局面。因此,現代化的第三種矛盾情況是:即使是有效的運用權威也會在各種競爭的權威制度中,造成不安及衝突的現象。

　　發展中的國家如果僅用迅速的經濟發展爲標準,有其危機。這種容易引起社會不安及政治不穩定,阻滯發展。如果只重視速率,太容易摧毀傳統的統一形式,造成過大的社會不安。如果只重視某一制度的發展速率(如經濟),也容易造成不平衡的發展形態,引起社會不安。所以,良好發展的主要問題是:放棄單一的標準,根據不同的經濟及社會標準,平衡及衡量發展的過程。

　　現代化社會的建構來自於社會發展的原動力其內容則係一般民衆及該社群普遍具備下述特質:第一、強烈的向上意願。第二、優良建全的國民素質。第三、全體國民具有高度的成就動機。第四、適當選擇社會發展策略。第五、具體擬定社會發展計畫。

後工業社會的來臨

　　「後工業社會」一詞,自一九七三年爲社會學家丹尼‧貝爾提出後,即引起社會科學研究者的廣泛討論。因爲此種社會變遷的現象,影響的範圍廣及於經濟、政治、文化、宗教等諸多領域;並與我們日常生活關係密

切。以下就簡要介紹對該階段社會發展研究有成的學者，其基本的觀點：

丹尼·貝爾

一九七三年《後工業社會的來臨》(The Coming of Post–Industrial Society)一書的出版，貝爾（D. Bell）對後工業社會觀念有詳盡的論述，同時，也揭開了人們對於後工業社會社會變遷的關注。貝爾以爲後工業社會的概念根本上是處理社會結構變遷的問題，也就是經濟如何的轉變、職業系統如何的調整；以及處理「經驗主義」（empiricalism）和理論（尤其是科學和技術方面）之間的新關係。而後工業社會這個概念，至少涵蓋了下列五個重要「面向」（dimensions）：

1. 經濟部分：從財貨生產的經濟轉變到服務業經濟。
2. 職業分配：專業與技術層級的優越性。
3. 軸心原則：理論性知識的開拓，是社會創新與政策構成的泉源。
4. 未來取向：對技術與技術評估的控制。
5. 決策構定：一個新智識技術（intellectual technology）的產生。

更進一步的，貝爾又找出論斷後工業社會出現的四個趨勢：第一、經濟發展的中心在勞務的提供而非財貨的生產。第二、基於知識和以有專家技術等科學人員爲主的新階級出現。第三、私人股份有限公司臣屬於社會責任的標準下。第四、理論性知識的重要性漸增。

貝爾所建構的後工業社會的特質是有別於工業社會時期，就如同工業社會不同於前工業社會一樣，而後工業社會之不同於工業社會，主要在經濟與社會結構這個層面。就經濟活動上的變遷言，後工業社會不再是個「財貨生產」（goods–producing）爲主的經濟，而是種服務業經濟；就職業結構變遷而言，過去的勞動力最大的一個品類是爲藍領階級，而在後

工業社會中已為白領階級所取代，而在白領階級的品類裡，專業人員與科技人員愈來愈具重要性；此外，就技術形式上的變遷而言，先前的「機器技術」（machine technology）已為新興的智識技術所取代。而所謂的智識技術，意指管理與解決問題的系統廣泛使用電腦，例如「資訊理論」和「博奕理論」……等，就此我們亦可以在社會領域從事理性計劃、預測和技術的成長。而主導著這一切變動的，乃是貝爾所稱的新社會「軸心原則」（axial principle），亦即理論性知識是為改革與政策形成的根源，其所指涉的是理論重於經驗的長遠趨勢。這可以從本世紀裡科學工業的日趨重要，或是電腦作業應用於許多決策領域上看出來。事實上，理論性知識已成為後工業社會的策略性資源，而它的管理者，如科學家、數學家、經濟學家和電腦工程師，則變成為關鍵性的社會集團，取代了工業社會的工業家與實業家。而大學、研究組織、實驗所等機構成了新社會的軸心結構，取代了工業社會的企業公司。（簡言之，貝爾的後工業社會有下列三個主要特徵：(1)大部份的勞力不在工業部門而在服務部門；(2)在人力上，專業和技術階級漸成為最大的新興階段；(3)最基本的，社會未來的創新來源將愈依賴理論性知識。亦即，貝爾的主張是這樣的：工業社會演進階段已進入新的局面，即所謂的「後工業社會」。它之所以和工業社會不同，就像前工業社會和工業社會的不同一樣。而這兩個社會的不同主要在於社會結構上的變遷，亦即服務業經濟的為主，專業技術層級的日形重要。其中理論性知識是為新社會的軸心原則，就此科學家、數學家、經濟學家、工程師成了關鍵性社會團體。當然的，大學、研究組織成了後工業社會的軸心結構。

貝爾為了分析上的方便，將社會分成社會結構、政制（polity）和文化三個部分，每個部分都受不同的軸心原則所支配。例如近代西方社會在社會結構的軸心原則為經濟化（economizing），而政制則為參與，文化則為自我滿足與自我實現，他認為過去這三者都由一個價值系統連結起

來。但是在我們這個時代，這三者日益脫節，造成了社會的緊張。後工業社會的概念根本上是處理社會結構變遷的問題，以及經驗主義（empiricism）和理論間的新關係，貝爾不認為這些社會結構的變遷同時決定了政治或文化層面上的變遷。就此看來，貝爾不以為政治和社會之間有必然的決定關係。

§表13-3　貝爾所建構的社會變遷概念

類型	前工業社會	工業社會	後工業社會
地區	亞非拉丁美洲	西歐、日本	美國
經濟部門	初級的採集農漁礦業	次級的財貨生產製造業	第三級的運輸和公用事業 第四級的貿易、財政保險 第五級的健康醫療教育、研究、政府娛樂
職業性質	農人、漁夫非技術工人	半技術工人、工程師	專業和技術性科學家
技術	原生物質	能源	資訊
計劃目的	和自然的競爭	和虛擬自然競爭	人與人間的競爭
時間觀念	過去取向的反應	特殊的適應投射	未來取向的預測
方法論	常識	經驗主義	抽象理論：模型、模擬、系統分析
軸心原則	傳統主義土地和資源的限制	經濟成長，國家和私人對投資決策的控制	理性主義 理論性知識

資源來源：Bell，《後工業社會的來臨》，1973, p.117

達倫道夫

達倫道夫（Ralf Dahrendorf）在其著書《工業社會的階級與階級衝突》（*Class and Class Conflict in Industrial Society*）即宣稱：大多

數的現代工業社會，已不再是個資本主義社會，而應稱之為「後資本主義社會」（post－capitalist society）。使得資本主義社會邁入「後資本主義社會」的關鍵性發展，依達氏的見解可有下列四端：

1. 階級結構的重組。
2. 社會流動的普遍化。
3. 社會平等的擴張。
4. 階級衝突的制度化。

其中最重要的是第一項，達氏就馬克思資本論第三卷股份有限公司（joint－stock company）談起，他認為就馬克思的看法，財產權和生產工具的控制是可以分開的，達倫道夫揆諸於事實，的確發現晚近資本主義社會有這種現象。再加上一些其他的變遷，於是有「後資本主義社會」，該社會指的是已超越資本主義社會中無產階級和資本家衝突型態的一個新階級社會。

哈伯瑪斯

哈伯瑪斯（Jürgen Habermas）是為「法蘭克福學派」（Frankfurt School）最具代表性的人物，，而且集這個學派之大成。他對現代社會發展與變遷的看法，認為「社會建構」可分成幾個階段：其中的「原始社會」與馬克思的部落社會相比；「傳統社會」包括古代帝國社會和封建社會；「自由的資本主義社會」指的是馬克思所指的十九世紀資本制度；而我們這個世代的西方社會就是「計劃的資本主義社會」最好的例子；哈氏就政治精英對生產工具之處理方式，將國家社會主義之社會（State－socialist society）歸類為「後資本主義社會」。而「後資本主義社會」有兩個主要之特徵：

1.為了保護經濟體系的安全與穩定，政府開始干預市場的運作。

2.科學研究與工業技術密切配合，使科學成為最重要的生產力。

但這不表示在「後資本主義社會」沒有階級的問題，而是指勞工不再是無力的階級，他們可透過政府的干預與工會的力量與資方抗衡以爭取福利。因此他認為現代社會最重要的問題並不是階級的問題，而是「工具理性」（instrumental rationality）膨漲所造成的意識僵化。也因為「工具理性」的講求，才形成了所謂的「技術專家政治」（technocracy）。於是民主制度變成了有效率的科學組織，人民只要效忠，不必參與，任憑專家安排的可憐蟲。

然而在分析社會變遷與發展的問題上，哈伯瑪斯相信迷思、宗教到哲學與意識型態的趨勢都有其根本的重要性，這意味著「規範性正當的要求」。亦即哈氏所謂「合法性」（legitimation）在社會穩定與變遷上愈來愈有重要之勢。這個批判大致說來是建構在馬克思的理論下：

1.道德上需要的總是在經驗中孕育。

2.新社會的種子總是在舊的社會中形成。

但是其間仍有很大的不同，哈伯瑪斯以為未來的危機傾向是出自於社會文化的範圍而非在經濟的範圍，他所要探究的是合法化的危機而非經濟的危機。哈氏就上述不同階段社會的演進中，所出現的不同危機來加以討論：由傳統社會到「自由資本主義社會」，階級衝突由政治的範圍移轉到經濟的範圍，階級關係係藉勞力市場的制度化而不以政治手段來處理；但到了「計劃的資本主義社會」時，由於國家的干涉經濟活動，以及工會「準政治議價」（quasi – political compromise）功能替代市場的某種機能，使得馬克思理論無法再適用於這個生產關係，這不是說經濟危機不會發生，而指的是經濟失去了決定性的力量。在檢視當代社會的危機傾向

時，得考慮行政干預的限度與本質上的問題，也就是先進資本主義社會中「合理性之危機」的不可避免問題：是由於政府的干預經濟活動，但又無法有效的處理系統所發生的問題，亦即「效率的危機」。以及隨後而至的合法性危機，前者屬於政治系統「產出」的範圍，而後者屬「輸入」的領域。雖不是直接對系統有所威脅，但直接威脅到社會的整合。總之，哈伯瑪斯認為「公共事務」的處理，若再以政治手段為方法，則將是個衝突的新領域，也是當代資本主義社會（後資本主義社會）最充滿著危機的地方。

馬庫色

馬庫色曾以不同的名稱來描述轉變以後的社會，諸如先進工業社會、科技社會、計劃的資本主義社會、「組合的資本主義制度」（corporate capitalism）、單面向的社會……等等，當然在他的著作當中最常見的還是「先進工業社會」一詞，而所謂的先進工業社會，據馬庫色的說法有四個重要特徵：

1. 有豐富的工業與技術能力，並大量的消費、生產與分配奢侈品，用經濟學家的話來說就是「非生產性財貨」的大量消費。
2. 有不斷提高的生活水準，並且延伸至以前權利被剝奪的那一部分人民。
3. 有高度集中的經濟與政治權力，加上高度的組織，使政府涉入經濟活動之中。
4. 為了商業與政治的目的，不論在工作或閒暇時，對私人團體行為，都有科學與偽科學的調查、控制以及操縱。

就其論述，我們可以認定馬庫色是將現代科技視為促成先進工業社會

的原動力，甚至於華里斯（Ruth A. Wallace）和渥夫（Alison Wolf）指其為「技術決定論者」。這意味著高度的科技帶來高度的生活水準，在「消費經濟」之下，淨化享受成了特殊的生活方式，且及於社會所有的階級，人們在消遣活動的麻痺下和一些表面民主自由的甜蜜語下忘了痛苦，產生了不容反對的單一社會系統、單一語言、單一的求知方式和單一的人類氣質？也就是說先前歷史上仍存有革命可能的「多面向社會」，已為適於標準化功能設計的「單面向社會」所取代。用馬庫色的話來說，「出現了一種單面向的思想與行為，任何觀念、期望與目標在內容上超越了既存的討論與行動範圍，且被化約為既定範圍的詞語。」可知單面向社會所強調的是，在行為上是單面向的生活方式；在社會的研究上，「行為主義」和「運作論」（operationalism）為主體價值，使思想限於既定的現實之中，根本無法探討其它選擇的可能性，就此「行為主義」和「運作論」都是替現有體制服務，常有濃厚的意識型態味道，以及「治療特質和政治的特質」。在哲學方面有邏輯實證論的排擠證法和烏托邦的思想……這種種都意味著技術失去了其「中立性」（neutrality），技術理性變成了政治理性。這是種單面向的思想、單面向的人、單面向的社會。

就此而論，馬庫色所謂的「單面向社會」是建築在其先進工業社會所列的四個特徵上，再就先進工業社會導致人類精神與思想之單面性加以批判。他的單面向社會觀點是想指出人們的耽於富裕，受制於「虛假性需求」，人們沒有了否定與批判的能力，失去了自由。

卡恩

卡恩認為工業革命之後，有些先進工業國家已有「超級工業經濟」的興起，緊接著有所謂的「後工業經濟」（post－industrial economies），且預想所有的國家將會發展出「超級工業社會」和「後工業社會」的特質。

卡恩所指人類社會的歷史是指向後工業社會而進展的，這意味著後工業文明是人類最終的文明型態，歷史的發展是前進再前進、進步再進步的。世界人口和總生產額初期是為低成長，經過現在的指數成長，到最後的「平穩」階段，幾近於零的成長階段，呈現出來的是種近乎平直的「Ｓ曲線」。卡恩卻不認為經濟成長會無限的持續下去。相反的，現在的指數成長已有減緩的傾向，甚至接近於零，然而他和成長極限論者，最大的不同在於他注意發生變遷的原因，而不考慮其可能性。

　　卡恩所謂的「後工業社會」指的是什麼樣的社會？就前所述，指的是西元二千年革命之後的新社會，可能是個「超製造業經濟」、「第四紀元的經濟」、「超越經濟的社會」、「休閒社會」和「重學習的社會」……等等。但據卡恩的說法，「後工業社會」的特質是：

1. 工業收入比起以前工業時期高出50倍。
2. 大部的經濟活動將自第一紀元的農業領域，和第二紀元的工業領域，移轉到第四紀元的服務業、研究機構和非營利組織的領域裡。
3. 私人企業不再是科學與技術發展的泉源。
4. 自由市場的地位亞於社會服務。
5. 大部分的工業將由模控學家（cybernatics）來主持。
6. 主要的進步動力將來自於教育和技術的革新。
7. 在交通上，時間與空間將不再是個問題。
8. 高薪人員與低薪人員間的差異將不如今日之大。

　　而卡恩就這個後工業社會的展望，他認為這個富裕的社會將使拉斯維爾（Harold Lasswell）對政治的定義「即稀少價值間的競爭」失去了意義。在這個富裕的世界且通訊和運輸發達的世界，那還會有競爭與人間的敵視，卡恩深信後工業社會能消除人們的競爭、敵視與差異性。應是一個美好的新社會。

第14章　文化

文化的界說

　　凡是人，都有文化的渴求，文化不是奢侈品，不是僅供休閒娛樂，更非高不可攀的貴族品。一九八〇年教宗保祿二世在聯合國國際教科文組織巴黎年會上發表演說：「我們總是依循適合自己的文化模式生活，……人之所以為人，全在於文化，文化越發達，就越有資格被稱為『人』。」可見文化是生活的一部份，也是人類所特有的特質，更是由「物性」提升到「靈性」層次的必要條件。十七世紀法國學者山姆布芬多爾夫認為：一個文化的世界就是一個具有倫理背景的世界，即是有秩序，道德與美的規範的世界。而人類是生而自由的，充份發揮「自我」是人的義務。因此，布氏追求文化準則的前提及人類必須在倫理道德上享有自由，而這種自由又是人性尊嚴的基礎。所有的文化必須能讓個人的天賦盡情發揮，才能獲得團體內份子的共識。

　　人類並非如動物是直接依賴物質環境以維持其生存。藉助文化的規範與力量，使人得以規約出「人與人」，「人與物」，「人與自然」，「人與社群」的互動關係，同時促進人類與其物質環境的適當運作模式。最後人類在生物社區的基礎上建立一個文化結構。

　　在動植物社區，其結構由生物來決定，即是有「社會昆蟲」（social insects）之稱的蜜蜂和螞蟻，其「社會組織」雖有完備之分工，但全憑其天賦的生理與本能維繫生存，至於在人類社會則用文化加強此一生物結構。

　　人類為生存而彼此競爭，處處受到文化的限制，動植物則無此限制，放任自由。有立基於競爭的共生社會（symbiotic society），有立基於協同（consensus）的文化社會。人類社會有兩層，共生層與文化層，而動

植物社會僅有共生一層。換言之，人類社會在生物性的共生結構之上，又建立文化性的社會結構。而文化層又細分爲經濟層、政治層和道德層。結果人類社會組織成爲金字塔形，以生物層爲基底，道德層爲頂；個人由底而頂，每上升一層，感受之控制愈加強，反之自由範圍愈縮小。因此任何人類社會組織都是控制組織，其功用是限制組成分子間之競爭，而產生更有效之合作，以利於全體之生存。

　　「文化」這名詞，在英文中是 culture，係源於拉丁語 cultura，是敬神和耕作的意思，衍生出培養、練習、留心或注意的涵義。羅馬的名言「智慧文化即哲學」一語，意指：文化的內容是用以改造、完善人的內心世界，使人具有理想素質及培養、教育、發展、尊重的意義，表示人們的生活和活動達到一定的發展水準。另外，人們對文化概念，也同時是指人對自然有目的的影響和改造；從人自身塑造而言，是指人對自身精神、肉體和心靈的培育，人類爲了提昇自己的本性而增進的知識。因此，歸結而言：「文化是社會所創造的，也是人和社會生活一切的總和。」十八世紀中期之後，文化和文明概念被學術界採用。文明被解釋成一切民族都具有的歷史進步現象，表明人類具備了社會生活的準則和公民道德。

　　在中國古語中，「文化」本來是指「文治教化」，與武力征服相對應。「文化」一詞可追溯自易經上所記述「觀乎人文，以化成天下」的所謂「人文化成」，它包括詩、書、禮、樂等文化典籍和禮儀風俗在內的社會生活各方面因素融凝匯合而成的文化。就中、外對文化的概說，除了適足以說明其主要意涵外，並且可證諸此概念的久遠。至於對文化的界定，我們可以中、外學者的觀點加以闡明：依據英國學者泰勒（Taylor）的定義，文化乃是「一種複雜的整體，包括知識、信仰、藝術、道德、法律、風俗及作爲社會一份子所獲得的任何其他能力。」龍冠海認爲：「文化是人類生活方式的總體，包括人所創造的一切物質的和非物質的東西。從個別社會的立場來講，一個社會的文化是該社會所建立的，由一代傳到下一

代的，生活方法之總體。」

　　人們將文化定義爲社會發展的產物，是爲人們所創造出來的物質成果和精神成果的總和。這樣，文化便與自然物分離開來，成爲人類社會特有的東西。就上述定義，則可看出⑴從社會意識的觀點，文化是對社會存在的反應，是處在一定社會相互關係中的人們製作、創造和直接生產的；⑵每一個時代的精神生活，構成該時代的精神文化的內容；⑶文化是人類活動成果，同時是人類精神、財富生產、分配和消費過程；⑷文化的核心是知識爲人類認識世界改造世界的主要依據；⑸人類的生活方式，是文化水準的具體體現。

　　總之，現代社會的文化系統是一種知識系統，作爲一定的文化規範，即履行反映社會關係的職能，又行使調節職能。有一種觀點，認爲文化是透過符號和形象，如語言和藝術，所獲得並轉相傳播的行爲模式。

文化的功能

　　文化的主要功能是調節與自然、個人與社會的關係。文化被看作是人的社會活動，是人類特有的生活方式。就是說，文化是爲個體參與社會，與他人互動的依據。而社會本身是文化的直接表現和具體作爲。文化存在的方式和發揮作用的領域是文明。社會歷史過程要在物質因素和精神因素、人同自然、人同社會的相互聯結、相互作用的統一之中才能達成，因而文化成爲社會職能體系。文化是社會歷史進步實質的表現，顯示社會和個人之間的密切程度。文化的運作，影響著人的個性的全面發展。換言之，文化是人類團體中普遍存在的人爲現象，是人類爲了求生存，以生物的和地理的因素爲根據，在團體生活和心理互動的過程中創造出來的人爲環境和生活道理及方式。文化被創造之後，由於人類心理傳授的作用，它

有繼續存在，繼續增加，因而在時間、空間及內容上有其差異的傾向。

就上述的界說，我們可以看到文化具有下列特徵。

§表14－1

文化的特徵	
特徵	內　　　容
普遍性	文化普遍存在於每個人類社會。亦即有人類社群的地方就有文化的存在。
繼續性	文化是持續性維繫人類生存不可或缺的部份。
累積性	文化是生活方式的總體，於代代相傳中，累積的成果。
複雜性	文化內容廣泛，又由許多因素所構成，因此具有複雜性。
變異性	文化會隨著時間與空間的差異而有所變化。
強制性	任何一個社會的文化對其成員皆有制約的作用，否則該行為便會受到團體的非議。

文化在這裡不是指人類行為及其成果，而是指人類所「學習」的事，即派生出行為的思想體系。文化影響人們的價值標準、範例和準則而使行為方式標準化的能力，成為人的第二天性。文化是一種特殊的客觀現實，在社會中，文化價值可以通過教育被有目的地吸收。文化是無機的物質世界和生命世界之上形成的「超機物」。有人認為文化的價值是歷史的，應採用開放性的文化學說價值觀，重視歷時性、整體性和意志性效用尺度，而逐步廢置以強調現實性、單體性、物態性效用尺度的封閉性價值觀。

文化能普存於人類社會，是因為其提供了如下的功能：（龍冠海，民國71年，p. 150）

1. 文化是社會區別的標誌：作為辨別各民族的一個根據，比地域與政治的疆界及所謂民族特徵更為合乎現實。
2. 文化使一個社會的價值更加有系統化。經由文化、人們發現社會與個人生活的意義和目的。個人了解文化愈徹底，他愈明白它是生活

計畫的一個總體。在文化中及經由文化意義與價值乃成為整合的東西。

3. 文化對社會團結供給一個最重要的基礎。

4. 文化對社會結構供給材料與藍圖。它使社會行為系統化,使個人參與社會不必時常重新學習和發明作事的方法。文化將個人與團體所有各部分的行為變成有關係的和協調的。

5. 任何社會的文化在建立和模塑社會人格方面,都是主要因素。一社會中各個人雖有各種獨特的差異,但在其人格上也有個人不能逃避的一種文化標記。個人雖有選擇和適應的能力,但他的社會人格大半乃文化的產物。

文化除了如上述所言的正向功能外,亦有其負向功能,如同衝突論者所言:在階級社會中,存在著統治階級和被統治階級兩種文化,對抗是文化互動的型態。由於存在對立的文化,因而會形成互相對立的價值體系,形成社會的爭鬥現象。

文化的組成要素

人類文化分成物質文化和精神文化,兩種文化都是整個文化體系的組成部份,物質文化和精神文化實質上是人類存在和活動的方式。文化綜合人類的過去、現代和未來,給人類的歷史活動造成一個人為的「第二自然界」。人們的歷史活動離不開這個自然。文化的這種歷史繼承性,使它不僅具有將精神活動成果層疊地保存、積累和世代相傳的特性;而且具有開創人類社會活動中所特有的能動性、社會性、創造性特徵。

由於文化所包括的為:知識、信仰、藝術、道德、法律、習慣…等

等，其內容非常廣泛，因此對於文化要素的分析，有著不同的觀點。

就結構的觀點，對文化組成的要素加以區分

文化特質

文化特質（culture trait）是文化的最小單位，好比物質的原子，或生物的細胞。它可以是物質的或非物質的；具體的或抽象的。前者如筷子、瓦屋；後者如握手、或其他任何一種最簡單的風俗或禮節。每一文化特質都有它的特殊意義、歷史背景、以及在整個文化中的功能。

一個特殊的地區之內所有的文化特質之總和稱為「文化基礎」（culture base）。這種基礎的建立有五個來源：

1. 社會遺業（social heritage）亦稱文化遺業（culture heritage），這是指繼承前人歷代累積傳遞下來的一切東西。
2. 發明（invention），即新文化特質的創造。
3. 採借（borrowing），即借用別團體的文化；從其來源方面說，這叫做文化傳播。
4. 變更（modification），一個團體的份子對其前人所遺下的、自己所發明的、以及採借別人的文化有改變的作用，一時一地的文化基礎與別的每有差異，這是一個主要原因。

文化結叢

文化結叢（culture complex）是許多特質的一種聚合。它通常是以某一特質為中心，在其功能上與別的特質發生連帶的關係或構成一連串的活動。一種文化結叢的稱謂總是冠以中心特質的名稱，例如說馬結叢（a horse complex），這是指以馬爲中心而牽連到與其功用有關的各種活動，包括騎乘、拖運、打戰、耕地、飼養、馬車及馬具的製造等等而言。又如米結叢係指以米爲中心的一套活動。如耕田、播種、收獲、舂碾、煮飯、碗筷、以及其他有關的東西。

文化結叢有比較簡單的，像長袍馬褂；也有非常複雜的，像我國的祖宗崇拜是屬於相當複雜的一類。複雜的文化結叢有的實際上就是社會制度，是一個社會裡一般人所遵循的行爲法則。

文化結叢的研究之所以重要和有意義就是因爲它與人的行爲是相關的。各種文化結叢可視爲各種社會行爲的模式。前者的研究可以幫助我們了解後者的意義；後者的分析也可以幫助我們明瞭前者的內容。故文化結叢與社會行爲模式可說是一樣東西分從兩方面來觀察，從人的立場來看，它是行爲模式；從文化的立場來看，它是文化結叢。換言之，文化結叢是人類活動的一種體系，同時也是社會行爲的客觀表現。

文化模式

文化各部門的互相關係所構成的全形，普通稱爲文化模式（culture pattern）。不同的文化有不同文化模式，正如不同的個人有不同的人格全形或模式一樣。若以中國的文化模式來和美國的比較，兩者很顯明的有很大的差異。例如，美國文化的主要特徵是資本主義、工商業及都市的占優勢、個人主義、小家庭制、民主政治、及科學技術的注重。這些的互相關係便構成美國文化的特殊模式。一個民族的文化模式與它的社會生活形態及其份子的人格模式有密切聯繫，故文化模式的探究對於這種現象的了解是不可以缺少的。

這個概念最初是由衛士拉（C. Wissler）提出來的。依照他的看法，現有各種民族的文化在其結構上不但有他們共同的基本單位和特質結叢，並且有一共同的組織系統或綱領。文化模式包括九個主要部門：

1.語言—言語文字等。

2.物質特質—飲食的習慣、住所、運輸與旅行、衣著等。

3.美術—彫刻、繪畫、音樂等。

4.神話與科學知識。

5.宗教習俗—禮儀的形式。

6.家庭與社會體制—婚姻的方式、繼承、社會控制。

7.財產—不動產與私人的、價值與交易的標準、貿易。

8.政府—政體、司法與法律程序。

9.戰爭。

這九個部門如果應用於所有的民族，必須視為是有彈性的，而不是絕對性的。例如有些無文字的民族就缺少正式的政府和有組織的戰爭，而只有這些制度的端倪而已。又如以神話與知識列為一項，這應用於原始文化也許可以，但如用於現代文化則頗有問題，因為他們已經完全分開了。整個看來，普遍文化模式所代表的是一個文化的全部組織，分開來觀之，它所包括的乃是一個文化的各種內容。

就性質的觀點，對文化組成的要素加以區分

文化依照其所表現的性質分類即可分為物質的和精神的。這個分類法乃是烏格朋（W. F. Ogburn）所提出的。所謂物質的是指文化中具體的事物，如房屋、汽車之類。所謂精神的文化，包括語言、思想、宗教信仰、娛樂方法、神話、民俗、民德等等。這兩者是互相關係和互相影響的。烏格朋強調：當物質文化與非物質文化彼此之間失調乃是許多社會問題的來源。這兩種文化不但是個人生活的憑藉，也是團體生活的主要基礎。任何個人，若無食衣住行的供應，就無法生存；但是飽食暖衣而無

教，亦等於禽獸。任何團體，若無財富或其他生活上必須的物質條件，必難存在；而同時若無共同的信仰，亦必四分五裂，各自爲政，而不成爲團體。

就分布的觀點，對文化組成的要素加以區分：

文化區

　　文化區是指一個較大的社區內的一部分，其居民的生活狀態有些地方與其他部分的相同，但有些地方則與其他部分的有顯著的差異。最顯明的例子是都市中由於自然團結所造成的各種市區，例如貧民區、富人區、工業區、商業區、娛樂區等，這些都可稱爲文化區。在人文區位學上，這常稱爲「自然區域」（natural area）。當都市愈發展，市民的職業與生活水準或風俗習慣愈懸殊，文化區的表現也愈顯明。

文化區域

　　文化區域是指一個文化基礎或文化模式所占有的整個地區。這樣的地區不但有同質的文化，而且與別的地區是分開的。最足以表明文化區域這個概念的是原始部落的團體生活形態。他們由於地理環境和歷史背景的影響，每每各據一方，與別的部落少有往還，自己有自己的特殊傳統和生活方式，與任何其他部落的對照都有許多很顯明的區別。這樣一個部落所盤據的地區就叫做一個文化區域。當然這樣的一個區域並不一定是限於一個部落的。一個比較大的文化區域，社會學上有時亦稱「文化領域」（culture region）以描寫現代國家的文化在地理上的分布情形。

　　文化區域的研究對人類關係與團體生活的認識又有很多的貢獻。它不但可以幫助我們明瞭各個社會的生活內容，同時也可以使我們發現文化的

類型和文化區域間的關係。譬如，若是我們找出兩個地區的文化內容是類似的，我們就可以推想它們的居民之來源和發展過程大概是有多少聯繫的。任何一個團體的現有文化都免不了要受三種因素的影響，一是地理環境；二是生物環境，即人口；三是歷史背景。要想了解現在世界各地區域的文化之所以有差異，關於它的這種因素的知識就不可不有。總之，文化區域的研究固然可以幫助我們了解各社會的生活狀態，但各社會的歷史、地理、及人口的探索也可以幫助我們明瞭它的文化特質。

文化中心

任何一個區域總包含有一個中心，文化中心是文化模式發軔的地方，這不但是它起源的地點，並且是它向外傳播的起點。從中國文化發展史來講，黃河流域是我們中國文化發源的地方，在過去這便是我國文化中心。紐約是美國的一個主要文化中心。巴黎是法法國的文化中心。文化中心對於團體生活有一種控制力量。不但在這種中心生活的人行為上要受其約束，在此中心以外的人，無論遠近，受其文化傳播的影響，對文化中心的人多少也要向其看齊，模仿其行為。

文化邊際

一種文化特質或文化模式從中心傳播到外圍或邊區而與外來的混合起來，這樣的地方就稱為文化邊際。在中心的文化特質或模式多半總是最純粹的在邊際的人兼受多種不同文化模式的影響，其行為模式亦皆有異於所接受的文化之中心者。我國新疆及東北可視為文化邊際的例子。

文化類型

依衛士拉（Wissler）的解釋，所謂文化類型是指文化的規範或標準形式易與別的文化辨別者。這種類型的發現方法是拿各種文化作比較和研究而找出代表它們的主要特徵，凡是相同的都歸於一類。據衛士拉分析，

西洋文化的主要特徵是機械的發明、民眾教育、普遍選舉權及國家主義。東方文化的共同特徵，即農村經濟、家族主義、婦女地位的低落、及神秘主義等。但這並不是說兩個不同類型的文化其內容也是完全各異的，而只是說它們主要特徵各有不同而已。目前由於歐美文化之占優勢及傳播作用，亞洲受其影響，已有接近西方類型的趨勢。

就文化表現的觀點，可將文化要素區分

民俗

民俗是一個團體中所流行的比較標準化的習慣行為或活動方法。更簡單地說，它是一個地方的習慣與傳統，例如，見人握手為禮，入屋脫帽等等。

風俗

有的民俗經由團體的認同和保留，而由一代傳到一代，大家不知不覺地皆依此而行，這就叫做風俗。依照英國柯爾（C. Cole）的解釋，風俗是「一個國家或社會團體的份子所共有的行為方法，或至少在他們當中流行很廣，經過長久時間多少被視為當然的，而平常實行時也不須有任何考慮。」

風俗可說是民俗的一種，是民俗當中流傳比較久遠而約制性也比較大的；例如我國人過年時大家大家互相拜年，西洋人過聖誕節時彼此互送禮物。

民德

民德是民俗或風俗中被認為與團體福利有關者。換言之，凡是含有社

會福利之觀念的民俗都是民德。例如：英國的慣例凡是與英皇談話的都不能宣布其內容；日本人對他們天皇的敬畏，諸如此類都是各該國的民德。民德所包括的大部分都是禁忌，指明那些行爲不該有。換言之，凡是違反民德的行爲都是不許可的，並且將受到社會輿論的制裁。因此，民德與民俗或風俗之區別，一方面是它含有社會福利的觀念，另一面是它有更大的強制力。

法律

就現代社會而言，因流動性高，講求個體性及隱私性等特質，使得既有的民俗、風俗、民德已難於成爲社區民衆的行爲規範，社會運作則端賴法律的規約。法律是指具備一定形式經由立法機關通過的法條，用以制約人們的行爲。

文化的規範作用

文化能普存於人類的社會，是因爲文化不僅提供滿足個人需要的行爲模式，並且也是個人行爲的嚮導，同時對社會秩序具有維持穩定的效果。這使得文化在人類群體中扮演著規範體系的角色。

文化規範是指每個團體、社區或社會所必備的一套標準與規則，以作爲組織成員之間或成員與外界間互動的一種手段或依據，這種行爲標準與規則即稱之爲文化規範。

文化規範的性質，包括下列幾項：

1. 文化是社會關係及其功能之基本價值的具體表現，它可指引社會成員或團體應如何思考、感覺與行爲，在何種情況下那些行爲該做或不該做，使社會生活的互動行爲更爲標準化，不易越軌，也有一旣

定的模式可循，可使人際間的互動更能順利且穩定。

2.有些規範以要求行動或命令其行動的方式表達，使成員的行為更具
有約束力，如付稅；但有些規範則具有絕對的禁止行為，如裸體。
另有些規範允許有某些選擇的行動，如職業等。

3.規範的適用範圍不盡相同，有些對社會上大多數份子皆適用，有些
則適用於某些特定份子。

4.在團體中的份子不遵守規範，會使社會產生無秩序、混亂的狀態，
影響社會秩序及運作，故文化規範對社會秩序的影響頗巨。

5.規範多少含有某種制裁的成分，成員違犯規範可能會受到制裁，若
積極遵守規範，即可能會受到積極性獎勵和報酬之良好制裁。

至於，文化對個人的規範功能，可以區分如下：

1.影響人與自然的關係：
　(1)它減少自然中的某些因素對人類的危害。
　(2)它減少自然對人類的障礙，因為人有了文化之後，知道發明某些
　　工具來適應或征服它們，至少在某些方面已有了成就。
　(3)它減少人類對自然的依賴，譬如：在食、衣、住、行各方面都可
　　不必完全直接依賴自然，而由人自己製造東西來代替自然的。
　(4)它增加人類對自然的認識，因為有了科學之後，人對許多自然現
　　象產生正確認識。
　(5)它增加人類對自然的利用，由於種種科學的發展，自然資源的利
　　用乃日見廣泛與繁多。

2.影響人類從遺傳得來的某些可能性的發展方向，例如：語言的發
展、飲食的方法、性行為的表現等等，這些都因人所屬文化團體而
有差異。

3.影響個人心理行為的表現方式，例如：非洲馬賽人（Massai）向別

人吐痰乃愛情及祝福的表示，而我們則視此爲侮辱或大不敬。

4. 影響團體生活的方法，由於文化發展階段或生產方式不同，而有游牧、農村、都市等各種不同生活狀態；或由於信仰之不同，而有各種不同的團體生活。

5. 影響人類的社會關係，例如：文字及交通運輸工具等的發明，有助於人類的互相了解，而加強其聯繫和友誼。

文化固然使人有別於禽獸，但同時文化的某些因素也可能使人喪心病狂而變成禽獸。再者，文化固然可以加強社會關係，可是有的文化也可能使人與人變成仇敵，團體與團體的互相殘殺。然而，無論如何，人總是不能沒有文化的，不管好壞，它總是人類社會關係的規範，也是人類社會中普遍存在的基本要素。

另外，文化所形成的規範體系，影響著人們的「信仰觀念」、「價值理想」與「愛好標準」。（謝高橋, 民國71年, p.183－186）

信仰觀念

信仰就是在思想上有關存在的元素及有關宇宙現象的觀念。我們所持有的科學信仰具有試驗性質，它可在實驗中加以修改。另一方面，宗教信仰可能最難消失，因爲它對現實社會所作的說明，是不容易被否認的。

凡是共同具有某種文化的人，都容易對所謂的宇宙事實採取較一致的立場；而對他們中間一些意見相異而行爲相左者，採取敵對的態度。

現代最重要的一種信仰或觀念系統，就是文化的技術領域。技術是有關人類如何有效地操縱實體，以達成其目的的信仰。然而，技術不限於有關如何操縱實體物質層面的觀念。在文化中也含有一種操縱系統，物質材料經此系統而被製成爲人所需要的產品；同時它也包含了操縱非物質層面，如聲望、幸福與心理健康等的技術。按照文化整體而言，技術很容易被高度習慣性的與傳統性的制度所取代。雖然栽培農作物或養育嬰兒有許

多有效的方法，但傳統的方法仍然具有決定性的影響。

價值理想

除了信仰系統之外，文化還包括有一個理念系統，亦即什麼是應然的觀念。按照某種標準判斷實體的好壞、行為的可否。每種文化都會涉及道德秩序，說明那些行為可接受，因為那是正當的；那些行為不可接受，因為那是錯誤的或是罪惡的。

價值（values）與規範是兩種理想或標準，兩者迥然相異。規範是用於許可或不許可人類某些行為的標準，它們可能是規定的，即要求從事某種行為；或禁止的，即要求不違犯禁忌的行為。價值是較抽象的理想，表示人們的一般希望，而不落實到各種行為上。例如，中國文化強調仁與孝的價值，美國文化強調民主與進步的價值。這些普遍理想都蘊含有許多規範，而這些規範決定了在此種價值之下，某一行為的適當與否。

愛好標準

不同文化的人，彼此有其顯著的差別，這從他們日常生活中對事物看法的相異，可觀察得知。我們有時可能會忽略，理想或適當的判斷常與愉快或享受的判斷衝突。人們真正熱愛的事，往往是不道德或不合法的。文化標準介定了所謂「良好生活」的一般性與特殊性的條件。

人類對生存目標的界定，各個文化彼此互不相同。人們所感受到的幸福或災禍，端視其所應用的標準而定。有些人視不朽為生存的主要目標，而不幸者就是罪人。另有些人視財富的累積為生存的目標，而幸福者就是能符合此世俗標準的人。在每個社會中，有人成功也有人失敗，文化即提供標準，以判斷其作為的成敗。

文化差異

　　文化雖普存於人類的社會，但因每個社群的組構不同，因此也出現了不同的文化形式。

種族決定論

　　一個種族常有某些特殊的文化特質，有異於其他種族的，這些現象引起許多人猜想文化與種族有直接的關係。文化水準高的種族是因為它的智力高、天賦好。文化程度低的是因為它的智力差、品質劣。這種信仰古今中外多少都有存在，但被發揮為一種有力量的學說，並為少數人利用當做信條來宣揚卻是發軔於歐洲十九世紀中葉。最初提倡此說的是法國戈皮納（C. A. Cobineau，1816－1882）。他認為(1)只要種族純粹，其全體份子之思路根本上是相同的；(2)血統混雜，觀念或思想亦必不同，於是易於衝突；(3)歷史上只有白種人能創造高尚的文明，白種人最純粹的地方，有最高、最好的文明，文化較文明完全是種族的產物。並特別指出種族當中以北歐的白種人為最好，故他的學說同時也是白種優越論的濫觴。美國白人歧視黑人，希特勒等的亞利安主義都是以種族決定論及白種優越論為依據。

　　這種主張究竟有無事實的根據呢？從本世紀初期起，經過人類學家和心理學家的的考察結果都認為沒有什麼事實的根據。我們可以從三方面來討論這個問題：

　　1.從種族智力的高低方面說，一直到現在所有的智力測量或心理試驗

並未能證明白人的智力比別的種族，是絕對居於優勢的。

2. 從歷史方面來說，各種族的文化地位並非固定的，而是互有消長的。這也是何以一千多年前北歐白種人處於半野蠻的狀態時，中國漢族卻是世上最文明的種族。

3. 從文化本身來說，文化的發展是受多種因素的影響，其中最基本、最重要的，除人的因素之外，尚有地理環境及歷史背景或文化基礎。三者不能缺一，雖有優秀的種族而無適宜的地理環境和優良的文化基礎，文化是很難有發展的。

「種族優越感」亦稱「種族中心主義」，是指對於事情的看法，完全以自己團體為一切的中心，即以自己團體為準則，而將他民族劃入不同等級的一種觀念。一個國家的國民多數擁有民族優越感，更可增進合群的概念和團結，增進成員的忠誠和士氣，減少衝突及促進文化穩定，維持社會秩序，但也可能產生壞的影響，產生偏見，使文化僵化且引起衝突及造成社會孤立的情況。

地理決定論

認為文化和人類生活是由地理環境所決定，各地方人民風俗習慣信仰及制度等之差異乃是由於地理環境之不同，甚至一個民族或國家文化之興衰，世界文明的變遷，都係受地理因素之影響，這就是所謂地理決定論的主張，持這一種主張的人係以地理環境來解釋一切社會文化現象，在社會思想史上他們被稱為地理學派，其主要代表人物有英國的卜克爾（H. T. Buckle）及美國的杭丁頓（Huntington）。

現代社會學家以為，地理因素對社會文化現象的關係多半只是限制的而不是決定的作用。依決定論來講，地理環境好像是主動的，而人卻是被

動的，支配人的行為，決定人的文化。主張地理決定論者相信住在熱帶和亞熱帶的人，性情暴燥，產生木材多的地方，居民善於木工；沙漠地區使其居民容易有宗敎的神秘主義；在沙漠或山區因土地磽瘠使其居民熱望民主政治；而自然資源豐富的地方則易產生富豪或遺族政治。然而事實並非完全如此。地理因素對於人類團體生活許多地方無決定性的作用，有很多事實足以為證。因為地理環境對人類生活的主要作用是供給原料，並予人類活動的範圍和生活方式某些方面以某種規定或限制，並非完全決定的作用。地理環境可比之舞台，人類乃是戲劇的作家、導演者、及演員，文化則是戲劇的內容。舞台的範圍、構造與設備，可以影響演員的活動成績，但不能決定戲劇的內容及演出的方法。

次級文化

除了上述因「種族因素、地理因素所產生的文化差異之外，一個龐雜的社會，由於團體的差異，也會形成該團體成員所共同享領的持別文化模式，我們稱之為「次級文化」（subcultures）。界定次級文化可以年齡、團體、生活區域為標準；在各年齡次文化中，青年人的次文化最受重視。

所謂「青年次文化」是代表一群由十六、七歲至三十歲，或者是由高中階段至大學甚至研究所階段的青年人所表現的心態與行為特徵，由於這一群人大都是生理與心理已臻成熟階段，只是在經濟上或社會地位上尙未取取得完全獨立的狀況，因此其心態與行為特徵多少表現出一種不能滿足，甚而有所抗議的趨勢，這是血氣方剛，懷有無盡理想的青年人特有的性質。

文化決定論

文化決定論者認為文化對於人的一切行為不僅是影響而已，並且還有決定性的作用。懷特（L.A. White）說：「任何民族的一切思想、感覺及行為都是由文化所決定的。」這就是文化決定論的要旨。

反對文化決定論者認為文化是不能離開人而存在的，至於影響人的行為和生活的因素則有多種，文化不過是其中之一而已。故我們不能說人的一切思想行為都是由文化這個因素所決定的。

因為文化是由人在適宜生存的地地環境內過著群居團體生活才產生出來的，換言之，它是人類團體生活的屬物。不過等到它發展之後，它對人的影響也漸漸的大，它幫助人以改變人與自然環境以及人與人的關係，而成為人類生活中最重要和影響最大的一個因素，但我們並不能忽略其地理的、生理的、心理的及團體的各種因素之功用。

結語

文化的基本表現在凝聚社群並形成生活的傳統。但文化並非固定不變的東西，它有其形成、發展、演變過程。文化傳統在塑造人、造成人的社會實質同時，也被人引申和再創造。文化形態可分為知識、價值、思維、習俗等，它有封閉性、變遷性、實踐性、改造性等性質，它使人們產生共同的思想、心理、語言，共同的信仰、價值觀和行為規範，成為群體的一種巨大向心力。

文化不但具有多樣性，而且還具有人類的同一性。一切文化是統一歷史過程的一個環節或部份。各個文化區所形成的文化式樣，將隨著文化聯

繫、傳播、交流和吸收，被納入日益擴大的綜合過程。每一種社會型態都有自己的作為歷史整體的文化類型。

　　總之，文化理論係研究人類文化的形態、價值、結構，功用及發生規律，立足於解決現實中人與文化的關係。所以，文化研究具有多重含意。從社會學方面說，文化是人類思想創造的工具，借助於它人可以適應自然、改造自然；另外文化同時人類存在的方式，規範在自然和社會中的發展型態；同時，文化作運用符號體系，以傳承人類的智慧。究此，可深知文化在人類社會的意義及重要性。

第15章　家庭

家庭的意涵與功能

　　社會結構的型態多元繁複，其中與個人關係最為密切的首推家庭。一個人出生來到人間，大都在家庭中降臨，受家庭的扶養，在家庭中接受行為舉止的訓育，並最先在家庭中學習社會文化的價值及生存的技能。等到一定年齡之後，離開原來家庭，另覓伴侶，結婚生子，成立新家庭。等到年老體衰臨終，也在家人的陪伴下離開人世。死後仍然是透過家庭祭祀，加以追念傳承。因此家庭可謂上承億萬之祖宗，下接連億萬之後代。同時，家庭中的成員，透過面對面的感情交流，所形成的初級團體，是個人終其一生所不可或缺的團體。家庭對一個人的成長發展幸福榮辱，也有相當大的影響力。家庭雖然因受各不同社會文化的影響，而出現不同的型態，據考證：在人類發展的歷史軌跡，要找出一個沒有家庭組織的社會幾乎是不可能的，由此我們可以確切的說，人類所組成的家庭，具有超越時空的普遍性。尤其是中國人特別重視家庭，許多的建構均以家庭為核心，因此經由對家庭的說明，當更能清楚地描繪社會結構的意涵。

　　家庭既然屬於社會體系的次級體系，它的性質也就受到社會的發展的影響。由於每個社會有其獨特性，因此對家庭進行分類所採取的標準，也就有不同的見解。其中較為著稱的為：

　　1.根據結婚以後居住的情形所從事的分類：
　　　(1)父居制——即婚後女方移居到男方的住處。
　　　(2)母居制——即婚後男方移居到女方的住處。
　　　(3)新居制——為婚後另立新居。
　　2.根據繼承制度所從事的分類：

(1)共同繼承制

(2)分割繼承制

(3)單獨繼承制

3.依據擁有權威的情形的分類：

(1)父權制——即家庭內權力由父親掌握。

(2)母權制——即家庭內權力由母親掌握。

(3)均權制——即家庭內權力共同由父母雙方共同行使。

4.依據互動關係的型態區分：

(1)權威主義型

(2)民生主義型

5.依據結合的核心為標準，可分為：

(1)夫妻中心型

(2)親子中心型

6.依據家庭人數多寡，可分為：

(1)大家庭

(2)折衷家庭

(3)小型家庭

7.以家庭的繼嗣系來分，可分為：

(1)父系家庭——即嗣系傳遞依父方系統來傳承。

(2)母系家庭——即嗣系傳遞依母方系統來傳承。

(3)雙系家庭——即嗣系傳遞依父母雙方同時傳承。

8.以婚姻方式區分，家庭可分為：

(1)一夫一妻制的家庭

(2)一夫多妻制的家庭

(3)一妻多夫制的家庭

儘管家庭因其分類的差別而有不同的型態，其所以能長存於人類社會，是因爲家庭提供了其他社會系統所無法達成的功能，這些功能包括：

種族繁衍的功能

　　夫妻孕育子女不僅使家庭得以延續，亦使社群得以展延，一個社會的成員如不能世代的繁衍下去，則一個社會將會遭遇到絕滅的命運。大多數的社會，對於此種種族延續的工作，都要求在家庭內進行，任何不經由合法的家庭所生育的孩子，通常不爲社會所容許。亦即，合法的性關係，只允許在家庭內發生，惟有家庭才是社會所公認的孕育下一代的處所。

子女性格型塑的場所

　　家庭爲出生的子女最初養育、教育的場所。個人最初在此學習生活習慣、知識，價值、態度。同時，父母的生活方式，管敎態度、言行舉止，爲人處世等，子女長期受其薰陶，左右其後一生。

提供心靈的慰藉

　　家庭由夫妻及其子女所形成的團體。夫妻之間的情愛，父母對子女的慈愛，子女對父母的敬愛，產生家庭成員的連帶感情，使家庭成爲與社會連結的一個環節。個人在此種關懷的氣氛中成長，將會使感情的發展與情緒趨向於穩定。

經濟及物質的供應

由人類歷史發展過程來看，家庭為供應家族成員物質的最重要來源，早期經由家族手工藝的生產，家庭不僅是一個經濟生產單位，而且也是經濟消費單位。到今日家庭成員，依賴薪資的收入，以供應日常經濟生活所需，家庭成員接受扶養，均深受家庭所擁有財產的影響。

基本社會技能的學習

社會成員最初獲得的語言、習慣、藝能等生活的基本技能，乃至對文化的學習與調適，往往是以家庭為媒介，經由父母、兄長傳承而來。

防杜社會問題的產生

家庭所具有的社會經濟功能，又被視為處理社會問題的功能。事實上家庭所扮演的功能是總合的、多樣性的，個人的許多問題，如果能夠在家庭內加以解決，則此項問題就不必延伸到社會，因此，家庭不出問題，社會的問題也較少，相對的家庭不能加以解決的問題，有時社會需花費很大的成本加以解決。

社會地位的取得

每一個人在社會上都有某種社會地位，以確定個人與他人來往互動方式，在開放的社會中，個人的社會地位可以透過個人的努力而取得，當中尤其是透過個人職業與學歷的獲取，財富的累積等方式，但通常我們第一

個社會地位，則係隨著出生家庭而獲得。

家庭中的孝道精神

　　中國是一個以倫理為本位的社會，即特別重人際關係。相對於西方文化中的個人主義，中國社會的特色卻是人群關係取向強於其他；父子、君臣、朋友、長幼、夫婦，每一組角色間，自古即有一套綱常加以規範、維繫，是謂「五倫」。五倫中尤以父子為主導倫理以類化其他各項人際關係，導致中國社會被稱作是「泛家族主義社會」。在這樣一個以父子關係為主軸所發展出來的社會中，「孝道」無疑是所有德行之首，在中國文化中佔有重要的一席之地；然而，民國初年的五四運動曾帶起一股批判傳統禮教的思潮，家族制度認為是專制主義的根源，而遭受抨擊。隨著西風東潮的衝擊，社會結構逐漸由原來農業社會型態轉換為工商社會型態，技術、物價等層面的改變顯而易見，社會制度、人的價值觀念、態度等各方面也不同於傳統的面貌，因此，在現今社會下，亦有所變遷。

　　「孝道」，原是因應中國農業社會所衍生出來的一套觀念思想。在強烈的家族主義影響下，為了延續家庭和諧、團結與傳承，必須要求晚輩對長輩依順服從，負起傳宗接代的責任。也就在這種鼓勵行孝的基礎上，父權式的權力結構乃可以在當時的社會裏維繫不墜。但是，在工業社會結構中，家庭發生了許多變化，其中之一，便是受到個人主義、平等思潮的影響，父權式的權力結構已漸漸瓦解，親子間的關係日趨平和親密，不再要成晚輩絕對服從。如此，孝道觀念亦隨著社會結構而變化。其具體的表現包括：

孝道持續性功能減弱

　　傳統孝道所強調的「持續性」，包括生命的延續與志業上的延續。前者如「不孝有三，無後為大」，顯示父傳子，子傳孫，代代香火延續正是最基本的孝道；它解決了關於人死後的生命延續問題；可見就生物性的延續而言，孝道確實具有很高的價值。再看志業上的繼承，生物性的生命延續容易，但更高層次的孝道還要能延續父母在社會、文化、道義上的生命，亦即父母的志向或事業，在其年老時，若能看見後繼有人，將感到極大的安慰，為人子女者能做到此點，亦是孝之大義了。然而，正如家庭的生殖功能已經改變，在工業社會講求個人主義的風氣下，抱獨身主義或婚後不生子觀念的年輕人，大有人在，也少有因此便被加諸「不孝」的指責。人人皆有安排自我生活的權利與自由，養育子女須耗費的投資與心力如與人生計劃違背，必影響生育意願，而且現代的父母在觀念上亦較能尊重年輕人的決定。加上工業社會不像農業社會需要更多勞力，節育優生的觀念普及，將「無後」與「不孝」劃上等號是未能體察社會變遷的事實。再就志向或事業的繼承來看，父母雖仍期望有子克紹箕裘，但前提上較會考慮子女本身的能力與意願。就子女而言，工業社會的職業分佈既廣，社會流動也容易，自然不須固守前人江山。甚至如能依恃己力，白手起家，開創自己的事業與前途，更受到社會的肯定，此時更能「揚名以顯父母」，達到孝順之目的。所以，孝道在傳統社會中所強調的持續性功能，不論是生物性的或文化性的，在工業社會中已漸漸失去其重要性。

孝道運作範圍縮小

　　在過去的農業社會裏，家庭是經濟生活與社會生活的核心。家庭的

保護、延續、和諧十分重要，此而形成中國人凡事以家為重的「家族主義」。更甚者是把家庭結構中的結構型態與關係模式推廣概化到家庭以外的團體或組織中，把家族以外的團體也當作家庭來對待，形作所謂「泛家族主義」。所以「四海一家」的說法，將家庭對個人的保護網，擴及到最大的範圍，也就是指，孝道原先規範的僅是家庭內子女與父母間的關係，經由家庭對其他組織的概化過程，也被推及到其他關係上，孝道被漫延分化的跡象十分明顯。

到了現代工商社會，社會內部結構的分歧是主要特徵之一。分工精密、講求專業，功能為其他機構所取代，要將家庭的特性擴展到其他團體組織已無可能，孝道自然亦無法擴展到家庭以外的社會制度上。於是，在範圍上，孝道只能局限於家庭之內，作為家庭中的一套人際態度和行為，而不再像以往那樣無所不包。

孝道的權威意涵減弱

傳統孝道正是家庭階級的象徵，也是父權專利象徵。父母的權威被視為是天所賦予，甚至「傳統的孝道思想特色，即是以屈從作為基本行為方式。在屈從的要求下，父母長上站在絕對優勢的地位，可要求子女作無止盡的奉獻與犧牲」，傳統孝道中濃厚的權威性可見一般。

由權威性這個特質衍伸出去，則可發現傳統孝道的「獨益性」、「劃一性」、「角色性」和他律性。所謂「獨益性」指的是「重孝輕慈」的傾向。雖然在儒家思想中亦非完全將父母的慈道棄而不顧，但比例上絕對比不上對孝道的重視，換言之，慈孝雖是互相對應的德行，但一般要求人子孝要比要求父母慈來得嚴格且絕對，造成單方向的互動關係，只強調父母受子女孝敬的片面好處。「劃一性」指的是孝道的標準或盡孝的方式十分一致而無彈性。基本上，在一個以權威為主的大架構下，個人可以自由變

通的餘地也不大。在以父權為基礎的權威主義下，父母的管束通常甚為嚴苛，且社會化的重點在訓練子女扮演好為人子女的社會角色，多忽略親子間感情的培養，因此子女對雙親可謂敬畏有餘，親愛不足，拘泥於角色性的表達，甚於情感性的自然流露。由於權威主義的壓力很大，且一段教導者只注重孝道行為習慣的訓練，忽略子女對孝行背後之意義和內涵的理解，使得子女行孝通常只是畏於社會規範，機械性的回應要求，所以「他律性」強於自律性。到了工業社會中，父權至上的環境條件已消失，平等思潮乃隨著個人主義的普及而為多數人所接受，家庭中情感性的功能加強，不但夫妻之間講求平權，親子間亦強調溝通、尊重。因此，子女孝以父母慈為前提，彼此皆以盡到屬於自己的倫理責任期許。獨益性乃轉為互益性的關係。子女對父母的孝既是感情性甚於角色性，自動自發的本份當然也甚於外塑的他律性反應。在孝的表現上，因為重視個別差異，所以允許有多樣性的變化。

中國舊式家庭裏，向以父權、夫權為主，家庭中的長者支配著家庭經濟、教育、宗教、社交、兒女婚姻等大權，晚輩應順從、不違背，否則便會犯上不孝的罪名，除非等到其接下一家之主的重任，否則很難改變此一上下層級關係。

如今，在工業社會結構裏，由於土地不再是家庭經濟唯一來源，而且受到經濟發展的影響，就業機會激增，許多年輕一輩因而棄農離鄉到都市中生活，不但能自食其力，甚至還可接濟在鄉的父母，終使父權無所發揮，權威地位大大下降。

從農業社會到工業社會的過渡中，孝道產生的變化及影響因素可總結如下：

1. 因教育普及、資訊發達與父母管敎子女方式上的改變，導致孝道的權威意識逐漸減弱；年輕人重視自我與感受，不再對父母百依百

順，型式化與僵硬性逐漸變得較有彈性，盡孝方式亦因人而異，日趨多樣。

2. 由於經濟提升，現代人生活無虞，因此精神層面更受重視。但從另一角度看，經濟提升的結果使功利、現實思想日趨濃厚，加上父母與子女不同住，金錢供養反成為最迅速、不費事的盡孝方式，現代的孝道轉變為重物質而輕精神。

3. 由於現代家庭居住型態與工作型態的改變，隨待與奉養父母逐漸難為，因此不該再以此兩項標準衡量子女孝行，要求實踐。

雙生涯家庭

隨著時代的演進，社會的變遷，近年來台灣的家庭結構有了重大的改變。已婚婦女，由於家庭經濟的需要，及教育水準的提昇，其追求自我實現與自我成就的動機愈來愈強，而紛紛投入就業市場，促使夫妻均從事有薪俸職業的家庭，即雙生涯家庭愈來愈普遍。雙生涯家庭即是指「家庭中夫妻二人均從事有薪俸的職業。」根據行政院主計處的統計，民國六十年台灣地區的女性勞動參與率有35.37%，而男性的勞動參與率則為78.35%，但至83年，女性的勞動參與已提高至44.89%，而男性的勞動參與率則下降至72.67%（行政院主計處人力資源統計月報，民國八十四年），女性的勞動參與率逐年增加，男性的勞動參與率反呈下降，由此變化可看出「男主外，女主內」性別角色行為的改變。再根據該項統計，在3,369,000的女性工作人口中，有2,026,000的人是已婚者，約佔女性工作人口的62.12%，可見在已婚婦女的生活中，職業的角色佔有愈來愈重要的地位。今天台灣每十個家庭，就有4.4個夫妻都工作的雙收入家庭。行政院主計處的資料顯示，即使家中育有六歲以下的子女，10個婦女之中仍

有4.4個投入勞動市場，比15年前提高了將近一倍。而大專以上教育程度的已婚女性就業比例更達七成以上。直線攀升的已婚婦女勞動參與率，使估計約兩百萬個社會基層單元—家庭的生態改變、成員角色重整，正在進行一場本質的變化。近年來國內有關雙生涯夫妻的研究，逐漸受到重視。這些研究主要在探討多重角色結合後的問題，包括：角色過度負荷（role－overload），角色之認定與自信心，及職業與家庭角色之整合⋯⋯等。雙生涯生活型態是一極易受到多重角色壓力及衝突的生活方式，需要夫妻雙方共同學習、協調適應及外在客觀條件配合與協助。

目前的社會，由於經濟、社會及心理上諸因素，使許多夫妻追求雙生涯的生活型態。雙生涯家庭具有高度的事業投入和承諾，此種承諾使得夫妻必須在角色扮演、責任需求和作決定上重新取得協調。有關以雙生涯家庭為主題之研究，最早開始於1969年英國學者 Rapoport & Rapoport。他們主要的研究方向在探討促使女性進入職業市場，追求職業滿足，以及限制女性在職業生涯上追求與其能力相當的成就之教育、經濟及社會心理因素。這項先鋒性的研究，帶動了英美等地社會心理學者，有關職業與婚姻的生活型態中的各種問題之研究。

隨著女性參與勞動力百分比率之增加，以及更多的女性接受高等教育與專業訓練，再加上社會上一般人對男女平等概念之接受，雙生涯家庭的生活形式將廣泛地盛行於社會中。然而，由於社會對婦女的角色仍受傳統觀念所束縛，以及實際問題的困擾，使得一般雙生涯家庭經常面臨下列的問題：

過度負荷的現象

當家庭中，夫妻兩人都擔當職業上之專任工作，再加上家務之專職時，每天活動的負荷量顯然是過重了。問題不在於「過度負荷」本身，而

是職業婦女常將自己的事業、工作當做第一「專職」，而把家務當做第二個「專職」，或視爲專業之外的「加班」。在這種情形下，易造成身心疲憊，而在職業與家庭上增加不少壓力。下列因素將決定雙生涯家庭對過度負荷之感受以及對壓力程度之不同經驗：

1. 家庭對生育子女的期待程度以及對生活情趣的重視程度。
2. 夫妻對家庭生活水準高低的嚮往程度。
3. 夫妻兩人對家庭內重新分工合作後的滿意程度。
4. 夫妻於工作中造成心理上的過度負荷，進而形成生理上過度負荷的情況。
5. 職業的種類以及夫妻在工作時間上相互安排與配合情形。
6. 夫妻對於個人工作之態度與抱負，以及夫妻二人對於彼此工作之態度與期待情況。
7. 丈夫對妻子成爲職業婦女之支持與鼓勵程度。

認同的問題

認同上的困擾與社會上對傳統男女角色之偏見有極大的關係。在今日社會中，我們仍有極強的男主外、女主內之觀念。這觀念使雙生涯家庭中有雙性角色（androgynous roles）傾向者感到無形的壓力。雙性角色是當代新男女角色平等的概念之一，指男女均可互相扮演家庭經濟支撐者，亦同時扮演能幹的家庭主婦；而男性則一方面維持其傳統的男性角色，一方面也爲了實際需要而勝任「家庭丈夫」的角色。據調查，許多職業婦女的壓力是來自無法接受或扮演傳統的「廚娘」或「某先生的太太」的角色；或男性無法接受新的角色：「家庭丈夫」。照理論言，雙生涯家庭內女性與男性均會面對認同上的衝突問題。但研究指出女性所面對之角色認同衝

突之壓力遠較男性為高。

角色週期的問題

　　角色週期的問題係指雙生涯家庭如何將其個人生涯週期與其家庭生活史（發展史）週期互相協調配合。例如：職業婦女一直在婚後繼續工作。但是，常第一個孩子降生之後，它造成了雙生涯家庭壓力的轉捩點。即言，新生兒的需求使女性面臨抉擇。若在新生兒學齡前一段時期能覓得媬姆或其他支持系統（如由婆婆照顧新生兒），仍須在安排上費盡苦心。若妻子在孩子們成長後不需多照顧時，才開始工作或回到原有之工作崗位，其壓力程度當較前者為低。

家庭特質的問題

　　現代社會由大家庭轉為小家庭制度，在許多方面增加了雙生涯家庭是否應有子女，以及子女之年齡與夫妻生涯之發展（即家庭生活史與個人事業生涯史之比照）也造成了雙生涯家庭的複雜性。Heckmal（1977）等人所做的研究指出僅有老一輩的職業夫妻以及無子女的家庭方會感到雙生涯家庭之優點。照顧孩子的需求以及尋覓理想的媬姆，使得年輕一輩之職業婦女感到萬分困擾。

　　每個雙生涯家庭所面對的壓力程度與種類不同，雖然問題各異，本質卻是相近的。歸結這類家庭用來適應壓力的方式，大致如下：

對情境與角色的再認識

　　雙生涯家庭的壓力是不可避免的。因此，適應之重點應在於如何將壓

力減到最低的程度；如何將負向的壓力轉變爲正向的壓力；以及如何控制壓力。最基本的方法是此種家庭應對情境及個人的角色以及新角色如：「家庭丈夫」、「職業婦女」有所認識，並且重新學習每個角色的期待與承諾。當個人面對壓力情境時，如何改變其態度並權酌輕重是適應的良方之一，例如：職業婦女應比較一下她所付出之「代價」與所獲之後果，並且衡量一下是否有其他之選擇。第二種方法是決定各件事（或角色）的輕重緩急。第三種則是儘量將工作上之煩惱或工作本身在辦公室做完，回到家後即置於腦後。第四種方法是事業生涯的前途與期待，以滿足其他角色之需求。在婚姻關係中，妻子爲家庭而暫時或永久的放棄事業是常見之事。但近年來，丈夫爲家庭而放棄他事業之陞遷更好之機會也逐漸有所聽聞。新時代女性就業之動機大略可歸納爲下列數種：(1)增加家庭收入；(2)學以致用；(3)追求自我發展與自我認同；(4)以專長貢獻社會；(5)追求多變化之生活形式。這些動機均屬正向。若能與個人之家庭需求配合時，家庭主婦就業當是屬於有益的活動。

職業角色與家庭角色的配合

考慮與妥協事情的輕重緩急是雙生涯家庭最常用來適應壓力的方式。它們不僅可以減去角色的直接衝突，亦可減少角色間不同種類與程度之需求。這些協調的大前題是夫妻都能體認到，雙生涯家庭對家庭之凝聚力及家庭之建設有正向的功能。

對時間的控制與彈性

爲了應付忙碌的生活與工作的負荷，雙生涯家庭最珍惜的一點是時間，以及對時間的控制。但仍不失其彈性，這對職業婦女而言尤其重要。

家庭目標的擬定與修飾

　　雙生涯家庭與一般家庭一樣，爲了達到整個家庭的和諧，成員間必須能有效的溝通、互相的諒解、有共同的目標以及能爲其他家人所接受之個人目標。

外在力量的支持與協調

　　雙生涯家庭還是極須外在的協助以減少壓力。因爲一般雙生涯家庭之平均收入較單生涯者爲高，因此，爲了減少工作過份負荷，他們多願花錢請傭人或娔姆。雙生涯家庭便分擔家務或以洗衣機、買現成的或已調配好的菜餚，以減少烹飪的時間與精力。利用親人照顧小孩，或小孩暫居親友家，也是國內雙生涯家庭常見的方式。

　　以上所列者大多是雙生涯家庭內部的自我調整，以適應這種多角色、多壓力的生活。其實在現今社會中，雙生涯家庭已是許多人不得不選的生活型態，換句話說，雙生涯家庭將是未來的社會趨勢，必須獲得更多學者和政府的研究與重視，以提供更健全的社會支援體系。將雙生涯家庭的適應只歸罪於個人是不公平也不正確的，政府更有職責來協助雙生涯家庭以減少其壓力。因此，相關的政策、立法與方案提供就甚爲需要。例如：「兩性平等工作法」、「育嬰假、陪產假」等之明訂與實施，等等有關家庭福利、服務政策都是雙生涯家庭迫切需要的。不論是男性或女性，在雙生涯家庭中經歷了同樣的挑戰和解放。過去所扮演的單一角色——出外拚戰的鬥士或家庭城堡的大管家，現在必須相互融合，共同攜手規劃，使夫妻雙方都能共同參與更豐富的人生經驗，包括事業的智性發揮，家庭品質的提昇，夫妻彼此的學習成長子女的敎養以及長輩親友的侍奉照顧……

等，無一不促使現代的新女性、新男性去學習如何扮演不同的角色。身為雙生涯家庭中的兩位主角——丈夫與妻子，如何在這眾多角色中找到協調的平衡點，並且保持彼此的溝通以求持續的適應，就是「雙生涯家庭」能否幸福成功的關鍵了。

職業婦女對家庭生活的影響

隨著職業婦女的日益增多，探訪職業婦女對家庭生活影響的研究也如雨後春筍般地呈現，其大致上可歸納為三類：

婦女因就業對家庭生活的滿意度不構成影響

持這種主張的研究，認為婦女就業對夫妻關係母子關係和婚姻滿意上，並無顯著的不同。因為家庭生活的滿意度係端看母親與其家庭成員之間相處機會、相處情形、工作特質及時間而定。同時職業婦女與家庭主婦在婚姻滿意度或調適上並沒有差異性。此外，婦女就業與否與先生的幸福感並無顯著的差異。

婦女因就業對家庭生活的滿意度具不良影響

這一類的研究認為就業所帶來的家庭與職業的工作壓力，以及角色的衝突，致使一位職業婦女在其婚姻滿意度上有較低的傾向。Steelman 的研究指出，母親就業在幼兒年齡愈少，孩子數愈多的家庭，對子女性別角色的態度與認同是有相當負面影響。而且婦女就業在婚姻的調適上對學齡以前幼兒的家庭具有負面作用，因此，婦女就業對家庭及子女皆有不良的

影響。Fendrich（1984）研究亦說明了婦女就業對先生的困擾如因其就業所得與先生相當或高於先生時，將會給與其先生很大的壓力與困擾。由此可見，婦女就業對家庭的影響仍是片斷的，而非整體的。

婦女因就業可增進對家庭生活的滿意度

此派研究則認為婦女就業對夫妻關係非但沒有不良影響，尚且更具有正面的意義及較高的滿意度例如在 Shaver & Freedman（1976）的研究中，即指出已婚職業婦女較未婚及家庭主婦快樂，且較少有心理的問題。此外 Ferree（1976）及 Wright 等（1978）在對家庭主婦與職業婦女的比較上，亦指出職業婦女的家庭生活滿意度高於家庭主婦。

雖然婦女就業對家庭的影響仍在爭議之中，但有一件可確定的事實，就是婦女就業之好與不好，並不僅是就業與否的單一因素，當中尚須論及其個人特色、婚姻狀況、角色特質、工作的性質、社會的因素等等。因此以下謹就影響職業婦女婚姻滿意度的相關變項，加以探討：

家庭生命週期（family life cycle）

在 Anderson（1983）的研究中指出婚姻滿意度乃是預測婚姻品質的最佳指標，而在家庭生命週期中，滿意度乃是呈現 U 型的取向。Rice（1983）的論述中亦說明滿意度的下降始於長子女的出生開始，一直到子女在學齡兒童階段或青少年階段，整體滿意度才有遞增的情形，就整個家庭生命週期階段來看，已婚職業婦女所面對的問題將因階段之不同而有所差異，其中在面對家庭角色與職業角色之衝突最大時期，莫過於孩子需要最多照顧與教育時期，亦即孩子剛出生至學齡階段，而此階段在婚姻滿意度上亦是遞減的時期。由此可知孩子的出生對婚姻滿意度是一重要的轉捩點。而母親角色衝突程度正是影響婚姻滿意度的一大因素。謝高橋（198

5）的研究中即進一步的指出，就業母親角色衝突程度，乃是隨著家庭生命週期之不同而有所差異。而任何不適於家庭生命週期的行為，都會增加角色的衝突，進而使滿意度下降。在 Schumm 和 Bugaighis（1986）針對全時間工作、部分時間工作及家庭主婦三者間的比較研究中，亦指出家庭生命週期對全時間工作者之婚姻滿意度有重大的影響，尤其是有學齡以前孩子的家庭，且此一時期的子女數愈多，則婚姻滿意度愈低。

家庭大小

在 Bryson 等人（1978）的研究中即發現家庭成員多少，對家事工作的滿意度及職業上的滿意度有相當的影響，此可從隨著人數增加，互動關係的不斷增加及工作量的增加得到很好的證明。當家庭很大時，對於家庭的活動、家事工作、每一個家人及工作上的時間分配時數就相對減少，因此常會感到時間、精力的不足與壓力，這往往使得家庭生活滿意度下降。因此，有些職業婦女甚至想以無子女的家庭方式，以避免子女帶來的負面作用。

家事工作

隨著現代化的設備便利，使得許多繁雜的家事工作得以簡化，但在家事的工作上仍需付出婦女相當比重的時間，Rich（1983）的論述中即指出：最令人感到挫折的是家事工作的重複性、例行性及不能滿意性，而婦女很難說：「工作完成了。」而 Gordon（1972）的研究中亦指出了家事是許多家庭挫折的來源。已婚職業婦女在其家庭與職業上之工作是雙重的，故當這些婦女能從周圍的社會得到援助，或從伴侶方面得到協助，則生活滿意度較高，而職業與家庭的衝突也較低。

職業的種類

已婚婦女就業的增加，已為不爭的事實，然而婦女就業率的上昇卻並

不意味著婦女就有「高」的職業地位。Epstein（1970）對婦女參與職業分類模式的分析中，指出婦女的職業在管理、專門、技術和精巧的職務上，是少數民族，而大多數是居於辦公室的辦事員職位。其後的研究中仍發現職業工作上的性別標籤（Sex labeling）存在於許多的職業中（Lyle, 1973, Leslie, 1973），但較高職業地位的職業婦女仍較其它婦女在婚姻滿意度上，或生活滿意方面顯示更高的滿意評價（Rice, 1983, 孫敏華, 1982）。由此可知，雖然兼具家庭與工作使得職業婦女所承受雙重的角色壓力，甚至三重或四重的壓力，但當職業婦女能藉由其工作的社會化來達成個人的成就感時，則工作不但使婦女不再侷限於婚姻和親職的扮演，反而更能促使其在家庭和職業上之成功。曾溫純（1986）的研究即說明工作上的滿意，使角色衝突減少、壓力降低、角色負荷較輕，而婚姻的滿意度也隨之上昇，故可知職業上的滿意與婚姻滿意、家庭滿意之關係是密切的，也唯有兼顧兩者才是成功的職業婦女。

工作時間

除了職業種類對家庭生活滿意度有高度相關外，工作時間的長短，亦是不可忽視的一環。在 Rallings & Nye（1979）針對全時間工作和部分時間之婦女加以比較研究時，即發現部分時間工作之婦女在婚姻滿意上和母子關係上，皆有較佳的調適情形。同時王慧姚（1981）在國內研究亦有相同的發現。此外，Rice（1983）的論述中亦指出，兼任的職業婦女比專任的職業婦女在婚姻的滿意度上，有更高的傾向，而壓力也較少。國內學者謝高橋（1985）的研究中亦發現工作時間較為固定，較不需在公開場所露面者，其滿意度亦較高，並較能扮演母親、妻子的角色。而 Fogarty（1971）等人對於工作時間提出了建議，他們認為婦女從事非連續的工作較為理想，尤其是在子女還是幼小的年齡時，應先停止工作，待子女較年長時，再重回就業市場。

教育程度

　　在教育程度對婦女婚姻滿意及家庭生活滿意上的影響學者各持有不同的論點，Blood & Wolfe（1960）研究中即指出婦女的教育程度有助於婚姻滿意及快樂的程度，而於 Miller（1976）的研究更指出，由於教育程度提昇，自然夫妻兩人的職業階層亦較高，因此兩人的相處機會更多，進而提高了婚姻滿意度。

　　但在 Cawpsell（1976）和 Staines（1978），Glenn（1981）的研究中，卻提出相反的看法，他們認為教育程度非但不能提昇婚姻的滿意度，反而會降低婚姻的滿意。孫敏華（1982）的研究則更進一步說明教育程度高者，多半是職業婦女，而工作上的繁重正是造成其婚姻生活的一大壓力。同時，不論是生活上的精神、體力、金錢或時間上的壓力，皆會對一個人的幸福感有負面的影響。故可知教育程度並非對家庭造成絕對的正面影響或負面影響，而是其它變項與教育程度的相互關係才是不容忽視的。

　　而工作角色與家庭角色兩者的影響是相互的，因為在有限的個人資源下，每個人的時間、精力、金錢都是有限的，當職業婦女投入過多的時間、精力於家庭角色時，相對的，工作角色所能運用的時間、精力便相形減少；同樣的，當職業婦女投入過多資源於工作角色時，則家庭角色便有許多無法實行，故 Voydanoff（1980）即指出家庭與工作間的問題，主要在工作、父母及配偶的三種角色上，彼此於時間、精力和實行的相互依賴過程中，產生衝突與負荷過重所造成的。而國人的職業婦女除了上述二項角色外，另有一為人媳婦的角色是不容忽視的。

　　Rapoport（1965）亦說明當從事的階層愈高，投入工作角色愈多，則工作對家庭的角色上的壓力亦較多，而 Kelly（1984）卻強調了時間的缺乏是職業婦女同時面對家庭與工作壓力上最大的負荷。呂玉瑕（1983）的研究中則認為工作與家庭之間所面臨的壓力，不在於有限的時間，而是職業婦女對此三種角色的要求與期望，當要求與期望愈高，則所承受的壓力

也愈大。

　　以上雖然各個研究者對家庭與工作角色間的關係，所產生的影響，所提出的論點不同，但綜合觀之，不外乎二個重要的因素：一為資源的有限性；二為期望與實行的不一致性。資源的有限性即是指在有限的時間、精力下當角色扮演愈多，則分配的時間、精力相對的減少，壓力愈大，滿意度隨之降低。而期望與實行的不一致性，則是指對角色的期望較高，實行較少，其中間的差異就相對存在，隨著差距愈大，其壓力也愈大，而滿意度則降低。

單親家庭

　　在社會快速的變遷中，過去依照傳統所分類的家庭類型：核心家庭、折衷家庭、擴展家庭（大家庭），在面對現今都會地區多變的家庭組成方式，如單親家庭、再婚家庭、隔代家庭、共居而不婚的單身貴族……等，變得不再那麼的適用。家庭似乎逐漸在瓦解中，離婚、婚姻暴力、虐待兒童的事件更是日益增多。

　　單親家庭是一個早已有之，而今為烈的家庭型態，其數量漸增，問題也漸嚴重。單親家庭不僅不是一個暫時的現象，而且逐漸普及，甚至成為一種次文化。在臺灣其發生的原因，雖然是以喪偶造成單親家庭的因素居多，但隨著社會的轉變，單親家庭型所發生的原因中，離婚、未婚生子的因素，顯然明顯的提昇不少，而這類的單親家庭所要面對的問題，以及它對社會帶來的影響似乎也顯得特別的大。

　　單親家庭「就是一個家庭內有若干子女，但卻只有一為家長（父親或母親）」。這種單親家庭在工業化的先進國家中相當普遍。根據民國八十一年研考會探討臺北市單親家庭的研究指出：依研究推估，臺北市單親家

庭總數約佔所有家庭總數的百分之八到十一左右。然而，臺灣地區是一個工業化社會，許多社會現象，常隨著歐美的發展，亦步亦趨。從離婚率的節節上升，可以預期的是，單親家庭的增加是必然的。

造成單親家庭的因素，民國七十六年徐良熙及張英陣兩為學者的研究指出：百分之四十六的單親家庭由喪偶造成的，離婚或分居所造成的單親家庭佔百分之十二，未婚生子者佔百分之八，其餘的則是由其他各種因素（如同居）綜合而成。不過時至今日，無論是離婚或分居或未婚生子所造成的單親家庭的比例，應當比十年前的情況大幅提昇，而這種因素所造成的單親家庭可說是工業社會下的產物，因此我們就先來探討這兩種成因的單親家庭。

未婚媽媽與單親家庭

根據臺灣省家庭計劃研究所，於八十五年對臺灣地區已婚婦女的調查，二十至二十五歲婦女當中，每三個步入結婚禮堂時，就有一人身懷六甲，二十六至三十歲婦女當中，每四個就有一個婚前懷孕。對許多人來說，奉兒女之命是結婚的主要動機之一。固然，這種婚姻對未來家庭生活有某種程度的影響，但只要於婚後，夫妻能繼續培養情感，努力調適角色，這仍是一個正常家庭，真正令人擔憂的是那些懷了孕而未能結婚者。這些所謂的未婚媽媽，許多是未成年，教育程度不高，不僅被迫扮演母親的角色，而且得承擔來自社會的壓力和心理上的創傷，由於這些因素，未婚媽媽所形成的單親家庭，經濟上的困難首當其衝。未婚媽媽或婚前生育（premarital birth），大多發生在青少年階段。造成未婚媽媽因素很多，一般來說包括了，個人心理，家庭環境、居住社區與社會規範。其中，現代化過程當中，世俗化的人際關係，大眾媒體的渲染與暗示，為性開放和性行為的提早，提供了大環境。婚前（外）性行為或婚前（外）懷孕，是

造成未婚媽媽的必要條件。未婚媽媽只是這些因素的結果之一，有許多婚前（外）懷孕，是以墮胎來避免成爲未婚媽媽或非生子女的誕生。由未婚媽媽所形成的單親家庭，普遍存在於各個社會中，在工業國家中尤其普遍，毫無疑問的，未成年未婚媽媽的形成是一個社會問題。

離婚與單親家庭

傳統農業社會中，男性是家庭的主幹，家庭是主要的生產單位，傳統的婚姻，主要也是爲了傳宗接代，增加家庭的生產力，甚至爲了光耀門楣。然而工業化摧毀了傳統農業社會由男性所主導的生產方式，家庭以不再是個生產單位，所取代的是促使女性強調生產力，分工、效率、與精算的組織。女性就業機會的增加，更促使女性逐漸走出家庭，再加上教育的普及，女性勞動力品質的提昇，使得女性的勞動力逐漸受到重視。尤其在近幾年來，女性在教育以及經濟活動上的表現，並不亞於男性。女性在經濟上的獨立，改變了社會規範，尤其是女性在家庭中的角色，以及男女之間的關係。換句話說，現代婦女已逐漸從傳統強調婦德（三從四德，相夫教子）中解放出來。女權意識因此而抬頭，男女角色分工式微，家庭的觀念被沖淡，婚姻的牢結也就越來越鬆弛，如今的前衛婚姻，是尋求情感寄託和分享生活，在這種概念下，婚姻與家庭之間的關係也就顯得特別的脆弱。而這是社會變遷所造成的大環境，有利於加速離婚發生的原因。

不管事甚麼樣的理由－死亡、離婚、分居或其它（自願或非自願），都產生了單親家庭；不同原因產生了不同的單親家庭，其所要面對或解決的問題亦不相同。不過，大致而言，單親家庭還是多少都會面臨以下的問題：

經濟的問題

在雙親家庭中，經濟來源大部分由雙方共同承擔，較充裕且不易形成負擔或問題，但在單親家庭中，單親父或母必須身兼雙職，獨自承擔家庭經濟責任，容易造成壓力過大、經濟拮据、就業時間不夠分配等困擾。而貧窮問題，可能是許多單親家庭所面臨的一個大問題。貧窮問題更可能使貧窮在世代間流傳，主要是因為生長在單親家庭中的小孩，沒有足夠的教育資助，導致提前輟學；或為了貼補家用，提前就業。無論是哪一種情形，在缺乏學歷與訓練下，收入偏低是必然的，貧窮的陰影也就不易揮去。根據研究顯示，美國的單親家庭最大的特徵就是貧窮。然而在臺灣，臺灣女性戶長單親家庭的收入也低於一般家庭，平均收入是一般家庭的百分之六十七點八。為了能維持經濟生計他們採取的對策是：(1)家庭的成員盡量外出賺錢；(2)讓成年子女儘早進入職場內以協助改善整個家庭的經濟狀況；(3)只要有工作就去做，而不論薪資的多寡。簡單來說，當一個家庭到了窮途末路時，若沒有任何福利措施可資依靠，它會被迫找出克服困難的方法，假若成功，他就能慢慢脫離窮困；就算失敗，也就認命了。有時候運氣好的，透過媒體報導，也可以獲得不少社會的捐款救助。

工作的問題

單親家庭的結構基本上缺乏人手，所以單親家庭的家長必須兼做：維持生活所需，養育子女，料理家務三項角色。在臺灣，缺乏社會福利的支援，若又缺乏依靠，只有出外工作，自力更生，有工作就做；經過一段歲月的磨練，通常會培養出堅強的求生意志，也更獨立。

子女教養問題

　　不管何種原因造成的單親，子女的社會化也必然受到影響。子女對許多事物的價值觀，與正常家庭中成長的子女，可能會有所差異。最明顯的情形是：若父親沒有與子女住在一起，儘管父親仍偶爾和子女見面，父親和子女間的關係，也會因量變而產生質變。一但父親影響不復存在，母親忙於工作無暇兼顧，子女易趨任性，為所欲為，脫序行為則可能發生。由於經濟的不穩定，以及分身乏術單親家長對子女的教養是那麼的無奈與力不從心。因此，在單親家庭成長的小孩，若沒有充份教育投資來自家庭，則教育成果就自然受到一點或是更多的折扣影響。此外，子女們眼見單親扮演父母雙角色，他們對性別角色的認同，在社會化的過程中根深蒂固，對其未來的婚姻與家庭，也可能會有一些不良的影響。因此成長在單親家庭的人對婚姻通常不抱樂觀，他們對婚姻的態度與敏感，往往促成其自身婚姻和家庭的破裂。而這種現象，也可能像貧窮問題一般，造成破碎家庭的世代間流傳。單親家庭的子女教養可能如前面所述，但其不是必然的，仍有許多可變的因素在內。問題子女出於問題家庭雖較肯定，但問題家庭未必會產生問題子女。若有其他的彌補辦法；如家長的愛心及關懷，學校的輔導與鼓勵，社會的支援與配合等，單親家庭的子女，也未必會如前述所言般的成為問題子女。

再婚問題

　　再婚或不再婚，對單親家庭的戶長來說，是一個切身的問題。客觀來說，再婚可以帶來很多好處：增加家庭的收入，分擔照顧子女和料理家事的責任，排除寂寞和恐懼，及合法的性關係等。然而在也是有其遭受的阻

力：如離婚者也許有一段悲痛的經驗，不敢冒然的在嘗試婚姻；喪偶者，則基於對逝者的懷念，也不願冒然再婚。而且婚姻市場和勞動市場一樣，除了分析男女雙方各自的條件外，還要檢討彼此是否適合。單親家庭的家長本身已經離婚或喪偶，再加上照顧子女的負擔，在條件上已較差，故論及再婚，的確有其不利的條件，在這種情況下，有些人不敢奢望，有些人則漸漸的超過再婚的年齡，再婚與否已不再是切身的問題了。

心理問題

心理問題又可分為三方面來談：第一：離婚或喪偶後的適應。喪偶的適應可分：配偶長期臥病或突然去世兩種。當長期臥病的配偶逝世後，另一方雖有如釋重負的感覺；但接下來卻要挑起一家生計及可能還要還債的壓力，讓其喘不過氣來，甚至放棄自尊心，向親友或機構求助。若是配偶突然死亡，留下的一方開始會感覺難以接受，接下來可能會怨天尤人，如果這個心結一直無法解開，則難以積極的展開單親家庭的生活。離婚造成的心理困擾有時甚於喪偶。畢竟一個完整的家拆散開來，生活的習慣與重心都不見了，雙方一定會有段時期生活於混亂、徬徨與迷惑之中。男人因興趣廣泛，生活面較大，較易從感情方面的創傷恢復過來；女人感情纖細，愛情、家庭又是生活重心，故對女人來說，離婚的確是一種嚴重的挫折；所以調適也越形困難。第二：安全感。這是單親媽媽普遍遭遇到的心理困擾，尤其世風日下，單親媽媽感受到的威脅更為強烈。第三：對離婚的偏見。一般人對離婚者有太多的好奇與問題。有些男人對她們的先入為主的看法與不良企圖，使一些離婚婦女沒有受到應有的尊重。

社會關係

　　貧窮的單親家庭父或母大部因工作忙碌而無暇參加活動，而中上家庭者較有時間和金錢從事其它社交活動，此為兩者在社會關係之不同處，對離婚者而言，容易受到親友疏遠、歧視或避開社交活動等。因此就一般言之，單親家庭在社會關係方面較易形成缺乏安全感、歸屬感、親友疏離或因工作忙碌而疏於社交往來等。

角色負荷

　　雙親家庭的父母，尤其所擔任為人父或為人母的角色任務，轉移到單親家長時，需要將不同角色集於一身，而形成角色負荷的情形與壓力，例如：生計壓力、子女養育壓力、家事管理壓力、個人角色之壓力（有時間不夠分配之壓力、再婚壓力）等等。

法律問題

　　就離婚者而言，會面臨的問題有離婚子女的監護權及探視權、父母對子女親權的行使、夫妻財產權、財產繼承權等。由於父母在離異之時，為了爭奪子女的監護權，往往是採取平分的方式。如此一來，滿足父母的所有欲，卻拆散了手足之情，剝奪兄弟姊妹共同生活的自由。另外喪偶者亦會面臨到夫妻財產權、財產繼承權等問題。

單親家庭與青少年犯罪的關係

　　呂良瑞與莊耀嘉曾於民國八十一年發表「單親青少年與青少年犯罪行為之關係」的研究報告，研究的結果確認，單親家庭青少年犯罪年齡較早，違規犯罪型方面在多元化之外，以疏離行為、依賴煙酒藥物和搶奪行為較結構正常家庭青少年為嚴重。單親家庭青少年之中，父母離婚分居的青少年期違規與犯罪情形雖僅比父或母亡故的青少年略為嚴重，然而卻明顯地比一般結構正常家庭青少年為嚴重。研究結果也發現，並非單從家庭狀況的諸多因素或單從青年本身性格等諸因素可以說明其行為發生的歷程，而是兩者相互影響而形成。除了這些因素之外，還必須包括由母親親職功能、父親親職功能與各類性格特質的交互作用而發生影響，或是由父母親職功能與少年社會關係之交互作用而發生的影響，這都是不可忽視的原因之一。若親職功能好，尤其若是母親的親職功能好，可藉以抑制並調節青少年子女性格的表達方式及表露程度，又能充份指導青少年子女的社會關係之正常發展，並避免有不良交往關係，則當然較不至於有違規與犯罪問題發生。

　　從以上的觀點來看，我們可以了解到單親家庭對青少年犯罪行為的影響是因為家庭裡缺乏許多重要的家庭動力，然而，這些重要的家庭動力並不一定會存在於雙親家庭中，因此，真正影響青少年犯罪行為的家庭因素是家庭生活的社會動力。而這些重要的社會動力是多面性的，如關懷、監督、溝通等多面向。解決單親家庭的策略，有下列幾項：

經濟補助方面

　　根據研究顯示，在美國由於半數以母親為主的單親家庭處於貧窮的狀

態，因此單親家庭在經濟上顯然是個弱勢團體，如何透過經濟的再分配，例如稅收、社會福利、社會救助等，以消除單親家庭的貧窮問題，是美國社會福利的重要目標之一。然而，也有許多學者指出，經濟上補助單親家庭，只會誘導更多的單親家庭產生，以及現有單親家庭更為依賴政府，而成為政府的一大負擔。在臺灣，社會福利提供予單親家庭的協助有限，提供的津貼補助微薄，使得單親必須工作來維持生計，但也因此養成自立自強、不依賴的特質。美國單親家庭之所以養成對社會福利的依賴，主要是因為他們所獲得的社會福利津貼數額相當可觀。但是我們不可因此而推論說：不需要給單親家庭幫助，這樣他們才能自立自強。不管如何，基於人道立場或經濟效益，政府都應給予單親家庭協助，而不是任其自生自滅，自想辦法。所以，政府對單親家庭的現金津貼應該維持在足以維持基本生活條件的範圍。太多的現金補助會造成依賴，且影響進入勞動市場的意願，故在一段時間後做評估，逐漸減少現金給付，增加其它福利服務。

針對不同的需要提供服務

政府應該主動且積極的為單親家庭提供重要且實際的服務，如職業訓練，子女課業輔導，兒童照顧服務及心理輔導等這些實際且急需的服務措施，因為這些重要且實際的服務更能有效的幫助受煎熬的單親家庭走出陰影，積極面對人生，這有時是比現金的給付更有其實質效益。

法律保障方面

政府在法令方面，很少針對單親家庭加以訂定具體的法律保障，尤其是婦女方面。在外國，當婦女福利工作逐漸受到政府與民間團體所重視，例如夫妻財產制的修訂、一些有關於家庭法律的修改等，都以因應著種種

社會、經濟、政治及價值觀念的變化和家庭功能與家庭需要的改變時，而我國婦女福利法仍闕如，男女就業機會及待遇的不均等，使得婦女如遇婚姻上的變故，不得不獨自維持家計時，勢必成為低收入的階層，使得單親家庭中，尤其是母子家庭就成為一個新的弱勢團體。因此，政府應盡早定訂單親家庭福利基金給付辦法；修正家庭法律來提高婦女的法律地位。

政府所舉辦的福利措施應廣為宣傳與推廣

這是一個資訊爆炸的時代，政府在辦福利措施時，必須做適當的宣傳工作，使大眾能多運用社會資源，也可印製手冊介紹福利措施，使單親家庭在需要時，便可知道可申請的幫助與福利服務，而達到宣傳效果。另一方面，政府亦可運用民間資源來從事福利服務，加以組織及統籌管理，並且互相合作配合及監督，使社會資源能結合運作而不會重複浪費或功能不彰，並且針對不同背景之單親家庭提供不同的福利措施及協助。

不宜持有對單親家庭的偏見

誠如前面所言，一般人對離婚者有太多的好奇與問題，甚至對離婚者存有偏見，使得有些離婚婦女沒有受到應有的尊重。其實，國人應該要有正確的觀念：離婚是婚姻失敗，這固然是一種挫折，但在人生中並不是做人失敗。因此，我們不要以原罪來看待離婚，勿以有色眼光看單親媽媽或爸爸，因為感情生活的不協調，或個性的不和而終止的婚姻關係，這只能說是生命過程中的一個轉型。婚姻原本就不可能是圓滿的，如果離婚是結束失敗婚姻的方式，那麼離婚是一種功能，而不是罪惡。由於單親家庭背景不一，需求與所面臨的問題自然也不相同。比方說，青少年單親家庭和中年離婚所造成的單親家庭，前者通常有幼兒需要撫養，而後者子女大都

在學，前者媽媽學歷低，沒有工作經驗，有結婚的傾向；而後者媽媽可能學歷較高，有工作經驗，沒有結婚的傾向。因此，一個政策的制定想要滿足單親家庭的各種需要，並不容易。無論如何，了解一個社會的單親家庭，包括人口結構和特性，才是當務之急。而在政府方面，政府不但應該幫助單親家庭，更應該大幅增加有關的預算項目及經費來協助他們。因為這是一的逐漸普及的社會現象，套一句常被說的話「今天不做，明天可能要後悔」，的確，單親家庭的問題也是如此，今天不去關心照顧，明天社會可能要付出更多的成本和代價。至於單親家庭與青少年犯罪行為的關係上，一般社會輿論大都認為，影響青少年犯罪的因素非常多，而其中最被常提出來的是家庭因素、學校因素和同儕因素，一般對這三項因素的看法多探控制理論的眼光，認為一旦青少年在以上這三項因素上有減弱的傾向，青少年便容易成為問題少年，尤其是在家庭因素上面，一般認為單親家庭不具有傳統雙親家庭對子女的控制力，成人失去或無暇管教、輔導青少年的行為，青少年便容易誤入歧途，變成行為偏差的小孩。

我們另外發現臺灣社會變遷下一種更新的家庭現象，那就是「假單親家庭」、「內在美」（內人在美國）家庭問題的出現。臺灣地區由於升學主義的盛行，兒童的學業壓力日重，為了解除這種危機，很多經濟情況較好的家庭便把子女送到國外去就學。小小年紀就出國在外，而為了照料小孩，夫妻之間有一方便只好遠渡重洋去陪小孩，追求小孩的幸福。乍聽之下是情節動人，而且似乎想當然爾，問題是夫妻兩人卻因此分離。剛開始時，兩人當然是朝思夜夢，日子一久，濃情見消，加上心理與生理的需求日益增加，而配偶卻不能在旁時，夫妻問題油然而生。現實環境中，我們已經看到不少這樣的悲劇。探究其原因就是因為家庭的基本結構產生變化所致。之前，臺海兩岸關係密切，臺胞頻頻往大陸經商，連帶的也產生不少「一中一台」的婚姻關係，這都可說是「假單親家庭」的再版。

最後，我們還是要了解到單親家庭並不是今天才產生的，而是早已有

之，如今爲烈的一種家庭型態，其數量越來越多，其面臨的困難也越來越嚴重。並非所有的單親家庭都是問題叢生，但是，不可否認的是，單親家庭因其結構特徵，使其容易受到傷害。所以政府應利用各種管道，改變傳統對家庭及性別角色的刻板印象，重新塑造單親家庭不是問題家庭的新形象，使他們得以被社會接納，並協助單親家庭建立支持網路及正面適應。

家庭的變遷

近五十年來，台灣地區經歷了快速的社會變遷，社會結構由農業社會邁向工業社會，代表著一個相當典型的轉型期社會（society of transition）。隨著社會的變遷和轉型，家庭結構可能產生若干變遷，並引出許多新的需求。社會學者謝高橋教授的實證調查發現：光復後台灣地區的核心家戶佔全台灣地區總戶數的比重似有加重的趨勢；從一九六三年的54％而一九七三年的60％，至一九七六年時爲69％；而且平均每戶人數也於戰後發生持續下跌的現象，可見「核心家庭已成爲台灣社會的普遍社會組織形式」。此外，他並認爲：「主幹家庭在我國行之已久，但因客觀條件的限制，不能像核心家庭一樣普及。」並且明白宣稱這是「工業化」與「現代化」發展的結果。

社會研究者對家庭的研究多指出：家庭結構的變遷普遍是來自多元因素發生相互影響所造成。其中主要因素包括：

人口生態的變化

依據賴澤涵等學者於一九八五年的研究指出：在台灣地區，出生率和死亡率的高低會影響父母與子女人數的對比。同時黃俊傑教授於一九九〇

年的研究也指出：年齡、家庭人數和家庭遷移，都是與家庭型態變遷有關的變數；而人口的出生率、死亡率和遷移率的變化，都影響著台灣家庭結構的變遷。

都市化壓力的銳化

徐良熙等（1989）的研究把都市化做為工業化的代替變項，發現當社會變遷得越來越工業化，年輕人會感染現代化的思想和行為，他們也就會偏向主張或形成核心家庭。由此可知，台灣工業化和都市化所衍生的壓力是影響家庭結構變遷的因素。

同住意願的轉化

陳寬政等（1989）的研究指出：同住意願的變化對於家戶的組成的確有重大影響。當出生率及存活率都不變時，上下兩代同住的意願越低，則下一代的核心家戶成長率越高。同時，賴澤涵（1985）的研究指出：不論有無已婚兄弟，育齡夫妻與父母同住的比例都在降低。

受西方文化影響日深

台灣家庭因受西方文化影響日深，逐漸影響到原有傳統中國社會權威性的控制力，台灣家庭也就逐漸形成準西化或完全西化的情況。中國原有的社會文化模式產生變遷，家庭的組織和成員的行為規範也產生改變。文化生活方式、意識、價值觀、教育、經濟、政治、社會，都受到西方文化的影響。

家庭的變遷一方面是受到家庭結構本身成員變化的影響，另方面，也

受到家庭外面所處整體社會環境的衝擊，因此家庭與外部環境之間，有密切的關聯，而現代家庭主要受到工業化、都市化、資訊化、國際化，而成的一股強大力量的衝擊，逐漸產生變遷。工業社會所具有的特徵，可歸納如下：

1. 講求理性主義，揚棄傳統社會所存在的保守宿命觀點，採用科學的知識與方法，工作的推展，採取有計劃的策略。
2. 個人在社會上所受的評價，不以本身所具有的屬性為基準，而是以個人所創造出來的業績為評價的基準，社會階層是開放的，個人可以經由本身的努力，獲取社會的地位與評價，例如，透過學歷的取得，或財富的累積，就任較高的職位，亦即強調個人所創造出來的成就，經由此種業績主義的強調，期待個人積極的發揮個人才能，提高工作士氣。
3. 強調功能主義，由於社會的異質性增強，個人追求自己的目標，因此，以功能取向為社會組織的原理。隨著功能主義的擴大，個人從家庭所能提供的功能中分離，分屬各種功能團體，隨著工業的發展，社會成員大都以本身所具的特長，受僱於企業。
4. 工業化的結果逐漸吸引鄉村的居民移向大都市，由於都市有較多的工作機會，受僱者集中於都市，在都市謀生的居民漸受都市價值的影響。

現代社會受到工業化特質的影響下，對於家庭帶來衝擊，產生以下的情況：

家庭成員無法朝夕相聚

工業化的進展，使得工廠、服務業林立，上班地點大都無法在家中進行，尤其大型工廠，大都集中在工業區內，財政金融、保險、運輸、等商

業活動則集中在商業區內。此種情況，和傳統的農業生產過程中，家庭生活空間與生產空間一體的情況不同。大部分的受雇者，必須離開農村轉往都市，因此造成大量的農村人口往都市集中，受僱者以工作換取薪資，而薪資為生計的主要來源。而個人為著工作的需要，或出差或派遣或受訓、或職務的調往他處，以及子女受義務教育以後的教育，必須經常在空間上流動，甚至夫妻因工作需要，必須異地分離，使家庭成員，經常分散各地。

家庭成員關係出現平等關係

工業化的結果使得傳統的家庭人際關係解體，在五代同堂或九代同居的大家庭中為維持大量成員的和諧共處，就必須設立家庭制度，建立規範，長者具有權威，以尊卑長幼之序，敬老慈幼，但是工業化以後，家庭成員數大為縮小，成員之間，出現團體的互動關係，彼此以平等的關係相互對待，傳統家庭所建立的地位與權威秩序，因而崩解，家庭的連續性，大為衰弱。

小家庭結合增強、大家庭解體

由於個性化生活方式的強調，都會生活空間的擁擠，年青人喜好自我發展的空間，不喜歡與上一代者共同生活者，人數有增加的傾向，子女一但結婚，大都另外成立新家，生活空間的隔離，使得人際往來趨向於淡薄，傳統大家庭所具有的濃厚人際關係紐帶鬆弛，而以小家庭為主，緊密的結合。

家庭的生活空間，在成員稀少，又必須各自在不同的場所為工作謀生的情況下，家庭往往成為僅供睡覺的場所。以上這些因素，加上個人主義的發達，著重現世享樂主義，自我成就的追求等因素的相互激盪，使家庭逐漸出現解體現象，離婚率也就不斷增加，單親家庭相對增多。

婚姻關係的改變

傳統社會裡的婚姻，包括以下幾個特點：

1. 婚姻對象的選擇權操在父母手中。
2. 門當戶對的觀念濃厚，結婚的目的在於傳宗接代。
3. 婚姻不僅是個人的事，更涉及到整個家族共同利益，因為藉由聯婚，可以壯大家族勢力。
4. 上層階級可見一夫多妻的情形。

現代社會中的婚姻特色如下：

1. 婚姻對象的選擇，掌握在年輕人自己手上。
2. 選擇對象的標準，主要在彼此個性上的吸引與投合，結婚的目的多基於情感性理由，而不僅是生物性的傳宗接代。
3. 結婚雖仍涉及家族的聯合，但個人意願較受尊重。
4. 法律明文規定一夫一妻制，一夫多妻制的情形已不多見。

家庭功能的變遷

基本上家庭所具備的功能應包括：生物性功能、感情性功能、經濟功能、保護功能。然而在社會結構變遷中，一些功能已逐漸減弱，或由其他機構取而代之。以生物性功能而言，在民德約束力較弱的工業社會裡，婚前或婚外性關係屢見不鮮，家庭原來能提供性慾滿足的功能已不若已往重要。另外，由於婚姻結合，強調情感性理由，並且受優生觀念的影響，一般家庭的子女數日益減少，有些夫妻甚至不願生養子女，導致家庭的生殖功能亦受影響。至於，社會化功能方面，現代社會普遍設立的教育機構與豐富多元的傳播媒體，使得原來負擔大部份兒童社會化功能的家庭角色有所變動。家庭原先所具有的保護功能，亦因工業社會中職業分化的程度提高，社會福利機構、醫療單位、警察治安單位……等的增加，而逐漸被取

代。

　　李建興於一九八一年的研究指出：「我國當前家庭問題中，親子間的代溝問題過份強調的結果，似乎只是更加擴大親子間的裂痕。」親子之間的差異其實是很自然的。另外，小家庭的增加，夫婦皆有工作，幼年兒女從小即不在父母身邊，得不到父母的愛對兒女成長會產生不良影響。離婚率上揚對子女亦會造成終生的傷害。學者藍采風於的研究亦指出：「婦女就業率的提高，雙薪家庭對子女的撫育及管教不足，造成親子溝通失調，影響家庭關係。孩子從小因為親情的不足缺乏安全感，容易成為不滿現狀及負面的人格類型。」綜合歸納，家庭變遷對親子關係的影響約有下列數端：

家庭西化的影響

　　西方文化的影響造成多元化的價值觀點，多元化的影響、使固有文化逐漸衰頹變成教條，無法親身實踐。因而使新一代在面對多元價值時感到無所適從，深深影響到上下兩代間的親子關係。

核心化家庭對親子關係的影響

　　家庭人數因為結構改變而減少，蔡文輝認為，核心家庭其實並不適合我國的需要，而且使老人問題日益嚴重複雜，家中兒童得不到良好的照顧。（蔡文輝，李紹嶸，民國七十三年）核心家庭最大的特色是獨立自由，最大缺點是缺乏穩定與安全。近年來政府雖然提倡三代同堂制（折衷家庭），卻因為居住空間不易取得，因空間狹小，使上下三代不易相處，婆媳紛爭甚為嚴重。因而並沒有發揮它顯著的成效。

家庭觀念淡薄的影響

　　親子間的關係因家庭觀念淡薄產生關係疏離淡漠的影響。家庭成員的生活重心轉向家庭之外的事物。

家庭成員人數減少的影響

就家庭內人際關係來看，家庭組成份子愈少其關係愈簡單，由之所引起的摩擦與衝突則愈少。然而，家庭成員人數減少，子女成為父母關注的焦點，父母望子成龍望女成鳳的心完全投注的結果，往往造成子女的壓力產生反叛的心態。或是因為過份溺愛，使子女人格發展不健全。

家庭權威式微的影響

從前子女對父母必恭必敬，父母言出必行，子女只有服從的份，毫無商量的餘地。現代家庭一切依照是非來衡量，父母也難免有出錯的時候，子女不一定就要聽從父母的命令，只看是否合情合理。

家庭勞動力改變的影響

婦女就業率的提高，雙薪家庭對子女的扶育及管教不足，或是父母無法把家庭與工作分開而把壓力帶回家裡，造成親子溝通失調，影響家庭關係。孩子從小因為親情的不足缺乏安全感，容易成為不滿現狀及負面的人格類型。

家庭的社會化功能減弱的影響

家庭的社會化功能，因父母無暇顧及而逐漸由學校或社教機構所取代。但是學校及社會機構的能力及所能顧及的層面，畢竟無法像家庭教育般深入細膩。因此子女人格發展發生問題，並且與父母的衝突日趨頻繁。

保護家人的功能被取代的影響

家庭以往保護家人的功能，為醫療或社會福利機構所取代。家庭提供的功能減少，使家庭成員對家庭的依賴性降低，親子關係疏離。

家庭提供情感與娛樂

既然在保護的功能上，家庭的角色變輕；但是隨著消費與休閒餘樂的

觀念受重視，家庭提供成員更多情感上、心靈上的功能。親子間加強情感上的交流，彌補了保護功能的不足。使親子關係反而更緊密。

親子關係是家庭中由雙親與子女互動所構成的一種人際關係。此種人際關係是個體一生中最早接觸的。影響到子女一生的發展。綜觀台灣家庭親子關係的變遷，主面是因為家庭現代化、價值觀的變遷及家庭結構的改變所致。再加上受到工業化及都市化的影響，使家庭中親子間的互動關係受到影響。其實親子雙方因為成長背景不同，在思想上理應有差異。但是，如果社會變遷的速度太快或是改變幅度太大，就會使親子間產生代溝。如果不加強互動溝通，彼此差距會愈來愈大，就會因衝突而產生家庭問題。

結語

變遷是社會的必然現象，社會結構如此，家庭結構亦然。台灣地區的家庭結構，受到人口生態的變化、都市化壓力的銳化和同住意願的轉化等因素的影響，已經產生了一些變遷：在家庭型態上，核心家庭增多，擴大家庭減少，並且衍生出單親家庭和許多特殊的家庭型態；在居住型態上，子女與父母同住減少，老人獨居增多；在權力結構上，父母權威性衰落，子女自主性提高。

而當學者討論工業化與家庭核心化的關聯時，意味著傳統的家庭制度與價值已經逐漸鬆動。有關這方面的主要論點，主要有人口轉型論者與支持家庭核心化者的看法。人口轉型論者認為父母與已婚子女同住的比率仍佔多數，表示主幹家庭繼續成為最重要的家庭型式，核心家庭只是主幹化之下的分化產物罷了。至於核心化之支持者則認為，工業化所導致的社會經濟結構的改變，促使父母與子女都偏好分住；只要條件許可，代間分別

建立核心家庭爲不可避免的趨勢。

　　最後，爲了因應家庭結構的變遷，我們有必要對家庭政策、獨居老人、單親家庭和相關的服務網路謀求改進之道，營造一個合適的家庭生活環境，使每一家庭成員都能滿足需求，進而穩定社會，發展國力。

　　家庭是人類生活中最早接觸也是最重要的單位，同時是社會最基本的組織。一個人從出生到死亡，家庭生活佔了大部份的時間。家庭也是提供人類社會化的最初組織。所以，影響一個人最大的團體就是家庭，怠無庸議。但隨著社會的快速變化，無論是東方或是西方社會，其家庭的結構都有很大的轉變。以台灣家庭而言，受到社會、經濟、人口結構的改變，及工業化等因素影響；使得如：家庭人口結構、成員的價值觀均有所改變。

　　由於未能適應變遷的情況，自易造成家庭問題；在現行的家庭問題中，親子關係的互動不良居大多數。因為親子間的關係，是維繫一個家庭完整的主要因素。如果親子關係是冷淡的甚至是敵對的，這個家庭必是問題重重，而且會對家庭成員的人格發展與行為產生負面影響。如果親子關係是和諧、親密的，這個家庭則是個健全的家庭，亦有助於家庭成員人格的健全發展。

第16章 宗教信仰

人是屬於社會性的動物，其思想、感受、行為都受到環境的影響；除非生活在孤島，否則必受到其他個人或團體之影響。故人與社會是有密切的關係。而人和宗教亦不可分；人生、命運、危機、幸福、安樂、生育、成長、病痛、死亡、婚姻、居住等，皆與宗教相關。從遠古以來，人類一直生存在不穩定、挫折和不安的環境中，但人類藉由不斷的演化，而對不知的事物加以思考，並透過象徵來表現對自然界的恐怖和本身的焦慮，這種可影響人類生活的力量便是宗教。宗教的影響從人一出世便開始發生作用；人誕生於社會之中，若其家庭、社會、國家有既存的宗教信仰或行為儀式，那麼必會影響其信仰、行為及人生觀。因此，如何運用宗教這種無形的力量實在值得關注與探討。對於宗教與社會的關係和功能，更有深入研究之必要。

　　人和宇宙的關係有三種。第一種是人與人的關係。諸如：家庭生活、婚姻關係、親屬系統、社會組織等等。第二種是人與物的關係。這裡所謂的「物」，是指人身以外的一切可看見、可聽見、可觸及、有生命或無生命的東西，都在這個行列之內。第三種關係是人與超自然的關係。超自然是個神秘的境界，「神」是這個境界的籠統的代名詞。在人的日常生活中，佔有個相當重要的位置。

　　「宗教活動」在人類社會中普遍存在。在現代社會中，沒有宗教信仰的人愈來愈普遍。但宗教的信念在每一個社會中，仍然繼續存在，並且得到整個社會的支持。社會學家中對宗教的探討最為人所稱道的，首推法國的涂爾幹（E. Durkheim）。涂爾幹認為：「宗教是一個涉及神聖事物的信仰和實踐的統一體系，按此體系，信仰者可以凝聚成為一個單一的道德社區。」由這位著稱的社會學家對宗教的描述，我們不難理解宗教是人們為了處理未知的超自然力量，以脫離不穩定、不安全和不完美的環境，而達到自我平衡與精神安慰，所形成的一種行為模式。一般學者皆認為：宗教包含了「神聖和超自然觀念」、「信仰和價值」、「儀式和宗教組織」

等三個因素。從制度的眼光而論，宗教制度可說是一個有組織的信仰和行為模式，它明確地、忠實地表達出人們與其所相信的最後實體的關係。簡單的說，宗教制度是人們為了應付不可知的超自然力，脫離不穩定、不安全、不完美的環境，以達到自我平衡、精神安慰，而形成的文化結叢或行為模式。由這些敘述我們可以清楚知悉宗教觀念與個人信仰，社會文化具有綿密的關係。。

宗教的定義

　　什麼是宗教？在社會學界多數採用 E. Durkheim 的解釋，認為宗教的基本思想乃是二重世界的觀念，即對超自然界的是認知與信仰，再加上人類社會對於此超自然世界企圖去交通接觸的祭儀行為。即宗教必須具備二個基本要素，一個是信仰，一個是祭儀行為。Durkheim 的二重世界乃是在現實的俗濁世界以外承認還有一個聖潔的世界。多數研究宗教的學者稱這個境界為超自然境界，用通俗社會的話說就是神靈世界。十九世紀的自然科學雖然曾建立了唯物主義的觀念，但大多數自然科學家仍無法否認宗教的社會事實的存在。邏輯知識與近代科學已經弄清楚了唯物主義與唯心主義都只是一種偏頗思想。

　　任何物體都有體與象、形與質的兩面。所謂超自然世界，其實就是自然世界的結構與變化的法理，即所謂「自然法則」或「結構原理」。一個生物個體，從生到死，乃至死後的演變，其間有一個生命存在。宗教觀念的來源其實就是人類社會對於這兩個大秘密：一個是自然法則，另一個是生命的神秘性之間尋求合致的努力。法國社會學家 Reville 曾對宗教作了一個獨到的解說：「宗教乃是人類要求去理解未知的超自然世界，並努力使之與現實世界相合致的作為。」Lowie 曾說：「宗教乃是把一切超自然

的觀念通過社會組織風俗習慣所反映出來的觀念與行為模式。」

綜合有關宗教的定義具有的特質如下：

1. 宗教似為理性、想像、情感等之混合物，卻又超越這些因素之上。
2. 宗教要從現世的否定中，來肯定來世。
3. 宗教或是一神，或是多神，或是無神，總承認有超自然的普遍存在的偉大能力。此存在能力不論是推論出來的，想像出來的，或直觀出來的，總能象徵宇宙的秩序或運作，形成宇宙之美，生命之流轉，而為人類力量所不及，遂發而為讚佩之聲，視為禍福之所倚，並為人類倫理的真正啓示。

行為科學有一個很重要的發現，就是知道人類具有象徵能力。直至現在無人能確知人類以外的其他動物是否有宗教文化。其實就是因為只有人類有象徵的智力，所以對於事物能感知超出於事物本身以上意義。愈是原始社會愈具有對於事物徵兆的敏感。不只是聞雞聲而知曉，見落葉而知秋的聯想，還有見燈花而知客至，遇蛇當道而知出行不利等等見微知著的象徵性感知能力。這個超感覺的象徵能力，可以視為創造宗教的基本動力。人類藉著這種象徵意識，纔能把超自然的事物，即隱寓在事物以上的事物及其功能法則漸漸予以掌握。這種依靠象徵的語言、圖象、行為去與超自然的神靈或道、法相交通，並企圖產生趨吉避凶遠禍向福的努力，乃是宗教文化的基本要求。研究宗教起源的學者歸納出來兩種神秘現象，是刺激人心走向宗教的最大動機：一個是自然的秩序與災變，從日月之晦明，四時之次序，四時寒暑的循環變化，而感知自然的規律；從天變、地震、洪水、旱災；而驚懼自然變動之威力，使人感知在巨大無涯的自然世界背後有一種推動的法則乃至最高主宰者的存在。這就是中國人稱之為「天」，為「道」，為「上帝」，為「神」，西方的哲學與宗教中稱之為 "divinity"、"god"、"natural law or order"、"superpower" 的東

西。另外一個是「生命的變化」，人的生死福樂與病苦所給與人類的打擊，最嚴重的是對死亡的印象，尤其是突然的死亡所給與其關係者的恐怖印象；使他們感覺有靈魂的存在。再加上直接與人類死亡疾病相牽連在一起的山野的幽靈、野獸、龍蛇以至草木之精靈，隨時地都有危害到人類生命的能力。以前一種自然的威力的感動作為宗教的基礎者稱之為自然論或自然主義，以生命的靈魂，死者的鬼魂以及一切事物之精靈為宗教之基礎者稱之為靈魂論（ghostism），瑪那論（manaism），精靈論（spiritualism），靈力論（animism）。前者代表著宇宙的一般性的理法，後者代表在每一個別生命背後靈魂或生命力。其實這與最前進的物理科學與生物科學中結構理論與原子論乃是相通而可以互相解釋的。只是科學家所尋求的是已知的境界，而宗教所尋求的無寧是未知的境界而已。科學世界所追求的是知識，而宗教世界所追求的乃是行為法式及其可以達成的社會與人生的具體效果。科學家所努力達成的是系統化的知識與法則公式的建造，宗教家所努力達成的是藉象徵法式的信念與行為，以求合致於自然理法，並以之解救人類社會的滅亡。

社會學家對宗教的觀點

社會學家對宗教的探討上，我們約略地可以區別出兩種內涵取向。一種取向是「解釋取向」，是企圖說明何以人們信仰宗教。這部份的學者主要的有：Taylor、Durkheim、Freud、Lowie 和 Radcliffe－Brown 等人。另一種取向則是「了悟取向」，這種取向則集中於說明宗教的各種現象，透過對宗教現象的說明以促使人們了解宗教是什麼，促使宗教訊息更為活絡。這部份的重要學者為：Bachofen、Williom、Max Weber 等人，透過宗教現象的說明，促使我們了悟宗教的內涵。

孔德

孔德於一八五○年提倡人本主義之宗教，他以道德為宗教之基礎。他認為無利他行為即無社會，無社會即無道德。社會要有一種良好的社會秩序，光靠科學無濟於事，而需仰賴對宗教情感的配合。他又認為宗教在社會中所扮演的角色：

1. 宗教與社會是不可分的；宗教是使社會與文化相融合的主要力量。
2. 在社會化的整個過程中宗教有其重要的價值；無論言語的使用及交往關係上都非常密切。
3. 宗教上的儀式可使個人與團體結合並增加團體意識。
4. 宗教是人類最基本的觀念與價值的最初根源。
5. 宗教有助於對社會變遷的了解，因為所有變遷基本上是思想和價值的改變。

馬克思

馬克思強調宗教與社會的衝突關係，而非與社會結合的關係。他認為，在每個時代中，宗教觀念的發展都是為了替統治階級的權勢辯護，並撫慰那些受到他們壓倒的人民。他甚至認為「宗教是人們的鴉片」，宗教製造假意識和錯誤的幸福感，並使工人無從認清他們替資本家工作，並為資本家所剝削的處境。宗教是由那些在社會上處高位者，為保留自己的權力而加以操縱的組織。

韋伯

　　韋伯於一八六七年著《宗教社會學》、一九一五年著《世界性宗教之經濟倫理》。其研究之宗教包括天主教、基督教、道教、印度佛教、猶太教等。其研究中心問題是：人類對宇宙、天道及鬼神的觀念是否會影響或塑造具體行為及社會關係，特別是經濟結構。其結果是肯定的。同時韋伯又認為宗教是一種觀念系統的知識體系，與巫術不同，因為宗教尚需有理性的過程。

　　韋伯的「宗教理念」以三個角度加以說明：「神、救贖與倫理」。而這三個角度各分別對應著：「宗教信仰對象」，「因現在之處境而生的需求與滿足需求方式之構想」，及其「對生活樣式之應然面看法」等。韋伯對於這些問題，主要內容在於了解西方「入世制慾」的行動類型。這種獨特的宗教行為是如何產生的？（因為其認為資本主義的興起和西方宗教「入世制慾」的觀念有密切關係）。韋伯認為：「直接支配人類行為的是物質上與精神上的意慾，而不是理念。但是由於理念創造出來的『世界圖象』，常如鐵道上的轉轍器，決定了軌道的方向」。所以說，理念對於行為產生影響的可能，主要在於是否能成為行動主體所承攜的一種世界觀。

　　韋伯認為神的形成，並非在一開始時就有如此具體事物的存在；他認為初始的宗教活動都是一種現世的巫術崇拜，因為人對於大自然及不可知事物的畏懼，而產生的一種「自然神論」。漸漸的以前存在的經驗和實際發生的事情累積而成為一種特定的角色（例如生病是因為有某個精靈在搗蛋等），進而形成一個具體的圖像。這也是為何宗教活動中存在的可能複雜化（摻雜人們心理許多因素）與普遍化的重要因素—「抽象化的過程」；也就是從自然神論演變成「象徵主義」。此種象徵主義代表的僅是一個程度的抽象化（如：耶穌神蹟、教士驅魔），其實都多少都仍存在著

巫術的影子。

　　韋伯認爲由於高度抽象化的特質，加上其內在所涵蘊的理性推理的三段論法，使得西方宗敎具有相當獨特性。抽象化的過程會經由「結晶化」而產生所謂單一神祇的出現。是以人們創造出人與超自然力量之間的關係。無論是多神或是單神，各有其普遍化與全能化的特性。韋伯認爲可以將統治者的模式映照到神的身上；因爲祂的恩寵同樣可以經由懇求、贈予、服務、貢獻、諂媚、賄賂而得到。換句話說，祂的恩寵之所以被得到，只是做爲一個皈依著自己信仰及實行符合祂意願之好行爲的結果。在這些方式，神被視爲統治者，是一種偉大的存有。在當祂被認爲是唯一的眞神而受到崇拜，即可能擁有全知全能的特質，這意味著祂在裁判權上無限擴大成爲普世主義。這即是猶太、基督傳統下的神所具有的特性。

　　有關宗敎信仰理念的生成與持續，韋伯覺得有兩個因素是不容忽視的：一爲是否在日常生活中符合大衆的需要，二則是僧侶的控制。神的理念是因人們的需求而生成，但是由於人無法接觸到神，而使得核心的僧侶因自己的利益，將神的理念轉成有利自己的形式，而產生控制，這就使得全知全能的人格神的出現與持續。

　　論及救贖的問題時，宗敎便與一般人的日常生活行動有了極大的關聯性。基於人們希望「自何處」被拯救出來？以及希望被拯救到「何處去」？這兩個問題都可以整合到世界圖象裡去。因此，產生高度一致的行爲模式。由於西方宗敎的神義論乃屬於「隱身之神的預選說」；在這個體系下，人們無法忖度神之觀念，因此是否能被拯救也無從得知，由此產生的心理狀態，爲了證明自己是上帝的預選子民，而產生一種相當強的動力，造成西方經濟的蓬勃發展。

　　在《新敎倫理與資本主義精神》一書中，韋伯強調新敎中的入世制慾倫理觀，影響了新敎徒的日常生活，使其展現出一種高度一致性與系統性的理性生活樣式。亦即由於其具有普遍、單一、全能、會發怒有人格的特

質，才得以使信仰者的行為倫理化（理性化、系統化）。新教倫理教派對近代資本主義的貢獻為：

1. 以現代成就榮耀上帝，財富的獲得是合理的，使資本主義合理化。
2. 俗世的勞動是一種義務。
3. 反對奢侈逸樂、禁慾，使得財富轉為再投資，獲得上帝的選民。
4. 除去冥想和儀式行為，強調「上帝的選擇不受他人影響」，走向除去「世界魔咒」之陰影，走向合理化。
5. 是否成為上帝眷顧之選民，是關諸於己，與血緣、親族無關。產生「就事論事」的理念。

韋伯指出：新教倫理具有「現世支配」的觀念及精神，強調「宗教理性」的特質：

1. 是採取理性化的態度融注於生活中，並使得宗教精神的色彩降到最低程度。
2. 是端視宗教的系統統一性，教義要發揮作用，則經由其統一性增加以排斥魔咒的力量。
3. 為了檢證宗教的理性，因此採取了「實質理性」和「工具理性」的觀念來說明：
   ⑴實質理性——是一種具有價質體系的信仰，生活中具有一定的信仰和意念，由這種信仰和理念指引生活運作。
   ⑵工具理性——是一種可被量化、計算、會計，它不祇是在技術上是可能，而且是被實際運用的。只是從技術、角度、工具態度來探討理性程度。
   ⑶吊詭現象——是指由實質理性走向工具理性的現象。例如：原本為成為選民而辛勤工作，結果產生資本主義精神，其後純粹為了

賺錢而捨棄原有的精神。正如同「喧賓奪主」的現象。

總括地說，由於西方新教的神觀具有普遍化、全面性、世界觀的理念，使得人們對於神（具有人格神）本身是一種崇敬的心理，進而藉由救贖的觀念，在教義的倫理規範下，使得新教徒在規約下，產生一致性的行為，並且對宗教的獻身從沈思的「迷離世界」轉向行動的、制慾的「改造現世」。基本上這種特殊的宗教理念，若從神觀、救贖觀與倫理觀，以及現世制慾的行動類型之間所存在的高度密切之關係來看，在世界各宗教中，只存在于西方基督新教諸教派。希伯萊先知的預言所形成的教義倫理，加上歷史上的各種因素與生存情境之影響，適足以理解這個特殊的宗教。

涂爾幹

西元一八九三年，法國社會學家涂爾幹發表《社會分工論》一書時就曾經提起宗教在人類社會中扮演著何等重要的角色。涂爾幹認為：「社會裡各份子之所以能夠在一起分工合作，共同生存，完全在於一種超個人的力量加諸於社會的每一份子上。這種力量是一種社會事實，也是一種集體意識（collective consciousness）。而宗教信仰就具有此種集體意識」。並且涂爾幹相信集體意識是建立在人們共同的思想和信仰上，是維繫社會的基礎。因此，涂爾幹於一九一二年著《宗教生活之基本型式——澳大利亞之圖騰制度》及一九二三年著《道德教育論》。對於宗教與社會的關係，他認為：宗教在事實上就是社會秩序的代言者，因此沒有一個社會不具有某種形式的宗教生活，科學也不能脫離宗教的思潮行為範疇。宗教現象是社會現象，而非個人現象。因為宗教在涂爾幹看來就代表無形的、神聖的、讓人畏懼的社會共同集體意識。人們對宗教的敬畏，事實上也等於

敬畏社會。宗教禮儀養成人們的自我訓律，以約束其參加社會的集體生活，宗教慶典將人們結合在一起；以灌輸其集體關係和連帶責任，並傳輸社會的傳統習慣和價值。因此，在初民社會裡，宗教就是社會，社會就是宗教，兩者是不可分的。

總之，涂爾幹特別強調宗教與社會的關聯性，認為：

1.宗教能給予個人及社會生命、加強生命力及整合力。
2.宗教儀式的重要性：
　　(1)經由儀式，個人可以成為宗教團體的一份子。
　　(2)經由儀式，可使人與上帝的關係連結在一起。
　　(3)經由儀式，能抵擋四週罪惡的力量。
　　(4)經由儀式，可使人平安的死亡。
　　(5)經由儀式，可使教會統一，並使信徒永屬於這個教會。
3.宗教可影響人的思想和生活方式。
4.宗教是文化與社會的一部分，它控制人類的行為。

帕森思

帕森思以功能論的觀點論述宗教，認為宗教之積極功能是使人達到救贖、正義及真理，而消極的功能是使人避免受苦、避免邪惡和誤入歧途。

佛洛伊德

佛洛伊德認為宗教行為是一種心理反應的實際投射。為了證明此種現象和意義，他蒐集了若干非意識的行為，並剖析其中所代表的宗教意義。宗教的儀式行為中運用的不同符號、動作、行為特徵、儀式行為等以代表

的心理內涵和其象徵意義。這些符號、動作是源諸於人們的夢魘的啓示，或是某些靈媒的心理反應。宗敎行爲對一位病患在心理安撫，心靈慰藉上所具有的重要性，這也是促成宗敎發展的一項有力因素。亦即宗敎提供人們面對其生命中問題的可能解決途徑。

雷得克立夫·布朗

雷得克立夫·布朗（Alfred R. Radcliffe - Brown 1881~1955），也曾對宗敎這個領域進行研究，而建構了若干宗敎理論。這種建構是運用民族誌的方法來觀察社群的宗敎信仰，並且以功能論的觀點來分析宗敎行爲與全體社群的關係。對早期的社群而言，則宗敎具有與今日社會法律一般的功能，以規範人們的行爲，維持社會的穩定和諧發展。由這個觀點，我們則能明顯看出 Radcliffe - Brown 在宗敎的探究上並非置於宗敎儀式行爲的解釋，而是強調宗敎的社會功能觀。宗敎的規範力量導引了人們對社會秩序的遵守，因此促使社群穩定有序的發展。Radcliffe - Brown 對宗敎的這種觀點，我們同樣可以在涂爾幹、泰勒等宗敎研究者的著作中窺見其內涵。這種觀點甚至影響到若干社會學家認爲宗敎乃是社會進行「社會化」過程中一種不可或缺的規範力量。

馬凌諾斯基

馬凌諾斯基（Bronislow. K. Mobinoski 1884 - 1942），曾以功能論的觀點，來探討宗敎在人類社會及文化所呈現特徵。他認爲誠如文化中的其他組成部份一般，宗敎對社群的生存有其特有的功能。而 Taylor、Frozer、Marett、Durkheim 等人，對於巫術、圖騰等宗敎活動的探求，也都是採取這種研究取向。馬凌諾斯基認爲宗敎就有如一種信仰體系，此

正代表著人們對於社會現象的解釋,並且經由神聖和凡俗的區劃和儀式典禮來加以表達。他同時也企圖由文化中的功能觀點以區分巫術和宗教。認為此二者在實用目的上有其相似之處,其差別則在於使用手段的不同,巫術強調的是「儀式的」,宗教強調的是「實證的」。其間的異同可如下簡表:

§ 表16-1

手段	目 的	
宗教	以儀式行為影響超自然力	以儀式表現其願望,祈求超自然力的賜福
巫術	以儀式行為影響超自然力	以儀式控制超自然力,達到自己的目的

當然,經由研究宗教內涵、理論等,以揭開宗教神秘面紗是必要的;另外,研究宗教的信仰群眾也是增進我們對宗教了解不可或缺的一環。總之一門學術的建立是需要有周延的範疇,並儘可能蒐蘿各種學說對此一主題的研究所得。雖然這些研究內涵對宗教並未採取一致的看法,但這適足以提供我們以更開闊的態度來探討宗教。當然,這其中源於研究方法的差別、理論建構的差異、知識取向的區別,使若干研究所得大相逕庭,但這乃是一門學科建立過程中不可或缺的。

同時,由以上的論述,我們可以看到宗教涉及範圍的廣泛和與社會發展的綿密相關。但因為過去的宗教研究鮮少注意此一特色,使宗教的研究不具周延性,甚至披上神秘的面紗。同時宗教的神聖性,不可批判性,使這門學問的研究阻窒不前,及至十九世紀之後,受到開放觀念的影響,人們足以對宗教的內涵進行探討,甚至批判,使其學術內涵逐漸建立起來。而在基督教內更有若干人批評聖經的神聖性,這些批評使人們漸漸地檢討到宗教信仰,而運用行為科學的觀點來探討宗教信仰,這種趨勢實質上並不是僅在基督教內進行,在世界上許多宗教也正進行著此種省思。

宗教的類型

社會學家韋伯將宗教的類型區分為四種：

1. 救贖宗教──是希望去世後能順利上天堂。
2. 文化宗教──是祈求現世的幸福。
3. 行家宗教──是以熟讀經書，以了解經義，以知識的追尋為目標。
4. 大衆宗教─是為大衆所信仰的宗教。

若以宗教理念的承擔者劃分：

§ 表16－2

類別	救贖宗教	文化宗教
行家宗教	印度教（以僧侶為主）	儒教
大衆宗教	基督教、回教、佛教	道教

由於宗教源於人類對於自然的接觸，及其由自然事物所得到的感應，並與族群文化相契合。這就是宗教的基本特徵，因此衍生下述類型的宗教：

圖騰宗教

圖騰宗教（totemism）乃是近代人類學知識累積中一個重要的成績；也是從原始社會研究中所發現的最為普遍存在的宗教制度。E. Durkheim在其《宗教生活的基本形式》一書中曾強調其「標記物」（emblem）的意義，李維史陀（Levi－Strauss）曾給圖騰主義一個最寬

泛的解釋，他說：「圖騰制度代表著自然與社會兩組現象之間任意的觀念的配合關係。」這個解說最能廣泛應用於在世界不同地區民族中所能找到的多種多樣的圖騰制度。用最簡單的說法，「圖騰宗教乃是每一民族社會以其對自然的分類觀念應用象徵符號使社會與自然合致的信仰與儀禮法式。」最具標本性的群落圖騰與氏族圖騰乃是一個同地域群或同族群自認為與某一自然物或動植物相一致，如自稱為蛇或鼠，並以此自別於他群，以蛇或鼠之名與圖象標記為識別的符號，並信守與之相關的信念與禁忌。被使用為「圖騰」的自然事物，從最具體的動植物到自然現象風、雲、霧、電都有，但每一社群單位只選取一個以做為自己族群的象徵對象；雖然一個部族也可以認識一套分類系統以作為其自群與他群之間的識別符號。這就是圖騰符號的特質。在圖騰宗教中可以找出幾個必須具備要素是：

1. 與圖騰相關的起源神話（ancestral mythe）。
2. 與圖騰事物相關的象徵標記符識（totemic emblem）。
3. 圖騰名式（totemic name）。
4. 與圖騰事物相關的禁忌（totemic taboo）。
5. 圖騰致祭儀式（rite of identification）。

靈物崇拜

靈物崇拜（fetishism）乃是祭拜某一些特定的自然物為靈物，如靈蛇、靈龜、靈鳥、靈岩、靈池，大可到靈山、靈湖，小則可以一根羽毛，一塊卵石，一個貝殼，一塊木頭為靈物，可以是活動的鳥獸蟲蛇，也可以是不動的一個地方，但並非泛指同類的事物，而是認定為精靈所附在的特定事物，即為靈物。每一靈物常被認定其具有某一些特定的能力如能作

雨、驅風、或給與人類某種福祇或災害。此靈物總是有兩面性的，可以由它得到幫助也可以招致相反的災祟。這就是靈物崇拜的特質。靈物崇拜的宗教有幾個關鍵性要素：

1. 靈物（fetics）即特定靈力所憑依的物。
2. 靈巫（shaman or sorcerer）即經由學習而具有行施法術以控制靈力能力的巫術。
3. 咒語（spell），每一種特定目的都有一套特定的咒語，用以呼致靈力使其顯示咒術效果。
4. 咒物（amulets）每一靈物都有其用以作爲媒介標記的法物如毛髮、鳥爪、獸蹄之類，有時用特定的植物如中國道敎的桃弓、柳箭，臺灣高山族的鬼茅、芭蕉葉、筠葉之類。
5. 宣託（oracle），即經由巫師向靈物詛咒的祭儀行爲其時通常藉一定的祭物與有觸媒作的煙火之力以引致巫術的效果。

自然崇拜

自然崇拜（naturism），是直接以自然事物本身作爲一般性恆久性的崇拜對象。自然崇拜多是國家社會所創建的宗敎。其崇拜的對象偏向廣大高遠的自然現象如天地、日月、星辰、湖海、山川，以至重要的自然物質如水火木金土。Max Muller 曾解釋自然宗敎的成立是出於人類對大自然驚異、畏懼與感恩的感情，以及其對於廣大悠遠的宇宙秩序的憧憬欽慕的心境。中國人的天道思想最能代表自然崇拜的眞諦。在自然崇拜中的天、地、山、川、湖、海、星象都是自然事物本身而並不需要把祂人格化，也不需要靠神話傳說建立其與人群之間的關係，只是把自然與社會的關係予以觀念上的聖化，與儀式上的聯繫而已。

靈質崇拜

作爲宗敎的另一種來源，是社會對於超自然的生命，以及對物與人的生死相關的精靈或魂魄的信仰。人類學田野工作者已知的事實就是沒有一個民族沒有鬼神的信仰，甚至人們都迷信鬼神精靈有左右人類吉凶命運的力量。Frazer 的名著《金枝》（ *Golden Bough* ）一書內對於靈魂的解釋乃是其精華所在，他說：「野人對於自然生命的解釋總是認爲在生命的背後有一種力量在暗中發生作用。一個動物的生動乃是因爲其體內有一個小的動物生命。人的生命乃由於靈魂的存在，睡眠與死亡都是由於靈魂一時或長久的離開身體。」這對於靈魂的說明與中國古來對魂魄的觀念是相符合的。在大多數靈質崇拜（ aminism, spiritualism ）社會相信疾病與災害都是由於流浪在野外的幽靈的作用，因此產生對靈魄的祭祀行爲。

祖靈崇拜

與靈魂信仰相關聯，但明白強調對於血緣團體的祖靈崇拜乃是絕大多數民族社會的宗敎習俗。蓋靈魂觀念最清楚的體認乃是由於人死亡時所發生的突變，尤其是子女對於其父母，同族後嗣對於其始祖以至其全體上代尊親之死亡，從不能承認爲死者生命之絕滅，只承認死者之靈魂在死後離開軀體而反回靈的世界，反而得到自由活動的生命。其徘徊於山野之間無所依歸者謂之幽靈，其經由喪葬儀禮聚集於壇廟或靈鄉者則爲祖靈，從圖騰崇拜到鬼神崇拜的社會其生命儀禮與告時祭祀的主要對象都是祖靈。中國自古是一個典型的祖先崇拜的社會，從喪葬儀禮到宗廟祭祀都是祖靈崇拜（ ancestor worship, ghostism ）的程序。在靈質崇拜社會中普通是在家屋內設置一個祖靈位，有些社會有祖靈屋（ spirit house ），中國人的

宗祠或宗廟是典型的例子，在宗廟中供奉的神主牌位乃是每一位或一對已故的配偶的靈位，用已祭祀祖先靈魂。

靈鬼崇拜

靈鬼崇拜（ghost belief）與祖靈崇拜相關但具有特殊性格。是對於已故的一些特殊人物之靈魂，如戰士、巫師之類其具有強大靈力者其死後之靈魂乃成為靈鬼的崇拜。常成為其地域社會的守護神（guardian spirit），這些靈鬼各自具有特殊的形象與性格。在靈鬼中常包含著凶死者的惡靈在內。這些惡靈如被觸犯時常是以招致嚴重的災禍與死亡。中國人所稱的厲鬼瘟神，以至魑魅魍魎即屬於後者。對於靈鬼的特殊祭儀常只能靠靈巫以特殊巫法完成。

社會學家貝拉(Robert N. Bellah)運用變遷的觀點討論宗教的現象，將宗教運用進化觀點區分五個類別：(蔡文輝, 1986, pp.106－107)

初民宗教（primitive religions）

初民宗教是最簡單的宗教形式。祖先崇拜的信仰反映在人形或動物的形象上。通常這些這些人形或動物形象皆比生命強壯永久。例如：被認同的社會團體、人類行動、石頭和樹木都有神祕感或力量。宗教儀式相當盛行，因為其增強了社會的連帶責任。

偶像式的宗教

在這一階段，神祕的偶像已變成神或上帝，他們直接控制世上的凡事。人與神已不再是一體：人們必須經由宗教儀式或崇拜和祭祀才能與神或上帝交通。宗教成為族群要求遷從社會規範的媒介。雖然已有教士出現，但其作用只在於主持祭典儀式增強社會連帶責任。

歷史宗教（historical religions）

歷史宗教最初出現在有文字語言的社會裡。人類總認為上天比凡世要美好和平，因此人死後上天安享逐漸成為宗教的最終目標。而信仰崇拜的對象也由原來的多神，轉為一個神，並視神為宇宙的唯一創造者和主宰者。再者，宗教組織亦是自其他制度裡分化出來。

早期現代宗教（early modern religion）

宗教的特質是每一個人直接與上帝交通。宗教行動不再一定是完美無瑕的美德。宗教信念是在個人心中。具有此種特質的如：十六世紀宗教改革後的基督新教。

現代宗教（modern religion）

在現代宗教裡宗教種類繁多。教徒徒可能信奉神或上帝，但卻不一定歸屬任何一教派或教會。個人的經驗為人與神交通的憑據。道德信條及行為準則已逐漸解放。人有更多的機會嘗試新的和創造新的。因此，我們可

§ 表16－3

類別	形象體系	宗教行動	宗教組織	社會意義
初民宗教	神話式的祖先偶像；人形和動物	認同「社群」	沒有教會，宗教與社會一體	增強社會連帶責任
偶像式宗教	神聖的神話式偶像	崇拜與祭祀	數目眾多的教派要求遵從社會規範	要求遵從社會規範
歷史宗教	自然與超自然的分裂	美德為得救之基礎	宗教成為獨立單元	宗教和社會間緊張
早期現代宗教	人與神直接交通	生命的奉獻	契約式和自願式參加教會	社會體系發生主要變遷
現代宗教	宗教自我與其責任	尋求個人行為之準則及其對社會之關聯	有些人參加教會，人格責任只為自己本身	文化和人格經歷持續的修正

將之視爲是「心靈式的宗敎」。

宗敎的功能

宗敎最基本的功能，就是提供人們整套有組織有系統的宇宙概念，爲人和四周的環境建立起相互的關係。因之，宗敎減低了人恐懼不安的感覺。帶給人的不僅是對於茫茫的未來給予無比的安全感，也對未來寄以無窮的希望。而且，由宗敎所建立起來的宇宙觀，不僅反映出人與超自然之間的親密關係，更說明了人與自然界各方面的緊密關係。

像我們中國人自古以來即奉行不衰的祖先崇拜，可以做爲這種關聯現象的說明。死亡的先人，依然認定是家族中的一員，家譜中記載得清清楚楚。祭祀時，相信亡故的親人會再回來享用所供奉的佳餚美酒。在祭祀中，向祖先磕頭、祈禱、頌祝。建立宗廟，奉祀昭穆祖宗，使後世子孫勿有所怠忘。祖先可以影響子孫的禍福，可以決定子孫的命運。這種祖先崇拜並不只限於中國。許多在非洲和美拉尼西亞的部落、墨西哥北部的雅奇（Yaqui）族和馬育（Mayo）族印地安人也都有相同的舉動。

宗敎的另一項功能，就是強化和維持文化的價值體系。少數宗敎很清晰的揭櫫倫理道德，如佛敎、猶太敎、基督敎。大多數宗敎多多少少都會對人們強調該文化所設計的行爲標準。宗敎對於文化價值體系具有明顯的功能。某些社會在表面上，宗敎和道德價值的關係不大。可是有一天遇到了急速的社會變遷時，宗敎是站在保守的立場。

另一種常見的功能，是藉著儀式和祭典保存了知識文化。在很多沒有文字記錄的社會，祭典就是戲劇，象徵性的強化文化上的各種活動，特別是有關食物生產方面的活動。在行農耕的社會，祭典的內容都圍繞著農業，一再強調如何造成五穀豐登的局面。狩獵民族的祭典內容則多是以舞

蹈方式象徵性的捕捉動物。那瓦荷族的祭典，則是象徵性的述說創世的神話。凡此種種，雖然有時過份強調傳統而不鼓勵創新，但無可否認的是它保存了文化中最有價值的各種技術和各種方法。

最後，儀式和祭典配合上信仰的一致性，對於社會的參與、社會的整合，有著莫大的貢獻。例如：阿帕契族的少女青春期儀式，不僅是宗教性的儀式，同時也是社會性事件。地方的父老兄弟姐妹聚在一起，共同參加一項活動，其情緒的高昂自然不在話下。在這種情況下，一再強化個人與社會的關係，也強調社會的整體性。因此，人們在宗教活動中所得到的不僅是強化社會聚合力，而且對個人而言，帶來更大的安全感。

宗教活動的主要功能是解釋宇宙現象，對於個人和社會所提供的是和諧、舒適、安慰和希望。也就是對個人和社會行成一股道德制裁的力量。這種說法是社會學家根據許多社會的種種相關資料，比較研究之後，所歸納出來的結論。

很多社會，特別是西方社會，把宗教和道德看成是同樣的一件事。認為宗教最大的長處，就是發揮道德的熱忱。所以，有的時後會把宗教界定為道德規範。泰勒（E.B.Taylor）就曾研究這方面的關係。他根據許多社會的資料，做了這樣一個論斷：宗教和道德是兩個不同範疇的觀念和行為，可以單獨的存在，也可以做某種程度的相互依賴。每個社會都有一套道德規範，也都有維持這套規範的習慣方法。所以，各社會中正式或非正式的社會制裁行為，大致是大同小異的。之所以有所不同，是因為某個社會特別著重某一些行為，比較不重視另外的一些行為。人類學家迄今從未理出一套周詳完備的分類方法，只是記錄了許多有關的資料而已。社會制裁力量通常是指各種嘉獎和報酬、社會地位的失落和得到、別人的嘲笑和揶揄、流放、逃避、身體上的處罰、法律制裁、超自然的獎懲等等。任何一個社會，有很多道德規範已經成了深植人心的永恆真理。外在的制裁也變成了內心的約束，施行起來已不需要外在的監視力量。當一個人違反了

極重要的行為規則時，制裁力量自然會發揮它應有的力量。任何一個社會都會有一些超自然制裁的力量存在。它所包括的範圍並不僅限於神祇或其他有意識的超自然體的意向和動態。巫術也可以看成是超自然制裁力量的一種，對於個人和整個社會的維持有很大的效果。無論是原始社會也罷、高度文明的社會也罷，宗教是維繫道德的最大支柱。這股力量直接來自超自然的制裁。但在執行方式上，可以是間接的。超自然力量對於犯罪行為的制裁，是說在社會上有一種超乎尋常的力量，對於整個社會做整體性的處份，往往不會直接施之於犯罪者本身。結果是使每一個人相互規勸、相互監督。中國和日本相信祖先不直接制裁行為，但是相信不道德的行為會使祖先蒙羞。所以「無忝爾所生」也發揮了極大的道德制裁力量。

綜合上述，宗教的功能，也就是宗教對社會的貢獻，是宗教為何長伴社會發展的主要原因，也是社會學研究者特別有興趣探求的。根據 Larson, Gorman & Speneer 等人的觀點，至少有下列諸項：

1. 提供心靈的支持和精神的慰藉：宗教在人們精神不穩定時，提供了支持的功能；在人們遇及危機難解時，則提供了慰藉的功能。這正也說明當社會變遷愈為快速，人們深陷迷惘徬惶之際，宗教力量愈能展現。

2. 社會控制的功能：社會控制有諸多方式，例如：民俗、民德、法律等等，而宗教就是其中之一，同時其具有內心形塑個人，影響外顯行為的特質。亦即宗教使人們樂於接受社會秩序的約束、規範。以減少社會成員的偏差行為，使偏差者整合於社會之中。

3. 提供認同，有利於社會化宗教的認同包括了：

   (1)認同宗教本身的價值和目標。

   (2)認同於所屬的社會，以產生明顯的宗教行為，並促進團體的凝聚力。

(3)使信徒在無限的未來中，得到認同感，產生安定的力量。

4. 強化社會道德秩序：社會系統的運作常藉宗教的神聖性及超自然信仰，界定世俗間的善惡是非的觀念，為社會規範提供強而有力的基礎，有利整個社會系統的運作。

5. 預言的功能以建構美好的憧憬：宗教經由對神聖及超自然力量的信仰，為人類創造了未來的遠景，滿足人世間許多美好的憧憬。

宗教在社會中具有如上述正向的功能，考諸人類歷史亦有衝突及負面影響，包括：

1. 宗教團體被政客所利用，有些人藉宗教之名義及團體來擴張自己的勢力和知名度，而並沒有為多數人謀福利之心意。甚至運用挑起族群之間的對立，及衝突。

2. 宗教團體被居心不良的人所利用，有些人藉著宗教而斂財，並未真正用於公益服務上，使有心行善的信徒喪失熱忱和信任感。

我國國民的宗教信仰

遠古至春秋

中國上古思想，至孔子而集大成。孔子重視禮與祭祀，祭祀為人類孝悌心的具體表現。孔子對於人世與天國、現實界與永生界賦予理性分際，認為：人之生命雖受之於上天，但上天為一種未知數，人生則自己可以掌握，所以人應致力於自我之充實，對於不可知之天，不必特意去追求；對鬼神，孔子則持敬而遠之的看法。

秦漢之際

至秦漢之際，儒家將農業社會對天地山川萬物報本返源，及人生三不朽的觀念加以融合，經理論化、系統化以後，編成禮記一書。禮記的祭祀觀念，大體可分成三大系統：第一系統為對天地山川星辰風雨自然等之祭祀。第二系統是對那些於國家、社會、百姓有大功勞、大貢獻的人祭祀。第三個系統則是對祖先的祭祀。

農業社會之祭祀內涵，尚未構成現行民間祠祀之全部，要至道教成立，佛教輸入，三者互相融合，民間祭祀之對象始大體建構完成。

漢代道教方士受帝王寵信，而數目大為增加，大部份轉入民間以求生存，此即道教在漢代產生之因。後來佛教傳入中國，輪迴之說及普渡眾生思想注入民間，而與道教鬼神觀念及農業社會之祭祀觀念相融合，構成民間祠祀信仰之主幹。

韋伯以為中國已有若干資本主義的雛型，但何以未產生「資本主義精神」？是因為中國的傳統約束濃厚。而西方的宗教是解脫現時世界緊張的要素。儒家學說認為現時世界是美好的，是以並不需要建構另一個未來的世界。儒家雖不言怪力亂神，但是對民間信仰多不干涉，甚至利用了宗教信仰、巫術以約制人民，統治人民。同時儒家對於巫術、迷信採取寬容的態度，但是對於忠孝等倫理觀念反倒是非常主觀，因此血緣關係被強調，並影響到其他層面。

唐、宋、元、明、清

唐代，佛、道兩教其勢皆甚蓬勃，兩教有關祭祀鬼神諸觀念，大動人心農業社會之祭祀典禮，轉成次要。宋代祠祀頗濫，不論何種神祇只要祈

禱有所感應，皆得封賜。

今日台灣常見之神祇，如媽祖、保生大帝、清水祖師等，皆爲宋代人物恐後受朝廷賜廟額、誥封而來。

臺灣地區的宗教信仰

台灣寺廟雖然大多爲先民從閩粵攜帶香火、神像至本省，漸漸發展建立起來的，然衡之以閩、粵者，其功能又爲之一變，從消極之信仰中心與民俗承襲所，轉爲移民披荆斬棘、團結互助之機構，又爲聚落發展之首腦，舉凡治安、教育、娛樂、自治、聯誼等促進地方發展之事業，皆由民間透過寺廟加以推行之，故本省寺廟特多，幾達一村一廟之數，而每一座廟皆代表某種特殊意義，且與民生息息相關。

爲便說明，茲將台灣地區宗教信仰區分爲下述階段：

第一個階段是明末鄭成功勢力入台，至清光緒二十一年（1895）台灣淪陷日人手中止。這個時期自閩粵兩省隨著漢人移民到台灣來，當時台灣的宗教信仰、儀式、組織等完全是閩粵組籍地的翻版，藉著分香、分靈以及刈香、進香等宗教儀式的聯絡溝通，閩粵與台灣的民間宗教一直保持著一種類似親子的從屬關係。

第二個階段是光緒二十一年到民國三十四年的日據時期。這一階段的特色是日人政治力對宗教的干涉。此種干涉產生兩個效果，一方面切斷了台灣民間宗教與閩粵聯接的臍帶，從此開始自力發展成其特有的體系；再則在民間宗教注入更多的佛教成份，重新融鑄成一個獨特的宗教傳統。

日人由於政治上的考慮，在宗教政策上採取「抑道揚佛」的原則，促使在民國七年時數量極少的佛教寺院，在短時間內有了極快速的增加。當日人使用政治力造成佛教勢力在台灣地區的增長之後，對民間的信仰體系產生相當大的衝擊。使得台灣民間的宗教發展產生若干異於閩粵祖籍宗教

傳統的元素。

第三個階段是光復後到現今社會。這個階段的特色是激烈的社會文化變遷。首先是日本人勢力的退出，使得壓抑多年的民間宗教活動獲得紓解。其次是大陸敗退後，其它省籍移民的大批遷入，及隨之而來的大批基督教的宣道人員，在其強力的佈教組織及活動發展之下，民間宗教在台灣的獨佔性被打破。

其後來由於經濟水準的提高，交通條件的改善，民間進香活動日益蓬勃，祭典與宗教儀式在較佳經濟條件的支持之下也愈見盛大。民間的寺廟也漸漸受到影響，能夠獲得較多的財源加以維護整修，同時為了吸引遊客、香客，某些寺廟的建築規模有擴大的趨勢。由內政部八十二年十二月的統計資料顯示，台灣地區各寺廟教會數有一萬七千多所，比學校數六千七百多所超出很多，神（佛）職人員數近十二萬人，信徒則高達一千一百萬人，平均每兩人中就有一人是宗教信仰者。

臺灣地區的新興宗教的發展

涂爾幹指出，就歷史而言，宗教對人們社會生活所涉及的範圍愈來愈小、政治、經濟、科學逐漸脫離宗教的束縛。帕森思則進一步主張這是社會分殊化的結果，分殊化促成了社會對變遷的適應，由此分殊化，社會各部門的制度都只能處理少數特定的問題，宗教對其他各國範疇的影響愈來愈小。宗教在各個社會領域退隱可能導致宗教的衰落，但是宗教退隱所形成的世俗化並不必然使得宗教衰落，有時會由於過度的世俗化而激發人們對宗教的潛在需要，尤其是當代的社會制度運作產生問題時。

近年來台灣民間宗教信仰變遷極為快速，早期移墾社會的通俗信仰逐漸式微，取而代之的是新興宗教的蓬勃發展，使得傳統社會原有的宗教意

識有了明顯的轉變，影響民眾信仰的行為與態度。析言之，來自傳統社會的新興宗教派別繁多，興起的主要原因乃在於社會危機的影響、民族意識的激發、現世安逸的嚮往、原有宗教的反動、來世極樂的期望、宗教天才的發明。面對此種趨勢，李亦園認為是由於信仰系統和道德倫理系統的分離，促使在急遽的社會變遷過程中，造成新興宗教興起的原因。功利主義的民俗宗教可說是道德與宗教無形分離的例證，而虔信教派則循相反的方向試圖彌補中國宗教系統與道德系統分離的趨勢。瞿海源對新興宗教現象提出七個特徵：

1. 全區域及都市性。
2. 悸動性。
3. 靈驗性。
4. 傳播性。
5. 信徒取向。
6. 入世性。
7. 再創性與復振性。

民間新興宗教從傳統信仰中蛻化而成，企圖在固有的定型結構中尋求變與不變基因，以滿足新時代民眾信仰的需求。新興宗教的儀式的神聖化與世俗化是相互交融以達到均衡的狀況，新興宗教是在民間文化的涵攝之中。欲解決或疏通台灣的宗教問題，不能只注意到宗教現象，必須納入到整個文化體系之中，探討社群的集體意識及其文化走向。

台灣的宗教情勢在一九四五年以前，至少在表面上可說是相當單純。台灣光復後，宗教情勢因人口移動、政策取向，及社會組織變遷等因素乃產生了極重大的變化。宗教在量的方面有明顯的增長現象，只是增長的趨勢因時間不同而相異，寺廟的增加不單是因人口增加而已，而有其實質意義。就基督教的教堂及信徒人數的變遷趨勢而言，成長速率可說相當平穩

而少有階段性的差異。在佛教方面，在光復前台灣佛教受日本佛教影響而受到的箝制也很大，光復後，回歸到中國大乘佛教，有較佳的發展環境。八十年代之後，由於西藏喇嘛來台頻繁，佛教密宗在台也有相當發展。

新興宗教力量，走向組織化與系統化，串聯成教團組織，形成一種半制度化的宗教。私人神壇在都市城鎮地區的大街小巷到處可見，大家樂、六合彩的流行更引起民眾對有應公、百姓公，乃至孤魂野鬼的「崇拜」到了瘋狂的地步。

新興宗教的信仰者在皈依過程中多有著令人悸動的宗教經驗，其間，靜坐所獲得之特殊心理經驗成了不少新興宗教發展的基礎。扶鸞與製作鸞書使儒宗神教、慈惠堂及一貫道信徒有相當強烈的感覺。佛教密宗的盛行，促成信徒因灌頂及觀像的經驗而感動不已。至於像所謂的密宗黑教的種種神通，更風靡了一些高級知識分子。向來宗教經驗，尤其是神祕的宗教經驗，有著強烈的悸動性，當前的傳統宗教可激發這種感受，但在程度上，新興宗教可能會更強一些。

悸動性通常也和靈異性相伴而生，我們可以說悸動性多半乃由靈驗性所促成，沒有宗教靈驗的事蹟就不可能產生所謂的悸動性。然而靈驗性只是事蹟的肯定，悸動性則涉及強烈的心理感受或感應。許多新興宗教特別強調靈驗性，有時會以靈驗性為主而缺乏深度的宗教經驗。

新興宗教的崛起不只和吸收信徒能力有關，更常見的現象是信徒積極參與的動機高昂。這主要是因為大多數新興宗教都是以信徒為取向，這類新興宗教的領袖多具神才的特色，信徒對之崇拜有加。運動性質很濃的新興宗教在領導型態上個人的神才或魅力是很關鍵的特質，這些宗教領袖透過其神才性的魅力不但吸引住信徒，同時多半會和信徒有相當親近的關係。在信徒取向的特質方面，還可以觀察到，信徒在皈依這類宗教時會產生極為強烈的心理變遷，或可以從宗教活動中得到較強的滿足感。

新興的宗教大都入世性很強，以助人增強其對變遷中社會的適應為

主。雖有些宗教有相當濃厚的復古色彩，但也多以此作為去除現代社會的缺失之憑藉。絕大部分的新興宗教，沒有神職人員出家或終生不婚的要求，基本教義上也多不宣揚遁世或出世的理念。制度性較強的新宗教如一貫道以儒家倫理的宗教化為重心，也都充滿了入世的修行精神。擴散性的新興宗教，則多半與民眾的日常生活以及疑難的解決有關係，不僅有著現實的社會功能，更充滿了功利色彩。

最後，新興宗教的重要特徵之一是，沒有一個新興宗教是全新的，大部分是再創性或是復振性的，亦即多以既存的不同宗教或文化理念為根基，予以創新改革或重組。為因應社會的需要，新興宗教看起來有新的面貌，實際上多是各種傳統的宗教文化素質的重新組合和加強。一般認為新興宗教興起的主要原因為

1. 社會變遷增加了人們新的不確定感：社會分殊化的結果，固然為人們增加了許多機會，但不一定能為人們所充分掌握。宗教可以幫助人民減低或消除不確定感，可是傳統的宗教本身就有適應社會變遷的問題存在，有時無法為人解決這種問題。但新興宗教因具有諸如靈驗性、悸動性、以信徒為取向等特徵，往往在減低或消除人們們的不確定感方面會有顯著的效果。

2. 社會流動促成部分民眾脫離了舊的宗教範疇，使得新興宗教獲得為數甚多的潛在信徒。民間信仰往往依附在有範圍的土地上，當大量的人口由鄉村地區流向都市時，這種地域範疇的特性就被減弱。然而人們，尤其是由鄉村移向都市的居民，在宗教傾向上不一定有大幅度改變。因此在可接受的範圍內，許多新興宗教團體或神壇就有了群眾基礎。

3. 民眾認知水平普遍低落，促成靈驗性宗教，如私人神壇的興起；部分民眾的認知水平相對提高，則又使教理較深的新興宗教獲得了發

展的機會。

4.傳播工具的多樣性及便利性頗有利於新興宗教的傳播。

5.在尊重宗教自由的前提下，大致趨於放任的宗教政策，使新興宗教在較不受限制的狀況下自由發展。

6.許多新興宗教具有強烈的社會運動性，不論在傳教的策略上或組織型態上都相當靈活而有效。在傳教上，他們十分積極，甚至有很強烈的使命感。此外，以靈驗性為主的各種擴散性新興宗教也能有效的促成狂熱的集體行為。總之，這些宗教有較大的運動能量。

宗教的功能包括對生命意義的終極關懷、社會群體道德倫理的維持，及以超自然力量來滿足個人生活、心理的需求；但在中華文化裡，前兩項功能是由儒家思想來維持，如今儒家教化式微，民間宗教中的超自然系統「如脫韁野馬」，趨向於為滿足個人各種慾求的功利主義。宗教為滿足個人需求的現象很多，包括神壇林立、乩童流行，寺廟中供奉的神明由卅年前的每家廟一、兩個神明，擴展到供奉一百多個神，不管教派，「只要靈就可以拜」；此外新興教派日漸興盛，以企業經營的方式來經營宗教事業，出現了投機、功利信仰的產物。學者李亦園批評，「宗教的功利主義不但在新興教派中興起，就連正信的宗教也颳起功利風，臺灣各教派的擴展勢力上的較量，已可用『爭奪地盤』來形容，使大多數宗教人士遺忘了宗教的社會責任在於提振信者的心靈境界。」是值得我們深省。

結語

　　社會科學的研究告訴我們，人生不斷地在尋找一個意義體系，當我們在俗世的彼岸已經認定找不到一個意義體系，宗教就成為意義的根源。宗教體系就是一套知識體系，知識分子借助這套知識體系，解決個人的焦慮，並安排我們以神聖界為核心，（神，超越自然一切的存在，彼岸）對世俗採取了新的看法，新的詮釋，尤其當俗世的價值體系，不再具有說服我們的能力，也無法幫助我們，指引我們人生的意義方向時，宗教像明燈，照亮了我們心靈的黑暗，像愛情，給我們帶來一個既大又新的世界。宗教在廿一世紀，不但繼續可與科學同爭認知世界的領導權，在臺灣這個規範混亂、焦躁無所依憑的社會中，更可以想見其強大的領引力量。

　　韋伯於建構其宗教社會學時便指稱：「祇要是對人生活具有一套制約的哲學，便言之為宗教。」是以韋伯稱儒家為「儒教」。翻閱歷史，我們發現到宗教與社會關係密切，如果是處於一個紛亂的社會中，宗教有安定民心的作用；在太平盛世時，宗教也具有敎化百姓的功能。遇有社會的動亂，世事的紛擾，也會促使百姓打著宗教的旗幟要救亡圖存。無論古今中外，宗教的影響力均不容忽視。尤其在人心浮動，社會充滿亂象的今日，棄俗塵就佛界，僭心求道者日衆，且信徒的教育水準也有日漸升高的趨勢，這些都是值得我們探究的。既使到了科學發達的現今社會，宗教信仰仍是人類生活中不可或缺的一環，或有視之為精神堡壘者。也正如邏輯實證論者所指出的，信仰的事不能經過理性的討論而被否定或肯定，而可以確定的是，科學家與哲學家迄今並沒有為人類的前途指出一條光明大道。因此對一般人來說，某種形式的宗教信仰仍然是生活中力量的來源。所以宗教在世界上的力量並未受到科學的衝擊而消失，反而正在設法為失去信心與希望的人們重建一套生活倫理。

第17章　傳播與社會

大衆傳播的意涵

　　大衆傳播是一門新興的綜合性學科。所謂大衆傳播，就是指：「職業的傳播者（團體或個人）利用傳播媒介，將大量的信息系統地提供給群衆的過程。」大衆傳播研究則涉及大衆傳播事業的發生、發展，功能、方式、內容、過程及社會效果的一門學問。它的具體研究對象就是報紙、廣播、電視、電影、書刊、通訊社、廣告等傳播媒介。易言之，大衆傳播（mass communication）是：「若干人經由報紙、廣播、電視、電影等對廣大的民衆傳送消息或智能內容的過程。大衆傳播的傳送人通常是龐大的組織體，傳播工具是精密的機械技能，傳播方向是單方向，而收受人則係匿名及不定量的大衆。」

　　社會科學家研究大衆傳播注重於大衆傳播的過程。這個過程包括以下五個要素：傳播人，傳播工具，閱聽人，內容及效果。上述各要素的研究，分別稱爲控制分析、媒介分析，閱聽人分析、內容分析及效果分析。社會學家對大衆傳播的研究，有以下幾個重點及觀點：

1. 視大衆傳播爲一社會制度，而研究其結構，功能，閱聽行爲，責任及表現。

2. 注重傳播效率的因果分析，並且從各方面研究其效果。經常研究的原因主要的有傳播工具，消息的性質，閱聽人的性格與閱聽習慣，傳播技能，以及團體的影響。

3. 視社會爲整體，並從他制度或他現項象去研究大衆傳播的影響。這即除了研究大衆傳播對個人的影響外，又分析大衆傳播與他社會結構的關係，以及大衆傳播與社會變遷的關係。

傳播是人類交流信息的一種社會性行為。綜觀人類幾千年的歷史，人際間的信息交流不外以下幾種類型：

1. 面對面進行的親身傳播。即個人與個人之間進行的信息交流。如個別談心、個別輔導等。
2. 小群體傳播。即在小群體範圍內進行的信息傳播活動。如家庭會議、班級討論等。
3. 組織傳播。即有組織有領導地進行的有一定規模的信息傳播。如報告會、演唱會等。
4. 大眾傳播。這是指通過現代化的大眾傳播媒介，如電臺、廣播、電視、電影、書刊、報紙等，面對整個社會所進行的傳播。由於利用了現代化的技術手段，運用的傳通符號多種多樣，它在傳遞信息上具有公開化、時效快、覆蓋面廣等特點。

　　大眾傳播工具或大眾媒介（mass media）指傳送視聽音訊的非私人性傳播工具。大眾傳播工具的特徵可從兩方面去分析，一是從技術方面，一是從其收受人方面。從技術方面說，大眾傳播工具是非私人的機械作用，常造成廣範圍的心理流動作用。依此標準，則電視、廣播、電影、報紙、書刊及其他非私人的傳播皆為大眾傳播工具，而戲劇、私人會話及公共演說則非大眾傳播工具。再從收受人方面說，魏伯（G. D. Wiebe）列舉大眾傳播工具的基本特性有二：(1)其產品必須容易接近。這是從身體觀點說的，意指多數公眾，包括各主要社會團體及社會各階層，均可容易接近或取得這類產品；(2)其價錢低到各階層人士都可支付。依據上面兩個標準，則大眾傳播工具將不包括私人間的初級傳遞，並且也不包括專門性、學術性或具有特殊旨趣的書刊，更不包括精裝書及教育影片。除技術與收受人外，社會心理學家又強調時間的因素。美國社會心理家雪利夫婦（M. Sherif & C. W. Sherif）曾說：大眾傳播須同時或在很短的時間內將音訊

送到千千萬萬的民眾。未具有大量消費性的傳播工具即不是大眾媒介，而要具有這種性質，則非具有同時性與時宜性不可。

瓦茲（Louis Wirth）對大眾的看法較爲特殊。他認爲大眾的組成分子不僅人數多，同時又是異質的人口集團，由社會各階層人士所組成。再者，他們對大眾傳播的反應又是各個人彼此間未有聯繫的反應。大眾傳播超越社會團體的利益與見解，而以一般大眾爲其服務的對象。依瓦茲此一標準則爲特殊團體所做的傳播將不算是大眾傳播。根據上述各家的看法，可知大眾傳播工具係指社會各階層人士共同享有的廉價及高速度的傳播物或其機械作用。

傳播學之所以首創於四十年代的美國，絕非偶然。因爲這時的美國，新聞和廣播事業已有相當規模，電視也開始普及。一九五〇年美國開始發展彩色電視，一九六二年首先利用通訊暨衛星進行電視轉播，擁有電視機的家庭到五十年代末期已占總戶數的95％。電子傳播媒介的興起，引起了傳播領域的革命。而傳播領域的革命，除了科學技術的基礎以外，又與社會、政治、經濟情況的發展變化有很大的關係。政治界要擴大自己的影響，宣揚自己的主張，必須要利用大眾傳播媒介；經濟界要加強競爭能力，擴大生意範圍，也要求助於大眾傳播；文化爲了能蓬勃發展，也要通過大眾傳播媒介來完成；教育界與傳播媒介的關係則更爲密切。大眾傳播促進了社會的繁榮與發展，使人類生活更加豐富多彩；但它也給社會帶來許多消極的東西，如傳播過程中有一些低級、庸俗的內容，對青少年的心靈有負面作用等。隨著大眾傳播的迅速發展，學術界開始研究：電視、廣播和報刊這些新聞媒介的特性、發展前途和社會功能，各種新聞媒介的相互聯繫，大眾傳播的效果表現與影響效果的諸種因素等問題。這些問題，引起了政治學、新聞學、社會學和心理學工作者的普遍關注。他們通力合作，對上述問題進行了廣泛的研究，從而促進了大眾傳播學的形成和發展。由於傳播學理論既吸收了社會科學的研究成果，也吸收了自然科學中

的信息論、控制論和系統論的一些概念和成果，因此他是一門新興的綜合性學科。隨著傳播學理論的日益發展，傳播學已從美國迅速推向歐洲，並波及全世界。先進國家紛紛於設立了大眾傳播學院、大眾傳播學系或傳播研究所，建立了傳播學的理論基礎，獲得不少研究成果。

傳播者與傳播內容

為了揭示傳播行為的實質與機制，傳播學者採用一定的傳播模式來解釋傳播的程序，分析各構成因素之間相互關係。傳播學先驅拉斯威爾在一九八四年所撰寫的論文中提出了一個經典性論點。

1. 誰？
2. 說了什麼？
3. 通過什麼管道？
4. 對誰？
5. 取得什麼效果？

這個模式指出了傳播過程中最主要因素，並揭示出這些因素相互之間的關係，所以即使到今天，人們仍然認為這種模式是一個說明傳播過程的既方便又簡明方法。事實上，拉斯威爾的五 W 公式，已經全面的揭示出了大眾傳播的研究對象。研究「誰」的問題，就是對傳播者進行研究；研究「說了什麼」，就是對傳播的內容進行研究；研究「渠道」，就是對傳播媒介進行研究；研究「對誰」的問題，就是對受傳者進行研究；最後是關於傳播效果的研究。

在大眾傳播事業中，所謂傳播者，指的就是新聞傳播機構及其內部的有關人員，如董事、發行人、主編、編輯、記者等。對傳播者進行研究，

就是研究新聞傳播機構及其有關工作人員的性質和作用，研究新聞理論、新聞制度以及與之密不可分的社會制度、政治制度對輿論、出版等事業的控制。簡言之，研究傳播者，就是研究對大眾傳播的控制問題。在任何一個社會裡，大眾傳播事業都是受到控制的。傳播研究學者把不同社會制度下的傳播體制加以研究和比較，提出了四種所謂大眾傳播理論：

第一種是集權主義理論。封建制度下的大眾傳播就建立在這種理論之上。統治者對新聞出版實行嚴格的控制，對一些自認為不適於向社會公布的消息，實行嚴格的新聞封鎖。

第二種是所謂自由主義理論，鼓吹採訪、發表、交流、批評等傳播過程的完全自由。今天，標榜實行這種理論的有美國、英國及西歐先進各國。

第三種是社會責任理論。這種理論是在自由主義理論的基礎上發展起來的，主張大眾傳播媒介在執行自己的主要職能時，同時還必須注意到自己對社會應負的責任。

第四種是共產主義理論。這種理論是集權主義理論發展而來。但在集權主義理論指導下，大眾傳播媒介同政府是分開的；而在共產主義理論中，大眾傳播同政府是合二而一的。

大眾傳播媒介在向社會和受眾者傳遞信息的過程中，產生過濾的作用。大眾傳播媒介內部的工作人員，就是主管這種過濾作用的「把關人」。所以，考察「把關人」究竟如何工作——怎樣作出決定，什麼該發，什麼要改，什麼不能放過——是傳播學研究中的重要課題。在信息網絡中到處都設有把關人。在這些把關人中，記者決定對某一事件究竟有哪些事實應該加以報道；編輯決定在通訊社發布的新聞中有哪些應該刊登，哪些應該放棄；作家確定有哪些類型的人物和事件值得書寫，什麼樣的人生觀值得反映；電視、電影制片人確定攝影機應該指向哪裡；影片剪輯則在他們的剪輯室內確定影片中應剪掉和保留哪些內容；……如此等等，不

一而足。總之，通訊社發出的新聞只是在新聞發生地點被人視為重要內容的極小一部分，而人們最後從報紙上讀到或收聽（視）到的新聞又只占通訊社發出新聞的極小一部分。人們通過傳播媒介所得到的外界形象實際上已為傳播者所持的偏見所左右，不管傳播得到的外界形象實際上已為傳播者所持的偏見所左右，不管傳播著所持的這種偏見是自覺的還是不自覺的。在決定人們怎樣思考和怎樣行動方面，媒介所造成的環境對人們來說往往比實際環境更重要。

影響把關人作出決定的因素是多方面的。事件發生的時間、內容、把關人的主觀價值標準，事件的偶然性（記者是否在場），照片或影片的視覺效果──所有這些因素都或多或少地影響到某個事件該如何報導，該作哪些強調，哪些修改，哪些刪節等。把關人理論強調，傳播者在為受眾挑選信息、過濾信息、放大信息的過程中，承擔主動、積極和自覺的責任。同把關人理論針鋒相對的，是大眾傳播的「客觀原則論」。這種理論強調，傳播者即編輯、記者等要盡量客觀、全面地傳遞信息，以保證報刊等傳播媒介的客觀性。在大眾傳播研究中，所謂傳播內容，指的就是媒介所傳遞的信息。信息研究的目的，是了解傳播者的意圖和受眾之間的相互關係。此外，也可借助媒介所傳遞的信息來研究某個社會的政治、經濟、文化的歷史、現狀和未來。

早在第二次世界大戰期間，研究人員通過一系列的內容分析活動，已形成了系統的內容分析方法。但是，除了題材分類法是適用於各種傳播媒介的研究方法以外，鑒於大眾傳播媒介種類繁多，內容又非常之龐雜，所以無論採用何種內容分析的方法，研究者都必須確定適當的研究範圍，必須把研究限定在一定的傳播媒介上。例如關於信息（內容）的分類，就有多種多樣的方法。依其表現形式可分為三種：語言、符號、圖表；依其性質來分，則可分為五種：新聞、教育、說服、商業、娛樂。此外，按照受眾者的不同心理，將信息分為以下三類：

1. 指導性或教育的信息：受衆者必須具備一定的學習能力，才能理解這種信息內容。而這種信息一旦爲受傳者所接受，就會改變受衆者的行爲，增加他的鑑別力，改善他的認識能力。

2. 維持性的信息。這種信息不需要受衆者用求知的態度來理解，而只而要復習或引伸已有的知識和經驗。新聞節目就屬此類。因此，新聞的目的在於擴大受衆者對世界的了解，受衆者在閱讀或收看（聽）新聞之前，已經對這個世界有了相當的了解。

3. 復原性或刺激性的信息。凡一切具有輕鬆、刺激、興奮和麻醉性的內容都列入本項，因此它包括娛樂節目、體育競賽和一切渲染罪惡、暴亂、愛情的文學、戰劇、舞蹈、歌曲等等。

西方的傳播學者認爲，在大衆傳播媒介出現之前就已經有了傳播媒介。例如古代人使用的鼓聲、烽火以至於宣講人和集市等等，都屬於媒介一類。大衆傳播媒介，如報紙、廣播、電視、電影、書刊、通訊社、廣告等、則是後來隨著社會生產和科學技術的發展而逐步發展起來的。

在大衆傳播學中，關於傳播媒介的研究，包括研究媒介發展的歷史、各種媒介的共通性與個性，尤其是研究各種傳播媒介的作用及其相互之間的關係。一九六四年，加拿大學者馬歇爾·麥克盧漢出版了一本研究媒介的專著《媒介通論：人體的延伸》。作者指出：「媒介是人體的延伸。」面對面的交談（最原始的媒介）是五官的延伸；印刷品是眼睛的延伸；廣播是耳朵的延伸；電視則是耳朵和眼睛的同時延伸。每一項新媒介的出現，每一項新的延伸，都會使人的各種感官的平衡狀態產生變動，使某一感官凌駕於其他感官之上，造成心理和社會上的影響。例如，印刷媒介把複雜的現實生活用一系列不連貫的語言符號表現出來，並且把它一行行地印在紙上，使得人們只能一行一行地、按順序地去閱讀、思考，而不能象現實生活那樣立體地、複合地去認識和思考。因此，充分認識人體延伸所

帶來的影響已經顯得越來越迫切，越來越重要了。」麥克盧漢的這一見解，顯然是很有價值的。

　　隨著傳播媒介的日益增多，西方傳播學者對各種大眾媒介之間的相互關係和選擇問題開始進行研究。他們指出，各種傳播媒介，各有所長，也各有所短；它們之間可以互相取長補短，但卻不能互相取代。以電視、廣播、報紙等新聞媒介為例。電視的特點是，以形象為主，傳播信息及時、生動、感人，是人們獲取新聞最及時的手段。但是，其不足之處也很明顯：一是內容比較膚淺，瞬間即逝，不便查考；二是觀眾選擇餘地不大，要麼全看，要麼不看。廣播則以聲音為主，方便及時，人們甚至可以一面做事，一面收聽，但也有類似電視的那些不足之處。報紙的最大長處是，可以為新聞事件提供詳細的情節和深入的背景材料，可供讀者自由選擇研讀，但傳遞信息不如電視生動，不如廣播及時。因此，人們可以根據不同的需要選擇不同的傳播媒介。他們還指出，原有的傳播媒介在新興傳播媒介的刺激下，不得不揚長避短，改變內容，以求生存。電視的出現，迫使廣播向兩個方面發展：一是充分發揮其聽覺方面的特點，為聽眾提供更加完美動聽的音樂節目，如立體聲音樂等；二是將收聽工具小型化，便於聽眾隨身攜帶，隨時收聽；電影的觀眾大批走向電視後，電影也被迫作出更大的改變，或是向寬銀幕、立體化方面發展，或是用電影的技術手段來拍攝電視系列片。針對電視節目的廣而不專，報紙向報導的深度、廣度發展，雜誌也開始向專業化進軍，在大眾傳播學中，對受眾者的研究，主要是對受眾者接受信息的規律進行研究。

　　傳播學者已經認識到，受眾者對信息的反應是各不相同的，這種不同主要是由受眾者們的性格和態度的差別所引起的。由於人們的先天條件和後天知識的不同，所處社會環境的不同，因而其心理構成也各不相同，認識外界環境時的立場、價值觀念和信仰也各不相同。說明了受眾者並不是可以被傳播者牽著鼻子走的芸芸生眾，而是各有主見的；他們在大量的傳

播內容中，只注意選擇那些與自己的興趣有關、同自己的立場一致、同自己的信仰吻合、並且符合自己的價值觀念的信息。他們進而發現，按照人們某些共有的傾向和特性，受傳者可以劃分為一些大的群體，各大群體內的受眾者將選擇大體相同的大眾傳播內容，並以大體一致的方式來作出反應。

美國傳播學家約瑟夫・克拉帕研究了受眾者選擇信息的心理機制，提出了受眾者心理上的選擇性因素：

1. 選擇性接受。人們總是願意接受那些與自己固有觀念一致的，或自己需要的、關心的信息，而迴避那些與自己固有觀念不一致或不感興趣的信息。
2. 選擇性理解。對於同一條信息，所持態度不同和信仰不同的人，可以有不同的理解，也就是所謂「仁者見仁，智者見智」。
3. 選擇性記憶。人們總是容易記住自己願意記住的信息，而容易忘記自己不喜歡的事情。
4. 心理需要。如受挫時，從大眾傳播媒介中尋求安慰。
5. 尋求資訊。受眾者可以從大眾傳播的各種信息中尋找自己所需要的資訊。

受眾者不僅僅有選擇地接受傳播信息，而且還主動地利用傳播信息。首先是用於消遣。傳播媒介的最大作用和最重要的服務內容就是消遣。其次是填充時間。如用看報紙來填充等候就醫或乘車的時間。再次是社交的需慾。把聽廣播、看電視、看電影等當作同別人接觸或親近的機會，或提供閒談的場所。

最後，受眾者還常常從媒介傳遞的信息中尋求解決矛盾、處理問題的指南。總之，受眾者是從傳播媒介那裡選擇信息以作為自己所用的，而不是受傳播媒介的單向操縱。

傳播的功能

論述大眾傳播的功能，綜合學者在這方面的研究成果，可概括說明如下：

1. 通過對各方面信息的報導，幫助人們了解自己所處的環境。
2. 能組合各種社會力量來應付環境。報刊的評論或社論在這方面的功能尤其顯著。
3. 具有教育功能，能將各種知識與觀念傳遞給下一代。
4. 娛樂休閒。
5. 「設置議題」與「授予地位」的功能。所謂「設置議題」，即引導輿論之意，將大眾媒介集中談論的問題變成社會輿論的中心議題。「授予地位」是指人一經大眾傳播媒介介紹之後，其知名度和社會地位便跟著得到提高。

大眾傳播在社會的消極功能，也早已引起人們的關注。首先是它的麻醉性功能。由於大大小小的媒介給人們帶來的信息量已達到使人難以招架的地步，以致人們除了看報、讀雜誌、聽廣播、看電視外，已沒有時間投入任何社會活動；而人們因置身於大量媒介之中，還自以為很了解社會，實際上，因沒有時間投入社會活動，他們與社會的關係日益疏遠和淡漠了。二是大眾媒介由於只迎合一般性的社會階層的趣味，降低了公眾的藝術鑑賞力。三是由於大眾傳播媒介充斥著色情，暴力等內容，對社會、尤其對青少年的鍵康成長造成不良後果。當然，由於傳播體制、傳播法規、文化規範和倫理觀念等等，在部門監督下，足以制約大眾傳播中的消極因素。

研究大衆傳播的說服效果，就是要從理論上說明大衆傳播在改變受衆者的立場和觀點上究竟有多大效果。這項研究，可以說是大衆傳播研究中最有實際意義的一個內容，經過一段曲折之後，學者已認識到，大衆傳播媒介一方面對受衆者有強化固有概念的作用。就是說，大衆傳播媒介可以為受衆者提供支持其原有立場、觀點和行為的有關情況，從而增強受衆者的既有觀念。因為，受衆者之所以運用傳播媒介，一般說來，並不是希望通過他來改變自己的固有觀念，而是希望他能支持或證實自己既有概念和所作所為。即使遇到相反的情況，受傳者的選擇性接受心理還可驅使自己拒絕接受那些危及自己既有觀念的傳播內容，或曲解那些無法迴避的信息，或忘記那些使自己討厭、反感的事情。簡言之，大衆傳播媒介的主要效果是增強受衆者的固有觀念，而不是改變其固有觀念。但是，在受衆者的固有觀念之外還有一個所謂的「可接受範圍」。在這個「可接受範圍」以內，衆播內容是不會受到迴避或抵制的。有時，受衆者會認為這種傳播內容同自己的觀點一致，結果卻適得其反，受衆者的觀點逐步向傳播內容移轉。這就是說，只是要把握好「可接受範圍」，對受衆者有了深刻的了解，對傳播內容又作了周密的安排，是可以部份地，逐步地改變受衆者的固有概念，接受嶄新的價值觀念。另一方面，為使大衆傳播媒介取得更好的說服效果，還必須注意環境和社會因素對受衆者採取行動所產生的影響。為此，必須注意以下幾各問題：

第一、信息來源問題。要想使受衆者改變態度，最有效的方法就是改變受衆者對信息來源及傳播者的看法和印象。一位在某個問題上享有權威的人總比無聲響的人更能引起受衆者的態度改變。也就是，受衆者容易接受與自己地位不相上下的人影響。有人將此效果稱做傳播說服中「認同策略」；及傳播者設法讓受衆者相信他是「自己人」，亦能產生影響的效果。

第二、要講究宣傳技巧。宣傳技巧如能引起對方的注意，則引起改變

得可能性就大；如果引起反感或牴觸，則引起改變得可能性就很小了。

第三、要注重環境得影響，尤其注重人際關係對受眾者的影響。每個人的背後都有一些集體的影響作背景。這種集體可以小自家庭、工作單位、也可以大至行會，政黨等。而同鄉、同學、同事、同宗等等人際關係，都會對受眾者產生一定的影響。人們一般都重視這些關係，遵守集體的規範。因此，事前如果能知道一個人背後的人際關係，知道他所遵守的規範是什麼，就比較容易預測傳播會對他產生什麼效果。人們的價值觀念和行為一旦發生重大變化，其所從屬的團體關係也往往要跟著發生變化。所生重大變化，要想改變人們的價值觀念和行為，就要設法改變他原有的社會關係；只有這樣，才能取得預期的傳播效果。

總之，大眾傳播媒介是一種強而有力的工具。在短時期內，他對受眾者的直接作用是有限的；從長遠來看，它的潛移默化作用是巨大的，但所有這些大眾傳播媒介的積極作用與消極作用都不是他們自身產生的，因為他們本質上不過是工具，是人的感覺器官延長物。問題的關鍵在於，大眾傳播媒介掌握在誰手裡，並為何種目的去運用他們。這才是關係到大眾傳播媒介究竟對社會能產生何種功能。

一般而言，傳播學與新聞學之間有著密切的血緣關係，但也有明顯的不同之處，表現在：

第一、傳播學注重理論研究，尤其重視傳播媒介與社會的關係，傳播行為及效果等方面的理論研究；新聞學則重視業務研究，重視新聞工作人員的業務訓練和新聞事業的經營管理。

第二、新聞學雖對報紙、雜誌、廣播、電視、通訊社等都進行研究，但重點是研究報紙的新聞傳播工作；相對地說，傳播學則較側重於對電子傳播媒介（廣播、電視）的研究。

第三、在研究方法上，新聞學採用的是對新聞工作的實踐加以考察、分析、研究、找出新聞工作的某些有規律，用以指導新聞從業人員的工

作。或者說，新聞學主要是站在新聞業務的圈子內研究新聞工作的，主要涉及新聞機構及其工作人員，即傳播者單方面的問題；傳播學則將新聞學的研究領域大大地發展與拓寬了，他的研究方法已經關係到社會學、心理學、政治學、語言學等許多學科。

傳播學先驅之一的拉斯威爾（Laswell, 1948）以社會學理論中功能學派之觀點，把傳播當者調整社會體系之關係，維持社會均衡狀態的功態。基於上述的理念，拉氏指出，傳播有三大社會功能：

守望環境的功能

傳播媒介對環境的守望是多方面的：小如傳送有關環境中的種種消息，告示或警示環境中的個人或團體，將要發生的各種有利或不利的事情。例如颱風消息之傳布，使人能提高警覺，採取對策或措施，減少災害發生；或從事貿易及市場消息的傳播，使生產者或消費者均能掌握正確的機會。大如偵探來自環境外的重要威脅或機會，足以影響整個國家體系和他的組成部份。譬如，派住在外國的外交、經貿、軍事及新聞通訊人員，他們所做的事情，便是守望環境。國際上，有任何變動，或發生重要事件，足以影響國家的政治、經濟、外交、教育、文化或其他制度時，傳播媒介便能蒐集、分發這些訊息，提供有關機構或單位參考，以便因應或採取適當對策，辨識守望環境的功能。

結合社會各部門以適應環境的功能

傳播媒介可以聯繫社會的組成部份，以適應環境。電視、廣播、報紙和雜誌等新聞媒介，利用專題報導、社論、及評論等解釋環境中之消息，並提出各種因應的方案或解決的策略。

傳遞文化傳統的功能

人類生活所累積下來豐富的知識與技術，以及傳統價值與社會規範，

都必須世世代代的承傳下去，學校和家庭便負起傳遞文化傳統的最重要責任。然而父傳子、子傳孫的口頭傳播方式，無法傳送人類豐碩的知識技術和文化傳統，於是大眾傳播媒介便擔負起這項重責大任。

傳播學大師 W. Schramm（1957）從大眾傳播媒介對個人的功能，歸納爲五大功能：(1)守門人的功能；(2)敎師的功能；(3)決策的功能；(4)娛樂的功能；及(5)商業的功能。

守門人的功能

打從古代原始社會開始，各部落就分派有守望人，發現有了狀況，立即以擊鼓，煙霧做爲傳送訊息媒介，用以警示族人，期使社會大眾提高警覺和準備應對。現今則以各種傳播媒介尤其是新聞媒介，如廣播、電視和報紙，大量又快速的報導消息與傳送資料，使生活在社會中的人，認知其環境，瞭解其周遭的事情，以達到守望環境的功能。報導性傳播首要「反映現實」，對事實忠實與客觀的報導。傳播者不但要具備專業知識，還要兼負社會責任，滿足受播者「知的權利」。事實本身就是最好的新聞內容，新聞機構應像一面鏡子，反映現實。然而現今社會經常受到媒介的醜化或扭曲，所以有人稱媒介是一面「哈哈鏡」。總之，報導性傳播的守門人功能具有下列數項：(1)使人們瞭解其生活的環境，以適應環境；(2)報導事實眞象，滿足人們知之權利；(3)達成與新聞來源相接觸的權利，以行監督社會的功能；(4)擔負社會責任，提供民眾了解眞相，保障民主自由制度的公平競爭機會；(5)充分提供人們日常生活的資訊，使過得更方便、更舒適的生活；(6)對事情前因後果的分析解釋，使人們對事實眞相通盤了解。

教師的功能

一個人在一生過程中，無不接受各種傳播媒介的敎化或影響。在傳統的原始部落，以口語爲主的傳播方式，把已建立的文化傳播世世代代的傳遞給加入社會的新成員。傳播媒介的任務就是在盡敎化的功能。一個人的

社會化，除了家庭教育與學校教育外，要算受傳播媒介的影響最為顯著。今天，大眾傳播媒介已成為實施社會教育和成人推廣廣教育最有力的工具。在教育發達的國家無不使用大眾傳播媒介，推動社會教育和推廣教育工作，傳授知識和技術，擴展民眾見聞和意志，藉以提高國民的教育水準。對於一般的人，大眾傳播媒介也可提供現代社會所需的知識、技術和觀念，以滿足社會大眾求知之慾望。人的社會化是終生的，活到老學到到老，需要「終生教育」，在現今的社會中，對人們發生教育作用最大、影響最深，能擔負起全民、全面、全生的教育角色者，莫過於大眾傳播。

決策的功能

傳播的目的是提供充分的訊息與意見，以影響受播者的選擇或採取之行動。傳播媒介透之決策功能涵蓋甚廣，從個人日常生活之購物、活動、到選舉投票或公共政策的制定和實施等均受到傳播的影響。傳播媒介透迴報導、廣告或對訊息的解釋說明，使受播者了解事實，以採取適當行為的決策。傳播媒介亦可經由輿論的方式，對公共事務和公共政策，達成共識，造作壓力和制定政策。在今日講究專業分工的民主社會中，不同意見的充分表達與溝通，對各種問題的解決尤其種重要。大眾傳播媒介對現實的反映與闡釋，有助於決策形成。

娛樂的功能

傳播媒介在娛樂上所扮演的角色似有駕乎其他功能之上的趨勢。學者史蒂芬遜（W. Stephenson, 1967）認為傳播並不是在結合民意做社會控制的工作，傳播之目的主要是為了遊戲，使人愉快，幾乎媒介的全部內容，都含有遊戲和娛人的作用。事實上，目前一般大眾傳播媒介之內容大都是為娛樂，或者是藉著娛樂為手段來達成其他功能。傳播媒介的娛樂功能主要表現在舒解緊張與調劑身心上。人們為了暫時逃避工作的煩忙與緊張，而造成的身心疲勞和精神上壓力，往往需要休閒娛樂，以調劑身心，

而接觸大眾傳播媒介是最低廉和最經濟的娛樂活動。尤其是近年來，閒暇時間增加，對休閒娛樂需求亦隨之增加。但由於休閒活動場所的不足，公園綠地的久缺，使人們的娛樂活動受到限制，許多人便以接觸電視當做主要的休閒活動。換言之，電視對他們而言，娛樂性功能可能大於其他功能。其次，傳播媒介的娛樂功能亦表現在發洩情緒的替代作用上。人類在社會化的過程中必須壓抑不為社會所接受的行為，人有許多的慾望和需求，受到社會規範和公共道德的壓抑，不能隨意表現或發洩出來，這對個人而言是一種打擊和挫折，在心理上造成緊張憂慮的狀態。面對此種情形，人們會採取各種不同的方式來解除心理上的緊張狀態。例如人們接觸具有刺激性的媒介內容是替代發洩的另一種方式。因此每個人都喜歡接觸刺激性的傳播內容。武俠小說之受讀者閱讀，暴力工夫片之受觀眾觀賞，性愛和情愛之媒介內容之受喜歡等等都是此種心理因素使然，所以情緒的解放，替代的發洩，也是傳播媒介娛樂性功能之一。

商業的功能

所謂商業的功能也就是指傳播媒介和廣告作用。在工商社會裡，廣告已經成為人們了解事物，選擇商品的指導者。人們在日常生活中，每天都接觸各種不同的廣告，這些廣告不但告知我們新的產品和新事物，同時也指引我們做出適當的選擇與決策。事實上，廣告包含了告知、教育及誘導三種功能。它不但刺激消費，促進工商發達，增進經濟發展，更維護傳播事業的生存與發展。對消費者而言，人們從所接觸的媒介廣告，獲知人事變動與需求，得知新產品與市場消息，了解事物的概況與商品特性，這些情報資訊提供我們做正確選擇和決策的消費行為。假如沒有廣告資訊所提供的情報，我們日常消費行為將大受影響。對工商業而言，廣告是工商業與消費者之間的橋樑。藉著它，工商業提供充分的服務與商品訊息給消費者，以促銷其產品，擴大市場，增加產量，進而促使工商業的發達。對經

濟發展而言，舉凡民主國家，自由社會，廣告可促工商業發達，提高國民消費水準，開拓市場，擴大產量銷售，進而促進國標。對傳播事業而言，凡是商業化的大眾傳播機構，事業的維持與發展均依賴廣告之收入。由於傳播媒介的廣告活動及對商情的報導，不但使大眾傳播具備商業的功能，而且也助長傳播事業的發達，進而促使社會的進步和經濟繁榮。而經濟發展也促進傳播媒介的成長。因此，經濟發展與傳播媒介的發達是互為因果，相輔相成的。

大衆傳播與社會發展

報紙、收音機、電視、電影、或書籍為社會所應用之後，對於社會的發展就有很大的效果。人們的思維方式及價值觀念常常隨著改變。也促成生活方式的改變。這些工具告訴村民如何改良農業耕種和公共衛生，如何運用新設備；同時又介紹了新的音樂、戲劇、及政治信仰。學校教室也開始運用這些工具；收音機及電視的教學使得整個社區的資源，都能夠為老師所運用。在世界各地，愈能享受印刷物及收音機的個人或鄉村，愈有現代的態度，愈能擔負現代的職責。廣播的內容可能是娛樂節目或音樂，聽眾也可能是文盲；但是，一有收音機，就介紹了現代態度。大眾傳播工具及現代化的相關是很高的。

大眾傳播對社會發展的功能，具體而言，包括下列數端：

1. 現代傳播工具提供正確而永久的記錄。報紙、電影、書籍、雜誌、及錄音帶在幾年之後，都還可以作為參考及引證之用。
2. 現代傳播工具特別迅速，事情發生之後幾分鐘內就可傳遍全世界。
3. 現代傳播工具使人領會沒有直接經驗的生活方式。報紙及廣播使人

知道統治者、外國人、億萬富翁、及電影明星的生活方式。

4. 現代傳播工具協調人際團體關係。團體領導者藉著傳播工具，可以知道團體中個人進行的事情和感情。傳播工具在各地聚集這種相互瞭解的消息。大眾傳播制度將個人的片面接觸，融合為全國性的整體，導致統一的行動。

現代傳播制度對人們的思想方式，影響也很大。例如大眾傳播有助於知識份子的發展。一有報章雜誌、電影、收音機，就有很多年青作家、編者、和製作者。這些知識份子很多成為民族運動的政治領導人才。

許多開發中的國家並沒有大力推動傳播事業。是因為大眾傳播發展有下述待克服的問題：

1. 發展所需要的事物很多，傳播投資的效果，要看它與交通及政治組織投資的組合情形而定。

2. 傳播投資對於發展過程的影響是多方面的。現代傳播工具有利於國家的統一，卻不一定有助於自然資源的利用。新的大眾傳播工具的重要性，要根據它的用處而定。

3. 傳播投資並不是整體合一的。開路增進個人接觸，裝電話有利商業推展，設收音機以供娛樂及教育，教識字的用途則要等很久才見到效果。我們必須決定要那一種傳播投資。

4. 對於整個傳播制度要有基本的決策：國營或開放；如何培育傳播制度所需人員；是否用這種制度作大眾宣傳或知識份子的討論等等，都是考慮的重點。

社會變遷下的傳播媒介

民國七十六年，台灣的報禁解除，呼應當時威權的政治環境，黨外報紙與言論如雨後春筍般形成社會上一股新風氣。隨著報禁開放的足跡，廣播、電視的結構亦開始改變；民國六十八年始於基隆的「第四台」，八十二年「地下電台」興起 Call－in 之風。廣電媒體近幾年的變遷，深刻影響台灣政治、經濟、社會、各種文化。

以有線電視（俗稱「第四台」）為例，一九七九年在基隆首度出現。一九八五年，裝設第四台的訂戶有二十三萬，到了一九九三年，根據業者調查估計，第四台的滲透率已高達電視家庭戶數的四成。

學者 Murdock 指出，資本主義所營造的情境，可說是環繞「消費者身份」與「公民身份」之認同而展開的競爭。公民身份強調身為主體的人，應盡其所能，透過媒介傳遞的資訊養成洞析外在事物的能力，進而改善我們自身的生存環境。但晚近十多年來的媒體發展卻在政治與商業、科技等因素的引導下，萎縮了人們的思考及行動空間。事實上，媒體渲染「消費者身份」，鼓勵人們以個人的消費解決原本是眾人的問題，這在資本主義社會中的廣告運作表露無遺。當電視普及後，更是容許人們在自家客廳的電視機前完成購物消費的行為。媒體不再具有公共事務屬性，而是以符號的消費取代了公共行動。

學者崗恩提出「雙元結構」，他認為，身處在這樣日益發展精進的新媒體時代，大多數社會位置不高、或欠缺文化資本的人，往往還是偏向消費大量同質化、娛樂性的節目。就這些「影像消費的窮人」而言，他們至多觀看了節目數量增加，但是性質大同小異的節目。相對的，「影像消費的富人」他們透過按頻道的方式從有線電視得到了豐富多元的節目選擇權

力，在其日常生活中，這些人更確定自己是社會上存在的主體。崗恩強調，這樣的發展正是整體社會貧富差距的過程，它複製著各階段的生活實質與條件，進而鞏固著階級的不流動性。

有線電視具有雙向傳播的能力，它幫助訂戶辦理許多日常生活事務，例如：電子購物、資金運轉、電傳視訊、舉行電子會議……等服務，這些服務一般稱作「加值網路」（value added services）。不過這些功能在台灣尚不普遍。在台灣，俗稱的「第四台」目前提供給訂戶的服務可分為：無線電視的轉播、以公益頻道、雙向服務以及專門性頻道的播出。公益頻道的規劃裡，有一部份是地區性的社區電視服務，多由各地系統業者自己經營，或委託當地廣播公司製作。節目內容以地方新聞、社區活動為多。此外，第四台另一特色是「分眾化」。台灣目前各類專門性頻道提供訂戶較以往為多的選擇，從專業的新聞台、體育台、音樂、電影、卡通、綜藝、宗教、股市行情等，算是非常多元。第四台「分眾」、「雙向」的特色，一方面影響到台灣社區的凝聚力，例如「社區公告欄」的發展。另一方面，分眾化的節目製播提供不同訂戶所需要或喜好的節目。

第四台（有線電視）雖然具有上述之優點，但它最大的問題是：價格昂貴，並且需花費很多時間來建立系統，這在一些舊城市、或是貧窮的地方根本無法設置。根據學者的觀察，第四台的普及率將永遠無法到達百分之百的情況。Tydeman 與 Kelm 指出，身處新媒體時代，不平等的廣電結構，實際上正複製著整體社會的階級差異、鞏固貧富差距。以台灣早期發展衛星電視時的情形為例，根據學者潘家慶及王石番在七十八年所做的研究，台北市及高雄市家中裝設直播衛星的調查資料指出，家庭收入在一萬以下者佔了百分之一點三，二萬以下佔百分之三點四，二至三萬佔百分之九點四，三至四萬佔百分之十七點二，四至五萬佔百分之十九點九，五萬以上者佔百分之四十八點八。這個數據佐證了新媒體的普及率與社會貧富階級的相關性。

第四台攸關電子媒介資源的分配，在頻道長期被政府壟斷下，第四台對政商界人士來說，無疑是一大機會。在八十二年審查第四台過程中，就可明顯看出各黨派的激烈競爭。各政黨的主張大致相同，如：反對政府過干預、主張自由競爭、反對一區一家限制、限制外國人投資……等。隨著第四台的開放及政治情勢的改變，越來越多政治人物開始發覺擁有電子媒體的重要性，尤其對地方派系而言，無論是商業或政治利益，第四台都是有利可圖。由於許多民意代表都介入投資民主台，在政治人物各擁地盤的考量下，第四台的整合愈加困難。第四台就像許多行業一樣，吸引越來越多的政治人物投身其間，在財團與政治力量的強力介入下，第四台就像一個政商綜合體。

　　據估計，至一九九三年六月，台灣共有約一百八十萬第四台訂戶，而每戶每月要交一至三百元，用以支付海外影視版權。另一數據顯示，就第四台系統而言，國外節目佔了所有播出時間的百分之九十（汪琪，鐘蔚文，1988）。其中，日片每日播出四小時，西洋、港片及國片各是三小時。由以上兩個數據，反映出有線電視及衛星電視在內容上，充份顯現了外國文化、意識型態在本國的滲入。所謂的文化帝國主義，指的是一種文化想像空間的閉塞、世界觀的被殖民，是人思索前景何在的動力被挫傷，是認識世界的方法被侷限致使人的構思空間萎縮。台灣身受美國文化的影響，但並非美國民族本質上的勝過台灣，而是美國的商業關係最為發達，在廣告的肆虐下，致使文化的影響力更為強化。這或許是社會變遷下傳播媒介對個人、對社會影響的具體寫照。

第18章 都市與區位

都市的基本概念

　　都市史幾乎就等同於人類文明史。社會學家把都市形成的歷史當作社會進化的一個形式來研究。社會學家與歷史學家不同之處在於，他不是著眼於某個特定都市興衰的具體事實，而是通過各類都市類型及社會過程分類的基礎，而不論它們是在什麼時期或在什麼地域。我們現有的關於都市起源的知識，大多是來自考古學家的發現。確切地說，都市究竟出現在人類發展史上哪一個時期，這至今仍然是個大可置疑的問題。我們聽到見到出現了許許多多的都市，這些城市的主要功能是防禦。古代都市，如孟菲斯，梯比斯，巴比倫，等等，已經是地廣人衆的赫赫大城，是當時行政管理和文化的中心。中世紀都市畢竟較之古代希臘和羅馬都市，不僅有了完全不同的結構，而且發揮著截然不同的作用。典型的中世紀都市都是設防的，並取得了一定程度的政治自治權。它在其所在的地區發揮著經濟、貿易中心的作用，並且是各種行會的發祥地。到了公元十六世紀，歐洲的都市生活發生了重要變化。一些新的發明，如火藥，使都市的堅固牆垣宣告作古。新工業的崛起，衝破了行會制度的狹小樊籠。

　　現代都市標誌著文明史上一個新時代的開始。現代都市是伴隨著政治生活，經濟生活、文化生活與社會生活中的深刻變革而興起的；反過來說，現代都市又是這些深刻變革的產物。現代人，在極大程度上又是現代都市的產物，因此爲了充分了解都市所帶來的這一變革的含義，我們必須了解都市的起源和發展。從今天我們所了解的情況來看，都市絕非一種終極產物（finished product）。它的發展如此之迅速，它的潛勢如此之巨大，以致它的面貌每日每時都生發在變化。

　　目前，全世界正以快速的腳步進行著都市化。從人口數來看，一八〇

年左右，全世界總人口約九億，至一九六〇年，達到二十九億六千萬，約增加3.3倍，但在這段期間裡，住在都市的人口數（規模在二萬人以上）由二千一百七十萬人增加到八億三百二十萬人，增加率約為40倍。如把這期間的都市人口增加的趨勢，更細的分類，則一八〇〇至一八五〇年的50年間，世界人口的增加率為37.3％，但都市的人口增加率達193.5％，接著的50年間（1900～1950）總人口增加率為49.3％，但是都市人口增加率卻高達254.1％，由此可知，都市的人口數，呈現快速增加的趨勢。

據估計，到本世紀末為止，全世界將接近完全的「都市化社會」。也就是人類所居住的地球上，不分東南西北、種族、政治體制，整個世界將進行大規模的都市化，我們常把未來的社會命名為「後工業化社會」或「資訊化社會」，但不管我們對未來的社會如何稱呼，未來的社會是一種高度的都市化社會，殆無疑義。也就是人類未來的命運，正面臨著不可避免的都市化趨勢。回顧歷史，都市曾造福人類，賜予人類難以估計的恩惠，因為都市經常是文明、文化的發源地，政治權力的中心，人類由於受到都市的恩賜，豐富了生活的內容，添增了生活的情趣。

都市是占據某一特定地區的人口群體，那有一套技術設施和機構，行政管理體系，以及自身有別於其他集團結構的組織形式。但是，在這一大塊由建築物、街道和人口等等所形成的集合體中，社會學家還發現，其中存在某種心理機制。對於社會學家來說，都市是當地那些共同的習俗、情感、傳統的集合，這些東西是從當地的古代生活實踐中產生出來的，並且具有某種典型文化的特徵。在這個被稱作都市的巨大實體內部，社會學家還發現有許多其他由人口和地區構成的結構，這些結構是發展增長和連續不斷地篩選、配置過程而產生的，且每一個結構又各具特點，並產生它特殊類型的居民。社會學家還發現，都市環境中存在著很多職業集團和文化集團，這些集團的利益和特徵相互不一樣，但每一個集團又能意識到自己是一個更大的共同集團——都市的成員，並且參與其中的生活。

從另外一種觀點來看，都市又是一種在一定程度上獨立於人口之外的、自為的制度，因為它須滿足當地居民以及更大範圍內的居民的一些基本要求，這些廣大地區已經形成這一城市的某種依賴性。最後，都市還可以被看作是三種基本過程的產物，即生態過程，經濟過程，以及文化過程；這三種過程在都市範圍內相互作用，產生出完全不同於都市周圍地區農村的那種社會組織結構及人類行為。

　　由人口學的角度來看，都市化指的是農村的人口往都市集中。如英國的工業化，我國的現代化，使得許多過剩的農村人口，被迫流向都市；市以其吸引力，不斷的吸收由農村流入的人口，這個過程叫做都市化。有的學者則以都市人口增加的比率來界定都市化，如：K. Davis。至於 L. Wirth 以「都市狀態」（urbanism）的觀點，把都市化界定為都市生活方式的擴大過程。而都市化的結果產生了幾種現象：

1. 都市地區物理環境的變化。如促使了土地分區利用，產生區域的分化。
2. 人口的集中，帶動了資本的累積，大規模經濟的進行，生產技術發達。
3. 促使社會結構的改變，如政治、經濟、家族、教育、宗教、階層的分化與擴大等。
4. 都市的移入者，漸受都市生活方式的影響。

　　基於上述的描繪，本文將都市化界定如下：「所謂都市化，指的是由於受到工業化與產業化的高度發展影響，引起人口往都市移動的過程。亦即，都市中所具有的典型生活方式與生活態度深化與擴大的過程。」但如以此來規定都市化概念，則在使用都市化的概念時，必須有所限制。因為都市的形成與人類的歷史文明息息相關。都市依其在各個時代的政治、經濟、文化諸條件中成立、發展，並擔負著中樞機能。各個時代，有其獨特

的都市生活方式與生活態度，這些價值信仰往往經由都市對鄰近的地域的產生影響。都市蘊育了人類的文明，並發展出複雜的社會結構。這是因為都市在任何社會，均承擔著知識、資訊的生產，管理與政策決定等核心機能。

任何一座都市都與自然界的其他任何事物一樣，在一定意義上說，都具有獨特性。而都市的科學研究首先要求，對若干都市的研究要能夠指示出這些都市在分類學上的差別，使同類型都市具有明顯的共同性，足以同其他類型都市相區別。自然，若對都市進行分類，可依據的標準是很多的。

1. 我們觀察都市時所發現的首要特徵之一，是這個都市的年齡。歐美都市在這方面的差別是如此明顯，以致人們很少會弄錯。而將西歐的都市同東方都市作對照時，則又顯出西歐都市的相對年輕。深入研究一座都市時就可發現，都市的早期歷史會給後世留下重要的影響。它的街巷、牆垣、乃至名稱、傳統都是經過許多世紀習傳下來的，不能不為都市留下它們的不可磨滅的印痕，如我們現今所見到的情形。有經驗的觀察者不僅能夠區別互相比鄰的國家的都市，他們還能從都市的外觀，特徵中區分出不同的都市各屬於何種歷史時期。都市間的這種差異不僅表現在其主要建築風格上，還表現在社會的一般風俗，居民的生活方式之中，這些通過當地人民生活的日常活動即可反映出來。

2. 人類居住地的分布決定於當時的歷史時期中所使用的溝通手段。為此，古代和中世紀都市的地點多處在海岸地區或是接近有通航之利的水域。而都市的建立和發展，則依賴於這些都市所處的地點及相應的便利條件。鐵路出現後，內陸地區的大都市才成為可能。地處海岸或重要江河湖泊之濱等有利地點的人類聚落，享有優良的自然

條件，這是其發展迅速的重要原因。地點是一個重要的競爭因素，它是產生各種基本都市類型的重要原因。

3. 現在沿用的都市分類法，尤其是地理學界沿用的分類法，是根據都市地理位置的差別所進行的分類。都市位置有兩種概念，一是一般位置的概念，即該都市所處的周鄰地域環境以及與其他人口中心和資源條件的溝通關係；另一個是都市自身的直接位置環境，它影響城市的結構和發展，並造成其他一些更深固的後果；將以上這兩種位置概念加以區分是重要的。

4. 都市還可以按照其在國家和世界經濟活動中所發揮的特有功能來進行分類。經濟上的競爭過程，不僅存在於各都市內部，還存在於各都市之間，因而要確定每一都市在世界社區中所占的地位。首都城市具有某些特徵，使之同商業都市、工業都市均不相同。鐵路都市同旅遊都市有根本的區別。而且即使在這些基本分類之中，我們還會發現更細致的分類。比如，還有鋼鐵都市，電影業都市，汽車都市，橡膠業都市，以及機械工業都市等。目前，全國規模的以及世界範圍內的生態過程研究尚不很充分，因而無從確立明確的分類體系，但當前都市之間的功能分化的趨向越來越明顯，這已是不容置疑的了。

5. 鄉鎮、都市，以及大都市，三者是天然相關的概念，共同組成了一個互相關聯、互相影響、不斷擴大的三級遞進階段。鄉鎮是一種地方性聚集體，它同周圍的農業地區結成密切的聯繫；是溝通手段倘不發達的產物，在經濟上或多或少屬於自給自足的單位。都市則是比較發達的單位，因而也是更廣大範圍內的互相關聯的地區的一個組成部分，而大都市則憑借高度發達的溝通手段成為世界性單位。城市發展的這三種階段的差別，不僅僅表現為人口的數量及所占面積的廣度，還表現為各自具有不同的社會組織及社會態度。

6. 都市既可以是人類世世代代連續地與其環境相互作用的非規劃性產物，又可以是人類向著某一特定目標進行有意識活動的結果。我們曾聽說，古代一些都市是由於歷代帝王處心積慮地想要光耀自己而產生的。有些都市則是由一些個人或是公司預先計劃發展的產物，目的是想建立工廠的附屬區。美國一些大都市的出現和形成則要歸功於立法機關的決定。規劃性都市與非規劃性都市的區別，不僅在於都市的結構形式，而且在於都市的功能特性及發展潛力。任何一個非規劃性都市不會自然地發展為一個大都市，除非它設法在全世界的經濟秩序中為自己爭得一項重要功能，並因此在競爭過程中占據一席之地。

都市生活的變遷

近代以前的都市與工業發展以後的都市性質，有其不同，因此，如要對都市化加以界定，則在時間上要有所範圍。本節，將就工業發展前的都市性質與工業化後都市性質的特徵加以比較。

1. 生態學的組織——工業化前的都市，都市中心擁有多種功能，如市場中心，手工業的中心，同時也兼含政治、宗教、教育上的中心機能。但是與都市廣大腹地的人口，即與廣大的農村人口相比，都市的人口規模小，而且人口膨脹緩慢。地域結構由於人種、職業的不同而隔離，社會的凝聚度很高，初級團體的結合力很強。雖有群聚現象發生，但是土地利用的機能尚未分化。工作場所與居住地未分離，教會可兼具學校的功能，也可兼具成為市場中心。人口的基本條件，雖與工業型都市相同，但地域的分化型態，並不是功能的分

化，而是人種的聚集。工作場所與居住的一致性，使得移動性與流動性都很低，這兩點與工業型都市不同。

2. 產業組織——以人畜爲動力來源，勞動力沒有分化，生產受到同業工會的限制無法充分發揮。同業公會的組織，靠血緣、宗敎關係來推動，由工業型的基準來看，這種組織缺乏合理性。勞動基於趣味的原則，不以貨幣交換爲唯一的目的，這與工業型都市的機械主義，非個人人的人際關係、合理主義不同。

3. 社會組織——工業化前都市由三個階層所組成。(1)擁有政治、宗敎、敎育上優勢地位的優秀分子。(2)從事手工業的大衆。(3)這兩種以外的成員。沒有中產階級，社會移動極其缺乏。家族屬於停滯的大家族。家族制度與階層、宗敎組織相結合，因此由血緣所構成的縱向聯繫，比起夫婦之間橫向的結合關係來得強固。宗敎、敎育、政治由優秀分子所獨占，尤其敎育所獲得的知識沒有被要求使用在生產技術上，因而只有男性才接受敎育。政治的運作，間接的透過非正式的血緣、同業公會、宗敎來執行，僅用社會地位當指標，可以同時區分語言、服裝、禮儀。因此人人在群衆當中也能意識到自己的權利、義務。這與工業型都市，由許多不易區分的階層所構成不同，都市家庭的構成以夫婦爲核心，缺乏正式的控治與大衆社會現象的出現。

4. 工業革命以前的都市，是典型的消費者都市，她的經濟基礎，有賴於農村剩餘農產物的供給。有時用某種形式向農村加以搶奪而來。但在理論上，當都市要靠掠奪農村剩餘的生產物，以維持其存在時，人口往都市集中的程度，往往有一定的限度。即總體人口，或農村人口，對都市人口的比率，會受到各種因素，如農業生產力的發展程度，對農村支配力的強度，以及運輸技術、市場規模、手工業生產的規模等影響。但是工業化後的都市，就與此不同，產業革

命後所發展出來的都市，可說是典型的工業都市，雖然隨著產業的高度化，在工業都市裡亦出現大都會地區，她再度擁有濃厚的消費都市性格，但是這不能與工業化前的消費都市，同日與語，這類工業型都市的發展，可謂毫無止境。早在1950年代前後，都市人口佔該國總人口比率，在百分之七十以上的國家，已有蘇格蘭、英國、以色列、荷蘭等多個國家。我們可以想像的是，有朝一日，住在都市的勞動者，通勤到農場上班，這種情況的出現，也並非完全是一種夢想。

5. 工業革命以前的都市，它的成立基礎、根源於氏族、宗教或職業的基礎上，這些團體在各地域社會形成有力的結合體。這與近代社會所呈現的大眾社會性格，大異其趣。

村落與都市的關係，由產業的角度來看，村落以第一級產業為主，而都市則以第二級第三級產業為主，兩者出現分工的狀態。當中生產的兩大部門：農業與工業，各自由村落與都市來分擔，但在亞洲各國，有許多短時間到都市工作者，這些勞動者，當不景氣時又回流到鄉村。在產業結構上造成重大的問題，由都市社會的角度來看，這些移動者，可說把半村落的生活方式，帶到了都市社會，瓦滋（L. Wirth）指出，都市的人口，經常由村落的人口來補充，因此都市化程度不高的地區，常兼含農村社會的特質。日本社會學家福武直認為，都市社會在本質上，具有異質性及大量人口集中等特徵，若加以細分則有下列特質：

1. 都市人的社會結合，強調彼此的利害關係。
2. 範圍廣泛且的錯綜複雜的關係網絡，強調形式的法律來規範人際行為。
3. 強調非私人的關係，因此以金錢來評斷他人，取得支配性的優勢。
4. 地域的移動比較頻繁，階級的升降較激烈，職業的變動較快速，高

度的社會流動性。

5. 都市社會居民的人際關係，以功利爲主，人的行爲，有刻意的虛僞與誇張的傾向。

6. 都市社會使得人們脫離了非理性的束縛。

早期對都市社會特質的描述，採取都市與村落對比的方法。索羅金（Sorokin）與齊爾曼（Zimmerman）所列舉的都市與農村相異的八個項目，堪稱古典學派的代表。他們舉出，職業、環境、地域社會的大小、人口密度、人口異質性等性質。社會的分化與社會階層化、移動性、互動的型態等八項目，茲各叙述如下：

1. 職業：都市的職業，主要從事工業、商業、專門職業、官吏等非農業的人員所組成，這與以農民爲主體的農村不同。

2. 環境：都市社會的環境，比起以自然景觀爲主的農村相當迥異，都市遠離自然，環境由人爲所創造。

3. 地域社會的大小：在同一時代，同一國之內，都市地域遠比農村來得大。

4. 人口密度：都市性與人口密度，有正面的關係。

5. 人口的異質性：與農村社會相比，都市人的社會心理具有較高的異質性。

6. 社會的分化與階層分化：都市比起單純的農村來得大。

7. 移動性：區域，職業以及其他方面社會移動，都市均比農村來得激烈，人口移動方向，大都由鄉村流向都市。

8. 互動的型態：都市人比起農村居住者，在人際互動上接觸次數多、接觸面較廣，且易於形成非私人的，短暫的關係。同時因爲關係的複雜性、多樣性等，形成了人與人之間的表面性與標準化的形式。

「都市狀態」一詞是由社會學家瓦茲（L. Wirth）首先提出，其意涵係指：一種特殊的人類社區性質或生活方法，為都市所具有的特徵。根據瓦茲的看法，都市狀態的主要特徵包括：(1)複雜的分工，有各種殊異的職業結構，以便形成社會階層的主要基礎；(2)有高度的社會流動性；(3)在人口功能上有顯著的依賴性；(4)在人際接觸中多是匿名的，角色的互動是部份人格的表現；(5)依賴正式的社會控制方法；(6)人們的道德行為標準很不一致。瓦滋以三個相互關聯的構面，對都市狀態結構加以闡明。

人口數量

在一定的地區內，隨著人口數量的增加，當超過某一定數量的人口時，其間的人際關係的性質就會改變。人口的大量集合，意味著個人之間差異性存在、人與人之間互動的關係愈多，彼此之間所顯現的差異性則愈大。因此在都市社會裡，個人間的差異性與農村相比較，具有兩種極端的特性。個人間的差異，指的是皮膚的顏色、人種、經濟、社會地位、興趣、嗜好，因而產生了居住空間的隔離。親族、近鄰關係與異民族之間情感薄弱。生活有賴於金錢做媒介，因而產生相互掠奪的關係。由於人數眾多，使得親密的相互認知成為不可能，並且容易產生了社會的距離，個人往往脫離社會規範，為維持社會秩序，須賴公權力的伸張。人際關係的表現，呈現出：表面化、瞬間的、隱名的、詭異的、合理的，功利的、金錢的、慎重的、冷漠的、厭煩的態度。個人之間的往來經由間接媒體接觸的機會增大，促使利害團體形成。人口量的增大，不僅使以上的社會關係，在特質上產生變化，也使得都市居民的性格與行為，甚至團體的型態產生變化。

人口密度

　　單憑人口的數量，無法將都市狀態說明完盡，由於人口大量的聚集，使得個人之間的差異性顯現出來，而高人口密度促使這些差異更加突出。人口密度的增大，產生個人的分化與專業化，使得社會的活動多樣化，社會結構複雜化，人們對空間的競爭激烈化。土地的分區使用，及生活方式的相異，而出現隔離，產生高雅與低俗，富貴與貧困，高度教養與無知，井然有序與混亂等強烈對比。

異質性

　　在都市裡，經由異質性格者互動的結果，使得階級結構複雜化。個人的高度移動性，使個人與多數人接觸，參加了多種不同功能的團體，使個人所具有的地位浮動不定。變動性太高的結果，使個人喪失了對於單一團體的忠誠心。個人位置的不安定與高度的社會移動，導致團體成員的快速替換。因此要維持一定組織的型態，使成員間形成相互認知相當困難，個人成為流動的大眾。大眾的要求在政治的過程中，佔著重要的位置，同時住民長期捲入大眾運動。

　　根據 Robert Redfield 的說法，民俗社會的特質有以下諸點：(1)小規模；(2)孤立的；(3)沒文字；(4)同質性；(5)強固的團體結合；(6)生活方式基於習慣的文化體系；(7)行動以傳統的、自然的、無批判的、私人關係；(8)血緣的關係，制度取決於經驗的範疇；(9)以家族團體為行動單位；(10)經濟非居於市場經濟，而是居於地位經濟。與此民俗社會相對的是為都市社會。而都市化即是由俗民社會邁向都市社會的過程。

都市的生態

　　都市作爲一個整體，其地位、功能和發展要受到許多互相競爭的因素的影響，這些因素並非哪個人設計的結果。都市有它自己內在的組織形式，可以稱之爲生態組織。所謂生態組織，是指都市人口和機構的空間分布形式，以及都市結構和功能的長期累積；這些結構和功能是隨著都市的選擇、分配和競爭力量同時發生並最後形成各種典型結果。每一座都市都由其實際的生態因素所決定，勢必趨近於某一種結構和功態類型。都市內部生態組織的研究，要比從外部生態研究深刻得多，分析也要準確得多。都市外部生態學的研究，我們尚須依賴經濟學家，地理學家和統計學家的進一步調查。人口形成地區性的聚集，這及是由生態學因素所決定的，這類現象社會家最容易理解。

　　生態學家們很習慣於用「自然區域」（natural area）這個說法來指那些邊界明確又有自己突出特點的空間單位。「自然區域」也適用於選擇特性與文化特性所形成的集團組織。土地價值，就是劃分這些區域邊界的一個重要指標。此外，街道、河流、鐵路產權、電車線路，以及其他明顯標誌或阻隔物，均可作爲都市中自然區域之間的界線。

　　鄰里是村舍方式和小城鎮的典型產物。其突出表現是親密無間，互相協作，密切的社會聯繫，以及強烈的社會意識情感。而在現代都市中，我們雖依然看到人們在物質空間上比鄰而居；但是，人們相互之間既無密切的合作又無親密的聯繫、交遊。因此在都市中，鄰里這個概念已轉而指小型的地理區域而言，而不再是指一群自給自足的、相互協作，具有集團的自我意識的人口而言。在簡單的社會形式中，地方社區與鄰里具有相同的含義。但在都市中，由於職業分化已經極端發達，人口的組合大多依照職

業及收入狀況而不再依照血緣或共同傳統。雖然如此，先進國家的大都市中，我們尤其可以見到許多由移民集結而成的地方社區，這類社區還多多少少保留著強烈的團體意識，表現出團結緊密的特質；尤為重要的是，表現在各種獨身的和共同的社會慣例以及高度有效的共同控制。這些社區可能彼此之間很少交往，與當地地方社區也形成分隔，自成封閉狀態。其所處的位置是由社會經濟決定，尤其由地價和房租決定。但這類移民社區也處於變化過程中，因為居民本身的經濟條件以及他們所處的地區在不斷變化。

都市可以用圖解的方法描繪為一系列的同心圓，各個圓環代表特徵不同的居住區。圓之最中心是商業區，那裡地價最高。最中心部分的外圍是退化地區，貧民窟一般都集中在該地區內。再向外是工人的居住區，依次再向外是中產階級的居住區，最後是上層階級的住宅區。所有這些地區，在地價、外部景觀、以及功能方面都各不相同。結構上，功用上的這些差別最後以分區規劃法規的形式合法化了。共同的公共生活，需要都市建立一定程度的秩序，這種秩序有時就表現為都市規劃；都市規劃是預測並督導都市環境結構的一種嘗試。除非全部的因素都被充分認識了。都市規劃現已成為一項專門技術，它現在越來越需要研究社會慣例的演變問題，都市發展問題，研究都市生活中各種運動力量的問題，而決不再是僅僅研究如何創造都市藝術化的結構方案問題。人們逐步認識到都市設計需要一個整體的、有序的方案而另一方面，從事這項工作的技術人員也益發感覺到，要使一座都市適應人為的規劃，這中間是會遇到許多限制的。都市絕對不是人和建築物的任意群集。它是一個更廣闊的活動範圍，它從這個廣闊範圍中吸取自己所需的資源，同時以自己的功能影響著這廣闊的地區。都市與其腹地存在著如下的關係：

1.正如珈爾賓(Galpin)在他所著之《農村社區的社會剖析》(*Social*

Anatomy of a Rurual Community）一書中所談到的，農村社區
的地域範圍是由它的貿易範圍來定界。都市從它周圍的地區獲取原
材料，這些原料一部分用以維持其居民的日常生計，另一部分由都
市人口通過技術轉化爲成品，再返銷到都市周圍的廣大地區，其銷
售範圍有時要超過原有的原料產地範圍。從另一種觀點來看，都市
又將自己的觸角伸向世界最邊遠的角落，去獲取本地所沒有的供應
來源，並把這些獲取物銷售給當地的人口以及附近農村地區。因而
都市可以被看作是財富的分配者，這是一項極重要的經濟職能。

2. 運輸系統是任何都市的突出前提條件之一，這個系統使得居住在各
個地區的居民有可能來往於他們的工作地點、貿易中心、文化心和
其它社會活動中心。都市不僅由稠密的居民區和建築區所組成，而
且也包括近郊區和遠郊區。由於有快速運輸線使這些郊區很容易參
與都市活動。這種區域已被稱爲衛星城市。雖然，在這片較大居民
區的居民可能與市區居民不屬於相同的管理機構。但是他們認爲自
己是這個大都市的一部分，而且積極參與了大都市的生活。

3. 在一個都市地區範圍內，受同一個行政機構實際統轄的居民，只占
該都市地區居民總人口的相對少數。行政機構的規模總是落後於都
市範圍的發展。郊區逐漸被大都市溶合，法律組織的變化也常常跟
不上市區的擴大。

4. 都市發展的最新形式之一，是衛星城的形成。這類衛星城大多是以
一些工業實體爲主體，在母城的行政範圍以外形成、發展起來的，
它們還須依附母城而存在。通常，在母城把這些衛星城兼併後，它
們就同市區溶爲一體，從而失去自己的單獨地位。這類衛星城的位
置可以對母城擴展的方向產生決定性的影響。從文化上看，衛星城
在與母城合併之前，卻早已是母城的一個組成部分了。

5. 都市已被公認爲文化的中心。社會生活與思想中的創新，都是先發

生於都市再傳向農村。都市通過各種傳播媒介，如報紙、舞台、劇場、學校、博物館、推銷員、商店，通過立法機構的廣大代表，通過城鄉人口的各種連接點，把都市文化散布給廣大鄉村。就此而言，都市是一個十分重要的文明傳播者。

6. 由於近代通信方法的出現，整個世界已轉變成為一個統一的機體，一個國度或一個都市僅僅是其中的一個組成部分而已。功能專業化是都市發展的伴隨物，它已經形成了世界性規模的互相依賴狀態。在芝加哥谷物股票交換所，小麥的價格波動能夠反映到世界最遠的一個角落。任何一個地方的新的發明能很快地被遠離發源地的某一地點知道。在這種複雜的機制過程中，都市已成為一個高度敏感的單位，又是一個刺激的傳播者，因而在遠離這個地區的區域也能感受到傳播者的刺激；政治、經濟生活證實了這點，而且社會和文化生活也證實了這一點。

像現代都市這樣，由大量人口聚集在一個有限的地域範圍內，這種形式產生了兩個效應；一是全體居民的基本生活要求有可能通過他們自己的共同努力來完成；另一個是，滿足全體居民這些基本的生活需要已經成為十分迫切的要求了。人們已經發明創造了許多條件、設施來滿足這些基本需求，而這些條件、設施也就成為保證都市的社會機制（socia mechanism）的物質性基礎結構，這些設施包括：

1. 連續不斷的供水，燃料，照明等等，居民的這些基本需求引起了這樣的問題：即，滿足這些基本需求的手段或者掌握在都市的公共團體手中，或者是由私人所有並由都市的政府組織控制和調節。社會學家對這些公共設施產生興趣的原因，是這些設施在一定意義上對於團體生活有影響，並能喚起某種情感、態度和行為，這些東西反過來又會影響團體本身。這些因素同都市的生態組織有重要聯繫，

還可以爲形成人口的組合結構的那些選擇過程和分布過程提供指數。都市的照明狀況可能對都市的犯罪率有直接影響，而供水狀況則可能影響居民健康，等等；這些公共設施的管理可能會成爲競選中的重要問題，並因而產生派別分岐，從而便使社區內部各個社會團體的作用得以充分發揮。

2. 都市生活的一個突出特點是極端發達的內部溝通手段，其保障條件是電話、小汽車等技術條件。這些技術措施是作爲都市人口流動問題中的重要因素。

3. 大街、人行道、小巷、地下排水溝，以及諸如此類的公用設施，構成了都市的物質性的機理結構，它們共同影響著個人和團體的行爲，這正是使社會學家感興趣之處。

4. 公共安全和福利方面的許多設施，諸如消防部門，警察、衛生保健、以及各種社會活動的主辦部門，都是都市特有的產物；社會學家將此看作是都市環境中團體生活的集中表現。

5. 人類社區對於文化的需求，在大都市中表現爲學校、劇場、博物館、公園、紀念碑及其他公用事業。這些文化設施的影響卻遠遠超出都市的範圍，並且可以被看作是實現人的各種欲求的設施。這些文化設施本身又反映著當地社區內社會生活的實際水平。

6. 都市所產生的閑暇時間內的活動與人民的生活的關係如此密切，從這些活動中我們可以找到都市生活所特有的病理現象或解組現象。舞廳、電影院、娛樂場、運動場、以及其他各種形式的商業化，或臨時性的娛樂設施，都是團體生活的不同層面。

7. 都市組成市政府這一事實，較都市生活的任何其他方面都更清楚地表明了，都市已將其社會生活改革到了多麼高的程度；也表明了都市已將其居民的習俗和態度改變得多麼巨大。在都市政府中，我們可以看到有各種地方的、國家的、文化的、以及利益團體在發揮自

己的影響。在都市中，我們看到政治大亨是一種的典型產物。另外，如拒絕投票選舉，地方團體同職業團體間的衝突，以及人民群眾的的生活需要與滿足這些需要的現行體制間的種種矛盾。

8. 都市的複雜性、專門化、以及其依附性，尤為明顯地見諸於城市為其人口的生存提供食料等，各種生活必需品所採用的各種辦法。每天駛入大都市中的糧食列車、牛奶列車、牲畜列車，以及在公路上排成長龍的冷藏車、能源車，各種倉庫、貨棧，公路上無數的送貨車輛，凡此種種都說明了，為於滿足我們都市中幾百萬居住者的迫切生活需要，已經組織起了一個多麼巨大、複雜而有效的社會實體。從中我們有時也可看到一些例證，表明都市的這些供應系統一旦中斷或發生故障，將會產生何種恐慌和災難。大百貨公司及聯營商店是都市的典型設施，它們是與都市人口的組織相適應。

9. 都市發展的最新成就之一，是新的建築技術的發明成果。鋼筋結構使摩天大樓、地下鐵路成為可能，這些都為都市發展開闢了新天地。這些新技術創造了都市用地的新密度，使都市出現了全新的面貌。

10. 在形成地方分隔，以及確定一個地區的主要用途時，地價是主要的決定因素。同時，地價又更突出地決定著某一特定地區內建築物的類型──無論它將是一座公寓樓、辦公樓、工廠，或是單戶住宅；也決定著哪些建築物要拆毀，哪些要修復。確定都市用地地價的技術已成為一項高度專門化的、薪俸很高的職業。地價又是一種選擇因素，具有很大的潛力，人類生態學家會發現，地價與都市生活中許多方面的情況密切相關。

近來有相當一部分文獻對都市生態的生物學特性進行了研究。歸結這些特性包括：

1. 都市生活會引起人口出生率、死亡率和結婚率的變化。同時，人類垃圾所占的比例及其在都市中的社會後果，已成為都市生存的重要問題之一。

2. 在都市環境中，人口的年齡組及性別組的相對差異，要較鄉村環境中顯著；而且在都市的不同地區，這些差異就表示著當地正在發生著某些重要過程，並將導致一些典型的結果。

3. 都市生活所特有的勞動分工和細密的職業劃分，同時帶來了全新的思想方法和全新的習俗，這些新變化使人們產生巨大改變。比如，城裡人注重考慮職業，而對其工作地點則不過於苛求。在一定意義上說，他已成為他自己所操縱的機器，或他所使用的工具上的一個附件。他的興趣都繞著他所從事的職業，同時他的社會地位與生活方式也都由他的職業來決定。

4. 都市已形成自身特有的都市心理，與鄉村心理迥然不同。城裡人思維方式是因果論的，理性方式的；而農村人的思想方法則是自然主義的，幻想式的。這種差別不僅在都市與鄉村之間存在，在這一城市與那一都市之間，以及城裡這一地區與那一地區之間也同樣存在。每個都市，甚至於都市中的每一個地區，都成了當地居民的一個獨特的社會環境，當地居民的人格就是同這一社會環境溶為一體的，不管他們願意還是不願意。

5. 都市中人們相互影響、相互改造的媒介，就是市內紊密的溝通系統。都市的溝通系統具有特殊的形式。這種溝通系統所產生的主要不是人群間的直接聯繫，而是間接聯繫。同時，它在都市中所積累和建立起來的公眾輿論以及由這些公眾輿論而產生出來的道德觀念及整體精神，反過來又須仰賴諸如報紙之類的典型媒介來傳播，而不是依靠街談巷議。靠電話，郵件來傳播，而不是依靠市鎮議會。作為社會實體的都市，它的特點在於它是各種職業團體的聚合，而

不是地理學上的區域劃分。

6. 都市環境的最終產物，表現在它所培養成的各種新型人格。在城市環境中，各種人物的潛在能力及精力都在其最適宜的一個環境、位置上得以發揮。這種將個人同其同類相分離的可能性不斷發展，並且不斷加強著人類彼此間的個性差別。都市為人們提供了施展其專有才幹的機會，使之有可能登峰造極。同時都市又提供各種刺激和條件，使人們在最大範圍內通過各種各樣的行為方式發展其生理的和心理的素質。

都市區位

在說明都市區住之前，首先說明區域的概念，所謂的「區域」（region）是一各地區，在地理環境及社會文化上，具有相同的特徵，能與毗鄰地區或其他區域相區別。此詞之用法甚多，舉其要者如下：(1)民族或文化區域，即具有共同種族的、文化的、或語言的遺業（如英國之威爾斯）；(2)工業或都市區域，即是工業生產與人口集中之重要中心（如德國西部之魯爾區）；(3)地形或氣候區域，特別指某種特別顯著之自然特徵（如河谷），對全地區之功能與發展有其重大意義者（如美國之田納西谷，我國之長江三峽）；(4)經濟專業化區域，常立基於某種農產品之上（如北美之棉區及麥區）；(5)行政區域，為行政上之便利，一國劃分為若干地區或其他重要管轄區（如英國之標準政府地區）；(6)國際政治區域，包括政治制度相同及利害關係相聯之若干國家，或代表國際政治之焦點地區（如西歐與近東）。

以上以不同的特徵為區域分類，但某些地區兼具多種特徵，如美國之南部地區，在文化、政治和經濟上均自成一格的特色。近東地區混和著共

同的民族與文化背景、經濟專業化（生產石油）以及國際政治特殊位置。此種擴大區域的範圍難以精確劃定，但有一趨向是值得注意的，即特殊文化常與特殊化經濟相共存，在比較孤立的地區尤為明顯。

區位分布（ecologocal distribution）係指人類及人類活動之空間分布。麥根齊（A. D. Mckenzic）強調：電影院門前等候開映的觀眾是偶然的空間分布，觀眾進場後，按票上號碼入座，票價高低不同，於是有樓上樓下之分，前排後排之別，便成為臨時的區位分布。經由競爭和選擇，一社區內居民及其活動的區位分布，大體與按票入座相類似，只是要複雜得多，準確得多。麥氏又謂社區內各單位均謀得「一個維生的地位」（a sustenance niche），交互競爭與合作。因此所謂社區，其實就是居民及其活動的區位分布。事實上，文明也可以看作一個區位分布，因為文明就是許多相關社區之大集團，彼此之間多少是互助互賴的。就「社區」的特性而言，則其因具有「地理區域」、「社會互動」、「共同關係」等要素；因此對於地域內共同的利益，共同的問題及共同的需要等，遂容易形成一種共同的意念與想法，而型塑出「社區意識」。換言之，社區意識是指：居住於社區的人對於所屬社區有一種心理上的結合，亦即所謂的「同屬感」、「歸屬感」。認為該社區與其關係密切；正如同一個人對自己的家庭、故鄉、社會及國家等懷有特別的情感。這種「我群」的意識，使社區成員對於該社區的建設成就有一種關注與榮譽的感受，對於隸屬該社區的活動，譬如：標誌、球隊、文化特徵、公共建築……都有相當的關注。此種心理的反應便是參與社區活動的動力基礎；因此，在社區發展工作上往往強調社區意識的凝聚與發揮，其原委即在此。

一個區位組織是常處於變遷過程之中，其速度依文化進展之動力而定，特別與文化中的技術進展有關，而異動（mobility）即是衡量此種變遷速度的尺度，表現在住所的變遷，就業的變遷，公用或服務機構所在地的變遷等等。異動必須與流動（fluidity）相區別，因為流動代表未改變

區位位置的移動。現代的交通運輸工具大量增加人物二者的流動量，但是流動量的增加，並非表示異動量的增加，事實上剛好相反，蓋因交通方便，個人住所可以遠離其工作場所，無需遷家以就。同時個人生活上的種種需要，不必變更其區位位置，能在更大的空間範圍內獲得願望之滿足。

當論及區位概念時，都市社會學亦有興趣於探討「區位結構」（ecological structure）結構之一般概念，從物理學與生物學採借而來，通常是指若干分立部分之有秩序之安排。其含意如此廣泛，故在結構之前常冠以各種名稱，如階級結構、社會結構等。人文區位學的區位結構，則指一特定地區之人口，在空間上和維生上所發生各種關係的體系。社會內之人類團體為求生存，其社會結構必與區位結構相配合。例如某特定地區內比較固定的住宅、機構、道路、橋樑、集合中心等，在空間上之分布，與該地區當時的文化運作力量密切關聯，於是物質結構與文化特質組成一個叢體（complex），我們可以稱此叢體為社會結構或社會組織。

都市並非靜態，而是一種動態的運作，隨著社會文化的發展而有所變異，此即為「區位過程」（ecological process）。區位過程係指組成區位分布（ecological distribution）之各單位，在空間和維生之集合上，終有其特殊方式之趨向。區位過程之主要者有五：(1)集中（concentration）；(2)集中化（centralization）；(3)隔離（segregation）；(4)侵入（invasion）；(5)接續（succession）。區位過程的概念在芝加哥學派的都市研究上被用為重要的分析工具。派克（R. E. Park）和蒲濟時（E. W. Burgess）為人文區位學位之先驅，二氏首創人文區位學（human ecology）一詞。

蒲氏研究芝加哥城，發現該城之發展在區位結構上有其模式，從市中心向外擴張而形成五個集中的同心圈，此即蒲式之有名的「同心圓說」（the concentric zone theory）。一圈擴張一圈的接續過程中，蒲氏分為四各發展階段：(1)移入開始；(2)原佔有者引起反動；(3)新來者源源湧至；

(4)新來者達於極盛取代原佔有者。自始至終是兩個性質不同的人口集團爲
有限之空間發生的競爭與衝突。（派氏之種族關係循環說則包括競爭、順
應、同化和混和四個過程。

都市的吸引力

　　都市能於近代社會中快速的發展，是因爲都市所具有特殊的吸引條
件，使人們紛紛由鄉村走向都市。都市的吸引力，可大概歸納爲下列幾
點：

都市為爭取成就之所在地

　　利用快速的運輸手段，使得人們出現高度的流動與移動。都市爲獲取
功名、開發前程、施展抱負之所在，古今皆然。如我國自古以來，實行科
舉，要想出人頭地，光耀門楣，必須到京城參加考試，狀元及第，最爲風
光，因此京城自古即爲讀書人極端嚮往之處，加上京城自身的繁華，舞榭
歌台、名勝古蹟、人文薈萃之場所，更是人人夢寐想去一遊之地。因此，
都市自古至今，即爲有志之士，爭取功名的場所，能夠往都市開創新天
地，亦爲周遭人誇耀的對象。

都市為享領合理地位的所在地

　　現代化的進展，使人們脫離傳統規範的束縛，而最先實現合理化思考
的地區則爲都市。在農村，農民的生活是靜態的，因此農村共同體規範仍
很強固，傳統的規範，與農業生產即灌溉給水、土地利用相結合，長久的

被維持下來，但在都市裡，經濟活動脫離土地，在都市生活的住民，雖然回到家裡的時候，仍受到家庭規範束縛，白天上班的時候，也要受工作場所規則的約束，但是都市的住民，工作場所大都與居住場所分離，每天的上班通勤、買物消費，形成頻繁的流動，形成一種大眾社會特性，空間上享有自由活動的餘地，因此能夠脫離傳統的規範，由「都市充滿自由的氣息」這句話，可說把都市這種自由、合理特性表露無疑。

追求新知的所在地

都市裡設有許多研究之機構，有許多專門的研究人員集中在此，可說人文薈集之地，加上舉凡博物館、工藝、美術館、夠水準的音樂演奏、舞蹈、展覽，大都在大都會舉行。能獲取知識的地方較多。科學技術的發達，影響產業界的技術革新，使用電腦於管理技術，有著飛躍的發達。科學技術也是在都市發達起來，更增加了都市的魅力。

謀取工作機會的所在地

由工業生產過程來看，技術的進步必然的誘發人口的凝集。也就是說，隨著工業化的進展，在都市裡，有較多的就業機會，一家工廠的設立，當中所需員工，有時大到數千、數萬人，職業的種類極其多樣化，使一般人往都市定居，以便尋求生計發展的機會，因此，直接的促使都市化發展。

都市為獲取新穎知識的所在地

物質生活上，精神生活上，在都市皆能有較豐富的資源。現代社會，

都市所具豐富資訊，使其愈顯現魅力。大眾傳播發達的結果，都市生活方式，直接的滲透到農村。提高了農村人們對都市的嚮往。

都市為接近權力的所在地

同時，政府的行政機關，為民喉舌的議會，在都市林立，都市具備了權力的近親性。

產業都市，只要能夠提高所得，就會有許多人流入，這堪謂是偏重經濟觀點的樂觀論。總而言之，在考察人口集中的問題時，如果不以全體的生活差距，作為衡量問題癥結所在的話，根本的問題將無法解決。

都市在人類歷史上出現以來，較之農村有較好的生活。都市比起農村不僅有較高的生產效率，在那兒創造新的文化，擁有農村所沒有的自由。因此，都市化就像水往下流，為極其自然的現象。近代以來，在自由民主國家，人們擁有遷徙的自由為一般法律所保障，要阻止這種自然的流動，要費相當大的功夫。都市化的誘因，除包含經濟的因素，隨著生活水準的提高，非經濟因素將愈形重要。

都市問題

無論在英國、美國、或是日本其都市化均來自工業革命，因為工業革命所產生的都市人口集中，而引起的都市問題。到了今日，這種情形，正轉移到開發中國家的都市。新興國家都市化的發展與先進國家的都市化型態相異，其現象被稱做「偽都市化」（pseudo - urbanization）或「過剩都市化」（over - urbanization）。若由先進國家的都市發展模式來看，則新興國家的都市化，並非正常發展而只是一種過渡。真的都市化是在西

歐產生；亦即隨著資本主義的發展，在都市裡進行工業化，農村人口的勞動力，被吸引前往都市，因而促成都市的成長。但是第二次世界大戰後的第三世界的都市化，並非隨伴著工業化而促成人口集中，農村人口往都市移動，而是由於農村的貧困居民爲謀生計的維繫而被推往都市。在農村地區，隨著保健衛生的改善，引起人口增加，但是耕地並未隨著增加，同時由於教育的普及，提高了人們的需求水準，這些因素相互激盪的結果，使得在農村無法生活的人，爲著求職往都市集中，但是在都市裡，雇用的機會並不充分，因此，失業與貧困集中在都市裡，所謂的過度的都市化，指的是在第三世界的都市中未充分就業人口，佔有極高的比率的現象。至於，在已開發中的國家的都市問題，由於大都市文明的沒落，過疏現象，與財政危機等問題，已經不僅是問題而已，叫做「都市危機」（urban crisis）。

先進國家的都市問題，最近數十年來，加上一些新產生的問題，使得情況更加嚴重：

1. 現代都市所呈現的問題多屬於都市機能的障礙。例如：交通問題，水源不足等情形，均將影響市民的生活品質，亦使得都市居民的生活福祉後退。

2. 現代的都市問題並不限定於都市的某些地區，而是涵蓋整個都市領域，任何一項都市問題，都與全體居民息息相關。

3. 都市問題無法由個案來解決，要對都市環境問題做整體的規劃，始克有功。

4. 犯罪、違法事件、家庭解體等病理現象與異常行動，不斷發生，造成都市居民面臨社會規範重建的問題。

傳統的都市問題，雖亦由於都市化的過程所產生，但是問題的發生，主要限定於某些特定的地區。即特別是集中在貧民窟的地區。但今日的都

市問題，無論是住宅、交通、公害等問題，都不是單純的存在於局部的地區，絕大多數的住民皆捲入其中。站在社會學的立場上，探討現代都市問題，應著重於市民對環境適應能力，市民的一體感，自律性，社會規範等問題，不應僅限定於酒精中毒、色情、違法事件等一些少數人的偏差行為。

都市社會的利益衝突隨都市而日益加劇，並以團體為基礎，其發生更為顯現而易覺察。一般而言，都市的功能有：促進經濟成長及由傳統的市政建設擴大到舒適生活的服務提供外，就是市民利益衝突的仲裁。而造成都市社會利益衝突加劇的基本原因不外以下六點：

1. 都市是一個專業化的相互依存機構，市民一方面要互助合作，以促進生活，另一方面基於共同利益而相互結合。但由於受到一利害關係相同的一群人或團體處於對立的狀態。加之貧富懸殊，又有新舊移民或種旅之分，結果人人自由發展，各提各的要求，各採各的行動，在在需要代表公共利益的市政府為適當的控制與干涉；然干涉愈多，則易使得都市政府天天站在市民衝突的邊緣。

2. 都市社會的刺激力最大，而市民與市政府的關係是直接的，其日常接觸與見聞所及，均易由知覺上及心理上的感應而潛伏著浮動不安。一遇發洩的機會，即立刻釀成政治性的爭執，甚至因貧富懸殊或階級意識而發為過激的運動。

3. 現代都市傾向大區域制，市中心之外，還包括郊區及至廣闊的鄉區，在建設上原應不分軒輊，使全體市民得以均衡發展。然都市的資源有限，勢難平均分配，兼顧遠近。而市中心為財富薈萃之地，市政當局在工商企業界的壓力下，不得不加強建設，因而犧牲其他地區的利益；結果市郊及市內部份鄰里形同市中心的殖民地，紛紛要求改善，市議會常因此而引起重新分配資源的爭奪，成為最複雜

的社會問題。在都會區域，這種現象尤爲普遍，因爲區內各分子單位的利害關係多不一致，遇有涉及全區性的問題，動輒各持門戶之見，困擾區域組織，致難以順利行使職權。

4.市政府除處理市自治團體的公共事務外，並得以投資人地位，從事商業性活動，如經營水電、瓦斯及市場等公用事業，興建住宅出租，創設市營工廠等。但何種事業在何種情況下，宜由市營或民營或雙方合營往往因法律無明確規定而引起爭執，甚至擴大爲政府責任與民間活動的範圍之爭。

5.市政府提供服務所需財源，通常用兩種方式籌措，一是一般課稅，一是收取規費或工程受益費。前者以負擔能力爲依據，後者以利益所得爲依據。因此當都市每辦理一項公共事業，在考慮分擔問題時，市民總會產生不同意見，而相持不下。

6.都市利益衝突最多的，爲與都市計劃有關的問題，尤其是土地與建築事件。例如市政府有權徵收土地，早爲一般市民接受，但在控制土地使用時，又常爲糾紛之源。住宅區居民堅決反對工商業侵入，土地所有人及發展商則唯恐投資不能產生最大的利潤。當市內任何一宗土地變更分區管制時，通常在聽證會上以這方面爭執最烈。又如開闢新道路，或拓展舊道路原爲市民一致歡迎，但當確定路線時，部份市民唯恐不與其住所接近，另一部份又唯恐影響其安寧，因此常起爭端。即使在車輛停放的管制方面，亦時有利益衝突，市中心商業區渴望在郊區通往市區的主要道路兩側嚴加限制，以期吸收更多顧客車輛駛入市區，郊區商店則要求放寬限制，以使車輛就近停放，增加營業。

急速的人口往都市集中，產生了局部性的社會解體之外，近鄰、地域團體的組織也趨於衰弱。他方面，匿名姓、流動性、移動性等的增大，使

得都市住民的連帶感遲緩，及規範喪失等狀態，這種現象，以大都市爲中心，並逐漸擴大至郊外。都市化一方面也使得住宅、交通、廢棄物處理、公害等問題深化。但是他方面，要解決這些問題，由於居民的自治、共識、政策能力的不足，而缺乏對應能力。

都市發展

　　都市的已被認爲是現代文明發展的特點。社會學家所感興趣的，正是這種現象下面所引起的社會過程。都市發展是都市數量以及都市地區面積的增加。其典型過程是由市中心向外圍地區擴展。發展過程中，都市中心會漸漸變成無人居住的空城地區。都市數量擴大，都伴隨有城市總人口的重新分布和重新配置。某些因素被賦予新的地位，另一些則被更替，但並非由於新來者所引起的刺激事件的結果。都市人口的這種重新分布，已經成爲都市發展中一種經常性的運轉過程；而城市成長的原因可以是由於自身人口的自然增長，亦可以是由於外來移民。

　　十九世紀後期，「從鄉村起飛」、「流向都市」之類的說法已時有所聞。當時都市人口的迅速增加並非純粹由於自然增長，即出生率減去死亡率，而是由於周圍農村地區向都市的移民。在美國，都市規模的迅速增長則主要是由於歐洲移民源源湧入，而且這些移民又不願留在農村，而願選擇都市環境定居。

　　隨著都市發展而出現的人口的流動性，表現在接觸、聯繫頻率增加，流動方向發生變化，外觀的變化，以及某一特定區域中由於人口群落的繼承性而產生的氣氛；也表現在地價的差別之中。流動性的含意不僅僅是運動（movement），還包含有新的刺激，即刺激因素在數量及強度方面的增加，因而也含有對這些新刺激迅速作出反應的傾向性。都市將其本地因

素或外來因素吸收並溶合到自身機體中的過程，可以稱為都市生活的新陳代謝。流動性就是這種新陳代謝的一個媒介。都市的發展可以理解為一種從解組到改組的社會過程。發展永遠在一定程度上包含有這樣的過程，只不過當都市發展極為迅速時，我們見到的解組現象更為突出，這可以看作是病態現象。犯罪，自殺，離婚等等行為問題，都是解組現象在個人身上的表現。鄰里的消失，以及地方社區中控制作用的弱化，都是這一過程中之一。

為了能克服因都市發展所帶來的都市問題，都市社會學家提出了「都市更新」（urban renewal）的方法。此名詞差不多與都市重建同意。強調的有三件事：(1)預防都市中危害的情況傳播至良好的市區；(2)重建和保存在經濟上能夠予以復甦的市區；(3)清除和重建發展不能夠予以救援的市區。都市更新許多活動，例如，貧民窟的掃除，違章建築的取締，公路和公共工程的重新計劃，環境衛生的改進及都市社區的發展等等。另外，亦可運用「都市社區發展」（urban community development）的方式，達到更新的目的，以帶動有序的都市發展。

社區發展主要都是在農村社區進行的，但是在都市裡面，特別是在農村人口向都市移動，都市成長速度極為急劇的情形之下，也有許多日趨擴大的經濟和社會問題。由於人民間關係的不同，需要性質的不同，和設備情況的不同，所以，都市社區發展須有不同的優先次序和工作程序。在人口稍多，而居民彼此接觸又較疏遠的特定社區，政府與當地居民協同致力於推行改善該地區經濟、社會、文化狀況的運動，這種運動需要完整的計畫，與整體的支持，並進而能藉此以促進國家的進步。都市社區發展是需賴周延的都市計劃方可達成。

都市計劃是社會計劃（social planning）的一種。此一種計畫是為適應都市居民在目前及將來的需要，使其有較好物質和社會文化的生活環境。它可別為許多方式，並應用許多特殊的計畫技術。有的都市計劃事由

政府機關實施，有的是由市民團體實施。有的計劃限於都市社區生活的某一方面，有的則範圍廣泛而包括全社區。有時都市計劃是屬於矯正性與重建性，有時是屬於預防性，又有時則重於整個新社區結構的建設。有的計劃是為都市土地利用進行做的，有的則為都市社區的人力資源而作的。在時間上，它可以是短期或長期的。自古以來，所有都市多少都是有計劃的，縱使不是整個，至少也是部份的。不過現代都市計劃的發展卻是在十九世紀下半期開始於西歐。迄本世紀，特別是在第二次世界大戰之後，由於世界各國工業化及人口都市化之進展，乃更趨於重要而普及。從其重要性來看，傳統的都市計劃由於都市工程的影響，幾乎完全偏向於物質環境方面，如街道的佈置，建築物的安排，土地的用途，交通運輸及下水道系統的設計，公共場所的設立等等。到了晚近，由於社會科學家的提倡，乃漸漸注意到社會文化設施的重要性。

無論如何，都市或都會社區的廣泛計劃包括有許多要素。第一，人與物的流通；一個計劃必須考慮到運輸方面，如街道的系統，飛機場，汽車和鐵路的佈置，及交通的管制。第二，有秩序的土地利用，包括(1)劃區的系統，將商、工業及住宅的土地用途分開，及(2)公私建築物之設計，處置，及營造的管制。第三，都市社區的文化，教育，及社會生活的設計，通常包括市政或社區中心，公立圖書館，學校，及公園與娛樂等設備。第四，都市社區衛生及物質的需要，包括廢物的處置，醫院，及公用事業如水電設備等設計。第五，都市重建的規定，如貧民窟的掃除，阻礙物的預防措施，及公共和私人住宅等。第六，包羅廣泛的計劃，尤其牽涉到大規模的住宅計劃或新的社區，常為當地鄰里便利的設施而預作準備。

結語

　　當今人們所存在的社會－現代社會，究竟是怎樣的一個社會呢？爲社會學的研究者所關心，根據這些研究，現代的社會具有了都市化、資訊化、管理化、流動化、合理化、核心家族化、個人主義化、平等主義化、非私人關係化等現象，這些現象並非單獨的存在，而是相互影響，本章僅就都市化一項，加以探討，當然無法盡窺現代社會的全貌。但其對現代社會的影響性，相信由本文的論述可以詳見一般。至於，都市問題由於其對都市發展影響甚鉅，是以，無論在開發中國家或先進國家，都是一個倍受重視的問題。

　　都市與鄉村在當代文明中代表著相互對立的兩極。二者之間，除了程度之別外，還存在著性質差別。城與鄉各有其特有社會組織和特有的人文特質。它們兩者形成一個既互相對立、又互爲補充的世界。二者的生活方式互爲影響，但又不是同等相配的。

　　都市生活產生了新型的社會組織，這些新型組織與鄉村完全不同。無論是家庭、鄰里、抑或是社區和政府組織，都因都市生活的特殊需要而改變了自身的組織形式，甚至改換了自身的整個職能。鄉村生活方式中所特有的那些社會過程，根本不適用於都市環境。一種新的道德秩序漸趨形成，並促使某些慣例迅速改變。鄉村與都市不僅在其機能上顯現出重要差別，而且在其特質與性格上有相當大的區隔。隨著都市的影響不斷地向廣大農村滲入，農村人也在被改造的過程中，二者之間的差異最終是會逐漸消失的。

第19章　職業與休閒

存在主義作家卡繆曾說過：「要了解一個人就必需則先了解他怎麼營生」。社會學家休斯（Everott Hughes）認爲現代人人際對應的諸多角色中，以他的職業角色爲「主角色」，正是職業決定了一個人的生活型態、人生價值取向，及他人對其評價。我們提起一個人，通常會說：「他是個老師」或「他是個工人」，就是以他的職業角色來涵蓋他全面的存在。就因爲工作是人生活中主要的內容，人存在的意義及價值只能從中去尋找，一個孩子呱呱墜地之後，幾乎便開始了他往後職業生命的準備工夫，中國人給滿一歲大嬰兒「抓周」的習俗便是由此而來，而一個勞動者在退休之後，往往一時難以調適。工作已深深鏤刻在我們的遺傳基因之中，「工作就是人生」的說法並不爲過。而幾千年來，人類一直就以工作來定義人生。獉狉未啓的時代，人這種直立前行的動物，必須徒手對抗各種天災、天險與天敵，以求取一點生存空間，覓食的時間往往數十倍於進食的時間；僅僅在上半個世紀，人類過的仍然是一日不作即一日無食的生活，一天工作十幾個小時是常態。

　　在有沈重工作壓力的時代，人們匍匐於塵俗之中，奔競衣食而不及，工作的中斷也只求喘息而已，所謂「休閒」的這種需求，還是近幾十年才產生的一個嶄新的概念。在歐美及日本這些高度發展的國家，生產力因自動化而提高，組織成本也藉著高效率電子資訊科技的通行而大幅縮減，勞動人口相對地逐步減少工作時數，由十二小時工作制到十小時工作制再到八小時工作制，一路節節縮短，這種轉變在數十年之間完成，到了今日，歐洲已有很多國家以每周工作二十八小時到三十小時，以只工作四天爲目標了，人們於是有了愈來愈多的休閒時間。

　　工作與休閒是互補的，只有按照工作的條件來分析，才能了解什麼是休閒。例如，某些事對於某些人是一種遊戲，但對於另一些人可能是一項工作。許多人以打網球或釣魚作樂，但有些人則以此爲生，因爲遊戲是他們的職業。休閒機會也常常影響職業的選擇，例如有的人改變他們的工

作，是爲了有更多的時間與孩子在一起，或是新的工作靠近遊玩的地方。休閒與遊戲是不一樣的，但兩者均非工作。不僅如此，它們也是反工作，即與工作對立；但他們能使人在工作期間維持精力，則是重要的。工作者採取的休閒與遊戲方式，會隨其工作性質而不同。白領工作者，可能從事於體能的休閒活動。而藍領工作者，因他們的工作涉及體力消耗，可能偏愛靜態的休閒消遣。

人們寧願選擇額外休閒，而非更多工作與所得，這種情況，於一九四〇年代末，首先出現於美國。這種現象顯示那時的人們偏愛有更多的自由時間，來花費金錢；而不是犧牲自由時間，換取更多金錢。這趨勢會繼續進行，因爲人們討厭職業條件、成功的傳統觀念，與其他傳統的工作價值，於是牽動著新的社會型態的來臨。

職業結構

當我們要從一個人，來預測他的價值、態度以及生活型態時，最好從他的職業著手。職業是個人的主要角色。同時，職業與個人聲望、權力及所得之間，有高度相關。工作的地方會影響其人際互動，與遭受同輩團體的壓力。因爲大多數職業都要求某些必須條件，如年齡、教育、體力、技能與過去經驗，因此從事相同職業的人，會有一種同質性；另外，人們對於職業，常具有某種刻板印象，如律師是精明的，教師是誠篤的，企業家是尙利的，政客是虛矯的等等。對上述印象的期望，會影響該種職業者的行爲；許多人會有意識或無意識地接近某一種典型。這些都足以說明職業與個人之間的關聯性。因此，我們經常以工作是了解社會系統與個人行爲的一個重要指標。在社會層次上，工作者的人數與種類，爲解釋社會系統的經濟組織提供了線索，這就是職業結構的領域。

一般將職業分爲三大類：第一類是農業、牧業與漁業，這是人類最古老的生產活動的延續。原始經濟的工作大部分就是這些活動。當技術變得更爲複雜與高效率時，更多工作者會從事於生產，這就是第二類的製造業。這些活動是工業時代的象徵，是工廠生產系統的核心。第三類是服務業，業者從事於服務與符號工作，它是基於前述兩類形成的基礎而促使其發展的。每一種生產類型支配著一個特別的時期或社會。在現代化過程中，社會經濟系統強調服務事業，使得專門技術性工作人員及經理與銷售人員迅速成長，成爲就業者最大的一類。

　　爲說明一個社會的職業結構，必然涉及勞動力、勞動參與率等概念。所謂「勞動力」（labor force）是指有工作能力及工作志願的人口，是經濟生產的基本要素，也爲國家建設的主要力量。所謂有工作能力者係指若干年齡以上，若干年齡以下，可從事工作的人口。各國勞動力年齡的界限並不一致，並隨經濟社會發展而不同。我國適於工作年齡的人口是指十五歲以上六十五歲以下的人口。至於「勞動參與率」（labor force participation rate）所指稱的是：勞動力人數佔適合於工作年齡人口的比率。勞動參與率不只爲經濟發展的指標，也是社會情況的反映。勞動率可按男女性別分，可按年齡分，可按教育程度等因素來分。由此我們可知男女地位是否平等，婦女出外工作或在家照料子女、老年何時退休等情況，反映社會各種現象，也成爲社會發展的重要指標。

　　工業社會從業人員的結構，受僱者居多，常依工資或薪俸以維持生活，故職業對受僱者之生活有極密切關係，一旦失去職業，則生活即難以爲繼。是以近代國家均以維持國民充分就業爲努力目標，實施就業安全制度，以免除國民對失業之恐懼感，並以各種經濟手段防阻失業現象的發生。所謂的「失業」，依據我國勞動力調查時的界定爲「年滿十五歲以上具有工作能力及工作意願，在調查標準週內，不能獲得有酬工作一小時以上，或無酬家屬工作十五小時以上，而正在尋找或等待工作之人口」。其

中：

1. 工作意願：工作意願是判定失業與否的基本要件之一，家庭主婦雖有工作能力，但不具工作意願，故不能視爲失業。但工作意願必須表達於行爲，積極尋找工作，否則亦不能視爲失業。

2. 有酬工作：工作目的在換取報酬以維持生活，這是判定就業與否的基本要件之一，若工作目的在爲社會義務服務，而不在謀生，不能劃歸就業人口，這類人口稱爲志願工作者。

3. 等待工作：根據勞動力調查的解釋「已找到工作而未開始工作亦無報酬者」應視爲失業，調查標準時間爲七天，其目的在明瞭此一週內人口經濟活動情形，凡在標準週次一天開始工作亦不認定爲就業。

4. 初次工作：初次尋找工作者爲新進勞動力，多爲各級學校的畢業生或中途離校青年，雖然他們過去沒有工作過，只要有積極尋找工作的行爲亦應視爲失業人口。所謂失業不限於原已有工作的人，凡是有積極尋找工作的行爲不論其爲原有工作或初次工作均應視爲失業。

失業率是衡量失業情況的標竿，代表失業情況嚴重的程度。任何國家不可能不發生失業現象，只是失業程度有高低而已，所謂失業率可以下列公式計算：

$$失業率 = \frac{失業人口數}{經濟活動人口數（就業人口數 + 失業人口數）}$$

失業現象的產生有各種不同的導因，若將失業現象加以分類，大致可分爲以下四類：

週期性失業

週期性失業（cyclical unemployment）也可稱為循環性失業，這種失業的原因是經濟性的，有一定軌跡可循，美國於三十年代經濟大蕭條之後，雖未產生惡性的失業現象，但約隔兩年經濟就會有輕微的衰退現象，失業人數隨之升高。

技術性失業

由於生產設備的更新，生產技術的進步，生產標準的提高，因之在職業結構上就會發生很大變化，對勞工的需要量減少，對勞工技術能力需要提高。技術密集的工業將逐漸取代勞力密集的工業，故普通勞工將會面臨失業的危險。

季節性失業

季節性失業（seasonal unemployment）在落後地區，農業人口所佔百分比高的國家較為顯著，農民於農忙季節有工可做，為就業人口，農閒時無工可做，即成為失業人口。這種失業在落後地區更造成惡性循環，國力日衰，民益貧困。

摩擦性失業

由於國土遼闊，行職業結構變化快速，職業消息不夠靈通，謀事者不知何處有工作機會，物色人才者又不知何處有適當的工作人員。同時亦有一部份求職者因技能不足而無法勝任新興的職業，發生了配合上的困難；另外還有一種人是職業觀念的偏差，有業而不願去做。以上三種情況均非因為缺乏工作機會所產生，實係因為缺少有力的媒介及輔導，供需雙方之間交通缺乏潤滑劑，產生了摩擦現象。此種因缺乏職業消息及職業輔導，雖有工作機會存在而求職人無法順利獲得職業的現象可稱為摩擦性失業（frictional unemployment）。

為了維持一個國家的經濟生存及國民生活，任何社會必須正視人民對職業的需求及避免失業的產生，其因應之道則包括：

加強人力規劃運用

人口與教育政策關係就業至為密切，而且是防阻失業發生之根本所在，政府有關部門必須設置人力規劃機構，對於人口、教育、訓練、就業等問題作通盤而週密的規劃，達到人人有事做，事事有人做，充分運用人力資源的最高境界。

建立有效的就業市場組織

建立有效的就業市場組織，提供確實的就業市場供需資料，使人與事得以密切配合，縮短尋找職業時間，加速轉業者獲得工作。其重要功能如下：

1. 提供就業市場消息：以有效方法搜集人力供應及工作機會的最新而確實資料，分析整理後再以有系統的方法傳佈到社會各有關團體及個人。
2. 調節勞動市場供需：就業市場組織必須發揮其積極功能，使某特定行業或職業，或某特定地區人力供需失調現象，很迅速的趨於平衡，或使可預見的不平衡趨勢能夠加以預防。
3. 推展職業指導諮詢：求職與轉業的個人很難自我診斷其性向、能力、興趣，更難充分瞭解職業世界的現況及未來發展的趨勢，大多數人必須藉職業指導與諮詢，以獲得適當的職業。
4. 協助勞工轉換職業：很多失業現象係由於勞工不願從某一地區向另一地區發展，或不欲自某一職業轉就另一職業。就業市場組織必須協助提供新工作地區的良好的生活環境，使勞工樂於遷移，並應勸告勞工打破安土重遷的觀念。

採取有效財經措施

維持經濟景氣，使消費者的支出與生產總費用之間保持適度的均衡，是解決失業的根本之圖，國民能充分就業，則可維持其購買力，國民大購買力始可使生產者的產品有良好市場出售。倘若經濟萎縮，百業蕭條，則失業問題勢將無法防阻，故欲根本解決失業問題乃在於如何維持經濟發展的好景。

加強推展職業訓練

職業訓練是配合經濟社會的變遷，工業的進步，培養勞工專業技能，便利勞工就業，適任新興技術性工作的必要手段。美國於一九六〇年以前每年因技術不足而失去職業的勞工在二十萬人以上，假若不及時輔導接受轉業及新技術訓練，他們將不易再進入職業結構瞬息萬變的勞動市場。

職業訓練是解決技術性失業的有效辦法，同時亦為解決季節性失業有力的補救措施。我國有鑒於職業訓練的重要乃制訂職業訓練金條例徵收訓練金，全面推展職業訓練工作。

舉辦勞工失業保險

失業保險係以社會的方法補償失業勞工部份工資，使勞工失業後仍可維持最低生活，不致釀成社會問題；同時因為失業保險的舉辦，在失業現象不嚴重時可藉失業保險稅的收入累積基金，收縮一部份通貨，於失業大幅增加時，以過去累積的基金支付失業津貼，維持失業者之最低購買力，使消費支出不致過份減少，以影響經濟惡性衰退。故失業保險在經濟景氣發生變化時具有自然調節作用。

失業保險不僅在於解決失業者最低生活問題，更具有鼓勵就業的積極性意義，凡參加失業保險的勞工，非因個人過失失業而必須至就業輔導機構辦理就業登記，證明申請人有尋找職業的意願，倘若就業輔導機構無法安排適當的工作，失業勞工始具領取津貼資格。倘若有適當工作而不接

受，則將不予發給津貼。所以失業保險實具有鼓勵就業的意義。而且可促進現有工作機會之充分利用。

失業保險可使參加失業保險者心裡上有一種安全感，凡非因個人過失而失業，他們便不致於喪失全部的收入，至少可以維持一種合理的最低生活。所以失業保險是一種尊重人性，維護職業安全感的良好制度。

工作意識與工作現象

工作態度

「態度」是指「個人對一特定對象所持有的評價感覺及行動傾象。」（李美枝，民國七十三年）羅克契（Rokeach）則將態度界定為「是個人對一共同對象之數個相關連信念的組織。」是以態度為一具有結構與組織的複雜認知體系。此種數個相關連信念的組織，一般的研究者將之分成：認知（cognition）、情感（affection）、意向（conation）三個部份。

1. 認知部份：認知成份是指對態度對象所持有的信念、知覺及訊息，因此態度的認知成份常帶有評價的事實，不只敘述個人對態度對象的所知，也表示個人對態度對象的贊同與反對。
2. 情感成份：情感成份是指個人對態度對象的情感感覺，諸如：喜歡/厭惡、接納/排斥等正負面的感覺。
3. 意向成份：意向成份是指個人對態度對象的反應傾向，即當個人對態度對象必須有所行動表現時，將有如何行動，亦即反應的準備狀態。

另外，學者李美枝對態度的建構，認爲態度的性質，包括下列四項內涵：（李美枝，民國七十三年，pp.278－279）

1. 態度具有對象性。例如：對工作的態度，對民主政治的態度。
2. 態度具有假設性。由於態度是一種內在結構，是以態度的性質如何，必須藉個人外顯的行爲而推知。
3. 態度具有持久性：態度的形成有一段相當時日的孕育，因此具有其持久性。
4. 態度是一種行動傾向；以喚起個人對事務的反應。

工作態度是指「一個人在具有特定價值後，對其工作所採的一般對待方式。亦指對於工作各方面，依其所持有的價值而準備採取的反應。」（Park, 1986, p.232）高索普（Kousper）認爲：「個人的工作態度是在社會中產生並持續存在。」至於達琳（Darley）則主張：「個人的工作態度在有工作經驗之前即已決定，具有特定人格、知覺習慣，以及價值類型的人，會尋求能讓他們自由發揮這些特性的職業。」（Darley, 1968）。另外個人的職業經驗會影響對工作及工作態度的看法，丹尼爾（Daniel, 1969）自實證研究得知：「角色改變對態度具有影響性：成爲領班角色時，其工作態度會較傾向於管理者；如果被降級之後，則又回復到工人的態度；而成爲工會代表時，則其角色會傾向於工會。」

因此，工作態度與個人人格、行爲特質，乃至職業經驗、職位、階層，皆有關聯性。人們對工作的態度，反應出他們工作愉快或不愉快的經驗，以及未來的工作期望；亦影響整體組織的工作效能，組織氣候，組織發展，勞資關係等。對於工作場所進行有序及系統性的研究，可以溯及至一九一三年 Munsterberg 所著之「心理學與工業效率」一書，首先提出關於「工作滿足」研究。而梅耶（Elton Mayo）於一九二七年到一九三二年間，對於芝加哥西屋電氣公司霍桑工廠所進行的深入調查，這項調查不

僅奠基了行為科學對工作場所的研究，也促使人們關注工作環境中的人際關係，肯定「人」在組織單位中的重要性和影響性，而為「人際關係運動」的基礎。此種對於人類動機與行為的研究途徑，亦引發諸多學者所接受，其中包括科學管理的擁護者，他們的著作即運用此種研究方法。著名的科學管理之父泰勒（F. W. Taylor），及其同僚嘗試將科學方法用於工業。他們的研究途徑有如下的假定：「人之於工作，也和機械一樣，可以盡可能使其有效率，適當運用激勵（incentives），可使受雇者效率提高，能增加管理人員與工人雙方的所得，因而保障了雙方的和諧合作。」（Park, 1985）強調人際關係運動的研究途徑，即是針對上述研究假設的反動，而引發行為科學對人在組織環境的重視，而產生一系列關於人際關係的探討。

工作滿足

「工作滿足」是指「一個人對其工作各個層面的感受和評價；其層面包括：組織本身、職務陞遷、工作內容、主管管理、福利待遇、工作環境、工作伙伴等部份。此種感受和評價，乃取決於工作者自特定工作環境中所實際獲得的價值與其預期應獲得的價值之差距。」工作滿足與工作效能關係密切，探討工作滿足的理論則包括：

需要階層理論

馬士洛以為人類的需要是有層次之分的，由低至高排成了一個階層；在較低層次的需要滿足後，才可能發展出下一個較高層次的需要。但是任何一種需要並不因為下一個高層次需要的發展而消滅，各層次的需要相互依存並重疊，高層次的需要發展後，低層次的需要還是繼續存在，只是對於行為的影響的比重降低而已。這些層次：

■**生理的需要**　是人類為了生存不可缺少的需要，包括食、衣、住、行等。生理的需要具有最強烈的欲求，為人類一切需要的基礎。在工作滿足上的解釋，則指人們對於薪資、健康的工作環境等的基本需要的滿足。

■**安全的需要**　人類基本的生理需要在得到滿足後，接著發展的就是安全的需要。如免於危險、恐懼、匱乏等的需要，包括身體與財產的安全不受外力之侵害。運用於工作滿足上，是指人們對於工作職位的保障，意外事故的防止等不同的需要。

■**社會的需要**　在生理與安全的需要得到滿足以後，人類便進一步的發展社會需要。即走出原有的環境，愛人與被愛，與別人保持聯合關係，交友，歸屬，為團體所能接納等，這種需求運用於工作滿足上則指友誼，團體的接納與組織的認同等需要的滿足。

■**自我的需要**　再上一層次的需要，包括自我尊重，如獨立、自由、自信與成就等，以及受人尊重，如地位、名譽、認定、尊敬等。這是有關個人榮辱的需要，必須等到前述各項需要得到滿足之後，才會產生作用，運用在工作滿足上，是指對於地位、名利、權力、責任，與他人薪水相對高低等需要的滿足。

■**自我實現的需要**　以上的四種需要，在得到相當的滿足以後，人類便會追求最高層次的需要，即自我實現的需要。此一需要，是希望能在工作崗位上發揮自己的才能，做一些自己以為有意義，有價值的事。運用在工作滿足上，則係指對於能夠發揮個體特長的組織環境，及具有挑戰性及多面性的工作等需要之滿足。

成就動機理論

　　艾京遜（Atkinson）與麥克蘭（McClellandand）對於人類成就取向的活動特別有興趣。麥克蘭提出成就需要的概念來，認為成就需要是一種穩定的人格特質，而且是可以測量的，所以可以用來測量人類的行為。一

般而言，工作成功的機會大小，可以影響個人是否選擇某種工作。進一步說，個人是否產生成就取向的活動，乃是受到個人對工作績效評價的預期影響。而個人成就需要的傾向，是受到個人成就需要強度、工作成功的可能性、及該工作誘因的多寡的簡單乘積。

根據此一理論，一個有高成就需要的人喜歡有挑戰性的工作，而不喜歡簡單、個人確定可完全成功的工作；以及太難，個人一定會失敗的工作。而研究其內容，則是重視工作可能給個人帶來的成就感的多寡，來決定個人對工作滿足的程序。

雙因素理論

Herzberg 的研究結果發現：「工作滿足」與「工作不滿足」兩者在本質上是有差異的，而影響工作滿足工作不滿足的因素彼此各不相同。他認為傳統的理論將工作滿足與不滿足，視為同一連續體上的兩個極端，這種觀點是不正確的。根據 Herzberg 的看法，工作滿足低並非就是不滿足。影響工作滿足的因素包括成就感、受人認同與賞識、從事挑戰性工作、晉陞機會、擔負重要責任等，他稱呼這類因素為「激勵因素」。這類因素主要是屬於可以滿足個人高層次需求的內在工作特質。良好的激勵因素可導致員工的工作滿足。然而此類因素欠佳時，只會使員工無法獲得滿足的愉快經驗而已，並不會導致不滿足。另一類因素則會影響工作不滿足，它們包括薪酬、工作條件、工作地位與安全、公司的政策與管理、人際關係等，這類因素為「保健因素」。此類因素主要是與工作環境有關的工作外在因素。當保健因素不良時，員工會感到不滿足；而一旦這些因素獲得相當改善時，則只能消除不滿，並不會導致滿足。

參考架構理論

Hemans（1961）指出，同工同酬的兩個工人因所持的工作價值與文化背景及個人期望的差異，對於工作的評價常有不同。往後學者根據這個

看法進一步加以延伸，於是有「參考架構說」的出現。持此種觀點的學者認爲，人們對組織或工作情況中客觀特徵的主觀知覺與解釋，才是影響人們態度及行爲的最重要因素；而此知覺與解釋則受個人自我參考架構的影響。由於參考架構說的出現，因而也影響了後來「公平理論」的發展。

公平理論

公平理論是社會比較過程理論的一種演變，首先由 Adams 發展出來，其主要因素包括如下：

1. 投入：個人在工作上的付出與貢獻。包括教育、經驗、工作時數、技術等。
2. 所得：個人從工作上所得到的價值。包括薪資、地位、福利、自我成就。
3. 參考人物：可能是組織內或外的人物，也可能是職位上前任員工。
4. 公平與不公平：個人的（所得與投入）比率等於參考人物的比率，則是公平的；反之，則是不公平的。員工的滿足決定於個人（所得與投入）比率是否再與參考人物的比率相等，如果相等，員工就會感到滿足，如果比率不相等，則感到不滿足。

差距理論

Locke 認爲一個人對於工作某一特質的滿足與否，端視其個人感覺在此工作特質中，「實際獲得的」與「希望獲得的」兩者間的差距。如果此一差距爲零，則個人會感到滿足。但假如「實際獲得的」大於「希望獲得的」，而且此一超出部分是對他有利的（如額外的獎賞），則他會更滿足。如果此一超出的部分是對他不利的（如額外的工作數或工作量），則他會不滿足。反之，如果「實際獲得的」少於「希望獲得的」，而且此一短缺的東西是他所企求的（如薪酬），則他會不滿足。同時此一差距愈

大，他會愈不滿足。Porter（1961）則認為工作滿足高低乃取決於一個人感覺他「應該獲得的」與「實際獲得的」兩者間之差距。

需求滿足理論

Alderfer 的需求層次為三個需求類別，分別是生存需求、關係需求、與成長需求。他認為，每一層次的需求愈不滿足，則對其慾望愈大。此外，較低層次的需要愈滿足，對較高層次的需求慾望愈大；較高層次的需求愈不滿足，對較低層次的需求慾望愈大。至於工作滿足方面，Alderfer 認為應包括七大構面，分別是薪資、福利、上司、同事、安全、顧客、與成長等。員工的工作滿足程度高低乃取決於個人需求是否能與工作的特性密切配合，若能密切配合，則員工會感到滿足，反之，則會感到不滿足。

工作投入

投入（involve）「是一種注意力的集中或是一種個人感情上的承諾。」Salehand 認為工作投入的定義可以歸類為以下四類：

1. 為個人的整個工作情境，在個人生活環境中所佔的重要性程度。
2. 為工作上個人主動參與，以使個人的尊嚴、自主、自我尊敬等需求，獲得滿足的程度。
3. 為個人認知到工作績效對個人自我尊嚴影響的程度。
4. 為工作績效與自我概念一致的程度。

工作投入可視為自我概念在工作上的表現：個人以工作對自我的重要性來做自我的認定；個人以工作上的參與程度為個人對工作行為的選擇；個人以工作績效來做自我的評估。

即工作投入包括兩層意義：一種是認為工作投入應是屬於個人特質的

一部份，此一人格特質可視爲個人對工作的價值導向，影響工作者在工作上的發揮。第二種的工作投入概念是較動態的，個人的工作投入不但受個人的特質影響，亦受到組織環境的影響，可以說是組織情境和個人特質交互作用所形成的，這一概念可以用激勵模式來加以解釋，當個人知覺到組織有滿足自己目前的顯著需求時，且知覺到唯有透過個人的努力才能使這一顯著需求獲得實現，個人就會產生工作投入。

根據中外學者的實證研究發現：工作的投入與個人的「年齡」、「性別」、「婚姻狀況」、「工作年資」、「教育程度」等變項有關。

成就動機高的人，以追求成功爲其目標，因此若在工作環境中有成功的預期，或認爲組織對個人行爲將採取支持的態度時，均將促使個人對其工作產生投入，以期獲得成功。

Patchen（1970）認爲當組織環境中某些因素使得成就的驕傲感不獲重視時，那些對成就有較高需求者，將對工作不感興趣，且不以工作爲傲。同樣的，當工作上獲得成就的機會愈少時，成就需求愈高者，對工作的興起將愈低。當工作不能導引成就感時，那些對成就需求較高者，會較其他人更容易產生挫折和感覺煩燥不安，並且他們將會將其思想轉到其它的地方去。

工作疏離

疏離（alienation）是近代社會極爲普遍的現象。自西方工業革命以來，工業化、理性化、科層化與都市化快速且深入地影響人們既有的生活型態。工業化，所產生的影響絕不僅止於工藝技術的變革，也是隨新的技術發展而衍生的一套價值觀念，甚至是作事方法，新的人格典範，和因應而生的社會組織，其對整體社會的影響，包括下列數端：

1. 新的工廠制度取代家庭式的生產方式。工業革命以前的社會，家庭是生產的基本單位，以偏重個人技術為主的手工藝為主要的生產方法，從原料的採用到一件產品的完成，其整個生產過程大多數由一個人為之，極少分工的現象；工業革命後，則以機器的操作與使用為主要的生產手段，分工的細密，使得參與生產者只能在極小的單位上反覆的操作一種機器，而所生產的也只是一件成品中的一個微小部份，因此難以掌握或瞭解從資源的輸入到製成成品的整個過程。這種將生產過程化解為一些簡單而易操作的步驟，使得每一步驟單一化但有密切關係的作事方法，的確是新的生產方法的一項特色，也是造成人類疏離的基本原因。

2. 工廠制度使得舊有的社會秩序崩潰。工廠裡的工人除了必須適應新的操作方法外，他還須適應新的人際關係。這種關係不再是以家庭式的生產時所維繫的那種穩固而深厚的關係，他所面對的是來自不同地區，具有不同生活方式的新面孔；由於流動性較大，因此很難與其他工人建立較持久的關係；另外，由於新的工廠都集中於交通方便的都市區，工人必須遠離生於斯長於斯的鄉村社區，而遷至人地生疏的地方，這種將其與原來的社群臍帶割斷後的人，其內心乃不免產生失落與孤獨之感。

3. 新的生產方法使社會的階層加速分化。工業革命以前的社會，生產的工具通常屬於生產者本人；工業革命後，由於新機器的昂貴，只有那些資本雄厚的資本家與工業家才能擁有新的生產工具，其結果是眾多人口只能依賴出賣勞力為生存手段。這種資本家與工人兩種階層清楚劃分的現象，是工業革命初期最顯著的特徵，等到工廠組織愈來愈巨型化，財產權與管理權脫離關係，工廠主不再是工廠的管理者，新的管理階層乃告應運而生，到了最近，巨型的工廠與公司，更將從事基本科學研究的人員納於其組織之內，新的專業人員

又變成了一新的特殊的階層，社會的分殊化乃益加顯著。

4. 如果工業主義最令人注意的創新是上述的功能的專化與分化，其最普遍的趨勢則是理性化。理性化的主要作用是在人類的各種活動中屏除傳統的習慣，地位及個人因素的影響，而以「有用的」個人的能力來評價人、地、事。為了去除非理性的以及許多不能預測的情緒因素，因此必須把人的行動與角色納入明文規定的規章細則及上下分明的權威階序中，使得每個人都責有專司，不受他人與私情的干預。將功能的專化與分化，及結構上的理性原則予以制度化整合運用者即現代的科層組織。科層組織化的現象並不始於近代，許多古老的文明，其政府及行政組織都曾出現過高度科層化的組織，但是將科層化的各項原則如權威階序的分明，各個科層職位權責清楚劃分，對事不對人的無私情的關係，以個人的能力為選才晉陞的標準，以及具有嚴密的法條規章等予以充份利用的，則為現代的工商企業的科層組織。這種科層組織原則的擴大和滲透，隨著社會現代化而與日俱增，尤其隨著資本集中，組織擴大，不僅在工業組織，而且連政治行政組織、工會、軍隊、學校、醫院等公私機構均呈現了科層化的現象。社會學家顧德諾（A. Gouldner）稱「現代是世界全面科層制度化的時代」。科層原則的極端化運用，必然使得組織內部的成員產生物化，孤立化及意識的小零件化。因此，現代的科層組織對於人類所造成的疏離的影響絕不少於機械化的分工與標準化對於人類的影響。

社會學家馬克思（K. Marx）、韋伯（M. Weber）、涂爾幹（E. Durkheim）、巴烈圖（V. Pareto）、辛邁爾等人都曾探討過該現象。即至1950年代西門（M. Seeman），將工作疏離區分五種構面：「無力感」、「無意義感」、「無規範感」、「孤立感」、「自我孤絕感」。此

五種疏離現象，雖然在概念上各自獨立，但是卻是彼此相互關聯。

無力感

　　具有無力感的人是指一個受他人及非個人的制度（如技術與組織）控制及操縱的對象。他不覺得他能控制或改變週遭的工作環境，他是被動的接受現實的環境，而非以主動積極的態度來操縱環境，此一個人在生活與工作上是無法自主地決定其行為。由於生產方式的標準化與固定化，使其對工作的速度，產品的質量，所用的工具，與工作上的策劃與安排，都不再有控制的能力，事事都得依賴技術的性能與廠方的決定。由於上下屬權責的固定，工作的明確範定，規則的嚴密遵守，使其只有按上級的指示，按規章程序作事的份，對於自己的工作與職責的重要決定全無置喙的餘地。無力感的現象不只限於工廠與組織，由於理性化與科層組織的原則滲透到現代生活的各種領域，所以它可以說是現代人的一種普遍經驗。

無意義感

　　理性化的目的是使許多複雜的行為可以估算可以預測，以使這些行為具有意義；但是結構的分化則使這種意義僅限於社會經驗的極為微小的部份。尤其是在大規模組織下，因過份分工，使個人所扮演的角色很難與整個結構角色發生有機的關聯，其結果是使工廠裡的工人或組織中的成員對於整個生產過程或整體組織的運作缺乏瞭解，其工作遂不覺得有何積極性的意義與目的。無意義感這個概念最常用來描述在精細分工下的工作。狹隘的工作範圍使工人很少認識或關心他們的工作與整個生產過程的關聯，因此除了與其工作密切關聯的工作領域外，他無法預料他自己或別人的行為結果。由於分工過細而社會又太複雜，其結果是使許多人在行為上無法運用其智慧與能力。人們除了依順及遵循外力所定的行為規則外，他很少去追問為什麼事情該如此作，如何作，以及在什麼情況下作比較恰當。社會的理性化程度愈高，人們的獨立思考及對於事情作自我判斷的能力愈減

少。因為人類失去控制的能力，所以對於各種事件才會產生無法預測，生活毫無目的的感覺。

無規範感

這個概念是涂爾幹的失序（anomie）的概念延伸出來的。涂爾幹對於脫序的解釋是指社會的規範不再能控制個人的行為，或不再是個人行為的有效規則。所謂失序是指社會認可的目標與達此目標的可用的手段不一致的情況。在這種情況下，「技術上比較有效的方法，不管其在文化上是否合法，取代了制度界定的行為」。即是用社會不允許的手段來達到社會認可的目標。失序的情境造成了兩種結果，其一為行為很難預測，另一為迷信運氣與特殊的人事關係。個人的美德與努力工作以達到事業上的成功是工業化早期階段所強調的價值，而在今天的社會裡，幸運與命運卻變成了解釋個人事業成敗的主要因素。

孤立感

所謂的孤立感包括兩種情況，第一是屬於某種群體，但客觀上又不具有歸屬意識的人。例如，如果一個人覺得某一群體或組織的目標並非是他所共享或認為有價值的，但卻被迫維持其成員的關係。第二種是因客觀的情勢，使一個人無法與別人作有意義的溝通而形成較穩固的社會關係，於是使其有疏離感覺。布魯納（R. Blauner）指出在工廠中，有些人因單獨工作，或工作情境的噪雜而無法與別人交往，因此常無法形成或發展有意義的社會關係。孤立的相對情境是整合。如果勞資雙方，或是員工與管理階層間有一套彼此同意的規則，則較易形成認同感與歸屬感而達成整合。

自我孤絕感

自我孤絕感則是個人與自我的疏離：自我孤絕感所表現的是工具性的工作取向，工作本身不具有內在意義，工作本身不是目的，而只是達到其

他目的的手段。西門指出，如果「工人只是爲了工資而工作，家庭主婦只是爲了逃避而不得不作完家務事，或是具有他人取向性格的人只是爲了影響別人而行動，都可以說是自我孤絕的疏離的例子」。布魯納認爲自我孤絕感與高度的時間認識有關，因爲工作並非是爲了目前的滿足，而只是未來的其他滿足。工作上的厭煩單調，缺乏自我完成是造成自我孤絕的最主要的因素。自我孤絕感是現代工人的一個相當普遍的感覺，在工業化以前的社會，工作與儀式，宗敎、家庭與社區高度整合在一起，工作不可能僅僅是生活的手段，因爲它本身即是生活的重要的部份。Maslach（1977）針對自我孤絕，將其分類爲：

1. 情緒衰竭，代表此人不僅喪失了本身的生活樂趣與進取心，更喪失了對他人的關懷與尊重。
2. 漠視人性，代表此人會以批評、嘲諷的態度與人相處，甚至漠視服務對象的一切需要、權益與問題。
3. 喪失自我成就感，放棄對團體活動的參與及合作。

離職意願

自一九五〇年代以來，行爲科學家，對員工離職行爲的研究，一直深感興趣。在總體層次上，離職率與總體層面的經濟活動有關。在個體層次上，離職行爲基本上是一項個人的選擇行爲，與工作的不滿足感有正相關。一般說來，員工的離職會對機關產生負功能。就企業而言，員工的離職可能造成下列的損失：

1. 增加僱用成本。
2. 增加訓練成本。
3. 舊手離開後，至新手遞補前的空檔期間，造成產量的損失。

4.員工離職，導致其他員工士氣低落，連帶影響產量及品質的損失。

5.新手的意外事件率往往較高。

6.若大量員工離職，會導致服務品質的下降。

　　較早對「離職」turn－over 一詞下定義的學者是 Rice, Hill & Trist（1950）。他們描述「離職」為一社會過程，當個人進入組織後，會增加組織和個人的互動，如果互動增加不到一個適當的層次，個人過去對組織的經驗就會變成他們所謂的「引導危機」，而這過程的結果就是個人離開組織。這就是所謂「離職」，「乃是指個人經過一段時間考慮後，對其職業的一種否定結果；這意謂著不僅失去工作，且與此職業所賦予的利益完全脫離。」「離職」並不只意味著個人失去工作，而是個人與其所處組織互動關係始末的整個過程。

　　就離職的意涵，通常是指下列四項：

1.辭職（quits）：由工作者主動請求終止僱傭關係，或經長期曠職超過規定期限未歸者。

2.暫時解僱（layoffs）：僱主因業務不振、更換設備、生產淡季、機器故障或停工待料的情況，將工人暫時停止僱傭關係者。

3.開革（discharges）：乃因工作者行為怠惰不檢，或違犯單位規定等原因，為僱主所辭退者。

4.其他：諸如服兵役、升學、退休、結婚、死亡等而離去均屬之。

至於離職的類型，學者們將其歸納為兩種類型：

1.自願性離職

　(1)因組織因素而自願離職。這類因素如薪資、升遷、更佳的工作機會、與主管的關係、工作的挑戰性等。

　(2)因個人因素而自願離職。這類因素如健康關係、退休、遷居、深

造等。

2.非自願性離職。如解雇。

(1)個人人口統計變項和個人特質：如年齡、年資、性別、家庭責任、教育程度、個性、以前服務的公司數、遷居、成就動機等。

(2)整體工作滿足。

(3)環境因素：包括薪資水準、陞遷、主管、組織氣候、角色壓力、控制過程等工作環境因素，以及經濟情況、對可能工作機會的期望等外在環境因素。

(4)工作內容因素：如對工作本身的滿足、工作特性等。

(5)其它因素：如行為的意願、組織承諾、工作投入、希望達成的期望等。

綜觀以上學者們對「離職」的看法，「離職」並不單純只是個人的離去行為，它尚且包括個人與組織間互動的整個過程：而離職的後果不僅影響個人的生活，同時也影響到組織機構的運作，甚至會連帶影響到整個社會經濟環境體系。因此，對於員工離職行為的關心，實為當今重要之課題。

職業與生涯

職業與個人的生涯息息相關，職業的獲取是一項長期的過程，依照生涯發展的觀點，則包括了個人的全部生涯，亦即從幼兒直到成人，依照職業認知、職業導向、職業試探、職業選擇、職業計劃、職業準備、職業安置、職業進展。循序漸進，而每一階段均有其特殊的發展任務需待完成，經由該階段的逐步實施，使個人獲得職業的生涯，並建立個人生活型態，

以促使個人能過一種經濟獨立，自我實現及敬業樂群的生活。

職業認知

此階段的輔導應在幼兒時期開始實施，若以學齡而言，亦即屬於學前教育及國小的階段。該時期的兒童會幻想著成人的行為，並且透過觀察周遭，模仿父母兄姊、師長的行為，試圖扮演其角色。儘管他們扮演各種職業角色只是隨心所欲，好玩而已，並沒有真實性或能力的考慮；然而，卻是足以促發個人認識自我、認識工作世界，了解愛與被愛的感覺，並且配合保護、關注和適切的指引，使兒童做為日後選擇生活型態的基礎。由於此階段的身心發展是甫開始的時刻，因此其目標應該是經由教育的機會達到教育認知與基礎能力的培養，以做為未來職業認知：認識相關的生活型態，有關職業工作的狀況，閒暇時間的運用，職業教育方式等的基礎。

職業導向

此階段約略是在國小教育的後半期及國中教育的前半期。由於此時期的少年有較多的機會認識到社會的內涵，對職業的認知已能有較為清晰的概念。因此選擇職業的主要依據不再是如同過去一般的幻想，而是著重在個人的喜好和興趣；因而會促使個體開始關注所感興趣的工作與自身能力的比較；並且能將個人的注意力擴展到個體以外的外在因素，以配合個人的選擇。因此宜透過各種簡便或可觀察的學習情境及模擬狀況，以便了解有關職業的技能，人際關係。促使工作價值觀念注人個人價值觀念中，裨便自己未來的生計發展建立更為明確的目標。

職業試探

此階段的目的是希望能夠對工作世界有更寬廣層面的接觸，以期認識到工作的狀況、特性、運作方式等。宜注意下列幾項：

1. 能清楚認識到自己的興趣、價值觀、能力、個性等人格特質。
2. 學習對自我教育，掌握各種職業訊息等資源運用的技巧。
3. 認識各種職業的性質及所需的技能。
4. 認識職業內涵會隨著技術進步有所轉變的特質。
5. 認識到各種教育領域的本質及目的，以及進入該領域的途徑，並由生涯發展的觀點預估各項教育領域，及在未來所能提供的職業種類。

職業選擇

注意到職業選擇所要考慮的因素，並能夠透過對自己能力、興趣、價值等主觀因素的評量，對工作條件的客觀衡量比較，以做為職業選擇的基礎。是以其重點是在使個人確定進入工作世界的路徑。在此過程中對職業的選擇由於常受自我觀念的影響，時間經驗的堆砌而發生變動；因此，必須有系統的逐步檢視其職業的偏好，學習成就及經驗累積，並且經由客觀的評量工具，以真正了解個人的能力與偏好，以裨益未來生計的選擇。帕深斯（Parsons）認為從事職業選擇時必須考慮充分瞭解自己。及明瞭從事某些職業所需要具備之條件，及這行職業的利弊和發展前途。

每一行職業均要求特別的能力、興趣、與人格品質，但卻有很大的伸縮性。因此，可以容許個人從事某些不同的職業，亦可容許某些不同的個

人從事同樣的職業，這便是職業選擇所產生的結果。在選擇的過程中人們如何決定其職業，以金斯柏格（Ginzberg）的說法：「是在考量到優先（priority）、需慾（desires）、機會（chance）、和限制（constrains）等工作世界的因素之間，尋找一個滿意的目標。」生計的選擇包含著權衡職業價值與得失，因此妥協的觀念和作法仍應被重視，同時其過程是漫長而且無止境的，與人們的工作生涯並存。

職業計劃

「計劃」提供了行動的明確步驟、方案，也提示了檢視行為的標準和依據。而職業計劃是植基於計劃對行動的影響性和重要性的基礎，強調對一個人生計過程的妥善安排，在這種安排下，個人得以依據各計劃要點，按部就班充分發揮自我潛能，並妥為運用環境資源，達成其既定的目標。良好的職業計劃，除了能提供當事人經由自我了解，認知發展自我的最佳途徑，以達到獲取經濟需求的滿足外，並且可以使個人清楚掌握自己與對工作環境的充分了解，以為必要應變、調適的參考，達到適應環境的功能；甚至由完善的計劃，學習到抉擇的技巧，達成生涯遠景的最佳發展。

職業準備

「職業準備」即是針對已選定的目標，所實施的工作技能訓練，並藉著各種實習，觀摩活動，以及親身的行業經驗，來幫助個人準備其未來生計所需的知識、技能，以使能順利進入就業市場，以期順利發展生計。職業準備所強調的並非預先建立一些主觀目標，而是在此階段學習到應有的職業工作態度，處世藝術，對工作世界領域的了解，對職業機會的抉擇能力，以及實際工作能力的培養。因此，職業準備的實習不能僅只限於學校，職業訓練場

所，尚且包括家庭、社區和工作環境等領域。職業準備應包含：「職業知識」、「職業技能」、「職業態度」、「人際關係的維繫」。

職業安置

「職業安置」是指在完成某階段學業後，尋求工作的技能，以便順利選擇適當工作，進入工作世界。該階段宜注意：

1. 蒐集職業資料。
2. 運用職業資料。
3. 廣泛使用可能資源。
4. 面談的技巧。
5. 工作決定的技巧。

職業進展

隨著個人志業的發展，人生目標的建立，以既有的工作為基礎，把握終生學習的態度，以促使在生涯階梯上循序漸進的發展。隨著快速的社會變遷，現代人宜建立的職業特質，如社會學家殷格斯（Inkeles）所言：

建立工作者的效率意識

組織的有效運作，自動化的機器設備，電腦的開發運用是生產效率的最佳示範。例如：藉著機器的操作，工作程序，可以將自然資源予以轉換成新的成品。另外，工作場所中的專業人員，技術人員解決問題的方法，對事務的規則，對產品的設計，將構想及想法付諸實現的過程也成為良好的模式。此種自工作場養成的效率意識，可以普遍化到其他生活領域，而使人們改變或放棄被動的宿命態度。

勇於接受挑戰，接受創新，接受變遷的習慣

由於社會急速的變化，使得「突破現狀，追求進步」成爲必要的生存發展之道。因此工作場所必須在機器設備，技術操作，管理方法，工作步驟……等方面，不斷地接受創新與改變。工作者置身其間亦必須要隨時調整其態度和行爲方式。在工作場合中由於接受著不同的方法之外，工作者往往需要接觸一些與其想法、作爲、習慣都極不相同的人群。因此，容易產生較爲開放和容忍的態度。

講求計劃與重視時間觀念

爲了達到最高生產效能的目標，必得強調「計劃」。組織設施的安排，工作流程的設計，各單位的配合等，都必須以最理性及最有效率的方式進行。同樣的，爲了配合組織的其他成員運作，以發揮組織所設定的目標，各類人員與各種物件必須作適時與適地的安排。組織的計劃與對於時間的設計在生產過程中顯得重要而迫切。每個工作步驟都照先前的安排完成。工作者必得將這些事先的計劃與精確的安排加以內化，方能完成自己的工作，並密切地配合他人的工作。

強調正式規範與程序的運作方式

現代的工作體系，往往是組織成員龐雜，每個次體系與與次體系之間關係密切，因此需賴科層制度的介入，才能發揮其預期的功能，這使得一般工作成員需謹守規章法度之外；同時，也使得上級人員尊重下屬的人格以及他們所應享有的權利。

休閒的意涵與重要性

休閒可以定義爲替有意義活動保留使用的自由裁量時間。休閒本身不

管是否對經濟生產力有意義，不管個人是從事運動、遊戲、任何提供價值感、個人熟練度、或提升個人自我形象的活動等，祇要能達到休閒揭示的目的均是有意義的休閒活動。以前農業社會，生活單純，白天工作，晚上就休息平時也沒有什麼休閒，因此認為休閒是一種浪費時間的活動，但是隨著時間更迭，觀念更新，人們從休閒活動中獲得的滿足，往往超過從工作中獲得的滿足。休閒是當工作時間與生存的基本需求滿足之後所剩的時間，休閒是工作之後的喘息時間，是休息與放鬆的時間，人們應該由工作壓力中重新恢復活力，並準備好重新投入工作。是以就現代的觀點，休閒本身具有其影響深遠的價值和意義。

休閒活動為生活素質的重要層面，早已為工業先進國家所重視，因為休閒活動可滿足人民精神生活的調劑，同時可發展為一種新的服務業。然而此種見解一直到現今才逐漸被人們所接納。而工作與休閒的意義，在西方歷史上，無論是在政治界、學術界或宗教界等都曾引起廣泛的爭論。長久以來多數人認為工作是一種美德，唯有工作才能避免酗酒或從事不當之活動；近幾十年來有些人開始認為休閒才是最重要的，贊成這個觀點的學者認為，工業革命以後工作的性質產生了很大的變化，機器代替手工，人們成了機器的一部份，與他們所從事的事務疏離了，無法在工作中滿足人類自我實現的需求，於是將感情的依歸訴諸於工作以外的休閒。工作的目的是為了休閒，沒有了休閒，工作本身是無意義可言，這個事實我們可以從一般人對時間的分配與金錢的支出看得出來，Clows on & Knetsch（1966）曾比較美國1900年到1950年全民時間用度上分配於工作與休閒的比例，並以之預測2000年的時間配合，結果顯示，到西元二○○○年時人民所在休閒時間將是工作的七倍多。

不論對休閒的看法如何，對多數人而言，工作畢竟佔去了他們大部份的時間和精力，故不知不覺中，深深地影響了他們的其他生活層面（例如休閒生活等）。由於休閒生活愈來愈被重視，因此引發了許多學者探討工

作與休閒的關係。Porter 等人（1975）認為休閒生活對現代人具有下述的重要意義：

提高生活的素質

無疑地，工作與休閒是現代人的生活中最主要的部份，無論是工作對休閒的影響，或是休閒對工作的影響，只要我們瞭解其間的關係，進而加以改善，必可提高人們生活的素質。

應付生活的變遷

高度工業化的結果，人們工作的時間愈來愈少，工作的性質也有很大的轉變，相對地休閒的時間愈來愈多，如何作適當的安排，以維持工作與休閒之間的平衡，對現代人而言，也是相當重要的。

由於休閒的重要性日益增加，Friedmabb（1964）認為休閒在技術文明中將扮演著重新安排人類生活的角色。因此，觀諸社會發展的趨勢，工作將與休閒一樣，同時反映人們的生活型態。

休閒的意義

「休閒」，係指一個人從受到外在的社會制約，與不能充分自我滿足的例行活動中暫時撤退。「休閒活動」，表示休閒透過某種喜好的活動，提供變化與快樂，使人擺脫了日常社會責任的壓力，滿足了內在理想與感情的需求。文崇一教授認為休閒生活是指「暫時離開了生產線或工作崗位，自由自在的去打發時間，並尋求工作以外的心理上的滿足。休閒實際上包括了二層意義：第一，從時間上而言，它是工作和其他社會任務之外的時間；第二，從活動性質而言，它是放鬆、舒解和任意照著個人所好的意圖的一種活動。」

由於有關休閒的定義非常多，Kraus（1971）曾經歸納各家說法，並

提出休閒的幾個共同意義：

人文模式

把休閒本身視為目的，以古希臘人和中國人為代表，認為休閒即沈思、休閒是文化的基礎、此一觀點是由菁英主義發展而來、對大眾文化有極深刻的批評。

治療一改變模式

把休閒當作工具、手段、社會治療或社會控制，譬如當聽到有人說「家人一起休閒當保家庭和樂」、「多提供青少年休閒活動、免得他們為非作歹」，所以休閒被視為是對身心不健康的人的社會治療。

量化模式

把休閒視為維生工作之外的剩餘時間或自由時間，這是最通俗的概念，也是最受一般人接受的想法，所以有許多人以自由時間的測量來指涉休閒的多寡，但是自由時間並非即等於休閒，此一模式忽略了個體對休閒的主觀性和內在需求。

社會機制

把休閒當成社會體系中的一個重要單元、與家庭、學校、政治、和經濟等社會其他體系同樣重要。

認識學的觀點

基於文化的價值，將休閒活動、休閒意義與世界觀連結起來，探討休閒與人生價值的關係。

社會學的觀點

把休閒與其相對的工作，放在社會架構中，來探討從事休閒者所建構社會意義。

有關休閒的主要理論

隨著社會對休閒的日益重視，許多學者分別建構休閒理論，用以勾勒其內涵：

休養說

認為休閒乃是工作後的一種自然轉變，藉以恢復精神，重新補充及恢復精力，其目的在轉或活動的方式，如用腦過度，則以聽音樂或散步以為調劑。

剩餘精力說

認為遊戲的目的在發洩過剩的精力，遊戲本是動物行為的一種表現，然而人類在維持自己的生存與保持種族延續之餘，仍有過剩精力，常其累積至相當程度，即產生遊戲的衝動，以保持生活均衡。

放鬆說

認為現代社會充滿無止無休的活動，以及一切拼命講求效率的結果，造成一種高度的心理緊張，個人為獲得宣洩，於是寄情於運動和娛樂中，以減除個人的壓力和緊張。

生活預備說

認為遊戲娛樂乃是天賦于人之本能，並且是教育經驗的一部份，透過休閒娛樂，人類可以學習日後所將面臨的事物，用以發揮其固有之本能，故為將來生活之預備。

發洩情慾說

認為休閒遊戲是發洩情感的一種工具，使壓抑的情緒獲得舒解，有助於

身心的發展，如觀賞戲劇，觀眾的情緒得到發洩而對被壓抑的心靈產生淨化作用，因此休閒遊戲可視之為發洩鬱抑情緒或逃避冷酷現實的一種工具。

複演說

認為休閒娛樂活動乃在複演種族過去的活動，當人類面對未來的世界感到心餘力絀時，輒思躲回祖先們生活方式以求解脫，因此，休閒活動只是複演祖先們的生活經驗。

自我表現說

認為人乃活動的生物，活動為生命的基本要素，有生命即有動機和需要，故人的生命歷程中，休閒娛樂與工作同樣扮演著表現自我的角色。

生長需要說

認為遊戲乃因身體構造而成，遊戲的性質純在滿足身體生長的需要，一切生物均有滿足其身體生長的需要，當機體未獲得充份生長，即需要遊戲，如機體已成熟，則遊戲的慾望亦隨之消失。

延續假說與補償假說

威廉司契（Wilensky, 1960）由過去學者的分析中引伸出兩個主要假說—延續假說與補償假說。延續假說強調工作經驗與非工作經驗成正相關，如果一個人的工作特性變化小，缺乏決策參與，沒有團體互動的機會，將會導致相同的非工作經驗，也就是說，工作產生的疏離感，會類化到休閒活動上。相反地，補償假說則強調工作經驗與非工作經驗成負相關。如果一個人的工作特性太單調、太孤立、缺乏自主性，則會尋求多變化、多互動機會及富有挑戰性的非工作活動，因此補償假說強調宣洩孔道的尋找，和社會性需求的滿足，以彌補因工作所產生的剝奪經驗。

生活興趣中心說

除了延續假說與補償假說之外，Dubin（1956）則以人的生活興趣中心為基礎，說明工作與休閒是兩個獨立的社會行動，彼此沒有影響。他認為在工業社會中，每個人的社會經驗已明顯的區隔，每一社會區隔之間相互獨立，工作與休閒的世界在心理上是分開的。因此產生了工作與休閒關係的第三種看法無關說法，主張這種說法的理由是現代的社區功能已被分化到各種體系中去，社區中的人們分別在特定的時間及地點扮演特定的角色，也就是說人在工作場所是工作者（工人、教師等），回家是丈夫、父親，進入市場是顧客，針對個人所面對的制度體系，扮演各種相對的角色，所以工作的情境與休閒生活的模式或滿足，並沒有關係。

休閒活動的動機與功能

現代人刻正屬於社會急驟變遷的時期，此時期人們的生理、心理、情緒、道德及社會發展在質量上都面臨著極大的改變。所以適當而正確的休閒活動，更有助於未來良好發展及一生幸福。學者除了建構休閒的理論外，也深一層探討人們投身休閒活動的動機。

Unger & Kernan 根據過去的有關文獻，及實證研究探討心理體驗的關係，發現這些心理體驗確實存在；而且其中滿足感、自由度與投入感在不同的休閒活動中都存在。而其中興奮感、精進感與即興感，僅存在某些活動中。心理體驗如下：

1. 內在滿足感：可使人們覺得滿足與愉快的體驗。
2. 自由感：個人覺得自由自在，沒有任何約束或責任之感覺。
3. 投入感：完全投入休閒活動的體驗。

4. 興奮感：是一種冒險性、複雜性及追求新奇等等的體驗。

5. 精進感：是一種自我能力的考驗及克服環境的感受。

6. 即興感：是一種即興而爲的愉快體驗。

鄧景衡認爲造成人們的休閒動機如下：

1. 解放日常生活世界的禁忌和壓力。

2. 換個空間找回生命的狂野性：也就是休閒空間正可讓被馴化的身體重回野性、自主性開放我們的感官，讓生活重新獲得一種新的可能，把人活生生的感覺、生命活力承原創性找回來，使人「重生」。

3. 休閒旅遊是在空間不斷移動的過程：休閒旅遊會帶給人莫名的興奮感與期待。會使人產生一種新的感覺、重新體驗、重新發現、去創造生命的新形式、新經驗。

4. 發掘人地的新關係：休閒活動可使人發現及建立一種人地新關係，即共生共容、美好、和諧的關係。

5. 透過空間恢復人的整體感：休閒空間的非工作性可讓人暫時忘卻自己的角色，去除人的割裂感，把「人」還給「人」恢復「人」的整體感。

6. 找回休戚與共，相互依存的互助精神：資訊社會，個人主義盛行，人與人之間的疏離感，透過休閒活動可使彼此互賴、相互扶持，把人間溫暖及人的互助性找回。

7. 體驗不同地區人民不同的生活方式、風土民情，藉以充實生活知能。

8. 空間醫療：宜人的休閒空間卻是一個供人療傷的場所，休閒活動區可提供具安全感的場所，喚回人的希望，撫慰人的創傷，化解生存的危機意識。

9. 休閒世界就是一個感性時空：除了可掌握到地方感，空間特性、休

閒區也可喚回人的時間感，悠閒感。

根據以上各專家學者的看法，可知休閒活動的動機是人類生活、心理、身體等的需求，爲了滿足各種需求，在過程中人們也獲得了體驗或刺激感，以及人際關係的改善等等，這是參與休閒活動的原動力，也就是人們要找回生命存在的意義，回歸完全的我。

「休閒」是源自拉丁文 licere，意即「被允許」(to be permitted)，有擺脫工作後所獲得自由之意。因爲希臘人相信工作的目的是爲了休閒，非如此則文化無以產生。足見休閒有其一定的功能與價值。此正也是何以休閒活動一直受到重視的原因。個人對於休閒活動功能的觀點，是決定休閒態度及參與之重要因素，就一般而言，對於休閒功能持著高度肯定者，其參與度愈高，反之則低。要了解休閒的全貌，勢非先對休閒的功能加以探討不可。休閒活動對於個人及社會均具有重大功能，也就是休閒活動的有效運用，對人格發展、工作效率、人生目標、社會文明的提昇，均有密切的關係與影響。就個人而言不僅可促進身心健康、調劑身心、擴大生活視野與改善人際關係、豐富精神生活等。對社會而言，可促進經濟進步，改善社會風氣，創造出和諧的社會。從社會心理學的觀點，休閒被當作促進集體行爲發展的歷程，從休閒中可以尋求樂趣而遵行團體行爲規範，並確認及扮演個人的社會角色和團體成員的互動關係，進而模製社會統合行爲。從心理學的觀點，則休閒之主要功能在於發洩，疏通以及調和情緒，補償角色期待所受的精神壓力和自我能力匱乏之心理感受，使壓抑沈悶或憤恨不滿的具有破壞性衝動力量，以藝術化和昇華的方式表現，防止可能產生的病態心理或偏差行爲。此外，並可增進個人的行爲發展功能—身體機能和智力之增強，內在情緒力量的平衡和社會關係的調和，對自己和現實的態度、行爲準則和價值觀的組合作用。

有關休閒功能之研究大抵可分爲二種向度，其一是單功能的探討；其

二是多功能的探討。

單功能之研究

1. 家庭功能：費根漢姆（K. Feigenhaum）以及保羅（L. Paul）等人強調休閒生活對家庭生活的正向功能，強調家庭式的休閒活動是消除代溝，解除疏離的有效方法。

2. 社會化功能：苟華特（Govauts）則認為中年婦女從「自我犧牲及利他」的角色退下來以後，可以從休閒活動的自娛、消遣中重新界定其應扮演的地位，人生觀及價值觀。比勒達利（Uiladary）認為休閒生活因現代大眾媒體的發展，與學校教育一樣扮演了社會化的角色。

3. 文化的功能：鮑薩曼（Bosserman）、卡普蘭（M. Kaplan）與威倫斯基（Wilensky）主張休閒是人的價值體系與意識型態的一種外顯行為，可以反映文話的走向。

4. 工作的功能：威倫斯基（Wilensky）等人的研究上，發現休閒與工作關係密切，因為透過休閒活動能補償工作時的孤立性與缺乏自主性，表現。

多功能之研究

林清山（1985）認為休閒的功能和價值，包括：

1. 個人方面：
   (1)生理健康功能。
   (2)心理健康功能：鬆弛身心、穩定情緒、補償作用。
   (3)社會健康功能：擴展生活經驗、增廣見聞及發展社交能力。
   (4)智能發展功能：啟發智慧、發揮創造力。
2. 社會方面：

(1)建立和諧家庭之功能

(2)補充學校之功能

(3)防止青少年犯罪的功能

(4)增進工作效率之功能

(5)增進老年人（或退休者）福利之功能

(6)休閒療法之功能

(7)促進藝術與文化交流之功能

　　休閒活動於今日社會日益受到重視，因為其提供了人們必要的功能，我們將之歸諸如下圖：

圖19－1

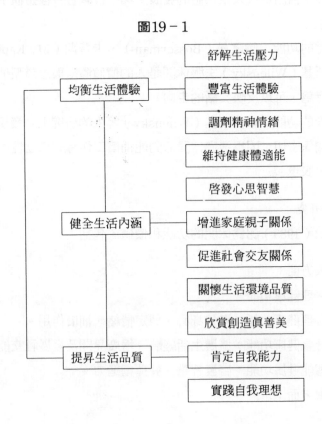

根據 Tinsley 休閒活動的相關研究，分析其關係類型，而將休閒活動歸納成為下列的類別：

§ 表19-1

類別	項 次	類別	項 次	類別	項 次
洗滌身心活動	看籃球 自由車 慢跑 滾輪溜冰 游泳 打網球 打排球	藝術表現性	下棋 房屋設計 烹飪 木工藝 照相 陶藝 繪畫	表現補償	划獨木舟 露營 種菜 徒步旅行 湖邊釣魚
益智類活動	玩字謎 看電視 看電影 看小說	安全性活動	打高爾夫球曲 打保齡球 玩吉他	同伴享樂	演唱流行歌曲 喝酒聊天
尋求獨處	收集字畫 集郵	暫時逃避	射燈謎 玩牌	社交活動	野餐 訪問親友

休閒活動的未來展望

大眾休閒現象是現代工業的產物，其理想型態是人人都能夠利用自由時間，接觸更有價值的人類文化，發展自己的人格和能力，以致力於增進家族、朋友與社會之間的接觸，以豐富和充實精神生活，從而通過集體合作的力量以達成美好社會的實現。但隨著大眾休閒時間的大量增加，今日，各種大眾傳播媒介不停地刺激大眾的原始慾望。同時巧妙的現代傳播技術也在大眾的心理深處神不知鬼不覺地製造並培養有利於娛樂產業的各種新慾望。不知不覺地，一般群聚逐漸成為商業性娛樂宣傳的犧牲品。這

些商業娛樂多半缺乏傳統的民間娛樂所具的消除身心疲勞、恢復體力的「再創造」的積極面。Erich Fromm 認為現代人沒有真正自由以享受他的閒暇。他消磨閒暇的方式，早就為「休閒」產業所決定。這誠是今日休閒生活異化情形的殘酷寫照，也是當前休閒生活的一嚴重危機。在真正休閒時代來臨之前，人類尚有許多問題需要克服或回答。因此在未來很長的一段時間，特別是在人口眾多、生產技術尚十分落後的第三世界，不太可能有休閒主導的社會出現？比較可能的，也是可遇的形態乃是休閒與工作均衡、並重的社會。人要會工作，也要會善於利用閒暇。最好是人類同時能在工作與休閒兩領域均能從事創造性活動的機會，都能有自主性與充實性的感覺。

不論古今中外，在歷史上能夠享受大量休閒時間的，通常只是少數特權階級（如貴族、僧侶、奴隸主或地主階級等）。對佔人口絕大多數的一般平民而言，由於生產力的發展有限，加上被統治階級層層剝削，日常生活中的工作壓力沈重，極有限的休閒時間頂多只能用又做解除疲乏、恢復體力的「娛樂」而已。不過從表面上看來，工作與休閒好像是互為對立、互不相容的概念，其實也不然。例如在以狩獵及採集為主的初民社會，工作與「非工作」便很難區分。在日常生活中這兩者密切地融合在一起。正如 Rosalic Wax 所說：「我不相信任何一個布希族人能夠告訴我，他們的日常活動中那些是屬工作？那些是屬遊戲？」

在農業社會，工作也與休閒微妙地統合在一起，成為整合性或連續性活動。其經濟、家庭、教育、宗教等各種生活領域裡，均隱含著娛樂的成份，成為維持社會共同生活所不可或缺的成分。如家人在田野勞動中的閒話家常，或如客家人一邊採茶一邊唱山歌，特別是種種社區性宗教慶典，或家庭性的重要活動，如出生、成年、結婚、甚至死亡儀式中，也包含有娛樂性活動。如美國社會學者 Summer & Kelle 即曾說：「娛樂活動不像經濟、家庭、政府、教育和宗教活動那樣具種種制度的形式，而是附屬於

社會用以維持自存和自續的各種制度上，構成這些制度輕鬆和較活潑的一面。」

不過，社會的另一傳統，也存在著工作與休閒的明顯對立與區隔的現象。其最具代表性例子乃是古希臘人的休閒理念。特別是那些做為奴隸主階級的自由民或所謂的休閒精英的休閒概念。他們所留下來的休閒哲學已成爲今日探索休閒社會理念的一重要遺產。特別是在物慾橫流、道德墮落、物質主義及功利主義充斥的當代社會，希臘人的休閒理念誠值我們深思，並做爲現代休閒生活的指針。

綜觀國人的主客觀條件及現況，未來休閒活動的動向，確實要詳細計劃，並符合時代潮流及滿足社會的需求，其規劃重點，不外如下趨勢：

多樣化

爲滿足不同動機偏好的利用者，休閒活動種類應增加並呈多樣化的發展。亦即，依身心發展、年齡、就業、就學、性別等的不同，再根據各地區的特性，不同時段而計劃各項適合人們的多樣休閒活動。臺灣各地區因地理環境，文化水準經濟條件，人口特性等不同，休閒活動應依各地區的主觀客觀特性而作不同的適當規劃。

主動化

活動類型應以利用者主動參與的活動爲發展趨勢，如騎馬、露營、球賽、划船等積極性活動。

戶外化

都市過度發展、使得市民住在擁擠且閉塞而採光不良的狹小空間，爲脫離此種壓抑的環境，返回大自然原野，戶外活動就成了未來都市居民所追求的方向。在休閒時我們投身於自然的懷抱，在群山綠水中，行走於扶疏的花木草叢裡，可使人重新體會人與自然之間的感受，進而可尋回自己

內在自發的本性。誠如文崇一在《台灣居民的休閒生活》一書中，建議改變休閒觀念和方式，應從室內靜態，和過分依賴傳播媒體的休閒方式，轉變到戶外，動態和更具創造力的休閒活動。另一是開發休閒資源、從森林、海域和天空等「戶外」及「大自然」資料的利用和規劃著手，以擴展個人及集體的休閒活動範圍。

精緻化

由於個人所得提高，支配費用增加，使得從休閒活動的消費提高，休閒品質亦相對的提高。易言之，我們所從事的休閒活動，應使自己的休閒層次提昇，也是所謂高品質的休閒，是不可從事迷亂式或疏離式的休閒，或有害身心健康的活動，也不可破壞環境及浪費資源等。簡單說應對人們具有建設性的活動意義及提昇自我的功能，使我們不再只是強調休閒活動的次數或頻率，休閒品質滿意度才是我們真正追求的目的。

大型化

由於都市的發展，交通的便利，休閒時間的增多，遊憩時間的增長，遊憩設施的型態也就趨於大型化。並且由點、線、而擴大為全面有系統的連結發展。根據「臺灣地區休閒教育設施現況與需求之調查」指出，不管台灣的直轄市或鄉鎮地區居民，對戶外遊憩場所及休閒中心均一致反應很高的需求。雖然目前我們有許多國家公園，但是很明顯是不夠的，而休閒中心有必要大量興建等。

計劃性

所謂計劃性休閒活動，簡單說，就是透過各項有正當性、建設性、計劃性，並可達到教育意義與目標之休閒活動，不僅要達到教育的意義也需符合休閒的精神。這種計劃性的休閒活動，必須要滿足人們的各項需求，在活動中使青年發洩、疏導與調和情緒等，進而引導人們培養正確的休閒

概念與行為。

冒險性或刺激性

　　冒險性活動不僅要有冒險性或充滿刺激性、壓力等特性的活動，還必須要具有教育意義的功能。所謂冒險性活動就是利用自然環境從事各種對人的「精神面、身體面、與體能面」等所產生刺激、緊張、壓力等等的各項活動，而以這種活動經驗為基礎來達到教育意義的活動。冒險性活動不但可習得如何在危難中解除自身生命危險的技能，而且可使人們在生活中獲得新的觀念與態度，並在緊急情況時能冷靜沈著發揮本身的潛力，進而對他人發揚奉獻犧牲的精神。現在歐美日等先進的許多國家的教育機構，也都紛紛採用此一教育理念，不單是限於學校教育，為了滿足一般市民對野外冒險性活動的需求慾望，近年來戶外冒險性活動的實施，已成為社會教育的一環。活動對象不僅從小學生、青少年、青年、成人、連教師、企業主管也是主要對象，其目的在提高野外活動的各種技術與增進各種知識，亦可提昇自我概念。

服務性

　　從休閒活動的需求得知，除了心理、生理、感官等的需求外，還有一種奉獻需求，就是服務性公益奉獻活動或稱回饋社會活動。如許多學校機關、民間公益團體組織，到各需服務協助場所，孤兒院、醫院、……等當義工。為社會做服務與奉獻，這種熱心服務奉獻的人生觀，最能充實心靈及提昇靈性。這也是未來最踏實可行的服務人生觀。

國際性

　　現階段臺灣地區的設施、場地已不能滿足國人的需求，又臺灣地狹人稠，許多遊憩場所皆已達飽和狀況。每年的假期眾多國外的旅遊，許多國外資訊已無法滿足國人精神上的需求，透過國際間的各項交流，除了滿足

國人感官需求外，也同時可滿足國人對新奇事物的喜好，更直接提昇國人的視野。

文化性

　　培養國民健全而合理的生活方式與生活態度，就要講究生活品質及提昇國民的文化素養，文化係蘊涵於國民的日常生活中，文化水準也從生活實踐中表現，文化因素正是提昇生活品質重要的一環，所以文化建設應該著重於國民生活方式的提昇。休閒活動是人類生活的一環，提昇生活品質也是人類追求幸福快樂的基本要件。

　　現代社會對於「休閒」的需求愈強烈的趨勢，從一些新興的如雨後春筍般出現可見一斑，但是現代人對於休閒的定義仍侷限於工作之外的餘暇時間，尚不能將工作與休閒視為一體之兩面。不受勞動時間的約束的自由時間的增加，實是人類長期以來的願望，也是人類運用其智慧及理性，一方面提昇生產力，一方面取自由和自求解放而不斷努力的一大成果，自由意味著從事創造性活動機會增加，更多的自由時間便人類得以充實自己，豐富生活內容，增進生命的意義，以實現人生目標及美好生活。人是社會動物，個人的美好人生通常與對社會的貢獻有密切的關係，因此自由時間的增加，不僅意味著美好人生實現的可能性增加，同時也意味著美好和諧社會實現的可能性也愈大。特別是在以機械文明為基礎的現代社會，社會關係，朋友關係……等容易感到空虛和枯燥，所以休閒生活在現代人的生活中也就愈發的重要及必需了。由於科技文明的發展而增多了休閒自由時間，休閒時間的增加，或將有助於克服疏離，促進文明的進步與生活品質，都是益發使得休閒成為我們深思及關切的主題。

結語

由於科技的發展仍會持續地進行，自動化生產的機械將會取代越來越多的人工。可是另一方面，由於人工自動化機械所取代，失業問題會變得更為嚴重。大量失業人口所擁有的大量的自由時間，只是一種無事可做之時間，而非真正的自由時間。因為這種空閒時間，既非志願性的，也難有自由感、自主性的感覺。而且縱然有時間，也沒有足夠的金錢來花費，以從事其想做的休閒活動。因此有人認為有必要對社會做全面性改革，以重視休閒生活的休閒倫理來取代長期以來主宰人類行為的工作倫理。因為，為了解決結構性失業問題，每人均須縮短其工作時間。如此，則每人的自由時間必然大量增加。此時，工作不用被視為倫理，而不工作也不用被視為偏差行為。須以休閒社會的新觀念取代過去一直以工作倫理為中心的社會。

不受勞動時間約束的自由時間的增加，實是人類長期以來的願望。也是人類運用其智慧及理性，一方面提昇生產力，一方面爭取自由和自求解放而不斷努力的一大成果。對一般大眾來說，這可以說是史上從未有過的光明時代的來臨。因為自由意味著從事創造性活動機會增加，更多的自由時間使人類得以有機會充實自己、豐富生活內容、增進生命的意義，以實現人生目標及美好生活。

特別是在以機械文明為基礎的現代社會，社會關係、朋友關係、甚至親族或家族關係容易變得更加疏遠及淡薄。在精神生活方面特別容易感到空虛和枯燥。而且在機械化的工廠裡，生產勞動也不再依循自然的律動，而須配合機械的速度以及遵循機械的運作原理以行動。結果，工人容易變成機械的一部分，只在扮演那些尚未被自動化機械所取代的部分角色而

已。他們感到作爲大組織中，依據機械原理以行動的零件意識。這種勞動生活容易感到無奈感、無意義感。這正是馬克思所指出的現代工人的異化現象。由於機械時代的勞動的異化現象，並不僅於資本主義社會，在官僚體制十分發達的社會主義社會的勞動也產生同樣嚴重的異化現象：因此有些人認爲這是現代人無可逃避的命運。這個命運如果無法徹底克服，其唯一辦法便是只有求之於非工作的休閒生活。從充實、豐富、輕鬆、快樂、有趣、有意義的休閒生活中獲得人生的意義，發展人類的潛能，實現美好的人生。因此不少人認爲大衆休閒時代的來臨，的確是人類新希望即將行現之喜訊。人們對這嶄新時代的來臨寄以無限希望。有如在絕望的沙漠困境中發現一片綠洲一般的興奮。

誠然，生活在現代社會的人們，十分需要用科技文明所導致的增多時間，以解脫零件地位、擺脫疏離感，並從零件意識中解放出來。過去的人較能夠從自己的工作生活中獲得自我實現。在現代組織中工作的人們，不論是藍領或白領，這種幸運兒愈來愈少。他們愈需依賴更多工作之外的自由時間，以設法達成自我實現的願望。其理想型態是：人人都能夠利用自由時間，接觸更有價值的人類文化，發展自己的人格和能力，並致力於增進家族、朋友與社會之間的接觸，以豐富和充實精神生活，從而通過集體合作的力量以達成美好社會的實現。只有每個人的自我能力得到充分發展，個人人格才會有健全發展的可能。也只有在健全的社會中生活，個人的真正幸福才能實現。

職業與休閒爲社會學近日發展快速的研究主題之一，該學問是運用社會學的理論知識，以探討工作、職業與休閒生活等相關的現象，屬於一應用社會學。由於此學術領域所探討的成果，可以直接應用於企業經營實務，以處理產業、管理、工會、勞資關係等問題；並對實際的社會生活產生影響。隨著產業在社群中的發展日益扮演著重要的角色，且勞動者人數日增使其社會動員力量更形擴大，勞工團體在政治、經濟的層面舉足輕

重，企業經營的民主化受到重視，人們更強調對職業生涯的探求，期望自職業生活中達成自我實現……等因素影響；使職業與休閒成爲重要的研究課題。

第20章　兩性互動與兩性關係

性別研究的發展

　　十七世紀至十九世紀，人權思潮受到英國光榮革命、工業革命、法國大革命等事件的刺激，婦女的人權問題逐漸受到注意，特別是英國的瑪麗·沃爾思登考夫特（Mary Wollstonecraft）所發表的《女權擁護論》（*A Vindication of The Right of Women*, 1972），指出所謂婦女的道德特質，乃是婦女生活在被壓抑的情境中所產生的婦女人格所扭曲的結果，書中特別強調教育對婦女人格塑造的重要性，也引起社會開始重視婦女的觀點，歐美婦運逐漸萌芽成長，要求歸還婦女的人權。十九世紀的勞工運動對婦運產生了激化作用，也引起婦女意識路線的爭論。十九世紀與二十世紀初期婦運所爭取的不外乎是投票權、財產權、教育權、工作權與懷孕自主權等與男性平等的公民權。雖然在婦運形成與發展中，陸續有人提出男女平權的主張，然而對兩性之間的支配與附屬關係，發展出較爲嚴謹的性別研究知識，則是二十世紀七〇年代左右，並儼然成爲獨特的女性學。

　　女性學誕生於社會運動中，也被當時的學院所接受，因此女性學有著植根於當時知識研究之學科結構與社會運動的雙元性格，而後者更提供了女性學研究者一種超越學科藩籬的科際整合研究取向，因此女性學的最初發展研究階段，在辨識出存在於當前學術中潛在的男性偏見，並且發現其如何導致研究中對婦女的疏忽與扭曲。學術機構中的女性主義學者在其各別研究領域中，發現學術是社會中男性至上主義的一面知識鏡子。學術機構反應了社會偏見，並且提供支持壓迫婦女的政策與情境的意識型態。女性學的發展可以說是對傳統學科知識的改造。就人類學家瑪格利特·米德（Margaret Mead）所發表的《三個原始部落的性與氣質》（1935）、以及《男性與女性》（1953）二書，考證的結果證明性別角色的可塑性，帶

給女性主義者莫大興奮，同時也打破男女性別分工是依據自然法則的迷思。性別社會學是指兩性之間的差異性，是由於文化與社會結構塑造的結果，是在研究性別關係中之不平等權力區分及其階層化，如何利用意識型態去薰陶有關性別之思想、態度、行為和人際關係，以及利用社會制度去控制與維護性別階層結構。

在所有研究領域中，女性學所強調的是：對婦女被壓迫問題的覺醒，而且須警覺到學術研究微妙地補救研究的方式，還要意識到婦女解放的可能，以及要有學術研究是為了使婦女受益的責任。賴哈茲主張：女性學應提倡質的方法論，因為欲了解婦女的生活，一定要從婦女自己的觀點，並且需要一種開放的、深入的互動。女性學在方法論上有別於傳統的是以「婦女的體驗」（experiences）理論的新資源；以「為了婦女」（for women）為社會科學的新目的；將研究的本身與研究者對象置於同等批判的平面上，亦即研究的過程的去權威化，革新了研究方法。

由於女性學與婦女運動之間不可分離的關聯性，可以提供理論與經驗實踐的共享基礎，同時婦女被壓迫的經驗與對抗壓迫的解放過程，由於種族、階級、社會文化等因素的差異而呈現不一的風貌，既豐富了女性學的內涵，也增強了女性學穿透學科藩籬與批判學科領域的能力。

在八〇年代以後的台灣新興發展起來的女性學，如何避免西方人文社會科學知識霸權的支配，將有賴於從事女性學研究者在吸收西方婦運經驗與女性學理論後，回歸台灣社會的經驗資料進行本土化性別研究，採用歷史研究取向將有助於對台灣婦女生活情境的了解。

女性學研究不但對台灣各學科領域可帶來衝擊，同時幫助我們檢視既存社會價值，制度與政策中明顯或可能潛藏的男性至上主義，也可以提供國家政策形成過程一個新的，也較符合婦女權利與發展的政策價值與觀點。

性別角色理論之探討

雌性人類稱爲女性，雄性人類稱爲男性，其之間的差異，是因 XX VS. XY 染色體組合的不同，而反映在遺傳上、荷爾蒙分泌上；以及外性器官的特徵上。進而言之，兩性之間差異的形成，從胚胎期就已經開始分化。而且在這分化過程中，染色體扮演起這個階段，形成性別差異的關鍵因素（染色體是細胞核中，攜帶著遺傳材料的線狀結構體）。所以一旦睪丸或卵巢在胎兒身上形成時，就開始分化荷爾蒙，而引發和維持對胎兒成長和身體器官運作的生物過程。如果這個胚胎爲男性就有睪丸；如果是女性就會有卵巢。到此階段，就生物性別的分野，被謂爲「第一性徵期」。而性別差異進一步的發展，到了青春期，因荷爾蒙不斷的分泌，而導致兩性在心理、行爲；以及性別特徵的變化。到此階段，男女兩性的模樣大抵也已告成形，被謂爲「第二性徵期」。

對於性別差異的相關問題，不論是心理學界或社會學界都視其爲重要的研究課題。而且在這兩個不同的學術領域，都同時視「性別認同」和「性別角色」爲建構性別差異理論的基礎。

「性別認同」（gender identity），是意指「是我們內心對於自己是男或是女的感覺」。或是指「是個體自我想像的性別，即對自我性別上的認知態度」。可知「性別認知」是一種屬於自我個體，對自身性別是男或女，經由感覺的認知，所形成的反應與態度。

「性別角色」（gender role），簡而言之是指「是依據性別而來的社會分工、權利，以及義務。即男性或女性在社會關係上的地位或定位。」就符號互動理論與結構功能理論而言，角色的定位，不論是透過取得他人角色而逐漸形成；或是根據社會系統所安排而成的位置，都受限於社會規

範。因此在不同體系的社會系統，對兩性的性別角色，也自然形成不同價值的尺度標準。例如在前工業資本主義社會中，女性被引導、訓練以賢妻良母爲正面的角色扮演；而男性則被塑造成強者，具有「一家之主」特質的角色扮演。這兩種截然不同的社會角色，其形成的結果可知就是依據性別而導引出不同的社會定位。

對於性別角色認知概念的發展、形成，在行爲科學領域中，有三種以社會化觀點爲基礎，所衍生而成的理論。

心理分析理論

這個理論是由 Freud 所提的，他認爲小孩會以他同性別的父母親爲典範，以期變得與他的父母一樣。在認同的過程是潛意識的。而且是以性慾作爲趨力的基礎，再經由從其同性的父親或者母親之一方面的人格特徵，包括性別角色的認知過程，融進他自己的行爲之中。

社會學習理論

社會學習理論者，對於性別角色和性別認知，是由性慾而來的觀點，持著不同的看法他們認爲孩子之所以會表現出與他們的性別相符合的行爲，是由於報酬（相合的行爲）和懲罰（不合的行爲）的關係，而他們以模仿的方式來學習性別的行爲。他們很快學會他們應該找個角色楷模（role model）來模仿，通常他們都選擇與自己同性之父母親。小女孩模仿她的母親因而把自己打扮的很漂亮，或幫媽媽的忙而得到獎勵。如果是小男孩做同樣的事就會被嘲笑，叫他娘娘腔，他最好是學他的爸爸做男孩子的行爲，他的爸爸才會獎勵他。根據這個看法，性慾其實是沒有任何關係的，而生理結構也是很不直接的關係，這個理論認爲不同的獎懲才是最

主要的原因。為什麼父母親要把孩子塞進不同的社會模型中？社會學習理論認為，父母的行為（以及老師的、同儕的等等）也是受到各種增強物的塑造，而這些塑造都是為了維持某一個社會結構。事實上，孩子的社會化只是他們進入他們以後角色的一個學習或實習而已。

認知發展理論

另一個理論是 Kohlberg 的認知發展理論，Kohlberg 強調孩子逐漸知識自己的性別認同——是男的還是女的的感覺。當社會學習理論強調孩子必須學習「去做」適合他角色的行為時，Kohlberg 則認為是他們「了解」他們是屬於哪一個性別的種類才形成性別角色的認知。Kohlberg 也認為孩子對性別的概念其實是很模糊的，一直要到他們到五、六歲為止才形成。一個四歲的孩子對「男性」和「女性」這兩個種類究竟是什麼意思其實不清楚，他也不知道這兩個種類包含了生理上的不同。即性別認同，但是再要經過二年才會達到「性別恆常性」（gender constancy）——了解是男的或是女的的是不可回溯的概念。並接受性別角色以符合自己的自我概念。

綜合言之，這三種理論都是要來解釋社會因素如何塑造我們自己是男性還是女性的感覺。心理分析理論認為基本的機制在於「認同」。社會學習理論認為它是模仿與自己同性的雙親而來的。認知發展理論認為這個「認同」的發生是在孩子已經習得「性別認同」之後，即孩子必須先有「性別恆常性」的概念後才有可能。這些理論的不同是由於各派重點不同所致。心理分析理論重視性慾取向，社會學習理論重視性別角色，而認知發展理論是重視性別認同對社會化的影響。

性別角色與男女兩性特質的關係

　　根據社會學家的研究，社會經濟結構的型態，影響男女社會地位的差距，及男女角色分化的程度。當經濟結構越依賴體力的社會，其男女角色分化的情形也就愈顯著。所以農業化社會男女分工的程度大於工業化社會。

　　傳統農業社會的運作，需賴以強壯的體魄與氣力用以維續。由於這種以體力強弱做為兩性角色地位高低的標準，使得男性獲得高於女性地位的優勢，並形成制度化的模式。除了體力使得女性地位處於劣勢之外；再加上女性在生理本質上比男性纖弱，不但有生理週期的問題，又限於懷孕、生育及哺乳的先天條件，營造出女性需要依賴男性給予她們安全保護的形象。而社會制度也就依據這種生理學上的鐵律，來作為強化男性在社會所具有的支配力。此不但加大兩性地位的差距，也建立起如「男主外、女主內」、「婦以夫為貴」等性別角色差異的刻板印象。同樣這種對男女角色差別標準，特別在父權社會中被利用，溶入律法、風俗習慣、社會禮儀；以及對子女教育等模式之中，成為根深蒂固的觀念。就在這種基礎下，因而塑造出對兩性各別不同典型的「理想形象」，即對男性塑造成具有「男子氣概」（masculine）的形象；相對於女性被塑造成的「女子氣質」（feminine）。這種依據性別所塑造出的符號語彙，將男性所專屬的「男子氣概」形象詮釋為：理性、果敢、能幹、壯碩、獨立、堅強、冒險的「形象語彙」；至於女性則被冠上的「女性氣質」與：感性、膽小、軟弱、被動、婉柔等形容詞劃上等號。這種以性別作為優劣階級的差別，使得男性具有「先天優勢」的條件。

　　所謂「女性主義」（feminism），是一種觀點；也是一種意識型態。

女性主義主要是要求女性享有身為人類的完整權力，並且反抗所有造成女性無自主性、附屬性和屈居次要地位的權力結構、法律和習俗。「女性主義」是對父權主義下所造成兩性不平等的關係；以及不合理的價值觀，所提出的抵制與反抗。而女權主義運動，則是由女性主義者，為達到女性主義所主張的理念，所採取的聯合行動。

從八〇年代之後的女性主義發展，除了與後現代主義思潮相互結合之外，並成為學術界所熱切探討的主題，即藉著對女性主義的觀點、理論；以及發展過程之因果關係，以求對人類文化發展，有更進一步的瞭解。這也是女性主義當初形成發展所未料的。

雖然女性主義的發展，在不同的時期，因不同的派別各有不同所重視的觀點，但其基本上都脫離不開排斥：「父權體制」、「性別/文化性別的體系」；以及「性別歧視」三種：

「父權體制」

「父權體制」（patriarchy）它是一個常被用來指稱女性受壓迫的社會結構、它的形成是由以男性為中心所產生的權力關係為基礎。父權源自於被父親所支配的家庭體系，並經由這種以性別角色所廣泛的社會化，而形成出一種以男為主（尊），女性為輔（卑）的價值模式。當然這種男尊女卑的「性別體制」（sex－gender system）不但為兩性階層化形成一個基本模式；也為男性擁有支配女性的權利，獲得一個合理說詞的基礎。

「性別/文化性別的體系」

「性別/文化性別體系」（sex/gender system）包括性別區隔、性別分工，以及隨文化與時間而有不同認定的「性」等相互關的因素。「性別/文化性別」二詞指出了生物與文化間複雜的相互作用，也顯示「性」和「文化性別」有密切的關係。社會藉由這一套設計，將生物的「性」轉變為人類活動的準據，並以此做為社會互動的基礎。

「性別歧視」

性別歧視（sexism）指的就是男性優越於女性的一種社會關係。無論是男人或女人的行為、政策、語言或行動等都在說明的一種被制度化、系統化或一致化了的觀點：即女人是次等。

不論是「父權體制」、或是「性別/文化性別的體系」、或是「性別歧視」，都是被運用來區隔兩性在社會、文化價值下產生不同標準，得以合理，甚而被視為真理的基礎。這也正是女性主義者所要對抗的基本原由。

「性別階層」乃是在描述一種情境：對勞動、資源與生產是由具男子氣概（masculinity）的社會權力與社會控制來支配。所謂的社會權力經常被認定是男子氣的，不管是男性或女性欲執行具有正當性權力的角色，就得表現出男子氣概。這是因為具有權力的角色，是被賦以男子氣的象徵意義，排斥女性佔據這些角色或要求女性表現像男人似的，正是父權意識型態強化與維持的必要表現。在性別階層中，女性是男性的附屬團體（subordination），從社會權威來看，一個附屬團體較少或不能決定或主動控制會影響該團體現在與未來發展的決策。從經濟面來看，附屬團體為另一個團體提供服務、生產與食物，卻未獲得相對付出勞動的報酬。對於女性為何會是男性的附屬團體，而不是男性成為女性的附庸，對於這種附屬的關係，大約分為四種概念來探討：

早期適應說

此說認為人類在遠古時代，為適應自然環境的生活，而實行性別分工，因此形成女性附屬的地位。其假設可分為五點：

1.打獵對於原始人類維持生存言非常重要。

2.狩獵的工作幾乎是男性完成的。

3.女性依賴男性的肉食供給。

4.男性將狩獵所得的肉食與依賴他的女性與子孫分享。

5.早期狩獵以適應生存，形成兩性的角色關係，而成為當代女性附屬地位的根源。

技術環境說

此說認為自然法則的挑戰（資源稀少、人口壓力），使得人類的文化特徵出現以應付挑戰，能夠幫助人類社會適應自然法則的結構。其主要假設為：

1.在親族社會中，女性被排除於戰爭之外，而且被男性的活動所威脅。

2.殺死女嬰的行為是親族社會中基本的生育控制手段。

3.一夫多妻制，是男性支配的指標。

4.一夫多妻制會增加女性的稀有性，因而增強了對男性攻擊表現的性酬賞。

社會生物學說

此派深受達爾文進化說的影響。威爾遜將男性支配歸因於物競天擇法則運作的結果，特別是適者取得生存的優勢。人類後代子嗣由於獲父親的優秀基因而得以改良，而且扮演父親的通常也是同種同性間屬於優秀的。男性的主動性、攻擊性與優秀性自然成為物種內支配的團體。

結構主義說

由於女性與家務性勞動聯結，而男性與公共事務聯結，造成了女人的地位低落與權威的喪失，也就是說女人的相對地位是依女人涉入公共事務與男人涉入家務的程度而決定的。但是此種分工在未殖民化的親族社會中是可疑的。資本主義殖民化才形成女性與女性工作的家務性，況且孕育子女在未殖民化親族社會中並不必然會減損女人的社會權威。

另外有些結構主義人類學家指出，女性的附屬是文化的，而且根源於性別分工，因為婦女與自然、男性與文化被普遍的、象徵的連結在一起，而使得在親族會中增強根據性別的分工。這四種理論，在史料上都有論證不足處。性與性別在當代階級社會中是有極大差異存在，但是想要尋求其附屬關係的根源而推論到親族社會時，事實上兩者差異不是很顯明。然而我們對於二十世紀末階層明顯的當代社會，仍有釐清的必要，兩性從性來分辨，相當簡單，由其生殖器官即可辨明，但兩性由性別作區分，則牽涉到社會對性的文化解釋，或者可以說是一種行為模式的期待差異所造成的性別差異。

　　女性學研究者由於不同的觀點與策略，因而採取不同的理論分析架構。學者將女性主義性別研究的理論架構分為五個主要派別：自由主義、文化主義、馬克思主義、激進主義、社會主義。

自由主義

　　此派承認男女兩性在先天上是有差異存在，但是反對生物決定論，主張男女性別的差異主要是後天學習的結果，理論的核心價值是在強調個人有自由選擇的權利。所以解決女性次級地位的策略為透過法律與制度的修正，來提供兩性平等競爭的機會。由於此派不主張既有體制的基進變遷，而被批評其為了保持和平，拒絕可能導致真正變遷的任何行動與理論，淪為壓迫者最佳的使用工具。又由於偏重個人選擇與法律平等，其爭取到的改良成果的受益者，大多是中上階層的婦女，對廣大的下階層婦女甚少助益。

文化主義

　　男女天生的確有性別差異存在，然而女性被男性視為自然的一部分而被輕視與被壓迫。此派主張女性的道德是至善的，因此女性獨特的文化一旦獲得解放，自由平等、和平的世界就會到來。其策略為女性文化就是婦

女解放的力量，透過激進的與政治的手段，來推翻男性霸權。批評者認為女性道德優於男性，易造成對男性的排斥，一種建立在壓迫男性的新母權社會，仍然會有階級不平等與性別壓迫等問題的存在，很難達到人性解放與平等的社會。

馬克思主義

婦女被壓抑的原因，在於資本主義的核心家庭單婚制與私有財產制度之形成的交互作用下，女性逐漸被驅逐出社會生產工作外，而淪為男性之私有財產的一部分。其否定人性與性別差異的生物決定論，主張任何社會不平等形式都是人為的，而階級壓迫是最基本的。此派的解放策略為傳統馬克思主義者認為推翻了資本主義體制，隨著勞動階級的解放，婦女必能獲得解放。新馬克思主義者雖然注意到父權意識型態與資本主義一樣是壓迫婦女的大敵，但同樣認為婦女卻獲得解放，一定要參與社會生產，並且與階級運動結合，以革命的手段達成結構變遷，才能徹底結束婦女被壓迫的情境。其認為女性主義與馬克思主義兩者關係有如不快樂的婚姻，前者為妻子，後者為丈夫。

社會主義

此派認為女性無論在公領域或私領域都是被壓迫者，女性是資本家的廉價勞工，也為男性免費提供家庭勞工，同時在父權與資本主義合夥關係下，女性淪為「消費動物」與「性商品」。所以婦女受壓迫是超乎階級的。其解放策略為不只要消除資本主義，更要改變父權性別體制，使婦女無論在公或私領域的角色與勞動內涵有所改變。批評者認為社會主義忽略了異性戀與異性間性行為的規範制度，也是父權體制壓迫婦女的形式之一，在未來的社會主義社會中，同性戀者或同性間性行為者仍然會受到壓迫。

激進主義

其主張強調婦女是歷史上第一個被壓迫的團體,最為廣泛的存在於已知的每一個社會中,而且根深柢固,是最難以消除的壓迫形式,就算是透過廢除階級社會也不能消除對婦女的壓迫。同時婦女無論在質或量上,深受壓迫之苦,卻由於婦女與其壓迫者一樣受男人至上的社會偏見所影響,往往不能察覺被壓迫之苦。其解放策略:芬斯頓相信可以透過生產科技的創新來達到解放婦女,但是被譏為是科技過度樂觀主意者,也犯了性別生物決定論的錯誤邏輯。芮瞿認為女同性戀主義可以對抗父權壓迫。尼蔻爾批評基進主義缺點在於將性別化約在性行為的分析模型,並將所有的社會都視為相同的,是一種反歷史的分析。

我國婦女地位的現況

研究中國古代社會結構的學者大多認為中國上古社會是母系社會,是一個雜婚與亂婚的時代,任何女子都有可能與任何男子發生性行為,在此狀況下所產生的後代,只知其母不知其父。又春秋時代仍有上古母權社會的遺俗,如「婦人主祭」、「母為子娶婦」等,到現在閩南俗諺中,有一句「天上天公,地下母舅公」,重舅權亦是母權社會的重要遺俗。因此在中國上古社會結構中,是一個無階級、沒有當代核心家庭的親族關係、也沒有國家——統治階級存在之缺乏性別角色明確認同的母權社會,或者至少是一個性別階層化還未出現,女性地位並不比男性低的社會。

在三代以前,姓與氏是分開的,男子為氏,女子稱姓,姓是別婚姻,而氏是別貴賤。氏的出現,母權逐漸受到威脅,因為其類似以貢物生產模式為基礎的最初國家形式開始發展。到了西周,父系推翻了母系,女性地位下降,成為男性的性財產,因此時期鐵器的發明,私有財的形成,使得

男性為了增加人力資源與財產，佔有並控制可以從事勞動生產，又可以創造勞動力的女性成了最佳途徑。婚姻也從雜婚、亂婚轉變成掠奪婚、買賣婚與媒妁婚，婚姻逐漸制度化，父權制宗法社會到臨，形成男尊女卑的觀念，性別階層於是形成，婦女的地位也就一蹶不振了。

到了漢朝，開始有系統的透過社會規範與意識型態來合理化兩性階層不平等的關係。宋代中央集權制確立以後，對婦女發展出一套更嚴酷的貞操道德，從原本指婚後的不亂倫、不淫蕩，擴大到婚前處女、列女不事二夫的貞操規範。到了明朝強調婦女貞節發揮到極致，一座貞節牌坊將婦女的人性剝奪至盡。至於對中國固有的陋習——纏足，賈伸指出纏足是一種社會病態，是女權欲提昇，婦女欲解放的第一敵人。他提出纏足發生的原因：

1. 人欲之要求，纏足的病態美，滿足男人狎弄之慾。
2. 對女子的約束，纏足更能使女子贏弱，甚至殘廢，更被拘留在家門內。
3. 男女之別，更能凸顯女性被狎弄的地位。
4. 貞節之保持，纏足使得女子行動不便，發生淫蕩之事的可能就大大減少。纏足甚至成為婦女婚配的重要條件，引起男子性慾的要件。

清朝已有部分男性文人與權貴為中國女性悲慘的命運發出不平之鳴。如李汝珍在「鏡花緣」所表達反對雙重道德標準、反對纏足、反對塗脂抹粉、反對算命合婚、提倡女子教育、主張女子參政。中國婦女的境遇在清朝會受到重視與改善，是因除了受西方民主自由思潮的刺激外，朝廷也發現到在國家危急存亡之際，幾佔一半人口的婦女可利用資源，如維新運動由上而下的推行不纏足與興女學，基本上並不是真的針對婦女本身發展利益著想，只是為了達到「強國育種」的目的罷了。民國建立以後，婦女政策仍以「報國」為動員的總目標，本質上與清朝的婦女政策並無多大差

異。政府來台後，婦女被鼓勵參與經濟生產活動，經濟成長目的遠大於促進婦女人力發展，並沒有企圖透過國家行動的干預，來改變父權意識型態宰制的性別階層結構，也就是在教育與社會化機制仍強調傳統性別角色與關係的刻板印象，以及鼓勵婦女兼差或就業，卻又不積極提供相關措施來協助婦女免除或克服性別角色的衝突困境。雖然婦女是在政府為了達到政治總動員目的與經濟成長目的下，才獲得較多參與家庭以外的公共領域活動的機會，但是這些參與的經驗，的確對婦女本身意識與角色的覺醒有莫大的助益。

隨著社會的快速發展，政治的開放及人們思想的和活絡多元，婦女地位已逐漸提高，婦女問題受到日益重視。「女性研究」於學術領域上亦多所探討。

但是，傳統的陰影依然盤據在一般人的心底，使得女性在家中的地位仍舊臣屬於男性。最明顯的例子是，絕大多數的女性價值系統仍以妻女角色為主，另一方面，在婦女普遍就業，而男性價值系統繼續在工作場合中佔優勢的情況下，造成大多數婦女備受壓力與衝突，他們無法抗拒傳統觀念的束縛，卻又不甘放棄自我實現和發展的機會。所以儘管在現代社會中，男女兩性不再受限制固定於工作場合或私人生活，但是大多數的女性仍處於相當不利的地位。我們可就以下幾點加以討論。

主從關係

雖然女性的教育水準提高，不僅促進婦女的知識與技術，也改變了她們的工作方式，提昇了在社會與家庭的地位，在家中不只單純的做個賢內助，也是丈夫真正的夥伴，能與丈夫商討工作和事業的問題。但在大多數的家庭中，丈夫的教育水準仍優於妻子，而且丈夫的年齡也被要求大於妻子。夫妻二人年齡與教育上的差距，使妻子在心理上依屬於丈夫，所以夫

妻關係難免是傳統主從關係的延續。雖然在本質上丈夫仍維持一家之主的地位，但是夫妻關係漸趨平等，例如男性會幫忙妻子做家事，女性也不再認為做家事只是女人的責任。

經濟狀況

大多數的現代女性都有經濟能力，使得丈夫不再是家庭收入的主要來源，使得女性在家庭中的地位提升，有較高的主導權。家庭權力結構改變，但在選擇職業時，還是以可以兼顧家庭為最先考量。也就是說一般女性希望能兼顧妻母與職業的角色。所以在女性在一方面還保留著傳統家庭觀念，承認婦女之從屬地位，當家庭與事業之抉擇時，她們多以家庭為優先考慮。另一方面，對於參與社會及擬定決策的機會，也表現積極的態度，並且肯定自我的未來以及獲得發展的重要。在就業方面，在面臨父系社會的體制下，女性的壓力可想而之，且許多時候男女即使做同樣份量的工作，薪水也不盡相同。而且就業的婦女在家庭的權力地位上卻沒有太大的改變，也就是說當女性花較多的時間在工作上時，男性投入家庭的時間卻仍沒有多大的改變，所以婦女必須兩頭兼顧，扮演家庭與工作的雙重角色。但近日有些企業機構已經洞燭先機，他們讓有家庭要照顧的女性員工兩人做一份工作，或是實施彈性工作時間，或有長達幾年的育嬰假，或成立托兒所，或有交通車接送員工的子女，因為他們發現女性到某個階段就必須於下班後回家照顧孩子，對公司和個人都是一種損失。

權力結構

雖然女性在經濟上能夠獨立，但是丈夫還是家庭經濟主要決策者。在投資、儲蓄及購買貴重物品上，男性為主要的決策者，或夫妻二人共同決

定。代表家庭參加社交活動亦以丈夫爲主，其次是共同參加，妻子單獨代表的比較少。所以由此可知家庭權力結構的主角仍是男性，但漸走向夫妻雙方共同參與的趨勢。

法律地位

雖說我國憲法規定男女在法律上律平等，但是無可諱言的，由於舊傳統的沿襲，法律上仍有許多以男性爲中心的不合理規定，忽視了婦女的權益。近年來在法律上雖然有作修改，像優生保健法，不但尊重婦女的獨立人格權，也保障婦女免受不合法的醫師實施人工流產而危及身體健康；像勞動基準法，兼顧婦女心理的差異性，訂立保護措施。但是由於在社會觀念尚未改變下，許多僱用女性勞工，甚至要求女性勞工簽署結婚或生子自願離職的切結書。像修正民法親屬篇，其中對夫妻財產制、裁判離婚原因、子女稱姓、重婚、住所等有所修正。但是婦女在夫妻財產制上雖已改進，但還未能達到實質上的平等，而民法親屬編對於離婚子女的監護權、探視權等仍是處對男方有利的姿態。所以有些婦女即使在面對不合理的婚姻下，仍不敢離婚的一部份原因也是因爲法律上的不平等；而另一方面則是因爲社會充滿歧視和懷疑的眼光。

生活重心

大部份女性，甚至是職業婦女仍以丈夫與孩子爲重心，多少父母辛苦奮鬥爲培植下一代，其女性之關心的主題也是家庭爲主。但是慢慢地隨著女性有自我充實及自我實現的動力，職業婦女爲了工作上的需要，會不斷的進修；即使是家庭主婦的女性，也會找時間有計劃的自我充電，以免被環境淘汰，與時代脫節。

當前社會的女性主義思潮

　　近年來，女性主義正風起雲湧的席捲臺灣社會，各種女性主義論點的言論也如雨後春筍般出現，甚至也出現了顛覆既有的男性主導的社會結構，使我們不得不正視這個數千年來一直爭論不休的老問題。到底身為一個現代社會的知識份子該如何面對越來越複雜、多元化的社會型態，而男性到底該用如何的態度來面對每天都要接觸的異性？希望藉此討論增進男性與女性間的認識，進而產生互信與暸解，促進兩性的平等。

　　臺灣社會源於中原文化體系，中原文化自是這個社會的一般標準，中國文化深遠博大，擁有五千年的悠久歷史傳統，但在兩性的平等上卻未見其有顯著的進步。我們可以看見男尊女卑的意識形式這個文化中一直沒有改變的，在古代的中國父系社會，男性仍是處於主導的地位。孔夫子曾說：「唯小人女子難養也。」姑且不論孔夫子是否為大男人主義者，但這句話卻成為中國許多男性知識份子大男人主義表現的最佳脫詞。「男主外、女主內。」的思想深烙在中國人的心理，認為一個女人家就必須三從四德、沈默寡言的持家、相夫教子，而庭院也就成了女子一生的地圖了。若此女子稍有才識，能在外闖出些名堂，便會得到「女子無才便是德」的諄諄勸戒，中國女人似乎是離不開先生、孩子，而這社會又以「功成名就」論英雄，因此，女人也只成為「成功人物的背影而已」。

　　臺灣由於在日本統治下五十年，思想、習慣亦受日本男性文化的洗禮，對於女人通常只視為家事的工具，不大重視這個在家辛苦一輩子的免費傭人，由於日據時代生活較為困苦，所以當時許多家境清寒的人家就把家中女兒送到有錢人家去當童養媳，其中許多女性的地位因此被剝奪，只成為附屬於大家族中成家的附屬品，對於婚姻沒有選擇的權利。一般說

來，臺灣早期的社會中，男尊女卑是很正常的觀念。

女性主義源起於美國早期的婦女運動，一九六三年 Betty Frienden 所寫的書 *Feminine Mystique* 在美國掀起對女性角色反省的浪潮，並在一九六八年引發 Freedom Trash 和「美國小姐」選美會抗議，也就是所謂的「第二波婦女運動」，至今已有三十多年的歷史，也早已成為世界的主要潮流之一。

§ 表20-1

派　　別	主　　張
走社會運動路線的女性主義	這種女性主義者通常會走上街頭，把所訴求的議題攤在眾人之前。 好處是可以凸顯議題，但風潮過後就煙消雲散，不容易做根本性的扭轉。
以性平等做訴求的女性主義	當社會約定成俗的允許男性在性上開放不受限制，走性訴求的女性主義開始要求女性一樣能有同等的權利。 這類的女性主義最容易造成與論的焦點，也和佛洛依德的心理學結合，作為訴求的理論。
以言語做訴求的女性主義	這類的女性主義通常與後現代的「意識形態有關」，反至對女性不利的言語，最明顯的就是黃色語言。 這類女性屬意要求言語上的平等（奪取男性的言語權），為的是暴露出言語背後隱藏的意識形態與權力。
自由主義式的女性主義	這種女性主義強調女性與男性協調以達成共識。 很明顯的這類女性主義支持者必須有籌碼能和男性協調，她也必須具備某些見識、教育程度、經濟水準，因此有人說：自由主義式的女性主義是中產階級的女性主義。

六○年代以來，婦女運動可以稱得上是一個全球的運動，但在全球任何一個角落都是處於不利的情勢，雖在所標榜的宗旨、所關心的議題，其優先順序和所採取的方法上有許多的不同，可是在提昇婦女的地位和福祉，達到平等、分享社會資源的目標都是一樣的。

在臺灣由於深受歐美各國影響，故思想路線也近似歐美的潮流，最近

幾年隨著留美大學生回國傳遞觀念，加上政治環境日益開放，女性主義也成為當今社會的寵兒。

標榜「女性主義」的領導者，不僅提供諸多不同於傳統社會的思維，並以實際行動展開對兩性平權的推動，其主要的主張、訴求，茲以下表作一個簡單的說明。

結語

「男女平等」這個千古以來爭論不休、沒有答案的問題，好像也無法在這波女性主義的潮流中找到答案，到底男性要主外？還是主內？女性要相夫教子？還是要拋頭露面？也只有當事人才能做決定。永遠沒有一個定論，只有近似值而已！

上帝只在地上造了兩種人，一種叫做男人，一種叫做女人，雖然數千年來，這兩種人中的冷戰、熱戰不斷，但奇妙的她們始終必須相互依存看來似乎永無寧日，但卻又相安無事，男人和女人的戰爭是充滿火藥和趣味的。也許上帝已經造了人，但卻還沒完成吧！最後這道完成的手續似乎尚留待人們自己以智慧謀求解決了！

參考書目

一、中文部份

(一)期刊：

王琇慧、侯東成

1992 〈社會變遷下的家庭問題〉,《研考雙週刊》,第十八卷第六期,
pp.18－26。

方素惠

1992 〈雙薪家庭解構台灣——孩子?事業?家?〉,《天下雜誌》,第
一三四卷,pp.14－23。

井敏珠

1992 〈已婚職業婦女的壓力之多少〉,《管理雜誌》,第二一五期,
pp.35－41。

白秀雄

1986 〈我國老人福利措施評價研究〉,《政大社會學報》,第十六期,
pp.21－37。

白乃文、萬育維

1995 〈從女性主義比較的觀點檢視家庭政策與社區婦女地位之間的關
係〉,《社區發展季刊》,第七十一期,pp.30－41。

伊慶春

1985 〈台灣地區不同家庭型態的偏好及其含意〉,《台大社會學刊》,

第十七期，pp.1-14。

李美珍

1990　〈成人子女對與父母同住關係之研究〉，《教育心理與研究》，第
　　　　一三期，pp.61-94。

李亦園

1973　〈社會結構價值系統與人格構成〉，《思與言》，第二卷第五期，
　　　　pp.22-27。

李建興

1981　〈社會變遷對家生活的影響〉，《幼獅月刊》，第三四八期，pp.
　　　　43-45。

李永熾

1991　〈消費社會與價值法則（上）〉，《當代雜誌》，第六七期，pp.
　　　　24-29。

1992　〈消費社會與價值法值（下）〉，《當代雜誌》，第七〇期，pp.
　　　　68-73。

呂民睿，莊耀嘉

1992　〈單親家庭與青少年違規犯罪行爲〉，《東海學報》，第三十三
　　　　期，pp.26-38。

吳長勝

1995　〈省立屏東仁愛之家日間托老老人生活滿意程度調查報告〉，《社
　　　　會福利》，第一二〇期，pp.54-57。

吳博修

1994　〈單親家庭家庭動力與青少年犯罪〉，《社會發展季刊》，第六十
　　　　八期，pp.73-77。

林淸江

1984　〈社會變遷中家庭學校社區關係之調適〉，《社會建設》，第三十

九卷第三期，pp.3－10。

林山田

1982 〈十年來的犯罪問題及其防制對策〉，《聯合月刊》，第六期，
　　　pp.42－56。

林勝義

1994 〈台灣家庭的結構變遷與轉型需求〉，《社區發展季刊》，第六十
　　　八期，pp.41－44。

周碧娥

1990 性別體制、政經結構與婦女運動的多元化〉，《思與言》，第二十
　　　八卷第一期，pp.33－45。

范麗娟、陳昭華

1995 〈少年福利服務與老年福利服務之比較分析〉，《社區發展季
　　　刊》，第七十一期，pp.144－150。

徐麗君

1995 〈海峽兩岸老人福利初探——給生命時間、給時間生命的分析與社
　　　會建設〉，第九十二期，pp.92－99。

徐良熙，張英陣

1987 〈臺灣的單親家庭問題與展望〉，《中國社會學刊》，第十一期，
　　　pp.121－153。

徐良熙，張英陣

1984 〈中美「單親家庭」之比較〉，《中國社會學刊》，第八期，pp.
　　　56－68。

徐良熙、林忠正

1984 〈家庭結構與社會變遷－中美單親家庭之比較〉，《中國社會學
　　　刊》，第八期，pp.1－22。

陸光

1982　〈我國老人福利的評析與導向〉，《社區發展》，第十七卷第六
　　　　期，pp.6－12。

唐先梅、曾敏傑

1991　〈臺灣已婚婦女家庭與工作壓力之研究〉，《臺灣銀行季刊》，第
　　　　四十二卷第二期，pp.292－334。

陳燕禎

1994　〈老人養護問題之實證研究——以省立彰化老人養護中心個案為
　　　　例〉，《社會福利》，第一一一期，pp.53－58。

1994　〈老人問題與安老計畫之理論與實證——台灣省之經驗〉，《社會
　　　　福利》，第一二〇期，pp.22－27。

陳秉璋

1984　〈從轉型期社會的面向試分析台灣經濟所面臨的重大經社問題〉，
　　　　《政大社會學報》，第十九期，pp.15。

陳坤宏

1992　〈西方消費文化理論之引介(一)〉，《規劃學報》，第十九期，pp.
　　　　35－50。

1992　〈西方消費文化理論之引介(二)〉，《規劃學報》，第十九期，pp.
　　　　51－70。

張清富

1992　〈貧窮變遷與家庭結構〉，《婦女與兩性學刊》，第三期，pp.41
　　　　－58。

張苙雲

1991　〈醫療過程的儀式化行為〉，《護理雜誌》，第三八卷第四期，
　　　　pp.16－28。

張耐

1995 〈雙生涯家庭之需求〉,《社會福利》,第一一七卷,pp.18-21。

梁瑪莉

1992 〈單親家庭之探討〉,《東南學報》,第十五期,pp.189-196。

章英華

1994 〈台灣的家庭研究:從家戶組成到家人關係〉,《社區發展季刊》,第六十八期,pp.35-40。

曾坤木

1995 〈省立屏東仁愛之家試辦日間托老服務之歷程〉,《社會福利》,第一一九期,pp.54-59。

曾昭旭

1986 〈變遷中的家庭倫理〉,《鵝湖月刊》,第十二卷第三期,pp.54-57。

黃維憲

1980 〈偏差行為類型探討〉,《思與言》,第十六卷第二期,pp.70-75。

1981 〈白領犯罪與社會結構〉,《思與言》,第十七卷第三期,pp.70-78。

黃時遵

1994 〈老人安養人口基礎──代間共居可能性的模擬分析〉,《人口學刊》,第十六期,pp.53-77。

黃俊傑

1990 〈台灣家庭型態的變遷─以新莊市為例〉,《台大社會學刊》,第二十期,pp.107-141。

黃惠惠

1981 〈生涯發展的神話〉,《輔導月刊》,第十八卷,第二期,pp.40

－43。

齊力

1990　〈台灣地區近二十年來家戶核心化趨勢之研究〉，《台大社會學刊》，第二十期，pp.41－83。

楊國樞

1981　〈中國人的性格與行為〉，《中華心理學刊》，第二十三卷第一期，pp.39－55。

1984　〈現代社會的新孝道〉，《中華文化復興月刊》，第十九卷第一期，pp.51－67。

楊朝祥

1986　〈大專生的生計發展與安置服務〉，《就業與訓練雙月刊》，第四卷第六期。

賴澤涵、陳寬政

1980　我〈國家庭形式的歷史與人口探討〉，《中國社會學刊》，第五期，pp.25－39。

賴澤涵、陳寬政

1984　〈台灣的社會變遷與家庭制度〉，《加強家庭教育促進社會和諧學術研討會論文集》，pp.16－42。

薛承泰

1992　〈再論單親家庭〉，《社區發展季刊》，第五十八期，pp.306－310。

謝秀芳

1994　〈單親家庭之問題與對策〉，《社會建設》，第八十七期，pp.15－19。

簡春安

1994　〈社會變遷中臺灣地區的婚姻與家庭〉，《研考雙週刊》，第十八

　　卷第六期，pp.37－44。

藍采風

1982　〈雙生涯家庭〉，《張老師月刊》，第九卷第一期，pp.10－17。

瞿海源

1981　〈臺灣政教關係的思考（上）〉，《聯合月刊》，第六期

　　　　〈臺灣政教關係的思考（下）〉，《聯合月刊》，第七期

羅光瑞

1993　〈全民健保與公立醫院的營運管理—兼述臺北榮總對全民健保的因
　　　　應措施〉，《醫院》，第二十六卷第六期，pp.337－339。

(二)專書：

內政部

1994　《台閩地區人口統計》，臺北：內政部。

衛生署

1994　《衛生統計》，臺北：衛生署。

衛生署

1993　《當前醫療衛生政策》，臺北：衛生署。

王美惠

1987　《已婚職業婦女之家務分工、性別角色態度和社會支援與婚姻滿意
　　　　之研究》，中國文化大學家政研究所碩士論文。

白秀雄

1982　《現代社會學》，臺北：五南書局。

朱岑樓主編

1981　《我國社會的變遷與發展》，臺北：三民書局。

朱岑樓胡薇麗譯

1973　《成長的極限》，臺北：巨流出版社。

朱岑樓

1981　《中國家庭組織的演變》，台北：東大出版社。

1988　《變遷社會與老年》，臺北：巨流。

何長珠

1981　《職業輔導論文彙編》，台北：大洋出版社。

李明

1987　《工業社會學》，臺北：桂冠圖書公司。

李宓昀

1989　《社會結構變遷中之孝道分析》，政治大學：社會學研究所碩士論
　　　文。

李美枝

1984　《社會心理學》，台北：大洋出版社。

李劍農

1968　《中國近百年來的政治史》，臺北：大中國出版社。

余德慧

1987　《現代中國人孝養之道》，台北：張老師月刊社。

車煒堅

1992　《香港青少年犯罪問題》，台北：中華書局。

呂秀蓮

1974　《新女性主義》，台北：幼獅出版社。

1990　《兩性問題面面觀》，台北：前衛出版社。

金樹人

1988　《生計發展與輔導》，台北：天馬出版社。

金耀基

1980　《從傳統到現代》，臺北：時報出版公司。

1980　《中國現代化歷程》，臺北：時報出版公司。

1981　《現代人的夢魘》，臺北：台灣商務印書館。

1981　《中國現代化與知識份子》，臺北：時報出版社。

1990　《兩岸中國民主的反思》，臺北：天下出版公司。

林振裕

1986　《社會學》，臺北：三民書局。

林顯宗

1986　《社會學概論》，臺北：五南書局。

1986　《家庭社會學》，臺北：五南書局。

1990　《勞資協調因素的社會學分析》，自印。

林清江

1988　《現代化》，臺北：臺灣商務印書館。

林敏生編譯

1987　《迎向新「階層消費」時代》，臺北：書目出版社。

林萬億

1982　《當代社會工作》，臺北：五南出版社。

周鴻玲

1988　《組織社會學》，臺北：桂冠出版社。

周玫琪

1994　《影響台灣地區家庭家務分工因素之探討》，台灣大學社會學研究
　　　所碩士論文。

范碧玲

1990　《解析台灣婦女體制：現階段婦女運動的性格之研究》，清華大學
　　　社會人類學研究所碩士論文。

胡幼慧

1995　《三代同堂——迷思與陷阱》，臺北：巨流出版社。

徐正光

1982 《工人與工作態度》，自印。

徐立忠

1989 《老人問題與對策》，臺北：桂冠圖書公司。

徐震

1980 《社區與社區發展》，臺北：正中書局。

高淑貴

1991 《家庭社會學》，黎明文化事業公司。

陳秉璋

1985 《社會學理論》，臺北：三民書局。

1988 《道德社會學》，臺北：桂冠出版社。

1989 《邁向現代化》，臺北：桂冠出版社。

陳小紅

1991 《社會學概論》，臺北：華杏出版社。

陳幸玉

1994 《雙生涯夫妻性別角色特質、家庭職業角色與學習需求之研究》，師大社會教育研究碩士論文。

陳媛嬿

1988 《已婚職業婦女的家人關係之研究》，文化大學家政研究所碩士論文。

陳淑惠

1991 《母親就業與否、親子互動行為與子女社會行為》，台灣大學心理研究所碩士論文。

陳月枝

1990 《配合全民健康保險實施之護理人力供需規則》，臺北：經建會。

陳秉璋著

1991　《社會學理論》，臺北：三民書局。

陳麗秋譯

1990　《新階層消費的時代》，臺北：遠流出版社。

陳澤軍　王彥花譯

1995　《富裕的孤獨》，臺北：錦繡出版公司。

張德勝

1986　《社會原理》，臺北：巨流出版社。

張宗漢

1980　《光復前臺灣之工業化》，臺北：聯經出版社。

許嘉猷

1987　《社會階層與社會流動》，臺北：三民書局。

許智偉

1981　《美國生計教育》，台北：幼獅文化公司。

郭振羽

1978　《當代社會問題》，臺北：黎明書局。

黃明堅譯

1981　《第三波》，臺北：聯經出版社。

黃淑芬

1992　《大專生自我統整與職業成熟及自我確認的關係》，臺灣師範。大
　　　學輔導研究所碩士論文。

黃恆正譯

1988　《符號社會的消費》，臺北：遠流出版社。

葉啓政

1993　《社會科學概論》，臺北：空中大學出版。

傅佩榮

1991　《儒家與現代人生》，臺北：業強出版社。

曾溫純

1986　《已婚職業婦女的角色壓力與婚姻適應研究》，東吳大學社會研究所碩士論文。

賈伸

1924　《中國婦女纏足考中國婦女史論集》，鮑家麟編著台北：稻香出版社。

詹火生

1986　《社會學概論》，臺北：三民書局。

1993　《社會學》，臺北：空中大學出版。

1983　《民生主義的社會安全理論與實施》，臺北：中央文物供應社。

1987　《社會政策要論》，臺北：巨流圖書公司。

楊國樞

1978　《現代社會的心理適應》，臺北：巨流出版社。

1984　《台灣的社會問題》，臺北：巨流出版社。

楊國樞、瞿海源

1988　《變遷中的台灣社會》，臺北：中央研究院民族學研究所。

楊國樞、葉啓政

1993　《台灣的社會問題》，臺北：巨流出版社。

楊朝祥

1984　《生計輔導－終生的輔導歷程》，台北：行政院青輔會。

廖立文

1986　《當代社會理論》，臺北：桂冠出版社。

廖榮利

1992　《醫療社會學》，臺北：三民書局。

蔡文輝

1979　《社會學理論》，臺北：三民書局。

1982　《社會變遷》，臺北：三民書局。

1989　《家庭社會學》，臺北：三民書局。

1992　《社會學》，臺北：三民書局。

蔡勇美、郭文雄

1978　《都市社會發展之研究》，臺北：巨流出版社。

蔡啓明譯

1981　《發展理論之反省》，臺北：巨流出版社。

蔡宏昭

1990　《英美日社會福利政策與措施》，臺北：社會發展研究訓練中心。

1989　《消費者主權時代》，臺北：遠流出版社。

龍冠海

1985　《社會學》，臺北：三民書局。

薛文郎

1984　《就業輔導理論與實際》，台北：學生書局。

蕭新煌

1985　《低度發展與發展——發展社會學選譯》，臺北：巨流出版社。

蕭新煌、張笠雲、陳寬政

1981　《我國老人福利之研究》，臺北；行政院研考會。

謝高橋

1982　《社會學》，臺北：巨流出版社。

瞿海源

1991　《社會心理學新論》，臺北：巨流出版社。

藍采風

1982　《婚姻關係與適應》，台北：張老師出版社。

藍茜茹

1994　《雙生涯夫妻重要生活角色及相關因素之研究》，師大敎育心理與
　　　　輔導研究所碩士論文。

藍忠孚

1989　《國際醫療保障論》，臺北：中國社會保險學會。

二、西文部份：

Aldrich, Howard E.

1979 *Organizations and Environments*, N. J. : Prentice – Hall.

Appelbaum, Richard P.

1970 *The Theories of Social Change*, Chicago : Markham Publishing.

Atchler, Robert

1977 *The Social Forces in Later Life*, Belmont, California : Wadsworth.

Babbie, Earl R.

1977 *Sociology By Agreement : An Introduction to Sociology*, Belmont, California : Wadsworth.

Banks, J.A.

1972 *The Sociology of Social Movements*, London : Macmillan Press.

Baran, Paul

1957 *The Political Economy of Growth*, New York : Monthly Review Press.

Barno, Tibor (ed.)

1967 *Structural Interdependence and Economic Development*, London : Macmillan.

Becker, Howard S.

1963 *Outsiders : Studies in the Sociology of Deviance*, New York : The Free.

Bell, Daniel

1973 *The Coming of Post – Industrial Society*, New York : Basic Books.

Bellah, Robert

1964 " Religious evolution ", *The American Sociological Review*.

1970 *Takugawa Religion*, Boston : Beacon Press.

Blumer, Herbert

1969　*Symbolic Interactionism* : *Perspective and Method*, Engledwood Cliffs, N. J. : Prentice – Hall.

Borow, H.

1984　" The way we were : Reflections on the history of vocational ", *Vocational Guidance Quarterly*, 33, pp.3 – 12.

Bottomore, T.B.

1972　*Sociology, a Guide to Problems and Literature*, London : Unwin University Books.

Bulter, Edgar W.

1976　*Urban Sociology*, New York : Harper and Row.

Burt, Ronald S.

1975　*Corporate Society* : *A Time Serise Analysis of Network Struture*, Chicago : National Opinion Research Center.

Carney, C.G. & Barak, A.

1976　" A survey of student needs and student personnel services ", Journal of College Student, *Personnel*, 17, pp.280 – 284.

Chapin, Stuart F.

1978　*Culture*, New York : Century.

Chin, Robert and Kenneth D. Benne (ed.)

1976　*The Planning of Change*, 3rd ed, New York : Holt, Rinehart and Winston.

Cohen, Albert.

1966　*Deviance and Control*, N. J. : Prentice – Hall.

Cohen, Y.

1969　" Social boundary systems ", *Current Anthropology 10* (*1*) .

Coleman, James A. and G. A. Almond

1960   *The Politics of Developing Area*, N. J. : Prentice – Hall.

Cooley, Charles H.

1966   *Social Process*, Carbondale : Southern Illinois University Press.

Delacroix, Jacques, and Charles Ragin

1978   " Modernizing institution, mobilization, and Third World development : A cross – national study " *American Journal of Sociology*, 84 (1) .

Drakakis – Smith, David

1980   *Urbanization, Housing and the Development Proces*, New York : St. Martin's Press.

Duncan, Otis Dudley

1960   *Toward Social Reporting : Next Steps*, New York : Sage Foundation.

Eaton, T. H.

1970   *Evolution*, New York : Norton.

Edair, Ronald S.

1976   *Social Change*, Iowa : Wm. C. Brown.

Eisentadt, S.N. (ed.)

1968   *Max Weber on Charisma and institution Building*, Chicago : University of Chicago Press.

Etzioni, Amitai

1964   *Social Change : Sources, Patterns and Consequences*, New York : Basic Books.

Federico, Ronald C.

1975   *Sociology*, N. Y. : John Wiley & Sons.

Finkle, Jason L. and Richard W.Gable (ed.)

1966   *Political Development and Social Change*, 2nd ed. , New York : John Wile.

Freedman, Ronald and John Y. Takshita

1969　*Family Planning in Tawain*, Princeton, N. J. : Princeton University Press.

Freeman, David M.

1974　*Technology and Society*, Chicago : Rand McNally.

Gevenie, Louis (ed.)

1975　*Collective Behavior and Social Movements*, Itasca : Peacock.

Goffman, Erving

1959　*The Presentation of Self in Everyday Life*, New York : Doubleday.

Goldscheider, C.

1971　*Population, Modernization and Social Structure*, Boston : Kittli, Brown.

Gold, Jack.

1972　" The evolution of the family ", Peter Laslett and Richard Wall (ed.), *Household and Family in Past Time*, Cambridge : Cambridge University Press.

Greer, Ann and Scott

1974　*Understanding Sociology*, Dubuque, Iowa : Wm. C. Brown.

Hall, Richard

1987　*Organizations : Structure and Process*, 2nd ed., Englewood Cliffs, N. J. : Prentice – Hall.

Hernes, Gudmund

1976　" Structural changes in social processes ", *American Journal of Sociology* 82.

Hirsch, F.

1976　*Social Limits to Growth* , Cambridge : Harvard University Press.

Homans, George C.

1950   *The Human Group*, New York：Harcourt, Brace and World.

Hoselitz, Bert F.

1960   *Sociological Aspects of Economic Growth*, New York：Macmillan
and The Free Press.

Howard, John

1974   *The Cutting Edge：Social Movements and Social Change in America*,
New York：Lippincott.

Inkeles, Alex and David H.Smith

1974   *Becoming Modern*, Cambridge：Harvard University Press.

Inkeles, Alex

1964   *What is Sociology*？ Englewood Cliffs, N. J.：Prentice – Hall.

Kinloch, Grahan M.

1977   *Sociogical Theory：Its Development and Major Paradigm*, New York：
McGraw – Hill.

Landis, Judson R.

1974   *Sociology：Concepts and Characteristics*, Belmont, California：Wadsworth.

Landis, Judson R.

1974   *Sociology*, Belmont, California：Wadsworth.

Lester, Richard A.

1966   *Manpower Planning in a Free Society*, Princeton：Princeton Uni-
versity Press.

Levy, Marion J., Jr.

1949   *The Family Revolution in Modern China*, Cambridge：Harvard U-
niversity Press.

Lenski, Gerhard E. and Jean Lenski

1978   *Human Societies：An Introduction to Macrosociology*, New York：
McGraw – Hill.

Lorner, David

1968　" Modernization " in D.Shills (ed.) , *International Encyclopedia of Social Sciences*, Vol. 10, New York : Macmillian and Free Press.

Martindale, Don

1962　*Social Life and Culture*, Princeton, N. J. : D. Van Nastrand.

McClelland, David C.

1966　" The Impulse to Moderization. " , in M.Weiner (ed.) *Modernization*, New York : Basic Books.

Meadows, D. H. et. al.

1972　*The Limits to Growth* : *A Report on the Club of Rome's Project on the Predicament of Mankind*, New York : Universe.

Mead, George H.

1934　*Mind, Self and Society*, Chicago : University of Chicago Press.

Miller, J. V. & Benjamin, L.

1975　" New Career development : Strategies, Methods and Resources " , *Personnel and Guidence Journal*, 53, pp.694－699.

Mills, C.Wright

1956a　*The Power Elite*, New York : Oxford University Press.

1956b　*The Sociological Imagination*, New York : Oxford University Press.

Moore, Barrington

1958　*Political Power and Social Theory*, Cambridge : Harvard University Press.

Nisbet, Robert A.

1969　*Social Change and History*, London : Oxford University Press.

Ogburn, William & Meyer, F.Nimkott

1968a　*Handbook of Sociology*, London : RKP.

Ogburn, William F.

1922 *Social Change*, New York：Viking.

Pareto, Vilfredo

1968 *The Rise and Fall of the Elite*, Totowa, N. J.：Bedmins.

1971 *Manual of Political Economy*, New York：August M.Kelley.

Parsons, Talectt

1951 *The Struture of Social Action*, New York：Free Press.

1966 *Societies, Evolutionary and Comparative Perspectives*, Engewood Cliffs, N. J.：Prenice－Hall.

Popenoe, David

1977 *Sociology*, New Jersey：Prentice－Hall.

Redfield, Robert

1947 "The Folk Society", *American Journal of Sociology*, 52：293－30 8.

Ridgeway, Cecilia L.

1983 *The Dynamics of Small Groups*, New York：St. Martin's Press.

Smelser, Neil, J.

1959 *Social Change in the Industrial Revolution*, New York：The Free Press.

Smith, Anthony D.

1973 *The Concept of Social Change： A Critique of the Functionalist Theory of Social Change*, London：*Routledge* & Kegan Paul.

Sorokin, Pitirim A.

1928 *Contemporary Sociological Theories*, New York ：Harper and Bow.

1941 *Social and Cultural Dynamics*, New York：American Books.

Scott, W. Richard.

1992 *Organizations：Rational, Natural And Open Systems*, 3rd ed.,

Englewood Cliffs, N. J. : Prentice – Hall

Shepard, Jon

1990   *Sociology*, Minneapolis : West Publishers.

Smelser, Neil J.

1962   *Theory of Collective Behavior*, New York : The Free Press.

1968   *Essays in Sociological Explanation*, Englewood Cliffs, N. J. : Prentice – Hall.

1981   *Sociology*, Englewood Cliffs, N.J : Prentice – Hall.

1984   *Sociology, 2nd ed., N. Y. : Prentice – Hall.*

Smelser, Neil J. and Stephen R. Warner

1976   *Sociological Theory : Historical and Formal*, Marriststown, N.J. : General Learning.

Super, D. E.

1983   " Assessment in career guidance : Toward truly developmental counseling " *Personnel & Guidance Journal*, 62, pp.555 – 562.

1984   " Career and life development " in D. Brown, L. Brooks, & Associates (ed.) , *Career choice and development*, San Francisco : Jossey – Bass.

Tonnies, Ferdinand

1963   *Community and Society*, New York : Haper and Row.

Turner, Jonathan H.

1978   *The Structure of Sociological Theory*, Revised ed. Homewood, Illinois : Dorsey.

Wallace, Richard C. and Wendy D. Wallace

1989   *Sociology*, 2nd ed., Boston : Allyn and Bacon.

Weber, Max

1958   *The Protestant Ethic and the Spirit of Capitalism*, New York :

Charler Scribner's Sons.

1968　*Religion of China* , New York：Free Press.

White, Leslie A.

1959　*The Evolution of Culture* , New York：McGraw－Hill.

國家圖書館出版品預行編目資料

社會學 ＝ Sociology / 葉至誠著. － 初版.－－
　臺北市 ：揚智文化，1997〔民86〕
　面 ；公分. －（社會叢書 ：5）
　ISBN 957-8446-44-6(平裝)

1. 社會學

540　　　　　　　　　　　　　　　86011358

社會叢書 5

社會學

作　　　者／葉至誠
出 版 者／揚智文化事業股份有限公司
發 行 人／葉忠賢
總 編 輯／林新倫
責任編輯／賴筱彌
登 記 證／局版北市業字第 1117 號
地　　　址／台北市新生南路三段 88 號 5 樓之 6
電　　　話／（02）23660309
傳　　　真／（02）23660310
郵政帳號／ 19735365　帳戶：葉忠賢
印　　　刷／ 偉勵彩色印刷股份有限公司
法律顧問／ 北辰著作權事務所　蕭雄淋律師
初版三刷／ 2003 年 6 月
定　　　價／ 新臺幣 650 元

本書如有缺頁、破損、裝訂錯誤，請寄回更換。
E - m a i l ☞ book3@ycrc.com.tw
網　　　址☞http://www.ycrc.com.tw
I S B N：957-8446-44-6